编委会

齐家文化百年研究文丛

（下册）

主编
魏文斌 唐士乾

兰州大学出版社
LANZHOU UNIVERSITY PRESS

图书在版编目（CIP）数据

齐家文化百年研究文丛 / 魏文斌，唐士乾主编. -- 兰州 : 兰州大学出版社，2020.8
ISBN 978-7-311-05792-3

Ⅰ. ①齐… Ⅱ. ①魏… ②唐… Ⅲ. ①齐家文化一文化研究 Ⅳ. ①K871.24

中国版本图书馆 CIP 数据核字(2020)第 144066 号

策划编辑　冯宜梅
责任编辑　张爱民　马媛聪
封面设计　雷们起

书　　名　齐家文化百年研究文丛(下册)
作　　者　魏文斌　唐士乾　主编
出版发行　兰州大学出版社　(地址:兰州市天水南路222号　730000)
电　　话　0931-8912613(总编办公室)　0931-8617156(营销中心)
　　　　　0931-8914298(读者服务部)
网　　址　http://press.lzu.edu.cn
电子信箱　press@lzu.edu.cn
印　　刷　成都市金雅迪彩色印刷有限公司
开　　本　787 mm×1092 mm　1/16
总 印 张　67(插页8)
总 字 数　1124千
版　　次　2020年8月第1版
印　　次　2020年8月第1次印刷
书　　号　ISBN 978-7-311-05792-3
定　　价　260.00元(上、下册)

(图书若有破损、缺页、掉页可随时与本社联系)

汇编说明

为了方便读者，我们将《齐家文化百年研究文丛》汇编过程中的一些情况简要说明如下。

1. 文丛中所收集的资料发表时间截至2017年。

2. 全文丛分为上、下两册，上册是齐家文化遗址、墓地发掘的简报和报告汇编，下册是与齐家文化相关的各类研究性文章汇编。

3. 为了忠于原文，在文丛的汇编过程中，我们尽量保持原文的原貌，大陆内地20世纪70年代以前的文章、港澳台地区期刊的文章在发表时多用繁体字，我们没有对文字进行繁转简的处理。此外，早年文章中出现的“异体字”和“别字”，我们也选择均保持原貌。

4. 一些早年发表的文章，特别是发掘简报和报告，受当时的技术条件所限，图的清晰度欠佳，虽已不符合当前的出版要求，但为了保持文章的完整性，此次汇编均未做删减。对所有文章的插图，根据文丛的具体汇编情况，编辑对每篇文章所涉及插图的位置统一进行了处理和重新编排。

5. 文丛上册除我们收集的发掘简报和报告外，还有很多已发表的考古调查也涉及齐家文化遗址或相关遗存，但这些调查报告或是同一处遗址涉及的考古学文化较多，或是同一处区域涉及的其他考古学文化的遗址较多，因此，我们没有将这些考古调查简报或报告纳入其中。此外，一些遗址的考古发掘出土遗存不仅只有齐家文化，但限于本文丛的主题，文丛仅选取对齐家文化遗存的介绍，其余遗存暂不收入。

6. 文丛下册收录的齐家文化研究性文章，我们分为基础研究、墓葬研究、铜器研究、玉石器研究、生业模式和环境聚落及其他共五大部分。到目前为止，学界对这些不同的主题已有不同角度的诸多研究，但限于篇幅限制，一些重要的文章无法纳入本文丛，我们只能忍痛割爱。此外，在2015年和2016年两次广河齐家文化国际会议提交的文章本文丛也未收入，但在附录中有列出。即便如此，此次收入文丛的文章也可以代表学界对齐家文化各个方面研究的整体水平和最新进展。

7.下册附录共分三个部分。一是将已经发表的与齐家文化相关的著作类发掘报告目录予以列出，二是将有关齐家文化的学位论文目录予以列出，三是将2015年和2016年的两次广河齐家文化会议文集论文目录列出。我们希望这些附录内容可以进一步增补文丛的完整性，对读者进一步认识齐家文化的发掘和研究会有更好的作用。

编　者

2020年3月20日

序言

陈星灿

自1924年春天瑞典考古学家安特生（J. G. Andersson, 1874—1960）首先在甘肃宁定县（今广和县）齐家坪发现齐家文化遗存，随后裴文中先生提出将此类遗存命名为齐家文化后，齐家文化的研究已经走过了将近百年的历程。齐家文化属于中国最早发现、最早命名的一批考古学文化，因此它的发现和研究，也可以说是百年中国考古学史的见证。

纵览齐家文化的研究史，大致可以分为约略相等的三个时期。第一个时期，是安特生基于单色陶早于彩陶的假设而把齐家期放在了所谓仰韶期之前，经过孟欣（O. Menghin）、巴霍芬（L. Bachhofer）、吴金鼎、尹达、夏鼐、比林阿尔提（M. Bylin-Althin）、裴文中等不少中外学者的质疑，最终于20世纪50年代在甘肃临洮马家窑—瓦加坪、天水西山坪、渭源寺坪等一系列遗址发现齐家文化晚于马家窑文化的地层关系，建立起正确的黄河上游地区史前文化年代序列，把齐家文化放在了马家窑文化之后。到20世纪60年代初，该地区的史前文化，大体可以归纳为：马家窑文化、齐家文化、辛店文化、寺洼文化和卡约文化。有人明确提出齐家文化属于铜石并用时代，而随后的三支考古学文化则无疑属于青铜时代。年代关系的判定是该时期最重要的一项工作。

在澄清了马家窑文化与齐家文化的先后关系之后，第二个时期的齐家文化研究，大体侧重在它的起源、年代、分期、分区、类型、与客省庄文化的关系及其经济形态、社会性质等方面的讨论上。关于齐家文化的渊源，学者的意见并不一致，但显然突破了马家窑文化独立演变为齐家文化的直线发展论，承认各地区齐家文化的来源或许是不同的。确认齐家文化的主要经济部门是农业，但是与中原地区不同的是，畜牧业也相当发达；冶铜业是齐家文化的一项突出成就，并为中国青铜时代的到来做出了重大贡献。经过对墓葬的研究，认为齐家文化已经进入父系制，男子在社会上居于统治地位，女子则降居于从属和被奴役的地位。一男二女的合葬墓，还被认为是少数富裕家长过着一夫多妻生活的写照。

第三个时期的齐家文化研究范围更加广泛，但最重要的研究似乎集中在齐家文化与西北部地区甚至跟南西伯利亚及中亚地区远古文化关系的讨论上，与此相关的生业形态研究、聚落形态研究、玉石器研究、冶金术起源的研究等也取得许多新成果。在肯定齐家文化与东部地区龙山文化、二里头文化等存在互动关系的同时，进一步肯定了它与西北方向远古文化的关系。有人明确提出齐家文化与擅长冶金术的欧亚草原游牧人群有密切联系，齐家文化充当了中原地区和草原地区文化交流的媒介。“基于齐家与二里头初期阶段里特定金属器物所提供的证据，中国青铜时代的萌芽阶段，正如同两河流域，在某种程度上是被来自北方欧亚移动游牧者的侵入影响所支配的。”［胡博（Louisa G. Fitzgerald-Huber）著、李永迪译：《齐家与二里头：远距离文化互动的讨论》，夏含夷主编《远方的时习——〈古代中国〉精选集》，上海古籍出版社，2008年，第53页］

现在看来，齐家文化是一个范围广大的青铜时代文化。齐家文化广泛分布在包括陕西西部、甘肃、宁夏、青海东部和内蒙古东南部地区在内的黄土地带，以渭水上游、洮河中下游和湟水中下游地区为中心。齐家文化繁盛的时代，正当中原地区的龙山文化晚期和二里头文化时期，绝对年代约当公元前2200—前1600年。最新研究表明，齐家文化处于气候干冷期，这种气候无疑会对齐家文化人们的生活方式产生重大影响。齐家文化人们的主要粮食是小米、小麦和大麦，也食用豆类和其他作物。齐家文化西北部更干旱分布区的证据表明，畜牧业和狩猎业在经济生活中所占比例日益增加，显示齐家文化人们的生活方式有从农业向农牧业并重发展的态势。齐家文化畜养黄牛、羊、猪等多种家养动物，甚至也开始了家马的饲养，畜牧业在齐家文化人们的生活中显然占有举足轻重的地位。

在齐家文化发现百年来临之际，编辑这部齐家文化发掘和研究的论文集，把发表在不同时代不同地方的论文结为一集，展示齐家文化研究不同阶段的成绩，是一件好事，我相信文集的出版一定有助于齐家文化的深入研究。是为序。

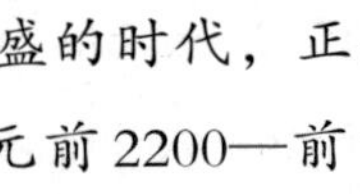

（作者为中国社会科学院考古研究所所长、研究员）

目　录

第一章　基础研究

第二章　墓葬研究

第三章　铜器研究

第四章　玉石器研究

第五章　生业社会经济

附　录

【第一章 基础研究】

齐家文化研究

张忠培

吉林大学中国北方考古研究室

考古文化分期，是探讨考古文化源流、关系及社会制度诸问题的前题。在分析齐家文化源流、关系及社会制度之前，必须先对它的分期有一个较清楚、准确的了解。

大量考古材料证明，考古文化的演进，是由文化因素的量变逐步进入质变的过程。考古文化分期，是人们对考古文化演变过程中的质变阶段的认识。要抓准质变，先应弄清楚量变的过程。在大多数情况下，村落与墓地的兴废，或处在文化进程中的量变阶段，或在一两个环节中的质变阶段，很少见到一村落或墓地，尤其是前者经历了一考古文化兴衰的全过程。因此，考古学认识一考古文化演进的全过程，以及要了解它的地方性变体在进程中的变化，必须研究相当数量的村落与墓地。基于这一认识，在探讨齐家文化分期之前，先应逐一地对迄今发现的齐家文化的主要材料，即几处墓地做些探讨，在此基础上对它做分期的研究。即使这一研究程序的设想是科学的，但它也只能使我们的认识接近所研究的资料可能体现的客观实际。这道理自不待言。

为了把考古文化“分期”和下面将要讨论的诸墓地、遗址兴衰过程中的阶段性变化区分开来，暂把后者称为“段”。需要说明的，墓地的“段”和文化的“期”有的可能吻合，为了客观地表述这一认识过程，仍不可先将两者混淆起来。

一、皇娘娘台的分段

皇娘娘台曾发掘四次，前三次发掘材料未能全面发表①，第四次发掘材料发表得较全②。这里对第四次发掘材料做些分析（以下简称《报告》）。第四次发掘的

①甘肃省博物馆：《甘肃武威皇娘娘台遗址发掘报告》，载《考古学报》1960年第2期。

②甘肃省博物馆：《武威皇娘娘台遗址第四次发掘》，载《考古学报》1978年第4期。

有房址、灰坑和墓葬，以墓葬为主。根据《报告》公布的平面图[①]，知有如下十组叠压或打破关系[②]：

（1）M75→M64、M71→F8；（2）M84→M88、M88→M86；（3）M72→M73；（4）M57→M61；（5）M69→M74；（6）M80→M82→M81；（7）M52→M51；（8）M48→M62；（9）M56→H62→M60；（10）M27、M30→H44→M29。

这十组遗存，从《武威皇娘娘台遗址第四次发掘墓葬登记表》[③]来看，前八组中作为对子的墓葬，有的未出器物，有的只出玉铲、石璧、石珠，未出陶器，有的虽都出陶器，因类别不同而难以进行比较，均不能据此做分段的研究。仅9、10两组提供了探讨分段的材料。H62、H44未公布器物，现将这两组墓葬出土的陶器列成表一。

表一　M27、M30、M56、M29、M60出土器物表

墓号	泥质红(灰)陶(A)										夹砂红(灰)褐陶(B)				
	双大耳罐	双耳折耳罐	豆	单耳罐	侈口曲领罐	碗	尊	双耳罐	双小耳罐	壶	单耳罐	双小耳罐	扁耳罐	碗	直口罐
27	Ⅱ	Ⅱ	Ⅰ*	Ⅱ					Ⅱ	Ⅱ*		Ⅳ2	B*		
30	Ⅱ2	Ⅱ	Ⅱ	Ⅱ6	A*	A*	Ⅱ4	Ⅰ、Ⅱ*	Ⅱ4、Ⅳ2	Ⅰ	B	Ⅰ2、Ⅱ3、Ⅳ4			B
56				Ⅰ、Ⅱ2											
29	Ⅲ2	Ⅱ		Ⅱ3							Ⅰ	Ⅱ、Ⅳ		B*	B2
60	Ⅲ			Ⅱ							Ⅰ				

说明：1.A、B分别代表泥质红（灰）陶和夹砂红（灰）揭陶的未分式别或式别不明的器物。

2.罗马字代表式别，阿拉伯字代表件数，未注明者为1件。

3.*代表器物在墓地中只出1件。

①甘肃省博物馆：《武威皇娘娘台遗址第四次发掘》，载《考古学报》1978年第4期。该文图三，即《皇娘娘台遗址第四次发掘遗迹平面图》中，少数墓葬未填墓号，或填错墓号。本文用的材料是请张学正同志查明，并改正过来的。特此致谢。

②“→”具叠压或打破含义。因灰坑、房屋中出土的材料发表的极少，显然不能据此研究分段。故纯属此类遗存的亚压或打破关系，暂不列入。

③甘肃省博物馆：《武威皇娘娘台遗址第四次发掘》，载《考古学报》1978年第4期。

M27、M30的层位均晚于M29。前两墓随葬而可做比较的泥质红（灰）陶Ⅰ豆及Ⅱ壶，仅见于M27，泥质红（灰）陶Ⅳ双小耳罐，除M30出土的这两件外，只在M82见过一件，即使依这些器物的式别而估定两墓早晚的话，对确认其他墓葬编年无甚补益。鉴于M27及M30和被它们打破的M29都出土夹砂红（灰）褐陶Ⅳ双小耳罐，不仅可基本认定只在M30出现的夹砂红（灰）褐陶Ⅰ双小耳罐，是晚于M29而新出现的器形，而且还可提出它用于随葬的时间，或许可能晚于M27这一需要进一步求证的设想。因M30和M27不存在叠压或打破关系，使眼下对这一设想难于做出取舍。暂定这两墓同期。

M29出的泥质红（灰）陶Ⅲ双大耳罐，型式有别于M30、M27出的同类器物。M30新出现了Ⅰ式夹砂红（灰）褐陶双小耳罐。可认为M29早于M30、M27。M60随葬的三件器物，均未超出M29出土器物的型式范围，可认定M60的年代同于M29。和M60比较，在层位关系上晚于它的M56，新出现了AⅠ单耳罐，故可定M56晚于M60。考虑M56也晚于被M30、M27打破的M29，暂设定它和M30、M27同时。

M29、M60是以AⅢ双大耳罐为特征，把随葬这种器物的M37、M40、M52、M55、M59、M87等六座墓葬的年代，估定和M29、M60同时。将这些墓葬称为M29组。

M27、M30、M56诸墓以随葬AⅡ双大耳罐、AⅠ单耳罐及BⅠ双小耳罐而和M29组相区别，将凡出其中一种器物，而随葬陶器共生关系又不和M29组相抵触的M32、M48、M67、M68、M76、M83、M88等七座墓葬的年代，推定和M27、M30、M56同时，将它们称为M27组。

经上述分组后，M29组新增加了AⅠ双耳折肩罐、AⅠ尊、BⅡ豆和BⅡ单耳罐[①]。可把凡出这其中一种器物，而同这种器物共生的陶器基本上和M29组陶器组合相同，又区别于M27组陶器组合的墓葬，归入M29组。这样，M29组又增加M42、M47、M65、M73四座墓葬。M65被M27组的M88打破，为认定BⅡ单耳罐是M29组的特征器物及M29组早于M27组，再一次提供了地层根据。

同时，M27组的标准器物也增加了AⅠ侈口双耳罐、AⅠ双小耳罐及BⅠ侈口罐。而且，和M29组比较，现还可把先前在探讨具有层位关系的墓葬年代时，因

① M30出夹杂砂红（灰）褐陶单耳罐M30出夹砂红（灰）褐陶单耳罐，未标明式别。除M55、M87外，M29组其他随葬AⅢ双大耳罐的六座墓葬，或共出BⅠ单耳罐，或共出BⅡ单耳罐。同时，这两式单耳罐的绳纹均饰于肩腹之间，而和M27组特有的BⅠ侈口罐及BⅠ双小耳罐的绳纹，均自颈通到底的装饰作风，是颇有区别的，故可认为BⅠ、BⅡ单耳罐是M29组具有特征的器物。

无法类比或仅见于M27、M30的AⅠ豆、A侈口曲领罐、AⅠ及AⅡ双耳罐和AⅣ双小耳罐，也认为是M27组自有的特征性器物。按上述扩充M29组墓葬数量的原则，也应将M33、M57放在M27组。

M38、M46、M54、M82四座墓出土的陶器，兼有M29组和M27组的标准器物，暂称之为M38组。

现将这三组墓随葬陶器型式统计成表二。

表二　M29、M38、M27组随葬陶器表

墓组	泥质红(灰)陶(A)									夹砂红(灰)褐陶(B)				
	双大耳罐	双折肩耳罐	豆	单耳罐	侈口曲领罐	侈口双耳罐	尊	双耳罐	双小耳罐	双大耳罐	单耳罐	侈口罐	双小耳罐	豆
M27	Ⅱ6	Ⅱ6	Ⅰ1、Ⅱ1	Ⅰ3、Ⅱ8	A1	Ⅰ1	Ⅱ3	Ⅰ3、Ⅱ1	Ⅰ1、Ⅱ2、Ⅳ1		B1	Ⅰ3	Ⅰ5、Ⅱ2、Ⅳ5	Ⅱ1
M28	Ⅰ1	Ⅱ1、Ⅱ2	Ⅱ1	Ⅱ2			Ⅱ2	Ⅰ1	Ⅳ1		Ⅰ2、Ⅱ3	Ⅰ1	Ⅰ2、Ⅱ1、Ⅳ1、Ⅴ1、Ⅵ1	
M29	Ⅲ8	Ⅱ1、Ⅱ4	Ⅱ1	Ⅱ9			Ⅰ1、Ⅱ4			B1	Ⅰ3、Ⅱ6	Ⅱ1	Ⅱ3、Ⅳ6、Ⅵ	Ⅱ2

说明：1.A、B分别代表泥质红（灰）陶和夹砂红（灰）揭陶的未分式别或式别不明的器物。

2.罗马字代表式别，阿拉伯字代表件数。

3.M29组计入后面将要说明的归入改组的M51。

M38组随葬陶器，除AⅠ双大耳罐外，其他器形均不出M29和M27组随葬陶器范围。其年代或介于M29组和M27组之间，或可晚到M27组。这三组墓葬有相当多的器物的型式相同，或虽有区别，但变化不大，故知其间的年代上的衔接是比较紧密的。

《报告》编定的AⅢ、AⅡ与AⅠ式双大耳罐，AⅠ与AⅡ式单耳罐，BⅡ式与BⅢ式豆的形制，彼此似乎存在较大的区别。它们各自虽都是同类的器物，却不可都归为同型。故其形制的差异，难以被认为是同型器物不同时间的变异。但这表中同类器物形制的差异，对从年代上确定组别无疑是自有其功能的。

下面，讨论那些存在着叠压或打破关系而未出陶器，或虽出陶器但难以断定组别的墓葬的年代问题。这类墓葬有M61、M62、M69、M71、M80、M81、M85、M86，和M51、M64、M72、M74、M75及M84等十四座墓葬。M51出土M29组和M27组共有的AⅡ单耳罐、BⅣ双小耳罐，是被M29组打破的一座墓葬，故定为M29组。M72打破M29组的M73，M61、M62、M86分别被M27组的M57、M48、M88打破或叠压，这些墓葬的年代当不能早于M29组，或晚于M27组。打破M82的M80，和被M82打破的M81，分别不能早于M82所属的M38组，和晚于M38组。至于M69、M71、M64、M74、M75、M85和M84和前述组别的关系，都难以确定。

M34、M35、M36、M39、M41、M44、M49、M50、M53、M58、M66、M77、M79均未出陶器，M31、M43、M45、M63、M70、M78的随葬陶器均非前述分组的标准器，且它们和已定组别的墓葬又不存在层位关系，故无法讨论它们的组别。

前三次发掘的M24出土的双耳瓶、陶盆、陶豆和侈口圆肩罐①，分别同于AⅡ式双大耳罐、AⅡ式尊、BⅡ式豆及AⅡ式壶。M24的年代当在M27组。

最后，讨论F8的年代问题。据《报告》关于F8的文字叙述及图四的说明，知在室内发现的残整陶、石（骨）器相当丰富，分别为十一件和九件。《报告》只介绍了敲砸器（4）、骨锥（16）、双大耳罐（6、14）、敛口罐（5）、双耳折腹罐（9）、双耳罐（15）和鬲足（11）八件器物，同时附有插图或照片的陶器只有三件，使我们难以全面了解F8的文化面貌、特征。《报告》将F8出土的两件双大耳罐及两件双耳折腹罐②均单独编式，表明它们和墓葬出土的陶器不同。F8：14双大耳罐的形制，和甘肃临洮杨家咀采集的一件相同，区别仅是前者的颈部因轮制而留有凹弦纹七周，后者颈部饰有十余条彩绘圆周纹③。两者腹部的绳纹，是相同的，而和皇娘娘台诸墓随葬陶器上的绳纹，存在着明显的区别。同时，被《报告》归为同一种的两件双耳罐（F8：15、M67：3），从《报告》对它们的文字描写看，也是不相同的。然而，F8出土的两件双大耳罐却表明它和同地墓葬的文化性质一样，也是齐家文化的遗存。因此，它们出土器物上的区别，只能被认为是同一文

① 甘肃省博物馆：《甘肃武威皇娘娘台遗址发掘报告》，载《考古学报》1960年第2期，图版伍：1，图版肆：1、2，图版陆：5。

② 《报告》在介绍陶器时，说“双耳折腹罐二件”，具体描述了F8：9一件。查墓幕登记表知墓葬未出这种器物。F8平面图说明该房屋出双耳折腹罐两件。编号分别为8、9。所以估计另一件双耳折腹罐也出自F8，即编号8的那件。因和F8：9形制一致，故《报告》未做介绍。

③ 安志敏：《甘肃远古文化及其有关的几个问题》，载《考古通讯》1956年第6期，图版叁：7。

化不同发展阶段表现出来的变异。

F8被M64、M71、M75直接或间接叠压或打破。M71未随葬陶器；M75仅随葬一件三组共见的AⅡ式单耳罐；M64出土的陶器也缺乏组别特征，除了三组习见的AⅡ式单耳罐及BⅣ式双小耳罐外，还出土一件在墓地仅见的BⅠ式豆。考虑其组合，当把M64的年代，估定在墓地范围之内。这深一层的意思是说，F8在层位上早于墓地的某一时期。

前已指出，墓地三组之间的联系比较紧密，F8出土器物和基地随葬器物存在较大差别，同时，估计到上述层位关系，应把F8的年代推定在墓地之前。这样，可把皇娘娘台的遗存分为自早至晚四段：一段，以F8为代表；二段，M29组；三段，M38组；四段，M27组。

二、大何庄的分段

《报告》将发掘的遗存分为两层[①]，并指出它们的一些差别。近年，负责发掘及编写报告的谢端琚同志，在《论大何庄与秦魏家齐家文化的分期》[②]一文中，据区分的两个地层将大何庄遗存明确地分为两期，推进了齐家文化分期的研究。

从《报告》的文字叙述和公布的TA和T57、T58堆积剖面图看，知大何庄的堆积并不是单一的，而存在着区别。TA黄褐土层（2A）下，压着M37、M38两座葬墓，和这两墓打破的灰褐土层（2B），不见于T57、T55；相反，T57、T58在红褐土层（2B）下，压着一层深灰土（3A）和一薄层黄土（3B），这薄层黄土下压着M89、M90两座墓葬及其打破的浅灰土层（3C）。TA的红褐土层（2C）却直接压着浅灰土层（3）。大何庄堆积的这些区别，应引起注意。

从地层上看，打破灰褐土（2B）的M37、M38，和被灰褐土压着而打破红褐土（2C）的M41～M43，当属于不同层位，《报告》的图三《探沟A、E、F遗迹分布图》，也是将它们分别标明为"第二层上部墓葬"和"第二层下部墓葬"的，但《报告》内的《大何庄齐家文化墓葬登记表》却统之为二层。从层位看，压着墓葬的地层当晚于墓葬，被墓葬打破的地层当早于墓葬。例如，TA的M37、M38和2A、2B的层位关系应是2B→[③]M37、M38→2A，同样，这一探沟的M75和2C、3

①中国科学院考古研究所甘肃工作队：《甘肃永靖大何庄遗址发掘报告》，载《考古学报》1974年第2期。

②谢端琚：《论大何庄与秦魏家齐家文化的分期》，载《考古》1980年第3期。

③"→"表示自早至晚的层位或年代顺序，其左侧单位较早，右侧单位较晚。

的层位关系当是3→M75→2C。因此，不能把处于这种层位关系的墓葬，简单地归入那一地层，例如，不能把M37归为2C层，也不便把它算作3层的单位。

如我们从其包含的遗物观察，上述作为例证的两组层位关系的诸遗存的年代顺序，可能出现较之层位关系更为复杂的多种年代顺序情况：2B→M37、M38→2A；2B、M37、M38→2A；2B→M37、M38、2A；2B、M37→M38→2A；3→M75→2C；3→M75、2C；3、M75→2C，等等。

可见，从层位和出土遗物考察遗存的年代关系，既可能得出两者一致而相吻合的认识，在一些情况下，又往往出现相互矛盾的情形。正确地断定遗存的年代关系，必须从诸遗存的层位关系出发，对不同单位出土的遗物进行类型学分析，才可能得出符合事实的认识。

《报告》公布的地层出土遗物，均未标明层位，不便讨论它们的年代关系。《报告》中的图三《探沟A、E、F遗迹分布图》表述的诸遗存单位的层位关系，提供了讨论这些遗存年代关系的基础。现将出土陶器的诸单位的情况列成表三。

表三　A、E、F探沟内单位出土器物表

单位	层位	圜底罐	单耳罐	双大耳罐	豆	侈口罐	双耳罐
M37	2上					BⅡ、BⅢ	
M40	2上			AⅡ	AⅢ	BⅡ	
M42	2下			AⅡ		BⅡ	
M43	2下			AⅠ		BⅣ	
M66	3			AⅠ		BⅠ	
M74	3		AⅢ				
M75	3			AⅠ			
M76	3						BⅠ
M79	3	AⅡ		AⅠ			BⅡ
F7	高领折肩罐*						

*《报告》指出，在F7“灶址周围，发现有10余件完整或可复原的碗、盆、罐和器盖等日用陶器。……在一件粗陶侈口罐（F7：10，出灶址东边）内，还保存着小半罐被火烧焦了的粟粒。另外，在居住面东边与第7号柱洞之间，发现铜匕一件”。遗憾的是，限于当时出版报告的条件，《报告》只发表了F7：10罐内的粟粒和铜匕。后来在《论大何庄与秦魏家齐家文化的分期》（《考古》1980年第3期）一文，公布了F7出的一件高领折肩罐。

表中陶器的式别和单位的层次，均依《报告》。

M42和M43两墓均“位于第二层下部”，然两墓出土器物的式别截然不同。M42随葬的两件器物的式别，均在“第二层上部”的M40随葬器物式别范围之内。因此，M42的年代当不出M40的年代界限。M37出土的两件侈口罐的形制，区别于层位上早于它的M43及M66“两墓随葬的同类器物”。其中一件BⅡ侈口罐见于M40、M42两墓。这样，当把它的年代估定与M40、M42两墓约同时。所以，可把M37、M40、M42归为年代上基本同时的一组墓葬，称之为M40组。

M43、M66、M74、M75、M76及M79六座墓葬的层位，均早于M37、M40，后五座墓的层位也都早于M42。M43、M66、M75和M79出土的双大耳罐均为AⅠ式，和M40组的同类器物相异。这样，应把这四墓的年代估定早于M40组，并认为它们的年代约略同时。M74、M76两墓出土器物，既区别于M40组，又不同于上述四座墓葬。我们从可能估定它们的年代的唯一条件，即层位关系来看，自然当把它们定在M40组之前，并且，还只能把这两墓的年代，估计在M43、M66、M75、M79四座墓葬的时间。现在，可把这六座墓编为约略同时的一组，暂称为M66组。

从表三中，可以明白M40组和M66组的随葬器物截然不同。前者以AⅡ双大耳罐、AⅢ豆及BⅡ、BⅢ侈口罐为其基本陶器组合；后者以AⅠ双大耳罐、BⅠ、BⅣ侈口罐、AⅡ圜底罐、AⅢ单耳罐和BⅠ、BⅡ双耳罐，构成另一种基本陶器组合。

把出M40组陶器组合界限内两件以上的诸墓葬，或随葬这一组合中任一件陶器，但与这件陶器共生的陶器式别，虽超出M40组陶器组合，而未进入M66组陶器组合界限内诸墓，归入M40组。M56随葬BⅢ侈口罐、AⅠ单耳罐、BⅢ侈口罐属M40组陶器组合范围，AⅠ单耳罐超出M40组陶器组合界限，但未进入M66组陶器组合范围，故可把M56归进M40组。这样，在M40组陶器组合中增加了AⅠ单耳罐。依此，把M48（出AⅠ及BⅠ单耳罐）和继而将M16（出BⅠ单耳罐及AⅠ圜底罐）两墓列入M40组后，这组陶器组合又新增加BⅠ单耳罐及AⅠ圜底罐。M60随葬AⅡ双大耳罐、BⅡ及BⅤ侈口罐。因前两件的式别是在M40组陶器组合范围内，故可将M60列入M40组。该墓出土的BⅤ侈口罐，在M58中是和M66组陶器组合范围内的AⅠ双大耳罐及BⅠ双耳罐共生，所以，虽可把M60归进M40组，却不便把BⅤ侈口罐归入M40组陶器组合。这样，M40组的墓葬，包括原有的及新增加的计有八座（M16、M37、M40、M42、M48、M56、M60及M69）。

依据上述墓葬并组的原则和在并组基础上依次串联而扩充陶器组合的办法，可将M1、M4、M7、M13、M17、M18、M20、M22、M35、M47、M58、M61、M62、M70、M81、M86、M90等十七座墓葬，并入M66组。这样，加上原来的六座墓葬，这组墓葬总数达二十三座。在陶器组合方面，新增加有和M40组陶器组合相区别的AⅢ圜底罐，AⅠ侈口罐，A高领深腹罐，AⅡ、BⅡ、BⅢ单耳罐，A高领双耳罐，AⅠ、AⅡ豆和B小口罐等十种新器形。

在明确M40和M66这两组陶器组合之后，可把那些随葬陶器含有两组陶器组合的墓葬，例如：M57既出AⅡ双大耳罐，又出BⅠ侈口罐；M89出AⅠ双大耳罐、A高领双耳罐，又出AⅡ双大耳罐及BⅡ侈口罐，等等这类墓葬，单独编为一组，称为M89组。属这组的墓葬有M6、M24、M27、M34、M36、M39、M53、M54、M55、M57、M63、M87、M88、M89共计十四座。

我们不能根据随葬陶器的情况，讨论剩下未出陶器的三十七座墓葬的分组，或许能从它们在墓地的位置，来估定它们和前述墓组的关系。

要探讨这一问题，先要弄清楚已编组的墓葬的年代与其在墓地中的位置，是否存在我们能认识到的某种规律性的联系。

（一）发掘面积约为236平方米的T55～T60及B、C、D、G探沟内的遗存分布图没有发表。这范围内分布十七座墓葬，其中已明确组别的有十三座，未定组的只有四座。定组墓葬和未定组墓葬的比例为3.25：1。已公布遗存分布图的发掘面积约1147平方米的区域内，有墓葬六十五座。其中定组的墓葬三十二座，未定组的墓葬三十三座，两者的比例是0.97：1。这些情况表明，未公布遗存分布图的发掘区内的墓葬的密集程度，远远高于已公布遗存分布图的发掘区。因此，从已编组墓葬的年代与位置的联系，去寻求墓葬排列规律，并据此估定未定组墓葬的组别，未公布遗存分布图的发掘区的条件，远远优胜于公布遗存分布图的发掘区。同时，后者的墓葬总的来说却是比较分散的，加之，已定组的墓葬在墓葬总数中占的比例很小，是难以探求已定组墓葬的排列规律的。

（二）要了解墓葬的排列规律，除应具备基本上能确定墓葬早晚年代这一条件外，所研究的墓葬还需处在同一层位。《报告》在谈到地层堆积时指出："揭去现代耕土层（第一层）后即见遗址堆积，可分上下两层：上层即第二层，主要是黄褐土和红褐土堆积，但黄褐土层并不普遍；下层即第三层，以浅灰土为主，并夹有其他厚薄不等的土层堆积”[1]，可见，上、下两层，基本上各自均有一个以上的地层堆积。从公布的地层剖面图看，情况亦然[2]。在《报告》确定的二、三层有可能再细分若干地层的情况下，不能把这里二层或三层的墓葬，视为同一层位的遗存。这样，就失去了探讨墓葬排列规律的一个重要前提。

（三）《探沟A、E、F遗迹分布图》，基本上是按《报告》说的“小层”公布的墓葬分布图。遗憾的是，这里明确组别的墓葬，第三层的全是M66组，二层上部的又都是M40组，同层墓葬的组别缺乏差异，难以据墓葬的组别及位置，了解它们的排列顺序。而第二层下部墓葬可确定组别的只有两座，即M43属M66组，M42定为M40组，按年代，这两座墓葬是依东北→西南排列。这是孤例，我们不能据此做出墓地排列顺序是如这两墓所显示的情况这样的论断。可见，现有的材料及认识，不能确定已定组别的墓葬的排列顺序。因此，就失去了估定未编组墓葬的组别的根据。

《报告》基本上未发表出于遗迹的器物，同时，地层出土的遗物，均未注明层次。《论大何庄与秦魏家齐家文化的分期》依上、下两层补充的地层出土器物，也只是《报告》公布器物的一小部分。同时，大何庄地层相当复杂，如前所述，是难以上、下两层所能概括的。这样，要探讨地层及遗迹年代的划分，是非常困难的。不过，F7、F2均被属于M66组的墓葬叠压或打破，层位年代当不晚于M66组。F7出土的高领折肩罐和M66组的M90随葬的高领双耳罐，虽存在有无双耳之分[3]，从整体形态观之，仍可归为一类器物。这两件器物有较大的区别，前者肩腹折角明显，可谓折肩；后者较瘦长，肩腹之间无明显折角，可谓溜肩。这就为把F7的年代定在M66组之前，提供了器物类型学的根据。

综上所述，可把大何庄遗存分为早晚四段：一段，以F7为代表；二段，M66组；三段，M89组；四段，M40组。为清晰起见，现将这四段包含的器物列成表四。

---

① 中国科学院考古研究所甘肃工作队：《甘肃永靖大何庄遗址发掘报告》，载《考古学报》1974年第2期，第31页。

② 中国科学院考古研究所甘肃工作队：《甘肃永靖大何庄遗址发掘报告》，载《考古学报》1974年第2期，第33页，图五。

③ 中国科学院考古研究所甘肃工作队：《甘肃永靖大何庄遗址发掘报告》，载《考古学报》1974年第2期，图二五：5。谢端琚：《论大何庄与秦魏家齐家文化的分期》，载《考古》1980年第3期，图二：14。

表四　一至四段陶器类型比较

器型 段别	泥质红陶(A)									夹砂粗红褐陶(B)			
	碗	圜底罐	侈口罐	侈口长颈罐	高领深腹罐	单耳罐	双大耳罐	高领双耳罐	豆	小口罐	侈口罐	单耳罐	双耳罐
四	Ⅰ	Ⅰ				Ⅰ	Ⅱ		Ⅲ		Ⅱ、Ⅲ、Ⅴ	Ⅰ	
三	Ⅰ、Ⅲ、Ⅵ		Ⅱ、Ⅲ	A		Ⅵ	Ⅰ、Ⅱ	A	Ⅰ、Ⅱ、Ⅲ		Ⅰ、Ⅱ、Ⅲ、Ⅳ、Ⅴ		Ⅰ
二		Ⅱ、Ⅲ	Ⅰ		A	Ⅱ、Ⅲ	Ⅰ	A	Ⅰ、Ⅱ	B	Ⅰ、Ⅳ、Ⅴ	Ⅱ、Ⅲ	Ⅰ、Ⅱ
一	高领折肩罐												

说明：A、B为未分式的器型。

三、秦魏家南墓地分段

秦魏家齐家文化墓地[①]。《报告》将其区分为南、北两墓地。前者位于T1～T19及C、E～I发掘区内，后者在T51～T55发掘区内。两者应区分开来的原因，除《报告》说的它们分布区域及死者头向有所不同外，同时，如后文所述，两墓地的年代也有区别。

两墓地所在区域的遗存种类及地层结构，存在着差异。南墓地遗存种类较多，有墓葬、“石圆圈”及窖穴，层位结构复杂。据TC南壁剖面图所示遗存的层位的先后顺序应是：④→⑧→H42→②→M97、M78、M10→①。而从《报告》图三[②]幻见到的南墓地遗存叠压或打破关系，有的显得更加复杂，如：

（1）M41→M53→H51→H50，M53→H49，M40→H41。

① 中国科学院考古研究所甘肃工作队：《甘肃永靖秦魏家齐家文化墓地》，载《考古学报》1975年第2期。

② 中国科学院考古研究所甘肃工作队：《甘肃永靖秦魏家齐家文化墓地》，载《考古学报》1975年第2期，第58页。

（2）M9→M89→H43，M19、M21→H43。

（3）M31→M74，M68→M74、M75→H49，M75→H22。

（4）H46→F1。

似乎不能将这里的墓葬“石圆圈”和窖穴简单地归入被它们打破的第二层或第三层。

同时，凡和墓葬存在着直接层位关系的窖穴，均被墓葬叠压或打破，甚至还隔了一个层次，可见，概言之，窖穴早于墓地。然而，窖穴之间也存在着叠压或打破关系，如：H36→H46→H41；H26→H55、H31→H27，等等，难以认为这些窖穴是同一时期的遗存。因出于窖穴的材料发表得太少，不能确认绝大多数窖穴的年代。

从发表的材料看，H1及H64的年代最早。H1出土了一件绳纹罐形斝（H1：1）和一只内带泥球、外壁饰着陶斝那样绳纹的斝足下部（H1：3）[①]。H64出一件绳纹甑（H64：1）[②]，和H1：3斝的绳纹相同。这几件器物当属同时期的制品。

1978年秋，甘肃省博物馆考古队试掘灵台桥村遗址[③]。这里的H4出土陶器最多，已发表的有带把罐形斝二件、甑一件、高领深腹罐三件、单把罐一件、双耳罐一件、盆两件和碗一件，共计十一件。我在1980年初写的《客省庄文化及其相关诸问题》中提出，带把罐形斝起始的年代，早于带把罐形鬲，并认为客省庄文化当单独地存在以罐形斝为代表的时期[④]。当时未见桥村材料。桥村H4出土了那么多陶器，不易寻到完整的或难以复原的斝就有两件，唯不见鬲，当不是偶然的现象。这一相当典型的共生单位，为上述拙著，提供了一个层位根据。H4的这两件罐形斝，形制完全一致。除带把外，其他特点均同于秦魏家的H1：1斝。其中H4：91也饰有和H1：1一样的绳纹。它们袋足内底也保留着像H1：3那样的泥球。这说明它们的制法相同，和客省庄一样，也是用泥条盘筑法制作的。同时也

① 中国科学院考古研究所甘肃工作队：《甘肃永靖秦魏家齐家文化墓地》，载《考古学报》1975年第2期，图版拾壹：12、11。

② 中国科学院考古研究所甘肃工作队：《甘肃永靖秦魏家齐家文化墓地》，载《考古学报》1975年第2期，图版拾壹：7。

③ 甘肃省博物馆考古队：《甘肃灵台桥村齐家文化遗址试掘简报》，载《考古与文物》1980年第3期。

④ 《客省庄文化及其相关诸问题》，载《考古与文物》1980年第4期。关于以罐形斝为代表的时期，是归入客省庄文化，还是另外命名为他种文化，还可研究。

应指出，H64：1陶甑的形态，完全同于桥村H4：32陶甑[①]。两者的区别仅是前者为绳纹，后者为篮纹。虽然，不能认为以H1为代表的秦魏家遗存的文化性质和以桥村H4为代表的遗存相同，但其文化面貌相似的程度，却使我们认为它们之间必定存在着密切的文化交往。交往又需以它们的年代同时为前提，所以，它们是并存的联系紧密的两种遗存。

秦魏家H68：3和M89：1两件双大耳罐，形制相似，《报告》把它们编为同一式。仔细看来，还是有区别的。《报告》把它们同时作为标本介绍出来，显然也是看到了两者的形制差异。H68：3双大耳罐较M89：1显得粗肥，两耳上端都穿有在M89：1不见的长方形孔。耳上装饰长方形孔完全同于皇娘娘台M38：12那件，但H68：3的器形比M38：12矮胖许多。同时，它明显地区别于桥村H4：27双耳红陶罐。类型上，虽不能将H68：3和皇娘娘台Ⅱ、Ⅲ式双大耳罐归为一型，但体形的肥瘦情况，两者却有些近似。和它的形制基本雷同的是皇娘娘台M24出土的双耳瓶[②]。H68的年代，当早于M89，晚于以H1为代表的遗存，而和皇娘娘台M27组（即四段）相同。

可见，这里的窖穴至少可分为两个时期：其一，以H1为代表的遗存；其二，以H68为代表的遗存。前者早于后者。这里先将H1为代表的遗存和H68为代表的遗存分别定为秦魏家南墓地一段和二段。

“三层”的M36、M43、M53、M74、M75、M89、M98、M109[③]共八座墓葬。层位上早于“二层”排列有序的九十九座墓葬。同时，出土的器物又有区别，《报告》认为“它们之间有早晚关系，即下层墓葬要比上层早些”[④]。这无疑是正确的。

从“三层”墓葬和直接叠压其上的M9、M30、M41诸墓随葬陶器比较[⑤]可以看出，前者比后者矮肥，同时，颈、腹转角较为明显。“三层”墓随葬陶器的风格，接近于皇娘娘台墓葬出土的陶器。M9、M30、M41诸墓的陶器，则和皇娘娘

① 甘肃省博物馆考古队：《甘肃灵台桥村齐家文化遗址试掘简报》，载《考古与文物》1980年第3期，图版叁：1。

② 甘肃省博物馆：《甘肃武威皇娘娘台遗址发掘报告》，载《考古学报》1960年第2期，图版伍：2。

③ M109未出器物，从地层考虑，暂把它和其余七座墓葬视为同期。

④ 中国科学院考古研究所甘肃工作队：《甘肃永靖秦魏家齐家文化墓地》，载《考古学报》1975年第2期，第68页。

⑤ 直接压在“三层”基上的基葬五座。其中M31及M68未随葬陶器。

台随葬的陶器作风相去甚远（图一）。

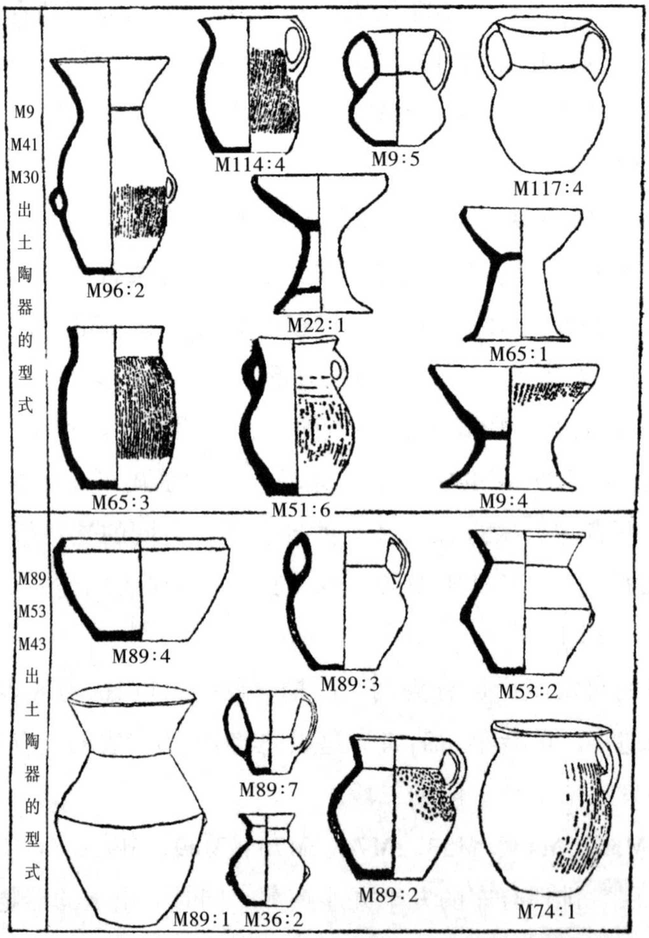

图一　秦魏家M43、M53、M89、M30、M41、M9出土器物比较图

M36出土的带把罐形鬲的年代，显然晚于H1：1罐形斝[①]，同时，鉴于前述关于H68年代早于M89的估计，当把“三层”八座墓葬定为秦魏家南墓地三段。

秦魏家南墓地“二层”墓葬一〇一座，均无打破关系，其中九十九座[②]排列有序，整齐地分为六排，形成完整的墓地。层位关系未提供探讨这墓地诸墓葬早晚年代的线索。大何庄遗存在秦魏家遗存之东北，相距仅500米，两者均属齐家文化。故从大何庄墓地研究中提出的确定段别的标准器物，无疑可作为探讨秦魏家

① 张忠培：《客省庄文化及其相关诸问题》，载《考古与文物》1980年第4期。

② 另两座墓葬的位置，在这九十九座墓葬组成的墓地北面，TA探沟之内。它们的头向及层位完全一致，是有联系的，从布局上看，这两墓却在那九十九座墓葬组成的墓地之外。

南墓地分段的重要依据。

高领双耳罐和双大耳罐，是大何庄划分段别的两种重要的标准器物，同时，它们又是秦魏家南墓地常见的器物。让我们先从两地这两种器物的对比分析入手，以探寻研究秦魏家南墓地分段的起步点。

在讨论大何庄遗存分段时，我们已指出这里的高领折肩罐（F7：3）和高领双耳罐，是同类型的先后不同阶段的两种器物形态。F7：3高领折肩罐的肩、颈折角明显，通高和腹径的比例为1.7：1；《报告》作为高领双耳罐标本的M90：4肩、颈已不见明显的折角，通高和腹径的比例为2：1。总之，后者较前者瘦长，似乎使人感到归向流线型形态是这种器物演变的趋势。未标明层位的TA：35高领折肩罐的肩颈及肩腹的转角程度，和通高与腹径的比例情况（1.64：1）均同F7：3接近，两者的年代亦当基本相同。秦魏家Ⅲ式高领双耳罐的颈肩、肩腹转角和肥瘦情形，介于大何庄F7：3及TA：35和M90之间，而比较接近于前者。同地的Ⅳ式高领双耳罐的形态，则和大何庄M90：4高领双耳罐雷同。根据上述，可以推知秦魏家Ⅲ式高领双耳罐的年代，应在大何庄F7：3、TA：35高领折肩罐和M90：4高领双耳罐之间，Ⅳ式的年代，则晚于同地的Ⅲ式。

大何庄高领双耳罐只见于出Ⅰ式双大耳罐（四例）或Ⅰ、Ⅱ式共生（一例）的墓葬；同时，凡单出Ⅱ式双大耳罐的墓葬，则不出高领双耳罐。可见，高领双耳罐的年代，是和Ⅰ式双大耳罐相始终的。

大何庄的Ⅰ式双大耳罐早于Ⅱ式。其间形态上的区别，是后者比前者的腹部更为鼓出而下移，底径和腹径最大处的比例缩小，颈部伸长，和颈肩转角趋向和缓。两者形态的演化趋势，和高领双耳（折肩）罐的演进方向相同。

秦魏家的Ⅴ式双大耳罐和大何庄Ⅱ式双大耳罐雷同。Ⅳ式双大耳罐比大何庄Ⅰ式双大耳罐的最大腹径处偏上一些，底径和腹径最大处的比例较大，颈部较短，和颈肩转角明显许多。按大何庄Ⅰ、Ⅱ式双大耳罐形态的演进趋向，当把秦魏家Ⅳ式双大耳罐出现的年代，定在大何庄Ⅰ式双大耳罐之前。同时，出于同样的道理，也应将秦魏家Ⅲ式双大耳罐出现的年代，推定早于同地的Ⅳ式双大耳罐。

现将秦魏家和大何庄两地的高领双领（折肩）罐和双大耳罐形态及年代对比关系，排成图二。

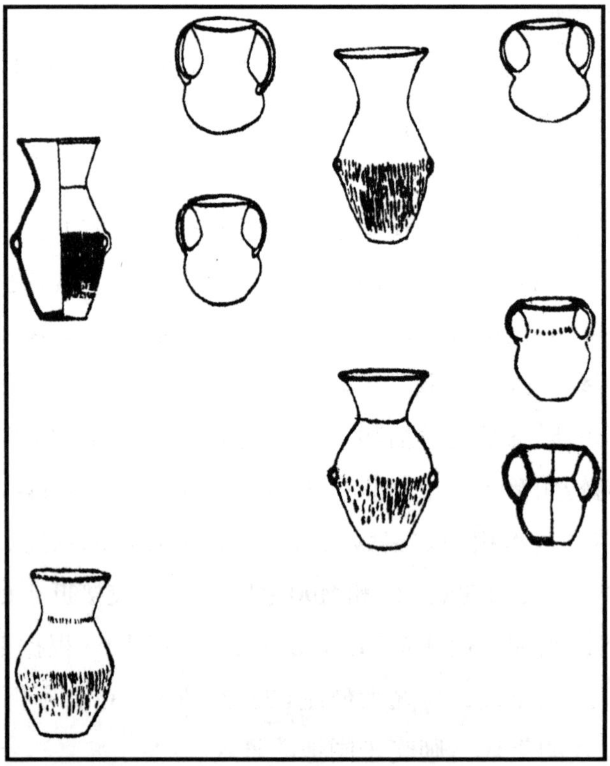

图二 大何庄和皇娘娘台高领双耳(折肩)罐、双大耳罐图

明确了秦魏家高领双耳罐和双大耳罐的形态变化的相对年代关系之后，试通过两种器形的式别共生关系，做探讨秦魏家南墓地分段的尝试。

南墓地出Ⅳ式双大耳罐的墓葬十九座。就其和高领双耳罐的关系来看，除M10、M12、M19、M21、M47、M56、M61、M83、M100等九座墓葬未出高领双耳罐外，在出高领双耳罐的十座墓葬中，M24、M41、M60、M65、M69、M84、M88、M9等八座墓葬为Ⅲ式，仅M52及M103两墓是Ⅳ式。相反，在十三座出Ⅴ式双大耳罐的墓葬中，也按共和高领双耳罐的共生关系来说，除去M1、M27、M54、M57等四座未随葬高领双耳罐外，M6、M13、M42、M44、81等五座墓是和Ⅳ式共生，M9、M20、M90、M95四座则同出Ⅲ式高领双耳罐。可见，M9是唯一的一座共含Ⅳ、Ⅴ两式双大耳罐的墓葬。据前面排定的双大耳罐式别的年代关系，可把M9视为用Ⅴ式双大耳罐替代Ⅳ式双大耳罐作为随葬用品的过渡阶段。

同时，在用Ⅳ式高领双耳罐随葬的墓葬中，M8、M11、M39三座墓葬出Ⅱ式双大耳罐。反之，出Ⅲ式高领双耳罐的墓葬中，则未见一座墓葬出Ⅱ式双大耳罐。

其次，在出Ⅱ式双大耳罐的M40中，同出Ⅴ式高领双耳罐，以及在随葬Ⅳ式高领双耳罐的M33中，也见到Ⅶ式双大耳罐。据Ⅴ式高领双耳罐及Ⅶ式双大耳罐形态判断，不能把这两墓的现象视为偶然的孤例。这两种器物的出现年代，当在Ⅲ式高领双耳罐及Ⅳ式双大耳罐之后。最后，出Ⅲ式高领双耳罐的M82，同时随葬Ⅲ式双大耳罐，而在出Ⅳ式高领双耳罐的墓葬中，却没有出Ⅲ式双大耳罐的。这也反映了Ⅲ式双大耳罐作为随葬品的年代，不会晚到用Ⅳ式高领双耳罐随葬的时候。

这样，可以把Ⅲ、Ⅳ式双大耳罐和Ⅲ式高领双耳罐共生的墓葬，或只出Ⅲ式高领双耳罐而不见双大耳罐的墓葬，以及不用高领双耳罐仅以Ⅴ式双大耳罐随葬的墓葬，定为秦魏家南墓地四段；将Ⅴ式或Ⅱ式双大耳罐和Ⅳ式高领双耳罐共生的墓葬，单出Ⅳ式高领双耳罐或Ⅴ式（Ⅱ式）双大耳罐的墓葬，或Ⅱ式双大耳罐及Ⅴ式高领双耳罐共生的墓葬，以及Ⅳ式高领双耳罐、Ⅶ式双大耳罐伴出的墓葬，定为南墓地六段；少数几座Ⅳ式或Ⅴ式双大耳罐和Ⅳ式或Ⅲ式高领双耳罐共生的墓葬的年代，或在四、六段之间，或可晚到六段，虽还可以做进一步的具体分析，这里先暂把它们从其余已定段别的墓葬区分开来，列为秦魏家南墓地第五段。

依上述分段标准，M10、M12、M17、M19、M21、M23、M24、M30、M34、M37、M41、M47、M56、M60、M61、M65、M69、M82、M83、M84、M86、M55、M96、M100、M104、M115计二十六座墓葬，当属四段；M9、M20、M52、M90、M95、M103计六座墓葬，属五段；M1、M3、M6、M8、M11、M13、M22、M27、M29、M33、M35、M38、M39、M40、M42、M44、M54、M55、M57、M58、M67、M78、M80、M81、M87计二十五座墓葬，可定在六段。这样，可确定段别的墓葬共五十七座。在一〇一座墓葬中，有二十六座墓葬未出陶器。已定段别的墓葬，占随葬陶器墓总数的76%。它说明以上述标准识别墓葬的段别，具有相当广泛的效能。为弄清四至六段的关系，以及探讨随葬陶器而未确定段别的墓葬的年代，有必要通过对各段墓葬出土陶器进行类型比较，以筛选、提炼出识别段别的新的标准器形。为此，现将四至六段墓葬随葬陶器类型排成表五。

可见，这三段之间有相当一部分器物的形态缺乏变化。五段墓葬出土器类的77%多不见于四段，见于六段，或四、六两段都有发现。只有Ⅰ式双小耳罐、Ⅳ式单小耳罐和Ⅳ式双耳罐是四、六段没有的，但它们分别只在一墓中见过一次，难以认为它们是确认五段的标准器物。

表五　秦魏家墓地四至六段墓葬随葬陶器类型表

段别	杯	碗	盆	敞口罐	折腹罐	瓶	单耳罐	双小耳罐	双大耳罐	豆	侈口罐	长颈罐	单小耳罐	双耳罐
六	Ⅱ	Ⅰ、Ⅱ、Ⅲ、Ⅳ	Ⅳ	Ⅱ、Ⅲ	Ⅲ		Ⅱ、Ⅲ、Ⅴ、Ⅶ		ⅡⅤ、Ⅶ	Ⅱ、Ⅲ、Ⅴ、Ⅵ、Ⅶ	Ⅶ、Ⅷ		Ⅰ	Ⅲ
五		Ⅳ	Ⅲ	Ⅲ				Ⅰ	Ⅳ、Ⅴ	Ⅱ、Ⅴ	Ⅲ、Ⅵ	Ⅱ	Ⅳ	Ⅳ
四		Ⅲ		Ⅰ		Ⅱ	Ⅲ、Ⅳ、Ⅴ、Ⅶ		Ⅲ、Ⅳ	Ⅱ、Ⅲ、Ⅴ、Ⅶ	Ⅲ、Ⅳ、Ⅵ、Ⅸ		Ⅰ、Ⅲ	Ⅲ

同时，四、六段墓葬出土而相互区别的某些器物，如Ⅱ式杯，Ⅱ式碗，Ⅰ、Ⅱ式敞口罐，Ⅳ、Ⅶ、Ⅷ式单耳罐，Ⅵ式豆，Ⅷ、Ⅸ式侈口罐，Ⅲ式单小耳罐和Ⅱ式长颈罐，也都只在一墓中发现过一次，并且在北墓地亦未见到这类器物①，先不说把它们作为区分段别的标准器物的或然率太小，即使认为它们是分段的标准器物，那对于认识随葬陶器而未分段的墓葬的段别，是没有任何意义的。同样，六段出土的Ⅱ式单耳罐，除有耳外，形态基本上同于四段的Ⅰ式敞口罐。因此，我们难以认为这些器物是确立四、六段墓葬的标尺。这样，一方面使我们见到四至六段之间的紧密联系，另一方面，除了上述划分段别的标准器物外，又使我们可以将Ⅱ式瓶及Ⅲ、Ⅳ式侈口罐，和Ⅲ式敞口罐及Ⅲ式折腹罐，分别增为四段和六段的标准器物。

据此，应把M45、M91、M51、M85、M112和M49、M62、M99，分别定为四段和六段。

四、秦魏家北墓地分段

北墓地二十九座墓葬，均无打破、叠压关系，位于同一层位。只能据南墓地分段的认识，结合这里随葬陶器的组合关系，以探讨这处墓地诸墓葬的年代早晚问题。

高领双耳罐和双大耳罐的式别及组合关系，是我们认识南墓地墓葬段别的主

① Ⅱ式长颈罐两件，一件出自南墓地M115，一件是在北墓地M117中发现的，据发表的插图及照片看，它们的形态是有区别的。

要依据。这两种器物在北基地的式别及组合的基本情况如下。

1.这里墓葬总数约76%的二十二座墓葬，都随葬高领双耳罐。其中随葬Ⅲ式高领双耳罐的墓葬十九座，占随葬高领双耳罐墓葬总数的86%，出Ⅳ式或Ⅰ式高领双耳罐的墓葬，分别仅为两座或一座。

2.在出Ⅲ式高领双耳罐的十九座墓葬中，有十八座伴出双大耳罐。其中随葬Ⅲ式或Ⅵ式双大耳罐的墓葬，各为五座，出Ⅲ、Ⅳ式两种双大耳罐和Ⅳ、Ⅵ两式双大耳罐的墓葬，分别为六座和两座。

3.两座出Ⅳ式高领双耳罐的墓葬，伴出的双大耳罐的式别，是不相同的。一座为Ⅲ式，另一座为Ⅳ式。

4.随葬Ⅰ式高领双耳罐的墓葬，出土的双大耳罐是Ⅲ、Ⅳ两式。

可见，北墓地较广泛地用Ⅲ式双大耳罐随葬，新见Ⅵ式双大耳罐及Ⅰ式高领双耳罐，罕见Ⅴ式双大耳罐，以及高领双耳罐和双大耳罐式别组合的变化，是它和南墓地之间存在的一些差别。因此，不能简单地套用南墓地分段的认识，来解决北墓地的分段。

上述基本情况表明，北墓地诸墓葬随葬器物的一个重要因素，即高领双耳罐的式别变异不大，而和它结成伙伴的双大耳罐的式别，却存在引人注目的差异。例如，同是随葬Ⅲ式高领双耳罐的十八座墓（M125、M119、M108、M107、M132、M113、M110、M122、M105、M123、M128、M130、M117、M127、M137、M136、M120、M124），伴出的双大耳罐的式别，就存在如下四种情形：Ⅲ；Ⅲ、Ⅳ；Ⅳ；Ⅳ、Ⅵ。

因此，探讨不同式别的双大耳罐和双大耳罐的不同的式别组合是否存在着早晚，是研究北墓地可否分段的契机。

北墓地十八座随葬Ⅲ式高领双耳罐的墓葬，有的伴出单一的Ⅲ式或Ⅵ式双大耳罐，有的伴出Ⅲ、Ⅳ两式或Ⅳ、Ⅵ两式双大耳罐。由于这批墓葬出土的双大耳罐的式别及其组合存在着差异，可否通过它们探讨Ⅲ、Ⅳ、Ⅵ式双大耳罐的年代关系。

因为这里的双大耳罐只存在Ⅲ、Ⅵ和Ⅳ、Ⅵ两种组合，可知Ⅲ、Ⅵ两式双大耳罐在年代关系上不可能接近，而Ⅳ、Ⅵ两式双大耳罐的年代则当接近。据此，应把单出Ⅳ式双大耳罐墓葬的年代，排在出上述两种组合的双大耳罐的墓葬之间，即共出Ⅲ、Ⅵ两式双大耳罐的一侧，而把单出Ⅲ式双大耳罐的墓葬摆在这类墓葬的另一侧。这十八座墓葬没有提出确定Ⅲ、Ⅳ、Ⅵ式双大耳罐年代关系的材料，但它所显示的逻辑规定人们只能在如下两种年代序列中进行非此即彼的选择。

1.Ⅲ（M107、M108、M119、M125、M132）→Ⅲ、Ⅳ（M105、M110、M113、M122、M123、M128）→Ⅳ（M117、M127、M130、M236、M137）→Ⅳ、Ⅵ（M120、M124），即双大耳罐式别的年代序列为Ⅲ→Ⅳ→Ⅵ。

2.上述颠倒过来的年代序列。

可见，要在这两种年代序列间做出抉择，需要求证的关键是Ⅲ与Ⅳ式或Ⅲ与Ⅵ式双大耳罐任何一组的年代关系。

应当指出，在讨论南墓地的时候，已据大何庄双大耳罐的演进趋向，以及南墓地与大何庄双大耳罐的形态比较，说明了Ⅲ式双大耳罐早于Ⅳ式双大耳罐。但限于南墓地只有M82出Ⅲ式双大耳罐，当时，我们在确定墓葬段别时，却据同它伴出的Ⅲ式高领双耳罐，将M82的年代定在以Ⅲ式高领双耳罐及Ⅳ式双大耳罐共生为特征的四段，而未进一步讨论Ⅲ、Ⅳ两式双大耳罐的年代。

北墓地随葬的双大耳罐的式别，有Ⅲ、Ⅳ、Ⅴ及Ⅵ四种；它们的式别组合形式也只有Ⅲ、Ⅳ，Ⅳ、Ⅴ和Ⅳ、Ⅵ三种。Ⅴ式双大耳罐晚于Ⅳ式双大耳罐，以及Ⅳ、Ⅴ两式双大耳罐共生的墓葬晚于单出Ⅳ式双大耳罐的墓葬，而早于单出Ⅴ式双大耳罐的墓葬，是在研究南墓地分段时已认识的事实。

我们知道，秦魏家没有Ⅲ、Ⅴ两式双大耳罐共生于一墓葬的例子，仅在北墓地见到M105、M106、M113、M114、M110、M122、M123、M128共八座墓葬均是Ⅲ、Ⅳ两式双大耳罐伴出的情况，而在北墓地M135及南墓地M9看到Ⅳ、Ⅴ式双大耳罐共存的现象，在已知Ⅴ式双大耳罐晚于同类器物的Ⅳ式的情况下，这些不同式别的双大耳罐伴存现象所显示的逻辑，表明Ⅳ式双大耳罐的使用年代，当延续到Ⅴ式双大耳罐出现的时候，Ⅲ、Ⅳ两式双大耳罐曾在一段时间内共存，但Ⅲ式双大耳罐的使用年代，不能延续到出现Ⅴ式双大耳罐的时期。换句话说，即这些式别双大耳罐出现的年代顺序只能是Ⅲ式最早，Ⅴ式最晚，Ⅳ式居中。

然而，要肯定Ⅲ式双大耳罐早于同类器物的Ⅳ式，还需对M126的情况做些分析。

M126是秦魏家唯一同时用Ⅲ式双大耳罐及Ⅳ式高领双耳罐随葬的墓葬。南墓地的情况已经证实：Ⅳ式双大耳罐与Ⅲ式高领双耳罐共生的墓葬，早于Ⅴ式双大耳罐同Ⅳ式高领双耳罐伴出的墓葬。可否据M126情况，修正这一认识，或者对这一认识做些补充说明。如把M126的双大耳罐和高领双耳罐的式别组合，放在北墓地含这两种器物的墓葬中进行排比，即可发现不仅难以修正或补充以往任何一点认识，而且也找不到任何一种方案，排通它们的年代关系。比如依双大耳罐Ⅲ→Ⅳ→Ⅵ式，或Ⅵ→Ⅳ→Ⅲ式的年代序列，去排比高领双耳罐的年代顺序，见到的是Ⅲ（M107、M108、M109、M125、M132均Ⅲ式双大耳罐）、Ⅳ（M126，Ⅲ式双大耳罐）→Ⅲ（M105、M110、M113、M122、M123、M128、M117、M127、M130、M136、M137和M120、M124十三座墓葬，伴出双大耳罐的式别依次是Ⅲ、Ⅳ→Ⅳ→Ⅳ、Ⅵ）→Ⅵ（M134，Ⅵ式双大耳罐）①的顺序，或者是同此截然相反的顺序；反之，依高领双耳罐Ⅲ→Ⅳ或Ⅳ→Ⅲ之年代序列，在排列双大耳罐时，遇到的是Ⅲ→Ⅲ、Ⅳ→Ⅳ→Ⅳ、Ⅵ（前述随葬Ⅲ式高领双耳罐的M107等十八座墓葬）→Ⅵ（M134，Ⅳ式高领双耳罐），Ⅲ（M126，Ⅳ式高领双耳罐）或是Ⅵ、Ⅳ→Ⅳ→Ⅳ、Ⅲ→Ⅲ（亦是M107等十八座墓葬的另一种排列）→Ⅵ（M134）、Ⅲ（M126），或者分别同这两种情形完全相反的顺序。可见，没有一条途径，使它们摆脱彼此排斥的矛盾而得到自拔。因此，不能依M126的情况，修正从研究南墓地以及本节分析双大耳罐式别时得出的认识。

这样，依据Ⅲ式双大耳罐出现的年代早于同类器物Ⅳ式的认识，可把凡是未出Ⅳ式高领双耳罐，而分别随葬Ⅲ式，Ⅲ、Ⅵ式和Ⅳ式双大耳罐的墓葬，定为北墓地的一段、二段和三段。定为一段的是M107、M108、M118、M119、M125、M132等六座墓葬，二段的是M105、M106、M110、M113、M114、M122、M123、M128等八座墓葬，三段的墓葬则是M117、M121、M127、M130、M131、M133、M136、M137等八座。

M120及M124两墓均出Ⅲ式高领双耳罐，与其伴出的是Ⅳ、Ⅵ两式双大耳罐，在M134中，Ⅵ式双大耳罐和Ⅵ式高领双耳罐共生。故Ⅵ式双大耳罐用作随葬器物的年代，可延至使用Ⅳ式高领双耳罐随葬的时候，它作为随葬器物的年代上限，可推到使用Ⅲ式高领双耳罐随葬的时期，但不能早过使用Ⅳ式双大耳罐随葬的年代。这样看来，当把M120、M124、M134三墓的年代，估定为早不到三段，或至

① 《报告》墓葬登记表中的陶器式别，不少是与配有图版的叙述陶器的文字说明的式别不符的。例如，M134双大耳罐Ⅵ→Ⅳ（→右侧为文字说明的式别，左侧为登记表中的式别，下同）。M127高领双耳罐Ⅲ→Ⅳ、M107盆Ⅵ→Ⅵ、M58杯Ⅱ→Ⅰ、M40侈口罐Ⅷ→Ⅸ和M9双耳罐Ⅳ→Ⅵ，等等，当是登记表排印之误，本文一律依叙述陶器的文字说明的式别做了校正。

早和三段同时。

M135是Ⅵ、Ⅴ两式双大耳罐共存的一座墓葬。它的年代当和M120、M124、M134三墓约略同时。

M129和M138未出分段的标准器物。M129随葬Ⅱ式陶瓶和Ⅱ式单把罐形鬲。前者仅见于定为一段的M108，后者去三足之后，和二段的M114出土的Ⅰ式单小耳罐（4）的形态近似。M138随葬Ⅲ式高领双耳罐。故虽不能确指这两墓的具体段别，但可估计它们的年代亦当在北墓地三段之内。

现将三段墓葬的随葬陶器的共存关系排成表六。

表六　秦魏家北墓地三段陶器比较表

段别	碗	盆	敞口罐	折腹罐	瓶	单耳罐	双耳小罐	双大耳罐	豆	侈口罐	长颈罐	单小耳罐
三	Ⅲ、Ⅳ2	Ⅲ1		Ⅰ1		Ⅱ1、Ⅲ1		Ⅳ10、Ⅵ4	Ⅱ1	Ⅲ6、Ⅳ4、Ⅵ3	Ⅱ1	Ⅱ1
二	Ⅱ、Ⅲ2、Ⅳ1			Ⅲ1		Ⅲ1、Ⅴ2		Ⅲ8、Ⅳ8	Ⅰ1	Ⅰ1、Ⅱ1、Ⅲ2、Ⅳ2、Ⅵ2		Ⅰ1
一	Ⅲ1	Ⅳ1	Ⅲ1	Ⅰ1	Ⅰ2、Ⅱ1	Ⅲ1	Ⅱ1	Ⅲ6	Ⅱ1	Ⅳ1、Ⅵ3		Ⅱ1

说明：1.罗马字为器物式别，阿拉伯字为件数。

2.M120、M124、M134统计在三段内。

3.M126、M129、M135、M138未统计。

4.Ⅵ式双大耳罐《报告》文字说明是3件，墓葬登记表M120、M124各出1件，M134出2件，共4件。

从上表可以看出，北墓地三段陶器的一些器类式别形态的更替和主要器类的组合形式的变化，显示出它有发展过程中的阶段性。同时，上述更替、变化的渐进性，和某些式别的器类贯穿三段的情况，却显示三段之间的联系非常密切。总之，北墓地是经历了依次渐进的三段时间内形成的一处墓地。

五、分期与源流

(一)对齐家文化的源流的研究,有赖于对它分期的正确认识

讨论齐家文化分期的基础，是迄今考古工作积累起来的有关资料。除前面分析过的几批资料外，还有将在后文提及的一些零星资料。它们基本上出于墓葬，遗址出土得很少。这自然将影响我们对齐家文化的面貌及分期的认识。同时，正如前面已指出的，齐家文化的分期与其遗址及墓地的分段是既有联系，又有区别的两个课题。遗址及墓地的分段和文化的分期，虽都是确认当时文化进程中的临界域，但其间是存在区别的。

第一，属于一考古文化的某一村落或墓地，只是这一文化所属的某一人们共同体的遗存。任何一考古文化总有这样的若干个人们共同体而占着相当广泛的地理范围。它们在共同具有某些文化要素的情况下，也往往存在着一些地域性的差别。对一遗址或墓地的遗存的分段，不存在地域性差别问题，而探讨一考古文化的分期，虽主要着眼于它的共同文化要素外，也往往要顾及这一文化的地域性差别。

第二，一遗址或墓地的起讫年代，往往只是它所属的考古文化存续年代内的一部分时间。前面讨论的四处墓地的起讫年代，都只是目前公认的齐家文化存续期间内的部分时间。因此，只有在归纳、提炼对它们分段的正确认识的基础上，并把它们联结起来，才能产生齐家文化分期的认识。

第三，对文化进程的认识也存在区别。这一般表现在如下两个方面：(1) 准确认识的程度。例如，在只分析秦魏家南墓地的情况下，往往容易忽视随葬Ⅲ式双大耳罐M82和其他的四段墓葬之间存在实际区别，将它归入四段，又如不把秦魏家两片墓地联系起来考察的话，很可能会将M135归入南墓地五段，可见，只从一遗址或墓地遗存分段，而不着眼于文化分期的考察，将影响认识的准确程度；(2) 在反映文化进程之临界域的认识方面也将存在着区别。这可从将要讨论的文化分期和前述诸遗存的段别之间的区别得到说明，现需要指出的一点是，从表面上看，文化分期似乎显得粗一些，分段似乎显得细一些，但从实质上观察，分期比起分段，更能准确地认识文化进程的临界域，也就是更能抓住文化演变过程中的质的差别。

(二)现在,让我们直接讨论齐家文化的分期

从前几节所述墓葬段别已看出，皇娘娘台的三段、大何庄三段、秦魏家南墓地五段和秦魏家北墓地二段，均基本上缺乏标志本段的特征性器物。具有类型特征的器物是考古文化分期的标尺。上述那些段别对估定某些墓葬的年代虽有其必要性，对考古文化分期却没有什么意义。因此，在讨论齐家文化分期时，自然可以不顾及这些“过渡性”的段别。

秦魏家遗存的年代跨度较大，内涵和大何庄及皇娘娘台有一定的联系。通过对它的分析，将为探讨齐家文化的分期找到契机。

秦魏家南北两片墓地的墓葬均被分为三段。其中南墓地的五段及北墓地的二段，都是不必顾及的“过渡性”段别。这两段墓葬出土的器物，可按其情况分别处理如下。

1. 凡是其前后段别的标准器物，自当归入相应的段别。

2. 凡墓地内仅见于一座墓，对分期无意义的器物，应随同原段别剔出陶器比较表。

3. 将本段自有的，且至少两次见于不同墓葬，有分期意义的器物，据“过渡性”遗存的年代可能晚到其后一段的情况，均分别计入南墓地六段或北墓地的三段。

同时，从北墓地一、三段及南墓地四、六段剔除那些只在墓地见过一次的，或早晚诸段互见的，无分期意义的器物。这样，从展现在我们面前的四段墓葬出土器物统计表可以看出，两片墓地各两段之间存在着不小的差别，北墓地前一段和南墓地后一段区别更大，而北墓地后一段与南墓地前一段却基本相同。后者共出Ⅲ式盆、Ⅴ式单耳罐、Ⅲ及Ⅳ式侈口罐、Ⅱ式长颈罐、Ⅰ式单小耳罐、Ⅳ式双大耳罐和Ⅲ式高领双耳罐，表明它们的年代相近，可以合并为一段。它和南墓地后一段出土的双大耳罐及高领双耳罐的形态判然有别，却和北墓地的前一段共出Ⅲ式高领双耳罐，显示出三者之间在年代上的亲疏关系。

秦魏家南墓地三段，即以“三层”八座墓葬为代表的遗存，出土的绝大多数器物的式别，均和前述秦魏家三段墓葬的器物存在着明显的差别，只有Ⅰ式双小耳罐、Ⅱ式单小耳罐及Ⅶ式单耳罐三种器物见于前三段。关于后者，还需做些说明。《报告》文字说明Ⅱ式单小耳罐只有一件（M74：1），而在墓葬登记表中于M53、M107及M120却又各见到一件。同样，Ⅰ式双小耳罐在墓葬登记表中只见

于M89[①]、M98和M90，而在文字说明中却指明出土五件，以及《报告》说Ⅶ式单耳罐一件，登记表则载明M8、M98各有一件。这是否是排印失误？更为重要的是作为这三种器物的标本，前两种出自“三层”墓葬，后一种出自“二层”的M8，其形态矮肥，而和秦魏家三段的器物形态瘦长截然不同。总之，“三层”八座墓葬和秦魏家三段墓葬的同类器物的形制区别较大，表明它们之间的年代存在相当的间距。

同时，在讨论秦魏家南墓地段别时，已说明以H1为代表的遗存早于以H68为代表的遗存，以及后者又早于“三层”墓葬，这样，可以把秦魏家诸遗存的年代及其代表性器物列成表七。

表七　秦魏家诸遗存的年代关系

	碗	盆	折腹罐	瓶	单耳罐	双小耳罐	双大耳罐	高领双耳罐	豆	侈口罐	长颈罐	单小耳罐	双耳罐	鬲
四	Ⅰ		Ⅲ		Ⅱ、Ⅴ、Ⅶ	Ⅰ	Ⅱ、Ⅴ、Ⅶ、Ⅵ、	Ⅳ、Ⅴ	Ⅲ、Ⅴ、Ⅶ			Ⅰ	Ⅲ	Ⅱ
三 乙	Ⅰ	Ⅲ	Ⅰ、Ⅲ	Ⅱ	Ⅱ、Ⅴ		Ⅳ	Ⅰ、Ⅲ	Ⅰ、Ⅲ、Ⅴ、Ⅶ	Ⅲ、Ⅳ	Ⅱ	Ⅰ、Ⅱ	Ⅲ	
三 甲			Ⅰ	Ⅰ、Ⅱ		Ⅱ	Ⅲ	Ⅲ		Ⅳ		Ⅱ		
二		Ⅶ	Ⅱ		Ⅵ、Ⅶ	Ⅰ	Ⅰ	Ⅶ		Ⅴ		Ⅱ、Ⅳ、Ⅴ		Ⅲ
一	双大耳罐													
H1	罐形斝													

表七需补充说明两点：(1) Ⅳ式双大耳罐共出三件，在M120及M124中，它是和Ⅲ式高领双耳罐共生，出自M134的那件，则和Ⅳ式高领双耳罐伴出，而未见它和Ⅴ式双大耳罐共出的例子，估计它基本上和Ⅲ式高领双耳罐同时，虽然可以晚到Ⅳ式高领双耳罐出现的年代，但不会晚于用Ⅴ式双大耳罐做随葬品的时候；(2) Ⅱ式鬲和Ⅱ式瓶同出于M129，同时，去三足后的扁身形态，颇似Ⅷ式单耳罐及Ⅰ式单小耳罐，考虑到Ⅱ式瓶、Ⅰ式单小耳罐在表中的位置，以及Ⅷ式单耳罐当定在三乙的情况[②]，估定Ⅱ式鬲基本上应处在三乙阶段，也可晚到四段。

①《报告》墓葬登记表把M89的双小耳罐（Ⅰ）排印成双耳罐（Ⅰ），是错误的。《报告》在说明双小耳罐时，以M89：3作为双小耳罐的标本，并附有插图及图版。

②Ⅷ式单耳罐只见一件，出在M37。它是南墓地四段的标准器物，因仅出一件，故在这表中删去。

（三）下面讨论齐家文化其他遗存和秦魏家的年代关系

大何庄和秦魏家的年代关系，本文第三节已进行了充分讨论。大何庄的第三段，是并含二、四段陶器组合的墓葬，按分段的标准器物，大何庄只需分为三段，即撤去三段，保留原来的一、二及四段。大何庄高领双耳罐及Ⅰ、Ⅱ式双大耳罐和秦魏家Ⅳ式高领双耳罐及Ⅴ式双大耳罐的关系，以及大何庄的Ⅰ式单耳罐、高领深腹罐及Ⅱ式豆，分别和秦魏家Ⅱ式单耳罐、Ⅱ式瓶（M112：1）及Ⅶ式豆雷同的情况，当知大何庄二、四段的年代，基本上相当于表七秦魏家四段。同时，F7出土的那件高领折肩罐的年代，早于秦魏家Ⅲ式高领双耳罐。那么，以F7为代表的大何庄一段，也就应早于上表秦魏家三段。又据第三节讨论高领双耳罐形态演进的趋势之意见，当把F7之高领折肩罐出现的年代，估定在秦魏家Ⅶ式高领耳罐之后，即应认为大何庄一段的年代，在上表秦魏家二、三段之间。

1945年，夏鼐先生在阳洼湾发掘两座齐家文化的墓葬，皆出形式雷同的双大耳罐，M1的几件单耳罐和M2的双耳罐的器身形态，也基本相同，两墓的年代当大致同时。其双大耳罐酷似秦魏家Ⅵ式双大耳罐，M1：5单耳罐的器身，也和秦魏家Ⅳ式双大耳罐的器身相似[①]，故这两墓的年代基本上应和表七秦魏家三乙段相当。

天水七里墩出土的高领双耳罐[②]，1956年在天水、甘谷调查采集见到的遗存[③]，以及解放前齐家坪出土的大部分陶器[④]，基本上和秦魏家表七的三段的同类器相似，其年代也应相当。

皇娘娘台四段，除去兼有二、四段标准器的三段外，实是分为三段。在讨论秦魏家南墓地二段，即以H68为代表的遗存年代时，已说明H68：3双大耳罐的形态，和皇娘娘台M24出土的双耳瓶雷同，从而认为秦魏家四段，也就是表七的一段的年代，当和皇娘娘台四段相当。从器物形态观察，皇娘娘台一、二、四段，尤其是二、四段，是自早至晚依次持续发展的同一文化的不同阶段。毋庸待言，皇娘娘台二、一段，也依次早于表七中的秦魏家一段。

皇娘娘台陶器的器形，比起秦魏家“三层”墓葬出土陶器更显得矮肥的情形，

①夏鼐：《齐家期墓葬的新发现及其年代的改订》，载《考古学论文集》，科学出版社，1961年，第1-10页，图版叁、肆。

②甘肃省博物馆：《甘肃古文化遗存》，载《考古学报》1960年第2期，图版肆：6。

③甘肃省文物管理委员会：《滑河上游天水、甘谷两县考古调查简报》，载《考古通讯》1958年5期，图版贰：1～3、6。

④M.Beltin-Althio, “The Sites of Chi Chia Ping and Lo Hantang in Kansu”, *BMFEA*. No. 18, 1946.

以及这里的双大耳罐（M38：12，M24）[①]、Ⅰ式双耳折肩罐及侈口曲领罐和秦魏家“三层”墓葬的Ⅰ式双大耳罐（M89：7）、Ⅶ式高领双耳罐及侈口曲领罐（M36：2）的形制既有联系又有区别的情况，从类型学上也可说明皇娘娘台的年代当在秦魏家“三层”墓葬之前。

皇娘娘台采集的那件甗，是鬲上加双耳折肩罐。从发表的照片看得很清楚，器身的绳纹分三段[②]，即双耳折肩罐的腹部、鬲的上部和鬲足各一段。表明它的制作过程是：先接合三个模制的鬲足，形成甗的下部，再接制晶的上部，最后制作上面的双耳折肩罐。这件甗上的双耳折肩罐，当和同地的Ⅱ式双耳折肩罐属于一型，形制却较矮肥，领、肩也比较低短，按此类器物向流线型发展趋势，这件甗的年代，可能早到皇娘娘台一段。

从已发表的材料来看，在陇山左近以西甘肃及宁夏的黄河流域，都可见到以皇娘娘台墓葬为代表的遗存的踪迹。例如永靖王家庄、临洮杜家村发现的高领双耳罐和双大耳罐[③]，和在皇娘娘台出土的同类器物相近[④]；临夏雀家庄采集的彩陶双耳罐[⑤]的形态，与皇娘娘台的雷同[⑥]；临洮杨家咀出土的彩陶双大耳罐[⑦]，除施彩外，和皇娘娘台8F：14双大耳罐[⑧]，几乎一致。同时，解放前在齐家坪也见过和F8：6一样的双大耳罐[⑨]。1960年，在宁夏西吉县兴隆镇清理的两座墓葬的葬式及头向[⑩]，同于在皇娘娘台及秦魏家等地见到的确为齐家文化墓葬的情况。这两墓随葬的陶鬲均仅存残片，从M2的鬲足看，似已出现明显的足跟，而区别于皇娘娘台那件甗足。秦魏家M36：1陶鬲是有足跟的。据此可知前者当晚于后者。兴隆M1随葬的双大耳罐自颈以下饰横篮纹似显得较早，但形态却和皇娘娘台M37：13

①甘肃省博物馆：《武威皇娘娘台遗址第四次发掘》，载《考古学报》1978年第4期，图版肆：2。《甘肃武威皇娘娘台遗址发掘报告》，载《考古学报》1960年第2期，图版伍：2。

②甘肃省博物馆：《武威皇娘娘台遗址第四次发掘》，载《考古学报》1978年第4期，图版拾：2。

③安志敏：《甘肃远古文化及其有关的几个问题》，载《考古通讯》1956年第6期，图版叁：2、5。

④甘肃省博物馆：《甘肃武威皇娘娘台遗址发掘报告》，载《考古学报》1960年第2期，图版伍：1、6。《武威皇娘娘台遗址第四次发掘》，载《考古学报》1978年第4期，图版伍：3。

⑤甘肃省博物馆：《武威皇娘娘台遗址第四次发掘》，载《考古学报》1978年第4期，图版叁：6。

⑥甘肃省博物馆：《甘肃古文化遗存》，载《考古学报》1960年第2期，图七：4、5。

⑦甘肃省博物馆：《武威皇娘娘台遗址第四次发掘》，载《考古学报》1978年第4期，图版叁：7。

⑧甘肃省博物馆：《武威皇娘娘台遗址第四次发掘》，载《考古学报》1978年第4期，图版肆：5。

⑨J.G.Andersson, “Researches into the prehistory of the chinese” . *BMFEA*, No. 15, 1943.《武威皇娘娘台遗址第四次发掘》，载《考古学报》1978年第4期，图二〇：9。

⑩钟侃、张心智：《宁夏西吉县兴隆镇的齐家文化遗址》，载《考古》1964年第5期。

双大耳罐相近，估计兴隆两墓的年代，约相当皇娘娘台二段。可见，难以把以墓葬为代表的皇娘娘台和秦魏家、大何庄不同的文化遗存，视为齐家文化的分布地域有所区别，年代上后者早于前者的不同的类型[①]。至于分布于甘肃武威地区及青海东部的齐家文化皇娘娘台阶段的遗存，是否和陇山左近以西甘肃及宁夏的黄河流域的同时期遗存存在着地域差别，即可否是齐家文化的不同类型，由于目前发掘的材料较少，尤其是后者迄今仅限于调查、清理采集的资料，使这一问题只能留待今后去研究。

柳湾M267和临洮瓦家坪K82·5白灰面住室，从类型学比较，可认为依次略早于皇娘娘台一段，即F8为代表的遗存。

柳湾M267发表有篮纹壶、粗陶瓮、红陶罐、单耳杯及灰陶罐五件陶器[②]。它的灰陶罐和皇娘娘台F8：9双耳折腹罐属于同型器，具体形态略有区别，即前者口领较直，腹部更为圆鼓，体型比较矮肥。M267的篮纹壶，口领呈圆筒形，肩部圆鼓，明显地区别于皇娘娘台甗上的双耳折肩罐的外侈的口领和斜平的肩部。和M267篮纹壶形制类似的器物，是客省庄H206出土的陶罐。H206共发表三件器物，除上述罐外，还有鬲和瓮[③]。瓮的形态，几乎完全同于割去圆筒形口领的M267的篮纹壶。据《沣西发掘报告》图四十之七和该地H168所发现的器盖及瓮的标本[④]，知其制法是瓮“和器盖一起盘筑成，然后再割开的”[⑤]。采用这制法的目的是使器盖能严密地盖合在瓮上。在柳湾齐家文化的M271中，也见到和客省庄H206陶瓮制法相同、形态类似的陶器[⑥]。使用这种制法制作的陶器，除上述外，

①胡谦盈：《试论齐家文化的不同类型及其源流》，载《考古与文物》1980年第3期。谢端琚：《试论齐家文化与陕西龙山文化的关系》，载《文物》1979年第10期。前文认为以皇娘娘台及柳湾为代表的称之为齐家文化“乙型”的遗存，“分布在甘肃省武威地区和青海省东部”，把永靖、临夏、临洮见到的“乙型”遗存，视为这一类型分布的“东北缘”，它晚于以大何庄和秦魏家为代表的“甲型”，并指出分布在武威地区及青海东部的“乙型”遗存，是齐家文化晚期向西向南扩大势力的结果。

②青海省文物管理处考古队等：《青海乐都柳湾原始社会墓葬第一次发掘的初步收获》，载《文物》1976年第1期，图二八、三〇、三三之左右及三四之左。

③中国科学院考古研究所：《沣西发掘报告》，文物出版社，1962年，图三六：1，图版叁陆：2、5。

④青海省文物管理处考古队等：《青海乐都柳湾原始社会墓葬第一次发掘的初步收获》，载《文物》1976年第1期，图三九：6，四十：6，图版叁壹：14，图版贰玖：4。

⑤青海省文物管理处考古队等：《青海乐都柳湾原始社会墓葬第一次发掘的初步收获》，载《文物》1976年第1期，第66页。

⑥青海省文物管理处考古队等：《青海乐都柳湾原始社会墓葬第一次发掘的初步收获》，载《文物》1976年第1期，图29。

只见于半山和马厂期[①]，而从未在皇娘娘台一段以后的齐家文化，乃至以后的遗存中遇到。这说明使用这制法的年代较早。H206陶鬲和皇娘娘台甗下的陶鬲相比，前者的鬲腿在鬲的整体中所占的比例，大于后者，即鬲腿的容积相对大于后者。按我在《客省庄文化及其相关诸问题》提出的认识[②]，皇娘娘台甗当稍晚于H206陶鬲。根据上述，柳湾M267的年代，当和客省庄H206相同，而略早于皇娘娘台的F8。

至于瓦家坪K82·5白灰面住室[③]的年代，只能据它出土的陶鬲[④]进行讨论。我以前说过，它"形态上接近客省庄H68式鬲"[⑤]，其腿呈鹰嘴形，和客省庄H68：16单把罐形斝相像[⑥]。《客省庄文化及其相关诸问题》把H68陶鬲的年代，定在H206陶鬲之前，因之，瓦家坪K82·5白灰面住室的年代，也当在柳湾M267之前。

在上述齐家文化遗存年代序列的基础上，据直领圆肩罐（柳湾M267焦纹壶）、双耳折肩罐及高领双耳罐、双大耳罐和陶鬲形态递变，现可将齐家文化分为三期八段。

一期，包括瓦家坪K82·5白灰面住室、柳湾M267和皇娘娘台F8为代表的先后三段遗存[⑦]。这期以直领圆肩罐和袋足高为代表性器形，三段开始出现直领折肩罐。

二期，包括以皇娘娘台和秦魏家"三层"墓葬为代表的四、五两段遗存。这期已不见一期的圆腹双大耳罐，代之而起的曲直腹或微折腹的双大耳罐，以及以双耳折肩罐和带有足跟的袋尾高为这期的代表性器形。

三期，包括大何庄F7和前述"秦魏家诸遗存的年代关系"表中三、四段为代表的六、七、八这三段遗存。这期陶扁已进入衰落形态，高领双耳罐代替了双耳折肩罐，双大耳罐显得瘦长，腹部多半呈圆曲线条。瘦长是这期陶器的主要风格。

三期一段的大何庄F7已测定的两个碳十四年代数据，按达曼表得出的树轮校正年代分别为公元前2050±115年和前2010±115年，约当夏朝的起始年代。故据

①这类材料很多，分别见于《文物》1978年第8期56页图4，《文物》1975年6期82页图19和《考古学报》1982年第2期图版拾叁：4。

②《考古与文物》1980年第4期。

③裴文中：《甘肃史前考古报告初稿》，未刊稿。

④原报告称鬲，裴文中：《甘肃史前考古报告初稿》，未刊稿。石陶：《黄河上游的父系氏族社会——齐家文化社会经济形态的探索》一文转引原报告插图说明中称鬶，载《考古》1961年第1期。

⑤张忠培：《客省庄文化及其相关诸问题》，载《考古与文物》1980年第4期。

⑥中国科学院考古研究所：《沣西发掘报告》，文物出版社，1962年，图版贰陆：2。

⑦属于一期的遗存还有寺咀坪住址，至少是这里的二、三号住室。限于仅见陶器残片，故段属难以确定。参见任步云：《甘肃秦安县新石器时代居住遗址》，载《考古通讯》1958年第5期。

此可认为三期已进入夏纪年。一期二段的年代约相当于客省庄文化晚期，或三里桥龙山期，或王湾三期，有关这时期的王湾H79，煤山F6、T13③B，汤阴白营F42、F55，后岗H2、H5等碳十四测定的年代数据①，基本上是在公元前三千年后半叶之前段范围内。一期一、三段，约在二段前后不远。故一期的年代当在公元前三千年后半叶之前段左右。二期的年代应估定约在公元前三千年后半叶之后段范围内。

可见，目前见到的并被学术界作为主要对象研究的齐家文化遗存，即本文所说的齐家文化三期中的三至八段，均晚于客省庄文化（图三）。从这个意义上说，齐家文化是年代、地域均和客省庄文化有所区别的一种考古文化遗存。

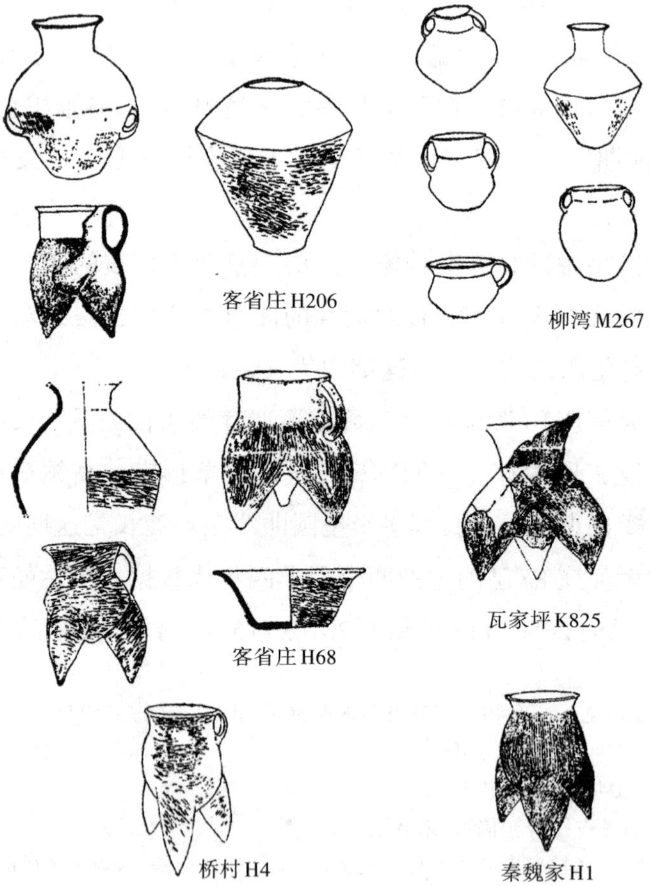

图三　桥村H4客省庄H68、206与秦魏家H1瓦家坪K82、5柳湾M267出土陶器比较图

①这里所谈的碳十四年代数据，均据中国社会科学院考古研究所：《中国考古学中碳十四年代数据集》，文物出版社，1983年。

从地层上看，齐家文化晚于马厂期①，甚至某些器形也显示齐家文化和马厂期存在着某种因缘。但从两者陶器的基本组合，尤其是从马厂期陶器演变的基本趋势，以及拿齐家文化一期一、二段和马厂期陶器进行比较研究来看，则难以认为齐家文化是马厂期的直接继承者。至于齐家文化和马厂期的某些陶器的相似情形，只能认为是不同谱系的考古文化之间的假借和因袭。

秦魏家H1和宁夏德隆县上齐家墓葬②，可能是齐家文化居民的先辈所留下的遗存。

包括本文作者在内的不少考古学同行，曾都将秦魏家H1划入齐家文化。《客省庄文化及其相关诸问题》③认为秦魏家H1属齐家文化的同时，也指出H1：1这件罐形斝是齐家文化罐形鬲的前身。斝是分裆，鬲是连裆。分布在黄河流域大部分地区的空三足器的具体形态、用途虽存在差异，但都以分裆或连裆作为相互区别的特征。一般来说，年代上分裆在前，连裆在后，而且所属的遗存的文化面貌、特征又往往不同。例如：桥村H4④和客省庄H206⑤；庙底沟二期与三里桥龙山期遗存⑥；磁县下潘汪F1⑦和后岗H2⑧；乃至使用斝式鬶的大汶口文化和使用鬲式鬶的龙山文化，等等，都表明分裆和连裆空三足器所属的遗存的年代及文化内涵是有区别的。因此，在未充分了解H1为代表的遗存内涵，并有把握确定它属齐家文化的情况下，比较妥善的办法是将两者区分开来，同时，考虑到两者分布于同一地区，以及罐形斝和罐形鬲的渊源关系，而暂将H1为代表的遗存视为齐家文化的前身，或许较能贴近日后发现的事实。

“常山下层文化”的提出⑨，促进了齐家文化渊源的研究。可否把六盘山、陇山东西两侧“常山下层文化”阶段的遗存，都归入“常山下层文化”？在资料尚不充分以致难以认识这类遗存的内涵、特征、性质和估计客省庄文化、齐家文化渊

①青海省文物管理处考古队等：《青海乐都柳湾原始社会墓葬第一次发掘的初步收获》，载《文物》1976年第1期。

②钟侃、张心智：《宁夏西吉县兴隆镇的齐家文化遗址》，载《考古》1964年第5期。

③张忠培：《客省庄文化及其相关诸问题》，《考古与文物》1980年第4期。

④甘肃省博物馆考古队：《甘肃灵台桥村齐家文化遗址试掘简报》，载《考古与文物》1980年第3期。

⑤中国科学院考古研究所：《沣西发掘报告》，文物出版社，1962年，图三六：1，图版叁陆：2、5。

⑥中国科学院考古研究所：《庙底沟与三里桥》，科学出版社，1959年。

⑦河北省文物管理处：《磁县下潘汪遗址发掘报告》，载《考古学报》1975年第1期。

⑧中国科学院考古研究所安阳工作队：《1972年春安阳后岗发掘简报》，载《考古》1972年第5期。

⑨胡谦盈：《试论齐家文化的不同类型及其源流》，载《考古与文物》1980年第3期。

源可能有所区别的情况下，正如不能把秦魏家H1和桥村H4等同起来一样，也暂不宜把西吉县兴隆镇及上齐家视为和镇原常山下层一样的遗存①。

宁夏西吉县兴隆镇采集的单耳罐和见于下齐家而很可能是出自墓葬的双耳壶、单耳瓶以及单耳罐②，均为红色，陶器表面除磨光外，已基本成为装饰的附加堆纹相当发达，有锥刺或“指甲”的印纹，篮纹都是横向的，绳纹酷似仰韶文化庙底沟类型的同类纹饰。这些情况，显示它的年代早于秦魏家H1，而接近庙底沟类型的时期。同时，这些器物多半具有单耳或双耳，最初发现时把它们归入齐家文化虽有些失误，但这一认识却从一个侧面客观地反映了它们和齐家文化陶器颇为相似的情况。事实上，即使越过秦魏家H1为代表的遗存，甚至也可以在本文所说的齐家文化一期二、三段，乃至二期的陶器中，找到上齐家双耳壶、单耳瓶及单耳罐的演进形态。可见，兴隆和上齐家遗存是目前能推知的齐家文化的较早源头。

在年代上继齐家文化之后，于齐家文化分布地域内出现了卡约文化、辛店文化和寺洼文化。有的学者认为卡约文化是齐家文化的后继者，有的学者认为辛店文化是继齐家文化发展来的，等等不同的认识。但目前所确定的这些文化的最早年代的材料，仍然和本文认为的齐家文化晚期的文化面貌、特征存在着很大的距离，以致难以肯定它们之间可能存在的某种文化联系。齐家文化的发展方向，有待今后研究。

六、社会发展阶段

这里，试图从合葬墓、墓地和产业结构及社会分工的分析，来研讨社会发展阶段。

(一)合葬墓的分析

现将皇娘娘台、秦魏家和大何庄墓地的合葬墓的情况，统计成表八。

①中国社会科学院考古研究所泾渭工作队：《陇东镇原常山遗址发掘简报》，载《考古》1981年第3期。

②钟侃、张心智：《宁夏西吉县兴隆镇的齐家文化遗址》，载《考古》1964年第5期，图版肆：1～4，图二：3、8。

表八 皇娘娘台、秦魏家和大何庄墓地合葬墓情况表

墓地	期别	段别	墓号	年龄、性质	葬式	随葬器物	备注
皇娘娘台	Ⅱ	二	29	成人2	左,仰身直肢 右,侧身屈肢	双大耳罐AⅢ2、双耳折肩罐AⅡ、碗B、直口罐B2、双小耳罐BⅡ2、BⅣ、单耳罐BⅠ、单耳罐AⅡ3	
		二	52	成人♂ 成人♀	左,仰身直肢 右,侧身屈肢	双大耳罐AⅢ、双耳折肩罐AⅡ、尊AⅡ、豆BⅡ、单耳罐AⅡ3、直口罐B、单耳罐BⅡ、石璧20、猪下颌骨7、小石子290	骨架涂红色颜料
		二	65	成人1 小孩1	侧身屈肢	尊AⅡ、单耳杯A、侈口罐BⅡ、单耳罐BⅡ4、石璧8(在小石子内)、小石子84	
		三	38	成人♂ 成人♀	左,仰身直肢 右,侧身屈肢	双大耳罐AⅠ、双耳折肩罐AⅠ、尊AⅡ、双耳罐AⅠ、豆AⅡ、单耳罐BⅡ2、石璧5、绿松石珠、小石子53	
		三	46	成人2	左,仰身直肢 右,侧身屈肢	双耳折肩罐AⅡ2、尊AⅡ、单耳罐AⅡ3、双小耳罐BⅠ、BⅡ、BⅣ、单耳罐BⅠ、BⅡ、石璧6(在小石子内)、猪下颌骨2、小石子216	
		三	54	成人2	左,仰身直肢 右,侧身屈肢	双耳折肩罐AⅡ、碟A、单耳罐AⅡ4、壶AⅠ、双小耳罐BⅤ、BⅥ、单耳罐BⅡ2、侈口罐BⅠ、绿松石珠6、猪下颌骨、小石子5	
		四	24	成年男性1 成年女性2	男仰卧正中,女两侧 侧身屈肢	随葬陶器16、残铜锥1、绿松石珠、石璧	
		四	27	成人1 小孩1	仰身直肢 侧身屈肢	双大耳罐AⅡ、双耳折肩罐AⅡ、双小耳罐AⅡ、灰陶豆AⅠ、单耳罐AⅡ、壶AⅡ、双小耳罐BⅣ2、偏耳罐B、石璧、小石子28	在H43内

续表八

墓地	期别	段别	墓号	年龄、性质	葬式	随葬器物	备注
皇娘娘台		四	30	成人2	左,仰身直肢 右,侧身屈肢	双大耳罐AⅡ2、双耳折肩罐AⅡ2、尊AⅡ4、碗A、侈口曲颈罐A、双耳罐AⅠ、AⅡ、双小耳罐BⅡ4、AⅣ2、豆AⅡ、单耳罐AⅡ6、壶AⅠ直口罐B、双小耳罐BⅠ、BⅡ3、BⅣ4、单耳罐B、石璧、猪下颌骨5	
		四	48	成人♀ 成人♂ 成人♀	左,仰身直肢 中,侧身直肢 右,侧身屈肢	双耳折肩罐AⅡ、三耳罐A、尊AⅡ2、豆BⅡ、单耳罐AⅡ3、双小耳罐B1、敞口罐A、石璧83、玉璜、小石子304	骨架涂红色颜料
		四	57	成人2	乱葬	双耳罐AⅠ、侈口罐BⅠ	在H55内
		四	68	成人2	乱葬	双大耳罐AⅡ、单耳罐AⅡ2、双小耳罐BⅣ、石璧	在H58内
		四	76	成人♂ 成人♀	左,仰身直肢 右,侧身屈肢	侈口双耳罐A、单耳罐AⅡ3、双小耳罐BⅠ、BⅣ、侈口罐BⅠ、石璧2、小石子64、粗玉石片4	
		不明	1	儿童4	侧卧屈肢	陶器5	
			10	成人1 儿童1	仰身直肢		
			28	成人2	不明	石璧3、石凿Ⅲ、猪下颌骨	
			58	成人2	左,仰身直肢 右,侧身屈肢	石璧2、猪下颌骨	
			66	成人3	左,仰身直肢 中,侧身直肢 右,侧身屈肢	石璧15	骨架涂红色颜料
			71	成人2	左,仰身直肢 右,侧身屈肢	石罐、绿松石4	
秦魏家北	Ⅲ	一	108	56+♂ 36～55♀	仰身直肢 侧身屈肢	双大耳罐Ⅲ、高领双耳罐Ⅲ、瓶Ⅱ、敞口罐Ⅲ、侈口罐Ⅵ、猪下颌骨12	

续表八

墓地	期别	段别	墓号	年龄、性质	葬式	随葬器物	备注
秦魏家北	Ⅲ	二	105	21+♂ 21♀	仰身直肢 侧身屈肢	盆(Ⅳ)、双大耳罐Ⅲ、高领双耳罐Ⅳ、折腹罐Ⅰ、瓶Ⅰ、单小耳罐Ⅱ、猪下颌骨10	
		不明	124	成年♂(?) 21+♀(?)	仰身直肢 侧身屈肢	碗Ⅲ、双大耳罐Ⅳ、Ⅵ、高领双耳罐Ⅲ、侈口罐Ⅲ、Ⅵ	
			134	成人1 儿童1	仰身直肢 侧身屈肢	绿松石珠Ⅰ、双大耳罐Ⅳ2、高领双耳罐Ⅳ、侈口罐Ⅲ、Ⅳ、猪下颌骨15	
			138	成人2	仰身直肢 侧身屈肢	石凿Ⅰ、高领双耳罐Ⅲ、小石块35	
秦魏家文化	Ⅲ	四	30	21(?) 儿童♀?	仰身直肢 侧身屈肢	骨针Ⅰ、骨匕、绿松石珠Ⅰ4、豆Ⅲ、高领双耳罐Ⅲ、单小耳罐Ⅰ、侈口罐Ⅵ、猪下颌骨4	
		四	37	成人2	仰身直肢 侧身	骨针Ⅰ、豆Ⅶ、高领双耳罐Ⅲ、单耳罐Ⅷ、侈口罐Ⅵ、猪下颌骨18、小石块12	
		四	60	成人2	仰身直肢 侧身屈肢	骨针Ⅰ、双大耳罐Ⅳ、高领双耳罐Ⅲ、双耳罐Ⅲ、猪下颌骨6、小石块10	
		四	65	21+♀　7±	仰身直肢 侧身屈肢	石铲、豆Ⅲ、双大耳罐Ⅳ、高领双耳罐Ⅲ、侈口罐Ⅵ	
		四	115	成人2	仰身直肢 侧身屈肢	豆Ⅱ、高领双耳罐Ⅲ、单耳罐Ⅲ、侈口罐Ⅵ、长颈罐Ⅱ	
		五	52	成人2	仰身直肢 侧身屈肢	豆Ⅴ、双大耳罐Ⅳ、高领双耳罐Ⅳ、侈口罐Ⅵ，单小耳罐Ⅳ、单小耳罐Ⅳ、猪下颌骨55、小石块40	单小耳罐Ⅳ未列入，据《报告》84页说明知M52出此器物
		五	95	成人♂ 21+(?)♀	仰身直肢 侧身屈肢	双大耳罐Ⅴ、高领双耳罐Ⅲ、侈口罐Ⅵ、猪下颌骨5	
		五	103	成人2	仰身直肢 侧身屈肢	绿松石珠Ⅰ、豆Ⅴ、双大耳罐Ⅳ、高领双耳罐Ⅳ、侈口罐Ⅵ、猪下颌骨	

续表八

墓地	期别	段别	墓号	年龄、性质	葬式	随葬器物	备注
秦魏家文化	Ⅲ	六	3	成人1 婴儿1	仰身直肢 ？	碗Ⅰ、高领双耳罐Ⅳ、单小耳罐Ⅰ、侈口罐Ⅵ	
		六	6	36～55(？)♂ 6～7	仰身直肢 侧身屈肢	骨匕Ⅳ、豆Ⅱ、双大耳罐Ⅱ、高领双耳罐Ⅳ、单小耳罐Ⅰ、猪下颌骨68	
		六	42	成人1 婴儿1	仰身直肢 ？	绿松石珠12、碗Ⅲ、双大耳罐Ⅴ、高领双耳罐Ⅳ、侈口罐Ⅵ、猪下颌骨5、小石块18	
		六	81	成人2	仰身直肢 侧身屈肢	石凿Ⅰ、绿松石12、碗Ⅲ、双大耳罐Ⅴ、高领双耳罐Ⅳ、侈口罐Ⅵ、猪下颌骨5、小石块18	
		不明	2	成人2	不清		
			18	21+♂(？) 21+♀	仰身直肢 侧身屈肢	猪下颌骨12	
			45	成人2	仰身直肢 侧身屈肢	骨针Ⅰ、骨匕Ⅵ、豆Ⅷ、高领双耳罐Ⅱ瓶Ⅱ、侈口罐Ⅵ	
			50	成年♂ 56♀	仰身直肢 侧身屈肢	骨匕Ⅲ、牙饰、猪下颌骨34、小石块13	
			51	36～55♂ 6～7	仰身直肢 侧身屈肢	骨锥Ⅳ、骨匕Ⅶ、豆Ⅱ、侈口罐Ⅳ、单小耳罐Ⅰ、双耳罐Ⅳ、穿孔骨器、小石块3	
			85	成人2	仰身直肢 侧身屈肢	豆Ⅴ、侈口罐Ⅳ	
			97	36～55♀ 6～7	仰身直肢 侧身屈肢		
大何庄	Ⅲ	2	70	小孩3	甲仰身直肢 乙？ 丙屈肢	侈口罐BⅠ、Ⅳ	
		3	55	成人1 婴儿1	仰身直肢	侈口罐AⅡ、BⅡ、Ⅲ、双大耳罐AⅠ、高领双耳罐A、猪下颌骨2、小石块9	
		不明	84	小孩3	仰身直肢		

表八中期别、段别是指本文对齐家文化的分期和对墓地的分段。现将表中所见现象分析如下。

1.属二期四段的皇娘娘台墓地第四次发掘的合葬墓共计十六座，占同次发掘墓葬总数（六十二座）的25.8%，合葬墓的死者三十四人，占墓地埋葬人数（八十）的42.5%；基本上属三期七段秦魏家北墓地内的合葬墓有五座，占该墓地墓葬总数（二十九座）的17.3%，合葬墓的死者十人，占墓地埋葬人数（三十四）的29.4%；基本上属三期八段的秦魏家南墓地内的合葬墓十九座，占墓葬总数（九十九座）的18.1%，合葬墓的死者三十八人，占葬于墓地死者总数（一一八）的32.2%。大何庄共计发现八十二座墓，1～8岁的儿童墓达五十五座之多，占墓葬总数的67.1%，而且，这里的墓葬基本上与居住遗存杂处，墓葬的排列和邻近的秦魏家两处墓地相比，显得杂乱无章，因此，大何庄和前述两地三片墓地的性质当有所不同。故本节不把大何庄列入考察范围。皇娘娘台和秦魏家的情况表明，齐家文化二期四段和三期七、八两段均流行合葬制，前者更甚。由于武威和永靖分别地处石羊河、黄河，或许这两地流行合葬制的程度上的差别，只是齐家文化的不同地域的居民的葬习略有区别的反映。

2.就墓中死者的年龄结构来看，可分成成人合葬墓、成人与儿童（含婴儿）和儿童合葬墓。三处墓地的情况可列成表九。

表九 皇娘娘台、秦魏家北墓地与南墓地合葬情况表(座)

皇娘娘台			秦魏家北墓地		秦魏家南墓地	
成人	成人、儿童	儿童	成人	成人、儿童	成人	成人、儿童
15	3	1	4	1	12	7
78.9%	15.7%	5.2%	80%	20%	63.1%	36.8%

可见，最盛行的是成人合葬，其次是成人及儿童合葬，儿童合葬只是个别的现象。

成人合葬墓有两人和三人合葬两种。三人合葬墓仅见于皇娘娘台，计三座，占这里成人合葬墓总数的20%。鉴于皇娘娘台和秦魏家两处墓地同时存在着年代和地域的差别，使人们难以认定三个成人合葬墓未见于秦魏家两处墓地的原因。

皇娘娘台的两座三个成人合葬墓经鉴定，都是一男二女。根据葬式，也可推定未经鉴定的M66内的死者，当亦是一男二女。

三处墓地中的两个成人合葬墓共计二十八座。皇娘娘台的M52、M38、M76和秦魏家的M108、M105、M124、M95、M50、M18等九座墓葬中的死者，经鉴定均为一男一女。据葬式可推定其余十九座也都是一对男女的合葬墓。

皇娘娘台的三座三个成年男女合葬墓中的男子，均仰身直肢居墓中部。两侧的女子，侧身屈肢，面向男子，双手屈于面前，显出侍奉、屈辱的状貌。一对男女合葬墓的葬式，也都活现出男尊女卑的状况①。个别墓中的女性的葬式，还透露出她生前做过一番挣扎的情形，例如皇娘娘台的M76，墓中的女性似经捆绑，背向左侧的男子，双手并拢举于前方。

凡做出确切年龄鉴定的成对男女合葬墓，例如秦魏家M18、M105、M108男女的年龄，都是相仿的。看来，年龄匹对是合葬墓中成对男女的一个特点。从墓中随葬器物的位置观察，虽然男子无例外地占有较多的随葬品，但女子也不是一无所有。例如皇娘娘台M38，男女口内各含绿松石珠三枚，男子贴身玉璧五件，女子也有三件，M52男女尸体上均有红色颜料；秦魏家M105两具骨架上均有红色布纹痕迹，表明他们衣着颜色相同；甚至前述似经捆绑埋入M76的女子，也和同墓穴的男子一样，其腰部亦置石璧一枚。这些情况说明，成对男女合葬墓中的女子，并非象征妻子的女奴，而是墓中男性的真正的妻子。

至于皇娘娘台三座有三个成年男女的合葬墓，其中两女子的情况则略有区别。例如，M24右侧女性腰间随葬残铜锥一件，右臂肘佩戴一件石璧，颈项佩饰钻孔绿松石小珠数枚，而左侧女性仅颈项佩饰数枚钻孔绿松石珠；M66左侧女性身上有石璧两件，蹲在右侧的女性一无所有；M48两位女性骨架上均有红色颜料，但右侧女性较年青。据此可推定墓中的一位女性当是男子的妻子，另一女性则是男性的妾。齐家文化成人合葬墓内的死者，实行一次葬，同时埋入墓穴，故他们当是在相近时间内死亡的。合葬墓数量众多，且女性地位卑下，难以把她们和男子同穴的原因，说成是诸如同时病故而自然死亡的。无疑，这类合葬墓中的女性，当是妻妾殉葬制下的牺牲品。

上述合葬墓中的女子，是男性的妻子，还是象征妻子的女奴？这在考古学中引起过讨论。前面我们已据合葬墓中男女随葬品的情况，肯定成对男女合葬墓的

①皇娘娘台的男性仰身直肢居左，女子侧身屈肢在男性的右侧。秦魏家的成年男女合葬墓的葬式基本上同于皇娘娘台，但男女在墓穴中的位置则相反。这种区别的原因，是地域，还是年代，目前难以确定。

女子及一男二女墓中的一位女子，当是同墓中男性的妻子。而认为是女奴的学者，则是据民族学材料说用妻殉葬会引起妻方氏族的反对，而否定是妻子的主张。

其实，妻子的地位，取决于父系氏族制及奴隶制的发展状况。在发展的父系氏族制即父权制时代，妇女的地位是十分低下的，在民族学的材料中，也有不少关于丈夫对妻子有生杀予夺之权以及妻子为丈夫殉葬的现象。例如僜人中的“丈夫把妻子打死，妻家虽然气愤，却不会因此而引起血族复仇。帕各木·休都的堂姐青布赛被卖给杜西·包肖为妻。包肖后来又买了妻子，就把青布赛降为奴隶”①；“云南福贡贡山的怒族，解放前，仍处在父权制发展阶段。……如系夫妇合葬，则妇女面向男子屈肢侧葬。这种墓葬形式反映了……妇女屈从于丈夫的屈辱情形”②；“蔡家苗在贵筑、修文、清镇、威宁、平远等州县，翁媳不通言，居丧三日，不食稻鱼，惟餟稗粥，夫死以妇殉丧，妇家夺去，乃免”③。恩格斯研究了大量的父权制家庭的民族学资料指出：“这种家庭的主要标志，一是把非自由人包括在家庭以内，一是父权；所以，这种家庭形式的完善的典型是罗马的家庭。……罗马的父权支配着妻子、子女和一定数量的奴隶，并且对他们握有生杀之权。”④齐家文化的上述成人合葬墓，正是这种罗马的父权在埋葬制度方面的表现。

齐家文化的父权也表现在对子女的关系上。在皇娘娘台及秦魏家三处墓地，共见到成人和儿童的合葬墓九座。其中M6、M51、M65、M97中的成年人的性别经过鉴定，知前两墓均为男性，后两墓都是女性。推测成年女性和儿童的合葬墓可能是离异了婚姻的母亲和其子女的合葬墓⑤。从M6、M51中死者的岁差来看，墓内的成年男性无疑都是同墓中的儿童的长辈。两墓中的成年人均为仰身直肢，居右，都有贴身的随葬品，同墓中的儿童居左，侧身，甚或屈肢面向男子，无随

①吴从众：《僜人父权制的家庭与婚姻》，载《民族研究》1980年第1期。

②中国科学院民族研究所：《怒族简史简志合编》，1963年。

③李宗昉：《黔记》，商务印书馆，民国25年。

④恩格斯：《家庭私有制和国家的起源》，载《马克思恩格斯选集》第4卷，人民出版社，1972年，第52-53页。

⑤M65、M97中的死者年龄分别为21岁以上、7岁左右和36～55岁、6～7岁，据他们的年龄差距，M97中的成年人无疑是同墓中的儿童的长辈，在早婚的情况下，M65中的成年人，也可能是同墓中的长辈。即使在父权制的情况下，不少的民族学资料证明，离婚的妻子，也能分得和其丈夫共生的子女，尤其是女儿。限于篇幅，这里不一一列举。

葬品，充分显示出长尊幼卑的状况。

妻妾殉葬制在尚处于父权制时期的苏联青铜时代和早期铁器时代的诸考古文化中均大量地发现过。例如阿姆河及哈萨克均见过这类性质的墓葬，尽管在夏代的二里头文化的墓葬中还保留着这种葬制的少量的残迹[①]，但在高度发达的青铜时代的商周时期的商·周文化中，绝不见这种葬制。因此，妻妾殉葬制的盛行，具有一定的时代特征，它是父权奴隶制的产物，又是奴隶制尚不发达的标志。

（二）墓地的分析

《周礼·春官》："墓大夫掌凡邦墓之地域，为之图，令国民族葬，而掌其禁令，正其位，掌其度数，使皆有私地域。"现代民族学对墓地亦有不少记述，莫尔根在《古代社会》曾介绍了一些印第安人，尤其是伊洛魁部落墓地的情况[②]，我国民族调查资料也有不少墓地记录：宁蒗县大兴公社新民村的纳西族实行火葬，每"姓"人家都有一个火化场，叫"烧人坪"。在坪上，从上到下分为十个台级。第一台为专门焚化喇嘛之处。第二台名老人台，一般50岁以上有子孙的人就可在此焚化。第三至九台分别烧40～50岁、30～40岁、20～30岁、13～20岁、7～13岁……的人，第十台烧非命者。每个年龄台级上火化的死者，又按性别分区火化，男性在左边，女性在右边[③]；云南澜沧县糯福寨的拉祜族墓地以寨为单位，葬在一起，大体上是老年者葬于上方，青年儿童葬于下方，男左女右，仰面而葬[④]；白沙县第一区南溪乡什甫、什茂、禾好三村的黎族的村坟地，按不同姓氏分配一定位置。男坟在山上，女坟在山下；男坟中老人在左，其余在右；女坟则不论[⑤]。可见，从古代以来一直到现今的许多民族的墓地的安排，都是遵循某种原则的。不难看出，安排墓地的规则或原则，最终受社会组织所制约。因此，考古学就可透过墓地的布局，去探讨、研究墓地的居民社会组织。

①洛阳博物馆：《洛阳东马沟二里头类型墓葬》，载《考古》1978年第1期。

②路易斯·亨利·摩尔根：《古代社会》，杨东苑、马雍、马巨译，商务印书馆，1977年，第80-81、160页。

③王承权等：《宁蒗县大兴公社新民村纳西族的生活习俗》，载《云南四川纳西族文化习俗的几个专题调查》，中国社会科学院民族研究所民族学研究室，第172页。

④徐志远等：《澜沧县糯福区糯福寨拉祜族社会调查》，载《民族问题五种丛书》之南省编辑委员会编：《拉祜族社会历史调查（一）》，云南人民出版社，1982年，第33页。

⑤《白沙县第一区南溪乡什甫、什茂、禾好三村"本地"黎情况》，载《海南黎族情况调查》第四分册，第68页。

秦魏家南、北两片墓地保存完整，并得到全面揭露，为探讨墓地的布局，提供了较好的基础先讨论秦魏家南墓地。

南墓地九十九座墓葬，均属于同一层位，自北至南整齐地分为六排。如果我们把对墓葬的段别的认识①和墓葬的位置结合起来观察（图四），就可发现：一排（以自北至南为序）西边八座已被确定年代的墓葬，其相近的两墓是依Ⅳ、Ⅵ段别的序列，依次循环地从西向东排列；三排西边已被确定段别的十座墓葬，除M19、M21同属Ⅳ段外，也如一排一样，是自西依Ⅳ、Ⅵ或Ⅴ、Ⅵ循环地往东排列；在其他排中，除二排M6～M40挨近的七座墓葬属Ⅵ段外，其他邻近的两座墓葬（如依前述以两墓为一组进行观察的话）基本上属于早晚不同的段别，少数也有的同时。可见，南墓地任何一排墓葬，都不是依年代顺序从一头向另一头自早至晚地安排的，而是被分割成若干个墓组。墓组基本上由两座年代不同的墓葬组成，也有由同期的两座墓葬编成一墓组的。如果这一观察不误，那么，便可认为在建成南墓地之前，必定设计出一个比较完整的方案：（1）规划墓地；（2）划分排列；（3）将一排列分割成若干墓组。只有这样才能出现现今见到的如此整齐的排列，才能将不同时间死亡的人安葬在一个墓组。

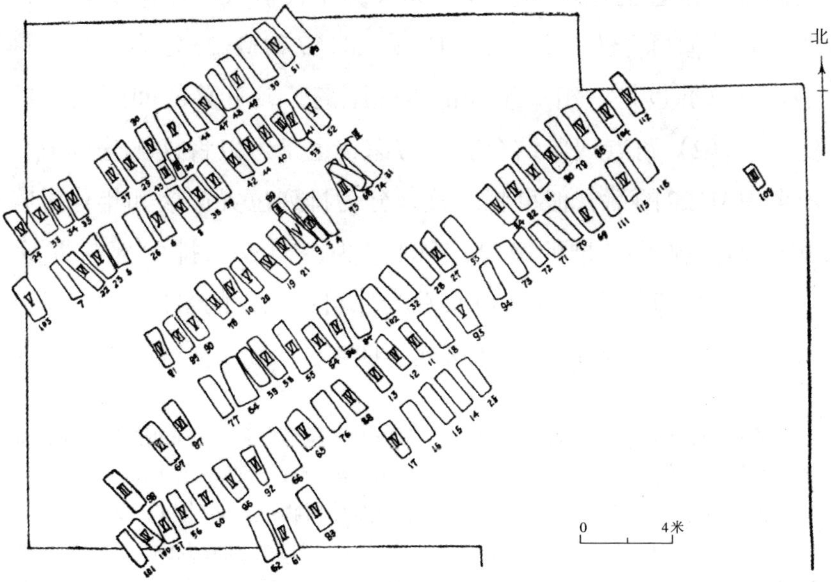

图四　秦魏家南墓地平面图

①这里的段，不是本文分期的段，而是墓地的分段。

其实，南墓地还有一座已开始建造而未形成的墓地。这便是由Ⅲ段的八座墓葬组成的一墓地。按本文提出的齐家文化分期，这八座墓葬被定在5段，南墓地基本上位于8段，它们又属于不同的层位。因此，当把这八座墓葬视为另一码事。如果，我们依据南墓地的排列来观察这八座墓葬的位置的话，就可看到一些颇值得重视的现象：（1）M43、M36，M53，M74、M75、M89，M98，M109，分别位于南墓地一至四和六排；（2）除M43、M36位于南墓地一排的中间外，其他诸墓均位于二、三、四、六排的一头；（3）M43、M36，M53，M74、M75、M89和M98之间的南北间距，约略和南墓地排列之间的距离相等。这些情况表明，安排这八座墓葬的人们，也是按预先设计的方案或习俗成例依次排列埋葬死者的。可见，按成例规划墓地并非始于南墓地时期，而是这里齐家文化居民的传统。

下面再看北墓地。这里的二十九座墓，也都属于同一层位，自北至南整齐地分为三排，甚至一、二和二、三排（以北→南为序）的间距相等，自然也是按一定规划而形成的墓地。从带有墓葬段别的《秦魏家北墓地平面图》（图五）[①]可以看出，它和南墓地之间，有着一些明显区别的现象：（1）同一段的墓葬，在排列的位置相对集中，例如一排北头两座都是Ⅰ段，自此往南依次排列的五座，均属Ⅱ段；（2）同排在位置上连接的墓葬，北头的年代一般早于南头；（3）二排的墓葬，从位置上看，似可分为三组，即M124、M117和M125各为一组，剩下的位于它们中间的八座墓葬也是一组。组间的空间距离，较墓葬的间距大一些。从年代上看，如把（1）（2）两点现象结合起来考虑，也是可以将这排分拆成三组的。可见，如暂不考虑M122的话，似可将北墓地分为排列位置连接和年代早晚基本衔接的四个墓组，即一排及二排的M124、M117为一组；二排中部，即除去两头的M124、M117、M125后，剩下的八座墓葬为二组；二排的M125和三排北边的九座墓葬为三组；三排南头的M132、M128列为四组[②]。每一墓组的墓葬，基本上在一

①我们在讨论北墓地段别时说过，M120、M124、M134三墓至早和三段同时，又讲过M135的年代，和这三墓约略同时。故图五暂把M120、M124、M134、M135四座墓葬定为北墓地Ⅲ段。关于M129，在《秦魏家北熟地分段》一文中，曾对它的随葬器物进行过比较，而未确定它的段别。我们说过M129出土的Ⅱ式单把罐形鬲的器身，和Ⅰ式单小耳罐的形态相似。从本文五节中的《秦魏家诸遗存的年代关系》表中，可知Ⅰ式单小耳罐的年代可延至四段，并说Ⅱ式鬲基本上在三乙阶段，也可晚到四段，且在图三中，将它排在7、8段之间。这样，图五也暂将M129编在北墓地Ⅲ段。

②南墓地也可能如北墓地这样，有的墓排实际上是可以拆开的，例如三排M103和M7之间存在着较大的距离；M103可能是一排的。但目前无法了解，只好以墓排为小于基地的单位。

排列，也就是说，墓组与排列大致吻合。故这里的排列，不像南墓地那样，分割成许多墓组，同时，这里墓组所含墓葬的数量，也远较南墓地诸墓组所有的墓葬多得多（北墓地的第四组，无Ⅲ段墓葬，是一不完整的墓组，故当别论）。

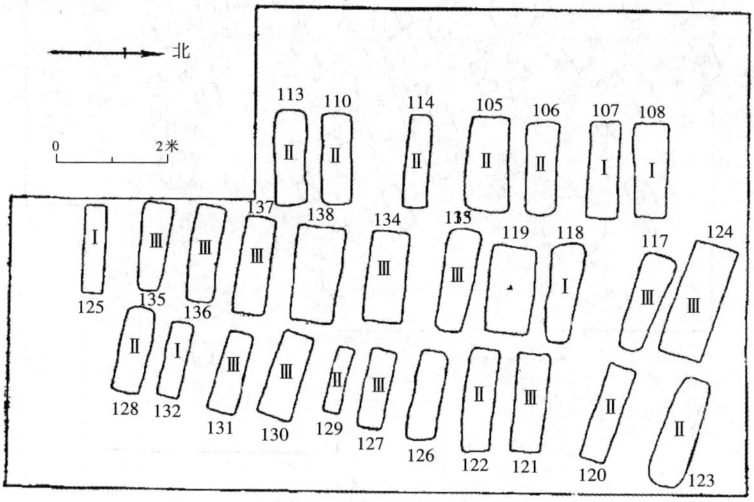

图五 秦魏家北墓地平面图

展现在人们面前的《皇娘娘台第四次发掘墓葬平面图》（图六），显示出来的墓地布局，和前二处墓地呈排列式的条形结构不同，是块状形的结构。皇娘娘台先后经过四次发掘，我们见到的平面图只含第四次发掘的墓葬，而且，皇娘娘台未全面揭露，难以了解它的整体布局。从图六来看，第四次发掘的墓葬大致可分成由南至北的三块，块间略有空隙。一块（以南→北为序）位于墓地的南部，M68、M65等几座墓葬是它的北端。二块位于墓地中间，其南以M52、M67、M45为其南缘，北境可包括M70、M59、M36。三块的南境至M77、M69、M83为止。每块中间未埋墓葬，留着一大小约略相等的空地，墓葬绕中间空地略呈环形排列。二、三块在这中心空地上安排了二、三座墓葬，其中包括引人注目的合葬墓。三块中间空地埋着M76，两块安排包含一男二女的M48这样大型的合葬墓。尽管如此，这些块内中间的空隙地仍令人一目了然。目前，我们尚不能从墓葬的位置与年代弄清楚这些墓块的布局。每一墓块都包含不同年代的墓葬，也说明墓块的区别不在年代，空间是区分墓块的唯一因素。所以，形式上皇娘娘台的墓块和秦魏家南、北墓地的排、组虽有所区别，其实质则同。

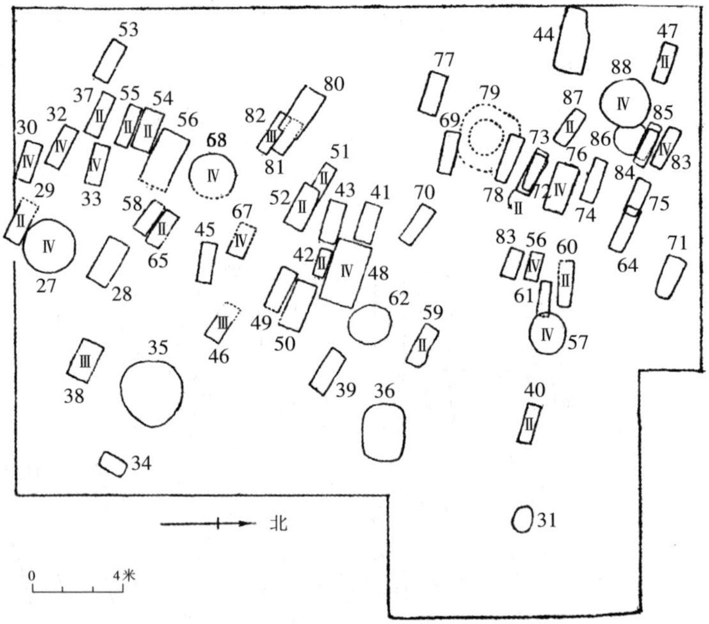

图六　皇娘娘台第四次发掘墓葬平面图

前面说过，比皇娘娘台晚一段的秦魏家三层八座墓葬组成的墓地，也如南、北两墓地一样，呈排列式的条形结构。因为这片墓地的年代只比皇娘娘台晚一段，或许可据此推测，分布在甘肃中部相当皇娘娘台年代的齐家文化墓地的结构，也是呈条形的，即条形结构是甘肃中部地区的传统。但目前的资料，使我们不能肯定条形和块形结构是不同地区的齐家文化的传统，还是条带结构是从块状结构发展来的。

墓地的统一与分割，是死者生前社会组织的联结与区分，统一和分化的形象反映。共处一考古文化墓地的死者，生前当是一人们共同体。分割墓地的那些单位，即南墓地的排、北墓地的墓组和皇娘娘台的墓块的死者，生前的社会组织，是在以墓地为代表的共同体内，较小的次一级人们共同体。如果这样理解的话，那南墓地和北墓地及皇娘娘台墓地的区别，则是前者比后者多出一级更小的人们共同体。也就是说，南墓地死者生前的社会组织分为三级，北墓地及皇娘娘台死者生前的社会组织只分成两级。

皇娘娘台、北墓地及南墓地的夫妻（妾）合葬墓，分别占同地墓葬总数的22.58%、13.8%和12.1%。这一方面，正如前述，是夫权（是父权的自然扩大。凡存在父权的地方，同时必定存在夫权，反之亦然）发达的反映，另一方面，也说明单偶婚制在社会中已普遍地牢固起来，并取得统治地位。民族学调查与研究普遍证明，父系家族是父权制时代的独立于氏族的社会、经济的基层单位。这种家族“包含三代到四代同为一位父亲的后嗣的近亲，也包含这些人的妻和子女，有时更包含女婿以及其他被收入家族中来的亲属”①，即是由若干对过着单偶婚制（有的多妻）生活的夫妻及其子女组成的亲属集体，有时这些单偶婚制的夫妻及其子女是有着小份经济的相对独立的，甚至堪称一夫一妻制家庭的生活单位。南墓地的墓组往往由两个墓葬组成。含墓葬数量这样少的墓组，很可能是当时盛行的单偶婚制下的夫妻异穴合葬墓②，有的也可能是父子异穴合葬墓。如果这一推定还近情理的话，那么南墓地的墓排、北墓地的墓组和皇娘娘台的墓块，便是家族的墓区，而这三处墓地则是氏族的墓地了。

氏族墓地被分割为家族墓地，正是氏族联系虽还存在，但已被分解成若干已是社会、经济单位的家族的反映；而南墓地墓排中出现的墓组，似乎是那些仍孕育在家族母体中的单偶婚制单位，即将发育成熟，试图冲出母胎的一种顽强的表现。如果，把这一认识对照本文齐家文化分期观察的话，便可看到在4至7段的年代③，父权制家族还是一看不出任何裂缝的整体，那么，到8段则出现了一股试图突破它的统治的力量。

北墓地的情况，还使我们可能对当时的家族再讲几句话：（1）据前述，可认为这里的氏族分为四个家族；（2）遗留第四墓组的家族墓区，墓葬数量过少，且无Ⅲ段墓葬，和一至三墓组比较，可知它不是一完整的家族墓区；（3）一至三家族墓区的墓葬及葬人的数量分别为九座（12人）、八座④（11人）和十座（10人），这约略相近的情况指明，这三个家族的人口数量基本相同。因为在正常情况下，于相同的时间内，只有人口数量接近，死亡的人数才能相近；（4）一、二两墓区

①柯斯文：《原始文化史纲》，生活·读书·新知三联书店，1957年，第144页。

②未经有意选择的进行的人骨性别、年龄鉴定的结果，似乎证实了这一推断。M10、M19两座墓葬在三排的中部，两墓中间是M20；M13、M11在五排，也位于该排的中部。这两墓中间夹着M12。在整个南墓地中，最邻近而又偶然获得鉴定结果的只有这两对四座墓葬。前一对是年龄相近的成年男性，后一对恰巧是成年女性。假设这里都是夫妻异穴合葬墓，那么，凡位于墓排中部任何中间隔着一落的两座墓葬，性别必定是同属男性，或同属女性。所以，上述未经选择的鉴定结果，或许反映了这里夫妻异穴合葬墓较多的情况。

③5、6两段虽缺乏材料，但这两段的年代，在4、7段之间，可估计它们的情况，当不会有什么区别。

④M138左、右均为Ⅲ段墓葬，据同一墓区的墓葬按年代排列的情况，M138当属Ⅲ段。

各自在同一段别内，均只有一座夫妻合葬墓。这说明家族在同一年代内，只有一人才享有妻子殉葬的权利。这些能对妻子实行这种形式夫权的人，可能是其家族在新陈代谢过程中不同时期的同时拥有父权的家长。

(三)产业结构及社会分工

前面所讨论的材料，基本上属于本文齐家文化分期的二期和三期七、八段。为了使我们的认识放在和上述一致的年代范围内，这里讨论的基本上也应只限于上述年代界限内的材料。由于秦魏家遗址存在H1为代表的非齐家文化遗存，在未搞清楚这里发表的大多数遗存的年代之前，自然不宜使用秦魏家遗址的资料。为了使某些问题的历史线索搞得清楚一点，这里考察的范围也将扩大到皇娘娘台遗址出土的基本上可能达到一期三段的资料。

齐家文化墓葬随葬的生产工具不多，除骨针、骨锥外，基本上属农业工具及手工工具制品。农业工具中有石斧、石铲、骨铲、石锄及石刀、石镰。其中石锄（秦M15：1）的形制，基本上和夏家店下层文化的同类制品相同。齐家文化的房址、灰坑及墓葬中，都发现过粟，以及30%左右的墓葬使用猪下颌骨随葬的现象，反映了种植谷子的旱地农业，仍然是这时期的主要经济部门。

马、牛、羊及驴已成饲养对象。按大何庄出土兽骨的统计，羊骨占21.06%。秦魏家猪、羊及牛的下颌骨共发现五百一十八块，其中羊、牛的下颌骨分别占9.7%及7%。可见，在饲养业中，羊、牛成了次于猪的主要饲养对象。大何庄出土的羊下颌骨，在猪、羊、牛下颌骨总数的比例高于秦魏家，达到21.87%，同时，这里的墓葬出现用羊下颌骨代替猪下颌骨随葬的情形，或许反映了在八段以羊为主的畜牧业，较前有进一步的发展。

在产业结构方面，除畜牧业比重日益增大这一特点外，制铜业是一引起人们注意的生产部门。

凡是经大规模发掘的一期三段以后的遗址及墓地中，都发现有铜制品。皇娘娘台、秦魏家及大何庄分别见到铜制品三十件、七件和两件，此外，在广河齐家坪[①]及贵南尕马台[②]的墓葬中，也都随葬铜镜（齐M41、尕M25）、铜斧及铜指环和铜泡。前三地铜制品的种类有凿、钻头、刀、锥、斧、环、匕及条形铜器和饰品。

①北京钢铁学院冶金史组：《中国早期铜器的初步研究》，载《考古学报》1981年第3期。

②青海省文物管理处考古队：《青海省文物考古工作三十年》，载《文物考古工作三十年》，文物出版社，1979年。

这些情况说明，齐家文化的制铜业，已进入初步发展阶段。

分布地点广泛，种类及数量又相当多的齐家文化铜制品，有的经鉴定证明是纯铜的，有的被确定为青铜的。这引起学术界关于齐家文化时代属性，即是纯铜时代抑或青铜时代的讨论。在探讨这一问题时，有的学者不是首先把对象的年代确定下来，而是按纯铜→青铜的一般规律，去推定对象，乃至对象所属的考古文化的年代，以致产生了要把齐家文化的年代下限拉到接近妇好墓时期的说法①。唯物辩证法认为，时间是表征物质过程的持续性和连贯性，反映着物质运动的客观联系的物质存在形式，任何物质的东西都存在于时间中，时间是任何发展的根本条件。为了使齐家文化的铜制品及其有关问题，得到比较客观的认识，这里据本文提出的齐家文化分期，对它们做些检讨。现将齐家文化铜器分析结果统计成表十。

表十　齐家文化铜器分析结果统计表

器名	器号	出土地点	分析方法	材料
铜刀	AT5:249	皇娘娘台	定量分析	红铜
铜锥	T13:1	皇娘娘台	定量分析	红铜
铜锥	19948	皇娘娘台	激光光谱分析	红铜
铜锥	2281	皇娘娘台	激光光谱分析	红铜
铜斧头	H72:1	秦魏家	金相鉴定、光谱定性分析	红铜
铜环	M99:6	秦魏家	定量分析	铅青铜
铜锥	T6:2	秦魏家	金相鉴定、光谱定性分析	青铜(锡、铅)
铜尖	KG,730(2):27	秦魏家	光谱定性分析	青铜(锡、铅)
铜镜	M41	齐家坪	元素分析	青铜(锡)
铜斧		齐家坪	元素分析	红铜
铜镜	M25	尕马台	定量分析	青铜(锡10%)
残铜片	T30:27	大何庄	定量分析	红铜

皇娘娘台两次《报告》均认为该地发现的三十件铜器的材料，都是红铜。表中所列经过鉴定的四件铜器，也都是红铜。可以肯定，皇娘娘台是不出青铜的。该地的铜器，绝大多数出于遗址，只有一件出自M24。出铜制品的那些遗址的单位，虽不能确定它们在齐家文化分期表中的年代位置，但从“墓葬都打破了深灰

①安志敏：《中国早期铜器的几个问题》，载《考古学报》1981年第3期。

土”，这在一至三次发掘所确定的该地齐家文化最晚地层的情况，以及从第四次发掘公布的平面图中的灰坑、房址多被墓葬打破的事实来看，或可认为皇娘娘台的大部分铜制品的年代，能早到齐家文化一期3段。同时，从此地四次发掘均未见到二期5段材料的情形来看，至少可肯定这里出土的铜器的年代，也不会晚到二期5段。

秦魏家出土的七件铜制品，经过鉴定的有四件。其中$KG_3$730②：27那件铜尖，未见于《报告》。M99：6那件铅青铜环，根据M99被定在秦魏家分段的Ⅵ段来看，年代可晚到齐家文化三期8段。$KG_3$730②：27青铜尖出自2层。这里二层被“2层”墓葬打破，压在打破三层的“3层”墓葬的上面。故可推定$KG_3$730②：27青铜尖的年代，当早不到齐家文化二期5段。据此，可肯定这里的两件青铜器的年代均晚于皇娘娘台。

在分期与源流一节中已指出，解放前齐家坪出土的大部分陶器的年代，和《秦魏家诸遗存的年代关系》中的三段相当，也就是被定在齐家文化分期的三期7段。估计上表中两件出自齐家坪的铜器的年代，也不会与此相去甚远。

根据大何庄出土材料的年代不早于三期6段来看，该地T30：27残红铜片的年代，也当早不过三期6段。

尕马台出青铜镜的M25，未发表陶器资料，难以推定它在齐家文化分期的年代位置。

从上面的叙述中，似乎可清晰地见到齐家文化制铜业的发展的历史过程。属齐家文化3、4段的皇娘娘台发现的那么多铜制品中无一件青铜器的事实，当不是偶然的现象，是当时制铜技术水平所达到的程度的客观表述。这时期铜器数量多，品种不少，不仅存在着冷锻技术，而且也存在单范，甚至合范铸造技术[①]，当早已脱离早期金石并用时代，而已进入金石并用时代的发展阶段。齐家文化三期7、8段的几件青铜器，当是制铜技术进入一个新阶段的标志。由于还存在相当数量的红铜制品[②]和有时仍采用冷锻技术[③]制作青铜器，故即使把这时期归入青铜时代，也只能是这时代的伊始阶段。

①安志敏：《中国早期铜器的几个问题》，载《考古学报》1981年第3期，第279页。

②能确定属于这一阶段，并经鉴定证明是红铜制品的数量极少。但从齐家坪出土的铜斧仍属红铜来看，估计这时期的红铜制品一定不少。

③安志敏：《中国早期铜器的几个问题》，载《考古学报》1981年第3期，第279页。

如果这一认识是正确的话，那么，在中国广大土地上孕育出来的许多不同谱系的考古文化中，还只有齐家文化可能被认为是独立地走过了纯铜→青铜这一基本完整的制铜技术的过程。制铜技术是齐家文化生产力高涨的强有力的因素之一，同时，它本身也是生产力高涨的标志。只有在生产力发展和社会发展达到一定水平的时候，才能出现齐家文化这样规模的制铜业。从采矿、冶炼、制模到熔铸等一系列复杂的工序，要求并锻炼出熟练的劳动者。在存在家族的情况下，制铜业可能成为某些家族的世袭专业。

秦魏家M5、M35分别随葬陶垫和陶拍的情况，向我们提供了当时存在着专门的制陶劳动者的信息。如果说制陶这一传统的手工业已存在着专门的劳动者的话，那么，不言而喻，技术远较之复杂的制铜业自当已有了专门的匠人。不过，血缘纽带的联系，以及与之适应的原始的社会组织的存在，也从一个方面说明当时手工业的发展，还没有达到脱离农业的地步。

大何庄遗址揭示的五处"石圆圈"遗迹，显然是宗教性质的遗存。这些"石圆圈"的旁边，一般都有卜骨或牛、羊的骨架，F1的东边遗有被砍了头的母牛骨架，腹内还遗有小牛的骨骼，F3的南边发现了两块卜骨，显示出当时牲祭、占卜的情景，早已存在的占卜巫术①这种宗教形式，到现在已具有相当复杂的仪式。皇娘娘台M8的墓主人使用羊卜骨随葬，秦魏家M23随葬的羊卜骨，被仔细地放在一只可从腹部扣合的高领双耳罐内。自然，随葬的羊卜骨是墓主人生前巫师身份的标志。在贝加尔湖沿岸古代墓葬的发掘中，也发现过被认为是萨满教的巫师的墓葬。齐家文化出现的巫师墓葬，可以认为是当时已存在着巫师阶层的例证。

可见，畜牧业和制铜业的发展，是齐家文化父权制极端重要的基础。在以畜牧业及制铜业为标志的生产力总的发展的根基上，萌发出来的社会分工，包括存在一个巫师阶层，是父权制总的社会关系中重要的组成部分。

（本文原载于《考古学报》1987年第1、2期）

①桥村H4发现的羊肩胛卜骨，是我国目前发现卜骨中最早的。桥村的发现，推早了占卜术出现的年代。见《甘内灵台桥村齐家文化遗址试掘简报》，载《考古与文物》1980年第3期。

关于齐家文化研究中的几个问题

陈　迟

齐家文化是黄河流域原始社会考古研究的重要课题之一。解放后，我国考古工作者对齐家文化遗址（包括墓地）做了大量的调查发掘工作，并发表了不少论著，它是我国考古研究中的重要成果之一。

近年来，不少学者对发掘规模较大、资料较完整的齐家文化典型遗址，如甘肃武威皇娘娘台、永靖大何庄与秦魏家等遗址进行了较为系统的综合或专题研究，特别对齐家文化的源流、分布与具体遗址的分期诸问题进行了深入的讨论，为齐家文化及其有关问题的研究做了有益的探索，取得了可喜的成绩[①]。《考古学报》1987年1、2期发表的《齐家文化研究》（以下简称《齐文》）[②]一文中，用较大的篇幅对齐家文化进行了较全面的论述，特别是对皇娘娘台、大何庄、秦魏家等遗址的分期、分段做了相当详细的分析、排比，并提出了齐家文化可分成三期八段的新见解。但是由于《齐文》在考古学方法和资料处理上的不当，故其结论是难以成立的。为此，我们拟提出一些意见，与《齐文》作者商榷。

（一）考古学的任务是研究人类古代的社会历史，就考古学的研究方法而言，在原始社会时期的研究重点必须放在诸原始文化的整体系列与类型上，而不是放在孤立的、单独的一件器物上。关于考古学文化的分期，应根据地层关系与共出的器物群特征及其组合关系。在陶器方面还得注意不同器类之间的共存关系。如

①夏鼐：《齐家期墓葬的新发现及其年代的改订》，载《考古学论文集》，科学出版社，1961年；安志敏：《甘肃远古文化及其有关的几个问题》，载《考古通讯》1956年第6期；张学正：《甘肃古文化遗存》，载《考古学报》1960年第2期；谢端琚：《试论齐家文化与陕西龙山文化的关系》，载《文物》1979年第10期；《论大何庄与秦魏家齐家文化的分期》，载《考古》1980年第3期；胡谦盈：《试论齐家文化的不同类型及其源流》，载《考古与文物》1950年第3期。

②张忠培：《齐家文化研究》（上、下），载《考古学报》1987年第1、2期。

果仅依据个别器物或某些器物的细部变化进行分期或分段，那就不可能避免错误。《齐文》在讨论几个重要遗址的分期分段问题上，似乎也存在了这方面的问题。

关于皇娘娘台的分段问题。《齐文》是把皇娘娘台遗存分为自早至晚四段：一段以F8为代表，二段为M29组，包括M37、M40、M42、M47、M52、M55、M59、M60、M65、M73、M87；三段为M38组，包括M46、M54、M82；四段为M27组，包括M24、M30、M32、M33、M48、M56、M57、M67、M68、M76、M83、M88等。

据《武威皇娘娘台遗址第四次发掘》[①]报道，皇娘娘台遗址地层堆积共分三层：第一层，耕土；第二层，发现房屋残迹，还有墓葬；第三层，发现房址、窖穴和大部分墓葬。齐家文化遗存主要是第二层与第三层，若把它相对年代分为早晚两期是无疑义的。但《齐文》把它分为四段，从地层关系上说，未免缺乏根据，从出土器物群的演变上看，同样也难以成立。

现在，就拿《齐文》中所提到，并把它归入M27组即第四段的M24为例。

我们根据发掘报告《甘肃皇娘娘台遗址发掘报告》[②]报道，M24出土情况是：三人合葬，一男二女。头南足北，都是成年人。男性仰卧正中；左右两侧各有女性骨架一副。随葬陶器十六件，横列头足两侧。其中，陶器见于发掘报告的有：陶盆1件，陶豆1件，双耳瓶（双大耳罐）2件，双耳短颈罐1件，双耳长颈罐1件，大口双耳罐1件，侈口圆肩罐1件，共8件。这是一组比较完整的具有皇娘娘台齐家文化特征的陶器物群，它应是该遗址陶器分期的最好标尺。但奇怪的是《齐文》却把这样一组比较完整的陶器群人为地分别划入不同的段别。例如M24出土的双大耳罐共两件，一件同于《齐文》四段M27组的Ⅱ式双大耳罐（M32：3），另一件同于三段M38组的Ⅰ式双大耳罐（M38：1），M24陶尊同于三段的Ⅱ式尊（M38：3），M24陶豆同于二段M29组的Ⅱ式豆（M40：6），而M24双小耳罐同于三段M38组的Ⅰ式双小耳罐（M46：6）等（图一）。一个墓所出器物经主观排比，分别划入了二、三、四段，这样的划分段别法，显然是十分不科学的，而且，也失却了分期分段的价值。

①甘肃省博物馆：《武威皇娘娘台遗址第四次发掘》，载《考古学报》1978年第4期。

②甘肃省博物馆：《甘肃武威皇娘娘台遗址发掘报告》，载《考古学报》1960年第2期。

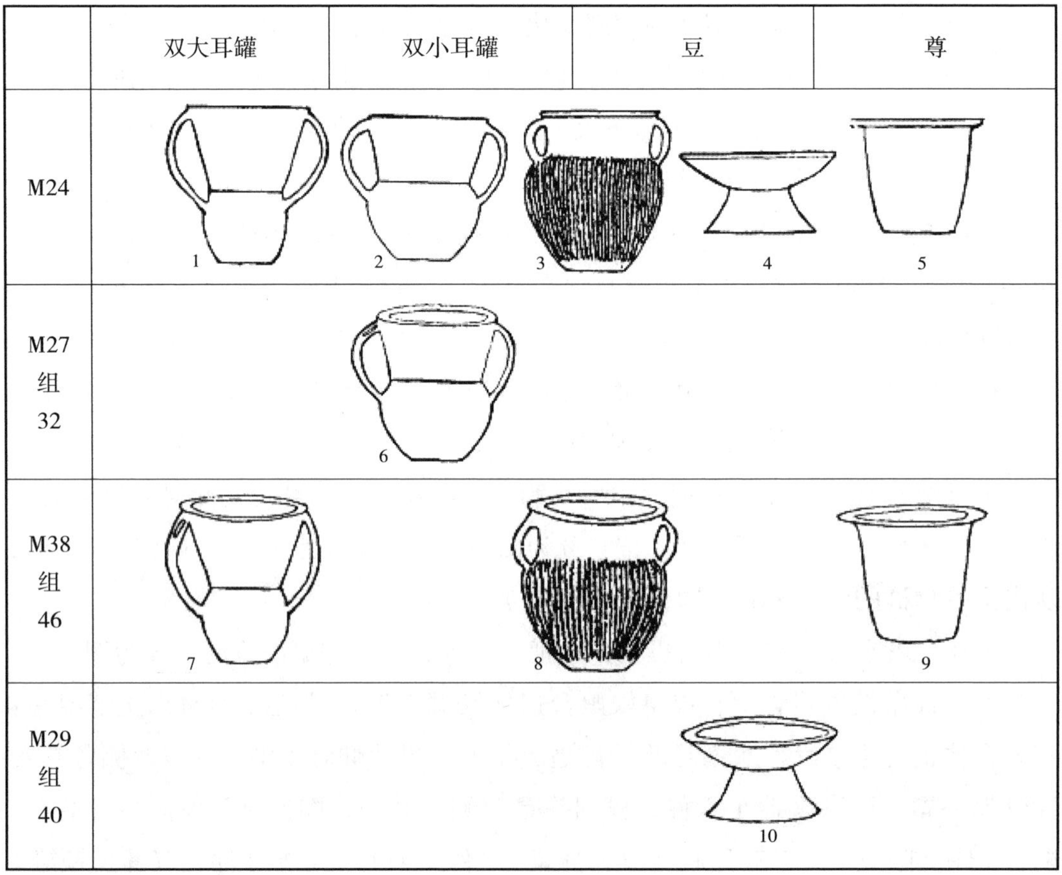

1～5.M24　6.M32：3　7.M38：1　8.M46：6　9.M38：3　10.M40：6

（注：本图是根据原报告图版照片绘制的）

图一　皇娘娘台随葬陶器

我们再从《齐文》所分皇娘娘台陶器三段（即二、三、四段）的比较中，不难看出有不少陶器都是三段共有，并且是同型式的。例如Ⅱ式双耳折肩罐、Ⅱ式豆、Ⅱ式单耳罐、Ⅱ式尊、Ⅱ式和Ⅳ式双小耳罐等，都是完全相同的。可见这种三段共有器物现象并非孤例，而且还可以列出不少实例来，这些陶器在皇娘娘台遗址（包括墓葬）中，都是常见的，也是带有代表性的器物（表一）。既然具有这么多共性的器物，所以就很难总结出这三段器物群的各自鲜明特征来。难怪《齐文》也不得不承认："这三组墓葬有相当多的器物的型式相同，或虽有区别，但变化不大。"这就使我们很难理解，既然看到这个客观事实，为什么还把皇娘娘台墓葬与随葬陶器分成三段呢？

表一 皇娘娘台随葬陶器表

墓组 \ 器型	泥质红(灰)陶				夹砂红褐陶	《齐文》分段
	双耳折肩罐	豆	单耳罐	尊	双小耳罐	
M27	Ⅱ(6)	Ⅱ(1)	Ⅱ(8)	Ⅱ(3)	Ⅱ(2)、Ⅳ(5)	四段
M38	Ⅱ(2)	Ⅱ(1)	Ⅱ(2)	Ⅱ(2)	Ⅱ(1)、Ⅳ(1)	三段
M29	Ⅱ(4)	Ⅱ(1)	Ⅱ(9)	Ⅱ(4)	Ⅱ(3)、Ⅳ(6)	二段

注：罗马字代表式别，阿拉伯字代表件数。

（二） 关于永靖大何庄的分段问题。《齐文》把大何庄齐家文化遗存亦分为四段：一段以F7为代表；二段为M66组，包括M1、M4、M7、M13、M17、M18、M20、M22、M35、M43、M47、M58、M61、M62、M70、M74、M75、M76、M79、M86、M90；三段为M89组，包括M6、M24、M27、M34、M36、M39、M53、M54、M55、M57、M63、M87、M88；四段为M40组，包括M16、M37、M42、M48、M56、M60、M69等。

据《甘肃永靖大何庄遗址发掘报告》①报道，该遗址地层堆积情况："揭去现代耕土层（第一层）后，即见遗址堆积，可分上下两层，上层即第二层，主要是黄褐土和红褐土堆积；下层即第三层，以浅灰土为主。"并以TA的西壁与T57、T58的南壁的剖面为例，加以说明。同时，根据上下两层出土物进行分析比较后，在报告的结语中指出，大何庄齐家文化遗存上下两层出土的陶器，在相对时间上存在着早晚的差别。现在看来，根据地层堆积与出土器物，把大何庄遗存分为上、下层，即早晚两期是比较稳妥的，也为大家所接受。但《齐文》却从上、下两层中再分出一段别来，即所谓三段的M89组，因而，这里首先需着重讨论这个三段的问题。

《齐文》所谓三段的M89组，共14座墓，即指M6、M24、M27、M34、M36、M39、M53、M54、M55、M57、M63、M87、M88、M89等。我们综观这组随葬陶器，它既含有二段M66组的陶器，又有四段M40组的陶器。例如：Ⅰ式碗，Ⅱ式双大耳罐，Ⅲ式豆，Ⅱ式、Ⅲ式、Ⅴ式侈口罐等，这些型式的陶器在三段与四段中都是共有的。又如Ⅰ式双大耳罐，高颈双耳罐，Ⅰ式与Ⅱ式豆，Ⅰ式、Ⅳ与Ⅴ式侈口罐，Ⅰ式双耳罐等，在三段与二段相同，没有什么明显的差别。并且，上述的双大耳罐、高颈双耳罐、豆和侈口罐等都是大何庄齐家文化墓葬中较为常见

①中国科学院考古研究所甘肃工作队：《甘肃永靖大何庄遗址发掘报告》，载《考古学报》1974年第2期。

且具有代表性的陶器物群（表二）。

表二　大何庄随葬陶器表

陶系	泥质红陶(A)				夹砂粗红褐陶(B)		《齐文》分段
墓组＼器型	碗	双大耳罐	高领双耳罐	陶豆	侈口罐	双耳罐	
M40组	Ⅰ	Ⅱ		Ⅲ	Ⅱ、Ⅲ、Ⅴ		四段
M89组	Ⅰ	Ⅰ、Ⅱ	A	Ⅰ、Ⅱ、Ⅲ	Ⅰ、Ⅱ、Ⅲ、Ⅳ、Ⅴ	Ⅰ	三段
M66组		Ⅰ	A	Ⅰ、Ⅱ	Ⅰ、Ⅳ、Ⅴ	Ⅰ	二段

注：①陶系格内A、B代表不同陶系。

②器型格内A为未分式别的代号。

从表中清楚地看出，所谓三段M89组的随葬陶器是并合二、四段的陶器组合群，它木身并没有区别于两者而独具特征的陶器组合群，因此，另分出这一段别来，就是毫无意义的了。

问题的症结在于，M89组所包括的墓，有的是属于上层，有的是属下层，它变成了一个杂烩组，如M6、M24、M27、M63、M89等五座墓属于下层，M34、M36、M39、M53、M54、M55、M57、M87、M88等九墓属于上层。

再说《齐文》所谓大何庄一段，仅举房子F7出土的一件标本，即高领折肩罐。既然作为一段，就得具有一定的时间概念。在这一定时间内很难想象只存留了一件器物，而没有与其相联系的遗迹或遗物与之共存。因此，这种割裂联系，孤立地设立一段的分段法，是难以使人表示赞同的。

同时，《齐文》认为："大何庄一段的年代，在秦魏家二、三段之间。"这可能是《齐文》作者对大何庄齐家文化遗存缺乏全面的了解，或者没有看到大何庄下层有一组具有明显早期特点的陶器群。例如：大何庄下层出土的锥形足鼎、绳纹扇或斝、罐形甑、陶盆、圜底罐、双耳罐、筒形杯与高领折肩罐等，都是齐家文化早期的器物。并且从年代比它早的客省庄二期文化中可以找到同类的器物①。这里不妨做个比较，大何庄下层的Ⅰ式双耳罐（M75：2）与客省庄双耳罐（T20：3）器形雷同，皆在颈部置一对称的环形耳，腹最大径偏上，外表遍饰绳纹。大何庄出土的两件两足（T57：14，T58：10），其特点与客省庄的Ⅲ式扁（H179：2）是一样的，在足尖内部附加一泥块或一泥球，外饰粗绳纹。大何庄Ⅰ式筒形杯（T7：11）与客省庄杯形小陶器（H27）为同类器，器身皆呈圆筒形。大何庄Ⅰ式

①中国科学院考古研究所：《沣西发掘报告》，文物出版社，1962年。

圜底罐（F2：2）与客省庄的圜底小陶器（T44：3：1）相似，均是圜底，器形小巧。大何庄陶甑（T39：5，TB：6）与客省庄陶甑（H27）近似，皆罐形，平底有气孔，在接近底部的器壁上有一周斜穿的气孔（图二）。我们知道客省庄二期文化的相对年代要比齐家文化早，既然两者在不少器物上是雷同或相似，表明大何庄下层的年代也是比较早的。因此，我们有理由认为大何庄下层的年代绝不会晚于秦魏家下层的年代。《齐文》把大何庄一段的年代，划在秦魏家二、三段之间是不妥当的。

1.高领折肩罐(F7:10)　2.圜底罐(F2:2)　3.杯(T7:11)　4.甑(T39:5)　5.深腹盆(T19:2)　6.双耳罐(M75:2)　7、9.鬲足(T58:10、T57:14)　8、10.鼎足(T11:5、6)

图二　大何庄早期陶器

（三）关于秦魏家南墓地的分段问题。《齐文》把秦魏家南墓地分成六段：一段以H1为代表；二段以H68为例；三段即指原报告的下层墓葬（第三层），包括M36、M43、M53、M74、M75、M89、M98、M109；四段即指原报告上层（第二层）的部分墓葬，包括M10、M12、M17、M19、M21、M23、M24、M30、M34、M37、M41、M45、M47、M51、M56、M60、M61、M65、M69、M82～M86、M88、M91、M96、M100、M104、M112、M115；五段包括M9、M20、M52、M90、M95、M103；六段包括M1、M3、M6、M8、M11、M13、M22、M27、M29、M33、M35、M38～M40、M42、M44、M49、M54、M55、M57、M58、M62、

M67、M78、M80、M81、M87、M99等。四至六段墓都是出自墓地的上层，即第二层。

据《甘肃永靖秦魏家齐家文化墓地》①报道，该遗址地层堆积情况是这样的：第一层，农耕土；第二层，为齐家文化墓地，共发现墓葬99座和“石圆圈”遗迹一处；第三层，亦为齐家文化墓地与住地，共发现墓葬8座与窖穴60个。不论上层墓葬，还是下层墓葬，人骨架头面皆朝西北方向，并且，墓坑都各自处于同一层面上，排列有序，是一处完整而不可分割的氏族公共墓地。

秦魏家南墓地的地层堆积，很清楚地属于齐家文化遗存的就是二层与三层。从出土的器物来说，两层的区别是明显的，所以把南墓地分为早晚两期是合乎客观实际的。《齐文》无视地层关系，把秦魏家南墓地分成六段不仅证据不足，而且烦琐无意义。这里不妨举例加以说明。如六段中，一、二段都是孤例，即一件器物代表一段，而且二段代表性器物并不是某段所特有的，它也见于第三段中。例如《齐文》认为二段的双大耳罐（H68：3）与另一件被订为三段的双大耳罐（M89：1）同出于下层位，两件陶器相同。在原报告中被同定为Ⅰ式双大耳罐（图三），因型式相同，划归一式自无疑义。《齐文》作者把两个相同器物人为地划分一、二级的谬误与上述划分大何庄的一段问题是同出一辙。

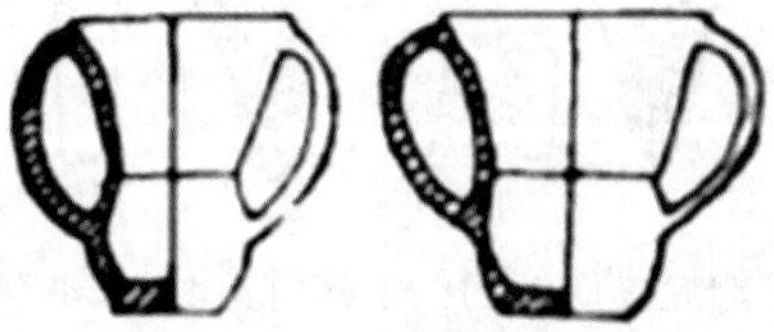

1　　2

1.M89：1　2.H68：3

图三　秦魏家双大耳陶罐

众所周知，要进行考古学文化的分期，仅着眼于少数几件器物，甚至是孤例的比较，它就很难具备分期或分段的代表性。分期必须从数量多，经常出现的有代表性的一组器物中去探求。只有这样，归纳出来的文化特征才比较真实，作为分期的依据也较准确可靠。像《齐文》那样仅根据孤例（一件陶器）器物即评为一段别，这是很不恰当的。

①中国科学院考古研究所甘肃工作队：《甘肃永靖秦魏家齐家文化墓地》，载《考古学报》1975年第2期。

《齐文》所说的一、二、三段，实际上就是原报告的下层（即第三层），均属秦魏家早期遗存。

现在再讨论《齐文》关于秦魏家南墓地的四、五、六段问题。这三段遗存从地层关系上都属于同一层堆积的第二层。从出土器物来说，大部分是相同的。我们不妨以《齐文》的《秦魏家南墓地四至六段墓葬随葬陶器类型表》为例。表中所列Ⅳ式碗，Ⅲ式敞口罐，Ⅴ式双大耳罐，Ⅳ式高领双耳罐，Ⅱ式、Ⅴ式豆等器类，在五段与六段都是共有的。同时，Ⅳ式双大耳罐，Ⅲ式高颈双耳罐，Ⅱ式、Ⅴ式豆，Ⅲ式、Ⅳ式侈口罐等式别的陶器，在五段与四段也是共有的。对秦魏家南墓地上层的陶器来说，上述的双大耳罐、高颈双耳罐、碗、豆与侈口罐等是这里最常见也是最有代表的陶器组合群。既然，主要的陶器组合群在各段都是相同或基本相同的，那么，强行分段就是不合适的了。

（四）关于秦魏家北墓地的分段问题。《齐文》把该墓地的随葬陶器分为三段：一段包括M107、M108、M118、M119、M125、M132；二段包括M105、M106、M110、M113、M114、M122、M123、M128；三段包括M117、M120、M121、M124、M127、M129～M131、M133、M134、M136～M138等。

据《甘肃永靖秦魏家齐家文化墓地》报道："秦魏家北部的地层堆积较薄，农耕土下即见齐家文化墓地，共发现墓葬29座。"①北墓地规模较小，29座墓排列成整齐的三排，人骨架头向一律朝西。墓葬坑口都开在第二层，并且都处在同一地面上，墓坑排列有序，甚至排与排之间的间距也大体相等。墓坑与墓坑之间也不存在叠压或打破的地层关系，其年代应属于同一时期。在随葬器物上，也没发现不同期的器物群。

我们从北墓地随葬陶器中可看出：所谓三段陶器明显存在着共同性，找不出各段各自特征的器物群。例如：随葬陶器除某些弧例或少数陶器外，绝大多数的陶器具有共存关系。如Ⅲ式碗、Ⅲ式单耳罐、Ⅲ式高领双耳罐、Ⅳ式与Ⅴ式侈口罐等都是共有的（表三）。

①中国科学院考古研究所甘肃工作队：《甘肃永靖秦魏家齐家文化墓地》，载《考古学报》1975年第2期。

表三　秦魏家北墓地随葬陶器表

墓组 段别	碗	折腹罐	豆	单耳罐	高领双耳罐	单小耳罐	双大耳罐	侈口罐
三段	Ⅲ(3)、Ⅳ(2)	Ⅰ(1)	Ⅱ(1)	Ⅲ(1)	Ⅲ(7)	Ⅱ(1)	Ⅳ(10)	Ⅲ(6)、Ⅳ(4)、Ⅴ(13)
二段	Ⅲ(2)、Ⅳ(1)	Ⅲ(1)	Ⅰ(1)	Ⅲ(1)	Ⅲ(6)	Ⅰ(1)	Ⅲ(8)、Ⅳ(8)	Ⅲ(2)、Ⅳ(2)、Ⅴ(12)
一段	Ⅲ(1)	Ⅰ(1)	Ⅱ(1)	Ⅲ(1)	Ⅲ(6)	Ⅱ(1)	Ⅲ(6)	Ⅳ(1)、Ⅴ(13)

注：①罗马数字代表式别。

②阿拉字代表件数。

总之，在北墓地三段陶器中，除少数器类外，主要器类的组合及器物本身的形态等没有发生什么明显的变化，更总结不出各自的文化特征，这样分段是没有什么分期意义的。

秦魏家北墓地被《齐文》分为三段的29座墓，既出于同一层位，随葬陶器又大致相同，在墓葬的分期上，应当归为一期比较稳妥。

同时，《齐文》在具体器物的分段或早晚关系上，还出现很多矛盾之处，如《齐文》说，“北墓地双大耳罐出现的年代顺序只能是Ⅲ式最早，Ⅳ式居中，Ⅴ式最晚”。但实际情况并不是这样，只要仔细查阅原报告，就会发现很多不同式别的双大耳罐是同出的，因此，很难确定某一式是早、某一式是晚的。如Ⅳ式与Ⅴ式双大耳罐是在一座墓出的（M135），Ⅲ式与Ⅳ式双大耳罐是在8座墓中同出的（M105、M106、M110、M113、M114、M122、M123、M128），约占北墓地总数的四分之一。并且，Ⅴ式双大耳罐在北墓地还是孤例，并与Ⅳ式双大耳罐共存，它本身就不典型，不能作为分期的代表。因此，这种既无地层叠压关系，又无伴出的成组陶器，仅凭个别现象即做出判断，便缺乏可靠的基础，而分期的结果必然是不符合客观实际的。

（五）关于齐家文化墓地的排列结构问题。上面已提到秦魏家北墓地共29座墓，都处于同一层位，自北至南分成三排墓坑，划一整齐，排列有序，它是一处较完整的氏族公共墓地。但《齐文》却“将北墓地分为排列位置连接和年代早晚基本衔接的四个墓组，即一排及二排的M124、M117为一组；二排中部，即除去两头的M124、M117、M125后，剩下的八座墓葬为二组；二排的M125与三排北边的九座墓葬为三组；三排南头的M132、M128列为四组”。

前已提及北墓地随葬陶器三个段别的划分，由于缺乏地层及其伴出的有区别的器物为依据，这种分段法纯是主观的。因此，《齐文》以段别为基础的再划分出四个墓组，当然就是无本之木，更总结不出四个墓组各自的特点，所以，这种墓组的划分，既无根据，也不说明什么问题，这里也毋庸多讨论。

关于皇娘娘台墓地的排列形式问题。《齐文》说："展现在人们面前的《皇娘娘台第四次发掘墓葬平面图》(见《齐文》图六)，显示出来的墓地布局，和前二处墓地呈排列式的条形结构不同，是块状形的结构。……第四次发掘的墓葬大致可分成由南至北的三块，块间略有空隙。一块位于墓地的南部，M68、M65等几座是它的北端。二块位于墓地中间，其南以M32、M67、M45为其南缘，北境可包括M70、M59、M36。三块的南境至M77、M69、M83为止。"其分块的根据是"每块中间未埋墓葬，留着一大小约略相等的空地，墓葬绕中间空地略呈环形排列。空间是区分墓块的唯一因素"。

我们仔细看了皇娘娘台第四次发掘的墓葬坑位图，既不像是块形结构，也不是呈环形排列的。它是一个大体排列有序的完整统一体——氏族公共墓地，因此，很难把它分割开，即使中间有些空隙，也不像有意留出的，何况所谓的空隙处也有墓葬。《齐文》说，三块之间的墓葬可明确归属其中的某一块。实际上空隙间的墓葬是很难划归某一块属的。例如，在一、二块间隙的M35，它南与M38为邻，北与M46接近，它们之间的间距相差无几。又如M68，它南与M56为邻，北与M67靠近，相互间的距离也差不多。另如M81、M82跟它两边的墓间距也大体相等。同样情况，在二、三块之间的M70，它南与M41、北与M69之间的间距不大，甚至更靠近三块的M69，但《齐文》却把它划分到二块内。因此，不论把它划分到那一块，都是不确切的。我们认为，皇娘娘台墓坑排列，与其说是块状形排列结构，倒不如说它是条形结构。若从墓地的西南往东北方向观察皇娘娘台墓葬坑位，你会发现除少数墓外，大部分墓坑基本上是成排排列的。例如皇娘娘台墓坑图上，其中，M29、M28、M46、M39等为一排；M30、M58、M65、M45、M49、M50、M59等为一排；M32、M33、M67、M42、M48为一排；M37、M55、M54、M66、M68、M52、M43、M41、M70等为另一排等，基本上呈一直线，并且还是较整齐的一排。这里墓坑的排列，虽然不如秦魏家墓地排列得那样井然有序，但从整体结构来说，它也还是属于条形排列的。

《齐文》说："南墓地（指秦魏家墓地）的墓组往往由两个墓葬组成。合葬墓数量这样少的墓组，很可能是当时盛行的单偶婚制下夫妻异穴合墓葬，有的也可能是父子异穴合葬墓。……M10、M19两座墓在三排中部，两座墓中间是M20；M13、M11在五排，也位在该排的中部。这两墓中间夹着M12。……这四座墓葬，前一对是年龄相近的成年男性，后一对恰巧是成年女性。假设这里都是夫妻异穴合葬墓，那么，凡位于墓排中部任何中间隔着一座的两座墓，性别必定是同属男性，或同属女性。”

实际情况并非如此。我们不妨看看秦魏家墓葬人骨鉴定的具体材料吧！南墓地第五排的M11、M13均为女性，但她们的年龄却不是很清楚。在鉴定的人骨性别、年龄登记表上，M13墓主人年龄是打着问号的，也就是说，还不能肯定是成年，而对M11墓主人的年龄数，亦未予判明。但《齐文》作者却说两者恰巧是成年女性，这未免过于武断。在人类学上还得不到肯定，那能轻易地做出结论？同时，在M11、M13之间的M12与M10、M19之间的M20，这两座墓的人骨均未经鉴定，现在无法判断其性别。但《齐文》作者却主观地推定M12是男性，M20是女性，这样与其相邻的异性墓必定是成年夫妻异穴葬墓，这显然是纯属主观臆测。这里还可以查看这几座墓的邻墓情况，M11东边紧邻的是M18，若按《齐文》逻辑必定是男性，但实际上不是男性墓，而是男女合葬墓。在M18东边的也还是男女合葬墓。在五排东边M111为女性墓，其东边为男女合葬墓，在这一排已知性别的墓中，除合葬墓外，都是女性墓，独不见单身男性墓（当然不包括未鉴定的人骨）。再如第三排，在已鉴定的墓中，除一座M3为合葬墓外，经鉴定的五座墓（M10、M19、M74、M31、M89）都是男性墓，未见女性墓。又如第二排M41，经鉴定为男性中年人，按《齐文》观点，在其东边的M52，必定是女性墓，但实际上也是男女合葬墓，不见一例是成年男女异穴合葬墓（图四）。另外，再看秦魏家北墓地的情况，第三排M121、M122两座墓，它们是紧邻并排的，这两座墓人骨架经鉴定都是女性，并不是夫妻异穴墓。又如第二排M118、M117也是相邻并排的两座墓，M118系女性中年，年龄为36～55岁，M117为男性，年龄为21岁，两者年龄级别相差约隔一代人，因此，两个墓主人不大可能是夫妻关系（图五）。上述实例充分说明了这些墓葬并不是夫妻异穴合葬墓。《齐文》说墓排中隔着一座的两座墓，性别必定是同属男性，或同属女性，企图证明他们是夫妻异穴合葬墓，这是不符合客观实际情况的。

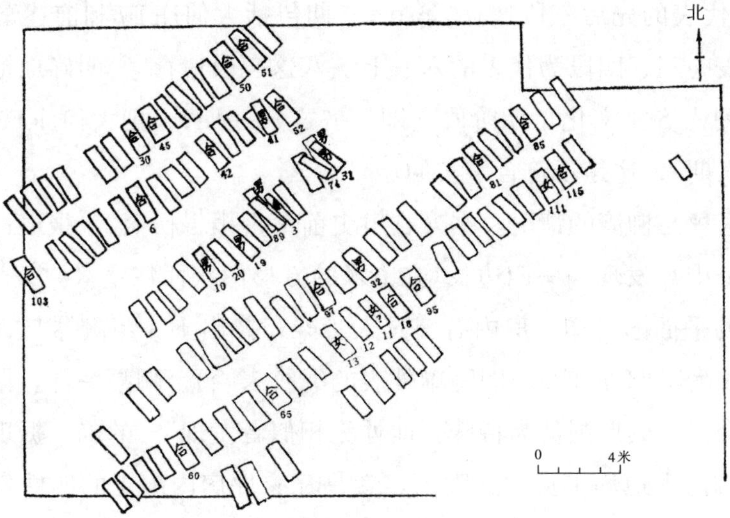

图四　秦魏家南墓地墓葬分布图

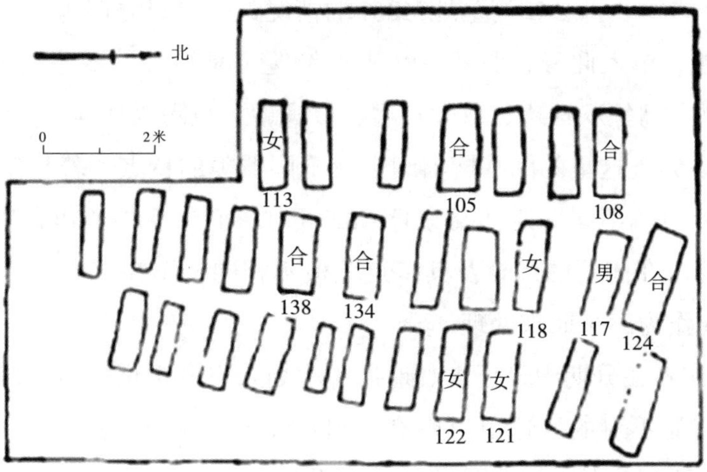

图五　秦魏家北墓地墓葬分布图

同时，还应当指出《齐文》在讨论夫妻异穴合葬问题上，尚嫌有以偏概全的毛病。他仅举的四个墓例，即使他所说都符合事实，那么，在秦魏家南墓地的99座墓中，亦仅占墓葬总数的百分之四，这怎么能因此就轻率地概括出该墓地当时是盛行夫妻异穴合葬墓呢?

（六）关于瓦家坪、大何庄、柳湾等地齐家文化的分期与年代问题。在《齐文》的三期八段的划分中：“一期包括瓦家坪K82·5白灰面住室、柳湾M267和皇娘娘台F8为代表的先后三段遗存。……三期包括大何庄F7和前述秦魏家诸遗存的年代关系表中三、四段为代表的六、七、八这三段遗存。”明确地把瓦家坪与柳湾并提，均列入齐家文化早期阶段（即《齐文》一期），把大何庄F7等放在齐家文化晚期（三期），这是不符合事实的。

先看瓦家坪与柳湾的情况。据《甘肃史前考古报告初稿》①报道：在甘肃临洮县瓦家坪遗址中，发现一座四边长均2.6米的方形白灰面住室（原编号为K82·5）。我们从房址的平面图得知，房内有三具人骨架，并出土一组陶器与骨锥等。其中陶器计有绳纹陶罐四件（在原图陶罐外表的绳纹未绘）、陶鬲一件。据裴文中先生意见，这件陶鬲“其形制甚为特殊，他处无相似者发现”。的确，据现有资料，在皇娘娘台与柳湾等地均未见此式陶鬲。就是瓦家坪房内出土的四件陶罐，其形制与皇娘娘台等地所出的同类器物亦有差别，有其独自的特点（图六：6～10）。地区不同，出土的器物也截然有别，因此，它们不可能同属于一期的。例如《齐文》所举出的关于青海乐都县柳湾墓地M267的情况，据《青海柳湾》②报道：M267是齐家文化墓葬，单人仰身直肢葬，墓主人经鉴定是男性。随葬品较丰富，其中，陶器有双耳罐、高领双耳罐、双大耳罐、单耳罐、粗陶双耳罐与彩陶壶（原物残）等（图六：1～5）。这里的随葬陶器组合及不同器类的特点，若与瓦家坪比较便一目了然，两者迥然不同。既然瓦家坪K82·5白灰面住室内所出器物与皇娘娘台、柳湾所出器物，在陶器的组合及其特点上极不相同，不知《齐文》作者何以会把它们放在一起作为一个期来处理。

《齐文》作者在分期中，还主观地把柳湾划入齐家文化一期，却把大何庄划入三期。这是明显不对的。这里恰好有一组C14年代测定数据，足以说明《齐文》这种分期是很不妥当的。据柳湾齐家文化分期，柳湾M267与M392等同属于柳湾齐家文化早期。M392年代经C14测定，其树轮校正年代为公元前1915±155年。大何庄下层F7已测定的两个C14测定数据，树轮校正年代分别为公元前2050±115年与前2010±115年。据此我们可以得出结论，柳湾齐家文化要比大何庄为晚，而不能是相反。

①裴文中等：《甘肃史前考古报告初稿》，未刊稿，1945年。

②青海文物管理处考古队、中国社会科学院考古研究所：《青海柳湾》，文物出版社，1984年。

1～5.M267（根据《青海柳湾》绘制） 6～10.K82·5（根据《甘肃史前考古报告初稿》图七，瓦家坪K82·5住室平面图绘制的陶器示意图）

图六 柳湾M267与瓦家坪K82·5陶器

再则《齐文》说，三期陶器已进入衰落形态，高领双耳罐代替了双耳折肩罐等等。我们上面已经指出大何庄下层出一组早期的齐家文化陶器，其中就包括高裆鬲与高领折肩罐。后者有人也称双耳折肩罐，其造型特点是肩腹间的外轮廓线有明显的转折，形成一道明显的棱角线。齐家文化早期最典型的高领折肩罐即出在大何庄F7内，此罐的编号为F7：10①。此罐特点是侈口高领，肩腹间有明显折棱，腹下部往里收缩成平底。这是齐家文化早期的典型陶器，应该是无疑义的。《齐文》在说明三期文化特征中，认为高领双耳罐代替了双耳折肩罐，也就是承认双耳折肩罐要早于高领双耳罐，但对出土高领折肩罐的F7，却划它为三期，这就出现了早晚颠倒、自相矛盾的现象。所以，我们认为《齐文》把柳湾M267的年代放在大何庄下层之前是不妥的。同时，《齐文》把“一期的年代当在公元前三千年后半叶之前段左右”亦没有任何根据。现在，已经C14测定的齐家文化标本中，

①谢端琚：《论大何庄与秦魏家齐家文化的分期》，载《考古》1980年第3期。

没有一个数据是此期间的。

总之，从上述几个问题的讨论中，我们可以清楚地看出，《齐文》把齐家文化分成三期八段的提法，本身存在着不少矛盾，是缺乏事实根据的，因其结论是不正确的。众所周知，考古学上的分期断代，是以地层和共存的器物关系为依据的；如果仅根据个别器物或不准确的资料主观地进行分期分段，那就很难符合客观规律。当然，这牵涉到如何对待考古学方法和实践检验等重大课题，不能不引起我们的重视。我们愿意与《齐文》作者共同努力，并在讨论中来提高共同的认识，以共同关心的研究课题再提高一步。

（本文原载于《考古》1988年第6期）

大何庄遗址“分段”研究商榷

——与张忠培同志讨论

1987年张忠培同志在《考古学报》发表了《齐家文化研究》①（以下简称《齐研》）一文。该文对大何庄等几处齐家文化重要遗址进行了详细的分段，并以此为基础对齐家文化的分期、源流以及社会发展阶段等问题展开了系列性的研究。

《齐研》关于大何庄等遗址的分段研究有的见解是颇有见地而使人受到启发，不过也存在不少问题，特别是在大何庄的分段研究中，问题最为突出。现在我们将大何庄分段的问题提出来与张忠培同志商榷，也希望得到关心这个问题的同志们的指正。

《齐研》将大何庄遗址分为四段：

一段 以F7为代表；

二段 为M66组，包括M1、M4、M7、M13、M17、M18、M20、M22、M35、M43、M47、M58、M61、M62、M66、M70、M74、M75、M76、M79、M81、M86、M90等23座墓葬；

三段 为入M89组，包括有M6、M24、M27、M34、M36、M39、M53、M54、M55、M57、M63、M87、M88、M89等14座墓；

四段 为M40组，包括有M16、M37、M40、M42、M48、M56、M60、M69等8座墓。

遗存的层位关系是遗址分期研究的基础。《齐研》的分段研究是否符合实际情况，首先要看它的分段结果与大何庄遗址的文化堆积状况是否符合。因此，我们有必要将《齐研》的分段结果与大何庄遗址的文化堆积状况加以对照。

---

①张忠培：《齐家文化研究》（上、下），载《考古学报》1987年第1、2期。

根据大何庄遗址发掘报告[①]，大何庄遗址的地层堆积共为三层：第一层为耕土；第二、三层为齐家文化堆积。从报告的TA西壁及T57、T58南壁两幅剖面图来看，第二、三层又可分别分为若干小层。第二层可分为黄褐土（TA：2A，T57、T58：2A）、灰褐土（TA：2B）和红褐土（TA：2C，T57、T58：2B）三个小层；第三层可分为深灰土（T57、T58：3A）、黄土（T57、T58：3B）、浅灰土（T57、T58：3C，TA：3）和黄褐土（T57、T58：3D）四个小层。有的墓葬处在第二层黄褐土下，如M37、M38，报告称为第二层上部墓葬；有的墓葬处在第二层灰褐土下，如M41、M42、M43，报告称为第二层下部墓葬；有的墓葬处在第二层红褐土下及第三层黄土下，如M75、M77、M72、M68、M78、M89、M90，报告称为第三层墓葬。在报告的墓葬登记表上，第二层上部与第二层下部的墓葬均称为第二层墓。为了便于理解不同探方地层的对应关系，我们将TA西壁及T57、T58南壁剖面图附录于下。

对照大何庄遗址的地层情况，《齐研》所分的第一段遗存是与其所处层位相符的。从TA西壁剖面图上看（图一），作为第一段代表的F7处于第三层浅灰土之下，被M77、M72等第三层墓葬叠压或打破，它的年代当早于第三层墓葬，是TA西壁剖面图中最早的遗存。因此，《齐研》把它划归第一段是合理的。

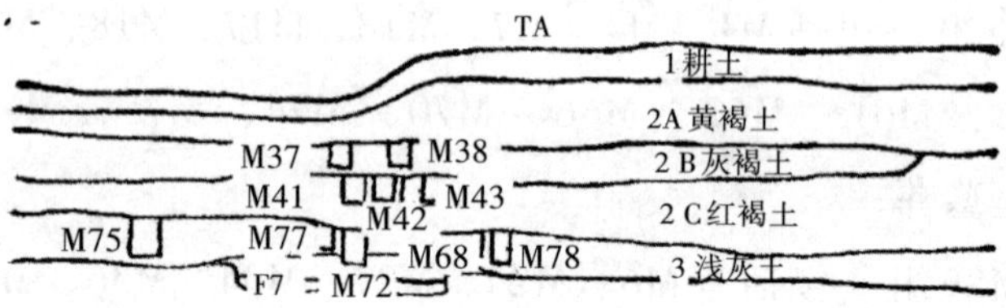

图一　大何庄TA西部剖面图

对照大何庄遗址的地层情况，《齐研》所分的第二、三、四段则有相当多的遗存与其所处层位发生矛盾。

从TA及T57、T58剖面图来看（图二），TA第二层的红褐土小层（2C）应与T57、T58第二层的红褐土小层（2B）对应。M43打破了TA的红褐土，M89间接

①中国科学院考古研究所甘肃工作队：《甘肃永靖大何庄遗址发掘报告》，载《考古学报》1974年第2期。

被T57、T58的红褐土所压。层位关系表明，M43应当晚于M89。可是，《齐研》却把M43分到第二段，把M89分到第三段。这样，经过《齐研》分段之后，M43反而变为早于M89。

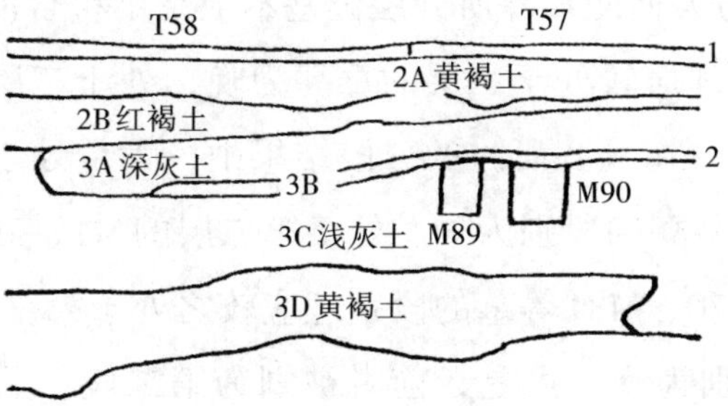

1. 耕土　2. 黄土

图二　大河庄T57、T58南壁剖面图

倘若我们将《齐研》所分的二、三、四段情况与诸遗存所处层位做一全面对照，那么问题就更明显。下面可将《齐研》的分段结果与诸遗存所处层位列表加以对照（表一）。

表一　分段结果与诸遗存所处层位对照表

四段	M40组	墓号	16	37	40	42	48	56	60	69				
		层位	(2)	(2)上	(2)上	(2)下	(2)	(3)	(2)	(2)				
三段	M89组	墓号	6	24	27	34	36	39	53	54	55	57	63	87
		层位	(3)	(3)	(3)	(2)	(2)	(2)	(2)	(2)	(2)	(2)	(3)	(2)
		墓号	88	89										
		层位	(2)	(3)										
二段	M66组	墓号	43	66	74	75	76	79	1	4	7	13	17	18
		层位	(2)下	(3)	(3)	(3)	(3)	(3)	(2)	(2)	(2)	(2)	(2)	(2)
		墓号	20	22	35	47	58	61	62	70	81	86	90	
		层位	(3)	(3)	(2)	(3)	(3)	(2)	(3)	(2)	(2)	(3)	(3)	
一段	F7	第3层下												

从表一中我们看到,《齐研》所分的二、三、四段的任何一个段别中,都是包含有第二、第三这两个不同层位墓葬的;反之,第二、第三层的任何一个层位的墓葬,也都可见于《齐研》所分的二、三、四段中的任何一个段别。由此可见,《齐研》的分段结果与大何庄墓葬所处层位基本上是不符合的。从层位学的角度来看,处于二层的墓葬理应较处于三层的墓葬为晚,处于三层的墓葬理应较处于二层的墓葬为早。可是,在《齐研》的分段结果中,大量处于第二层的墓葬的段别反而较处于第三层的墓葬的段别为早。处于第二层的M1、M7、M13、M17、M18、M35、M43、M61、M70、M81等墓的段别理应较之处于第三层的M6、M24、M27、M63、M89等墓的段别为晚,可是,前者被划为第二段,后者被划为第三段;处于第二层的M34、M36、M39、M53、M54、M55、M57、M87、M88等墓的段别理应较之处于第三层的M56的段别为晚,可是,前者被划为第三段,后者被划为第四段。这样,经过《齐研》的分段之后,本来层位较晚的许多墓,反而变得早于层位较早的墓了。

在整个遗址范围之内,文化层堆积一般不是呈水平状态存在的。各探方的堆积情况有些差异是常见现象。要把不同探方墓葬之间的层位完全对应起来不是一件容易的事情。因此,不同探方墓葬之间层位编号相同而实际层位并不完全对应的情况也偶然会有的。假如真的遇到这种情况,在分期研究中出现个别墓葬层位与期别发生矛盾也是可以谅解的。但是,不应大量出现这种情形。尤其是对同一探方墓葬来说,当不存在墓葬层位编号与实际层位不对应的问题,不同层位的墓葬在年代上具有早晚的区别当无可置疑。因此,在正确的分期研究中,是绝对不应出现分期结果与同一探方墓葬的层位早晚情况发生矛盾的。

然而,我们发现,在《齐研》的分段结果中,也有把同一探方内层位早的墓葬划到晚的段别里又把层位晚的墓葬划到早的段别里的情况。例如,根据大何庄发掘报告图四:“遗址东西部发掘区遗迹分布图”,M13与M27同处于T49内。M13为第二层墓,M27为第三层墓。从层位关系来说,M27早于M13当可无疑。可是,在《齐研》的分段结果中,M13属于第二段,M27属于第三段。这样,M27反而变得比M13还要晚。

层位关系所反映的遗存之间年代相对早晚关系是客观的、可靠的。层位关系的证据,在遗存的年代学研究中具有决定性的作用。器物类型学的分析必须以层位关系为依据,同时,其分析结果还须接受层位关系的验证,这个道理已经成为考古年代学研究公认的准则。因此，正确的类型学研究结果是不应与层位关系产生矛盾的。但是，我们从前面的对照已经清楚地看到，《齐研》的分段结果与遗存的层位关系严重存在矛盾。因此，我们认为《齐研》的分段结果实难据信，其失误是明显的。

《齐研》分段研究的失误是与其抛弃了大何庄遗址大部分遗存的层位关系而仅以少数的、局部的遗存层位关系为依据来进行类型学分析密切相关的。

大何庄遗址共发掘了七条探沟、五十四个探方，发现房屋及居住面七处，窖穴十五个，石圆圈五处，墓葬八十二座。关于这些遗存的层位，发掘报告均做了具体交代。可是，《齐研》只选择了探沟A、E、F所见诸遗存之层位关系作为开展类型学排比的年代考察基础。就发掘面积来说，A、E、F三条探沟尚不足发掘总面积的十分之一。就遗存数量来说，三条探沟内只包括了二十一座墓和一座房址，探沟内墓葬数量仅占遗址内已发掘墓葬总数的四分之一左右，探沟内房址只占遗址内房址总数的七分之一。就墓葬出土陶器的状况来说，三条探沟的二十一座墓只有九座出有陶器，这个数量仅占遗址中出陶器墓葬总数的五分之一。《齐研》就是以这么少量的、局限的层位关系为依据来展开类型学分析，将出有陶器的四十五座墓分别划为二、三、四段的。《齐研》的类型学分析建立于这样薄弱的层位关系基础之上，当然也就很难求得正确的结论。

《齐研》分段的失误还与其运用类型学分析方法时不够严谨合理也有一定关系。

下面我们且先看一下《齐研》的分段过程：

1.以大何庄发掘报告图三“探沟A、E、F遗迹分布图”所示的诸遗存单位及M79作为类型学分析的出发点。

2.以器物形式异同为标准，估定二层上部的M40、M37及二层下部的M42为同时的墓葬，组成M40墓组，认定AⅡ双大耳罐、AⅢ豆及BⅡ、BⅢ侈口罐为此组陶器的基本组合形式。

3.把二层下部的M43与三层的M66、M74、M75、M76、M79并为另一时期的墓葬，组成M66墓组，认定AⅠ双大耳罐、BⅠ和BⅣ侈口罐、AⅡ圜底罐、AⅢ单耳罐和BⅠ、BⅡ双耳罐为此组陶器的基本组合形式。

4.扩充M40组。扩充的标准是：（1）出有两件以上陶器与M40组陶器基本组合形式相同的墓；（2）出有一件陶器与M40组陶器基本组合形式相同而其他同出陶器又不是M66组陶器基本组合形式的墓；(3）M40组每次扩充之后新出现的陶器形式便是再次扩充M40组的根据。例如，M56因随葬属于M40组陶器基本组合形式之一的BⅢ侈口罐和不是M66组陶器基本组合形式的AⅠ单耳罐，因而在第一轮被扩入M40组。扩充以后的M40组新出现了AⅠ单耳罐，于是AⅠ单耳罐便成为第二轮扩充M40组的根据，把出有这种器物的M48扩充进M40组。接着，由于M48还随葬有并非M66组陶器基本组合形式的BⅠ单耳罐，于是又把BⅠ单耳罐作为第三轮扩充M40组的根据，把出有这种器物形式的M16扩充进M40组……。经过这样一轮又一轮的扩充之后，最后认定了AⅠ单耳罐、BⅠ单耳罐、AⅠ圜底罐也是M40组的标准器物。

5.按照上述扩充墓组的原则扩充M66组，认定AⅢ圜底罐，AⅠ侈口罐，A高领深腹罐，AⅡ、BⅡ、BⅢ单耳罐，A高领双耳罐，AⅠ、AⅡ豆和B小口罐也是M66组的标准器物。

6.把既出有M40组陶器又出有M66组陶器的墓葬凑在一起，组成时代介于M40组与M66组之间的M89组墓葬。

从上述情况来看，《齐研》把每次扩充墓组以后新增加的陶器形式作为再次扩充墓组的根据，这种做法是不够严谨的。因为，新增加的陶器形式是否够得上为同时期标准器物尚未经过验证，它可能是标准器物，也可能不是。非标准的器物在不同时期都可以出现，不应成为扩充墓组的根据。按照《齐研》的扩充墓组及划分M89的组的原则，有的器物既可以成为某墓组的标准器物，同时也可以成为另一墓组的标准器物；有的墓既可划在某一段，也可以划到另一段。下面不妨举个例子：M87出有两件BⅡ侈口罐和一件AⅡ豆、一件长颈罐。BⅡ侈口罐是M40组的陶器基本组合形式，AⅡ豆和长颈罐并非M66组陶器基本组合形式。按照《齐研》扩充M40组的第（1）（2）两条原则，M87理应扩充到M40组去，扩充以后，AⅡ豆是M40组新增加的器形，于是便成为M40组的标准器物。可是，《齐研》又根据了扩充M66组的原则，把出有BⅠ侈口罐、AⅢ单耳罐这些被认为是M66组陶器基本组合形式器物，又同时出有AⅡ豆和A高领双耳罐这样既非M66组也不是M40组陶器基本组合形式器物的M17扩充到M66组，扩充以后，便把AⅡ豆和A高领双耳罐作为M66的新增加标准器物。这样，按照《齐研》扩充墓组的原则，AⅡ豆既可成为M40组标准器物，也可成为M66组标准器物。还有，《齐研》是把M87划归M89组的，可是，我们在前面也可按《齐研》扩充墓组的原则把M87划到M40组去。由此可见，《齐研》的扩充墓组原则的客观标准是不严格的，是具有较大随意性的。根据这样的原则去给墓葬分段，当然也就很难避免分段结果与墓葬层位发生矛盾了。

总括上述，我们认为《齐研》对大何庄遗址的分段之所以出现这样明显失误，主要是张忠培同志在运用类型学方法来进行年代学研究时，未能较全面地以遗存的层位关系为基础，也未能用遗存的层位关系为标尺来验证类型学分析的结论而造成的。张忠培同志前几年在论述类型学研究的基本原则时说："对考古学遗存进行类型学排比，要从地层出发；其结论又须经得起地层的检验。"[①]在论述大何庄分段研究时也说："正确地断定遗存的年代关系，必须从诸遗存的层位关系出发，对不同单位出土的遗物进行类型学分析，才可能得出符合事实的认识。"这些论述无疑都是正确的。可惜的是，在实践过程中却在较大程度上背离了这些原则，在大何庄分段研究时，在较大范围内抛弃了层位关系这把衡定遗存年代早晚的标尺。所以，其类型学分析便不能不带有较大随意性了。

关于大何庄分期研究，过去有过一些讨论，不同见解大家都可以充分发表。但是，较为符合实际的见解，将产生于那些真正做到了以层位关系为年代考察基础的研究之中，而不会产生于脱离或较大程度上脱离了层位关系为年代考察基础的研究之中则是可以肯定的。

（本文原载于《考古》1988年第6期）

① 张忠培：《地层学与类型学的若干问题》，载《文物》1983年第5期。

试论齐家文化与晋南龙山文化的关系

——兼论先周文化的渊源

王克林

关于齐家文化的渊源，以及它与周围诸原始文化（即马家窑文化、客省庄二期文化——“陕西龙山文化”、河南龙山文化和晋南龙山文化）的关系问题，中华人民共和国成立以来一直为我国考古学界所关心和重视。有的同志认为：“齐家文化是在马家窑文化的基础上发展起来的”，“它与陕西境内以客省庄为代表的所谓‘龙山文化’之间……却不是同一文化”。就是说，齐家文化不是源于陕西龙山文化，而仅是“有较多相同之点，时代可能同时，也有互相影响”的另一个文化①。但也有同志说：“齐家文化是受东边的陕西龙山文化的影响而形成的。”②它的发展路线，一些同志认为：“可能是从渭水流域往西发展，中经洮河、大夏河，再往上游及其支流庄浪河、湟河流域等方向发展的。”③与此同时，目前考古学界在探讨早周文化时，也有同志认为“早周文化可能是在客省庄二期文化的基础上接受了齐家文化的一些因素发展起来的”④。换句话说，就是在周文化中也有齐家文化的因素，即齐家文化在“渭水上游与客省庄第二期文化接触地区，对周族文化的形成也有一定的关系”⑤。这些论述，对于探索我国黄河流域一些原始社会的文化面貌，考古文化与古族的关系以及探讨周族的起源、先周文化的面貌，无疑都有很大的启示和帮助。

我们认为齐家文化是在它所固有或土著文化的基础上，在发展过程中较多地吸收或受中原地区，特别是晋南龙山文化的影响而形成的一个具有本身特点和自

①石兴邦：《黄河流域原始社会考古研究上的若干问题》，载《考古》1959年第10期。

②夏鼐：《碳-14测定年代和中国史前考古学》，载《考古》1977年第4期。

③谢端琚：《试论齐家文化与陕西龙山文化的关系》，载《文物》1979年第10期。

④徐锡台：《早周文化的特点及其渊源的探索》，载《文物》1979年第10期。

⑤石陶：《黄河上游的父系氏族社会——齐家文化社会经济形态》，载《考古》1961年第1期。

成系统的原始文化。下面根据中原地区龙山文化和齐家文化的一些具有代表性的遗迹与遗物，诸如白灰面房屋建筑、墓葬习俗和陶器特征等，进行比较和分析，并结合历史文献记载，也对齐家文化的形成和周文化的渊源等问题，提出一点粗浅的看法。

一

中原地区龙山文化富有特色的房屋建筑，是白灰面的房基建筑遗存（所谓“白灰面”，据东下冯龙山文化遗址中发现的白灰石块，经化验其性质是为石灰）。这一建筑技术的起源，考古调查和发掘的资料表明，在河南郑州大河村[①]，山西芮城东庄村[②]和陕西关中的仰韶文化中[③]，就已经萌芽了白灰面房基，说明龙山文化白灰面房屋建筑技术的产生起源很早。

龙山文化白灰面房屋建筑技术，自仰韶文化发生以来，在黄河流域（不包括东南沿海地区的山东龙山文化）分布十分广泛，几乎在河北、河南、山西、陕西和内蒙古的龙山文化遗址中都有所发现，且具有代表性。为了了解这一文化因素的特征和发展情形，在这里有必要说明一下有关地区这一文化遗存的资料，以便探索它和齐家文化的关系。

河南地区，由于以往工作做得较多。龙山文化白灰面的房屋建筑遗迹发现较多。在庙底沟二期文化（早期龙山文化）中，曾发现过一座形制较小的圆形地穴式白灰面房子，其建筑情况是先挖一个土坑，然后在其底部铺垫一层草泥土，再在上面涂抹一层光滑平整的白灰居住面[④]。在河南，龙山文化的这种房屋建筑技术发展到后期尤为普遍。如汤阴白营发现以圆形为主的白灰面房子便有40余座。房屋面积都不大，直径一般在2.5至5.5米左右。其结构，在房基的边沿均有柱洞。而建筑方法与技术，与早期相比有了很大的改进，即在房基白灰面的涂层下，除烧烤草拌泥的居住面外，有的还施以加固地基的夯筑技术[⑤]。河南孟津小潘沟和永

①郑州市博物馆：《郑州大河村仰韶文化的房基遗址》，载《考古》1973年第6期。

②中国科学院考古研究所山西工作队：《山西芮城东庄村和西王村遗址的发掘》，载《考古学报》1973年第1期。

③张彦煌：《浐灞两河沿岸的古文化遗址》，载《考古》1961年第11期。

④中国科学院考古所编：《庙底沟与三里桥》，科学出版社，1959年，第18页。

⑤安阳地区文物管理委员会：《汤阴白营发现一处龙山文化晚期聚落遗址》，载《河南文博通讯》1977年第1期。

城王油坊[①]，晚期河南龙山文化的白灰面房屋建筑往往都在夯筑房屋建筑的下层，这是龙山文化的白灰面建筑向夯筑技术发展、演变的实例。夯土的出现，标志着龙山文化晚期建筑技术的进步，为穴居或半穴式向完全的地面房屋建筑创造了条件。

晋南地区，发现的龙山文化出灰面房屋遗存，大体与河南相似，但平面形式则多作四角抹圆的方形。如山西夏县东下冯发掘出土的十来座白灰面房子，就大多属于这种形式。其中保存较好的F251一座，宽长约3至4米，四角抹圆，在室内白灰居住面上，有四个对称的扁平河卵石明础，正中还有一个长方形的灶（图一：1）。1958年，笔者在芮城县东庄村试掘了一座龙山文化白灰面房子，和中国社会科学院考古所近年来在襄汾陶寺发掘的一座一样，形制均属圆角方形[②]。丁村龙山文化遗址中，调查所见的几处白灰面房子，在房基居住面下也有夯筑的现象。此外，在山西晋中地区的太谷白燕、娄烦以及吕梁地区的石楼等地，发掘的龙山文化白灰面房屋建筑遗迹也不少，形制也多是圆角方形，结构和室内布局也大体相同。

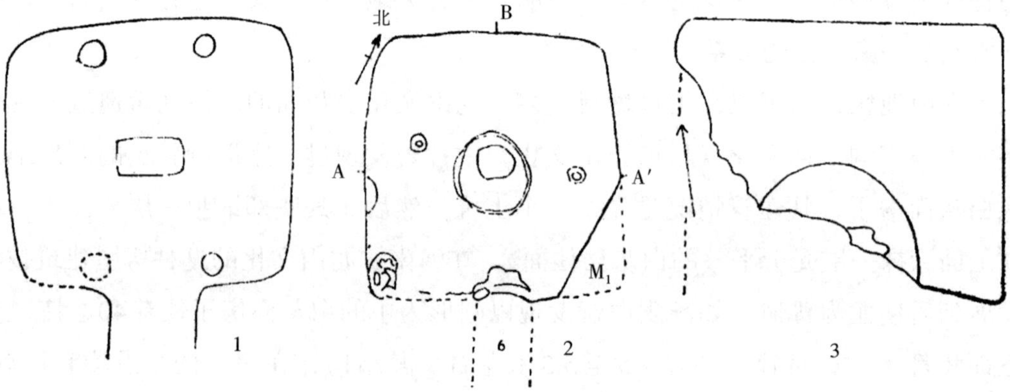

1.山西夏县东下冯龙山文化　2.内蒙古准格尔旗大口第二期文化　3.甘肃瓦家坪齐家文化

图一　白灰面房基平面图

①洛阳博物馆：《孟津小潘沟遗址试掘简报》，载《考古》1978年第4期。商丘地区文物管理委员会、中国社会科学院考古研究所洛阳工作队：《1977年河南永城王油坊遗址发掘概况》，载《考古》1978年第1期。

②中国社会科学院考古研究所山西工作队、临汾地区文化局：《山西襄汾县陶寺遗址发掘简报》，载《考古》1980年第1期。

内蒙古地区，在准格尔旗的大口二期文化中，发现龙山文化时期的白灰面房子也为圆角方形，其中一座较大，长宽各5米①，室内也有烧坑和对称的柱子（图一：2）。这里发现的房子还有竖直的墙壁，正是龙山文化这类房子发展到晚期已成为完全地面建筑的明证。

陕西地区，龙山文化的白灰面建筑遗存，迄今所见的资料似乎多发现在渭河下游属河南龙山文化性质的遗址中。在西安以西的客省庄二期文化类型中却不多见。而在渭河下游属河南龙山文化类型的华阴横阵②和华县柳子镇发现的白灰面房子，其形制结构和建筑方法却多表现出为河南龙山文化白灰面房子建筑特征。

甘青地区，齐家文化的白灰面房屋建筑遗迹，多年来的考古调查和发掘表明相当普遍。例如在泰安寺咀坪，武威皇娘娘台和临夏大何庄等地所发现的白灰面房子，平而多呈圆角方形。在居住面的中心都有一个圆形灶坑。门道一般都向南。例如寺咀坪发现的六座白灰面房子中的一号住室就为圆角方形的竖穴。南北长3.3米，东西宽2.9米，门道向南，室内居住涂白灰面，正中挖一火坑③。但值得注意的是，齐家文化的一些白灰面房基建筑，在白灰涂层的居住面下，同样也有夯筑房基的现象。例如在甘肃瓦家坪发现的齐家文化圆角方形房基，与晋南龙山文化房屋规模结构雷同（图一：3）。在建筑技术上表现出进步的地方是，在屋内居住面和周壁的下部，除涂抹一层坚硬、光滑、整齐的白灰面外，还铺垫草泥土和加以夯实④。

以上我们综述了黄河流域龙山文化白灰面房屋建筑技术的情况。不难看出，齐家文化的白灰面房基，就其形制结构、住室布局、建造方法和取材用料等方面，均无不与山西汾水流域晋南和晋中等地龙山文化的白灰面房屋相似。这些情况大概表明齐家文化的房屋建筑的进步，在形式上多采用黄河以北龙山文化的圆角方形房子的形制特征，在建筑方法和用料上，则受了中原地区龙山文化白灰面和夯筑技术的影响。

---

①吉发习、马耀圻：《内蒙古准格尔旗大口遗址的调查与试掘》，载《考古》1979年第4期。

②黄河水库考古工作队陕西分队：《陕西华阴横阵发掘简报》，载《考古》1960年第9期。

③甘肃省博物馆：《甘肃古文化遗存》，载《考古学报》1962年2期。

④石陶：《黄河上游的父系氏族社会——齐家文化社会经济形态》，载《考古》1961年第1期。

二

过去已有不少同志对齐家文化陶器的来源做了很多富有成果的研究。其中有的同志认为齐家文化中的一些陶器如单耳罐、双耳罐，高领折肩罐和鬲等，是“吸收了年代稍早的客省庄二期文化的因素发展起来的”[①]。其实齐家文化的陶器在很多地方并不完全受客省庄二期文化影响，同白灰面房屋建筑技术一样，在一定程度上是受中原地区，特别是受晋南龙山文化的影响而发展起来的。晋南龙山文化的几种陶鬲，在齐家文化中都有类似器形，特别是制作方法，如在鬲足的足根填泥球，尤为典型。这里仅就所见资料，将发展有序的陶鬲分单把鬲，钵、罐形鬲和双耳鬲三大类，说明它们与齐家文化的关系。

1.单把鬲

标本一，山西芮城南礼教村出土的龙山文化单把鬲（《考古》1964年第6期，图版肆：1，图六：1），高领细颈，分裆，高袋足，把手安在口沿和腹部之一侧，绳纹饰至颈部（图二：1）。此式陶鬲是晋南龙山文化陶器群中的典型器物之一，所见标本甚多。

标本二，齐家文化出土的单把鬲，直口略外侈，高领细颈，分裆，高袋足，把手安在口沿和腹部的一侧，绳纹饰至颈下[②]。

标本三，在甘肃兰州市中堡发现的一件齐家文化单把鬲（《考古学报》1960年第2期20页，图六：2）高领、分裆，空心高袋足，把手安在口沿和肩上之一侧，绳纹（图二：2）。

标本四，宁夏西吉县兴隆公社出土的一件单把鬲（《宁夏三十年文物考古工作概况》见《文物考古工作三十年》155页，图一），高细领，分裆，高袋足，绳纹饰至颈部。形式与标本一、二、三大体相同，仅腹部较肥大，颈较直，分界明显。此式陶鬲在齐家文化中所见标本也不少。

2.钵、罐形鬲

标本一，山西襄汾陶寺出土一件龙山文化钵形鬲（《考古》1980年第1期27页，图一〇：1），器身分两段，上为一圜底钵，下承三个肥硕的空心大袋足，上

①端琚：《齐家文化是马家窑文化的继续和发展》，载《考古》1976年第6期。

②石陶：《黄河上游的父系氏族社会——齐家文化社会经济形态》，载《考古》1961年第1期。图三“齐家文化使用的陶器（示意图）”下中单把鬲。

端饰一对纽耳，器内壁有模制拍打的麻点，通体饰绳纹。

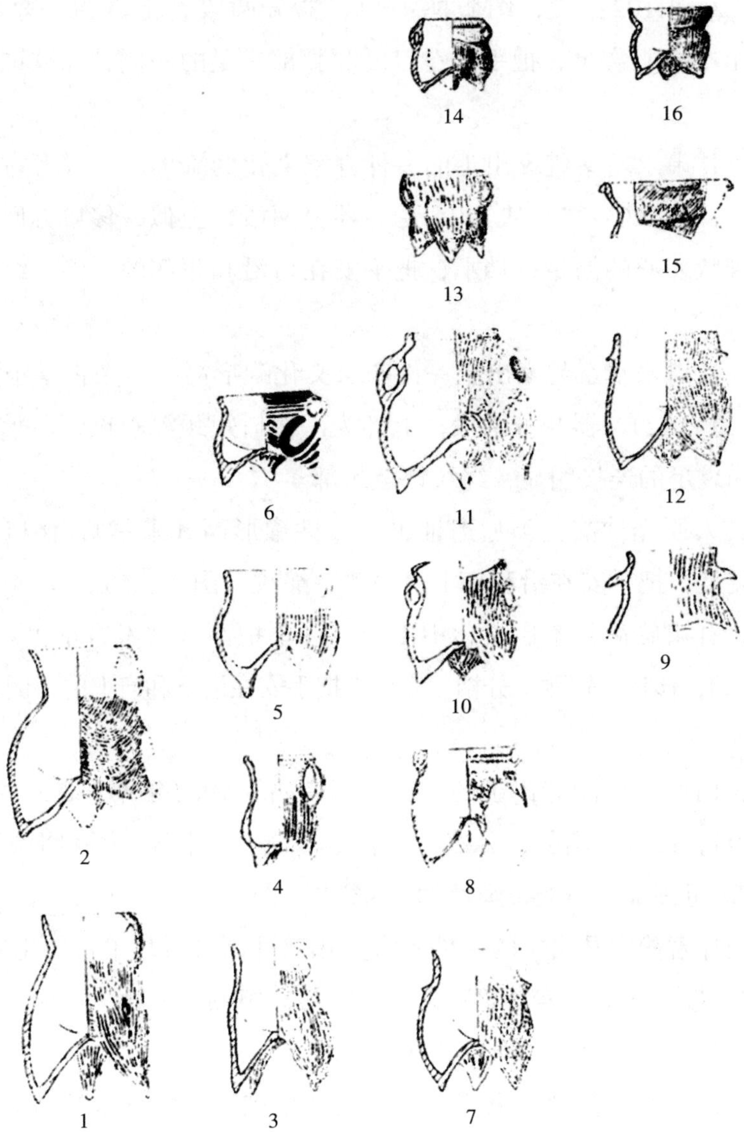

1. 龙山文化单把鬲 标本一（芮城南礼教村） 2. 齐家文化单把鬲 标本三（甘肃兰州中堡） 3. 龙山文化缸形鬲 标本二（芮城南礼教村） 4. 齐家文化罐形鬲 标本三（甘肃永靖秦魏家） 5. 光社文化罐形鬲 标本五（太原光社） 6. 辛店文化罐形鬲 标本六（甘肃临洮） 7. 龙山文化双耳鬲 标本一（襄汾陶寺） 8. 齐家文化双耳鬲 标本二（甘肃静宁） 9. 东下冯文化类型双耳鬲 标本三（娄烦何家村） 10. 寺洼文化双耳鬲 标本四（甘肃临洮） 11. 早周文化双耳鬲 标本五（宝鸡姬家店） 12. 西周早期双耳鬲（西安客省庄） 13. 早周双耳鬲 标本六（岐山礼村） 14. 西周早期双耳鬲 标本七（岐山贺家村） 15. 早周“鋬手”双耳鬲（岐山礼村） 16. 西周早期“鋬手”双耳鬲（岐山贺家村）

图二 单把鬲、罐形鬲、双耳鬲

标本二，山西芮城南礼教村出土的一件龙山文化罐形鬲（《考古》1964年第6期，图六：2；H102：17；图版肆：4），器分两段，上部为一短沿矮颈圜底罐，下承三个空心肥袋足，把手安在口沿和腹部袋足的一侧，绳纹饰至颈下（图二：3）。

标本三，甘肃永靖秦魏家出土的一件齐家文化的罐形鬲（《考古学报》1975年第2期85页，图二〇：7，从129：2）。器分两段，上似一侈口方唇深腹罐，下为粘接三个锥状实心的鬲足，裆平，把手安在口沿和腹部的一侧，纹绳饰至颈部（图二：4）。

标本四，甘肃永靖秦魏家出土一件齐家文化罐形鬲（《考古学报》1975年第2期，图版拾壹：12），器身分两段，上部为一侈口短颈深腹罐，下承三个空心大袋足，罐身和袋足的连接明显，绳纹饰至颈部。

标本五，太原光社文化类型遗址出土一件罐形鬲（采集），侈口，折沿，短颈，分裆，袋足，把手安在沿和肩上之一侧，绳纹（图二：5）。

标本六，甘肃临洮县辛店文化中出土一件单把鬲（《考古学报》1960年第2期，图版伍：1），侈口、短颈，分裆、袋足，把手安在沿下和肩上的一侧（图二：6）。

3.双耳鬲

标本一，山西襄汾陶寺出土的一件（《考古》1980年第1期27页，图一〇：4，图版伍：4），侈口，高领，分裆，空袋足。颈下肩上施一对扁平短窄耳钮（鋬手），方格纹饰至颈部（也有饰绳纹的）（图二：7）。

标本二，甘肃静宁县出土的一件齐家文化双耳鬲（《甘肃古文化遗存》图六：1，载《考古学报》1960年第2期）大口，圆唇，短颈，分裆，肥硕空袋足，在口沿和颈际附一对穿孔的双耳，绳纹（图二：8）。

标本三，山西娄烦何家庄采集的二里头文化东下冯类型双耳鬲的口沿。多为侈口，敛颈，两侧附一对鸡冠耳，绳纹饰至颈部，裆部已残（图二：9），饰绳纹。

标本四，临洮寺洼出土的一件双耳鬲（《考古学报》1960年第2期，图版陆：6），领较高，分裆，空心袋足，把手安在沿下肩上之一侧，绳纹（图二：10）。

标本五，陕西宝鸡姬家店出土的一件西周早期的双耳鬲（《考古》1959年第11期，图版壹：1）口较小，短颈，分裆，肥大的空心袋足，双耳安在沿上肩下之一侧，绳纹（图二：11）。

标本六，陕西岐山县礼村出土的一件（《文物》1979年第10期51页，图二：

2），方唇，高领，分裆，空袋足，双耳安在口沿和颈际，绳纹（图二：13）。

标本七，陕西岐山贺家村出土的一件西周早期双耳鬲（《考古》1976年第1期38页，图一一：左），直口，圆唇，短颈，分裆，空袋足，双耳附于口沿与腹部，通体饰绳纹（图二：14）。

标本八，新近在山西洪洞西周墓中出土的一件陶鬲，形制与陕西岐山贺家村出土的双耳退化的陶鬲相似，圆唇，斜侈口，分裆，袋足，器体较小，饰细绳纹。

从上所列举的三类陶鬲中，我们可以清楚地看出，它们在形制的发展上有着相互的联系。例如单把鬲的标本一，系手、模合制，器身细长，肩颈分明。罐形鬲的标本二，器分两段，上段的罐身短颈，深腹外鼓，明显地表现用手捏成；下部袋足的内壁多呈反绳纹，发掘到的模子也证实是为整体模制。此类鬲，是由罐身和袋足互相连接起来的。双耳隔的标本一，多着短窄的泥条耳纽。晋南龙山文化的这三类陶鬲，形制上都具有原始性。而齐家文化的这三类陶鬲，形制上有了变化，制作上有了改进，并从中可寻出与晋南龙山文化中的此三类陶鬲的发展上的渊源关系。例如单把陶鬲的标本一，龙山文化时的形体细长，而齐家文化的就显得肥硕；双耳鬲的变化就更明显了。首先在耳纽上，由标本一短窄泥条变为穿孔环耳，位置移至沿下的两侧，使之便于提系，往后便逐渐趋于退化和消失，器体由细长变为肥大，低矮，容积较小；罐形鬲的变化发展，早期罐身和袋足上下段的各线一般较为清楚，多手模合制，而齐家文化有的罐形鬲，下段空心袋足逐渐消失，呈实足的锥体。至辛店文化时期，容积尤小。由于体小低矮，可能已多属于明器，如标本三、六，前者高12.6厘米，后者仅8.5厘米。这正是齐家文化和辛店文化社会的变化在陶器生活用具上的一种反映。所以，上述这类陶鬲的发展和演变规律，明显地指示了齐家文化的形成，或在它的发展进程中，与中原地区特别是与晋南龙山文化有着一定的联系。

三

体现人们精神生活之一的埋葬习俗，也反映出齐家文化与晋南龙山文化的联系是非常密切的。考古工作证明，在我国黄河流域新石器时代的墓葬中，表现当时人们意识形态和原始宗教信念的，是一种在墓葬内撒红色颜料（朱砂）的葬俗。如新近在晋南襄汾陶寺发现一处龙山文化墓地，在发掘的一百多座墓中，在多数墓葬中，特别是形制较大有板灰（棺板）的墓葬中，几乎在墓里或人骨架上都撒一层朱砂①。这种葬俗在甘肃永靖秦魏家齐家文化的墓葬内也有发现②，反映了晋南龙山文化和齐家文化在埋葬习俗上也有相同的一面。

另外，除山东大汶口的墓葬外，在黄河流域，只有晋南襄汾陶寺龙山文化和齐家文化的基葬中用猪骨随葬。例如，襄汾陶寺的第232号墓，在“墓口旁侧的另一小浅坑里埋1至14付不等的猪下颌骨”③。而齐家文化墓葬用猪随葬的情形，以秦魏家最为突出，在这里有“四十六座墓都有猪下颌骨随葬，总数达四百三十块”④。埋葬位置也与陶寺大体相同，多在墓口。

墓葬里撒朱砂或红色颜料和埋葬猪骨这两种葬俗，齐家文化和晋南陶寺龙山文化竟如此雷同，若没有一定的影响和文化上的联系，是不可能的，否则齐家文化的葬俗就应与在文化上有发展和继承关系的马家窑文化相近才是。但发掘表明，兰州红砂沟等地马家窑文化的墓葬，多二次葬而没有撒朱砂及埋猪骨的葬俗。必须指出，陶寺和齐家文化所随葬的猪骨，在数量和葬者的地位上尚存在着一些差别，是前者少于后者。这种数量上的多寡现象，正反映了陶寺龙山文化是私有制萌芽或发生的最初阶段，而齐家文化则正是个人财富有了膨胀发展的时期。所以，从埋葬习俗及其演变关系，也可看出齐家文化的埋葬习俗不同于近邻渭水流域客省庄第二期文化的葬俗，却与汾水流域的一些龙山文化相似。单就葬俗而言，齐家文化也是受了晋南龙山文化的影响。

四

上述分析如果不误，不但使我们在齐家文化陶鬲演变过程中（特别是其中的双耳鬲和罐形鬲）清楚地看到它来源于晋南龙山文化，而且也看到它的发展去向，即包蕴着先周文化的影子，为目前考古学界探索周族原始社会的文化面貌、年代、地域以及周族的发祥地等问题提供了线索。

---

①中国社会科学院考古研究所山西工作队、临汾地区文化局：《山西襄汾县陶寺遗址发掘简报》，载《考古》1980年第1期。

②中国科学院考古研究所甘肃工作队：《甘肃永靖秦魏家齐家文化墓地》，载《考古学报》1975年第2期。

③中国社会科学院考古研究所山西工作队、临汾地区文化局：《山西襄汾县陶寺遗址发掘简报》，载《考古》1980年第1期。

④中国科学院考古研究所甘肃工作队：《甘肃永靖秦魏家齐家文化墓地》，载《考古学报》1975年第2期。

先就中原地区龙山文化和齐家文化罐形鬲，双耳鬲的发展情形，来说明晋南龙山文化、齐家文化和周文化之间的关系。现从罐形鬲谈起，我们应当看到，标本二、 三、五之间虽有其地域性差别，但更重要的不能忽视它们之间的发展连续性。其次是双耳鬲。标本一，为山西襄汾陶寺晚期龙山文化所出，器肩两侧附加两块对称的短窄泥条耳纽或扳手，而标本二的齐家文化双耳鬲，双耳已成环纽，位置也移至口沿部分，形制稍有变化。标本三，山西娄烦二里头文化东下冯类型的双耳鬲，裆部虽残，但鸡冠形双耳的形式与位置和标本一龙山文化的泥条耳纽相似。标本四，临洮寺洼文化的双耳鬲，双耳安在沿下肩上，器高仅10.8厘米，恐已非实用器，但形制似为早周文化双耳鬲的先声。标本五的姬家店早周双耳鬲，口沿内敛，窄颈，形制虽有所变化，但仍保持齐家文化肥硕袋足的特征。与标本五并行发展的，似为客省庄出土的一件早周双耳鬲（《沣西发掘报告》图十二：1），敞口，深腹，空心肥袋足，沿下有时对称泥条耳纽（图二：12），它与标本三娄烦何家庄的鸡冠耳纽也极相似。标本六，岐山礼村的双耳鬲，其形式有两种，一种单耳环，另一种沿下附泥条握手（图二：15），显示出还有标本一龙山文化双耳鬲所附泥条耳纽的原始遗痕。标本七的鼓山贺家村西周早期双耳鬲，形制不似标本一、五那样古拙，但早期的肥硕袋足未变。器体较小，同样为非实用器。同时还出一种在沿下附一对细窄泥条耳纽的[①]，但已退化，明显富于装饰性（图二：16），洪洞西周墓出的一件陶鬲（标本八），斜侈口，分裆，袋足，虽无耳纽，却与上鬲相似，也是随葬明器。

由此可见，从标本一到标本七双耳鬲的器形演变，是有连续性的。岐山贺家村出土的双耳鬲（标本七）年代较为明确，是西周早期物（大约武王时期之物），山西洪洞西周中期的双耳鬲（标本八）或类似的陶鬲可作其下限。则标本六岐山礼村和标本五宝鸡姬家店的双耳鬲的年代就当为早周（大约是由太王古公亶父至武王时期），标本四至标本一，即寺洼、娄烦何家庄、齐家和晚期龙山文化双耳鬲的历史阶段应在早周至先周。鉴于在西安沣西客省庄二期文化陶器群中不见双耳鬲，从而使我们有理由推测标本六、五早周文化双耳鬲乃源于齐家或相邻的晋南龙山文化，排除源于客省庄二期文化的因素。双耳鬲的发展与演变，为我们了解和探索周文化的起源，周族原始社会的文化即先周文化的面貌，提供了一个重要的线索。

---

①陕西省博物馆：《陕西岐山贺家村西周墓葬》，载《考古》1976年第1期，图一一：右。

五

关于先周文化的渊源问题，目前基本上是两种看法：一种说可能是在陕西长安客省庄二期文化的基础上，接受了齐家文化的一些因素发展起来的；另一种则认为是源于山西晋中太原的光社文化。我们则认为先周文化当源于山西汾河流域中、下游的晚期龙山文化或二里头文化的东下冯类型。而历史时期的周文化，正是在先周文化的基础上，随着周部族的发展、迁徙，最终在陕西关中渭水流域固定下来，同商族接触，并不断受其文化的熏陶和影响而形成的。除了上面已述及的陶鬲演化过程所映射出来的文化的影子外，还可拿近年来在山西发现的晚期龙山文化、二里头文化东下冯类型和殷商新颖的陶器——蛋形三足瓮的演变关系作为依据，进一步探讨先周文化的内涵和渊源。

蛋形三足瓮，是二十世纪五十年代首先在太原北郊光社遗址里发现的[①]，泥质灰陶，陶胎较厚，直口或敛口，方厚唇，深腹，器底承三个空心乳形袋状短足，通体饰绳纹或陶纹，是一种富有特色的并具地域性的大型陶器。自从太原光社遗址发现此类蛋形三足瓮以来，相继在太原东太堡、娄烦河家庄、山城峁、浦峪、忻县张村；晋中地区的太谷白燕；晋南地区的夏县东下冯[②]，襄汾陶寺，翼城感军[③]，曲沃方城、天马；晋东南的沁水南郎，以及内蒙古准格尔旗的大口、包头等地区的一些晚期龙山文化，二里头文化东下冯类型和殷商文化的遗存中，先后都有所发现，分布广泛。现先将这一地区发现的蛋形三足瓮的标本叙述如下：

标本一，太原东太堡晚期龙山文化遗址发现（图三：1），空心袋足，袋窝较深，器底与足抹平连接，角度较大，饰绳纹。

标本二，内蒙古准格尔旗大口二期文化出土（《考古》1979年第4期，图版壹：4），直口，深腹外鼓，圜底，最大径在下部。空心袋足呈乳峰状，袋窝较深。器底与袋足也是抹平连接，角度也较大。纹饰除绳纹外，还有篮纹。一般足饰呈麻点状的粗绳纹。高46.5厘米，口径34厘米（图三：2）。

①寿田：《太原光社新石器时代遗址的发现与遭遇》，载《文参》1957年第1期。

②东下冯考古队：《山西夏县东下冯遗址东区、中区发掘简报》，载《考古》1980年第2期。

③中国社会科学院考古研究所山西工作队：《晋南二里头文化遗址的调查与试掘》，载《考古》1980年8期，图六：2。

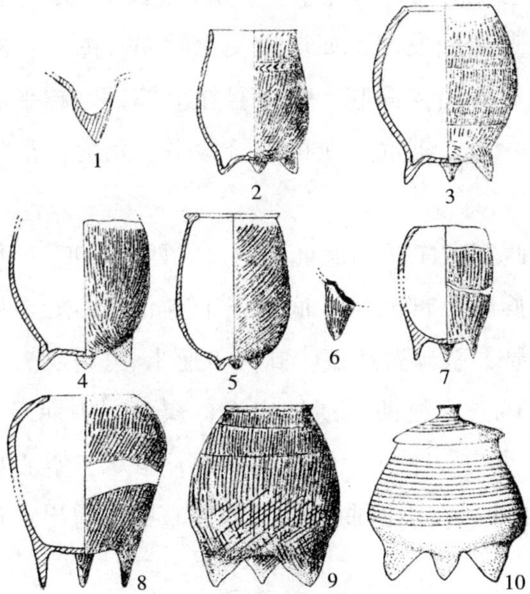

1. 标本一 太原东太堡 2. 标本二 内蒙古准格尔旗大口 3. 标本三 太原光社 4. 标本四 太原白燕红咀鸦疙瘩 5. 标本五 夏县东下冯 6. 标本六 忻县张村 7. 标本七 太谷白燕 8. 标本八 太谷白燕 9. 标本九 西安客省庄 10. 标本十 长安普渡村

图三 蛋形陶翁

标本三，太原光社遗址采集（《文物参考资料》1957年第1期57页），直口微敛，深腹外鼓，圜底，最大径在下部，空心袋足，但袋窝渐浅，器底与足的连接角度也较大。周身饰绳纹，呈麻点状的粗绳纹。高50厘米（图三：3）。

标本四，山西太谷白燕红咀鸦疙瘩采集（口部已残），属东下冯类型，深鼓腹，圜底，袋足空心，下端实体系用泥块填塞。器底和袋足的连接角度也较大。饰绳纹，足饰粗绳纹呈麻点状（图三：4）。

标本五，夏县东下冯遗址出土，属二里头文化东下冯类型（《考古》，1980年第2期103页，图九：7），敛口，深腹，底微向内收。袋足小而浅。器底与足的连接角度明显。饰绳纹。口径41.2厘米，高70厘米（图三：5）。

标本六，山西忻县张村遗址采集，属东下冯文化类型或二里岗文化（图三：6），形制大体与白燕红咀鸦疙瘩的蛋形瓮相似，但足的袋窝消失，已成圆锥形实足。饰绳纹。

标本七，太谷白燕遗址发现，属二里岗文化时期（图三：7）。根据发掘出土同类陶器比较，形制多敛口，平沿，深腹，圜底，最大径在上部。足锥状实心。

底和足的连接缓平，角度消失，饰绳纹。一般高约50～60厘米，

标本八，太谷白燕遗址发现，属殷墟文化时期（图三：8)。根据出土的同类器形比较，形制多敛口平沿，深腹，最大径在上部，底趋平。实足呈锥体，断面或圆或扁，形状很不一致。器底与足的连接缓平，角度已消失。饰绳纹。一般高约40～50厘米。

标本九，西安沣西客省庄西周遗址出土，属西周早期（《沣西发掘报告》，图版柒：2)，敛口，深腹，下部略鼓，底承三个空心乳形短袋足，周身饰绳纹。器底与袋足之间角度明显，系分做连接。高50.9厘米、口径27.3厘米（图三：9)。

标本十，陕西扶风齐家村西周遗址出土，属西周中期（《考古》1980年第1期46页，图三：1)。直口，平唇，深腹，圜底，下承三空心袋足，颈下通体饰浅绳纹（图三：10)。此外，在山西曲沃曲村西周墓中也曾出土过这类形式的蛋形三足瓮。

观察上述十件标本，其演变过程大致是：(一）器形，由最初浑圆体大的卵形，到晚期器体上部多呈鼓腹的罐状。(二）口沿，由直口到敛口。(三）袋足，由空心乳形渐至实足的锥体，到西周又复而为空心的袋形。(四）器底与足部的连接，早期的（标本一至三）都为空心一体，稍晚的（标本四、五）则逐渐为泥球填塞，而标本六、七、八（二里岗和殷墟文化时期的蛋形瓮）则多用泥条补接。标本九、十（西周时期的蛋形瓮）的底部与袋足则多分做连接。(五）器底与足之间的角度，由上列标本比较看出，其发展趋势是，由大渐小以至消失，然而西周时期又复而明显。(六）纹饰，早期除绳纹外还有篮纹，而晚期则多见绳纹。由上可见蛋形瓮的形制演变尽管是一个波浪式或曲线式的发展途径，但是它们的基本形制还不失蛋形瓮最初的一些特点，从而也可略窥它们之间的发展连续性。十分清楚，蛋形三足瓮来源于龙山文化，而延续至西周时期。

截至目前，早期蛋形三足瓮都集中分布于山西汾河流域，涑水河流域，内蒙古西南一隅，以及包头等河套地区，似乎并未越过黄河向南发展。从纵的发展序列来看，袋形三足瓮均发现在上列地区的龙山文化、东下冯文化类型、二里岗文化、殷墟文化以及西周时期的遗址和遗存中。西周时期的蛋形三足瓮，也仅限于西安沣西客省庄、张家坡普渡村和扶风齐家村。值得注意的是，周代这种类型的陶器，在山西曲沃曲村的西周墓中也有发现，说明周灭殷后，由周族根据地陕西分封到山西的周人仍还使用这种陶器。因此，这说明原产于山西汾水流域的蛋形

三足瓮，从龙山到西周一直为这两地的居民所袭用，从而反映了周初这一为周人普通习用的陶器的来源。由于在陕西渭水，沣河流域早于西周文化的客省庄二期文化迄今未发现这类陶器，那么，长安沣西客省庄西周早期的蛋形三足瓮的来源，只能从早期蛋形三足瓮的原产地追溯，即从与之相邻的山西汾河流域晚期龙山文化和东下冯文化类型中去寻找，从内蒙古河套地带所发现的同类器物中去追踪它们发展路线的轨迹。蛋形瓮的纵横发展关系及分布情形，为我们追溯先周文化渊源提供了信息。

鉴于今内蒙古河套一带有蛋形三足瓮存在的事实，从而使我们有理由推断，这种陶器可能溯水而上，随古代部落的迁徙而传入今陕西关中地区。由于内蒙古大口二期文化中的蛋形三足瓮与大口尊等陶器共存，"与偃师二里头的同类器物相比较，则带有更多的原始性……这些都说明大口二期文化的相对年代要早于偃师二里头早商文化（即夏文化——笔者），晚于客省庄二期文化"①，内蒙古大口二期文化和山西汾水流域的晚期龙山文化及东下冯类型，便可能属于先周文化的范畴。与此同时，也说明了先周文化的主要内涵，当不是客省庄二期文化，而是以蛋形三足瓮为代表的山西汾水流域晚期龙山文化和二里头文化东下冯类型，即周族灭殷前原始父系氏族社会时期的文化。蛋形瓮的发生和发展，清楚地揭示了先周文化所处的历史阶段。文献记载，周族的兴起时值"陶唐虞夏之际"（《史记·周本记》）。"陶唐虞夏"，在中华民族的远古文化中，一般都认为大约相当于原始社会末期的龙山文化阶段。而出土蛋形三足瓮遗址的性质和年代，恰属晚期龙山文化或二里头文化时期，即周始祖弃、不窋、公刘至太王古公亶父周族的父系氏族社会之际，与我们探索先周文化所处的历史阶段和所代表的文化时期亦大致相符。山西汾水流域的晚期龙山文化，或二里头文化东下冯类型中产生的蛋形瓮向陕西渭河流域西周文化发展情况，不单具体地说明了先周文化的性质或内涵，同时还说明了周族的起源和崛起的地望，确切地反映了周人由山西汾水流域，向今宁夏、甘肃，并由此转折东向陕西关中泾渭流域发展、迁徙的复杂历史过程。

有关周族的起源问题，历来有二论。一是源于陕西泾渭流域，但也有人从《尚书·周书·居》："惟文王尚克修我有夏"，又《立政》："乃伻我有夏，式商受命，奄甸万姓"，和《论语·卫灵公》："行夏之时……服周之冕"等历史文献启示

①吉发习、马耀圻：《内蒙古准格尔旗大口遗址的调查与试掘》，载《考古》1979年第4期。

中，认为“周为夏后”[1]。吕振羽先生则进而详论之。他说由于“在周人口中还是‘我有夏’，‘夏时’，他们的‘践商’，也说是天使‘我有夏式商受命’的。他们封建主国家的建立，也说是在攒禹之绪。似此，周人明明说是夏的后身，实即其一个支派”[2]。我们根据《史记·周本纪》中周始祖弃“其母有邰氏”的记载，也试图以此去说明周与夏的关系。

“有邰”之邰，按古文的形、声、义说有三义。邰字省偏旁邑，即古文台字。台，古文从𠙵、从厶，从女则为姒。姒姓也。太史公曰：“禹为姒姓”，此台是姒为夏姓之证。姓氏之由来，可能与古代氏族常以动植物为其图腾族徽的习俗有关。刘节先生对台字的解释说：“台古文姒字，台字，所以从厶形……原是象蛇形。”[3]说明古姒字有爬虫图腾的意思。可见邰与姒关系之密切。若台是姒姓不误，则知周同夏是为有着血缘关系的近亲。又，“有邰”之邰，增邑旁。按照古人的惯例，通常是为人们住地的标志。于是“邰”在此便为我们提示了周族的起源或崛起之地望。有关周人崛起的地望，我国学者以往也多所争议。如钱穆说：“言周初地理者，无费谓后稷封邰在武功，公刘居豳在邠县，太王迁岐山，皆在陕西西部泾渭上游……今考周人盖起于翼州，在大河之东，后稷之封部，公刘之居豳，皆在晋地。”[4]说明“邰”在周初为该族居住的所在地，其地望并不在关中之泾渭，而是在黄河以东的晋地。此外，“邰”也还有为水神之义。据《左传》昭公元年记：“台骀能业其官，宣汾洮，障大泽，以处太原，帝用嘉之，封诸汾川、沈、姒、蓐、黄实守其祀………由此观之，则台骀汾神也”，是台或骀为山川汾水神名之例。在这里，《左传》所说的“姒”姓，明确指出其地望在今汾河，正是商灭夏后的夏遗民。至此，“有邰”之邰，为姓、为住地、为神名皆与曾经在山西境内活动过的夏部族有着非常密切的关系。《左传》定公四年：周成王封其弟叔虞于“夏虚”，服虔曰：“大夏在汾、浍之间”，说明山西的汾、浍流域曾是夏部落主要活动地区之一。从周人与夏人关系之密切看，周族的崛起地自然就应在夏人故地之夏墟。所以，史家曰：“周因夏后故地”，当非虚言。

---

①姜亮夫：《夏殷民族考》，载《民族杂志》1卷11期，转引自丁山《由三代都邑论其民族文化》，载《历史语言研究所集刊》第5本，第1份，第93页。

②吕振羽：《史前期中国社会研究》，三联书店，1980年，第181页。

③刘节：《古史考存》，人民出版社，1958年，第267页。

④钱穆：《周初地理考》，载《燕京学报》第10期，第1958页。

历史文献和考古文化均无不说明周人似为夏人的一个支派或是夏族联盟的成员之一。《周语·鲁语》:“昔烈山氏有天下也,其子曰柱,能殖百谷百蔬,夏之兴也,周弃继之,故祀以为稷”,即此。其发展渊源,最初是在“夏后故地”的晋西南地区,只是后来,如《国语·周语上》所说:“及夏之衰也,弃稷不务,我先王不窋因失其官,而自窜于戎狄之间。”由于周族屡遭戎狄民族的侵扰,使其一部离开故地晋南老家,向西迁徙,其路线可能是沿黄河北上,经内蒙古河套地区转折至今甘、宁地区。在转折迁徙的过程中自然将中原固有的文化如房屋建筑、制陶术、占卜以及埋葬习俗等传至这一带,从而影响或促使了当地原始文化的发展。嗣后,周之先祖公刘因在甘、宁地区又遭戎狄民族的干扰,又从甘、宁地区迁于豳(今陕西栒邑或邠县)。到太王古公亶父时,同样也为了避戎狄,离豳逾梁山,渡沮河漆水,最后到达今陕西渭河北岸的岐山下定居下来,建立了城市国家。

(本文原载于《史前研究》1983年第2期)

论大何庄与秦魏家齐家文化的分期

谢端琚

大何庄①与秦魏家②是两处比较典型的齐家文化遗址（包括墓地）。从一九五九年至一九六〇年对这两处遗址进行了较大规模的发掘工作。发现的房子、窖穴等遗迹保存比较完好，同时，各种石、骨、陶、铜器等文化遗物十分丰富多彩。这为研究齐家文化的特征、分期及其与其他古文化的关系等学术问题打下了一定的基础。

本文试图抓住典型遗址采取解剖一、两个麻雀的办法，利用大何庄与秦魏家两遗址发掘的实物资料，并根据该遗址的地层与墓葬的叠压或打破关系，对齐家文化器物群所确立的相对年代、器形组合的变化、器物分期以及若干器物形制演变的序列等方面进行较细致的分析。从中对齐家文化的年代早晚关系理出一个大概的眉目来，以利于进一步探索黄河上游齐家文化的分期等问题。

一

大何庄遗址位于甘肃省永靖县莲花城的西南约1.5公里。遗址总面积共约五万三千平方米。两次发掘面积共一千五百八十九平方米。发现有房屋与居住面等建筑遗存七处、窖穴十五个、“石圆圈”遗迹五处、墓葬共八十二座。同时，还出有丰富的石、骨、陶器与铜器等遗物。

大何庄遗址的地层堆积比较清楚，揭去耕土层后即为齐家文化堆积，可分为上下两个文化层：上层主要是黄褐土与红褐土堆积；下层为浅灰土堆积。两层都出有齐家文化的石、骨器与陶器。

大何庄遗址主要分东、西两发掘区。西发掘区发现有齐家文化居住面四处、窖穴九个、“石圆圈”遗迹四处、墓葬三十五座。这些遗迹在上下层均有发现，其

①甘肃省文物考古研究所：《甘肃永靖大何庄遗址发掘报告》，载《考古学报》1974年第2期。
②甘肃省文物考古研究所：《甘肃永靖秦魏家齐家文化墓地》，载《考古学报》1975年第2期。

中有的还有上下叠压或打破关系。属于上层的有建筑遗存F1、F4、F12，窖穴H1～H4和墓葬M1、M5、M9、M13～M18、M30、M32、M34～M36、M46以及牛骨架（在F1的东边）；属于下层的有F2、F3、F5、F9、F10，H5、H6、H11、H13、H14和M4、M6、M8、M10～M12、M19～M24、M27、M28、M56、M55、M63、M65、M91。M15（上层）压在M20（下层）的上面，M16压在M17的上面（均属上层）；M11、M12压在F9的上面，M20、M24、M91分别压在F2、F10的上面（均属下层），M9（上层）在H13（下层）的上面，M56被压在F3的下面（均下层），M34～M36打破F4（均上层），M46（上层）打破F5（下层）。

东发掘区发现有齐家文化居住面一处窖穴二个，“石圆圈”一处，墓葬九座，其中居住面与窖穴分布于下层，其余在上层。

另在西南部和南部发掘区发现有齐家文化房屋一座，墓葬三十八座，窖穴四个。房屋出在下层。墓葬与窖穴上下层都有。

秦魏家墓地位于大何庄遗址的西边，墓地范围约三万平方米。两次发掘，揭露面积共一千零一十一平方米。发掘的主要收获是发现了一个规模较大保存较好的齐家文化氏族公共墓地，共一百三十八座，分为南北两个墓区，南部墓区较大，共一百零七座墓葬，方向一律朝向西北方，北部墓区较小，共二十九座，方向一律朝西。葬法除单身葬外，还有成年男女合葬：男为仰身直肢；女为侧身屈肢葬。随葬品有石、骨、陶、铜器和猪下颌骨等。这个墓地保存较好，材料丰富多样，为研究齐家文化的葬俗及其意识形态等方面提供了极为重要的资料。

这里的地层堆积比较单纯，揭开耕土层后都属于齐家文化堆积。南部墓区的齐家文化层根据土质土色和出土物可分为上下两层：上层即第二层，属于这一层的有墓葬九十九座和“石圆圈”遗迹一处，其中墓葬都在一个平面上，排成六排。下层即第三层，属于下层的墓葬有八座，排列较分散，窖穴六十个。北部墓区发现的二十九座墓葬，也在一个平面上。另在北部西边还发现两座墓葬都出在第二层内。其中有的墓葬有清楚的叠压或打破关系，如M30压在M43上，M9压在M89上，墓68压在墓74与墓75上面，墓41压在墓53上面。有的墓葬与窖穴有叠压或打破关系，如墓6、5、24三座墓打破窖穴14，墓8压在窖穴45上，墓40压在窖穴51上面，墓74、75又打破窖穴49、22，墓90、99打破窖穴58，墓91打破窑穴59，墓10、20、78打破窖穴42，墓21压在窖穴43上面等等。这些清楚的地层与墓葬的叠压或打破关系，为齐家文化的分期工作提供了可靠的依据。

二

地层、墓葬的叠压或打破关系，使我们有条件将不同层位出土的器物进行排比，找出陶器的组合关系，进而推定其他同类文化遗址的相对年代。

这里的器物组合是指一群陶器有其独具特征的器类或器型在墓葬内配套共存，各个组合之间既有共性，又有其独特性。现在以大何庄与秦魏家墓葬的陶器组合为例，予以说明。

大何庄墓葬出土的陶器较多，其中比较常见的器形有碗、侈口罐、单耳罐与双大耳罐等。随葬陶器一般是2件，即侈口罐与双大耳罐。少数在3件以上。这里上下层墓葬的陶器组合是不同的。上层的陶器组合共五种，下层的陶器组合共六种。

下层第一种陶器组合是：小口罐、单耳罐各一件，如墓20。第二种是：圜底罐、侈口罐各一件，如墓47。第三种是：侈口罐、双耳罐、双大耳罐各一件，如墓58。第四种是：豆、侈口罐两件、高领双耳罐一件，如墓27。第五种是：豆、侈口罐、双大耳罐各一件，如墓63。

上层第一种陶器组合是：侈口罐、双大耳罐各一件。如墓39、42、43。第二种是：碗、侈口罐、双大耳罐各一件，如墓36。第三种是：豆、侈口罐、单耳罐、高领双耳罐各一件，如墓88。第四种是：侈口罐、双耳罐、高领双耳罐各一件，如墓18。第五种是：豆、侈口罐、单耳罐、双大耳罐各一件，如墓35。第六种是：豆、侈口罐两件、双大耳罐两件，高领双耳罐一件，如墓34。

秦魏家墓地出土的陶器常见的有：侈口罐、双大耳罐、高领双耳罐、单耳罐、碗与豆等六种。但碗与豆互不见于同一墓中。这里上下两层墓葬的陶器组合有明显的区别。下层的陶器组合共五种，上层的陶器组合共九种。

下层陶器组合第一种是：侈口曲领罐、鬲各一件，如墓36。第二种是：折腹罐、单小耳罐各一件，如墓53。第三种是：单耳罐、单小耳罐各一件，如墓74、75。第四种是：双大耳罐、高领双耳罐、双耳罐、单小耳罐、盆各一件，如墓89（图一：2)。第五种是：双大耳罐、双小耳罐、侈口罐、单耳罐各一件，单小耳罐两件，如墓98（图一：4)。

上层第一种陶器组合是：双大耳罐、高领双耳罐、侈口罐、豆各一件，如墓39、40、65、82、103、132（图一：5)。第二种是：双大耳罐、高领双耳罐、侈口罐、碗各一件，如墓42（图一：6）、20、24、44、88、126、127、128等。第三种是：双大耳罐、侈口罐、豆各一件，如墓10、27、47、54、78、131等（图一：3）。第四种是双大耳罐、高领双耳罐、侈口罐，如墓11、81、95、136等。第五种是：高领双耳罐、侈口罐、单耳罐、豆各一件，如墓22、29、30、35、37等。第六种是：高领双耳罐、侈口罐、单耳罐、碗各一件，如墓3、34、87、96等（图一：8）。第七种是：双大耳罐三件、侈口罐二件、高领双耳罐、碗各一件，如墓123。第八种是：杯、碗、高领双耳罐、单耳罐、侈口罐各一件，如墓58（图一：1）。第九种是：碗、瓶、双大耳罐、侈口罐、双耳罐各一件，如墓118（图一：7）。

1.58号墓　2.89号墓　3.54号墓　4.98号墓　5.65号墓　6.42号墓　7.118号墓　8.87号墓

图一　秦魏家墓葬随葬陶器组合情况

三

这里根据不同层位的陶器组合与陶器早晚相对年代的不同特点，我们把大何庄与秦魏家出土的齐家文化陶器暂分为四期：一期，大何庄下层（原第三层）；二期，即大何庄上层（原第二层）；三期，即秦魏家下层（原第三层）；四期，即秦魏家上层（原第二层）。现将各期的陶器特点概述如下：

一期 制陶术尚处于手制阶段，以泥质红陶与夹砂红褐陶为主，灰陶不见。陶器的器类比较简单。最富有特征的陶器有：Ⅱ式圜底罐（F2：2，器物名称式别依原报告，下同）、小口罐（M20：2），Ⅰ、Ⅱ式盆（T7：2，T57：9），Ⅱ式单耳杯（T56：8），Ⅱ、Ⅲ式单耳罐（M22：1，M74：1），Ⅱ式双大耳罐（M63·4），高领折肩罐（F7：3），瓶形响铃（T41：6），Ⅰ式双耳罐（M75：2），Ⅲ式豆（M27：4），Ⅱ式侈口罐（M89：4），还有鼎（T11：6、5）与鬲（T57：14，T58：10）等。其中，Ⅰ式盆是大口深腹，器内壁划有不整齐的方格纹。瓶形响铃，口部、封闭。高领折肩罐，肩腹交接处折棱明显。Ⅲ式豆为圜底盘，口部带流（图二）。

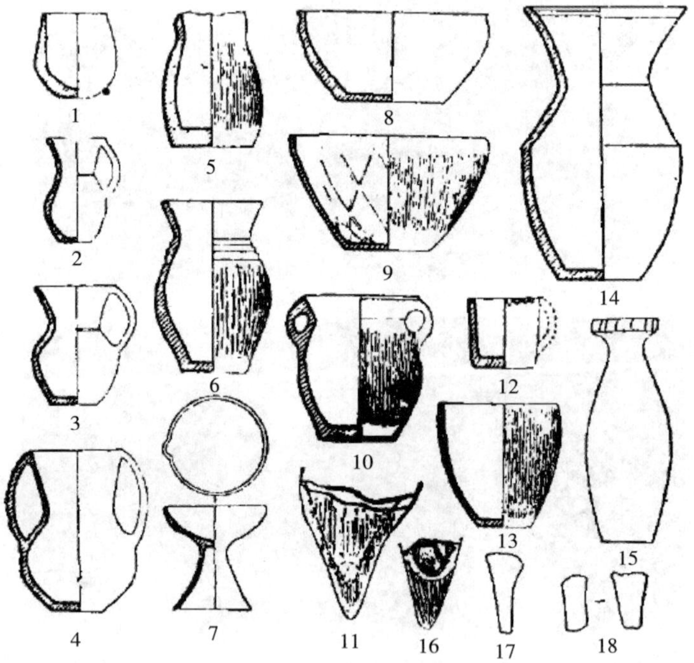

1.圜底罐(F2:2) 2、3.单耳罐(M22:1、M74:1) 4.双大耳罐(M63:4) 5.小口罐(M20:2) 6.侈口罐(M89:4) 7.豆(M27:4) 8、9.盆(T54:8、T7:12) 10.双耳罐(M75:2) 12.单耳杯(T56:8) 13.盆(T57:9) 14.高领折肩罐(F7:3) 15.瓶形响铃(T41:6) 11、16.鬲足(T57:14、T58:10) 17、18.鼎足(T11:6、5)

图二 大何庄下层陶器

二期 代表性的陶器有：Ⅰ式圜底罐（TA：10），Ⅰ式盘（T18：7），Ⅵ式碗（M36：3），折腹罐（T27：5），侈口长领罐（M87：3），高领深腹罐（M7：1），

Ⅳ式单耳罐（M88：3），Ⅰ式双大耳罐（M36：2），夹砂矮颈罐（T20：4），鼓形响铃（T：B7），穿孔罐（T5：6），Ⅱ式豆（M87：1），Ⅷ式器盖（T20：8，T34：6），甑（T39：5），方口杯（TA：9）等。其中，折腹罐口沿内外各饰一周小圆圈纹，腹部也饰有两周同样的纹饰。Ⅷ式器盖，钮部分别塑成羊头或犬头的形象。鼓形响铃，两鼓面有穿孔，在其上下又有波折状划纹。仅见于此层。还有小形方口杯、穿孔罐等小陶器，小巧玲珑，很有特色（图三）。

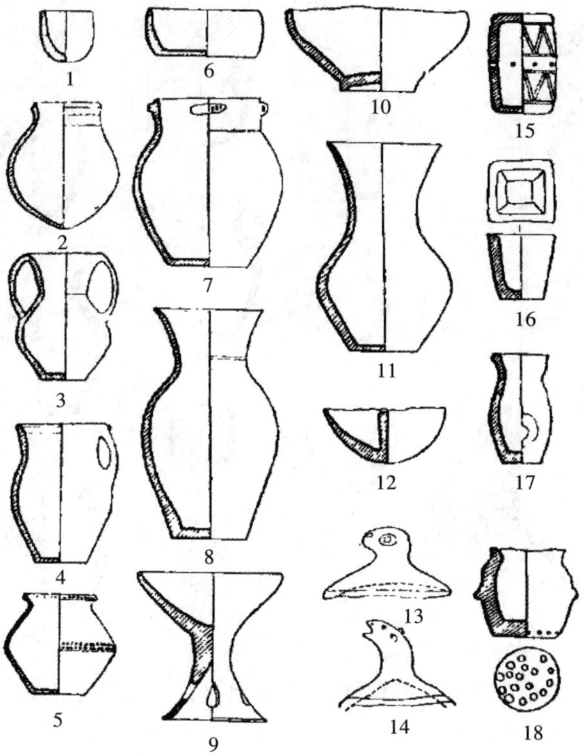

1、2. 圜底罐(TA:14、T46:1)　3. 双大耳罐(M36:2)　4. 单耳罐(M88:3)　5. 折腹罐(T27:5)　6. 盘(T18:7)　7. 矮领罐(T20:4)　8. 高领深腹罐(M7:1)　9. 豆(M87:1)　10. 碗(M36:3)　11. 侈口长颈罐(M87:3)　12、13、14. 器盖(T38:4、T20:8、T34:6)　15. 鼓形响铃(TB:7)　16. 方形杯(TA:9)　17. 穿孔器(T5:6)　18. 甑(T39:5)

图三　大何庄上层陶器

三期　器类增多，造型较精美，有其独自的风格。最典型的器物有：Ⅶ式盆（M89：4，器物名称式别依原报告，下同），Ⅵ式单耳罐（M75：3），Ⅴ、Ⅵ式单小耳罐（M89：2，M98：6），Ⅰ式双小耳罐（M98：1，M89：3），Ⅰ式双大耳罐（M89：7），三耳罐（T13：6），侈口曲领罐（M36：2），Ⅶ式高领双耳罐（M89：

1)，Ⅴ式侈口罐（M98：2），Ⅰ式鬲（H1：1），四足器（H15：4）等。其中，Ⅶ式盆口沿呈子母口。三耳罐，宽底大耳。侈口曲领罐，颈部弧曲。四足器，足呈方柱状，器形较小。Ⅴ式单小耳罐，腹上部饰方格纹，这与常见的在腹下部饰有花纹的作风迥然不同。Ⅰ式双大耳罐，腹部呈杯形，两耳特宽扁，颈部特高，造型美观，为齐家文化最富有特征的器物（图四）。

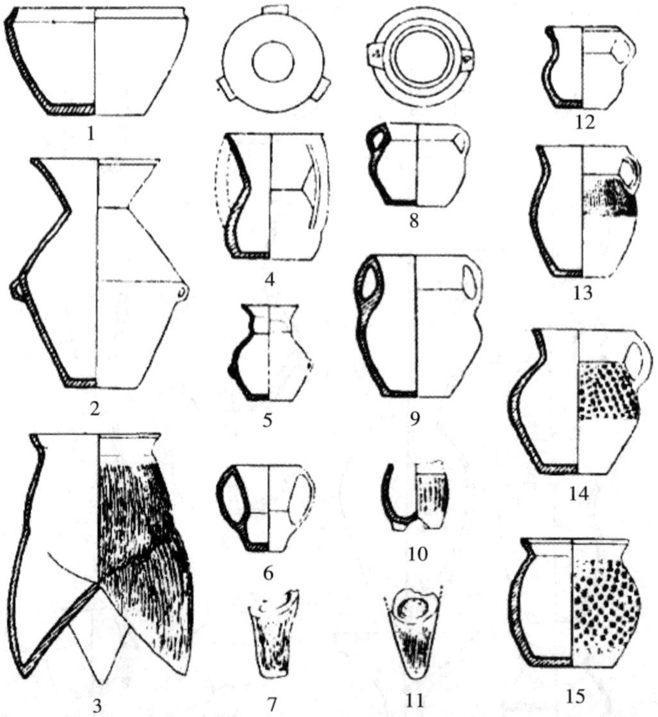

1. 盆(M89:4) 2. 高领双耳罐(M89:1) 3. 鬲(H1:1) 4. 三耳罐(T13:6) 5. 侈口曲领罐(M36:2) 6. 双大耳罐(M89:7) 7、11 鬲足(T7:4、H1:3) 8、9 双耳罐(M98:1、M89:3) 10. 四足器(H15:4) 13. 单耳罐(M75:3) 15. 侈口罐(M98:2) 12、14. 单小耳罐(M98:6、M89:2)

图四 秦魏家下层陶器

四期制陶术有了明显的突破，已开始慢轮技术的生产。陶器的造型与装饰方面都有显著的进步。器类与式别比较复杂多样，据统计有二十多种，其代表性器物有：Ⅱ式杯（M58：5），Ⅰ、Ⅴ式盆（M58：3，M79：3），Ⅰ、Ⅱ式瓶（M17：3，M112：1），Ⅷ式单耳罐M（37：2），Ⅲ、Ⅵ式双大耳罐（M42：1，M134：4），Ⅲ、Ⅴ、Ⅵ式高领双耳罐（M127：1，M40：2，M91：4），Ⅱ、Ⅵ、Ⅶ式侈口罐（M106：3，M58：4，M46：4），Ⅴ、Ⅶ式豆（M22：1，M46：3），

Ⅱ式鬲（M129：2），Ⅳ式双耳罐等。其中，Ⅷ式单耳罐、宽底大耳、颈部饰三周弦纹。Ⅱ式侈口罐，腹呈桶状，口沿饰齿状花边。Ⅶ式豆，把上有两排上下错对的三角形镂孔，每排四个。Ⅴ式豆，豆把下部用泥块封住。Ⅱ式鬲，颈旁附一宽扁环耳，矮裆，足尖小呈尖锥状。上述陶器都是秦魏家上层具有特征的器物（图五）。

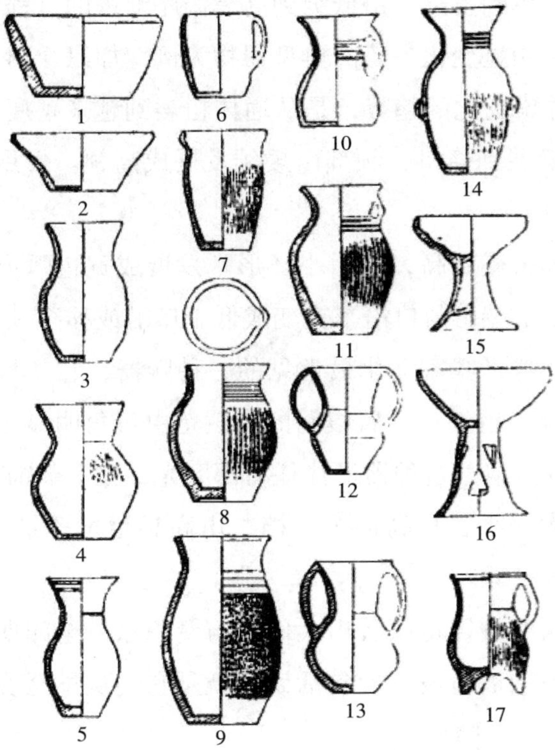

1、2. 盆（M58：3） 3、4、5. 瓶（M45：6、M17：3、M112：1） 6. 杯（M58：5） 7、8、9. 侈口罐（M106：3、M46：4、M58：4） 10、11. 单耳罐（M37：2、M23：1） 12、13. 双大耳罐（M134：4、M42：1） 14. 高领双耳罐（M91：4） 15、16. 豆（M22：1、M46：3） 17. 鬲（M129：2）

图五 秦魏家上层陶器

通过上述四期陶器的分析比较，不难看出，这四期陶器有它的共同性，又有各自的特点。以器类说，四期都有鬲、双大耳罐、高领双耳罐、侈口罐、单耳罐等。以纹饰说，四期都有绳纹与篮纹、弦纹、划纹等。但仔细观察，它们还存在着不少的差异。例如：一期的Ⅰ、Ⅱ式深腹划纹盆，Ⅲ式带流豆与瓶形响铃等；二期的Ⅰ式浅腹盘、侈口长颈罐、矮领罐、穿孔罐、圈纹折腹罐、鼓形响铃和Ⅷ式羊头或犬头形器盖等；三期的Ⅵ式单耳罐、Ⅰ式双小耳罐、Ⅰ式双大耳罐、Ⅵ

式高领双耳罐、侈口曲领罐、Ⅴ式侈口罐、Ⅴ和Ⅵ式单小耳罐、Ⅲ式鬲等；四期的Ⅷ式宽底单耳罐、Ⅶ式带流侈口罐、Ⅶ式细把镂孔豆、Ⅱ式单把宽档矮足鬲，等等。都明显地具有各期的特点，与他期陶器的风格不同。

上面已将四期的陶器特征进行了分析比较，下面再试图从中找出陶器的演变规律。大何庄、秦魏家的齐家文化像其他原始文化发展过程一样，陶器的器形和花纹也是经历了由简单到复杂、由低级到高级循序渐进的过程。

这里摘选四种有明显变化趋势的典型器物为例，加以介绍：

1.**圜底罐**　这种罐变化的趋势，是从通体粗矮到越来越瘦长，腹部由浅至深，口部由敛口、直口发展到侈口，领部由矮领发展成高领。发展到晚期就不见这种器形。

2.**单耳罐**　领部由矮到高，耳由小环形耳发展成宽边弧形耳，底部从小平底发展成大平底，耳把上端由与口沿平齐变成低于口沿或移至领部。

3.**高领双耳罐**　这是齐家文化最常见的一种陶器，它从早至晚的变化趋势是从通体硕大发展到越来越细长，肩腹间的折棱是由折角明显至不明显，发展到最后肩腹间的分界不易分清。这种器形往往肩部磨光，腹下部饰有篮纹或绳纹等。

4.**鬲**　通体从大变小，从高档至矮档，由高袋足至矮足，足内填有小泥球，它是从有到无的演变过程。

我们从陶器的演变规律可以看出大何庄与秦魏家一至四期是互相区别又互相联系的同一文化的不同展阶段，换句话说，就是它们从早至晚是一脉相承发展下来的。

除陶器外，还得注意到大何庄和秦魏家其他各方面的演化趋势：(1) 生产工具由少至多，形制由粗犷至精致。大何庄以两侧带缺口刀占多数，秦魏家却以长方形穿孔磨制刀为主，但装饰品的情况不同，大何庄出土的装饰品不仅数量多，而种类式别也多，秦魏家则较少。(2) 随葬猪下颌骨的习俗，时间越晚随葬数量越多，晚期最多的一座墓达六十八块。(3) 在葬式方面，时间越晚合葬墓越普遍。如大何庄小孩墓共五十五座，小孩墓约占总墓数的百分之六十强，合葬墓只有三座，秦魏家则相反，合葬墓猛增至二十四座，而小孩墓却很少，仅两座。屈肢葬情况相似，大何庄较多，共十四座；秦魏家较少，仅两座。(4) 冶铜工艺方面，秦魏家要比大何庄进步。大何庄发现铜匕与残铜片各一件，其中，残铜片（T30：2），经鉴定为红铜，其成分是铜96.96%，锡0.02%，铅仅痕迹量。秦魏家铜器的种类较多，有锥、斧、环与穿孔铜饰等。其中，铜环（M99：6），经鉴定为铅青铜，其成分是铜约95%，铅约5%，未发现第三种元素①。铜斧与铜锥经北京钢铁学院光谱分析室进行了光谱定性分析。铜斧（H72：1），其成分有铜、铅、锑三种元素。金相组织是铸造的青铜器。铜锥（T6：2），其成分有铜、锡、铅三种元素。是锻造的青铜器②。这种青铜的铸造水平似比纯红铜的制造技术进步。

关于齐家文化的绝对年代问题，从大何庄齐家文化一期第七号房屋柱洞内出土的两件木炭标本，经放射性碳素测定，分别为距今3690±95年（公元前1725±95年）和距今3660±95年（公元前1695±95年），平均值距今为3775±95年，即公元前1710±95年。树轮校正年代为公元前2000年左右③。

四

齐家文化与其他原始文化一样，也是经过了一个漫长的发展过程，有它众早至晚的各个发展阶段。从地层关系与器物的排比分析，可明显地看到秦魏家齐家文化的人们在生产力与生产关系方面都要比大何庄的进步。我们认为秦魏家在时间上应处于齐家文化的晚期，而大何庄则比秦魏家的齐家文化略为早一些。

大何庄生产工具以石制为主，骨制次之。器类简单，制造较粗糙，如石刀较多，绝大部分是两侧带缺口刀，石斧一般只是在刃部磨光；通体细磨的很少。制陶业尚处于手制阶段，以泥条盘筑法为主。陶质以泥质红陶与夹砂红褐陶为主，不见灰陶，陶器一般打磨不甚精细，表面缺乏光泽，反映了当时的生产力还是不很高的。秦魏家出土的生产工具比大何庄的要进步，生产力有了较大的发展。表现在生产工具种类增加，制造较细致。如用动物肩胛骨制成的骨铲，刃宽锋利，是一种劳动效率较高的挖土工具；长方形石刀，磨光穿孔，比两侧带缺口刀要进步。制陶业较发达，开始有了慢轮技术的生产，发现有圆形带柄的制陶工具，在

---

①端居：《齐家文化是马家窑文化的继续和发展》，载《考古》1976年第6期。

②秦魏家出土的铜斧与铜锥由北京钢铁学院光谱分析室进行光谱定性分析。金相鉴定的初步结果：1.铜斧（H72：1），金相组织是铸造青铜的α-固溶体树枝状晶组织，有少量的灰色小颗粒是不溶于铜的自由金属铅，铅不溶于铜，而且铅的熔点低，所以铅的启由态金属分布在最后结晶的树枝状晶粒边界。2.铜锥（H72：1），是锻造的青铜器物，基体是经过再结晶的α固溶体晶粒，晶粒较大，估计曾加热到400℃左右。有较多的灰色金属铅及较多的α+δ共析组织。低倍观察共析组织沿加工方向排列，铜锥中α+δ占较多，锡、铅含量较铜斧为高。

③夏鼐：《碳-14测定年代和中国史前考古学》，载《考古》1977年第4期。

陶器的内外表进行较精细的加工，有的陶器表面打磨得光滑发亮。陶质除夹砂红褐陶与泥质红陶外，泥质灰陶相对的增加了。在陶器造型方面比较复杂多样，共有碗、豆、双大耳罐、高领双耳罐和侈口罐等二十多种。显然秦魏家的手工业水平要比大何庄的进步。

大何庄墓葬随葬品数量较少，虽然各墓随葬品的数量也有差别，但还没有出现严重不均的现象。秦魏家的情况与之不同，已出现了私有制，从其社会发展阶段说，应处于父系氏族公社的晚期阶段。这时墓中出土的随葬品种类、数量均有显著差别，其中最可说明问题的是家畜。秦魏家有四十八座墓随葬猪下颌骨，总数达四百三十块。随葬的数量各墓不等，少的一块，多的达六十八块。这种以猪为主的家畜应是当时作为衡量财富的标尺，数量的差别，说明了当时已出现财产分化、贫富不均的现象。

私有制和阶级的出现，先是在生产劳动中，继而在家庭中男女地位才发生了变化。秦魏家成年男女合葬的出现，显示了当时男子在社会上居于统治地位。女子是作为殉葬者处理的，其身份应是墓主人的妻或妾。同时，成年男女合葬墓的出现，反映了当时的婚姻形态已由对偶婚过渡到一夫一妻制。

秦魏家墓地有一部分骨架，存在有身无头、身首分离和四肢不全的现象。这些死者与其他墓葬的死者待遇一样，不仅并排埋葬在同一平面上，而且也有陶器等随葬品，他们很可能是当时日趋频繁的部落间战争的受害者。如果这个看法不误，似可说明当时部落与部落之间的战争已很普遍。这表示这时氏族社会已发展到军事民主制阶段了。

总之，从社会发展阶段来说，秦魏家齐家文化应处于父系氏族公社的晚期阶段，而大何庄齐家文化又要比秦魏家略为早一些。换言之，大何庄齐家文化的人们如果是处于原始氏族公社正在瓦解、阶级社会行将诞生的时期，那么，秦魏家的人们无疑已经向着最初的阶级社会的门槛迈进了。

（本文原载于《考古》1988年第6期）

齐家文化是马家窑文化的继续和发展

端　居

黄河流域是我国古代文化的重要发源地。深入探讨黄河流域各种原始文化的类型、年代和相互关系，阐明我国古代文化渊源的必要条件，也是研究我国原始公社发展和阶级社会产生的前提。经过我国考古人员多少年来的共同努力，广泛开展调查发掘和专题研究，使黄河流域原始文化的研究取得了许多重要的进展。进一步弄清楚齐家文化的渊源，肯定它是马家窑文化的继续和发展。就是这些可喜成果中的一项。

因此，根据现有的丰富考古资料，论证齐家文化如何直接继承马家窑文化，并且吸收了年代稍早的陕西龙山文化即陕西客省庄第二期文化因素，进而发展起来，这是一件具有重要历史意义和现实斗争意义的事情。

一、关于齐家文化的起源问题

大量的考古资料充分证明，齐家文化是由仰韶——马家窑文化发展起来的。马家窑文化（包括马家窑、半山、马厂三个类型）早于齐家文化的年代序列，这在我国考古界是早已解决了的问题。解放后，我国文物考古工作者，先后在甘肃省天水西山坪、滑源寺坪、临洮马家窑——瓦家坪和永靖刘魏家等遗址都发现有明确的地层叠压关系：即上层为齐家文化堆积，下层为马家窑文化堆积①。这些确凿的证据，有力地证实了齐家文化在年代上晚于马家窑文化。据放射性碳素年代的测定结果，齐家文化为B·P·3690±95年，马家窑文化为B·P·4540±100年（马家湾遗址为B·P·4150±100年，青岗岔遗址为B·P·4030±100年）②。齐家文化要比马

①甘肃省博物馆：《甘肃古文化遗存》，载《考古学报》1962年第2期。

②中国科学院考古研究所实验室：《放射性碳元素测定年代报告（一）》，载《考古》1972年第1期；中国科学院考古研究所实验室：《放射性碳元素测定年代报告（二）》，载《考古》1972年第5期。

家窑文化晚好几百年。同时，我们还可以从最能代表这两种文化特征的日常生活用的陶器分析着手，它对于说明马家窑文化与齐家文化的关系是极为重要的。在陶器中，这里最突出的是齐家文化的带彩双耳罐，无论是从陶质、制法上，还是从纹饰的图案上都清楚地表明了是从马家窑文化同类器形发展而来的。又如齐家文化常见的双大耳罐、高领双耳罐以及腹部饰有绳纹的侈口罐等，都明显地保留了马家窑文化的作风。两者之间先后演变的迹象在陶器上的表现是十分清楚的，因此，根据地层叠压关系和陶器的演变规律，可以得出这样结论：齐家文化是马家窑文化的继续和发展。

值得注意的是，在马家窑文化和齐家文化的遗存中都普遍发现有粟等作物，如青海乐都柳湾和甘肃永靖马家湾以及大何庄等遗址出土的粟，至今犹保存完好。根据考古发掘资料，世界各大洲的古遗址中出土的谷物是不同的，古代非洲北部、欧洲和亚洲西、中部栽培的谷物主要是小麦和大麦，亚洲东部主要是粟和稻，美洲主要是玉蜀黍。粟是我国黄河流域古代遗址中最常见的一种农作物。它应是马家窑文化和齐家文化居民们的一种主要粮食。这种粟不仅说明了两者的共同性，更重要的是证明了它们是在我国这块广阔富饶的土地上发展起来的远古文化。

关于齐家文化的年代，从考古资料看，还有早晚的关系问题。齐家文化的遗址在我国分布较广，东起黄河的支流渭水流域，西达湟水，南抵西汉水上游，北入黄河支流清水河流域。在如此广大的区域内，发现这类文化遗址（包括墓地）达350多处，这几百处遗址当然不是都在同一短时间内形成的，必然有它的发展过程。也就是说，齐家文化在年代上还有早晚之分。现以发掘规模较大与资料较多的永靖秦魏家与大何庄遗址为例，来看齐家文化的年代早晚关系。大何庄位于秦魏家的东边，根据大量的发掘资料分析，它的年代要比秦魏家的早。首先表现在生产力发展的水平上，秦魏家齐家文化的人们，经过长期的劳动实践，积累了一定的生产经验，改进了生产工具与生产方法，提高了生产效率，使生产力有了较大的发展。例如在农业生产方面，大何庄收割庄稼的工具绝大多数是两侧带缺口的刀，而秦魏家却以穿孔磨光有棱角的长方形的刀为主。显然后者要比前者进步。同时大何庄作为储藏东西的窖穴少，体积也小，秦魏家的窖穴数量多，体积亦较大，而且还出现了长方形的窖穴。这种窖穴的增多和扩大，反映了农业生产的进一步提高。在手工业方面，秦魏家的冶铜工艺水平要比大何庄进步，大何庄仅发现一件铜匕和一件残铜片；秦魏家则发现有锥、斧、指环和穿孔铜饰等各种不同用途的铜器。秦魏家墓地出土的铜器（标本M99：6）经冶金部有色金属研究院用电子探针进行成分检验，鉴定结果是：铜（Cu）约95%，铅（Pb）约5%，未发现第三种元素。铅质软，富延展性，铜与铅合金可以加强铜液的流动性，易于铸造各种不同类型的器物，这种冶铸水平量然要比纯红铜的制造技术又提高了一大步。

在制陶业方面，秦魏家的制陶业，也比大何庄的进步。大何庄的陶器不仅数量少，类型也较简单；秦魏家数量多，类型也比较复杂多样。同时前者鬲少有鼎；后者鬲多无鼎，并在豆把上带镂孔的较多。这种数量的增多，类型的改进更新，也是生产水平进一步提高的一种表现。

更重要的还反映在私有制的产生和阶级的出现等问题上，大何庄与秦魏家有明显的不同。秦魏家墓葬中的随葬品，在各墓出土的数量和种类方面有较大的悬殊，这显示了当时氏族内部已有了贫富的分化，其中最能说明问题的是家畜。这里有46座墓随葬猪下颌骨，总数达430块，随葬的数量各墓不等，少的1块，多的达68块，这种以猪为主的家畜，应是当时作为财富的标志。大何庄虽然也出现私有制，但不如秦魏家那样显著。而特别重要的是秦魏家出现了成年男女合葬墓，这种男女合葬墓，其骨架摆放的方式是：男性皆仰身直肢；女性是侧身屈肢，面向男子。这种成年一男一女合葬，一方面反映了当时的婚姻形态已出现了一夫一妻制，另一方面这种女性依附、屈膝的状貌，也是当时已出现男性对女性的奴役和最初阶级压迫的真实写照。正如恩格斯所指出的那样："在历史上出现的最初的阶级对立，是同个体婚制下的夫妻间的对抗的发展同时发生的，而最初的阶级压迫是同男性对女性的奴役同时发生的。"（《家庭、私有制和国家的起源》）秦魏家齐家文化正处于这样一个最初的阶级对立时代，这时出现的个体婚制是一个伟大的历史进步，它同私有财产一起，都开辟了一个一直继续到今天的时代。但大何庄齐家文化却没有发现这种情况。

综上所述，秦魏家墓地所反映出来的生产力与生产关系都要比大何庄的进步。

我们再从陶器上分析，也不难看出，大何庄与秦魏家是互相区别又互相联系的同一文化的不同发展阶段，例如：秦魏家常见的深腹双大耳罐是由大何庄圆底双耳罐发展起来的，又如秦魏家的平底单耳罐、高领双耳罐与细把豆等分别是由大何庄同类器型圆底单耳罐、高领折肩罐与大圈足豆发展演变来的。说明大何庄与秦魏家是一脉相承发展下来的。

同时，在甘肃东部秦安和天水等地出土的齐家文化遗迹或遗物皆与大何庄所出的较接近，而与秦魏家出土的有较大的区别。在住房方面秦安寺咀坪与大何庄都发现有白灰面住房，但在建筑技术上后者要比前者进步，寺咀坪房子穴壁深、单室，呈穹庐形；而大何庄的房子总面积约64平方米，除中间主室外，在其周围还有1～1.4米的空间距离，这种大空间的分隔，虽然是出于实用功能的需要，但是它在建筑史上标志空间处理的新阶段。在陶器方面，如秦安寺咀坪与天水七里墩出土的高裆鬲、带耳甑以及折肩显著的高领双耳罐等都具有明显的齐家文化早期的特点，这些事实说明了齐家文化的年代在东边的要比西边的为早。

二、关于齐家文化与陕西龙山文化的关系问题

陕西龙山文化即“客省庄第二期文化”（以下简称“客省庄”）早于齐家文化是有实物为依据的。首先，表现在两者陶器上，例如齐家文化常见的双大耳罐、高领折肩双耳罐、侈口罐与高裆鬲等均可以从“客省庄”中找到它的同类器物，并且“客省庄”发现的高领折肩罐、肩腹间折角明显、鬲裆高、豆座粗矮与圆底等都明显地具有齐家文化早期的特征。这说明了齐家文化与“客省庄”由于所在的地区邻近，彼此间有一定的关系。但是，“客省庄”文化和齐家文化仍有显著的差别。它的文化面貌比较接近于河南洛阳王湾的龙山文化。

“客省庄”文化早于齐家文化，还可以从生产力发展水平与C14测定的结果中找到证据。

冶铜业的出现是齐家文化的一项突出成就，现在齐家文化遗址或墓地都普遍地发现了红铜器，除甘肃永靖大何庄与秦魏家外，还有武威皇娘娘台与广河齐家坪等处。但“客省庄”文化类型至今尚未发现铜器，这是齐家文化比“客省庄”文化生产力进步的一个重要标志。同时，“客省庄”还保留了较原始的生产工具，如陶刀等，这也是前者不如后者进步的一个旁证。

其次，还可以从C14测定的年代看。上面已提到“客省庄”文化接近于洛阳王湾的龙山文化。据C14测定结果，洛阳王湾龙山文化的年代为B·P·3965±95年，树轮校正年代为B·P·4340±95年，齐家文化为B·P·3690±95年，树轮校正年代为B·P·4000±95年[①]，这是“客省庄”文化早于齐家文化的最有力证据。

①中国科学院考古研究所实验室：《放射性碳元素测定年代报告（一）》，载《考古》1972年第1期；中国科学院考古研究所实验室：《放射性碳元素测定年代报告（三）》，载《考古》1972年第5期。

上面我们已经提到马家窑文化和齐家文化的主要农作物是粟，在其家畜中主要的是猪，同时，在生活用品方面，如三空足鬲和甑等都具有中国古文化的特点，另外在住房方面不管龙山文化还是齐家文化房子的结构都是半地穴式的，在房内的地面还普遍铺有层白灰面，这种白灰面不仅坚固，并且还有一定的防潮作用，这种建筑技术是我国古代劳动人民的杰出创造，是有其悠久的历史渊源的，它是中华民族的独特风格和突出的成就。这是谁也不能否认的客观事实，根本不存在什么外来的因素决定的问题。苏修宣传“这些外来影响的作用不仅会比较大，而且能够在某种程度上决定进一步进化的途径和速度”，“外来信息是中国新石器时代起源的决定性因素”。这完全是一种反马克思主义的谬论。我国远古文化与西亚相隔数千里，实际上是难以发生任何直接关系的。马克思、恩格斯指出：“某一个地方创造出来的生产力，特别是发明，在往后的发展中是否会失传，取决于交往扩展的情况。当交往只限于毗邻地区的时候，每一种发明在每一个地方都必须重新开始；……在历史发展的最初阶段，每天都在重新发明，而且每个地方都是单独进行的。”（《德意志意识形态》）把“外来信息”说成是中国远古文化发展的“决定因素”，这是有意诋毁我们伟大的中华民族有自立于世界民族之林的能力与对世界文明的贡献。我国是世界文明发达最早的国家之一，“从很早的古代起，我们中华民族的祖先就劳动、生息、繁殖在这块广大的土地之上”。（《中国革命和中国共产党》）我国自古以来，便是世界文明的发源地之一，苏修之所以要这样贬低她的意义，正如他们的自白那样是为了“力图利用被曲解了的历史资料为一定的政治目的服务”。

“中国文化西来说”谬论的出笼已有一百多年了，它始终是为了适应资本主义、殖民主义侵略我国需要而炮制出来的。

毛主席指出：“我们现在思想战线上的一个重要任务，就是要开展对于修正主义的批判。”苏修叛徒集团采用实用主义的卑劣手法，利用考古资料宣传唯心主义和形而上学的历史观，为霸权主义的侵略扩张政策服务，我们必须给予彻底的揭露与批判。

（本文原载于《考古》1976年第6期，有删减）

齐家文化起源探讨

梁星彭

齐家文化是我国西北地区新石器时代晚期重要文化遗存之一。探索该文化之起源，是西北地区考古研究的一个重要课题。长期以来，大家对此问题一直给予密切关注，有过许多重要见解。于此，我们亦略抒浅见。

迄今为止，被泛称为齐家文化的遗存遍布甘、青、宁、陕诸省，甚至远及内蒙古自治区。在这广阔范围内，这些遗存的文化面貌并不是很一致的，有的差别较大，有的甚至属于其他文化范畴。因此，要探讨齐家文化的起源，首先必须确定何者为齐家文化，何者为其他文化，何者为典型齐家文化，何者为非典型的、有争议的齐家文化，然后才能以典型齐家文化资料作为讨论的标准。

再者，典型的齐家文化在发展过程中，某些文化因素发生了相当的变化，出现了早期、晚期的差别。对于探讨该文化起源来说，只有早期形态才最接近于它的前身文化，因而在比较、研究方面具有重要意义。为此，还必须对典型齐家文化进行分期，弄清其早期面貌，作为与其他文化进行比较研究的基础材料。

一

从目前已发表的较为系统或资料较多的遗存来看，被泛称为齐家文化的遗址大致有如下四类：

第一类，以永靖秦魏家①和大何庄②为代表。同类遗存还有广河齐家坪③、永

①中国科学院考古研究所甘肃工作队：《甘肃永靖秦魏家齐家文化墓地》，载《考古学报》1975年第2期。

②中国科学院考古研究所甘肃工作队：《甘肃永靖大何庄遗址发掘报告》，载《考古学报》1974年第2期。

③J. G Andersson, *Reserches into the Prehistory of the Chinese*（1943），pp, 78, 282；Marpit Bylin-Althin, "The Sites of h' i Chia P' ing and Io Han T' ang in Bal, of Mus", of *Far Fastern Antiguites*, No. 18（1946），p. 98.

靖阳洼湾[①]、天水七里墩[②]等。此类遗存主要分布在兰州以东的甘肃东部地区。据说，它的东限已达陕西陇县川河口[③]。

秦魏家与大何庄位于甘肃中部。两处遗址均以墓地为主。所出陶器以红陶为主，纹饰以篮纹最多。主要器类有罐形鬲、单把鬲、高领折肩罐、高领双耳罐、双大耳罐、双耳罐、三耳罐、单耳罐、侈口罐、侈口曲领罐、豆、盆及碗等。以平底器为主，三足器较少，出现圜底器（图一）。石器中，大型有手窝的敲砸器是富有特征的器物。出现了铜工具及饰器。墓葬中有男女合葬。不少墓里以猪下颌骨随葬。居址方面，有半地穴长方形白灰面居室，灶面稍隆起。还发现了石圆圈遗迹。

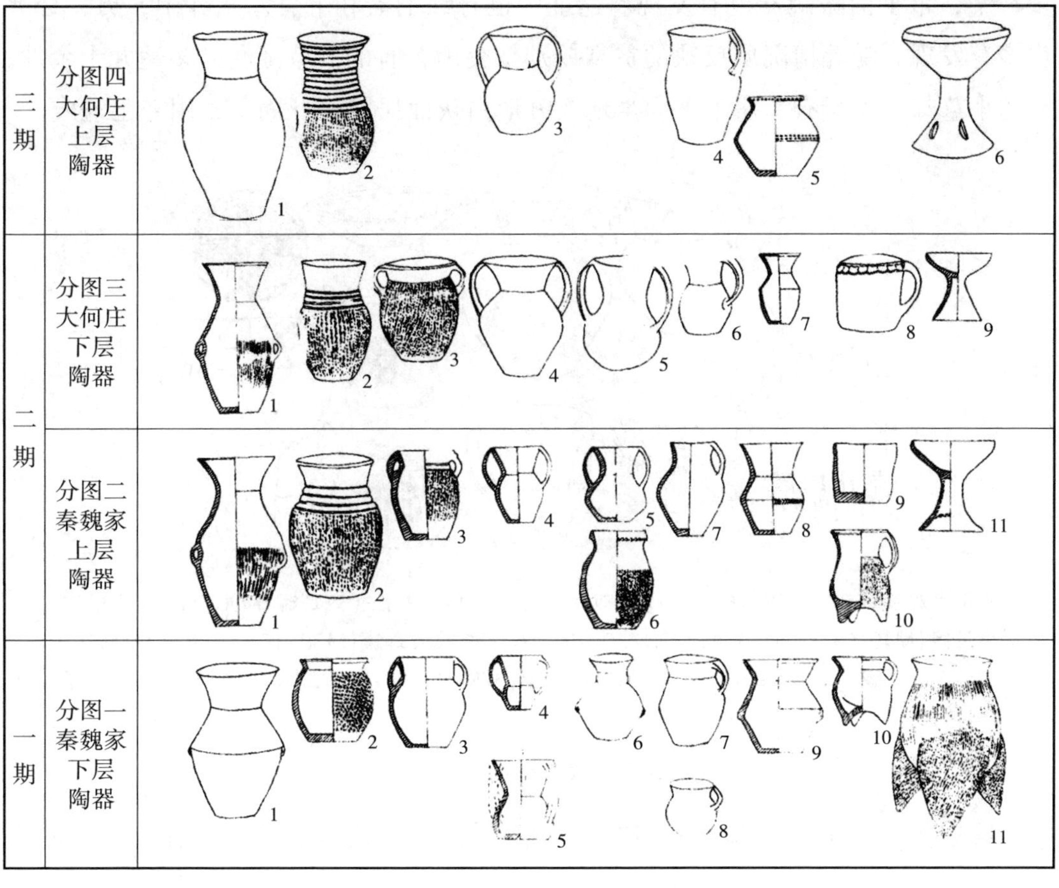

图一 秦魏家、大何庄陶器分期示意图

①夏鼐：《齐家期墓葬的新发型及其年代的改订》，载《中国考古学报》第3册，1948年。

②甘肃省博物馆：《甘肃古文化遗存》，载《考古学报》1960年第2期；甘肃省文管会：《渭河上游天水、甘谷两县考古调查简报》，载《考古通讯》1958年第5期。

③胡谦盈：《试论齐家文化的不同类型及其源流》，载《考古与文物》1980年第3期。

第二类，以武威皇娘娘台①为代表。同类遗存还有乐都柳湾②等。此类遗存主要分布于甘肃西部和青海东部地区。

皇娘娘台遗址的情况有过两次较系统的报道。共发现墓葬八十八座、房址六座、灰坑二十三个。所出陶器有泥质红陶和夹砂红褐陶。纹饰以篮纹和绳纹为主，还有镂孔、划纹、附加堆纹和彩陶等。主要器形有双耳折肩罐、侈口双耳罐、双大耳罐、三耳罐、侈口曲领罐、双耳罐、单耳罐和豆等。此外还发现了一些方格纹彩陶双耳罐、平行条纹彩陶双大耳罐、内彩豆、镂孔双耳罐和尊、甗等（图二）。较多彩陶器的出现是这一类遗存的明显特点。石器方面较突出之点是发现有细石器和较多石璧，带手窝敲砸器也有发现。遗址中也有红铜器和卜骨。墓葬中，男女合葬也多有发现。随葬情况所反映的贫富差别较突出，有的大墓随葬品多达九十余件，有的小墓却一无所有。房址多为半地穴方形白灰面居室，灶面平，用夯土筑成。

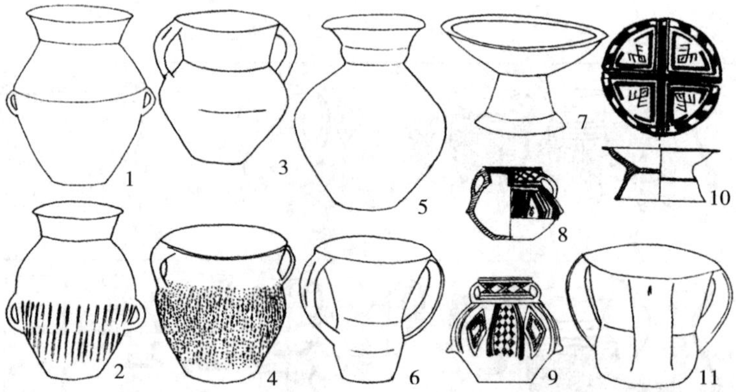

1.Ⅱ式双耳折肩罐(M29:6)　2.侈口双耳罐(M76:1)　3.Ⅱ式双耳罐(M30:1)　4.Ⅰ式双小耳罐(M46:6)　5.侈口曲领罐(M30:12)　6.Ⅰ式双大耳罐(M38:12)　7.Ⅱ式豆(M40:6)　8.Ⅱ式双小耳罐(M30:2)　9.小口双耳罐(57M9)　10.Ⅱ式豆(M47:10)　11.三耳罐(M48:3)

图二　武威皇娘娘台陶器

第三类，以固原海家湾③、隆德上齐家④墓葬为代表。同类遗存还有镇原常

①甘肃省博物馆：《甘肃武威皇娘娘台遗址发掘报告》，载《考古学报》1960年第2期；《武威皇娘娘台遗址第四次发掘》，载《考古学报》1978年第4期。

②青海省文物管理处考古队、北京大学历史系考古专业：《青海乐都柳湾原始社会墓葬第一次发掘的初步收获》，载《文物》1976年第1期。

③宁夏回族自治区展览馆：《宁夏固原海家湾齐家文化墓葬》，载《考古》1973年第5期。

④钟侃、张心智：《宁夏西吉县兴隆镇的齐家文化遗址》，载《考古》1964年第5期。

山[①]、西吉兴隆[②]及内蒙古白音浩特[③]等。此类遗存主要分布于宁夏南部及甘肃平凉地区。

海家湾遗址只清理了三座墓葬，两座为长方形竖穴式，有仰身直肢和二次葬。第一号墓底部垫有一层厚6厘米的红烧土。随葬陶器以红陶为主，也有灰陶。纹饰以篮纹和绳纹为主。主要器形有划纹单耳罐、双耳鼓腹罐、双小耳罐、单小耳罐、瓶、小口罐及盆等（图三：1～9）。未见用猪下颌骨随葬的情况。

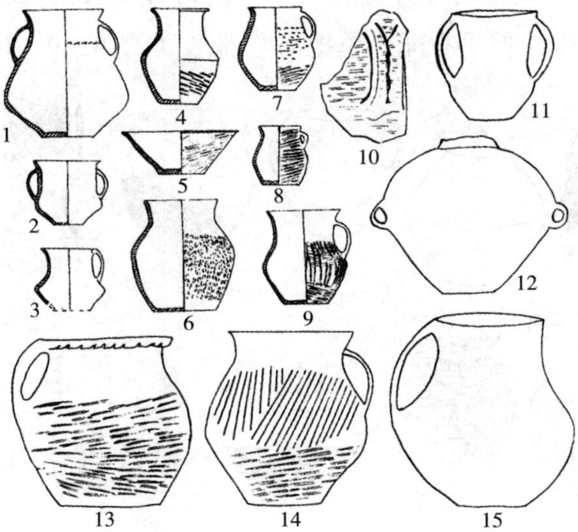

1. 双耳罐　2. 双耳罐　3. 单耳罐　4. 瓶　5. 盆　6. 小口罐　7 单耳罐　8 单耳罐　9. 单耳罐　10. 罐　11. 双耳罐　12. 双耳壶　13. 单耳罐　14. 单耳罐　15. 单耳瓶（1～9. 海家湾　10、11. 兴隆　12～15. 上齐家）

图三　海家湾、上齐家、兴隆镇陶器

德隆上齐家的一座墓里出有五件陶器及一件鬲足。器型有双耳圆腹壶、单耳瓶、单耳罐及碗等（图三：12～15）。

第四类，以灵台桥村[④]为代表。同类遗址还有天水西山坪[⑤]、瓦渣坪[⑥]和兰州

①中国社会科学院考古研究所泾渭工作队：《陇东镇原常山遗址发掘简报》，载《考古》1981年第3期。

②钟侃、张心智：《宁夏西吉县兴隆镇的齐家文化遗址》，载《考古》1964年第5期。

③齐永贺：《内蒙古白音浩特发现的齐家文化遗物》，载《考古》1962年第1期。

④甘肃省博物馆考古队：《甘肃灵台桥村齐家文化遗址试掘简报》，载《考古与文物》1980年3期。

⑤裴文中：《甘肃史前考古报告初稿》（油印本），1948年；斝、鬶现藏考古研究所陈列室。

⑥裴文中：《甘肃史前考古报告初稿》（油印本），1948年；斝、鬶现藏考古研究所陈列室。

青岗岔[①]等。此类遗址主要分部在甘肃东部地区。

灵台桥村发掘了近百平方米，发现灰坑七个。出土陶器红陶和灰陶都有，纹饰以绳纹和篮纹为主，器口往往有锯齿形附加堆纹。主要器形有鬲、盆、盘、侈口罐、高领折腹罐、单耳罐、双大耳罐及碗等（图四：1～8）。

西山坪及瓦渣坪出有斝、鬶等器物（图四：13、14）。

青岗岔遗址发现房址一座、墓葬两座。房址为半地穴式前长方后圆的双室居处。墓葬为长方竖穴式，均仰身直肢。出土遗物有泥质篮纹罐和夹砂绳纹罐。从发表的陶片图片观察，似乎有斝、单把鬲等器形（图四：9～12）。

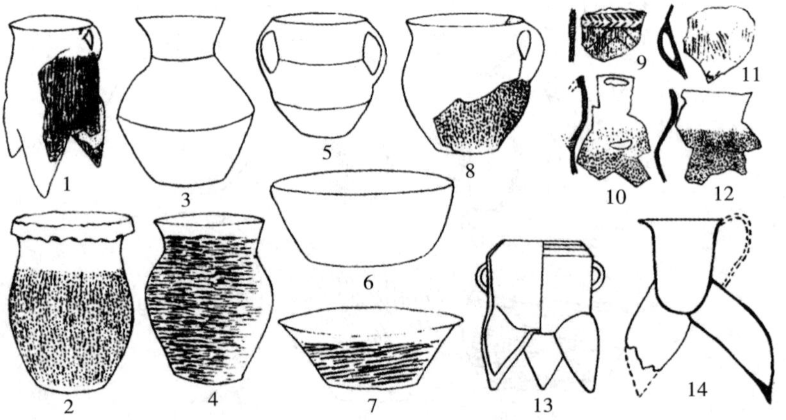

1.鬲(H4:91) 2.罐(H4:24) 3.罐(H7:10) 4.罐(H4:94) 5双耳罐(H4:27) 6.碗(H7:7) 7.碗(H4:26) 8.单耳罐(H4:93) 9～12陶片 13.斝 14.鬶(1～8.桥村、9～12.青岗岔、13.西山坪、14.瓦渣坪)

图四 桥村、瓦渣坪、西山坪、青岗岔陶器

在上述被泛称为齐家文化的古代遗存中，以灵台桥村为代表的第四类遗存与客省庄二期文化的文化面貌相当接近。例如，桥村鬲（图四：1）与客省庄[②]鬲（图五：1)、双庵[③]鬲（图五：11）器身均为罐形，单把。桥村鬲足内有泥状芯的情况也与客省庄二期文化陶鬲广为流行的足内芯的特点一致；桥村罐（图四：3）与客省庄罐（图五：12）及赵家来[④]的短颈折肩罐（图五：4）形态接近，均侈口

①甘肃省博物馆、北大历史系考古专业：《甘肃兰州青岗岔遗址试掘简报》，载《考古》1973年第3期。

②中国科学院考古研究所：《沣西发掘报告》，文物出版社出版，1962年。

③巩启明：《三十年来陕西石器时代考古的主要收获》，载《考古与文物》1980年第1期。

④中国社会科学院考古所武功发掘队：《1981—1982年陕西武功县赵家来遗址发掘的主要收获》，载《考古》1983年第7期。

折肩；桥村罐（图四：2）与紫荆[1]罐（图五：5）均为侈口，圆腹，器身较长，口部有齿状附加堆纹；桥村双耳罐（图四：5）与客省庄双耳罐（图五：10）均为侈口，高领，鼓腹，双大耳；桥村碗（图四：6、7）与客省庄碗（图五：3）均为敞口，斜直浅腹等。此外，天水瓦渣坪鬶及西山坪斝（图四：13、14）与客省庄鬶、斝（图五：2、13）形制也完全相同。青岗岔前方后圆半地穴式双室居处则与客省庄的半地穴式双室圆形房屋第二种形式相同。上列情况充分说明，以桥村为代表的遗存并非齐家文化遗存，以前曾有同志认为属于客省庄二期文化[2]。我们认为它或是客省庄二期文化中的某个类型。

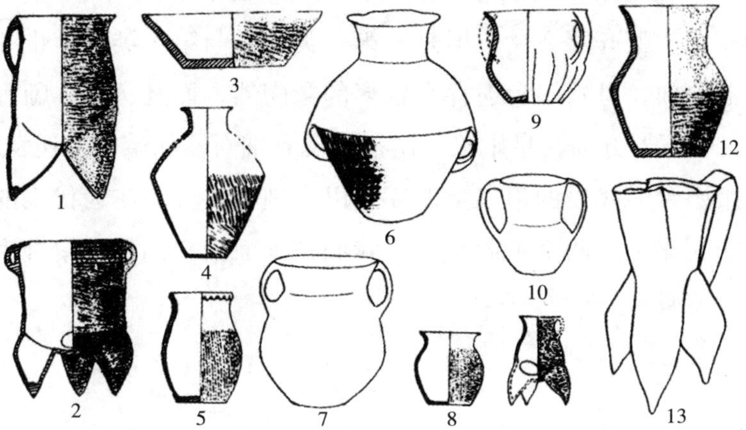

1.Ⅲ式鬲(H179:2)　2.斝(H173)　3.Ⅰ式碗(H73)　4.短颈折肩罐(T101:④:3)　5.罐(HG1:01)　6.罐(H206)　7.双耳罐(H7)　8.圆腹罐(F9:2)　9.三耳罐(H162:14)　10.双耳罐(H76)　11.鬲　12.罐(H174:1:4)　13.鬶(H6)(1～3、6～10、12～13.客省庄，4、8赵家来，5.紫荆，11.双庵)

图五　客省庄二期文化陶器

很早以前，有人把齐家文化陶器分为两群，一群以高领深腹双耳罐为主；另一群以小口双耳罐为主而有较多鬲及斝、盉残片[3]。虽然由于发表的具体资料缺乏，无法进行详细比较，但我们估计后一群陶器很可能属于桥村一类遗存。

以固原海家湾和隆德上齐家墓葬为代表的第三类遗存的文化面貌与以永靖秦魏家、大何庄为代表的第一类遗存虽有共同之处，但区别却很明显。例如，这里

①商县图书馆等：《陕西商县紫荆遗址发掘简报》，载《考古与文物》1981年第3期。
②胡谦盈：《试论齐家文化的不同类型及其源流》，载《考古与文物》1980年第3期。
③安志敏：《甘肃远古文化及其有关的几个问题》，载《考古通讯》1956年第6期。

缺乏罐形鬲、高领折肩罐、高领双耳罐、侈口曲领罐等齐家文化常见器形；带耳罐的耳部多设在口沿以下到腹上部之间，而不像第一类遗存带耳罐把耳部设在口沿到腹上部之间（图三：1、2、7、8、9、14）。还有，这里的双耳罐之腹径有的很大，颈腹交界不分明（图三：1）；单耳瓶耳部向下倾斜度很大（图三：15）；双耳壶腹部圆而膨大（图三：12）。这些器形都未见于第一类遗存。目前对于此类遗存的文化性质尚有争议，有的认为属于齐家文化的一个地方类型[①]，有的认为是一种新的文化，即“常山下层文化”[②]。显然，此类遗存并非典型的齐家文化。

齐家文化最先发现于广河齐家坪。以秦魏家、大何庄为代表的第一类遗存及以皇娘娘台为代表的第二类遗存所出陶器的主要器类都与齐家坪所出器物一致，因此，它们应即典型齐家文化。但是，第一类遗存与第二类遗存也有一些明显的差别。在陶器方面，皇娘娘台遗存有较多的彩陶器，而且，尊、甗等器形也不见于第一类型；在石器方面，皇娘娘台遗存发现有细石器如镞等，还发现较多石璧。因此，以皇娘娘台为代表的第二类遗存与以秦魏家、大何庄为代表的第一类遗存应是典型齐家文化中的两个不同类型。我们在下面把它们称为秦魏家·大何庄类型和皇娘娘台类型。

二

关于典型齐家文化秦魏家·大何庄类型的分期，过去谢端琚同志曾进行过有益的探讨[③]。他根据秦魏家及大何庄两处遗址的地层叠压关系，把这两处遗址的齐家文化遗存分别区分为大何庄下层遗存、大何庄上层遗存；秦魏家下层遗存、秦魏家上层遗存。并通过比较，认为大何庄遗存早于秦魏家遗存，从而把它们分为四期：第一期为大何庄下层遗存，第二期为大何庄上层遗存，第三期为秦魏家下层遗存，第四期为秦魏家上层遗存。他把这两处遗址分别区分为上、下层遗存是正确的。不过，我们并不同意他对这两处遗址之间年代早晚关系的判断，认为他对典型齐家文化所分的四期序列有必要进行修正。

下面，我们首先对秦魏家、大何庄的上、下层遗存文化内容做一概略的介绍：

秦魏家下层遗存出土陶器主要有Ⅰ、Ⅲ式鬲，Ⅶ式高领双耳罐，Ⅱ式折腹罐，

①陈昱、洪方：《陇东镇原常山下层遗址浅析》，载《考古》1982年第4期。

②陈昱、洪方：《陇东镇原常山下层遗址浅析》，载《考古》1982年第4期。

③谢端琚：《论大何庄与秦魏家齐家文化的分期》，载《考古》1980年第3期。

侈口曲领罐，Ⅴ式侈口罐，Ⅰ式双大耳罐，Ⅰ式双小耳罐，三耳罐，Ⅳ式单小耳罐，Ⅴ、Ⅵ式单耳罐，Ⅶ式盆及盘等（图一：分图一）

秦魏家上层遗存出土陶器主要有Ⅱ式鬲，Ⅲ、Ⅳ式高领双耳罐，Ⅰ、Ⅲ式折腹罐，Ⅲ、Ⅳ、Ⅵ式侈口罐，Ⅱ～Ⅴ式双大耳罐，Ⅲ式双耳罐，Ⅰ式双小耳罐，Ⅰ式单小耳罐，Ⅱ、Ⅲ、Ⅴ式单耳罐，Ⅱ、Ⅴ、Ⅶ式豆，Ⅳ式盆，Ⅰ、Ⅲ、Ⅳ式碗及杯等（图一：分图二）。

大何庄下层遗存出土陶器主要有高领双耳罐，高领折肩罐，Ⅱ～Ⅴ式侈口罐，Ⅰ、Ⅱ式双大耳罐，Ⅰ式双耳罐，Ⅱ、Ⅲ式圆底罐，Ⅲ式豆，Ⅲ式碗，Ⅰ式盆，Ⅱ、Ⅲ式单耳罐，Ⅱ式杯等（图一：分图三）。

大何庄上层遗存出土的主要陶器有高领双耳罐，高领深腹罐，折腹罐，Ⅰ～Ⅳ式侈口罐，Ⅰ、Ⅱ式双大耳罐，Ⅰ式双耳罐，Ⅰ、Ⅱ式单耳罐，Ⅰ式圆底罐，侈口长颈罐，Ⅰ、Ⅱ式豆，Ⅰ、Ⅵ式碗等（图一：分图四）。

对照秦魏家与大何庄的这四组陶器，我们明显地感觉到秦魏家上层遗存与大何庄下层遗存是非常接近的。秦魏家上层的Ⅲ式高领双耳罐、Ⅵ式侈口罐、Ⅲ式双大耳罐、Ⅴ式双大耳罐、Ⅲ式双耳罐（图一，分图二：1～5）等器物从器形到纹饰均分别与大何庄下层的高领双耳罐、Ⅱ式侈口罐、Ⅰ式双大耳罐、Ⅱ式双大耳罐、Ⅱ式双耳罐（图一，分图三：1～5）完全相同；秦魏家上层的Ⅴ式豆（图一，分图二：11）与大何庄下层的Ⅲ式豆（图一，分图三：9）器形接近，只是秦魏家上层的这种豆的座部封闭，内置小泥球，摇之作响；秦魏家上层的Ⅰ式折腹罐（图一，分图二：8）与大何庄下层之高领折肩罐（图一，分图三：7）均为侈口，高领，折腹，只是秦魏家上层的这种罐子的颈、腹径稍大一些；秦魏家上层的Ⅰ式杯（图一，分图二：9）与大何庄下层的Ⅱ式杯（图一，分图三：8）均作直筒状，只是前者无耳，后者单耳。秦魏家上层与大何庄下层陶器在主要器类上如此近似，说明两者之间的年代是很接近的，甚至可以说，它们本来就属于同一时期。

秦魏家遗址齐家文化遗存上、下层叠压关系清楚，上层与下层之间器物形式区别较为明显。因此，与秦魏家上层同时的大何庄下层遗存无疑应晚于秦魏家下层遗存。反之，若以为秦魏家下层遗存比大何庄上层遗存还要晚，那么，我们只需对照一下它们的器物形式，就不难发现两者差距太大，不可能是相互衔接的两个时期，秦魏家下层遗存不可能是大何庄上层遗存的继续。倒是大何庄上层与秦魏家上层及大何庄下层遗存较为接近一些，前者显然是后者的继续发展。据此，我们认为秦魏家与大何庄的齐家文化遗存应当划分为三期，它们的早晚序列是：秦魏家下层遗存——秦魏家上层遗存（包括大何庄下层遗存）——大何庄上层遗存。

于此要附带说明一下的是，秦魏家下层所出的罐形鬲、带球状芯的鬲足及大何庄下层所出的鬲足、鼎足均为地层及灰坑中出土，两处遗址的所有墓葬中都未见到这些器物形式。因此，它们是否与典型齐家文化同时，尚不能确定。本文暂列于典型齐家文化中叙述，如有不妥，今后再予改正。

至于皇娘娘台类型的分期，目前由于资料局限，尚难直接通过地层关系去进行划分。较多的说法是皇娘娘台类型较秦魏家·大何庄类型为晚。不过，从碳十四年代测定情况来看，属于皇娘娘台类型的几个数据有的较秦魏家·大何庄类型稍早，有的则较之为晚，大致上来看则较接近。再从器物类型学角度观察，皇娘娘台遗址有相当一部分陶器（图二：1、3、5、6、11）分别与秦魏家下层遗存的同类器物（图一，分图一：1、3～6）形式相同。因此，皇娘娘台类型的早期年代实际上是与秦魏家下层遗存同时存在的。皇娘娘台类型并不比秦魏家·大何庄类型为晚，它们应是平行发展的两个地方类型。

三

根据上节讨论，我们认为秦魏家下层遗存为典型齐家文化早期遗存。因之，它应是探讨典型齐家文化起源的基础。

同其他文化比较，我们认为秦魏家下层遗存与客省庄二期文化最为接近。例如：秦魏家下层的Ⅰ式鬲（图一，分图一：11）与客省庄的Ⅲ式鬲（图五：1）、双庵鬲（图五：11）器身均呈罐形，三袋足外撇；秦魏家下层的鬲足内有球状芯的做法正如客省庄二期文化广为流行的鬲足内加泥球的特点相同；秦魏家下层的高领双耳罐（图一，分图一：1）与客省庄的双耳罐（图五：6）均为侈口，高领，折肩，肩部有双小耳；秦魏家下层的双大耳罐（图一，分图一：4）与客省庄的双耳罐（图五：10）均为高领，束腰，腰腹界限分明；秦魏家下层的双耳罐（图一，分图一：3）与客省庄双耳罐（图五：7）均为侈口，斜领，圆腹，双小耳在口下附近；秦魏家下层的折腹罐（图一，分图一：9）与客省庄的罐（图五：12）均为侈口，折腹，只是客省庄的领部稍长一些；秦魏家下层的侈口罐（图一，分图一：2）与赵家来的敞口圆腹罐（图五：8）均为侈口，圆腹，器身短矮；秦魏家下层有三耳罐（图一，分图一：5），客省庄也有三耳罐（图五：9）等。

当然，秦魏家下层遗存与客省庄二期文化也存在一些明显区别，如：前者三足器很少，后者三足器甚多；前者之高领双耳罐领部直径较大而斜直，后者的双耳罐颈部较细而有弧度；前者以红陶为主，后者有的遗址（如客省庄遗址）则以灰陶为主，等等。

从碳十四年代来看，客省庄二期文化年代大致为公元前2300年至公元前2000年。典型的齐家文化只有两个数据：永靖大何庄F7木柱为公元前2050±115年；同上单位柱洞木炭为公元前2010±115年。估计较大何庄下层遗存为早的秦魏家下层遗存年代会在公元前2100年左右。

根据上列分析，我们认为典型齐家文化的早期阶段是与客省庄二期文化之晚期阶段平行的。由于两者在文化面貌上有许多近似之处，因而我们估计典型齐家文化之前身文化应与客省庄二期文化早期阶段时代相当，而且在文化面貌上也必与客省庄二期文化早期遗存具有众多共同之处。

本文在第一节里曾把被泛称为齐家文化的遗址分为四类。其中第四类以灵台桥村为代表，并已指出此种遗存不属齐家文化而与客省庄二期文化接近。根据碳十四年代测定，桥村H4木炭年代为公元前2185±100年。这一数值较接近于客省庄二期文化较早的年代，而比我们估计的典型齐家文化早期年代早白年左右。从文化面貌方面观察，秦魏家下层遗存与桥村遗存的关系是十分密切的：1.桥村鬲（图四：1）与秦魏家鬲（图一，分图一：11）器身均为罐形，只是前者单把，后者无把；2.桥村罐（图四：3）与秦魏家高领双耳罐（图一，分图一：1）均为高领，折肩，区别只在于前者颈径略小，肩部无耳，而后者颈径较大而斜直，肩置双小耳；3.桥村双耳罐（图四：5）与秦魏家双大耳罐（图一，分图一：4）近似，只是后者领部较长而腹部较小；4.桥村单耳罐（图四：8）与秦魏家单小耳罐（图一，分图一：8）均为圆腹，器身较矮，只是后者颈腹交界分明等。此外，桥村罐（图四：2）与秦魏家上层的罐（图一，分图二：6）形态也非常近似。因此，我们认为典型齐家文化正是从桥村一类遗存发展而来的。

种种迹象表明，客省庄二期文化有可能分为若干不同类型。例如，作为典型客省庄二期文化典型遗址的客省庄遗址所出陶器以灰陶为主，房室以双室半地穴式居多；陕西西部的双庵、赵家来遗址则以红陶为主或红陶较多，鬲多罐形，居室多单室半地穴式白灰面房室等。只是目前资料尚少，还不能准确划分。根据渭水流域调查[1]，在关中西部的宝鸡市以至甘肃省东部的天水市及陇西地区都有“陕西龙山文化”（即客省庄二期文化）存在，因此，我们估计桥村一类遗存可能属于客省庄二期文化在陕西西部—甘肃东部的一个地方类型。

在关于齐家文化起源的多种见解中，不少同志认为齐家文化源于马家窑文化[2]。但是，我们从两种文化之主要器类比较分析，认为两者缺乏必然联系。典型齐家文化的两个类型中具有明显特征的高领双耳折肩罐、高领双耳罐、双大耳罐、三耳罐及侈口曲领罐等器物在整个马家窑文化中都很少见。即便有些器物在某些方面略有近似，但从总体来说，距离较远。例如马家窑文化的双耳壶虽然与齐家文化的双耳折肩罐式高领双耳罐略有近似，但前者细颈，大圆腹，后者为高领，折肩式腹径很小；马家窑的泥质双耳罐与齐家文化的双大耳罐虽然均为双耳，但前者耳部较小，颈腹没有分界，而后者耳部甚大，颈腹分界明显。显然，上述器物均难以相通。因此，典型齐家文化的这些器物都不是从马家窑文化中演变而来的。

马家窑文化的早期阶段（马家窑类型）主要分布于甘肃东部，但到了它的后期阶段（半山、马厂类型）则主要分布于甘肃西部。从发展方向来说，这一文化是逐渐向西移动的。而典型齐家文化秦魏家·大何庄类型则主要分布于甘肃东部。这一情况也可以作为该类型文化遗存并非源于马家窑文化的参考。至于皇娘娘台类型，由于分布范围与马厂类型较为一致，不可否认马家窑文化马厂类型对它的重要影响。特别是皇娘娘台类型中的彩陶器，无论器形或纹饰都有浓厚的马厂类型风格，当是吸取了马厂类型文化因素的结果。不过，我们说皇娘娘台有较多的彩陶器只是与秦魏家·大何庄类型相比较而言的，实际上，在皇娘娘台遗址中，彩陶器为数并不多，绝非文化主流。前面我们已经提到，皇娘娘台类型的文化主体方面与秦魏家·大何庄类型一致，因此我们认为这两个类型应该是同源的。

本文不当之处，还请大家批评。

（本文原载于《史前研究》1984年第3期）

①考古研究所渭水调查发掘队：《陕西渭水流域调查简报》，载《考古》1959年第11期。

②石陶：《黄河上游的父系氏族社会——齐家文化社会经济形态的探索》，载《考古》1961年第1期；吴汝祚：《甘肃地区原始文化的概貌及其相互关系》，载《考古》1961年第1期；石兴邦：《有关马家窑文化的一些问题》，载《考古》1962年第6期；青海省文物管理处考古队、北京大学历史系考古专业：《青海乐都柳湾原始社会墓葬第一次发掘的初步收获》，载《文物》1976年第1期；端居：《齐家文化是马家窑文化的继续和发展》，载《考古》1976年第3期；严文明：《甘肃彩陶的源流》，载《文物》1978年第10期。

川口河齐家文化陶器的新审视

张天恩　肖　琦

陕西省考古研究所　陇县图博馆

齐家文化，是西北地区新石器时代晚期的一支重要考古文化遗存，主要分布于甘肃、青海及宁夏境内。1972年冬，陕西陇县川口河村平整土地时出土了一批属于该文化的陶器，①使我们首次了解到齐家文化的活动范围已经到达陕西的西部，无疑是一个非常重要的发现。

但是，却没有引起研究者应有的关注，除了原报告介绍了这批陶器的基本情况，并对其年代和相关的问题有简单的分析之外，十余年来，基本再无相关的讨论。随着近年陕、甘地区考古研究工作的进展，我们注意到有些资料与这批器物有一定的联系，并涉及齐家文化与陕西以及中原地区夏代文化联系的一些重要的学术问题，有必要对其重新审视。这里试做一些初步的探讨，权为引玉之砖。

一

川口河出土的这批陶器共计26件，单耳、双耳和无耳的陶罐占24件，另有深腹和浅腹的陶钵各1件。原报告从陶器的器形方面观察，指出其“总体接近于甘肃永靖秦魏家齐家文化陶器”，同时列举了多件器物进行了对比，尚属比较客观，为川口河陶器在齐家文化中找到了大体对应的位置。

但是，有关齐家文化本身的年代序列问题，学术界却存在着多种不同的看法。进一步分析起来，基本上可以归为两类意见。第一类提出得较早，主要有两种观点。或认为可以将齐家文化各区典型遗址的相对年代排成这样的顺序：天水七里墩（包括秦安咀坪）——大何庄——秦魏家——皇娘娘台，即东边的相对年代要

①尹盛平：《陇县川口河发现齐家文化陶器》，《考古与文物》1987年第5期。

比西边的早[①]。或认为典型的齐家文化可分为甲、乙两种类型，以大何庄和秦魏家为代表的甲型，早于以皇娘娘台和柳湾为代表的乙型[②]。实际上这两种看法是比较接近的，只不过前者稍细化了一些。

第二类相对晚出，大体有三种有代表性的观点。有的认为秦魏家与大何庄的齐家文化遗存应当划分为三期，它们的早晚序列是：秦魏家下层遗存——秦魏家上层遗存（包括大何庄下层遗存）——大何庄上层遗存。皇娘娘台早期年代是与秦魏家下层遗存同时存在的，并不比秦魏家、大何庄为晚，他们应是平行发展的两个类型[③]。有的认为齐家文化可分为三期八段：一期包括瓦家坪K825、柳湾M267、皇娘娘台F8等典型单位；二期包括皇娘娘台遗址和秦魏家下层墓葬为代表的一些遗存；三期包括大何庄F7和秦魏家墓地的其他一些墓葬为代表的遗存[④]。有的还认为可以将各地的齐家文化遗存分为四期六段：一期包括柳湾墓地一段；二期包括柳湾墓地二段，皇娘娘台墓地二、三段，齐家坪一段，秦魏家三层；三期包括柳湾三段，皇娘娘台四段，齐家坪二段，大何庄下层和秦魏家二层早段；第四期包括齐家坪三段，秦魏家二层晚段，大何庄上层及尕马台遗址[⑤]。可以看出，这三种认识具有较多一致的地方，是在部分遗址的某些遗存的分期归属上稍有出入。

结合有关地层关系，以及类型学的研究方法，全面地分析比较各地齐家文化陶器的面貌特征，我们认为第二类意见可能比较优越一些。譬如在柳湾[⑥]及皇娘娘台[⑦]早期墓葬中出土有带盖敛口瓮、三耳罐、浅盘粗柄豆等具有客省庄二期文化特点的陶器，在其他的遗址墓地中已经不见。而无论是陶器的特征，还是碳十四年代数，客省庄文化是不会晚于齐家文化的。所以，皇娘娘台和柳湾墓地不应属于齐家文化的晚期，而应是能与客省庄文化发生联系的偏早阶段遗存，将这两地的早期遗存置于秦魏家、齐家坪和大何庄之前的第二类看法，当然是较可信的。

经过归纳，我们以为齐家文化可以分为三大期：早期是柳湾M271、M965、

①谢端琚：《试论齐家文化与陕西龙山文化的关系》，载《文物》1979年第10期。

②胡谦盈：《试论齐家文化的类型及其源流》，载《考古与文物》1980年第3期。

③梁星彭：《齐家文化起源探讨》，载《史前研究》1984年第3期。

④张忠培：《齐家文化研究》，载《考古学报》1987年第1、2期。

⑤《甘青地区青铜时代的文化结构和经济形态研究》，载《中国西北地区青铜时代考古论集》，科学出版社，2001年。

⑥青海省文物管理处考古队：《青海柳湾》，文物出版社，1984年。

⑦甘肃省博物馆：《甘肃武威皇娘娘台遗址发掘报告》，载《考古学报》1962年第2期。甘肃省博物馆：《甘肃武威皇娘娘台遗址第四次发掘》，载《考古学报》1978年第4期。

M1103等，皇娘娘台M29、M47等早期墓葬；中期有柳湾M1108等晚期墓，皇娘娘台M27、M38等晚期墓，秦魏家下层，齐家坪一段等为代表的遗存；晚期包括了秦魏家上层，大何庄上、下层，齐家坪二、三段为代表的遗存。各期内的陶器形制并不是完全相同，也还存在一定的差异，故仍不排除有阶段性的变化以及地域方面的差别。像第三期的秦魏家上层早、晚段，大何庄上、下层，齐家坪二、三段陶器均有不同的地方，无疑应是早晚的变化所致。因此，秦魏家上层早段、大何庄下层和齐家坪二段，当为本期的前段，而秦魏家上层晚段、大何庄上层和齐家坪三段，自然为本期的后段。

现在，我们将川口河的陶器与上述分期中的标本对比，就可以为其找到更为确切的位置。侈口高领双耳罐等陶器，是秦魏家[①]等齐家文化遗址的典型器物，其变化的特点多是领部不断增高，折肩或变为圆肩，体由适中变得瘦高（图一）。显然是同类器物的川口河侈口腹耳罐76LCM：9，虽然已是圆肩，但其领部却较低，体尚不显瘦高（图一：4），与皇娘娘台M76：1（图一：1）齐家坪二段[②]的M108：2、秦魏家上层早段的M96：2（图一：9）等罐较相似，体饰篮纹的做法似与前者更接近。川口河的双大耳罐76LCM：19（图一：5）与皇娘娘台晚期的M38：12（图一：2）秦魏家下层M89：7（图一：10）等罐相似。川口河的双耳罐76LCM：18（图一：6）与皇娘娘台M38：6（图一：3）、秦魏家下层M89：3（图一：1）等相似。川口河的单耳罐76LCM：4（图一：7）、侈口罐76LCM：6（图一：8），分别与秦魏家上层M114：4（图一：12）、齐家坪二段的M108：7（图一：13）等近似。多见于皇娘娘台素面无耳罐（图二：1～3），在较晚的秦魏家等地均少见，川口河却有一定数量（图二：4～6）的发现。

以上所指出的器物中，皇娘娘台出土的属于齐家文化的中期阶段，秦魏家等地的一部分为晚期的前段，由此可以推断，川口河陶器的时代大体相当于齐家文化的中期或略偏晚。

---

①中国科学院考古研究所甘肃工作队：《甘肃永靖秦魏家齐家文化墓地》，载《考古学报》1975年第2期。

②水涛：《甘青地区青铜时代的文化结构和经济形态研究》，载《中国西北地区青铜时代考古论集》，科学出版社，2001年。又安特生："Researches into the Prehistory of the Chinese". *BMFEA*, 1943, No.15, pp. 1–300。

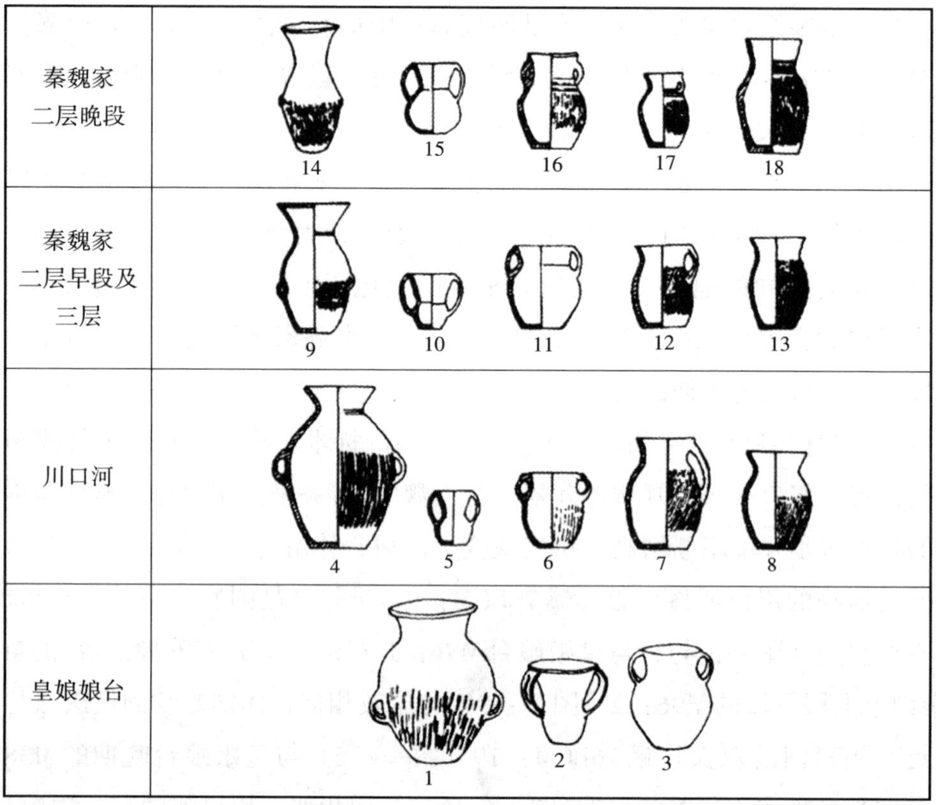

1～3. 皇娘娘台 M76∶1、M38∶12、6　4～8. 川口河 76LCM∶9、19、18、4、6　9～12. 秦魏家二层早段 M96∶2、三层早段 M89∶7、3、二层早段 M114∶4　13. 齐家坪二段 M108∶7　14～18. 秦魏二层晚段 M81∶4. M9∶5、M51∶6、M23∶1、M115∶4

图一　川口河陶器在齐家文化中的位置对比

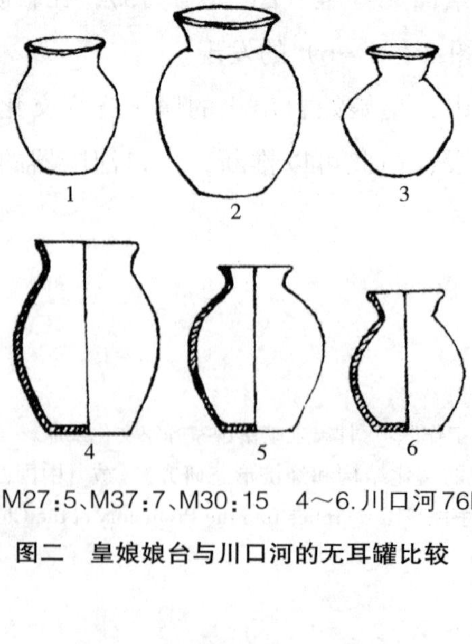

1～3. 皇娘娘台 M27∶5、M37∶7、M30∶15　4～6. 川口河 76LCM∶5、12、14

图二　皇娘娘台与川口河的无耳罐比较

二

前文的比较说明，川口河陶器属于齐家文化是不存在什么问题的，但若全面分析这批器物，就会发现其与甘肃中部及以西地区时间相当的齐家文化遗存的面貌还有一些差异。

川口河出土的单耳罐中，有一类罐，如76LCM：3、4（图一：7），器耳特别宽大，上接口沿，下连罐腹中下部的标本，除了秦魏家M114：4略为类似外，在其他地点基本不见。泥质陶的双耳罐是齐家文化的常见器物，双大耳置于口腹之间的罐最多，而将双耳接于口肩之间的罐相对较少。尤其像川口河76LCM：20（图三：3）那种在颈部及肩部施几道旋纹的双小耳罐，却未见于其他齐家文化遗址。川口河出的侈口高领无耳罐76LCM：10（图三：4），与秦魏家的Ⅱ式瓶等略相似，但颈部和肩部施有几道旋纹做法，也不见于其他遗址。齐家文化虽然流行不同形式的单耳罐，但像川口河76LCM：8（图三：2）那一类领部特别高，颈部、肩部及腹部饰旋纹的标本，却极为罕见，现知只有秦魏家的M37：2号罐一件的颈部饰两组旋纹，有些相似。但川口河76LCM：7、8（图三：1、2）这类单耳罐，在与耳相对的另一侧口沿上有用手捏出的短流，却从不见于其他齐家文化遗址的陶器之上。

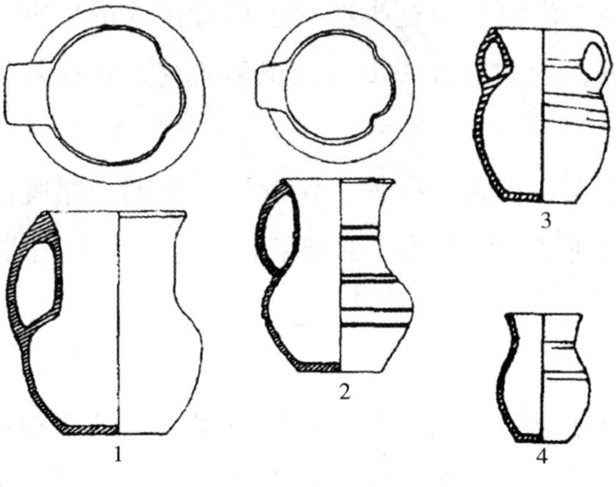

1～4.LCM7、8、20、10

图三　川口河出土的带流罐、旋纹罐

我们已经分析过川口河陶器的年代，大体相当于中、西部齐家文化的中期略偏晚阶段，并不是该文化的最晚遗存。因此，这些差异的存在就不会是时间早晚所形成的变化，而只能考虑是由于地域不同而出现的差别。换句话说，川口河陶器可能代表了齐家文化中期阶段在东部地区的基本面貌特征。

当然，仅将川口河这一个地点的发现就认定是东部地区齐家文化遗存的代表，似乎有些勉强，孤证无征，难免被怀疑为偶然现象。不过，据笔者所知，类似的遗存绝不只是川口河一处。

2001年，陇县图书博物馆在距川口河以北约四公里的郑家沟村，又征集了一批齐家文化的陶器，共有单耳和无耳的陶罐十件①，面貌特征与川口河所出接近。

另据我们在甘肃东部天水地区的参观了解到，大部分县区博物馆藏品中均不乏齐家文化的陶器，有些器物的形制特征与川口河所出的非常相似。清水县博物馆收藏的陶罐就很具有代表性，不仅有与川口河相似的一般齐家文化器物，而且也有带短流的高领单耳罐，以及颈部和腹部饰有旋纹的双耳罐等②。

这种情况表明，以川口河为代表的这类齐家文化遗存，有着一定的分布范围。据目前了解的情况，初步估计可能在渭河上游的天水地区及附近，向东可达陕西陇县境内。

这类遗存的陶器，既与中、西部地区所见的齐家文化存在一定的差异，又有自己的分布空间，也不是时间早晚所出现的变化，看来应当考虑是属于地域方面的原因而形成的差别。因此，将这类遗存视为齐家文化的一个地方类型，也许是比较适宜的，鉴于至今尚没有对这类遗存进行过正式的发掘，其他一些已知的资料也没有公开发表过，为方便进一步的认识和研究，建议暂称之为齐家文化“川口河类型”。

至此，我们就不难意识到，齐家文化发展到中期或略晚阶段时，可能已经形成了以皇娘娘台、秦魏家为代表的西部类型和以川口河为代表的东部类型。

三

尽管受发掘资料缺乏的限制，我们对川口河类型的全貌和发展序列尚没有足够的了解，但却有种种迹象表明，这类遗存的影响已经到达关中东部地区，可能是促使客省庄二期文化向夏时期文化类型转化的一类重要因素。

过去，陕西地区相当于夏时期的文化遗存发现得一直比较少，研究工作基本

①现存陇县图书博物馆，资料待刊。

②甘肃清水县博物馆藏品，2002年笔者与同行多人参观该馆所见，资料待刊。

是一个空白。西安老牛坡遗址少量相当于夏代的遗存简单介绍[①]之后，本文笔者中的张天恩曾结合其他的零星资料，对关中东部的夏时期文化遗存进行了一些简单的分析，指出这一地区在夏代前期（相当于二里头文化一、二期）出现过一类相对独立的考古学文化遗存。与早于它的客省庄二期文化和晚于它而来自中原的二里头三、四期文化遗存均不相同，曾以“老牛坡类型”予以命名，并认为其在许多方面与齐家文化有相似的地方，可能是受到了后者的影响[②]，但如果确切地讲，影响更大、更直接的实际应当是齐家文化的“川口河类型”。

原来，我们了解到老牛坡类型包括的只有蓝田泄湖M13[③]、华阴横阵M9[④]、西安老牛坡86XL1M1和88XL12H24等单位[⑤]，共九座墓葬和三个灰坑，但已能观察到其是一种以罐类平底陶器占主流，也有盆、鬲、觚、杯、器盖等器形的文化遗存。该类遗存的面貌特征除了能看出与客省庄二期文化和二里头文化的联系之外，还显示出较多川口河类型及齐家文化的因素。无论是遗物，还是埋葬习俗方面，均不乏关联。

老牛坡86XLⅢ1H16：18双耳罐（图四：1），腹饰绳纹，耳上贴有小泥饼，与川口河76LCM：18（图一：6）罐几无二致。横阵和老牛坡的旋纹双耳罐（图四：2、7），也不难看出与川口河的同类罐（图三：3）的相似性。多见于老牛坡和横阵等地带流的或不带流的单耳罐（图四：5、4），显然能从川口河等地找到近似者（图三：1、2）。老牛坡的无耳旋纹罐（图四：8），见于川口河（图三：4）。老牛坡的双大耳罐（图四：6），与川口河、秦魏家等地出土的同类罐（图一：5、6）极为接近。老牛坡出土的侈口高领罐（图四：3），则类似于川口河等地的侈口腹耳（图一：4、9），只缺了双耳。

老牛坡七座墓葬中，有五座随葬了2～6件不等的石璧，有半数的制作较粗劣。类似的器物，主要见于皇娘娘台晚期墓葬，其中的M48竟出土了83件之多。属于川口河类型分布区的张家川境内也有发现，该县博物馆就藏有多件制作粗糙

①刘士莪：《老牛坡客省庄二期文化遗存的分析研究》，载《史前研究——西安半坡博物馆建馆四十周年纪念文集》，三秦出版社，1998年。

②张天恩：《关中东部夏时期文化遗存分析》，载《文博》2000年第3期。

③中国社会科学院考古研究所陕西六队：《陕西蓝田泄湖遗址》，载《考古学报》1991年第4期。

④中国社会科学院考古研究所陕西工作队：《陕西华阴横阵遗址发掘报告》，载《考古学集刊》第4辑，中国社会科学出版社，1984年。

⑤刘士莪：《老牛坡》，陕西人民出版社，2002年。

的石、玉璧[①]，应该是出于该文化三类型的墓葬之物。

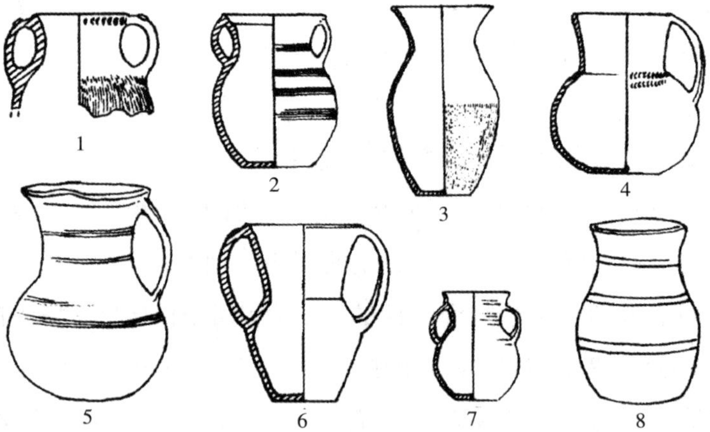

1、3～8. 老牛坡86XLⅢ1H16：18、86XLⅠ1M1：1、M2：5、85Ⅱ：01、88Ⅰ2M1：1、86Ⅲ1M39：24、85Ⅱ：04 2. 华阴横阵M19：3

图四　老牛坡等夏代早期遗址中的出土的川口河类型等齐家式陶器

众所周知、齐家文化较流行男女合葬墓，老牛坡类型同样有这样的埋葬形式，横阵M9所葬的就是一男一女。

现在，已有更令人振奋的发现，陕西省考古研究所近年在商州东龙山遗址发掘到更为丰富的老牛坡类型文化遗存。已介绍的有房址10座，灰坑70多个，墓葬38座，还有大量的石（玉）器、骨器、陶器等遗物[②]。该遗址的发现与老牛坡、横阵等地有明显的一致性，可肯定是同类文化遗存无疑，不仅进一步证实了该文化的存在，更珍贵的是还提供了其晚于客省庄二期文化的确凿地层关系。这就极大地丰富了老牛坡类型的文化内涵，并扩大了其分布的范围。

东龙山虽位于秦岭南麓的丹江上游，但出土的旋纹双耳罐、带流或不带流的单耳罐（原资料称为壶）等陶器、制作粗糙的石（玉）璧，以及以这些石（玉）璧随葬的墓葬等，同样提供了老牛坡类型与川口河类型及齐家文化联系的线索。

因此，应该有理由认为“在渭河下游地区客省庄文化向老牛坡类型演进的过程中，齐家文化所起的作用，绝对不可忽视”。[③]而东龙山的发据资料显示，旋纹

①甘肃张家川回族自治县博物馆藏品，资料未发表，2002年笔者等参观所见。

②杨亚长：《陕西夏时期考古的新进展——商州东龙山遗址的发掘收获》，载《古代文明研究通讯》总第5期，2000年6月。

③张天恩：《试论渭水流域夏商时期考古学文化的构架特点》，庆祝北京大学考古专业（系）成立五十年国际学术讨论会会议论文，2002年5月。

双耳罐、长颈单耳罐、耳带流等器物的数量最多[①]，横阵、老牛坡等地实际亦有类似的反映，这就极大地密切了老牛坡类型与川口河类型的关系。也许，我们可以进一步认为老牛坡类型文化的出现，在相当大的程度上是受到了川口河类型的影响，或可说后一文化是前者的主要来源之一。

老牛坡类型虽然还没有碳素等方面的测年数据，但其存在的时间范围应该说还是比较清楚的。该遗存晚于客省庄文化有明确的地层依据，但又不会晚到存在于关中东部和丹江上游的二里头三、四期文化的年代，所以，将其估计在二里头文化一、二期的认识[②]应当是可信的。

那么，我们就可据此认为川口河类型形成的时间，应当在二里头一期文化之前。当然，并不排除其可以延续到二里头一期甚至更晚。前面已指出川口河类型基本处于齐家文化的中期阶段，由此则又可以推知齐家文化中期一般也不会晚于二里头一期，晚期就可能相当于二里头文化一、二期，而早期就要比二里头一期早出不少时间，柳湾M266棺木碳十四测年数据的树轮校正年代公元前2255±140年，很可能接近真实的年龄。二里头一期的碳十四年代数据多落在公元前1900年，其将是川口河类型和齐家文化中期绝对年代确定的最好参考值。

甘肃东部的天水、庄浪，以及广河齐家坪分别发现有与二里头文化相似的壶形封口盉[③]，过去颇多不解。在认识到老牛坡类型与二里头文化、川口河类型的联系，和它们所处的时间范围后，也就明白了这几类分布于不同地区的文化遗存之间产生一定的交流影响，并不是不可思议的事。由此可见，大约在夏代早期，河洛、关中和陇右地区，就已经存在着超出一般想象的文化交流和传播，而在这一文化运动的过程中，川口河类型可能是一个最活跃的运动因子，扮演了相当重要的角色。

（本文原载于《中国史前考古学研究——祝贺石兴邦先生考古半世纪暨八秩华诞文集》，三秦出版社，2004年）

①杨亚长：《陕西夏时期考古的新进展——商州东龙山遗址的发掘收获》，载《古代文明研究通讯》总第5期，2000年6月。

②北京大学历史系考古专业碳十四实验室：《液体闪烁法碳十四年代测定工作初步报告》，载《文物》1976年第12期。

③张天固：《天水出十的单面纹铜牌饰及相关问题》，载《中原文物》2002年第1期。

河套地区齐家文化遗存的界定及其意义

——兼论西部文化东进与北方边地文化的聚合历程

马明志
陕西省考古研究院　助理研究员

龙山时代晚期至夏纪年阶段，河套、陕北及邻近的晋中、晋北以及太行山北端东麓的冀西北地区突现一批齐家文化的遗存或因素。长期以来，此类遗存或被归入朱开沟文化[①]，或被看作客省庄（二期）文化[②]。这样的归属模糊了齐家文化向北方地区迁徙的历史事实及河套地区此阶段的文化谱系与格局，影响到认知西北诸“羌系文化”对北方地带连续的东进浪潮以及在这一背景下北方地区诸文化的形成过程[③]，齐家文化便是这仰韶晚期之后两千余年西部文化东进历程中的阶段性个例。这一认识是研究新石器时代至先秦时期北方地区诸文化形成背景的一个重要切入点。本文将从文化内涵着手，对河套地区发现的齐家文化遗存进行初步的性质界定，并通过其所处文化格局的形成历程来认识这一界定工作的必要性。这是笔者近年来从事陕北地区考古工作的一点心得，说出来请大家批评指正，权作抛砖引玉。

一、河套地区齐家文化遗存的发现和研究简史

河套地区目前已发现的齐家文化遗存主要位于陕北最北端的神木以及河套地

①内蒙古文物考古研究所：《内蒙古朱开沟遗址》，载《考古学报》1988年第3期；内蒙古自治区文物考古研究所：《朱开沟青铜时代早期遗址发掘报告》，文物出版社，2000年。

②崔璿：《河套地区东周以前含袋足器诸器群及相关问题》，载《中国考古学会第七次年会论文集》，文物出版社，1989年；崔璿、魏坚：《内蒙古中南部原始文化的发现与研究》，载《内蒙古文物考古文集》第1辑，中国大百科全书出版社，1994年。

③马明志：《仰韶晚期以来西部文化的东进与北方文化的形成》，待刊。

区的伊金霍洛旗等地，代表地点有伊金霍洛旗朱开沟墓地[①]、白敖包墓地[②]和神木石峁遗址[③]。另外，在河套地区以西的内蒙古阿拉善左旗曾两次发现类似遗存[④]。这些发现成为研究河套地区齐家文化遗存的珍贵资料。

1958年，内蒙古阿拉善左旗白音浩特镇的鹿图山遗址两次发现以双耳罐、大双耳罐、盉、单把鬲为代表的一批遗存，发现者认为其性质属于齐家文化。本次发现表明齐家文化的北界已经达到贺兰山北端的内蒙古中南部以西。

1976年、1981年，陕西神木县石峁遗址发现一批以双耳罐、单耳罐、双耳大口尊、双耳杯、单耳碗等器类为代表的遗存，发现者将其归入客省庄文化系统。

1977—1984年，内蒙古自治区文物考古研究所等单位对伊克昭盟（今鄂尔多斯市）伊金霍洛旗朱开沟遗址先后进行了四次发掘，发现大批齐家文化墓葬，但发掘者将这批遗存与该遗址的其他多种不同时期、不同谱系的文化一起命名为“朱开沟文化”，同时认为其一至四段墓葬可能是齐家文化的直接介入。

1986年、1989年，内蒙古文物考古研究所等单位先后对伊金霍洛旗白敖包墓地及遗址进行了两次清理发掘，共发掘墓葬69座（其中瓮棺葬1座、偏洞室墓30座，余为竖穴土坑墓）、灰坑48座、房址3座，出土陶器240余件，绿松石料珠等装饰品10余件。这是一处单纯的齐家文化居址及墓地，但发掘者依然将其归入“朱开沟文化”。

此外，在新华[⑤]、老虎山与园子沟[⑥]、杏花村（四期）[⑦]、游邀[⑧]甚至太行山东麓等地也都有少量齐家文化双耳罐、单耳罐等器物存在，但基本不构成主体因素，其所在的遗址也不应该归属齐家文化范畴。

①内蒙古文物考古研究所：《内蒙古朱开沟遗址》，载《考古学报》1988年第3期；内蒙古自治区文物考古研究所：《朱开沟青铜时代早期遗址发掘报告》，文物出版社，2000年。

②内蒙古文物考古研究所等：《伊金霍洛旗白敖包墓地发掘简报》，载《内蒙古文物考古文集》第2辑，中国大百科全书出版社，1997年。

③戴应新：《陕西神木县石峁龙山文化遗址调查》，载《考古》1977年3月；西安半坡博物馆：《陕西神木石峁遗址调查试掘简报》，载《史前研究》1983年第2期。

④齐勇贺：《内蒙古白音浩特发现的齐家文化遗物》，载《考古》1962年第1期。

⑤陕西省考古研究所：《陕西神木新华遗址1999年发掘简报》，载《考古与文物》，2002年第1期；陕西省考古研究所、榆林市文物保护研究所：《神木新华》，科学出版社，2005年。

⑥内蒙古文物考古研究所：《海岱考古（一）老虎山文化遗址发掘报告集》，科学出版社，2000年。

⑦国家文物局、山西省考古研究所、吉林大学考古系：《晋中考古》，文物出版社，1998年。

⑧忻州考古队：《忻州游邀考古》，科学出版社，2004年。

前辈学者在进行这些考古调查和发掘的过程中历尽艰辛，其中田广金、戴应新等学者在荒芜的丘陵沟壑间进行的筚路蓝缕的田野工作为我们今天的考古研究提供了极为珍贵的第一手资料，他们开创性的研究工作也成为我们进一步探索的重要阶梯。

1984年，朱开沟遗址的发掘者田广金先生首次提出“朱开沟文化”的命名，包括朱开沟遗址一至五段的遗存，年代上限为龙山晚期，下限不晚于殷墟一期，其中包括朱开沟墓地一至四段遗存①。

1989年，崔璿撰文将河套地区东周以前含袋足器诸器群划分为六群，分别代表内涵独立、年代相异的多种文化。其中，将朱开沟遗址以单耳鬲、双耳罐、双大耳罐、单耳罐、高领折肩罐等为代表的大批墓葬被归属于客省庄文化范畴②。1991年崔璿在《朱开沟遗址陶器试析》一文中基本延续了这一观点③，并在1994年与魏坚合作发表的《内蒙古中南部原始文化的发现与研究》中重申了以上观点④。

1997年，田广金在《北方文化与草原文明》一文中重申了自己主张的将朱开沟遗址各种遗存统称为“朱开沟文化”的观点⑤。

此外，陕西境内的学者多主张神木石峁的单把斝式鬲和双耳罐、单耳罐、双耳高领折肩罐、单耳碗所代表的遗存属于客省庄文化⑥，这可能是将石峁遗址龙山时代早期的单把釜形斝（式鬲）与夏纪年阶段的齐家文化遗存当成了年代相当、谱系相近的同一批遗存⑦。当然，由于陕北考古工作和研究的相对滞后以及时空框架、谱系关系尚未完全确立的缘故，出现以上各种判断也是可以理解的。

以上观点大体可以归纳为两种：第一种以田广金等为代表，主张朱开沟遗址

①田广金先生1984年在“内蒙古西部区原始文化座谈会”上的发言。

②崔璿：《河套地区东周以前含袋足器诸器群及相关问题》，载《中国考古学会第七次年会论文集》，文物出版社，1989年。

③崔璿：《朱开沟遗址陶器试析》，载《考古》1991年第4期。

④崔璿、魏坚：《内蒙古中南部原始文化的发现与研究》，载《内蒙古文物考古文集》第1辑，中国大百科全书出版社，1994年。

⑤田广金：《北方文化与草原文明》，载《内蒙古文物考古文集》第2辑，中国大百科全书出版社，1997年。

⑥戴应新：《陕西神木县石峁龙山文化遗址调查》，载《考古》1977年3月；西安半坡博物馆：《陕西神木石峁遗址调查试掘简报》，载《史前研究》1983年第2期；巩启明：《陕西新石器时代考古工作与研究》，考古与文物，1988年5～6期；魏世刚：《试论石峁等遗存与客省庄二期文化的关系》，载《文博》1990年第4期。

⑦王炜林、马明志：《陕北北部西周中期以前的文化序列、谱系与格局》，待刊。

的所有遗存都应归属于所谓的“朱开沟文化”，包括朱开沟遗址的一至四段墓葬，同时认为齐家文化可能直接介入了朱开沟文化；第二种以崔璿、魏坚等为代表，反对将朱开沟遗址所有遗存笼统归属朱开沟文化，而主张河套地区东周之前存在着六种含有袋足器的不同遗存，其中以单耳鬲、双耳罐等器类为代表的遗存应归属客省庄文化范畴，且年代早于双扳手鬲和空三足瓮为代表的大口文化。

本文基本赞同崔璿将河套地区（包括朱开沟遗址）东周以前遗存划分为时代和谱系不同的多种文化，但认为其将单耳鬲、双耳罐、三大耳罐等器类为代表的遗存归入客省庄文化，并将此类遗存的年代置于大口文化之前的观点值得商榷。笔者的观点是：河套地区以单耳鬲、双耳罐、三耳罐和偏洞室墓等为代表的遗存与客省庄文化基本无涉，而应属于东进的齐家文化范畴，齐家文化与大口文化在该地区存在的时代相当，二者在河套地区不同的区域相邻而居，河套东南部至陕北北部是它们的交汇地带。

二、河套地区齐家文化遗存的内涵及性质界定

我们之所以将河套地区以朱开沟墓地一至四段、白敖包墓地为代表的遗存（包括石峁的部分遗存）归入齐家文化范畴，源自对其内涵的分析。

（一）这些遗存的陶器以齐家文化因素为绝对主体

朱开沟一至四段墓葬、白敖包墓地整体及石峁遗址的一部分采集陶器以灰陶为主，器类主要有双耳罐、单耳罐、大双耳罐、大三耳罐、（双耳或无耳）高领折肩罐、单耳碗、单耳杯、三耳三足杯、（单耳或无耳）鼓腹绳纹罐、高领小壶、单耳鬲、（双耳或无耳）大口尊、豆、敛口盆形盉、盆形斝以及极少量的花边口沿袋足鬲等（图一）。

以上这批陶器可以分为三群：

第一群以双耳罐、单耳罐、三耳罐、单把鬲及各种带耳或不带耳的罐类器物为绝对大宗（图一：1～4、6～13、16、19），并有极少量彩陶，这些特征与陇东、宁夏南部的师赵村与西山坪七期[①]、店河墓地[②]齐家文化遗存典型因素非常接近。

第二群以豆、尊（图一：5、17～18）为代表，是仰韶晚期以降海岱地区大汶

①中国社会科学院考古研究所：《师赵村与西山坪》，中国大百科全书出版社，1999年。

②宁夏文物考古研究所：《宁夏固原店河齐家文化墓葬清理简报》，载《考古》1987年第7期。

口文化、龙山文化因素西渐的结果，并逐步成为北方诸文化和甘青地区齐家文化的一部分外来因素。

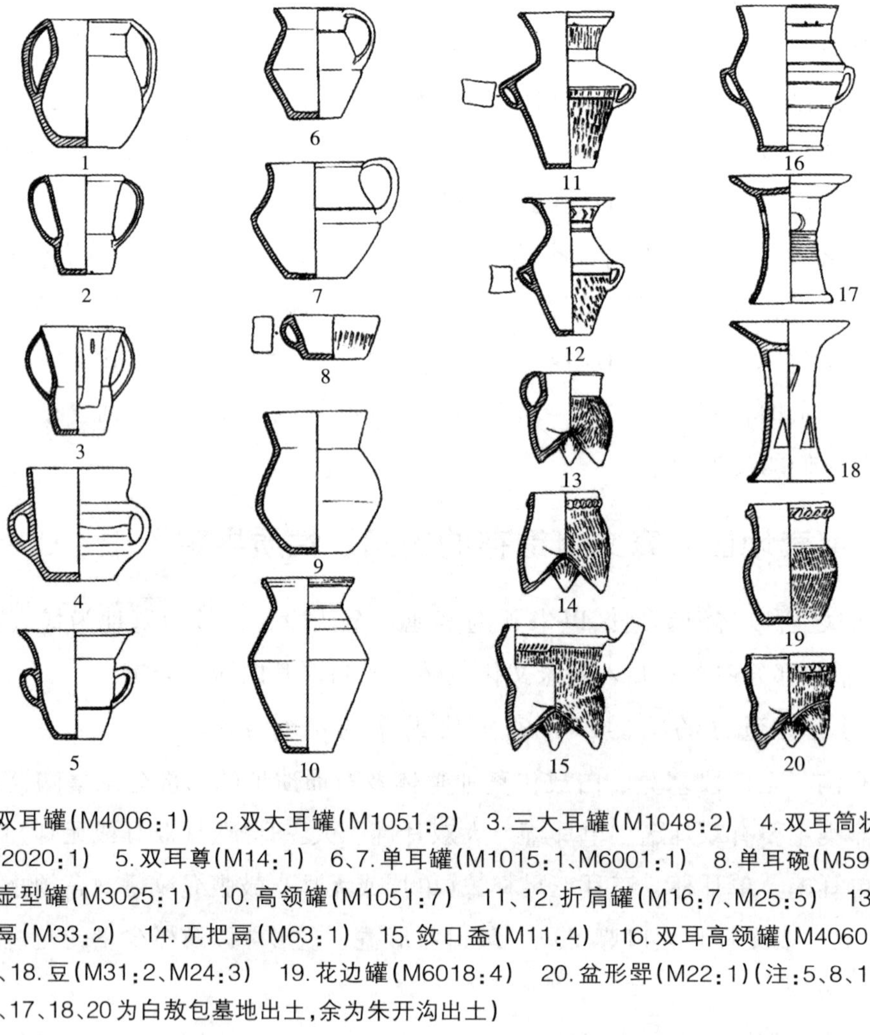

1.双耳罐(M4006:1) 2.双大耳罐(M1051:2) 3.三大耳罐(M1048:2) 4.双耳筒状罐(M2020:1) 5.双耳尊(M14:1) 6、7.单耳罐(M1015:1、M6001:1) 8.单耳碗(M59:4) 9.壶型罐(M3025:1) 10.高领罐(M1051:7) 11、12.折肩罐(M16:7、M25:5) 13.单把鬲(M33:2) 14.无把鬲(M63:1) 15.敛口盉(M11:4) 16.双耳高领罐(M4060:4) 17、18.豆(M31:2、M24:3) 19.花边罐(M6018:4) 20.盆形斝(M22:1)(注:5、8、11～15、17、18、20为白敖包墓地出土,余为朱开沟出土)

图一　河套地区齐家文化遗存的主要陶器器类

第三群以少量的盆形斝、敛口盆形盉和花边鬲为代表（图一：14、15、20），是河套地区大口文化的土著因素，表明齐家文化东进后与河套地区土著的大口文化存在一定程度的文化交流。

这三群器物中，以第一群器类为大宗的器形特征和器类组合均显示出其文化内涵与齐家文化，特别是陇东、宁夏南部的齐家文化遗存相当，所以我们认为应将其归属齐家文化，而其他两群器类则是齐家文化来到河套地区后吸取的土著因素或提前已经存在于此的外来因素，灰陶比例的突出也应是受到大口文化影响的结果，但绝不见大口文化的标志性器类三足瓮和敛口甗，显示出东进的齐家文化遗存对大口文化核心因素的排斥性。

（二）朱开沟、白敖包的墓葬绝大多数为齐家文化特征

众所周知，墓葬形制、葬式、随葬品、墓葬排列等因素往往是一个文化最为顽固的载体，最能反映文化的核心因素和稳定基因，甚至在较大程度上代表一个文化的族属，是确认文化性质极为重要的组成领域。河套地区已经大规模发掘的朱开沟墓地一至四段和白敖包墓地，其墓葬特征即显示出强烈的齐家文化特征，具体表现在以下多个层面：

（1）白敖包墓地有较大数量的偏洞室墓（图二：1、2），其比例将近所发掘墓葬的一半，与宁夏固原店河、甘肃临潭磨沟①等齐家文化核心区流行的以偏洞室墓为主要形制的墓葬特征非常接近。

（2）朱开沟墓地一至四段中存在一定比例的圆坑墓，这在天水师赵村和西山坪七期的墓葬中也非常流行。另外，圆坑墓也是甘青宁地区自马家窑文化以来非常流行的一种较为稳定的区域性文化因素，在宁夏海原菜园文化墓葬形制中也占有绝对主导地位。所以，朱开沟墓地一至四段墓葬中的圆坑墓应该是随着齐家文化东进带来的西北核心文化区的典型因素。

（3）大型竖穴土圹墓往往有棺椁作为葬具，小型墓葬或无葬具，或在人骨之下铺垫石板（图二：3），这也是齐家文化的重要特征。

（4）朱开沟墓地一至四段墓葬中的竖穴土坑墓多有壁龛或地坑放置随葬品，有的壁龛还以石板封门（图二：4）。这些特征在甘肃临潭磨沟齐家文化墓葬中非常普遍，应是来自齐家文化的重要因素。

（5）大型墓葬的被葬者有主次位置与葬式之分，墓主人往往是男性，仰身直肢，位置居中或有棺椁葬具，而陪葬者常侧身屈肢面向男性墓主（如朱开沟M3024等一批大型墓葬）。

（6）小型墓葬常见屈肢葬，而乱骨及残骨现象较为常见，这些特征也在西北地区仰韶晚期至齐家文化阶段的遗存中经常见到。

①甘肃省文物考古研究所、西北大学文化遗产与考古学研究中心：《甘肃临潭县磨沟齐家文化墓地》，载《考古》2009年第7期。

（7）偏洞室墓常见多人多次合葬现象，早葬者的骨骼常见被推挤的现象（图二：2），而在甘肃临潭磨沟齐家文化墓地中此类现象更为普遍。

（8）厚葬之风盛行，墓葬中大量随葬陶器以及猪、羊、牛下颌骨随葬甚至完整狗骨架。与之形成鲜明对比的是，有些墓葬（特别是小型墓葬）既无葬具和随葬器物，又无动物肢体，显示出较大的贫富分化现象。这样的反差同样常见于齐家文化的墓葬中。

（9）常见料珠串饰、指环、臂钏、项饰、耳环、海贝等装饰品，这是齐家文化墓葬的典型特征之一。

（10）朱开沟、白敖包墓地的墓葬均划分为不同的区，各区内行列分布有序，很少有打破关系，体现了极强的规划性，这种特征在甘肃临潭磨沟以及甘青宁地区其他众多齐家文化墓地中表现得更为强烈。

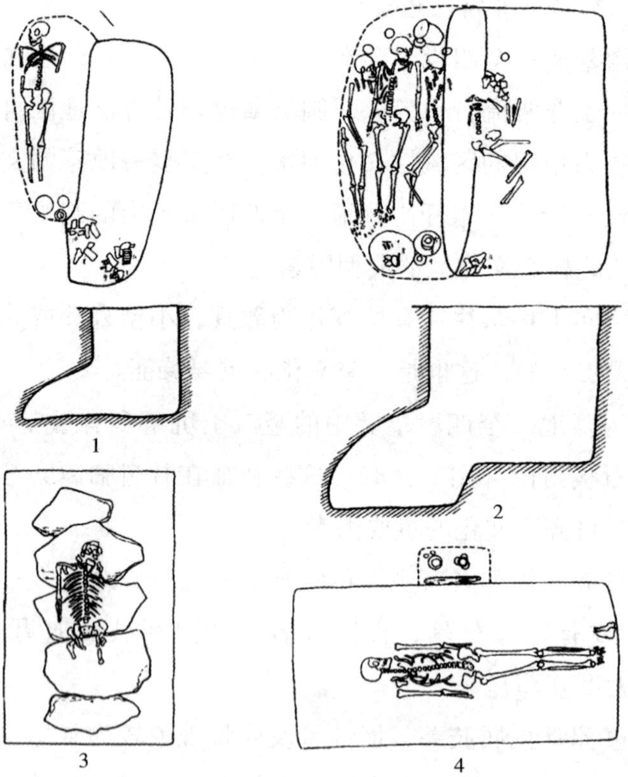

1、2. 偏洞室墓(白敖包M67、M41)　3. 铺垫石板的墓葬(朱开沟M1012)　4. 带有壁龛和石板的墓葬(朱开沟M1036)

图二　河套地区齐家文化部分墓葬形制

(三)生业形态转变方式与齐家文化基本吻合

朱开沟遗址的动物考古资料显示，该遗址一至四段墓葬中随葬动物下颌骨的比例非常高，有些大型墓葬甚至不用陶器随葬而代之以大量家畜下颌骨，包括猪、牛、羊、狗等多个种类，其中羊和牛在家畜中的比例逐步上升，甚至逐步超过了猪的数量，显示出其生业形态由半农半牧、以农为主逐步向着以畜牧经济为主的生业形态转化的总趋势[①]。这与陇东、宁夏南部地区齐家文化的现象相类似，表明二者之间可能存在较为一致的生业形态转变模式。甘青地区的环境考古成果表明，距今4500年左右，甘、青地区的气候开始了逐步的干旱化历程[②]。然而，这一逐步的干旱化历程在开始的三百多年里并没有达到摧毁人类原有文化模式的程度，加之植被对气候变化存在三百年左右的滞后期[③]，以及人类文化对环境变化做出响应尚需要一段时间，这一环境变迁事件反而促进和刺激了齐家文化的社会结构调整并带来了文化的繁荣。距今4000年左右，甘青地区的气候进一步恶化，进一步的干旱化标志着全新世气候适宜期的结束，干旱化的程度终于突破齐家文化原有的以农业为主的生业形态所能承受的极限，进而导致了西北地区史前农业体系不可避免的解体和衰落[④]。笔者以为，河套地区齐家文化遗存的出现，与这一环境变迁背景密切相关。可能正是由于气候干旱化导致了齐家文化的生业形态由以农业为主向半农半牧转化，使得齐家文化向着经历了同样气候变化的河套地区进发以图获取更多的土地和牧场资源。甘肃葫芦河领域的环境考古成果认为齐家文化的北界在这一气候干旱化过程中向南退缩的结论[⑤]值得商榷，因为这一结论显然忽视了阿拉善左旗以及河套地区齐家文化遗存的存在事实。相反，距今4000年前后，随着甘青宁地区和河套地区的气候干旱化历程，齐家文化反而向北推进了数百公里并到达河套地区，这一现象表明文化在纬度上的进退并不一定与气候优劣状况成正比，即气候在一定范围内的干旱化不一定带来所有文化向低纬度地区退缩。

①内蒙古自治区文物考古研究所：《朱开沟青铜时代早期遗址发掘报告》，文物出版社，2000年。

②吴文祥、周扬、胡莹：《甘青地区全新世环境变迁与新石器文化兴衰》，载《中原文物》2009年第4期。

③杨志荣：《内蒙古中西部地区全新世大暖期气候与环境初步研究》，载《地理科学》1998年第5期。Bradley R. S., *Palaeoclimatology: Reconstructing Climates of the Quaternary*. New York: Harcourt, 1999.

④吴文祥、周扬、胡莹：《甘青地区全新世环境变迁与新石器文化兴衰》，载《中原文物》2009年第4期。

⑤李非、李水城、水涛：《葫芦河领域的古文化与古环境》，载《考古》1993年第9期。

笔者以为齐家文化北上河套地区，应该被解释为人类文化随着气候的变迁而做出了相应的调整和响应，如随着气候逐步干旱，齐家文化原有的以农业为主的生业形态逐步向着半农半牧甚至以牧业为主的方式转变，以适应环境的变迁，进而可以向北推进以获取更大的生存空间。甘青宁地区和河套地区的齐家文化应该经历了大体相同的环境变迁、文化响应和人群迁徙历程。

(四)根据白敖包墓地的分期和断代结果,河套地区此类遗存的年代大体在龙山末期至整个夏纪年阶段①

这一年代跨度与齐家文化存续年代的中晚期大体相当，而基本晚于客省庄文化。限于篇幅，这里不再展开讨论。

(五)客省庄文化从关中地区北上将不可避免地需要穿越永兴店文化和大口文化占领的陕北北部及河套南部

其穿越强大的文化障碍区而抵达大口文化以北的举动难以让人理解。相反，齐家文化从河套以西进驻陕北北部和河套地区则是比较顺利的，并且到达河套之后居于大口文化西北区域，并不需要穿越大口文化腹地，这样的东进路线是容易被接受和理解的。另外，早在齐家文化东进之前，西北地区已经有多次文化东进浪潮（下文将会详述)，这一传统可能为齐家文化东进提供了内部动力。

以上多层面的内涵均符合齐家文化的主体特征，特别是与陇东和宁夏地区的师赵七期②、宁夏固原店河③以及近来发掘的甘肃临潭县磨沟齐家文化墓地等所代表的齐家文化遗存非常接近，所以河套地区以朱开沟墓地一至四段墓葬、白敖包墓地等为代表的遗存应属于齐家文化范畴，而超出了客省庄文化的所能涵盖的范畴，更与以正装双鋬手鬲、三足瓮所代表的大口文化以及以蛇纹鬲为代表的朱开沟文化相去甚远。由此可见，龙山末期至夏纪年阶段出现在河套、陕北地区（甚至包括贺兰山西侧阿拉善左旗）的这些齐家文化遗存，应该主要是来自陇东及宁夏南部地区的齐家文化核心区，是齐家文化北上东进的结果。当然，由于外来的齐家文化在河套地区受到大口文化的影响，出现了一些地域特征，如包含少量盆形斝、敛口盉、花边鬲，且灰陶比例剧增，则显示出它与当地大口文化的共存与

①内蒙古文物考古研究所等：《伊金霍洛旗白敖包墓地发掘简报》，载《内蒙古文物考古文集》第2辑，中国大百科全书出版社，1997年。

②中国社会科学院考古研究所：《师赵村与西山坪》，中国大百科全书出版社，1999年。

③宁夏文物考古研究所：《宁夏固原店河齐家文化墓葬清理简报》，载《考古》1987年第7期。

交流关系。

三、河套地区夏代前后文化格局的变迁及其漫长的形成背景

齐家文化在河套地区出现之前，河套腹地曾是永兴店文化的领地[①]。大约在永兴店文化演变为大口文化之初，即龙山晚期，大口文化有南迁至鄂尔多斯高原南部及陕北北部的迹象，河套腹地大口文化的基本缺失[②]以及陕北北部大口文化代替杏花村文化的现象便是这一结论的注脚。大口文化南迁之后，河套腹地至阴山南麓以至西部的贺兰山两侧可能成为齐家文化北上和东进过程中新占据的殖民区域。齐家文化与大口文化南北相邻而居，在河套东南部及陕北北端形成了交错地带并进行着文化交流，这是西部早期羌系文化与北方土著文化之间的直接接触与聚合，是北方文化传播带的重要环节。其实早在齐家文化居民直接殖民于河套地区之前，其文化因素早已存在于北方地区各文化之中，表现出西部文化对北方地区较强的渗透力。

齐家文化的北上、东进绝不是孤立或偶然的事件，在此之前西部文化有着复杂而漫长的东进历程，而其东进汇聚的核心地区便是河套地区，即阴山以南至陕北北部地区。下面简要叙述一下该东进历程在各时期的大概状况，限于篇幅和本文的主题，我们将另文进行具体分析。

早在仰韶晚期及庙底沟二期文化阶段，甘青宁地区彩陶发达的文化就曾大规模向北方地区迁徙，形成了基本不含尖底瓶而彩陶发达的庙子沟文化[③]（包括阿善二期文化[④]），并与陕北北部以尖底瓶为水器、步调滞后的土著文化（如靖边五庄果梁仰韶晚期遗存[⑤]）交流形成了一种过渡性遗存含有较多尖底瓶且彩陶较为发达

①崔璿、魏坚：《内蒙古中南部原始文化的发现与研究》，载《内蒙古文物考古文集》第1辑，中国大百科全书出版社，1994年。

②崔璿：《河套地区东周以前含袋足器诸器群及相关问题》，载《中国考古学会第七次年会论文集》，文物出版社，1989年；崔璿、魏坚：《内蒙古中南部原始文化的发现与研究》，载《内蒙古文物考古文集》第1辑，中国大百科全书出版社，1994年。

③内蒙古文物考古研究所：《庙子沟与大坝沟新石器时代遗址发掘报告》，中国大百科全书出版社，2003年10月。

④内蒙古社会科学院蒙古史研究所、包头市文物管理所：《内蒙古包头市阿善遗址发掘简报》，载《考古》1984年第2期；内蒙古文物考古研究所：《庙子沟与大坝沟新石器时代遗址发掘报告》，中国大百科全书出版社，2003年10月。

⑤陕西省考古研究院发掘资料，待刊。

的海生不浪类型[①]。随后，内蒙古地区的庙子沟文化演变为基本不含尖底瓶的阿善三期文化[②]（即阿善文化），而海生不浪类型则演变为朱开沟Ⅷ区[③]和小沙湾[④]那种含有较多尖底瓶的遗存，丰富了北方地区的文化内涵。

龙山时期，阿善三期文化和小沙湾类型在晋中及陕北新兴的侧装双扳手斝式鬲的刺激下产生了以正装双扳手鬲为代表的永兴店文化[⑤]，并占据了整个河套地区，这一支来自西部的“客家”文化遗存加强了与北方土著文化的融合深度，成为北方双扳手袋足鬲系统的主要组成部分。与此同时或稍晚，另一支来自西部的文化在岱海地区演变为以矮体单把釜形斝为代表的老虎山文化，其羊角状的、足尖内勾的瘦体斝足（园子沟F2023：5）无疑与客省庄文化双庵类型（双庵ⅣH4：29）[⑥]、赵家来H2[⑦]和齐家文化桥村类型[⑧]的鬲足非常相似，而其器类组合和双耳器发达等因素也表现出与西部文化的密切联系，如双耳高领鼓肩罐（园子沟F3026：7、8）、双腹耳壶（T301③：1）、双耳罐（西白玉F11：5）、单耳罐（园子沟F1011：4）、双腹耳素面侈口罐（园子沟F3024：2）、敛口瓮（老虎山F26：3）、双腹耳矮领瓮（园子沟F2003：4）和双耳大口罐（大庙坡87F1：4）等。其中双耳罐和单耳罐更是齐家文化的典型器类，表明早在齐家文化移民到河套地区之前，其文化因素已经随着其他西部文化的东迁而传播到北方地带。

龙山末期至夏代，以朱开沟和白敖包墓地以及石峁遗址部分遗存为代表，显示齐家文化开始移民至河套，带来了较为典型的齐家文化遗存，占领了原来由永兴店文化和大口文化占据的河套西北部及陕北北端，而大口文化则整体向南迁徙至河套南部边缘及其以南，基本以陕北北部为核心区域。

---

①北京大学考古系、内蒙古自治区文物考古研究所、呼和浩特市文物事业管理处：《内蒙古托克托县海生不浪遗址发掘报告》，载北京大学考古系编《考古学研究（三）》，科学出版社，1997年。

②内蒙古社会科学院蒙古史研究所、包头市文物管理所：《内蒙古包头市阿善遗址发掘简报》，载《考古》1984年第2期；崔璿、魏坚：《内蒙古中南部原始文化的发现与研究》，载《内蒙古文物考古文集》第1辑，中国大百科全书出版社，1994年。

③田广金：《内蒙古伊金霍洛旗朱开沟遗址Ⅷ区考古纪略》，载《考古》1988年第6期。

④内蒙古自治区文物考古研究所：《准格尔旗小沙湾遗址及石棺墓地》，载《内蒙古文物考古文集》第1辑，中国大百科全书出版社，1994年8月。

⑤张忠培：《杏花文化的侧装双扳手陶鬲》，载《故宫博物院院刊》，2004年第4期（总114期）。

⑥西安半坡博物馆：《陕西岐山双庵新石器时代遗址》，载《考古学集刊》第3集，1984年。

⑦中国社会科学院考古研究所：《武功发掘报告浒西庄与赵家来遗址》，文物出版社，1988年。

⑧甘肃省博物馆考古队：《甘肃灵台桥村齐家文化遗址试掘简报》，载《考古与文物》1980年第3期。

夏代晚期至早商时期，同样是来自西部的某一支文化与河套以南的大口文化碰撞融合，共同催生了以蛇纹鬲、高领罐形甗、扳钮罐、绳纹三足瓮为代表的朱开沟文化①，并在夏代晚期至商代占据了东至岱海、南至陕北北部的广袤区域。这支来自西部的文化为河套地区带来了西部发达的蛇纹、棱纹等附加堆纹、规整的细绳纹、褐陶和扳钮罐等核心因素，同时吸收北方大口文化高领袋足鬲的土著传统创造出具有高度融合色彩的高领袋足蛇纹鬲，并将大口文化的敛口甗改造为高领罐形甗，吸收和改造了大口文化的空三足瓮，创造出以蛇纹鬲、高领罐形甗、细绳纹三足瓮、扳钮罐、高领罐为代表的朱开沟文化。朱开沟文化是所有东渐至此的西部文化中与当地文化交融最为深刻的一支"混血型"文化遗存，其融合的广度和深度甚至不亚于永兴店文化对晋中双扳手袋足斝式鬲等土著因素的吸收融合程度。朱开沟文化形成之后，对商周时期西部文化如刘堡坪类型②、碾子坡文化③、刘家文化④高领袋足鬲的产生具有绝对的启发作用，可以说，朱开沟文化的形成是一个"投桃报李"的过程：即西部文化为河套地区带来了蛇纹、细绳纹、褐陶、扳钮罐等因素，而河套地区的大口文化为朱开沟文化和西部诸文化带去了北方发达的高领袋足鬲信息。

可以看出，整个仰韶晚期到夏商时期，诸多西部文化向河套地区的东进是这一区域内文化的主流动向。在这一历程中，东渐的西部文化不同程度地与北方的土著文化以及早期到达河套附近的其他西部文化后裔融合碰撞，孕育出了多种源自西部文化的"客家"文化，构成了"客家"文化群体。这些外来的文化群体始终占据着河套地区，这期间经历了仰韶晚期至西周早中期近3000年的漫长时期，使得河套地区甚至岱海、黄旗海一带长久地成为西部文化集团在东部前沿的殖民区域。河套以东的晋中、晋北地区则始终未成为西部文化的占领地，因为黄河及吕梁山成为二者之间的天然界线。

以上是齐家文化进驻河套地区的背景，在这一背景下，齐家文化的东进只是西部文化持续东进历程中的一个片段和个案。然而，以齐家文化为切入点认识河

①这里所说的朱开沟文化仅指以蛇纹鬲、盆形甗、扳钮罐、绳纹三足瓮为代表的遗存，及崔璿所说的朱开沟丙组陶器代表的遗存，参阅崔璿：《朱开沟遗址陶器试析》，《考古》1991年第4期。

②张天恩：《关中商代文化研究》，文物出版社，2004年。

③中国社会科学院考古研究所泾渭工作队：《陕西长武碾子坡先周文化遗址发掘纪略》，载《考古学集刊》第6集，1988年。

④陕西周原考古队：《扶风刘家姜戎墓葬发掘简报》，载《文物》1984年第7期。

套地区“客家”文化群体与其西部文化策源地的密切关联，有助于从宏观层面上认识河套地区多种令人茫然的文化现象，如河套及其邻近地区石城址的率先出现和绵延不断，文化更迭频率较高以至于难以在当地早期文化中探寻一些文化的直接源头，夏商周至东周时期北方袋足鬲文化与西部袋足鬲千丝万缕的联系等等。可以不夸张地说，认识西部文化东进浪潮的重要性，是研究河套乃至北方地区仰韶晚期至青铜时代文化的一把钥匙。

四、结语

本文分析了朱开沟墓地一至四段、白敖包墓地及石峁遗址的代表性遗存，认为其陶器、墓葬、生业形态和年代均与齐家文化相吻合，因而应该将其归属齐家文化范畴，而与客省庄文化、大口文化、朱开沟文化无关。齐家文化在河套地区出现的年代大致为夏纪年阶段，它的出现改变了河套地区原有的文化格局。齐家文化占据了河套腹地而成为来自西部文化区的“客家”文化，当地的大口文化则失去（或放弃）了其前身永兴店文化在河套腹地占据的传统区域，并向南迁徙至鄂尔多斯南缘及陕北北部地区，二者在河套地区长期南北相邻而居。齐家文化在河套地区的出现并非孤立事件，它属于仰韶晚期至夏商时期西部文化长期东进历程中的一个片段和组成部分。西部文化的东进浪潮使得西部羌系诸文化源源不断地进驻河套及北方地区，使得这一区域成为西部文化在东部殖民的稳定前沿。这一文化东进事件是仰韶晚期之后北方地区的主要潮流，不但丰富了北方地区的文化内涵，同时也为西部文化核心区反馈了北方地区的文化因素，加速了北方文化带的形成和边缘地带人群的聚合步伐，从而在一定程度上影响着中国早期的文化格局和历史进程。鉴于此，本文认为在今后的北方地区早期考古研究中，应该充分重视西部文化东迁潮流的重要性和影响力。

附记：

本文写作过程中得到陕西省考古研究院王炜林研究员和西北大学张宏彦教授的指导，张蕊侠女士为本文绘制了插图，邵安定先生为本文提供了英文提要的翻译工作，在此一并致谢！

（本文原载于《文博》2009年第5期）

【第二章　墓葬研究】

齐家文化墓葬初步剖析

吴汝祚

齐家文化是黄河上游地区的一种主要文化遗存，对于探索甘、青地区文明时代的出现等问题，占有重要的位置。目前对齐家文化的田野考古工作，主要在清理墓葬方面，居住遗址发掘较少。

对齐家文化墓葬的清理，主要遗址有：甘肃洮河流域的广河齐家坪、永靖秦魏家和大何庄；甘肃河西走廊的武威皇娘娘台；青海河湟地区的乐都柳湾、贵南尕马台和大通上孙家寨等，共发掘墓葬八百多座。本文即以这批墓葬为题，进行分析阐述。

一、三个地区的墓葬概述

齐家文化的墓坑，大多呈长方形竖穴，少数有墓道，则呈“凸”字形。多数墓葬无葬具，只在青海乐都柳湾遗址内发现有木棺葬具。葬式以仰身直肢葬为主，头向以西北的为多，此外，还有侧身直肢葬、屈肢葬、俯身葬、二次葬和合葬等。合葬墓中可以分为成人男女合葬、成人和小孩合葬以及小孩合葬等。

齐家文化墓葬的葬俗，各地区间有着共同的一面，又有不同的一面，为了对齐家文化葬俗进行认识和了解，分区简述如下：

(一)甘肃的洮河、大夏河地区

在这地区内发掘的主要遗址有：广河齐家坪、永靖秦魏家和大何庄等三处。秦魏家遗址共发现墓葬一百三十八座，分属南北两个墓地[①]。大何庄遗址共发现墓葬八十二座，分属上（二层）下（三层）两层[②]。这两个遗址相隔约0.5公里，墓

①中国科学院考古所甘肃队：《甘肃永靖秦魏家齐家文化墓地》，载《考古学报》1975年第2期。

②中国科学院考古所甘肃队：《甘肃永靖大何庄遗址发掘报告》，载《考古学报》1974年第2期。

地里都有石圆圈建筑，在秦魏家墓地里有一处，位于南墓地的东北部边缘；大何庄墓地里有五处，其中三处属于上层的，分别在墓地的东西南和北部边缘，属于下层的有两处，分别在墓地的东部和南部边缘。这种石圆圈建筑，都是利用天然的扁平砾石块排列而成，留有一个缺口，缺口的位置都在墓地边缘的外侧，作为出入口。在秦魏家墓地石圆圈的砾石块上，还遗留有赭石粉末。大何庄墓地的石圆圈附近，往往有牛、羊骨架和卜骨，为第一号石圆圈位于墓地的北部边缘，直径约4.1米，缺口在石圆圈的西北部，宽约1.5米，在它东边约7米处，发现一具被砍了头的怀孕母牛；又如第五号石圆圈，位于墓地的东部边缘，在它的西边发现一具不甚完整的羊骨架；又如三号石圆圈的东边有卜骨发现。从这些现象分析，显然是与墓地有关的原始宗教活动的场所。

随葬品的放置位置，陶器主要是放在脚下，少数墓葬在脚部上面的墓口填土内又放置双大耳罐、侈口罐或只有双大耳罐一件。猪下颌骨多数放置在脚部上面的墓口填土中，少数放置在脚下。在秦魏家的墓葬中，随葬品的放置位置，与脚相距有约15厘米的，个别的两者之间的相距更大，如89号墓的随葬品，与脚相距近50厘米，因此墓坑不得不增长至2.3米（图一）。

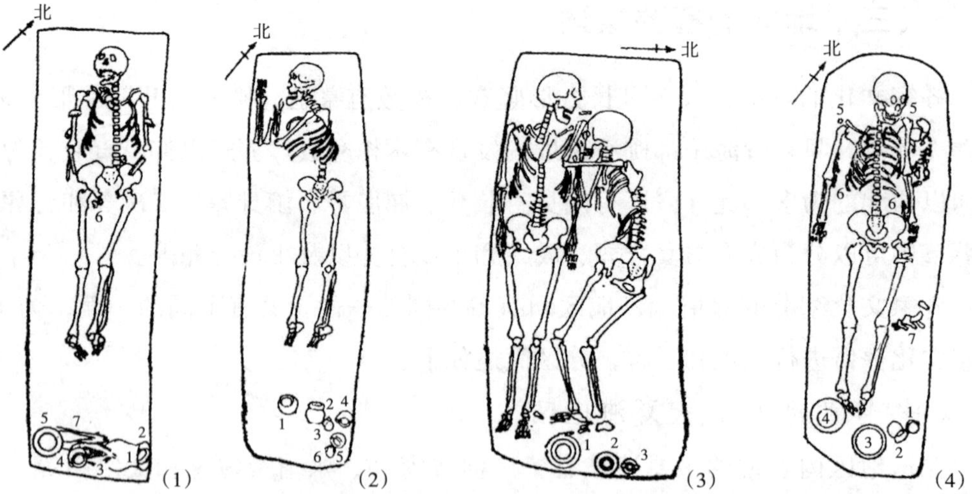

(1)89号墓:仰身直肢葬 随葬器物与脚有距离 1.高颈双耳罐 2.双大耳罐 3.单小耳罐 4.双耳罐 5.盆 6.小石块 7.猪下颌骨 (2)98号墓墓:侧身葬 1.双小耳罐 2.侈口罐 3.单耳罐 4、5.单小耳罐 6.双大耳罐 (3)105号墓:男女合葬墓 1.高颈双耳罐 2.侈口罐 3.双大耳罐 (4)42号墓:成人与婴儿合葬 1.双大耳罐 2.侈口罐 3.高颈双耳罐 4.碗 5.绿松石珠 6.小石块 7.猪下颌骨

图一 秦魏家的墓葬

此外还有少数墓葬用小石块随葬，少的只有两块，多的达一百多块。这些小石块，大多呈白色，少数是灰褐色或浅绿色，个别的墓有用一件石璧随葬。

随葬陶器的组合为：双大耳罐、高颈双耳罐、侈口罐、豆（或碗）为主。双大耳罐为喇叭形器口，双耳附在口部外侧至腹部间，有的颈部较高而腹较浅，成为颈高大于腹深；有的颈较矮、深腹，成为腹深大于颈高。高颈双耳罐为喇叭形器口，深腹，腹中部附有对称双耳，饰有绳纹或篮纹。侈口罐为粗矮颈，腹较深，饰有绳纹。豆盘呈盆形或浅钵形，圈足呈喇叭形。此外还有单耳罐、双耳罐、敞口罐和鬲等。

在随葬石器中具有特色的是斜肩宽刃斧和穿孔偏于刃部的石刀（图二）。

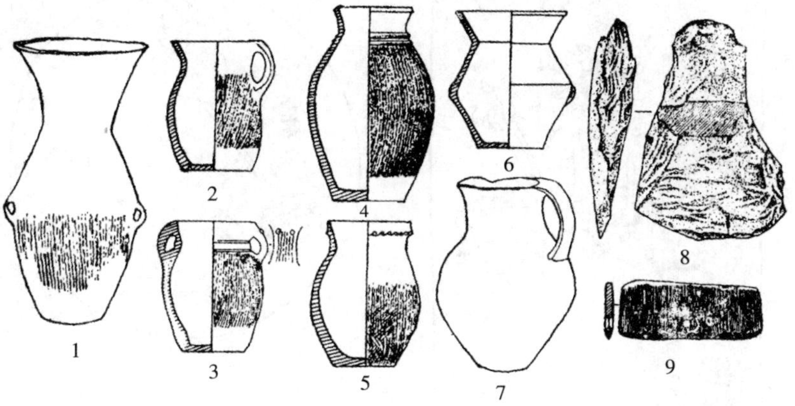

1.高领深腹双耳罐(M81) 2.单耳罐(M114) 3.双耳罐(M100) 4.侈口(罐M87) 5.侈口罐(M106) 6.折腹罐(M53) 7.单耳罐(M111) 8.石斧(M15) 9.石刀(T3:7)

图二 秦魏家遗址的陶器和石器

(二)甘肃河西走廊及其附近一带地区

在这地区内发掘的主要遗址有武威皇娘娘台遗址，共发掘八十八座①。据第四次发掘，发现的六十二座墓葬中，有九座是埋葬在废弃的窖穴内，约占总墓数的七分之一强。埋葬在废弃窖穴内的墓葬，葬式以乱葬墓和侧身屈肢葬为主，也有仰直肢葬的。所谓乱葬墓，“一般骨骼凌乱，身首分离，肢体不全，甚至有的没有头骨，骨残断堆放在一起”②。这种墓葬，一般很少有随葬品，唯6号墓，葬于废弃的14号圆形窖穴的底部，人骨凌乱，墓内随葬品相当丰富，有彩陶罐六件和其

①甘肃省物馆：《甘肃武威皇娘娘台遗址发掘报告》，载《考古学报》1960年第2期；《武威皇娘娘台遗址第四次发掘》，载《考古学报》1978年第4期。

②甘肃省物馆：《武威皇娘娘台遗址第四次发掘》，载《考古学报》1978年第4期。

他陶器共二十八件，又有穿孔石斧、石刀、石镰等。这座墓葬可能不是一般氏族成员的墓。由此可见，把人骨埋葬在废弃的窖穴内，应是当时的一种葬俗。

随葬品多放置在脚下，在第四次发掘皇娘娘台遗址的六十二座墓葬中，有二十四座墓随葬玉石璧，约占总墓数的五分之二。随葬的玉石璧，少的一件，多的达八十三件，一般都放置在髋骨及腰部上下，也有和小石子放在一起，个别的在头下、胸部、肘部和手部（图三）。

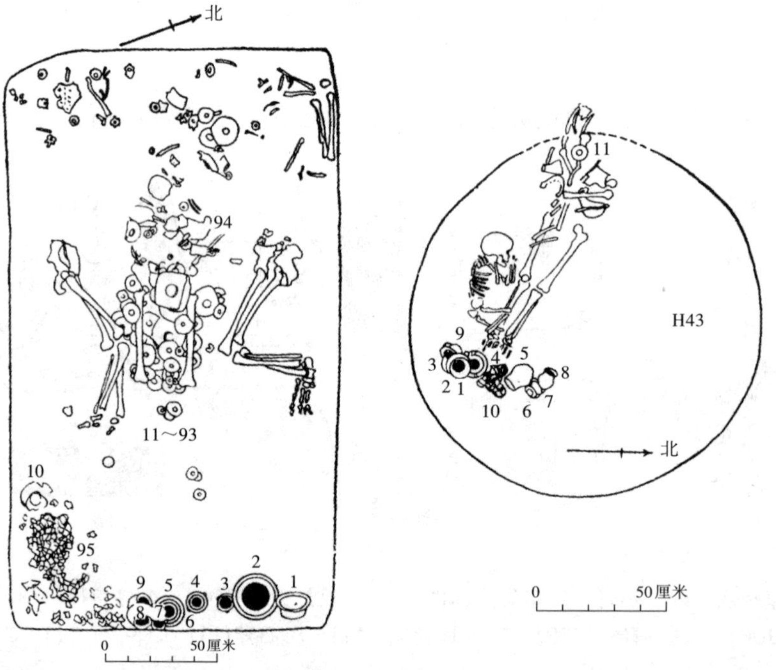

左．48号墓：1、5. 陶尊　2. 双耳折肩罐　3. 三耳陶罐　4. 双小耳陶罐　6、7、9. 单耳陶罐　8. 敞口陶罐　10. 陶豆　11～93石(玉)璧　94. 玉璜　95. 小石块

右．27号墓：1. 双大耳陶罐　2. 双耳折肩陶罐　3. 陶豆　4、7、9. 双小耳罐　5. 陶壶　6. 偏耳陶罐　8. 单耳陶罐　10. 小石子　11. 石(玉)璧

图三　皇娘娘台的墓葬

用小石子和粗玉片作为随葬品的有二十座墓，约占总数的三分之一。小石子呈绿色和白色，一墓中少的有五块，多的达三百多块，一般和陶器放在一起。粗玉片一般放置在肩、腰部的下面。

随葬陶器的组合，主要以双大耳罐、双小耳罐、单耳罐、高颈双耳罐、尊和侈口罐等。双大耳罐为颈高与腹深相近似，而未见秦魏家和大何庄墓葬中出土的腹深大于颈高的双大耳罐。双小耳罐为大口，颈较短，腹较深，饰绳纹。单耳罐为侈口，颈部呈束腰形，腹较圆，饰绳纹。高颈双耳罐的器形与秦魏家、大何庄墓地出土的相类同，唯器身较粗壮，折腹处较明显。尊为大口，口沿外折，腹壁较斜直，有的附有圈足，此外，还有侈口罐、豆等。引人注目的是双耳彩陶罐和彩陶豆（图四）。遗址中发现的彩陶纺轮和大量的细石器，也富有特色。

1.双耳罐(M37) 2、5.单耳罐(M65、M76) 3、4.侈口罐(M43、M67) 6、10.尊(M38、M37) 7.彩陶罐(M9) 8.彩陶豆(M47) 9.彩陶纺轮(T6:8)

图四 皇娘娘台遗址的陶器

(三)青海的河湟地区

这地区内发掘的主要遗址有乐都柳湾、贵南尕马台和大通孙家寨等三处。柳湾遗址的墓葬，主要是长方形竖穴墓，其中少数带有墓道，并用树枝堵封墓门。在葬俗上，流行随葬生产工具和头低脚高的人体放置方式。较普遍地使用木棺，棺的形式有用榫卯结构的木板制成长方形木棺，而较多的采用圆木挖成独木船式的木棺①。

1977年青海省文物管理处考古队在贵南县尕马台遗址发掘墓葬四十多座，有单人葬和合葬，排列整齐。这四十多座墓葬中，有三十多座墓为俯身葬。这种俯

①青海省文物管理处考古队、北京大学历史系考古专业：《青海乐都柳湾原始社会墓葬第一次发掘的初步收获》，载《文物》1976年第1期。

身葬的墓，处于墓地的中央，骨架完整，随葬品也较丰富。埋葬在墓地东部边缘的，多为无头的骨架，随葬品少，只有寥寥几件装饰品。在25号墓内发现一面青铜镜，表面平整光滑，背面有不规则的七角星几何形图案，角与角之间饰斜线[①]，以俯身葬为主的葬俗，在前两个地区未见。

随葬的陶器，目前发表的资料少，仅知有敛口双耳瓮，双耳圆腹或深腹的罐，侈口、粗颈、扁圆腹的尊，单耳浅腹杯，圈足较高而粗的豆，小口、高颈折腹的壶和彩陶壶等（图五）。

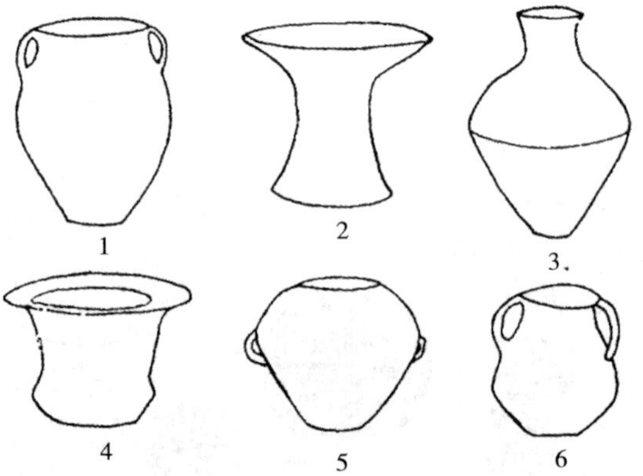

1.双耳罐(M267)　2.豆(M308)　3.壶(M267)　4.尊(M269)　5.瓮(M271)　6.双耳罐(M308)

图五　柳湾遗址陶器

上述三个地区内的齐家文化，从墓葬的葬式、葬具和随葬品上存在着一定的差异，正是说明了这三个地区内的齐家文化应分为三个类型：洮河、大夏河地区的齐家文化，可以秦魏家遗址为代表，称为秦魏家类型；河西走廊及其附近一带地区的齐家文化，可以皇娘娘台遗址为代表，称为皇娘娘台类型；河湟地区的齐家文化，可柳湾遗址为代表，称为柳湾类型。

二、三个类型的来龙去脉问题的探讨

齐家文化墓葬中所反映出来的三个类型，是怎样产生的呢？这是需要认真探讨的。目前对齐家文化的渊源有着不同的认识，有的认为“齐家文化是受东边的

①青海省文物管理处考古队：《青海省文物考古工作三十年》，载《文物考芒工作三十年》，文物出版社，1979年。

陕西龙山文化的影响而形成的，可能在西传的传播过程中”，“受到当地原始文化的影响”，“形成了齐家文化”。有的认为“从实质来看，仍应属于龙山文化的变体”。有的认为“齐家文化是在马家窑文化的基础上发展起来的”。与此相似的是“齐家文化是马家窑文化的继续和发展”，同时又认为“它是从渭河流域往西发展”的。有的认为马厂期彩陶分为东西两区，“东区发展为齐家文化，西区发展为四坝文化”。有的认为“齐家文化是常山下层文化的继续与发展，而后者则是前者的先驱”。我在《甘青地区原始文化的概貌及其相互关系》①一文中，提出马家窑文化发展到齐家文化，再由齐家文化发展为辛店文化。这一发展关系，我采用的资料，主要是来源于秦魏家类型的分布地区，其中马家窑文化的资料，全是属于马厂期的。这种分析方法，只能是说明秦魏家类型的分布地区内的发展关系，不能以此来概括各地区内的全部内容。所以，这是不妥当的，它抹杀了各地区之间的差异性。

齐家文化的来源问题，除上述秦魏家类型外，以柳湾类型的柳湾遗址出土的文化遗存分析，墓葬中随葬的陶器，有彩陶壶、折肩壶、敛口双耳瓮、双耳圆腹或深腹的罐等，都与同一遗址的马厂期的同类陶器相似，反映了两者之间在陶器上的演变关系。因此，有人认为从陶器的“器形和纹饰的演变，可以看出，从马厂到齐家是一脉相承发展下来的”②。在葬俗方面，齐家文化盛行的独木船式的木棺，以及头低脚高的葬式，在马厂晚期墓葬中，可以找到它的渊源。马厂期中盛行有墓道和封门结构的墓葬，用榫卯结构的长方形木棺，在早期齐家文化的少数墓葬中，还可以看到它的孑遗。柳湾齐家文化墓葬的这种结构、葬具和葬式，在其他类型的齐家文化中，迄今尚未见到。

皇娘娘台类型皇娘娘台遗址的齐家文化墓葬中，出土的彩陶双耳罐陶质细腻，火候高，表面磨光，彩陶的颜色多黑彩，又有少数加上红色陶衣后再施彩的，纹饰有平行线纹、菱形纹等，还有夹砂陶的双耳罐，这些都与河西走廊地区的马厂期陶器相一致③，这就反映了河西走廊地区的马厂期与齐家文化在发展关系上的一个侧面。

关于齐家文化和马厂期的碳十四测定年代数据中，有的两者年代相接近，有

---

①吴汝祚：《甘青地区原始文化概貌及其相互关系》，载《考古》1961年第1期。

②青海省文物管理处考古队、北京大学历史系考古专业：《青海乐都柳湾原始社会墓葬第一次发掘的初步收获》，载《文物》1976年第1期。

③甘肃省博物馆：《甘肃古文化遗存》，载《考古学报》1960年第2期。

的前者早于后者。应做怎样解释呢？以现已测定的年代来说，乐都柳湾遗址的马厂期有两个测定数据：一是马厂早期的281号墓，测定年代为公元前2280±140年（校正年代，以下同），另一个是236号墓，测定年代为公元前2145±120年；齐家文化早期的266号墓，测定年代为公元前2255±140年。永登蒋家坪马厂期木炭测定年代为公元前2055±110年。大何庄齐家文化的七号房屋的木柱，有两个测定数据：一是公元前2050±115年；一是2015±115年。从年代数据上来看，柳湾齐家文化的266号墓可能早于同遗址马厂期的236号墓，也早于蒋家坪的马厂期遗址。同样，大何庄七号房屋的年代与蒋家坪的马厂期遗址的年代相似。按照测定年代分析，两者有同时并存的可能。但是从遗址发掘的地层关系上分析，在柳湾遗址内只发现齐家文化的墓葬打破了马厂期墓葬或叠压其上①，没有发现马厂期墓葬打破齐家文化墓葬的现象。在其他遗址的地层堆积上，也没有发现过齐家文化层被马厂期文化层叠压或打破的地层堆积。根据地层关系，它们的相对年代，应是齐家文化晚于马厂期文化遗存。

碳十四测定的年代，有着各种限制，除采集标本时和测定年代过程中可能产生有误差的以外，测定的标本埋在地下，受到各种不同情况的变化，可能对它发生作用，影响测定年代的正确性；同时测定年代的数据后面，还有一个标准偏差，等等，都要对绝对年代的确定有影响。在碳十四测定的年代上，出现齐家文化略早于马厂期一二百年，若标本本身和测定过程中均无问题的话，那么还有一个标准偏差，还应看到各地区内的遗址，由马厂期发展到齐家文化，不可能是同时进入，很可能稍有先后的不同。因此，两者虽然相差一年，不能以此确定齐家文化早于马厂期。

若以碳十四测定的年代为依据，进行考古学上的编年，就容易产生把碳十四测定的年代，来代替考古学上的研究，显然是不妥当的。我认为应以考古学上的地层关系为依据，碳十四测定的年代作为参考。从这一认识出发，我仍认为马厂期是早于齐家文化的。

关于齐家文化的去脉问题，有人认为齐家文化“在辛店文化中可以找到与之较多的类似之处。在渭河上游与客省庄第二期文化接触的地区，对周族文化的形

①青海省文物管理处考古队：《青海省文物考古工作三十年》，载《文物考古工作三十年》，文物出版社，1979年，第161页。

成，也有一定关系”[①]。我在《甘青地区原始文化的概貌及其相互关系》一文中认为由齐家文化发展到辛店文化。这一发展关系，在秦家类型的分布地区内，齐家文化之后，为辛店文化。在其他类型的分布地区内，目前资料还少，难于进行具体的分析研究。在柳湾类型的分布地区内，值得注意的一个现象是：辛店文化的遗址少。据湟中县的调查，有齐家文化的遗址，未见辛店文化的遗存，而大量的是卡窑文化的遗址[②]。据目前田野考古资料的初步分析，卡窑文化早期的陶器中，包含相当多的齐家文化因素，两者的关系是密切的，可能有发展上的演变关系。因此，对各地区内的齐家文化的“去脉”上，还应做相当数量的田野考古工作，进行深一步的探讨。

三、魏家等墓地的初步分析

墓葬是以风俗习惯方面反映当时的社会制度和生产发展状况的一个侧面。为了避免个别现象和偶然性的产生，揭露整个墓地来进行分析研究，是十分必要的。

秦魏家遗址是一处保存较好的齐家文化墓地。对一个墓地所反映的当时的社会性质，以往只从男女合葬墓来进行分析说明。我在这里将此墓地，试做进一步的分析探讨，以期对这墓地所反映的问题有较全面的认识。下面介绍秦魏家墓地的一般情况。

秦魏家遗址有南北两个墓地[③]，南部墓地规模较大，有上下两层墓葬，其中下层墓只零星地分布着八座，上层墓有九十九座，分为六排，每排墓葬呈东北西南向排列，第一排墓葬（自北向南数，下同）有十五座，其中单人葬十座，成人合葬墓四座，成人和儿童合葬墓一座；第二排也有十五座墓，其中单人葬十一座，成人合葬墓两座，成人与儿童和成人与婴儿合葬墓各一座；第三排十三座墓，其中单人葬十二座，成人与婴儿合葬墓一座；第四排二十三座墓，其中单人葬十九座，成人合葬墓两座，成人与儿童合葬墓一座，又有不明葬式的一座；第五排二十五座墓，其中单人葬十七座，成人合葬墓四座，成人与儿童合葬墓一座，又有葬式不明的三座；第六排八座墓，都是单人葬（图六）。这六排墓葬中，没有成人合葬墓的只有第三、六两排，正是两排有成人合葬墓之后，出现一排没有成人合

①石陶：《黄河上游的父系氏族社会——齐家文化社会经济形态的探索》，载《考古》1961年第1期。
②青海省文物管理委员会：《青海湟中古代文化调查简报》，载《文物》1960年第6期。
③中国科学院考古所甘肃队：《甘肃永靖秦魏家齐家文化墓地》，载《考古学报》1975年第2期。

葬墓，并且墓数也较少。

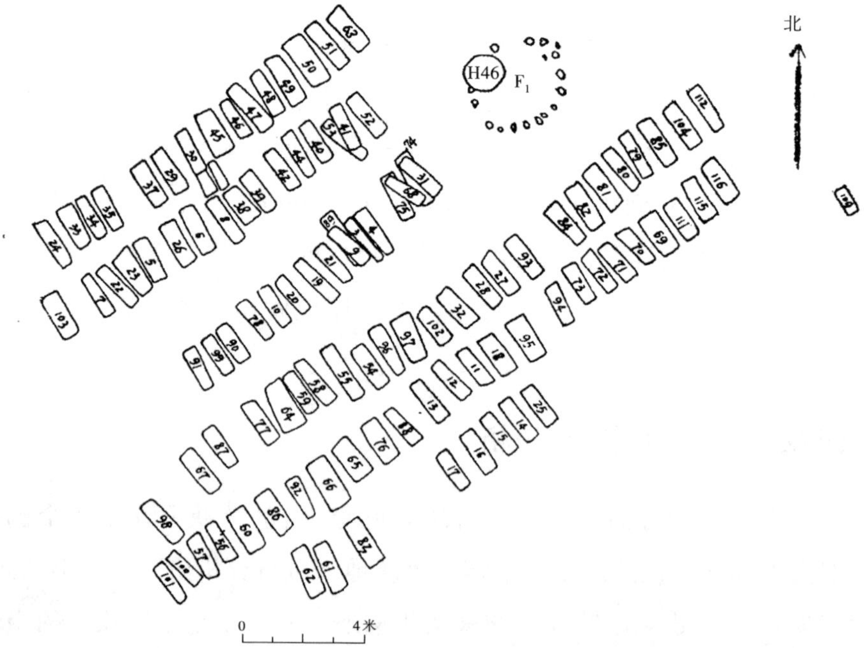

图六　秦魏家南墓地的墓葬分布

成人合葬墓十二座，经人骨性别鉴定的，男性的为直肢葬，位于墓坑的右边，女性的为侧身屈肢葬，居于左边，面向男性。这样的葬俗，解放前，在我国有的兄弟民族中还有遗留，如云南怒江傈僳族自治州福贡、贡山等地的怒族，过去曾实行夫妻合葬，夫为仰身直肢葬，妻为侧身屈肢葬，面向其夫。又如，新疆维吾尔自治区察布查尔锡伯自治县金泉公社的锡伯族，夫妻实行分棺合葬，夫为仰身直肢葬，妻为侧身葬，面向其夫，并在夫棺的右壁，妻棺的左壁，各凿一个小孔，作为灵魂出入的通道，使其在另一个世界仍归过着夫妻的生活①。

墓葬中随葬的陶器都较少，以三至五件的为多，最多9号墓只有十件陶器，因此，随葬品比较丰富的墓葬，主要表现在猪下颌骨的随葬数量上。如第二排墓葬的6号墓，有猪下颌骨六十八块，52号墓，有猪下颌骨五十五块；第一排墓葬的50号墓，有猪下颌骨三十四块；第三排墓葬的9号墓有猪下颌骨二十六块。用猪下颌骨随葬在二十块以上的，就是这三排墓葬。猪下颌骨作为财富的象征。那么，这些男性在当时的氏族部落内，是富有者，可能也是经济上的支配者。

①夏之乾：《试论氏族公社时期夫妻埋葬习俗的演变》，载《云南社会科学》1982年第5期。

在这个墓地的第一、二、三排墓葬的东侧有一个石圆圈建筑。这种石圆圈建筑，可能是作为原始宗教活动的场所。从石圆圈的所在位置分析，可能与上述三排墓葬的关系比第四、五、六排墓葬更为密切些，这也反映了一、二、三排墓葬的地位较四、五、六排的有所不同。

秦魏家遗址的北部墓地有墓葬二十九座，分为三排排列：第一排有墓葬七座，其中单人葬五座，成人合葬墓两座；第二排有墓葬十一座，其中单人葬八座，成人合葬墓三座；第三排有墓葬十一座，全是单人葬。第一、二两排有成人合葬墓，第三排没有成人合葬墓。这种现象，与南部墓地相同，这绝不是偶然的巧合，是有其一定的社会意义。

秦魏家遗址的南北两个墓地，当是父系氏族社会的公共墓地，氏族成员死亡后，依照氏族内的习俗，有次序地埋葬着。在每排墓葬内，有贫有富，如南部墓地的第二排墓葬中的5号墓，只有一件陶垫；7号墓只有一件侈口罐；26号墓没有随葬器物；而41号墓有豆、罐等陶器三件和猪下颌骨十一块；52号墓有豆、罐等陶器四件，猪下颌骨五十五块，小石子四十块。第三排墓葬中的31号墓，只有骨针一枚；68号墓没有随葬器物；而9号墓有豆、罐等陶器七件，猪下颌骨二十六块。这些情况充分反映了富者不仅随葬器物较多，而且又用较多的猪下颌骨随葬；贫者、随葬器物甚少，有的甚至没有。贫富分化虽已显露，但是这两者又同埋于一排墓葬之内，反映了他们之间的血缘纽带还是相当紧密地联系着。每一排墓葬，可能是代表一个父权家族。上述的男女合葬墓，可能是父权家族的家长或其重要成员的墓葬。当然不能就此认为其他所有的墓葬，都是一般成员的墓，再没有父权家族的家长或其重要成员的墓了。例如，南部墓地的6号墓为成人与儿童合葬，有豆、罐等陶器四件，猪下颌骨六十八块和骨匕一件，用如此多的猪下颌骨随葬，在这一个墓地内，也属首位。这种墓葬，无疑是富有者的墓，有可能是属于父权家族的家长或其重要成员的墓葬。这种父权家族的家长及其重要成员，生前有支配其财产和其他一般成员的权力，死后也与其他成员有异，可以享有较多的财富随葬，有的还可以享受与女性合葬的权利。在墓葬规模上，成人男女合葬墓也较单人葬的墓为大。

与秦魏家墓地相邻的大何庄墓地，发现齐家文化墓葬八十二座，其中小孩墓（年龄为一至八岁左右）五十五座，成人墓只有二十七座，并与小孩墓交叉地埋葬在一起[①]，墓葬排列远不及秦魏家规整。

齐家坪墓地发现有八人和十三人同坑的墓葬，看来一人是主，其余像是殉葬的人。在99号墓内发现一面青铜镜[②]。

皇娘娘台类型的皇娘娘台遗址，发现墓葬八十八座[③]，其中第一、二、三次发掘的有二十六座，第四次发掘的有六十二座。以第四次发掘的六十二座墓葬分析，墓葬的排列也不及秦魏家墓地那样整齐为序，打破叠压关系也比较复杂。这种现象，与大何庄墓地有相似之处，可能是反映了氏族成员之间的血缘纽带比秦魏家墓地要松弛得多。

皇娘娘台墓地第四次发掘的六十座墓葬中，有48号和66号两座墓葬为三人合葬。66号墓已遭到破坏，48号墓保存比较完整，居中的是男性，仰身直肢葬，左右两侧是女性，侧身屈肢。在男性身上随葬石（玉）璧八十三件，玉璜一件，脚下有陶器七件，又有小石子三百零四块。一男两女的三人合葬墓的出现，可能反映了父权家族比秦魏家的有了进一步发展。随葬八十三件石（玉）璧，为其他墓葬中所未见，可能是对男性墓主人具有较高社会地位的一种反映。象征社会地位的石（玉）璧礼器随葬得如此之多，再结合其他地区内有青铜器的发现，和墓葬中有殉葬人的现象，虽然还不足以说明齐家文化已进入文明阶段，但是至少可以说已经邻近文明的门槛了。

皇娘娘台齐家文化的有些墓葬中，反映的社会发展阶段，要比秦魏家遗址高一些，能否就此断定秦魏家遗址早于皇娘娘台遗址呢？可能性是有的，也不一定就是这样。有较多的民族学资料告诉我们，就是在同一个部落内，不同的氏族，有的已进入父系氏族社会，有的还停留在母系氏族社会阶段。在考古学方面也有不少的事例，例如，1959年发掘大汶口遗址的墓葬一百三十三座，分属后期阶段的早期和晚期，后期阶段早期的社会性质是属父系氏族社会时期；诸城呈子遗址的大汶口文化的墓葬，也是属于后期阶段的早期，而社会性质是属于母系向父系过渡的社会形态[④]。同是一个考古学文化，时代相同，而社会性质各异，这是社会

①中国科学院考古所甘肃队：《甘肃永靖大何庄遗址发掘报告》，载《考古学报》1974年第2期。

②甘肃省博物馆《甘肃省文物考古工作三十年》，载《文物考古工作三十年》，文物出版社，1979年，142页。

③甘肃省物馆：《甘肃武威皇娘娘台遗址发掘报告》，载《考古学报》1960年第2期；《武威皇娘娘台遗址第四次发掘》，载《考古学报》1978年第4期。

④昌潍地区文物管理组、诸城县博物馆：《山东诸城呈子遗址发掘报告》，载《考古学报》1980年第8期。

发展不平衡的必然结果。因此，不能以社会发展阶段的高低来区别时代的早晚，需要从发现的各种遗迹、遗物，进行全面的分析对比，才能得出比较恰当的答案。

皇娘娘台遗址发现的30号墓，是成人合葬墓，随葬陶器三十七件，有双耳彩陶罐，具有马厂期的风格；侈口曲颈罐、直颈双耳罐①，与秦魏家遗址下层的36号和89号墓中的同类器物相似②。又如皇娘娘台遗址的38号墓，也是成人合葬墓，随葬陶器六件，有双大耳罐、直颈双耳罐等器物③，也与秦魏家遗址下层的89号墓随葬的同类器物相近似④。以此观之，皇娘娘台遗址的齐家文化，确有与秦魏家遗址相当的早期遗存。

四、秦魏家和大何庄墓葬的分期

秦魏家和大何庄两个墓地内发现的墓葬共有二百十八座。有人从生产工具秦魏家比大何庄进步，而私有制的出现和贫富的分化，又是秦魏家较明显，以此出发而认为大何庄的齐家文化属于较晚阶段。我将这两个墓地内出土的器物做了对比，并结合秦魏家墓地的地层关系，却有另一种看法：秦魏家的齐家文化墓葬，可以分为三期，大何庄遗址的墓葬，主要属于秦家墓葬中的晚期阶段。

要了解秦魏家墓葬的早晚关系，须从地层关系和墓葬出土器物的组合变化，进行分析探讨。

秦家遗址的地层堆积，可以分为四层：第一层是耕土层；第二层为黄褐土层，有齐家文化墓葬九十九座；第三层为灰褐土层，有齐家文化墓葬八座；第四层为灰黑土层，发现遗物较少。把第三层的八座墓葬，称为下层墓；第二层的九十九座墓葬，称为下层墓。这上下两层墓葬，除在随葬器物上有着明显的区别外，在葬俗上也有差异。

在葬俗方面，从发掘的89号和98号两座下层墓的平面图分析，随葬器物主要

①甘肃省博物馆：《武威皇娘娘台遗址第四次发掘》，载《考古学报》1978年4期，图二零：3，图版陆：3，图版捌：3。

②中国科学院考古所甘肃队：《甘肃永靖秦魏家齐家文化墓地》，载《考古学报》1975年第2期，图一六：6，图版陆：11。

③甘肃省物馆：《武威皇娘娘台遗址第四次发掘》，载《考古学报》1978年第4期，图版肆：2，图版捌：1。

④中国科学院考古所甘肃队：《甘肃永靖秦魏家齐家文化墓地》，载《考古学报》1975年第2期，图版陆：1、11。

放置在脚下，并有间距，89号墓的间距约35厘米，98号墓的间距约25厘米，上层墓的随葬器物，也放置在脚下，间距却缩短，从公布的十四座墓葬的平面图材料中，两者之间的间距约15厘米的，只有6号和52号墓两座。

在随葬器物方面，下层的89号墓，被上层的9号墓压着。89号墓的五件随葬陶器是：喇叭形器口、颈部较粗而高、浅腹的双大耳罐，斜折肩、素面的高颈双耳罐，侈口、短颈、鼓腹、颈部附有双耳的罐，侈口、颈部较直而短、鼓腹、腹上部有绳纹的单耳罐，敛口、腹部较深的盆等。36号是一座儿童墓，有陶器两件：侈口曲颈双耳罐和侈口浅腹的素面单把鬲。98号墓有腹较圆的单耳罐和双耳罐，侈口、短颈、圆腹、腹部有绳纹的罐等（图七）。

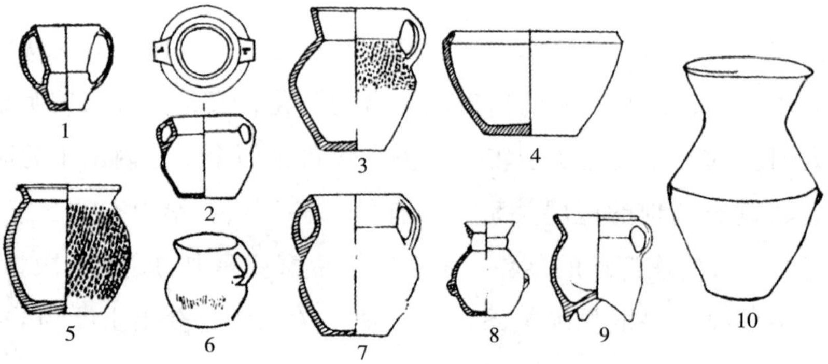

1.大双耳罐(M89) 2、7.双耳罐(M98、M89) 3、6.单耳罐(M89、M98) 4.盆(M89) 5.侈口罐(M98) 8.侈口曲颈罐(M36) 9.鬲(M36) 10.高领双耳罐(M89)

图七 秦魏家遗址第一期陶器

压在89号墓之上的是属上层的9号墓，随葬陶器七件，有：喇叭形矮圈足的盆形豆，喇叭形器口、扁圆腹的双大耳罐，腹较圆饰有绳纹的敞口罐，还有高颈双耳罐，双耳罐和侈口罐等。96号墓出土的侈口、深腹而微鼓、饰有绳纹的高颈双耳罐。111号墓出土的侈口、颈部呈束腰形、深腹的单耳罐，口微敛的钵。100号墓出土的侈口、深腹而稍鼓、饰有绳纹的双耳罐。129号墓出土的侈口、高颈、深腹、饰有绳纹的单把鬲等。从上下两层墓葬出土的器物对比，反映了两者之间有着明显的不同。

不论从葬俗上还是陶器上都反映了上下两层墓葬在时代上的早晚关系。

上层墓的陶器组合，以豆、双大耳罐、高颈双耳罐和侈口罐等为主，可以分为两组：第一组是以敞口的盆形豆盘、喇叭形矮圈足的豆，颈部较粗而短、深腹或腹部较圆的双大耳罐，敞口、深腹而微鼓的高颈双耳罐，腹部较浅、口径大于腹径的侈口罐和敞口罐等（图八：1～3）。这一组墓葬以6、9、51、93、90、110、115、131、132号墓为代表。第二组有敛口的钵形豆盘、圈足较高的豆，双大耳罐和高颈双耳罐与第一组相同的以外，还有颈部较高而稍细、腹下部外鼓而较浅、小底的双大耳罐，侈口深腹的高颈双耳罐和短颈、深腹、颈部大多有弦纹的侈口罐等（图八：4～6）。这一组墓葬以8、10、22、27、29、30、35、37、39～41、45～49、52、54、65、78、80、82、84、85、92、103号墓为代表。

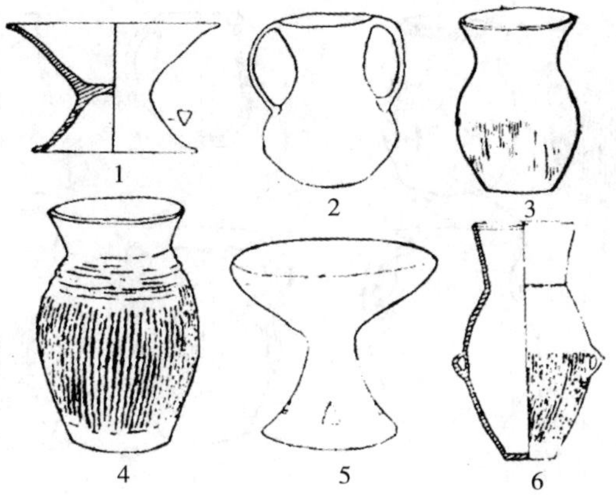

1.豆(M110) 2.大双耳罐(M9) 3.敞口罐(M9) 4.侈口罐(M48) 5.豆(M47) 6.高颈双耳罐(M45)(1～3属二期,4～6属三期)

图八 秦魏家遗址第二、三期陶器

从上述两组墓葬的陶器组合分析，虽然器类相似，但是在器形上的差别是相当显著的，以豆等器物观察比较，应是第一组早于第二组。这样，秦魏家墓葬的三期是：下层墓为第一期，上层墓中的第一组为第二期，第二组为第三期。

大何庄遗址的墓葬，也可以分为上下两层。上层有四十三座，其中成人墓十六座，小孩二十七座；下层有三十九座，其中成人墓十一座，小孩墓二十八座。这上下两层墓葬，“从出土的陶器来看，基本上是相同的”①，虽然在时间上有早晚的区别，但是在分期上还是可以作为一期来看待。

大何庄遗址和墓葬中，出土的陶器，未见秦魏家下层墓的陶器，而多数器物却在秦魏家的上层墓中可以看到相似的器形，如大何庄的36号墓出土的喇叭形器口、腹较深的双大耳罐，27号墓出土的浅钵形盘的豆，90号墓出土的喇叭形器

①中国科学院考古所甘肃队：《甘肃永靖大何庄遗址发掘报告》，载《考古学报》1974年第2期。

口、深腹、饰有篮纹的高颈双耳罐，48号墓和46号探方出土的器身近似筒形的和侈口、短颈、深腹的单耳罐，29号探方出土的腹下垂的敞口罐，89号墓出土的侈口、颈部较粗而稍高、深腹、饰有绳纹的罐，57号墓出土的口沿部有堆泥压成锯齿形、腹部饰有绳纹的罐，以及探沟A出土的深腹绳纹双耳罐（图九）等等，都可以在秦魏家遗址的上层墓中找到相似的陶器（图十）。大何庄遗址未见秦魏家上层墓中的盆形盘的豆和扁圆腹的双大耳罐等，所以它只占秦魏家遗址中的一段时间。从陶豆等器物分析，主要的可能还是属于秦魏家遗址中的晚期阶段。

1. 双耳罐(TA：17)　2. 长颈罐(M89)　3. 侈口罐(M57)　4、6. 单耳罐(T48、T46：2)　5. 敞口罐(T29：4)

图九　大何庄遗址的陶器

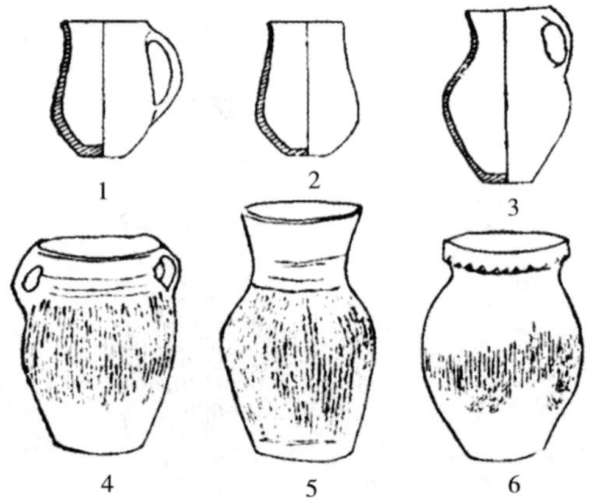
1、5. 单耳罐(M55、M111)　2. 双耳罐(M100)　3. 敞罐(M23)　4. 长颈罐(M115)　6. 侈口罐(M86)

图十　秦魏家遗址上层墓的陶器

五、人种问题的探讨

墓葬中的葬式、葬具和随葬品等等，都是研究当时社会历史的重要资料，素为人们所重视，这是十分必要的。还应该看到，历史是人创造的，创造历史的人，只能在墓葬中留下他们的遗骸，因此，发掘墓葬时，对人骨采集，进行体质人类学方面分析研究，有着重要的意义。

对齐家文化人骨的分析研究，目前发表的报告很少。解放前，步达生曾进行过研究，发表了甘肃、河南史前人种的研究报告。解放后，只发表了甘肃杨洼湾齐家文化两具头骨的材料。从这两具头骨的形态特征分析，有“厚及宽而深的颧骨，翼突内侧板较为次等发育，而翼突外侧板显著发达、铲式的切牙等”，是属蒙古型，与现代华北组较为近似，与马家窑文化的体质特征，也是相近的[①]。

马家窑文化的头骨材料，和“齐家文化的居民属于相同的体质类型”。而与东邻的陕西仰韶文化居民的体质特征，有着明显差别，前者与现代华北人相当接近，后者却与“南亚类型”接近[②]。这种体质上的不同，可能正是说明：陕西与甘、青两地区，虽是东西相邻，但是分布着不同的考古学文化，各个不同考古学文化活动着的人，可能是不同族的一种反映，这也符合我国多民族国家形成前的实际情况。

（本文原载于《史前研究》1983年第2期）

①颜訚：《甘肃齐家文化墓葬中头骨的初步研究》，载《考古学报》第9册，1955年。

②潘其风、韩康信：《我国新石器时代居民种系分布研究》，载《考古与文物》1980年第2期。

齐家文化墓葬的几种埋葬方式

王吉怀

柳湾位于青海生湟水中游北岸，西距乐都县17公里，是我国考古发掘中最大的原始社会晚期的氏族公共墓地。中国社会科学院考古所和青海省文物管理处考古队，在此共发掘齐家文化墓葬366座①，是近年来发掘齐家文化墓葬数量最大、材料最为丰富的遗址。从墓葬形制到葬具，都比甘肃境内发现的齐家文化墓葬丰富。结合武威皇娘娘台②、永靖大何庄③、秦魏家④、广河齐家坪⑤、贵南尕马台等处的墓葬材料，把齐家文化墓葬中几种不同的埋葬方式分述如下，以供研究参考。

第一种方式　木棺墓

主要见于柳湾齐家文化墓地，也是第一次发现的齐家文化结构清楚的木构葬具。在366座墓葬中，有木构痕迹的共288座，占墓葬总数的78.7%。葬具的形式可分为独木棺、长方形木棺和垫板三种。

一、独木棺

它是用一段圆木，削去上端一小半，两端削平，个别两端为圆弧形，再将中

①《青海乐都柳湾》，文物出版社、考古学专刊，丁种第二十八号。

②《甘肃威威皇娘娘台遗址发掘报告》，载《考古学报》1960年第2期；《武威皇娘娘台遗址第四次发掘》，载《考古学报》1979年第4期。

③中国科学院考古研究所甘肃工作队：《甘肃永靖大何庄遗址发掘报告》，载《考古学报》1974年第2期。

④中国科学院考古研究所甘肃工作队：《甘肃永靖秦魏家齐家文化墓地》，载《考古学报》1975年第2期。

⑤J. G Andersson, *Reserches into the Prehistory of the Chinese* (1943), pp, 78, 282; Marpit Bylin-Althin, “The Sites of h' i Chia P' ing and Io Han T' ang in Bal, of Mus”, *of Far Fastern Antiguites*, No. 18(1946), p. 98.

部挖空，呈船舱状，底部削平，形似独木舟，有的还在棺口另放一个棺盖。这种独木棺一般保存较好，是柳湾墓地齐家文化中晚期较普遍的一种埋葬方式，其数量多于早中期盛行的长方形木棺墓，约占墓葬总数的50%。又可分为三人合葬、二人合葬及单人葬。

1.三人合葬

这种墓葬的形制多为“凸”字形，规模之大，应为富有者墓。

例如柳湾M972，墓葬形制为“凸”字形，墓室为4.2米×（2.25～3.3）米；墓道为1.5米×1.2米。墓内有三具骨架，一具在棺内，两具在棺外。棺内者仰身直肢，面朝上；棺外者一具仰身直肢面向木棺，另一具仰身，肢体略为弯曲，右臂外伸，左臂置于胸前，显然是被殉葬者（图一）。

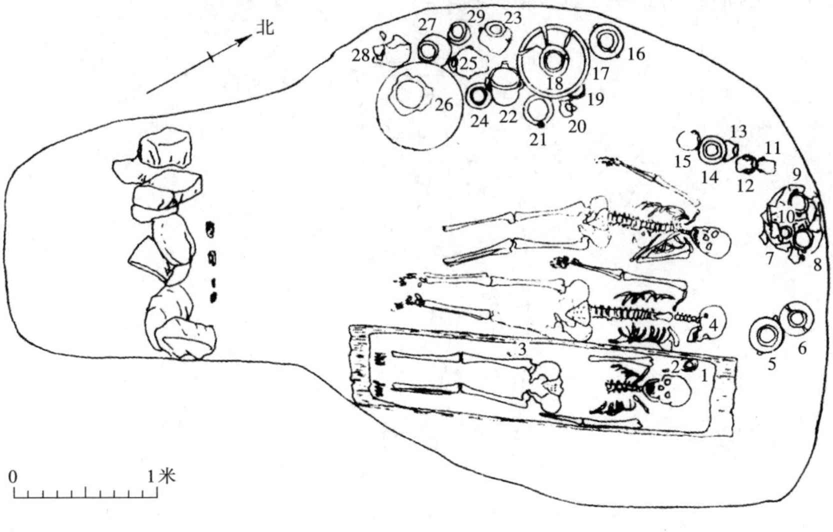

1、9.粗陶双耳罐 2、3.绿松石饰 4.串珠 5、16、26.高领双耳陶罐 6、20.双耳陶罐 7.敛口陶瓮 8、11、12.双大耳陶罐 10.陶纺轮 13、15、18.单耳陶罐 14.折腹陶罐 17.陶盆 19. 三耳陶罐 21、22、28.带嘴陶罐 23、25、27.陶壶 24.侈口陶罐 29.鸮面陶罐

图一 柳湾墓972平面图

墓内随葬品相当丰富，出大量的陶容器外，还有石、骨料制成的生产工具和装饰品。其中有双大耳陶罐、高领双耳罐、陶壶、陶纺轮、串珠、绿松石饰等31件。

这种丰富的大型墓，虽然数量不多，但它与既无木棺、又无随葬品的小墓形成了一个鲜明的对比，当时的贫富现象已经产生，在分配关系上出现一个新的情况，氏族成员在劳动产品的占有上出现了差别，导致了氏族内部富有家庭的出现。

2.二人合葬

二人合葬墓在柳湾墓地发现二十座，占墓葬总数的5.5%。这种合葬的形式也不完全相同，有的二人同葬一棺，有的分棺合葬，还有的一人葬棺内，一人葬棺外。

（1）二人同棺合葬，这种墓葬数量很少，只发现两座（M963、M970），是一种比较罕见的现象。二人同葬一棺，埋在一个长方形的竖穴土坑内。通过对M963的鉴定，一具为成年男性，40岁；另一具为未成年的儿童，此墓应为父子间的合葬（图二）。这种情况说明，父权制在当时已经牢固的确立，传统的财产继承制度，随着父权制的确立，将由父亲的血缘亲属来继承。M963的这种埋葬制度，就是父权制下继承制度的一种真实的反映。

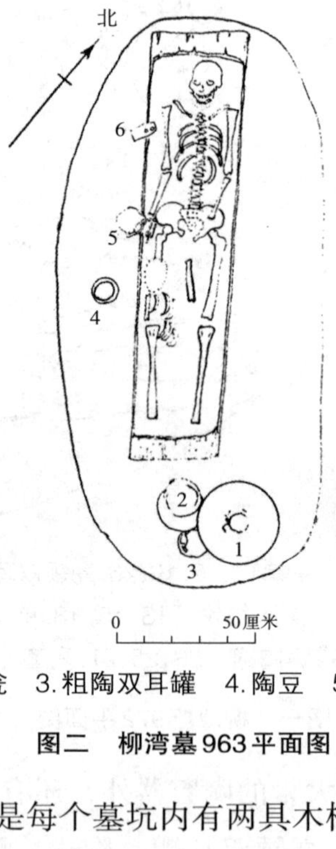

1.彩陶壶　2.粗陶瓮　3.粗陶双耳罐　4.陶豆　5.双耳彩陶罐　6.石斧

图二　柳湾墓963平面图

（2）二人双棺合葬，就是每个墓坑内有两具木棺并排埋葬。这种现象也很少，在柳湾齐家文化墓地里，中晚期才出现，共发现了三座（M858、M1203、M1325）。这种墓葬的形制，有的呈“凸”字形，有的长方形。埋葬者之间的关系，M1325为夫妻合葬（图三：上），M1203为儿童之间的合葬（图三：下），M858可能为父子间的合葬。

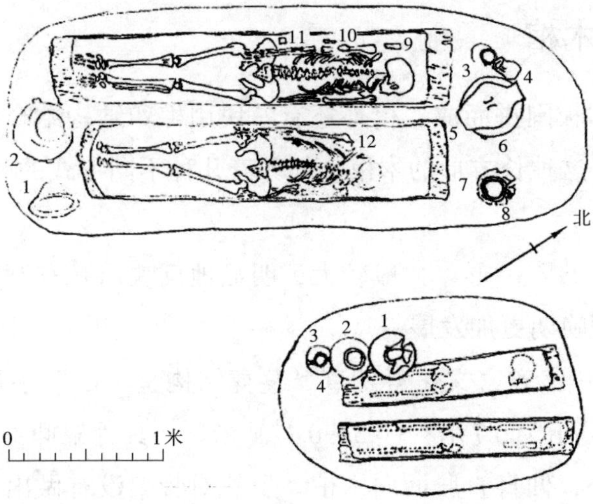

M1325：1.陶盆　2.高领双耳陶罐　3.双耳彩陶罐　4.双耳陶罐　5.陶壶　6.敛口陶瓮　7.粗陶瓮　8.陶尊　9、11.石锛　10.石凿　12.石纺轮

M1203：1、2.陶壶　3.粗陶双耳罐　4.石球

图三　柳湾墓1325、1203平面图

（3）二人棺内外同坑合葬，是指一人于棺内，一人于棺外的合葬，这种埋葬方式，多于同棺合葬和双棺合葬，这是夫妻合葬常见的现象。一般是男性仰身直肢葬于棺内，女性侧身屈肢葬于棺外，表现了父系氏族社会时期的男女不平等地位。

例如柳湾M1112，为成年男女合葬墓，男的葬于木棺内，仰身直肢，女的葬于棺外，侧身屈肢（图四）。从葬式葬具观察，妻子是丈夫的奴仆，是为丈夫殉葬的。这种现象在齐家文化中已经发展到了极端复杂的程度。除妻子为丈夫殉葬外，俘虏也逃脱不了为主人殉葬的悲惨结局。

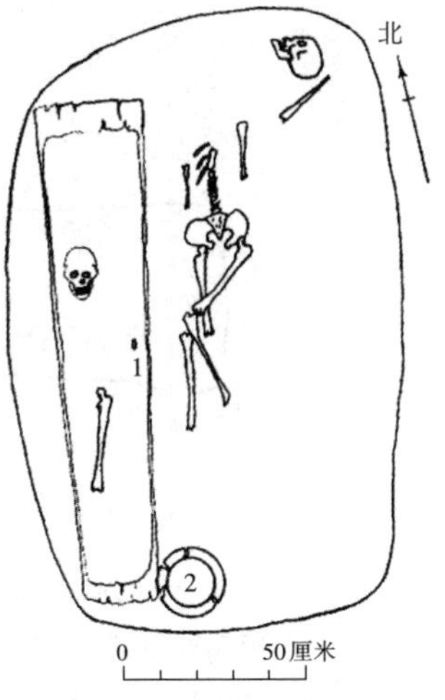

1.石刀　2.粗陶瓮

图四　柳湾墓1112平面图

3.单人葬

在木棺葬中，较多的还是单人葬，也是柳湾墓地齐家文化中最常见的一种葬式。一般死者仰身直肢，两手紧放身旁，个别两手弯曲防御腹部，也有两腿搭在一起的。单人葬的头向一般与合葬墓相同，不过随葬品的数量一般较少。

二、长方形木棺

棺的四壁由木板围拼而成，棺外还有三块用榫卯结构结合的木框架，在制作上比独木棺精巧。这种长方形的木棺，埋葬着几种不同形式的死者。

1.二人合葬墓

墓葬结构呈“凸”字形，一般较大，明显地反映出私有制在当时的确立，比它的前身马厂类型晚期更加发展。

例如M990为一座齐家文化早期墓，墓葬结构呈“凸”字形，墓室为2.7米×（1.9～0.47）米；墓道为0.7米×（0.5～0.47）米。一具骨架仰身直肢葬于棺内，另一具骨架葬于棺外，仰身直肢面向木棺。虽然对骨架没有做出性别鉴定，但显然棺内死者的身份要高于棺外死者。随葬品比较丰富，计为陶壶、双耳罐、彩陶罐、高双耳罐、粗双耳罐、盆、瓮、石锛、刀、凿、骨镞等23件（图五）。凡是这种形制的墓都比较大，而且有丰富的随葬品。

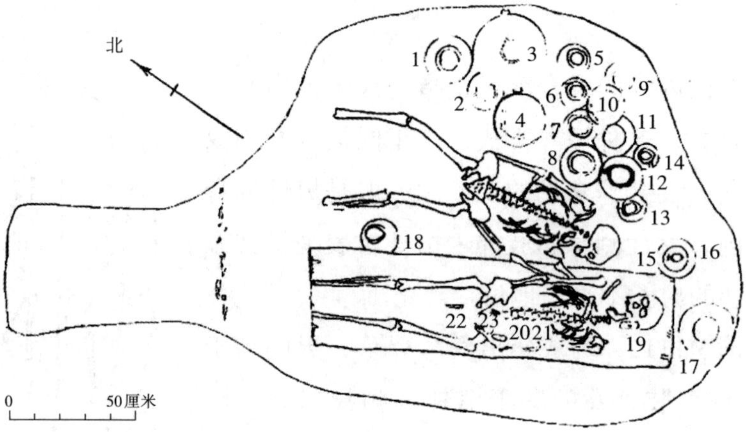

1、5～9、11、12、18.陶壶　2.双耳彩陶罐　3.高领双耳陶罐　4.粗陶瓮　10.敛口陶瓮　13、16.粗陶双耳罐　14.双大耳陶罐　15.双耳陶罐　17.陶盆　19.石刀　20.石锛　21.石凿　22.骨锥　23.骨镞

图五　柳湾墓990平面图

2.单人墓葬

即一具骨架仰身直肢葬于棺内，其规模比二人合葬墓小得多，随葬品一般为5～10件。这种单人木棺葬比较盛行于早中期。

三、垫板

用一块木板或两三块木板拼接而成作为葬具放于人骨架下面。这种现象在带有葬具的墓葬中是比较简陋的，而且多数为儿童使用，柳湾齐家文化墓地早、中、晚期三期都有，而更多见于中晚期。由于它受其前身马厂类型的影响，故在墓葬方面还保留着很多马厂类型的特点。

第二种方式　土坑合葬墓

土坑合葬是齐家文化中最普遍的埋葬方式，这种形制的墓葬，主要流行于武威皇娘娘台、永靖大何庄、秦魏家、贵南尕马台和广河齐家坪等氏族墓地里。这类合葬墓又可分为三人以上合葬和二人合葬。

1.三人以上合葬

这种现象比较少见，只发现过六座（皇娘娘台M1、M24、M48、M66，大何庄M70、M84）。M1为四个小孩合葬。三人合葬除三个儿童外，就是一男两女的合葬。同是三人合葬，其性质是完全不同的，例如M84，三个儿童埋在一个方形的土坑里，没有任何随葬品（图六）。而一男两女的合葬墓则不同，

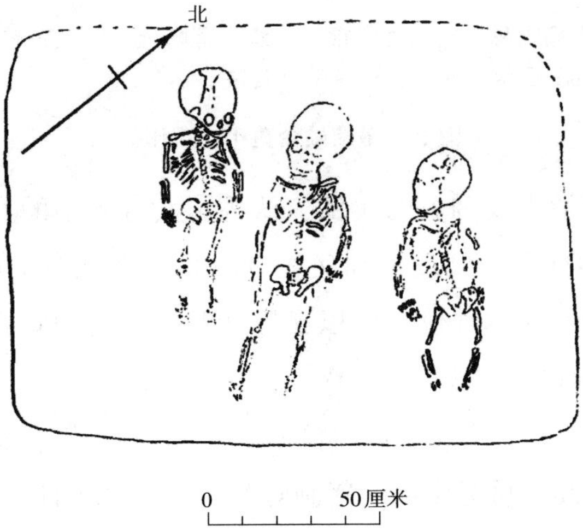

图六　大何庄墓84平面图

例如M48，三具骨架的安排有严格的要求，居中间仰身直肢者为男性，左右身屈肢者为女性，而且面向男子（图七）。类似这种墓葬，随葬品的数量往往多于

二人合葬墓，一般用质量高、拥有财富象征的石（玉）璧做随葬品。这种一般称作殉葬墓者中既有妻又有妾。这是男女不平等的例证，也是主人与被压迫者的缩影。这种例证不禁使我们想起我国一些少数民族男女合葬的习俗。云南怒族傈僳族自治州福贡山等地实行的夫妻合葬，葬式为男性仰身直肢，女性侧身屈肢，面向男性。新疆察布查尔金泉的锡伯族，夫妻合葬除实行分棺外，也实行男左女右和男仰身直肢、女侧身屈肢面向男子的习俗。

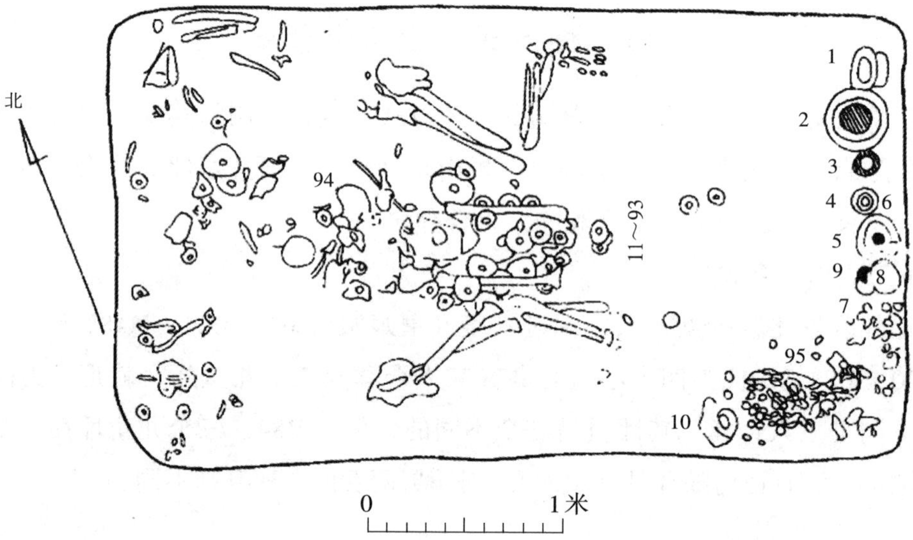

1、5. 陶尊　2. 双耳折肩陶罐　3. 三耳陶罐　4. 双小耳陶罐　6、7、9. 单耳陶罐　8. 敞口陶罐　10. 陶豆　11～93. 石璧　94. 玉璜　95. 小石块

图七　皇娘娘台墓48平面图

专家们根据民族学妻妾殉葬的实例，认为男女合葬中的女性，很可能是被迫殉死的，因为当时的社会已经发展到父权制时代，在社会上居统治地位的男子，女子只能居于依附与屈从的地位，所以在埋葬制度上把妇女看成自己的奴隶和财产进行殉葬是可以理解的。

山东宁阳堡头大汶口文化第35号合葬墓，埋葬着一男一女和一个怀抱着的幼儿，丰富的随葬品和具有财富象征的猪颌骨都集中放在男性身旁（图八），说明了家庭私有财产的出现和父权制的确立。下面要说的二人合葬中的夫妻墓更加明确了这一点。

图八 大汶口文化合葬墓

2.二人合葬

二人同时埋在一个长方形的竖穴土坑内，以夫妻合葬最为多见（少数也有父子合葬）。

例如秦魏家墓45和墓105，妻子侧身屈肢面向丈夫，并且双手搭在丈夫肩上，表现了两者既亲密而又不平等的关系（图九）。

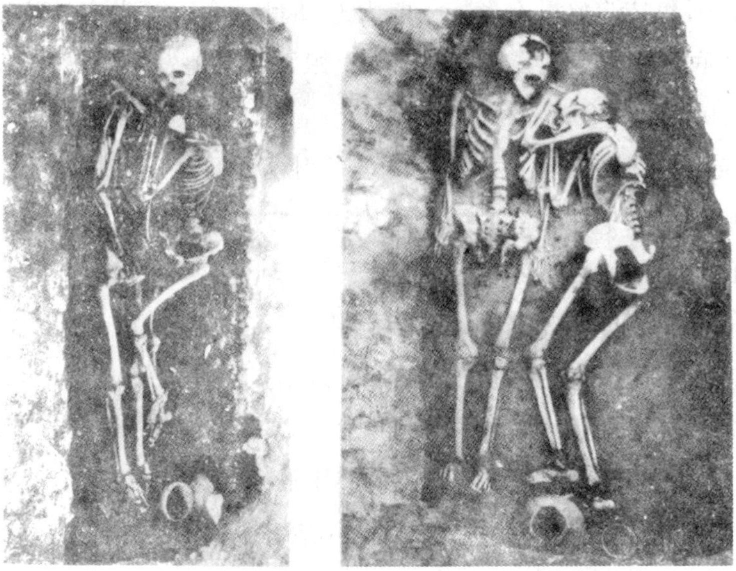

图九 秦魏家墓葬(左:M45,右:M105)

关于男左女右或男右女左，不同的地区有不同的习俗，秦魏家和柳湾为男右女左，皇娘娘台为男左女右，但对女性实行侧身屈肢，却有着严格的要求，到目前为止，在发现的成年男女的合葬墓中，还没有发现女性为仰身直肢的，而在父子的合葬墓中，对小孩的葬法并不像对妻子那样严格，既有侧身屈肢（此种葬法较多），也有仰身直肢（皇娘娘台M10），但成人均仰身直肢。看来子女作为财产的继承人，其地位要高于妻子。

齐家文化时期，虽然已经进入了父权制时代，但还或多或少地保留着母权制的痕迹。大何庄M55，为一座成人与婴儿的合葬墓，成人仰身直肢，头向西北，婴儿骨架已朽，位于成人两大腿之间，头向下，好像是产后死去而同时埋入的。这种情形表明，母子间的关系仍被社会承认是最亲密的关系，子女从母的习俗还没有彻底消失。不过类似这样的墓，随葬品的数量一般不多，常见为3～5件。

第三种方式　土坑单人墓

从发掘资料看，齐家文化的单人墓可分为两种形式，一种是长方形竖穴土坑墓，另一种是圆坑墓。

1.长方形土坑墓

是齐家文化中最常见的一种墓葬形制，这种类型的墓葬，死者常为仰身直肢或侧身屈肢，随葬品的数量不多，一般为3～5件，个别墓没有随葬品，墓主人社会地位是比较底下的。秦魏家、大何庄、皇娘娘台墓地发现的比较多。

2.圆形土坑墓

是齐家文化中的个别现象，这类多是利用废弃的窖穴再埋葬死者。从发表的资料看，圆形土坑葬中的随葬品，一般少于长方形土坑墓，常见的为一两件，而更多的墓没有随葬品。

圆形墓的形制又可分为圆形、方形、椭圆形、袋形四种。死者在坑内的姿势不很固定，有的侧卧屈肢，有的仰卧屈肢，还有的作蹲坐状（图十），更多的骨架是紊乱的，而且没有固定的方向，这是十分明显的贫人墓。这种在埋葬上的差别，反映了死者生前的社会地位比长方形土坑墓中的死者还要低下。

陕西省客庄龙山文化遗址中，也有利用废窖穴葬人的情况，并发现有人骨、兽骨葬在一起的现象。死者不葬于公共墓地，特别从被砍头和被活埋的现象推测，生前极有可能是俘虏或奴隶，由于反抗或逃跑而成了宗教祭祀中的牺牲品。

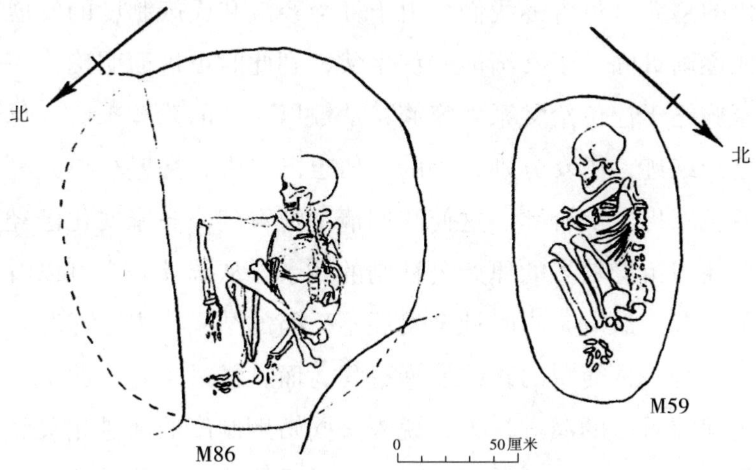

图十　皇娘娘台M86和大何庄M59

我们对柳湾、皇娘娘台、秦魏家、大何庄墓地的各种墓葬形制做了一个粗略的统计，以此来看看各类型墓葬在齐家文化中所占的比例（见下表）。

表一　各类型墓葬在齐家文化中所占比例表

遗址	墓葬数	三人合葬	百分比	二人合葬	百分比	单人葬	百分比	圆坑葬	百分比
皇娘娘台	88	3	3.4%	12	13.6%	40	45.5%	9	10.2%
秦魏家	138			24	17.4%	114	82.6%		
大何庄	82	2	2.4%	1	1.2%	79	96.3%		
柳湾	366	独木棺		长方形木棺		垫 板			
		184	50.5%	91	24.9%	13	3.6%		

说明：柳湾遗址中的统计数字，未做合葬、单葬之分。

通过统计比较，各类型墓葬，分别代表着死者生前的身份及社会地位，尤其是一男一女发展为一男二女的合葬墓，表明男子的地位日趋上升，妇女生前是丈夫的奴仆，死后是在丈夫的殉葬品。

目前，虽然考古界对齐家文化的时代还存在着新石器时代说、铜石并用时代说、青铜时代说、金石并用期到青铜器时代等不同说法，但是，齐家文化时期，已经产生了阶级，阶级矛盾及贫富分化的现象越来越明显。尽管成人合葬与圆坑葬所占的比例不高，但这种现象已经成了不可阻挡的历史潮流向前发展着。

齐家文化的墓葬材料告诉我们，由于社会经济和氏族制度的发展，基于习惯的对偶同居便逐渐巩固，子女渐能确认生父，到此时更进而明确为一夫一妻制婚姻，母系大家族终于让位给父系大家族，从数以百计的墓葬来看，母系大家族的迁徙合葬墓已经绝迹，男女分别合葬的习俗也已消失，在盛行单人葬的基础上出现了夫妻合葬及一男二女合葬。这使我们清楚地看到，齐家文化已经进入了初期奴隶社会，但还遗留着较多的原始公社制的残余。从统计表中可以看出，占比例最大的还是单人墓，这应是当时社会发展不平衡的结果。夫妻埋葬习俗的演进并不是、也不可能是一种简单的直线发展过程，而且经过了若干曲折和反复。氏族社会时期夫妻埋葬习俗的演进，大致说来是同婚姻制度的演进相关联的，并且是由婚姻制度的演进直接引起的，同时，对母系氏族晚期和父系氏族早期来说，出嫁者的氏族、家庭关系是夫妻埋葬习俗的关键所在。

私有制的确立，阶级产生，氏族制度崩溃，原始公社瓦解，是原始社会内部矛盾发展的必然结果，是不以人的意志为转移的。这种社会发展的变化，已充分地反映在齐家文化的埋葬制度上。早期的土坑墓，从单人墓发展到夫妻合葬墓，说明了父权制的确立和巩固，中晚期的木棺葬，从单人葬到夫妻合葬，最后发展为一男二女的合葬，更体现了男子在当时社会中的地位。皇娘娘台、秦魏家、柳湾、齐家坪殉葬墓的出现，无形地告诉人们，这就是阶级压迫的缩影，不管被殉者是墓主人的亲属、战俘、妻妾、奴婢，都是当时阶级对立的证明。

通过对齐家文化各种埋葬方式的排比，使我们得出这样一个认识，阶级对立的阶级压迫的原始组织形态的父系大家族，是男性奴役女性的工具。正如恩格斯所说："在历史上出现的最初的阶级对立，是同个体婚制下的夫妻间的对抗的发展同时发生的，而最初的阶级压迫是同男性对女性的奴役同时发生的。"这种情况也说明了"母权制的被推翻，乃是女性的具有世界历史意义的失败"。西北地区的奴隶社会，正是在齐家文化的基础上发展起来的。

（本文原载于《考古与文物》1989年第6期）

简析齐家文化大何庄遗址和秦魏家墓地

陈洪海

西北大学文化遗产学院

齐家文化是甘青地区重要的史前考古学文化之一，其男女合葬墓所反映的殉葬问题更是学界关注的热点。本文拟对甘肃永靖大何庄遗址和秦魏家墓地这两处最重要的发现做一个简单的统计分析，以求换一个角度来观察、理解男女合葬墓问题。

一、大何庄遗址墓葬分析

大何庄遗址共有82座墓葬，其中儿童墓55座，占67.1%，成人墓26座，占31.7%，另有1座为成人与儿童合葬墓①。

55座儿童墓基本都是头向西北，采用仰身直肢葬的有38座，占69.1%，侧身屈肢葬者4座，占7.3%，姿势不清者12座，占21.8%。38座仰身直肢葬中18座墓随葬有1～5件陶器不等，超过半数的20座墓葬没有任何随葬品；4座侧身屈肢葬中有2座随葬陶器。

在26座成人墓葬中，10座采用侧身屈肢葬的墓葬均无随葬陶器出土，仅M14有1枚绿松石珠和6块羊下颌骨，M9和M65各有石刀1件。而15座采用仰身直肢葬的，都有随葬陶器之外，7座有随身工具，8座随葬猪骨，且有些量相当大（如M34有36具），也有的随葬有羊骨（M27）。另有1座墓葬葬式不明。

经过人骨性别鉴定的仅5座。3座男性墓葬中侧身屈肢葬的1座（M28），一无所有；仰身直肢葬的2座（M54、M63），都随葬4件陶器，这个数目在整个墓地中处于中等偏上的位置，并且M63还拥有16件猪骨。2座倾向于女性的墓葬中，仰身直肢葬者有3件陶器、1枚骨针；屈肢葬者没有陶器，随葬1枚绿松石珠和6块

①中国社会科学院考古研究所甘肃工作队：《甘肃永靖大何庄遗址发掘报告》，载《考古学报》1974年第2期。

羊下颌骨。比较来看，这位侧身屈肢葬男性甚至比不上同样葬式的女性，更不如采用仰身直肢葬的男性、女性。

成年墓葬的头向也有不同。头向西北者14座，占53.8%，除1座葬式不明外其余均是仰身直肢葬；头向东北3座、西南3座、南2座、西1座，共9座，均侧身屈肢葬；头向东南者3座，其中1座（Ml1）无随葬品，另2座（M88、M87）分别随葬5件和4件陶器。

成人与儿童合葬墓（M5）中成人为仰身直肢葬，儿童则侧身屈肢葬，头向西北，随葬陶器5件、猪骨2块。按照我们的观点，此儿童属于殉葬者。

从以上各项统计数字可以得出几点认识：

（1）成年人墓葬可以分为两个大的群体，其仰身直肢葬群体多数头向西北，基本都有陶器和其他随葬品，甚至还有一例使用儿童殉葬；侧身屈肢葬群体头向分散但绝无西北方向者，几乎一无所有。这两个群体应该分属于社会地位相差很大的等级。

（2）男女性别之间未见明显差别。

（3）儿童墓葬占绝大比例，但是多数头向西北、仰身直肢，应该属于成年人的仰身直肢葬群体。

二、秦魏家墓地分析

秦魏家墓地共有墓葬138座，其中单人墓葬114座，合葬墓24座。南区墓葬头向西北，北区墓葬头向均西①。

114座单人墓中仰身直肢葬98座，约占86.0%，侧身屈肢葬2座，侧身直肢葬3座，俯身直肢葬1座，另外10座葬式不清。

98座仰身直肢葬中有陶器的80座，占81.6%；在没有陶器的18座墓葬中又有11座墓葬分别随葬工具、装饰品、猪骨等物，如M28虽然没有陶器，但随葬有被认为是当时“衡量财富的标尺”②的猪下颌骨16件；真正一无所有者仅7座，占7.1%。2座侧身屈肢葬中1座没有陶器，仅有5枚小石子；1座随葬3件陶器、1枚

①中国社会科学院考古研究所甘肃工作队：《甘肃永靖秦魏家齐家文化墓地》，载《考古学报》1975年第2期。

②中国社会科学院考古研究所甘肃工作队：《甘肃永靖秦魏家齐家文化墓地》，载《考古学报》1975年第2期。

骨针、13枚小石子。3座侧身直肢葬和1座俯身直肢葬均有随葬陶器和其他物品。

儿童单人葬仅有2座，均仰身直肢，其中1座有陶器，1座无随葬品。3座年龄不详者均有随葬品，1座女性仰身直肢葬，另2座性别、姿势不明。109座成年单人葬中经过性别鉴定者仅14座，男性8座中6座有陶器，另1座有工具，完全无随葬品的仅有1座墓，并且也是仅有的1座侧身屈肢葬；女性6座墓均有陶器和其他随葬品，其中5座仰身直肢葬，1座葬式不清。

由秦魏家墓地之单人墓葬的统计分析，可以得到如下几点认识：

（1）该墓地的主体是仰身直肢葬，其他葬式比例很小，侧身屈肢葬者社会身份地位略低，如M32仅有5枚小石子。

（2）儿童与成人比例异常，可能遵循未成年人不入集体墓地的制度。

（3）男女数量比例相似，墓葬的形制、葬式、随葬品也相似，看不出身份地位的差别。如7座女性墓都有随葬品，其中M13除4件陶器（盆、双大耳罐、高领双耳罐、双耳罐）外，还有骨针、骨匕各1件，猪下颌骨2件，小石子8枚。

秦魏家墓地共有合葬墓24座。其中成人与儿童合葬墓8座，2座为成年男子与儿童合葬（M6、M51），3座为成年女子与儿童合葬（M30、M65、M97），其余3座无性别鉴定结果。16座成年与成年合葬墓中，经性别鉴别的有7座均是男女合葬，男人呈仰身直肢姿处于中心地位，女性侧身屈肢面向男性处于附属地位，仅有一例的女性呈仰身直肢姿（M108）。

从合葬墓的统计分析可以有如下认识：

（1）成年与儿童合葬中，既有成年男性也有成年女性，不存在明显的男女性别差异。

（2）成年与成年合葬中，男女性别的身份地位有明显差别，属于不同的社会层级。

（3）合葬墓中居于主导地位的被葬者几乎全是仰身直肢姿，仅有一例侧身直肢者；而居于附属地位的被葬者则多数是侧身屈肢姿。

三、大何庄遗址与秦魏家墓地关系分析

大何庄遗址和秦魏家墓地都位于甘肃省永靖县莲花公社大何庄村南5米的台

地上，北临黄河，东近大夏河，两处遗址仅以苦水沟相隔，距离约500米①。从沟边断崖上多见灰层和墓葬来看，这两处遗址原先可能距离更近一些（图一）。

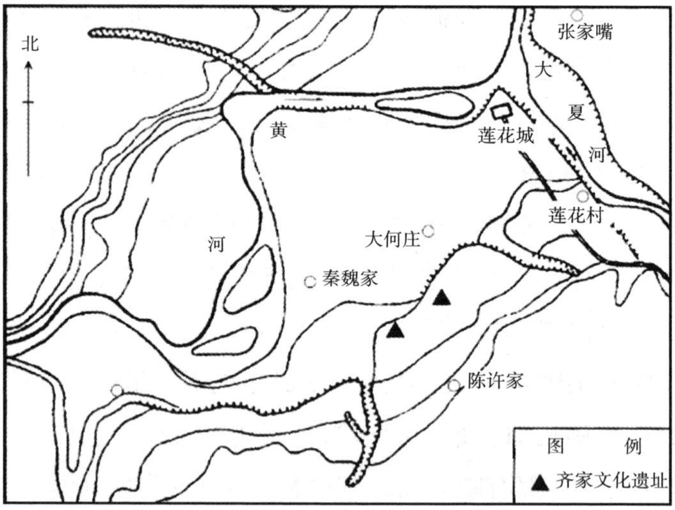

图一　大河庄遗址与秦魏家墓地位置图

两遗址的年代关系，张忠培先生曾经对其出土陶器做过认真细致的比较研究②，本文便不再进行分析。需要注意的是，两遗址尽管未必属于同始共终的绝对并存，但也在相当长的时间阶段上是同时存在的。那么两个大致同时，又几乎相连的遗址，是否存在着一定的内在联系呢？

大何庄遗址主要是生活区，因为灰层密布而被群众称为“大灰台”。发掘居住面和房址7处，窖穴15个，石圆圈5处。43座墓葬在2层下，39座墓葬在3层下。墓葬与居址混杂，成人墓与儿童墓交错，不能明确分出各自独立的范围③。而秦魏家墓地则相对单纯一些，石圆圈1处、窖穴73个。虽然报告有墓葬与窖穴同在3层的描述，但是看地层堆积图就能明白，墓葬基本上是1层下打破2层的，而窖穴则均为2层下打破3层的，墓葬和窖穴不属于同一层位④。从整齐排列的墓葬分布更能清晰地看出，秦魏家墓地是一片专门规划的墓地。

①黄河水库考古队：《临夏大何庄、秦镍家两处齐家文化遗址发掘简报》，载《考古》1960年第3期。

②张忠培：《齐家文化研究》，载《考古学报》1987年第1、2期。

③中国社会科学院考古研究所甘肃工作队：《甘肃永靖大何庄遗址发掘报告》，载《考古学报》1974年第2期。

④中国社会科学院考古研究所甘肃工作队：《甘肃永靖秦魏家齐家文化墓地》，载《考古学报》1975年第2期。

若是忽略一个聚落的人们在某一个区域内的阶段性迁移摆动，单以秦魏家墓地使用时期为观察对象的话，我们可否有如下的认识：

（1）大何庄与秦魏家属于同一个聚落，大何庄为居住生活区，秦魏家为专用墓葬区。

（2）这个聚落的人群有着明显的等级差别，能够划分为统治集团和被统治集团，前者流行仰身直肢葬，后者流行侧身屈肢葬。

（3）秦魏家墓地只是统治集团的成年人的公共墓地，未成年人死亡仍是埋在居址周围。而被统治集团的人们不能进入秦魏家墓地，只能随意地埋葬在大何庄这个居住生活区的范围内。

（4）尽管整个聚落分化为两个等级森严的集团，但是在同一个集团内却没有明显的身份地位高低，尤其是没有男女性别的高低之分。统治集团的女性也可以使用儿童殉葬，而男性则有使用儿童和女性殉葬两种方式。

（5）殉人来自于被统治集团，也就是流行侧身屈肢葬的人群。

（6）统治集团的人们并未脱离生产劳动，因为经常还有随身工具随葬。加上埋葬习俗的差别，可以判断两个集团的分化并不是出自于同一个血缘族群的贫富分化，而是一个血缘族群对另一个血缘族群的征服。

四、余论

多数学者引用马列经典著作的结论，并利用民族学材料为佐证，认为这种合葬墓的出现，表明甘青地区在齐家文化时期已出现男女性别压迫，男子在社会上处于统治地位，女性则处于被统治地位，男性对女性有生杀予夺的权利，甚至相信阶级的出现最初就表现为男性对女性的奴役[①]。个别学者考察了成年男女合葬墓的源流，认为这种合葬墓不是父系氏族社会的必然，是特殊社会环境下的产物，产生原因可能是氏族收养行为[②]。

本文换一个角度，通过分析大何庄和秦魏家两个典型遗址，从单人葬出发进

①吴汝祚：《齐家文化墓葬初步剖析》，载《史前研究》1983年第2期；王吉怀：《齐家文化墓葬的几种埋葬方式》，载《考古与文物》1989年第6期；谢端琚：《略论齐家文化墓葬》，载《考古》1986年第2期；张忠培：《齐家文化研究》，载《考古学报》1987年第1、2期；张忠培：《黄河流域史前合葬墓反映的社会制度的变迁》，载《华夏考古》1989年第4期。

②尚民杰：《对史前时期成年男女合葬墓的初步探讨》，载《中国史研究》1991年第3期。

行统计分析，没有得出男女之间的太大差异，但是得出了仰身直肢葬和侧身屈肢葬两个群体的身份地位差别，并没有否认男女成人合葬墓中男女地位的悬殊，可是放在整个群体中来看，就不能简单地归结为男女性别差异。

侧身屈肢和仰身直肢这两种人骨摆放方式在甘青地区由来已久，半山—马厂时期的甘肃中部地区正是侧身屈肢葬的集中流行区域[①]。并且这种葬式也并不是女性独有的屈辱葬式，例如青海柳湾马厂类型三人合葬墓M327，一侧身屈肢葬男性居于中央，两侧是仰身直肢葬男性[②]。只是到了齐家文化时期，该地区才转化为仰身直肢葬流行，侧身屈肢葬成为一个没有财产权，甚至没有生命自主权的人群。考虑到齐家文化起源于东部地区，可以推测齐家文化合葬墓的真正原因，正是仰身直肢葬群体西进，对甘肃中部地区的侧身屈肢葬群体实施了征服、统治。

（本文原载于《考古学研究》2012年第9期）

①陈洪海：《甘青地区史前墓葬中的葬式分析》，载《古代文明》第2卷，文物出版社，2003年。

②青海省文物管理处等：《青海柳湾》，文物出版社，1984年。

略论磨沟齐家文化墓地的多人多次合葬

钱耀鹏　朱芸芸　毛瑞林　谢　焱

磨沟遗址位于甘肃省甘南藏族自治州临潭县陈旗（今王旗）乡磨沟村，2008年7—11月由甘肃省文物考古研究所和西北大学文化遗产与考古学研究中心联合发掘了该遗址东北部的齐家文化墓地，清理了346座齐家文化时期的墓葬（见《文物》本期）。该墓地的竖穴偏室墓较多，且多为合葬墓，墓葬结构、埋葬过程和埋葬方式也较复杂，使我们对齐家文化合葬墓的形成过程与特点有了更加深刻的认识。本文对该墓地的多人多次合葬现象做以下简要讨论。

一、合葬墓类型与埋葬特点

磨沟遗址齐家文化墓葬的合葬现象见于竖穴土坑墓和竖穴偏室墓。竖穴土坑墓的合葬现象较少，且多为双人合葬，极少为多人合葬；既有左右并列者，也有上下叠置者，大多属一次葬，个别为二次葬或一次葬与二次葬合葬者。在发掘过程中，对于竖穴土坑墓通常采用整体下挖清理的方式，因而不易观察和揭示合葬现象形成的过程，暂置不议。竖穴偏室墓则多为合葬，见于单偏室、双偏室和多偏室等偏室墓。不计墓道部分，偏室内合葬的总人数为2～9人，男女老幼皆有。

M164是一座单偏室墓，偏室位于竖穴墓道左侧，有头龛。偏室内侧埋葬2人，皆仰身直肢，头向西北。内侧的Ⅱ号人骨为儿童，头骨破裂，躯干骨稍凌乱。偏外侧的Ⅰ号人骨为成年女性，两臂弯曲，左手放于右胸上部，右手及于颈部；左侧骨架叠压于Ⅱ号人骨之上。在2具人骨的颈部有滑石珠，在儿童的肩部有1件石球，腹部有1件陶球。另外，在头龛和偏室头端外侧分别随葬5件陶器和2件陶器。

值得注意的是，在M164偏室之内、Ⅰ号人骨右侧有宽约0.5米的空间，而内侧的2具人骨却局部叠置。这种现象令人费解，即为什么偏室还有闲置空间，所葬二人仍采取局部叠压的方式紧凑放置呢？首先可以肯定的是，闲置的空间还可再放置1人。如此，我们则无法排除为再次合葬而预留空间的可能性，而且这种可能性在偏室堆积特点及其所揭示的墓道填埋原因等方面得到了证实。

除M164之外，M351等墓葬的偏室中也有一定的未用空间。

M260虽被M239打破，但墓葬结构依然清楚。该墓为竖穴单偏室墓，偏室位于墓道左侧，有头龛。较特殊的是，墓道填土可分为两个部分，且长度和方位也略有区别，发掘情况证实属于同一墓葬的墓道填土。偏室内埋葬2人，头向西北。Ⅰ号人骨位于内侧，骨架保存较好，为成年女性，仰身直肢，放置较整齐，属一次葬。Ⅱ号人骨位于外侧，仰身直肢，为成年男性；头骨和躯干骨较凌乱，似经局部扰动而非顶部塌陷所致；盆骨以下部分放置较整齐，未经扰动。在偏室头端靠近口部随葬1件陶器，Ⅰ号人骨左手腕处有1件骨质臂钏。Ⅱ号人骨右侧肱骨附近有2件骨臂钏，皆残破。Ⅰ、Ⅱ号人骨相叠处有弧形骨饰和石斧各1件。

另外，头龛内有1件陶罐，旁边散落几块火岩石块。在墓道中部（M239底面以下）头端偏右处的不同填土范围内分别发现1件陶双耳罐和陶侈口罐，位置略有高低之别；在墓道底部不同位置发现2组随葬陶器，分别为2件和5件。头龛内的随葬陶器是该墓最初使用时放置的，而墓道中部及墓道底部的随葬陶器则应是两次而非一次葬入的。

M206为一座左、右双偏室墓，在墓道下部两端竖置扁平长条状石块并以黄土填缝形成二层台结构。除墓道底部浅穴内埋有一成年女性且可能为殉人外，其余人骨皆发现于偏室内，包括9个个体及难以判定个体归属的零散人骨。

右偏室内有三层人骨及随葬器物：上层为零散人骨、牛角、鹿角、石磨盘等，位于偏室上部黄灰色花土顶面；中层为1具摆放凌乱且骨架不全的成年女性人骨（Ⅰ号），位于偏室下部灰褐色花土顶面；下层为零散且难以确定个体的成人及儿童骨架，并随葬3件陶器和装饰品等。

左偏室内有8具人骨，其中2人为成人，6人为儿童。除偏室口部西北侧的Ⅱ号人骨可能为一次葬外，其余7人为二次葬，头向西北，摆放整齐，大体可分为南、北两排。Ⅱ号人骨为儿童，人骨保存较差，仰身直肢，头微偏左，盆骨及右侧上、下肢已不存在。Ⅱ号人骨向内依次为Ⅲ、Ⅳ号人骨，Ⅲ号人骨为成年男性，Ⅳ号人骨为成年女性，两具人骨是从头至脚依次错位叠置。Ⅲ号头骨位于西北侧，少量肋骨及上肢骨叠压在头骨之上，盆骨叠压在肋骨之上，下肢骨摆放于盆骨东南侧。Ⅳ号人骨的摆放情况与Ⅲ号人骨相似。Ⅴ～Ⅸ号人骨为儿童，保存较差，头骨摆放于西北侧，躯干骨堆放于头骨东南。Ⅴ号人骨位于墓室中部、Ⅲ号人骨脚端，在偏室东南侧由外向内依次为Ⅵ～Ⅸ号人骨，其中内侧的Ⅷ、Ⅸ号人骨紧贴。在偏室头端随葬2件陶器，还发现1件砺石。

另外，在墓道填土中发现骨针等遗物，但不能确定是否为随葬品。

M303为一座上、下双偏室墓，偏室皆位于竖穴墓道左侧，有头龛和脚龛。除墓道底部埋有一人（Ⅰ号人骨，成年女性）一羊外，其余4具人骨发现于上下偏室内。

上偏室内有1具人骨，编号为Ⅱ号人骨，头骨稍残，为成年男性，仰身直肢，头向西北。盆骨稍移位并下陷，胫骨、腓骨稍错位。人骨为横向平行错位放置，系有意向偏室内侧推挤所致。人骨下肢右侧有2件陶双耳罐，但位置低于人骨，应系局部下陷所致。另外，在下偏室塌陷灰土堆积中发现的1件陶双耳罐，也应是上偏室的随葬器物。

在下偏室底部由外及内发现3具人骨，编为Ⅲ～Ⅴ号，头向西北。Ⅲ号人骨位于墓室口，保存较差，为儿童，性别特征不明显，仰身直肢，头骨破损严重。Ⅳ号人骨位于Ⅲ号人骨左侧，为成年女性，仰身直肢，仰面偏左；左臂弯曲，左手置于胸部；右臂微曲，右手置于盆骨上；左小腿外侧压有一尺骨，头骨顶端的随葬器物下压1根桡骨。Ⅴ号人骨位于偏室内侧，为成年男性，仰身直肢，仰面偏左；头骨与躯干骨分离，右臂缺尺骨、桡骨，趾骨凌乱。Ⅴ号人骨所缺失的尺骨、桡骨，可能被移动且分置于Ⅳ号人骨的头顶及左小腿部位。在Ⅲ号头骨右侧发现2件贝壳，腹部有2件骨管，其中1件骨管内装2件骨针。在Ⅳ号人骨颈部发现大量的穿孔滑石珠和1件穿孔绿松石，在右腿股骨右侧发现骨签和石刃各1件。在Ⅲ、Ⅳ号头骨顶端发现3件陶器和散乱放置的5件石制品（当为一组工具）。在Ⅴ号人骨颈部发现1件铜饰，右臂下压骨管、骨锥、骨针各1件，在盆骨上发现1件穿孔绿松石，股骨之间有1件局部残损的穿孔砺石。

另外，在墓道头龛内随葬12件陶器和2件装饰品，脚龛内随葬1件陶器。

M344为一座多偏室墓，偏室位于墓道左右两侧，左侧有上、下两个偏室，右侧有一个偏室，有头龛。左上偏室大部分已塌陷，底部整体下陷0.26米，但人骨保存完好。靠近偏室内壁有1具人骨（Ⅰ号），为少年，性别特征不明显，头向西北，仰身直肢，左臂伸直，右臂弯曲，右手置于腹部。在人骨头端发现2件陶器，人骨因下陷已明显低于陶器。

左下偏室有5具人骨，分别编为Ⅲ～Ⅶ号。Ⅲ号人骨紧靠偏室内壁，为男性，头向西北，人骨被整体推挤，骨架错位现象明显。Ⅳ号人骨位于Ⅲ号人骨右侧，为成年女性，头向西北，侧身直肢，部分骨架似经推挤，但整体不凌乱。Ⅴ号人骨位于偏室口部头端一侧，为儿童，仰身直肢，头向西北，双臂微曲平放，小腿骨下还压有其他个体的一些肢骨，当为一次葬。Ⅵ号人骨位于Ⅳ号人骨的股骨之上，为少年，性别特征不明显，头骨保存较完整，躯干及四肢骨较凌乱，似经整体移位。Ⅶ号人骨位于偏室口部脚端一侧、Ⅲ号人骨的小腿骨右侧，骨架保存较差，为儿童，性别特征不明显，头向西北，仰身直肢，应为一次葬。在偏室头端靠近口部有2件陶器，在经推挤叠置的骨架中还发现1件铜环和2件绿松石饰品。

右偏室内有1具人骨，编为Ⅱ号，为成年女性，头向西北，仰身直肢，面向右，双臂弯曲，双手置于腹部，唯趾骨有所缺失。在头骨两侧发现陶深腹罐和陶豆各1件。

另外，在墓道头龛中还发现随葬陶器12件。

仅从上述5座墓葬就可看出，磨沟遗址齐家文化合葬墓不仅形制多样，而且埋葬特点也不完全相同，没有规律可循。墓葬形制和埋葬方式的多变性，是磨沟遗址齐家文化合葬墓的突出特点之一。

二、葬式与人骨推挤现象

根据发掘情况看，这批墓葬的埋葬方式既有一次葬，也有二次葬和扰乱葬。葬式一般是指按照一定的方式处理尸体或尸骨，同一葬式导致的结果基本一致，在形成原因方面往往包含明显的宗教观念或意识形态因素，尤其二次葬和扰乱葬包含的宗教观念或意识形态因素更加复杂。据此分析，磨沟遗址齐家文化合葬墓中还有一种与上述葬式明显有别的埋葬现象，这就是合葬墓中有大量人骨经不同程度扰动，但又不同于通常所谓的二次葬和扰乱葬的现象，明显系推挤所致。

通常所谓的二次葬，在磨沟遗址齐家文化墓地中也发现了这样的实例，但数量甚少，M206左偏室即是实例之一。该墓的左偏室内葬8人，其中有2名成人和6名儿童，除外侧靠近墓道的一名儿童似为一次葬外，其余为二次葬，人骨摆放整齐。尤其2具成人骨架，明显是先摆放头骨，再摆放上肢和躯干骨，最后摆放下肢骨，而且基本按照人体结构进行错位堆放，头向西北，规律性很强。这种二次葬现象也存在于M84等少数墓葬（图一），可以视为比较固定的葬式之一。

图一　M84成人一次葬与二次葬

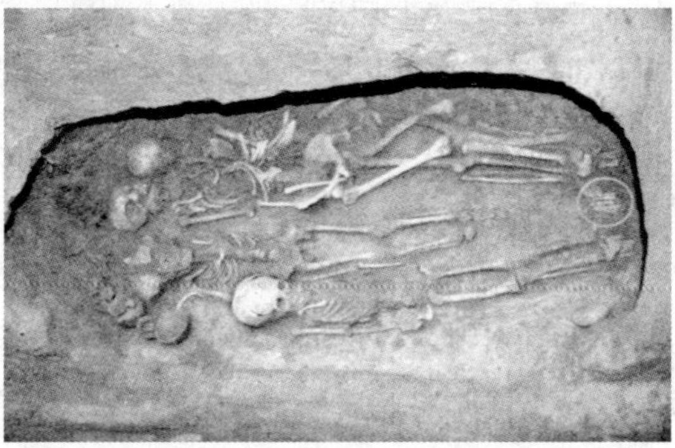

图二　M240扰乱葬

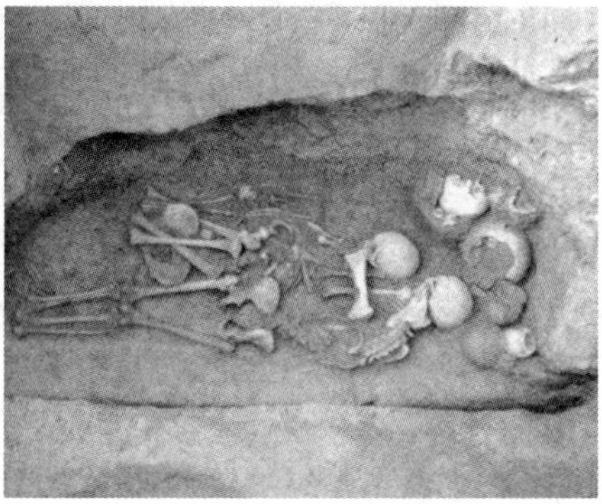

图三　M246扰乱葬

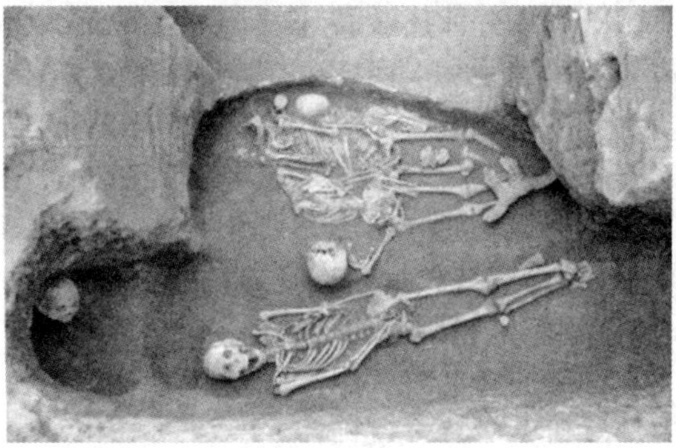

图四　M230人骨局部堆积现象

扰乱葬可分为有序扰乱和无序扰乱两种，也可概括为局部扰乱和整体扰乱。所谓有序扰乱，是指人骨虽经扰乱但程度有限，常常仅限于身首分离。M260偏室内的Ⅱ号人骨虽经扰动，却很难用宗教因素来解释，似乎另有原因，这里暂不讨论。相关的实例则如M240，该墓为单偏室墓，在竖穴墓道底部叠葬2人，骨架完好；在左偏室内葬3人，但只有1个头骨葬于偏室内（图二）。在该墓的墓道和头龛内各发现1个孤立的头骨，恰与偏室内人骨缺失的头骨数量吻合。尤其头龛底面高于墓道底部约0.4米，且这个头骨之下还压有一层厚0.04～0.05米的沉积土。这使我们很难用其他原因来解释头骨移位的现象，似乎只能是人为的有意扰动，但扰动的程度不大，结果也显得较为有序。因此，我们可以得出这样一种认识：这种有序扰动行为有可能是在墓道填埋之前进行的，否则无法解释在墓道底部上下叠置的2具人骨何以保存完好。所谓无序扰乱，是指人骨被扰乱的程度较大，结果使人骨的堆放呈无序状态。实例如M246，该墓为单偏室墓，在竖穴墓道内葬5人，可分3层，上层的1具人骨为俯身一次葬，头向东南；中间的3具人骨为扰乱葬，但头骨被侧置或倒置于头龛中；下层葬一儿童，位于墓道底部的浅穴内，仰身直肢，头向西北。在偏室与墓道之间发现封门板灰痕，偏室内葬1人，人骨经扰动，放置无序，头骨下还压有1件陶器（图三）。

墓道最下层的儿童因置于浅穴内，未经扰动可以理解，其上的两层人骨分别为一次葬和扰乱葬，且前者居上，其间当隔有一定的时间。在该墓的偏室内仅埋葬1人，人骨亦非摆放有序的二次葬。该墓墓道的形状不甚规则，且明显宽于其他偏室墓的墓道。由此推测，该墓可能是在墓道填埋之后重新挖开扰乱的，但未及墓道底部的浅穴；扰乱对象涉及墓道中间的3具人骨及偏室内的人骨，甚至墓道中人骨的头骨还被置于头龛中，扰乱的时间当是在肉体腐烂之后；这些人骨被扰乱之后，继续使用偏室及封门，墓道上层的一次葬人骨则是在扰乱过程中的最后阶段埋入的。

所谓人骨推挤现象，是指人骨虽经二次扰动但目的并不在于重新安葬被扰动的人骨，而是为了获得必要的空间来埋葬后来者，明显不同于按一定顺序堆放的二次葬和无序放置的扰乱葬。推挤的程度取决于偏室的大小及合葬人数，可分为整体推挤和局部推挤两类。所谓整体推挤，是指随着合葬人数的增多，偏室内的可用空间越来越小，先期葬入且肉体已腐烂的骨架被整体推挤，甚或聚拢成堆。M344偏室内侧的Ⅲ号人骨就是整体推挤的实例之一，推挤的原因是为了合葬后来者。该墓中位于Ⅳ号股骨之上的Ⅵ号少年人骨，当是整体移位的结果，目的是为了合葬偏室外侧的Ⅴ号和Ⅶ号儿童。所谓局部推挤，是指随着合葬人数的增多，偏室内的可用空间有些狭小，先期葬入且肉体已腐烂的骨架被局部推挤，以获得继续合葬所必要的空间。实例如M230偏室内侧的2具成年人骨均经局部推挤。其中紧靠内壁的人骨上半身曾被推挤，而下肢骨等则有序地置于原位，而其外侧的成人骨架大部分被推挤，下肢骨叠压在前者的腿骨之上，但趾骨还留在原位，亦即偏室脚端孤立存在的较粗且长的趾骨，当与外侧的2具少年骨架无关（图四）。内侧成人骨架之所以被局部推挤，显然是为了埋葬后来者。M164成年女性人骨的一部分压于内侧儿童骨架之上，也可能为局部推挤。

通过比较分析可以看出，即使墓葬中的人骨经过人为扰动，其结果和原因也会有所不同，不能一概而论。从磨沟遗址齐家文化的合葬墓看，人骨的人为扰动现象至少可以分为二次葬、扰乱葬和推挤人骨等几类。实际上，导致人骨被扰动的原因可能更复杂。

三、多次埋葬过程与特点

磨沟遗址齐家文化合葬墓人骨放置的特点表明，同一座墓葬中的不同个体未必是同时埋入的，而经过二次扰动的人骨个体通常也不是迁葬导致的。那么这类合葬墓是怎样形成的，其埋葬过程能否在墓葬及其堆积中有所反映？其中部分墓葬的堆积特点可以揭示这批合葬墓的填埋原因及过程，进而说明墓葬具有长期使用和多次合葬的特点。

例证之一，因偏室塌陷而填埋墓道的现象，实例如M164、M303、M344。

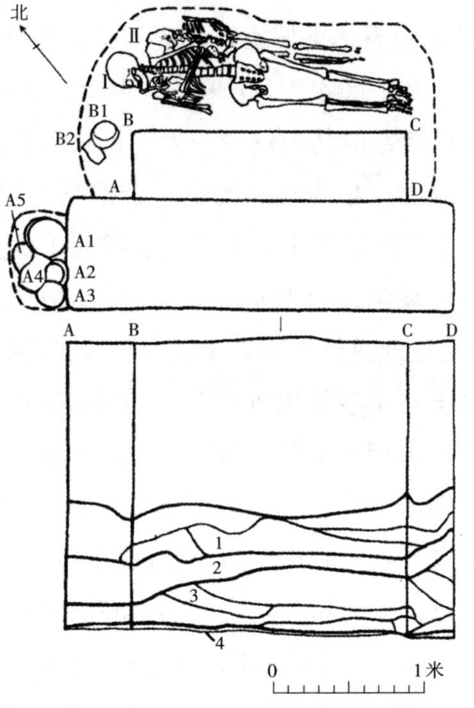

图五　M164平面及偏室塌陷与填埋堆积剖面图

在揭顶清理M164偏室的过程中发现，距墓口深约0.8米以下为偏室塌陷与填埋堆积，自上而下可分为4层，能够一定程度地揭示其埋葬过程。第1层的土质致密，整体呈黄色，可分为若干块或小层，颜色的深浅有所不同，厚0.18～0.36米。

第2层为黄灰色五花土，呈倾斜状堆积，靠近墓道一侧较高，与墓道填土相连，且土质、土色基本一致，厚0.07～0.2米。第3层与第1层的情况相似，为块状黄土堆积，厚约0.1～0.46米。第4层为青灰色淤土，位于偏室底部，厚约0.02米（图五）。叠压在偏室底部淤土之上的第3层块状黄土堆积，应是偏室顶部多次间歇性局部塌陷形成的；第2层的花土堆积与墓道填土基本一致，应是填埋墓道时形成的；第1层堆积则是墓道填埋后偏室上部继续下陷形成的。尤其第3层的塌陷黄土堆积和第2层的花土堆积表明，该墓的墓道最初并未填埋，而是在偏室塌陷致使无法使用时才予以填埋。再结合叠压在花土之上的第1层塌陷黄土堆积分析，局部塌陷造成第3层塌陷黄土之上一度出现外高内低的缝隙，因此在填埋墓道时形成了第2层花土堆积。该墓偏室内侧的2具人骨错位叠置，摆放紧凑，而在外侧约0.5米的范围内却未发现人骨。这说明M164可能未按原计划填埋，偏室内的空间应是预留位置，最终却因偏室塌陷不再使用而予以填埋。

从M303偏室埋葬的人数看，下偏室是该墓的主体部分，应与墓道同时建成并使用。上偏室的营建和使用可能略晚于下偏室，但上、下偏室似曾一度共同使用，因为上偏室的人骨虽被推挤，但其内仅葬一人，推挤人骨的目的不是为了埋葬后来者，明显有别于其他墓葬。值得注意的是，上偏室外侧底面的土色呈深灰色，内侧底面则为黄土，而人骨位于黄土底面之上。结合下偏室堆积的特点，上偏室外侧、头端及中间部分已塌陷，上偏室底面深灰色部分应是塌陷后形成的堆积，一直延伸至下偏室人骨之上。这样看来，上偏室人骨被推挤可能是因其底部裂缝，为避免人骨陷落而将其推挤至裂缝以外部分，且推挤时肉体已腐烂。进而说明，上偏室在使用时墓道尚未填埋，上偏室底部的裂缝应是在使用下偏室时发现的。上偏室脚端的部分随葬陶器下陷，则应是其底部局部塌向墓道所导致的。另外，下偏室中压在深灰色塌陷土之上的花土的颜色虽较墓道填土略深，但也应是填埋墓道时形成的。也就是说，该墓葬应是在上偏室底部的局部塌陷之后，上、下偏室皆已无法使用时才最终填埋，而下偏室深灰色土中的包含物原属上偏室。

M344左上偏室的底部几乎整体塌陷，左下偏室的堆积基本为塌陷黄土，而左上偏室的堆积则为较松软的灰褐色土。右偏室的堆积为黄灰色花土，与墓道填土基本相同。这种情况说明左上偏室的堆积抑或为塌陷所致，同时说明墓道的填埋可能与左偏室的塌陷有关，且填埋时右偏室基本保持原有结构。也就是说，M344可能也是因为偏室塌陷而填埋的。

这种因偏室塌陷而填埋墓道的现象还见于M259等。

例证之二，再次挖开墓道的现象，实例如M260。

M260的墓道由长度和方位略有偏差的两部分构成，平面皆呈圆角长方形，系同一座墓葬再次挖开墓道并回填所致。晚期墓道整体略偏东北，头端略呈圆弧形，较早期墓道西北壁回缩0.2～0.4米，长约1.7米、宽约0.6米、残深1.1～1.2米，填土基本为灰黄色花土。早期墓道相对较长，大部分与晚期墓道重合，长约2米、宽约0.6米、残深1.2～1.3米，从头端残存部分看，填土为黄灰色花土，土质相对较硬。在墓道底部靠近偏室一侧发现2道封门痕迹。外侧封门相对较短，头端斜向封门槽，建于较早的墓道填土中，但距偏室口稍远，脚端无封门槽，大致与内侧封门相交重合，长约1.8米、宽0.06～0.08米、高约0.4米。内侧封门位于较早的墓道部分，紧贴偏室口部，无封门槽，但封门痕迹与墓道底部的两端各夹一块小石块，原本应用于固定封门板（长度不及墓道两端），长约2米、厚0.04～0.08米，高度不详。在现存墓道的上部发现2件陶器，其中位于早期墓道头端右侧的为深腹罐，位于晚期墓道头端右侧的为双耳罐，后者的位置略低。在墓道底部不同位置发现2组随葬陶器，其中一组5件，位于墓道中部、外侧封门板之外，为晚期墓道填土所压；另一组2件，位于墓道头端、两道封门板痕之间，为早期墓道填土所压。墓道涉及两个不同的范围，并形成了内、外两道封门痕迹，但所对应的却是同一偏室，应属同一座墓葬。该墓的墓道曾经再次挖开并回填，且两次都使用了封门，但头龛建于墓葬形成之初。随葬器物也应是两次放入的，不仅涉及墓道上部不同填土范围内的2件陶罐，而且涉及头龛及墓道底部的随葬陶器。上部外侧填土中的陶罐以及头龛和墓道底部内、外封门之间的陶器是第一次埋葬时放入的，上部内侧填土中的陶罐和墓道底部中央的一组陶器则应是第二次埋葬时放入的，唯偏室内随葬器物的放置时间不能确认。外侧的Ⅱ号人骨曾被扰动，且扰动时肉体已腐烂，内侧的Ⅰ号人骨未被扰动。由此推断，Ⅱ号人骨是第一次葬入者，Ⅰ号人骨是第二次葬入者，两次埋葬相隔的时间至少超过了肉体腐烂所需的时间。

上述现象还见于M251，且再次挖开的部分与原墓道的方位偏离得更多。

例证之三，阶段性部分填埋墓道的现象，实例如M206。

M206的墓道较长，长2.5米、宽0.6～0.7米、深1.94米，在墓道下部两端竖置高约0.6米的扁平长条状石块，缝隙填以黄土并砸实，从而形成二层台，使墓道缩短至1.7～1.84米。在墓道底部紧贴左壁再下挖一长方形竖穴浅坑，内置俯身葬成年女性1人，或为殉葬者，暂且不论。不计墓道底部长方形浅坑部分，墓道内的堆积自上而下可分为三部分。上部为灰黄色花土，是墓道内的主体堆积，其中又以墓道两端立石顶面为界分为2层。下部为沉积土、淤土相间的堆积，两端高而中部低，厚0.05～0.25米。其中脚端部分自上而下可分为7层，第1层为较细密的黄灰色沉积土，厚0.02～0.04米；第2层为灰黄色沉积土，厚0.02～0.04米；第3层为黄褐色沉积土，土质较细密纯净，厚0.01～0.07米；第4层为青灰色淤土，厚0.01～0.03米，局部显示淤土实为2层，上层厚不及0.01米，上下层之间为厚0.3～0.5厘米的黄色土；第5层为灰褐色沉积土，土质不纯净，厚0.01～0.05米；第6层为灰黑色沉积土，厚0.03～0.04米；第7层为灰黄色沉积土，厚0.01～0.05米（图六）。

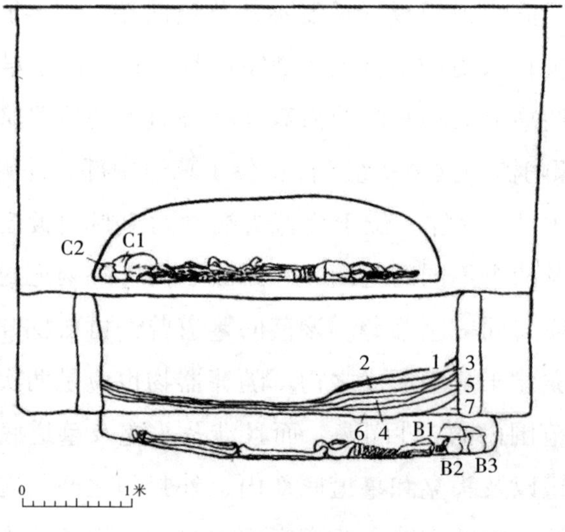

图六　M206墓道及左偏室剖视图

根据墓葬结构及堆积特点分析，M206的营建与使用经历了较长的时间，尤其左右偏室形成的时间可能略有早晚。墓道底部与右偏室底面平齐，说明右偏室是最初营建该墓时形成的，唯墓道底部竖穴浅坑内的X号人骨头部及随葬器物位于脚端石块之下，说明其使用过程先于墓道下部立石。墓道下部两端立石所形成的二层台应与右偏室下层的形成和使用过程直接相关。根据墓道下部的沉积土和淤土分析，至少墓道下部在一定时间内未予填埋，而立石二层台可能是用来架置棚木的。

右偏室上部与左偏室是在墓道下部填埋之后形成的。右偏室虽经改建，但上、下两部分使用过程的关系密切。首先，灰褐色五花土下部的零散人骨及随葬品，应是右偏室最初使用时的遗留物，涉及成人和儿童。或因淤土沉积不能继续使用，遂将人骨收集并垫以灰褐色五花土重新安葬，该层顶面的Ⅰ号人骨原本可能葬于偏室底部，只是最初的随葬器物仍留在原处。其次，偏室顶部弧度结构在距偏室底面高约0.13米处明显有所改变，应是偏室顶部重新修整的结果，并在灰褐色花土之上形成了一层黄灰色垫土。黄灰色垫土顶面大致与墓道两端立石顶面平齐，其上有零散人骨及成层的牛角、鹿角等。倾倒于该层之上用以封门的石块原本位于墓道部分，说明此时墓道的下部已被填实。由此可以看出，右偏室的使用过程至少经历了三个阶段，使用情况较复杂。

左偏室的营建时间相对较晚，封门板置于墓道下部立石之上，说明立石作为二层台的功能此时已经丧失，墓道下部已被填实，但还不能完全排除营建左偏室时仍在使用右偏室的可能性，两者有可能在一定时间内共用。尤其左偏室的底面和右偏室上部成层的牛角等与墓道两端立石顶面大致平齐或略高，它们的使用过程都是在墓道下部被填埋之后。另外，左偏室内所葬8人以二次葬为主，结合右偏室先后形成的三层零散人骨分布的现象，左偏室的二次葬人骨可能大多源于右偏室，属原地二次葬。

M206的填埋过程至少经历了架空墓道下部、填埋墓道下部和填埋墓道上部三个阶段，不是一次性完成的。类似的埋葬过程还见于M84。

上述例证说明，这些合葬墓的埋葬过程至少有三种情况。第一种情况是合葬未完成前，原本不填埋墓道，后因偏室塌陷不能继续使用时则予以填埋。与这种情况类似的现象是许多墓葬可能在合葬完成之后予以填埋，如有些扰乱葬（M240）明显是在墓道未经填埋时进行的。此外，还有不少现象可作为这方面的证据。当然，墓葬在使用过程中不填埋墓道并非不做封闭处理，只是封闭处理可能是在墓口部分进行的，我们很难发现这方面的证据。第二种情况是随时填埋墓道，待需要合葬时再挖开墓道。这种情况或是最初没有预计合葬，后因合葬的需要而有所改变。第三种情况是阶段性部分填埋墓道，埋葬的过程更为复杂。如M206，最初可能架空墓道下部而填埋上部，其后填埋墓道下部，最后填埋墓道上部。尽管这三种情况未必是全部例证，但也足以证实磨沟遗址齐家文化合葬墓是多人多次合葬的结果，因此在同一座墓葬中出现了多种葬式。

总体来看，磨沟遗址齐家文化合葬墓多为成年男女与儿童合葬，可能为家庭合葬。多人多次合葬尤其为埋葬后来者而普遍存在的人骨推挤现象，说明当时的人们对于先期埋入者的葬式并不在意，而更加重视家庭合葬方式。进而说明，当时的人们可能更加重视家庭观念和血缘世系，个体家庭在社会生活中的作用更加突出。随着发掘和研究的不断深入，磨沟遗址齐家文化墓地对于揭示其所处社会阶段的复杂现象，以及黄河上游在我国早期文明化进程中的地位和作用具有重要的意义。

（本文原载于《文物》2009年第10期）

略论齐家文化墓葬

谢端琚

目前，我国考古学界对齐家文化的时代问题存在着几种不同的提法：属于新石器时代；铜石并用时代①；青铜器时代②；金石并用期到青铜器时代③等等。现在，我们鉴于齐家文化的遗址与墓地出现纯红铜、铅青铜与锡青铜共存的情况，把齐家文化暂列为铜石并用时代，亦即处于从新石器时代晚期至青铜器时代早期。

近三十多年来，我国考古工作者对齐家文化的聚落遗址与墓地做了大量的发掘工作，尤其是以墓地的发掘为多。其中，比较重要的有甘肃武威皇娘娘台④、永靖大何庄⑤、秦魏家⑥、广河齐家坪与青海乐都柳湾⑦、贵南尕马台⑧等，这几处都是规模较大、保存较好的氏族公共墓地。据已发表的材料统计，经发掘清理的齐家文化墓葬已达八百多座，出土遗物近万件。近年来，有不少同志根据这些墓葬材料写了研究或讨论文章，这对深入探讨齐家文化的有关问题，无疑是很有帮助的。

---

①中国科学院考古研究所甘肃工作队：《甘肃永靖大何庄遗址发掘报告》，载《考古学报》1974年第2期。

②甘肃省博物馆：《甘肃省文物考古工作三十年》，载《文物考古工作三十年》，文物出版社，1979年。

③安志敏：《中国早期铜器的几个问题》，载《考古学报》1981年第3期。

④甘肃省博物馆：《甘肃武威皇娘娘台遗址发掘报告》，载《考古学报》1960年第2期；《武威皇娘娘台遗址第四次发掘》，载《考古学报》1978年第4期。

⑤中国科学院考古研究所甘肃工作队：《甘肃永靖大何庄遗址发掘报告》，载《考古学报》1974年第2期。

⑥中国科学院考古研究所甘肃工作队：《甘肃永靖秦魏家齐家文化墓地》，载《考古学报》1975年第2期。

⑦青海省文物管理处考古队等：《青海乐都柳湾原始社会墓地第一次发掘的初步收获》，载《文物》1976年第1期。

⑧《我省考古工作的一项重大发现》，载《青海日报》1978年2月18日。

本文仅拟将齐家文化的墓葬材料进行初步综合归纳，以正式发掘的材料为基础，适当地结合一些民族学的材料，从而探讨齐家文化墓葬的形制结构、葬具葬式、随葬品及其所反映出来的有关问题。就此提出个人不成熟的看法，抛砖引玉，展开讨论，以期把齐家文化这一课题的研究引向深入。

一

齐家文化的居民有自己的氏族公共墓地。一般位于聚落的附近，既有完整成片的墓地，也有分布零散与居址交错在一起的。前者如柳湾与尕马台等墓地。后者如大何庄与皇娘娘台等墓地，房子与墓葬同在一遗址上。

墓地的规模大小不一。大者共有墓葬三百多座，少者几十座。例如：乐都柳湾墓地齐家文化墓葬共有366座；永靖秦魏家墓地共有138座；大何庄墓地为82座；皇娘娘台墓地为88座；尕马台墓地只有43座。这种墓葬数目的不同，大概是与当时氏族或部落规模的大小相适应的。

墓地与居址一样，多位于黄河上游及其支流两岸的阶地上，并以在第二阶地上的为主。

墓葬的形制结构是以长方形竖穴土坑墓为主。部分是圆形土坑墓与“凸”字形墓，前者有的是利用废弃的窖穴埋葬死者，后者的形制较为少见，而且仅在甘肃西部与青海东部地区发现，其他地区未见。

长方形竖穴土坑墓 呈长方形或圆角长方形，四壁平陡，口、底同大，部分口部略大于墓底。在永靖大何庄遗址发现在墓坑的壁上尚留有骨铲（耜）一类工具刨挖的痕迹，我们可借此了解当时此类工具使用的情况。墓坑大小各墓地的情况不一，如皇娘娘台墓坑长约1.54～2.3米、宽0.42～0.98米，最大者墓48，坑长达2.6米、宽1.48米。大何庄墓坑一般较小，长约1.1～1.95米、宽0.5～0.57米。墓坑较小的，一般多属于小孩墓或屈肢葬墓。大体说来，长方形竖穴墓坑长约1.6～2米、宽0.5～0.7米的居多。

圆形土坑墓 也简称为圆坑墓。它多是利用废弃的窖穴作为墓坑的。坑呈圆形或椭圆形，一般口径为1.53～2.56米。在永靖张家嘴发现的一座齐家文化圆坑墓，保存较好，坑壁平整，口径与底径相若，人骨架是埋在坑底的东侧。皇娘娘台第四次发掘时还发现九座圆坑墓。这种用窖穴埋葬死者的习俗，在辛店文化时期中还继续存在。

"凸"字形墓 这是甘青地区远古文化中很有特点的一种葬制。这种墓的墓室平面呈长方形或圆角长方形，墓室壁往上内收呈弧形，即为洞室。墓室的一端伸出一墓道，作竖穴状，一头大一头窄平面呈梯形。在墓室与墓道之间往往有木板或木棍封堵，起着封门的作用。有的在墓室口还竖立块扁平的石板，也有的垒成一排石块。这种墓葬在乐都柳湾的齐家文化中发现了48座，保存一般都较好。墓的规模一般较大，最大者如柳湾墓972，系三人合葬墓，墓长达4.2米，宽2.25米，墓道长1.5米，该墓结构较特殊者，即在墓室口与墓道之间除立有木棍外，还有一排石块，作一字形排列。

值得注意的是，这种"凸"字形墓已出现在马家窑文化半山、马厂类型，它可能源于半山、马厂类型，到齐家文化得到进一步发展。它是我国考古发掘中新发现的最早的土洞墓，也是代表了该地区比较特殊的一种葬制。

墓葬的方向绝大多数是朝向西北方。但各墓地的情况又有所差别。例如秦魏家墓地分南北两片墓地，前者头向西北，后者头向一律朝西。皇娘娘台除头向西北外，还有头向西南的。这种头向不同，反映出人们的一定思想意识或宗教信仰。例如瑶族，他们认为人从哪里迁来，头就得朝向哪里。布朗族认为头应朝日落的方向。佤族埋葬死者也向西，他们认为日落西方，死者的头向必须朝西[①]。齐家文化的人们也是基于同样信仰支配下形成的。他们把人从生到死比作太阳东升西落，人死后就随着太阳落下，所以，在埋葬时死者的头向多向西方。

在甘肃的齐家文化墓葬中尚未发现木棺之类的葬具，但在青海乐都柳湾齐家文化的葬却发现有木制的葬具，并且保存有结构清楚的木构葬具。木构葬具既用于成年人，也用于儿童。按其形制可分为独木棺、长方形木棺与垫板等三种。据统计，出独木棺的墓共184座，出长方形木棺的墓共91座，出垫板的墓有13座。长方形木棺的四壁由木板围拼成，棺外还有由三块小木板构成的木框架，木框架采用榫卯结构结合。垫板是用一块大木板或两三块木板拼接而成。其中数量最多、保存较好且具有特色的是独木棺。它是用圆木一段，削去上部一小半，再将中部凿空成船舱状，底部稍削平，形似独木舟。有的在棺上另置一棺盖。独木棺的两端多数削成平头，但也有少数削成弧形的。棺身大小相差无几，多数独木棺长约1.6～2米，宽约0.5米。

---

①宋兆麟、黎家芳、杜堆西：《中国原始社会史》，文物出版社，1983年；李仰松：《佤族葬俗对研究我国远古人类葬俗的一些启发》，载《考古》1961年第7期。

用独木棺验尸的葬俗，在我国少数民族中可找到很多例证。例如四川的巴人即以船棺为葬具[①]。西藏偶县僜人，其埋葬死者的葬具亦是以整段圆木控制成槽状，将死者屈肢捆扎后放入檀中埋葬。云南沧源县班洪寨与双江县大勐峨寨等地的佤族，也以圆木挖空为葬具。还有在镇康、耿马等地的萌龙族，潞西、东山、陇川、瑞丽、盈江、保山等地的景颇族，金平县里加扎寨的哈尼族，新安寨的黄苦聪人，以及独龙族、怒族、纳西族等，都有独木棺验尸的葬俗[②]。

齐家文化的人们多居住在黄河上游及其支流的沿岸，生前过河可能是以独木舟为交通工具，死后又以木舟为葬具的。

在齐家文化墓葬中，曾发现有麻布一类的衣着。例如永靖大何庄34号墓，在人骨架头部发现有红色布纹的痕迹，同时，在七十五号墓死者脚旁的随葬陶罐上（双大耳陶罐）也包有一层红色布纹的残迹[③]。这种麻布可能原来即呈红色，也可能是在麻布上撒赭石粉末的。从布纹发现的所在部位看来，表明当时死者的头部与脚部在埋葬时都覆盖着麻布的。这是齐家文化居民葬俗的一个特点。现在云南有些少数民族，如金平县的苦聪人，迄今还存在这样的习俗。

至于在死者身上撒红色赭石粉末，那是基于某种思想意识或是什么宗教信仰，还可以进一步研究。不过，我们一般推测这种红色赭石粉末是表示“鲜血”，即生命复活的象征。他们认为它是生命的来源和灵魂的寄生处。

齐家文化居民的埋葬方式是多种多样的。从墓葬的类别上，可分为单人葬与合葬墓两大类。从葬式上，又可分为仰身直肢葬、屈肢葬、侧身葬、二次葬、俯身葬等几种。为了比较具体地了解各种葬式的数量及比例情况，我们根据皇娘娘台、大何庄、秦魏家等墓地单人葬的材料，做一齐家文化葬式统计表：

①四川博物馆：《四川船棺葬发掘报告》，文物出版社，1960年。

②夏之乾：《从考古学和民族学材料看葬具的产生和演进》，载《民族研究》1982年第2期。在文中提到我国西南地区少数民族使用独木棺的情况。其中比较特殊者，有苦聪人在独木棺外还用藤条捆紧。德昂族用一种树胶加松香封闭棺的缝隙，然后再用绳捆紧。佤族用三道竹篾将独木棺的底盖捆紧，并用牛粪和灰水之类涂于底盖缝隙内，使其密封。柳湾墓地也发现在木棺外加三道木框架，也是起着捆紧加固的作用。

③中国科学院考古研究所甘肃工作队：《甘肃永靖大何庄遗址发掘报告》，载《考古学报》1974年第2期。据《云南省红河哈尼族彝族自治州全平县苦聪人社会经济调查》记载：尸体的包裹方式是先用芭蕉叶或旧布将死者头和脚包扎好，再以树皮上下各一块将尸体包上。

表一　齐家文化葬式统计表(座)

墓数 葬式 地点	仰身直肢葬	屈肢葬	二次葬（包括乱葬墓）	侧身葬	俯身葬	总计
皇娘娘台	38	14	7			59
大何庄	57	14				71
秦魏家	99	2		3	1	105
数量	194	30	7	3	1	235
百分比	82.5%	12.8%	3%	1.3%	0.4%	100%

从表中可看出，仰身直肢葬者占总墓数的82.5%，屈肢葬占12.8%，二次葬占3%，侧身葬占1.3%，俯身葬占0.4%。这说明仰身直肢葬是齐家文化的主要葬式。

仰身直肢葬　即仰身平躺，两手垂直身旁，两脚伸直并拢。以秦魏家墓75为例，该墓人骨架特为完整，不仅躯体骨骼完好，而且连不易保存的腕骨、指骨与距骨、趾骨等都保留下来。可作为这种葬式的典型代表。头向西北，面朝上。在死者胸前放置石璧一件，脚下方放有单身陶罐等随葬品。又墓13，骨架亦完整，面朝东，右手略弯曲。墓主人为中年女性，随葬品有陶盆与骨针等，均放在脚下方，其中，比较特殊的是骨针与骨匕是放在一件陶盆内（图一）。

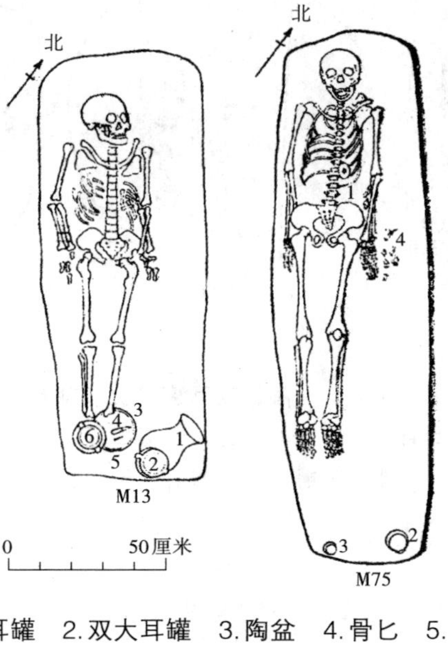

秦魏家M13　1.高领双耳罐　2.双大耳罐　3.陶盆　4.骨匕　5.骨针　6.双耳罐
秦魏家M75　1.石璧　2.单耳罐　3.单小耳罐　4.小石块

图一　单人墓平面图

屈肢葬 上身侧卧或近似仰身的，微侧。下肢弯曲，但弯曲的程度却有明显差别。一般是股骨与胫骨间的夹角作90°～120°屈肢，有的则向上弯曲紧贴胸前。如大何庄墓37，为小孩墓，股、胫骨间作90°屈肢。墓59，侧身，股、胫间弯曲特甚，无随葬品。秦魏家墓32，侧上身，右手往上弯曲，墓主人为成年男性。墓56，上身微侧，下肢稍作弯曲。皇娘娘台墓59，葬式较特殊，两手屈向胸前，左腿在前，右腿压在左腿上。墓86，为圆坑葬，下肢弯曲特甚，呈蹲坐状，右手压在骨架下，手指在脚跟旁边，左上臂外举，尺骨下垂于腿前，墓主人为男性，无葬品[①]（图二）。

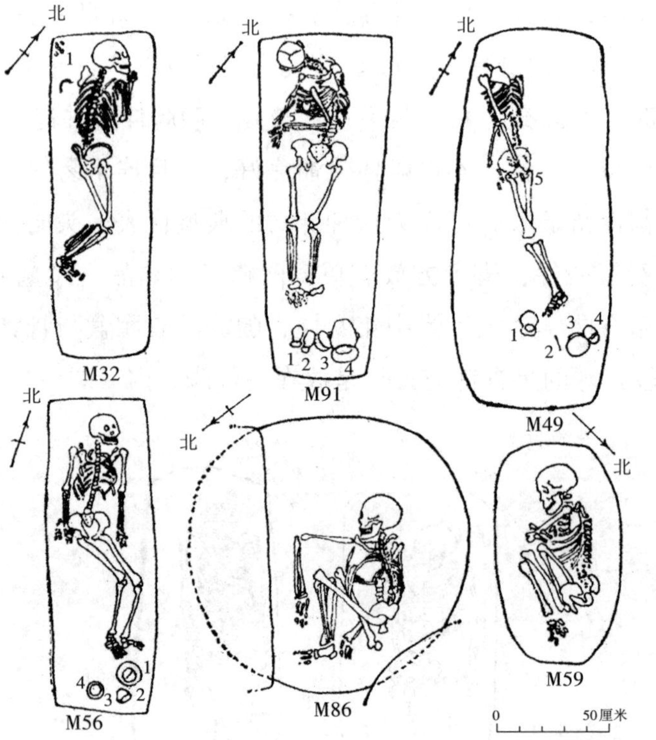

秦魏家M32 1.小石块

秦魏家M91 1.瓶 2.敞口罐 3.碗 4.高领双耳罐 5.侈口罐

秦魏家M49 1.敞口罐 2.骨针 3.豆 4.骨匕 5.侈口罐

秦魏家M56 1.碗 2.骨针 3.双大耳罐 4.侈口罐 5.小石块

皇娘娘台M86 无葬品

大何庄M59 无葬品

图二 单人葬平面图

①甘肃省博物馆：《甘肃武威皇娘娘台遗址发掘报告》，载《考古学报》1960年第2期；《武威皇娘娘台遗址第四次发掘》，载《考古学报》1978年第4期。

这种屈肢葬的含义是什么？学术界曾有过种种解释，他们有认为是象征胎儿在母体内的样子，人死后埋在地腹内要恢复到原先在母腹内的状态；或者说是怕死者向生人作祟，因此用绳子将其捆缚以阻止其灵魂出走[①]。云南独龙族对属肢葬式解释为人死是一种不醒的长眠，故应仿其生前面朝火塘侧身屈肢睡眠的姿态。永宁纳西族在火葬前要用麻布带子捆绑尸身，以象征生前的蹲坐姿势[②]。这些解释和实例都可以作为研究齐家文化屈肢葬的借鉴。

侧身直肢葬 仅在秦魏家发现三座。人骨架往右侧卧，左手垂直身旁，右手被压在骨架下，两脚伸直并拢。墓49，人骨架保存较好，但缺头骨。随葬品有骨匕和陶豆陶容器等五件（图二）。墓48，葬式较为特殊，身首已分离，身上还压有大砾石一块。

二次葬 包括皇娘娘台发现的“乱葬墓”[③]。这种葬式骨架都比较零乱，多身首分离，或肢体不全，或残断的肢骨堆放在一起，所以也称为“残骨葬”。

这种葬式多利用废弃的窖穴放置骨架，有一个或两个个体的，均为成人。除个别外，一般无随葬品。实行二次葬的含义是什么？我们推测可能是基于这样一种信念，即认为血肉是属于人世间的，必等到血肉朽腐后，才能做正式的最后埋葬，这时候死者才能进入鬼魂世界[④]。

俯身直肢葬 在秦魏家与贵南尕马台都有发现。秦魏家发现一座（墓91），人骨架完整，上身稍向左侧扭转，右手弯曲。随葬品有陶瓶等陶容器五件（图二）。尕马台发现的俯身葬材料比较重要。尕马台共发现43座齐家文化墓葬，死者不论男女老少都是面向下的俯身葬的[⑤]，这种同一墓地无一例外地全部俯身的葬俗在齐家文化墓葬中还是首次发现，也是我国考古发掘中所罕见的，似乎具有地区性的特点。它为研究齐家文化的葬俗增添了新的内容。

关于俯身葬墓主的身份问题，曾有些学者做过研究，他们有认为作俯身葬的人是奴隶或近似奴隶的人[⑥]，有的却持不同的意见[⑦]。根据尕马台墓地的情况分

①高去寻：《黄河下游屈肢葬问题》，载《中国考古学报》第2册。
②宋兆麟：《云南永宁纳西族葬俗》，载《考古》1964年第4期。
③甘肃省博物馆：《武威皇娘娘台遗址第四次发掘》，载《考古学报》1978年第4期。
④夏鼐：《临桃寺注山发掘记》，《中国考古学报》第4册。
⑤《我省考古工作的一项重大发现》，载《青海日报》1978年2月18日。
⑥赵光贤：《关于殷代俯身葬问题的一点意见》，载《考古通讯》1956年第6期。
⑦得志、周永珍：《我们对殷代俯身葬的看法》，载《考古通讯》1956年第6期。

析，尚不能说明这种俯身葬的墓主人都是奴隶，因为处在齐家文化这个发展阶段上，虽已出现殉葬墓，还不可能出现成批殉葬的奴隶。

齐家文化居民除盛行单人葬外，还有合葬的习俗。据永靖大何庄秦魏家、武威皇娘娘台、乐都柳湾墓地统计，合葬墓共68座。这种合葬既有成年男女合葬，又有成年人与儿童合葬以及多人合葬等几种葬式。其中以两人成年男女合葬为主。

成年男女合葬墓包括两人与三人合葬等。皇娘娘台发现10座，秦魏家16座，柳湾共23座。按人骨架的不同姿势，可分为下列几种。

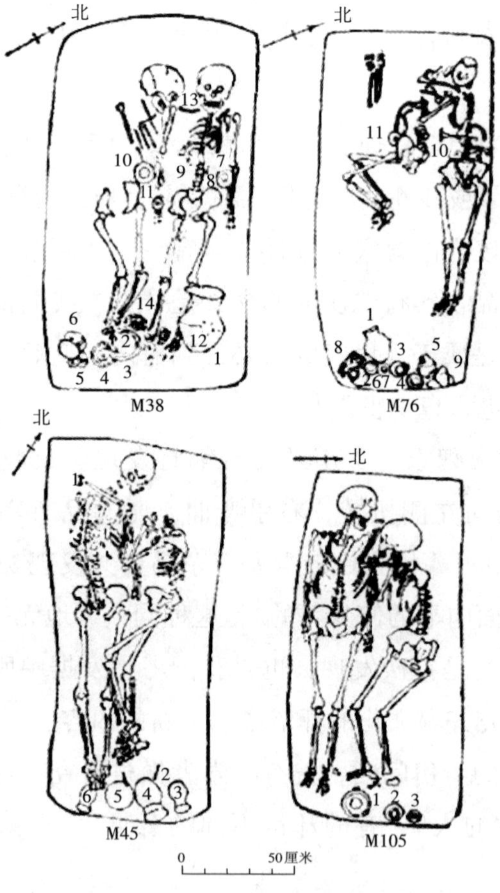

皇娘娘台M38　1.双耳折肩陶罐　2.豆　3.尊　4、5.单耳罐　6.双耳罐　7～11.石璧　12.双大耳罐　13.绿松石珠　14.小石块

皇娘娘台M76　1.双耳陶罐　2～4.单耳罐　5、7双小耳罐　6.侈口罐　8.小石块　9.粗玉石片　10、11.石璧

秦魏家M45　1.骨匕　2.骨针　3.侈口罐　4.高领双耳罐　5.豆　6.陶瓶

秦魏家M105　1.高领双耳罐　2.侈口罐　3.双大耳罐

图三　合葬墓平面图

（1）**仰身直肢与侧身屈肢合葬** 这种合葬墓的墓主人经鉴定，仰身直肢者为男性，侧身屈肢者为女性。两者的位置既有男左女右，也有男右女左，前者发现在皇娘娘台，后者主要发现在秦魏家。多有陶容器等随葬品。其代表性墓例有：皇娘娘台墓38，男左女右，男性面朝上，女性面向男性。随葬品有玉璧与陶豆等陶容器五件，比较少见的是死者口内各含有绿松石珠三颗（图三）。这大概是我国迄今已知的最早口含实例。墓76，葬式较奇特，男性为仰身直肢，女性背向男性两手并拢举于胸前（图三）。秦魏家墓45，两具人骨架保存较好，男性上身稍向左扭转，女性右腿搭在男性的腿上（图三）。墓105，人骨架保存完好，男性仰身直肢，女性侧身屈肢，面向男性，两手均扒在男性的左肩上，显示两者的亲密关系（图三）。

（2）**侧身直肢与侧身屈肢合葬** 这种葬式较为少见，仅在秦魏家发现两例。葬式特点是男性为侧身直肢，女性为侧身屈肢。均有随葬品。如墓50，人骨架尚完整，男右女左，相向而葬，随葬有骨匕、牙饰等，不见陶器（图四）。墓37，侧身直肢者居左，屈肢者居右。随葬品除骨针外，还有陶豆等多件，皆置于脚下方（图四）。

（3）**俯身直肢与侧身屈肢合葬** 仅在秦魏家发现一座（墓52），俯身者居右为男性，屈肢者居左为女性，右下肢弯曲，被压在男性的右腿下。随葬品较为丰富，除陶豆等陶容器五件外，还有猪下颌骨55块，小石块40块（图四）。

（4）**三人男女合葬** 在皇娘娘台发现三座。经鉴定为一男二女合葬，男性仰身直肢居中，两女性屈肢位列男性的左右侧。并面向男性，随葬有陶器与铜器等器物。如墓48，墓的规模大，随葬品丰富。人骨架上涂有赭石粉末。随葬品除豆、尊、罐等陶容器十件外，还有石璧83件，小石块394个。多置放于脚下方（图四）。

皇娘娘台M48　1、5.陶尊　2.双耳折肩罐　3.三耳罐　4.双小耳罐　6、7、9.单耳罐　8.敞口罐　10.豆　11～93.石璧　94.玉璜　95.小石块
秦魏家M52　1.双大耳罐　2.豆　3.高领双耳罐　4.侈口罐　5.小石块
秦魏家M50　1.牙饰　2.骨匕　3.小石块
秦魏家M37　1.高领双耳罐　2.单耳罐　3.豆　4.侈口罐　5.骨针　6.小石块

图四　合葬墓平面图

这些男女合葬，女性应是殉葬者，其葬式也显示出女性降居从属或被奴役的地位。

成年人与儿童合葬墓　在皇娘娘台与秦魏家均有发现。前者两座，后者六座。成年人仰身直肢，儿侧身屈肢或侧身直肢，面向成年人。如秦魏家51，仰身直肢者为中年男性，其左为侧身屈肢的六至七岁的儿童。随葬品有骨匕与陶豆等七件（图五）。墓65，人骨架保存完好。仰身直肢者为成年女性，其左侧紧挨着埋下侧身屈肢的七岁儿童（图五）。皇娘娘台墓27，儿童侧身屈肢，位于成年人右腿旁，上肢弯曲于面前，两腿弯曲搭在成年人小腿骨上，这种葬式较为少见（图五）。秦魏家墓6，仰身直肢者为中年男性，侧身直肢者为6～7岁儿童，紧挨前者的左侧。随葬品特丰富，计有猪下颌骨68块，骨匕与陶豆等陶器皿5件。这是用猪下颌骨随葬最多的一座墓，墓主人又是36～55岁的男性，他很可能是氏族内的富有者。这些附葬于成人之侧的儿童，可能是他的小孩。

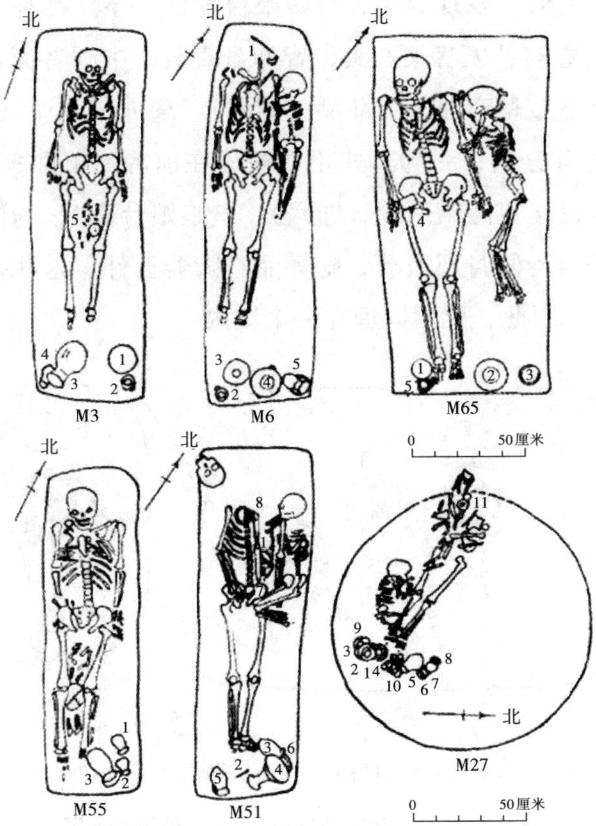

秦魏家M3　1.碗　2.单小耳罐　3.高领双耳罐　4.侈口罐　5.婴儿骸骨
秦魏家M6　1.骨匕　2.单小耳罐　3.豆　4.高领双耳罐　5.双大耳罐
秦魏家M65　1.陶豆　2.高领双耳罐　3.侈口罐　4.石铲　5.双大耳罐
大何庄M55　1、2.侈口罐　3.高领双耳罐
秦魏家M51　1.骨匕　2.骨锥　3.侈口罐　4.豆　5.单小耳罐　6.双耳罐　7.小石块　8.穿孔骨器
皇娘娘台M27　1.双大耳罐　2.双耳折肩罐　3.豆　4、7、9.双小耳罐　5.壶　6.偏耳陶罐　8.单耳罐　10.小石块　11.石璧

图五　合葬墓平面图

成年人与婴儿合葬墓　秦魏家与大何庄各发现一座。成年人皆仰身直肢，婴

儿骨架多已腐朽不全。秦魏家墓3，成年人骨架完整。婴儿头骨完好，躯体已残朽，随葬有陶碗等陶容器四件，该墓似为母子合葬（图五）。大何庄墓55，成年人仰身直肢，婴儿骨骼已腐朽，位于前者两大腿之间，头朝下，似是产后死去同时埋下的，他们也应是母子关系。随葬品中值得注意的是在侈口陶罐与双大耳罐的罐口均发现有红色布纹的痕迹（图五）。

小孩合葬墓 大何庄发现两座，皇娘娘台发现一座。都是三个以上的小孩合葬在一起。大何庄墓84，人骨架三具，皆仰身直肢，中间者面朝上，左右两具面向中间，其中一具下肢稍弯曲，无葬品（图六）。墓70，人骨架三具，葬式不一。一为仰身直肢，身首分离；一为葬式不明被压在前者的下面；另一具上身已残，下肢弯曲。随葬品仅侈口陶罐两件（图六）。皇娘娘台墓1，为四个小孩合葬。他们皆紧挨并排埋葬，均侧身屈肢葬，随葬品有陶器五件。这些孩子可能是某种特殊原因同时死亡的，因此，死后同埋在一个坑内。

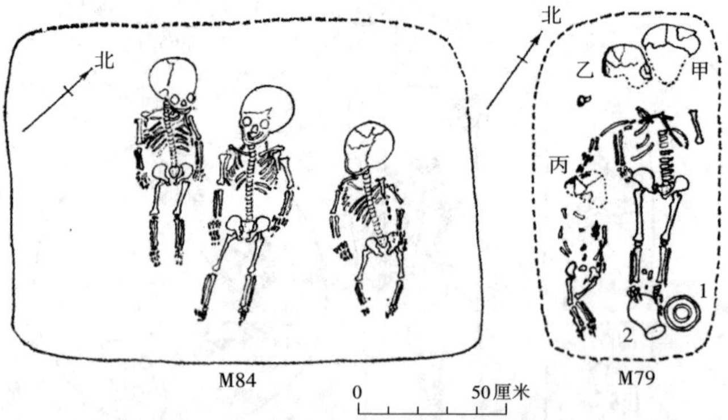

1、2. 侈口陶罐 甲、乙、丙人骨架

图六 大何庄M70、M84小孩儿合葬墓平面图

另外，在广河齐家坪发现有多人合葬的习俗，多者达8人、13人合葬在一起。这么多人合葬在一个墓坑内，在同类文化的墓地里是不见的。

上述合葬墓中，最有代表性的是成人男女合葬墓。近年来除在甘青地区齐家文化等墓地继续出现外，在我国南方的江苏、福建等地的原始文化墓地中也有所发现。如江苏吴县草鞋山发现两座成人男女合葬墓，男性仰身直肢，居左，女性侧身屈肢，居右①。与皇娘娘台同类墓葬相似。福建闽侯白沙溪头也发现这种合葬

①汪遵国：《太湖地区原始文化的分析》，载《中国考古学会第一次年会论文集》，文物出版社，1980年，第120页。

墓，如墓3，男性仰身直肢，45岁，面向上，女性屈肢，50岁左右，面向男性[①]。其男右女左的排位与秦魏家发现的同类墓葬相似。这两处墓葬大体上和齐家文化处于相同的社会发展阶段上。

同时，这种男女合葬的习俗，在我国一些少数民族中还可以找到一些实例。如云南怒族傈僳族自治州福贡、贡山等地曾实行夫妻合葬，葬式男性仰身直肢，女性侧身屈肢，面向男性。新疆察布查尔金泉的锡伯族，夫妻无论死亡先后都须分棺合葬，夫为仰身直肢，妻为侧身屈肢并面向丈夫。排位是男左女右。[②]

考古学与民族学的材料，都表明在我国古代的西北、西南、东南等地曾存在过成人男女合葬的习俗。而其中尤以齐家文化的男女合葬墓最引人注目，它不仅数量多，而且很集中。这种特殊合葬墓的发现，对探讨古代妻妾殉夫的葬俗提供了重要例证。同时，它对研究齐家文化的婚姻形态与社会性质等问题也具有重要的意义。

二

齐家文化合葬墓曾经颜先生鉴定，仰身直肢者系男性，侧身屈肢者系女性。男女年龄相仿，如秦魏家墓52、墓105等，男女二人均为21岁以上的成年人。故从两者的性别与年龄情况看，他们显然是夫妻（妾）合葬墓。至于女子是自愿还是被迫殉死，还有待于探索。郭沫若同志说："由男女合葬墓中的骸骨情况来看，很可能是女子自愿殉死的。女子屈肢依附着男子的左肩，表示着依依不舍的情态。"[③]我们从骨架保存的情况观察，两人不分先后，都是一次同时埋葬的。同时，从两具人骨架的位置与姿势看，男女并排，男的仰身直肢，女的侧身屈肢，面向男性，显示出女的处依附与屈从的地位。当时的氏族社会已发展到父权制社会，男子在社会上居于统治地位。并且，再参照民族学妻妾殉夫的实例。我们不无理由推断，这种成年男女合葬中的女性是被迫殉死的可能性为大。

成年男女合葬墓的出现，真实地反映了当时的婚姻形态已由对偶婚过渡到一夫一妻制。它可能是齐家文化居民较为主要的婚姻形态。至于一男两女的合葬墓，可以理解为当时少数比较富裕的家长或氏族酋长过着一夫多妻的婚姻生活。这种

①福建省博物馆：《福建闽侯白沙溪头新石器时代遗址发掘简报》，载《考古》1980年第4期。
②夏之乾：《试论氏族公社时期夫妻埋葬习俗的演变》，载《云南社会科学》1982年第5期。
③郭沫若：《对临夏合葬墓的一点说明》，载《考古》1964年第8期。

婚姻形态在解放前一些少数民族中是不乏其实例的。

齐家文化居民死后常把生前所用的生产工具、生活用品和装饰品以及饲养的家畜等埋入墓内，作为死者的随葬品。据秦魏家、大何庄与皇娘娘台（限第四次发掘墓数）三处墓地统计，共有282座墓，而有随葬品的墓225座，占墓葬总数80%，无随葬品的57座占墓葬总数20%。这个比例表明大部分墓葬都有随葬品。随葬品既有石、骨器，又有陶、铜器等。种类多样复杂。仅陶器一项，大约就有二十多种不同的器类。比较常见的有陶碗、双大耳罐、高领双耳罐、豆、侈口粗陶罐、陶壶与粗陶瓮等，同时，还出现少量的彩陶。这种彩陶虽然在造型上与齐家文化同类器物雷同，但在彩绘花纹上却别具一格。如粗细相间的斜线纹、折线纹、菱形方格纹、三角形纹、变形蛙纹、蕉叶纹或蝶形纹等都是很有特色的纹样。这些陶器应是齐家文化居民日常生活所用的器具。

随葬品中的石、骨器，主要是石斧、刀、凿、锛、纺轮与骨针、锥、凿等，多是死者生前从事农业或手工业生产的工具。这些工具放在墓内，除少数没有固定部位外，一般都放置载死者的手臂旁，或脚下方及其附近。据大何庄墓5的一件陶罐内装有粟粒的情况分析，粟应是当时居民的一种主要粮食。

随葬的铜器有铜锥、铜镜、铜环与铜饰品等小型工具和装饰品。这些铜器经鉴定，既有红铜，又有铅青铜与锡青铜等，制法上既有冷锻，也有冶铸。说明当时的冶铜业已达到一定的水平了。它的发现，对探索我国冶金史具有重要的意义。

随葬品中还有绿松石珠、玛瑙珠、玉璧、牙饰与蚌饰等装饰品，多出自死者的胸部或颈部附近，它多是小孩或妇女佩挂在身上的装饰品，有的是挂在脖子上的项链，有的是耳饰，有的是作为胸前的装饰品。这些都反映了当时的居民具有一定的审美观点。

在齐家文化的墓葬中，还出现一种奇特的随葬品，即在部分墓内撒放数量不等的小石块，因颗粒小也称为小石子。据皇娘娘台、大何庄、秦魏家三处墓地统计，共2202块。皇娘娘台共1549块，出自20座墓中；大何庄共126块，出自6座墓中；秦魏家共527块，出自21座墓中。小石块多是粗玉和大理石料，绝大部分是经过人工打磨成。皇娘娘台发现的粗玉、石片部分还留有截锯的痕迹，可能是制作玉、石璧时剩下的废料。这种小石块，多数是白色的，也有作浅绿色或灰褐色的。各墓出土的数量不等，秦魏家少者两块，多者105块。皇娘娘台最多的一座墓（M48）竟多达304块。

墓内撒放这种小石块，究竟有何含义？学术界曾有人做过不同的解释：一种认为墓内放小石块是基于某种宗教信仰的需要；另一种认为小石块在日常生活中，能起着记数的作用①。各家文化墓葬内普遍陈放这种小石块，大概也同样基于这种意图的。

三

从齐家文化不同类型的墓葬中，其墓葬的规模与随葬品的种类、数量等均有明显的差别。大墓规模大，随葬品丰富且种类多，小墓则随葬品少，有的一件都没有。这种较大的悬殊反映了墓主人生前所拥有的财富的差别，因为埋入墓内的都是死者生前所用的生产工具、生活用具与饲养的牲畜等。这里举几个墓葬实例加以说明。如皇娘娘台墓30，随葬陶器37件，石璧1件，猪下颌骨5件，共43件。墓48，随葬陶器10件，玉璜1件，石璧83件，共94件，还有小石块304块。秦魏家墓6，除随葬猪下颌骨68块外，还有陶器6件与骨匕1件。共73件。这是随葬猪下颌骨最多的一座墓。相反，有的墓如秦魏家墓16、墓26、墓68、墓76等随葬品却一无所有。其中，最可说明问题的是猪下颌骨。据皇娘娘台、大何庄与秦魏家三处统计，共有72座墓发现猪下颌骨，共计590块。但各墓出土的数量不同，如大何庄少者2块，多者36块。秦魏家少者1块，多者达68块。猪是齐家文化主要的家畜，也是作为衡量财富的标尺。墓中出土猪下颌骨的多寡表明了当时已出现贫富分化、财产不均的现象。这种以猪作为财富的标志，在我国少数民族中可以找到很多实例。例如，海南岛黎族人民曾流行用猪或牛的下颌骨祭奠死人，并随着埋入墓中。云南永宁纳西族人民“把平常吃剩的猪下骨挂在室内的墙上，一般作为财富的标志”，并以此炫耀家庭的富裕及其在社会上的地位。还有佤族、景颇族、普米族和僜人等都把家畜的头骨挂在房檐下，以多为荣，用以炫耀自己的财富。其中，佤族、瑶族、普米族还流行用猪头或猪下颌骨随葬的习俗。富者多，贫者少，贫富差别至为明显。

猪是具有多种用途的家畜，除具有上述职能外，还有其他的作用。如在生活中可提供肉食；在各种宗教祭祀活动中可作为祭品；人死后进行埋葬时，猪头或猪下颌骨又成为随葬品。同时，在古代物物交换中猪却成为重要的一种交换等价

①云南纳西族用石子记数。通常选大、中、小三种石子，小石代表个位，中者代表十位，大者代表百位。这说明小石子是起着记数的作用。

物，起着早期货币职能的作用。也可以说是当时重要的一种实物货币。这在国内外的民族学的材料可找到很多例证。饶有风趣的是在有些民族的婚姻中，往往以猪的多少作为联姻的条件，并且以猪作为“流通货币”①。从上述的材料中，我们就不难理解齐家文化居民为什么这样重视以猪作为主要家畜了。

原始氏族制度的解体，是与生产力的发展密切相关的。齐家文化处于金石并用时代，发展到晚期并已进入青铜器时代了。这时金属器已开始使用，当时生产力已发展到一个新的阶段。生产力的发展促使生产关系发生变化，导致私有制和阶级的产生。齐家文化大体正处在这个急骤变化的发展阶段上。

在齐家文化墓葬中已出现殉人的现象，在齐家坪、皇娘娘台、秦魏家与柳湾等地都有发现。如齐家坪发现有8人与13人合葬墓，其中13人合葬墓，居中者为仰身直肢，其余皆围绕前者的周围而埋葬，葬式不一，有侧身葬，也有屈肢葬。居中者当为墓主，其余可能为被殉者。又如柳湾墓314反映更为明显，墓主人是成年男性，有较好的木棺葬具，仰身直肢位于棺内。棺外埋着一青年女性，面向主人，一条腿却被压在棺下。墓1179，在墓正中有一独木棺，棺中为35岁男性，在他的左右侧还殉葬有三个仅有头颅骨的男性，年龄分别为18～22岁、10岁、7岁（图七）。墓979，为五人合葬墓，墓主人为男性仰卧于独木棺内，人架保存较完好，其余四人仅存头颅骨：皆放在棺外东侧（图八）。墓952，系断肢葬，两手斜放在腰部，下肢被砍断倒置于两股骨间，似捆绑状②。这些实例是当时阶级压迫的缩影，是当时存在阶级对立的明证。

关于被殉者的身份，主要是有两种：一是墓主人的亲属；另一种是战俘。前者指墓主人的妻妾或奴婢等。近亲相殉应是人殉制的共同准则③。在少数民族中还存在类似的情况。如苗族被殉的有妻，也有婢妾。据记载苗族“夫死以妇殉葬，妇家夺去乃免”④。云南景颇族也有类似的葬俗。

①宋兆麟、黎家芳、杜堆西：《中国原始社会史》，文物出版社，1983年；李仰松：《佤族葬俗对研究我国远古人类葬俗的一些启发》，载《考古》1961年第7期。云南独龙族在1949年前进行交换时有这样的固定比率：小猪1头=寸锅1口=苞谷50筒；中猪1头=1尺6寸锅1口=苞谷100筒；大猪1头=1尺8寸锅1口=苞谷150筒；肥猪1头=2尺锅1口=苞谷250筒。又如金平县牛塘寨黄苦聪人，其价值形态是：1头80至100斤重的猪等于2件衣裳等。

②青海省文物处考古队、中国社会科学院考古研究所：《青海柳湾》，文物出版社，1984年。

③顾德融：《中国古代人殉、人牲者的身份探析》，载《中国史研究》1982年第2期。

④李宗昉：《黔记》卷二。

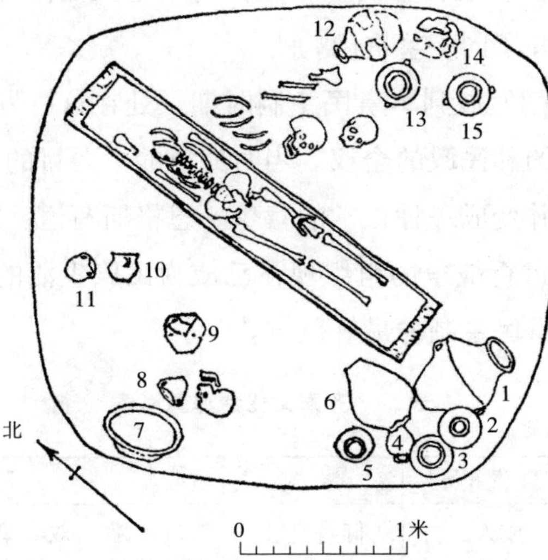

1. 高领双耳陶罐　2、3、6、12～15. 陶壶　4、5. 侈口陶罐　7. 陶盆　8、10、11. 双耳陶罐
9. 鸮面陶罐

图七　殉葬墓平面图

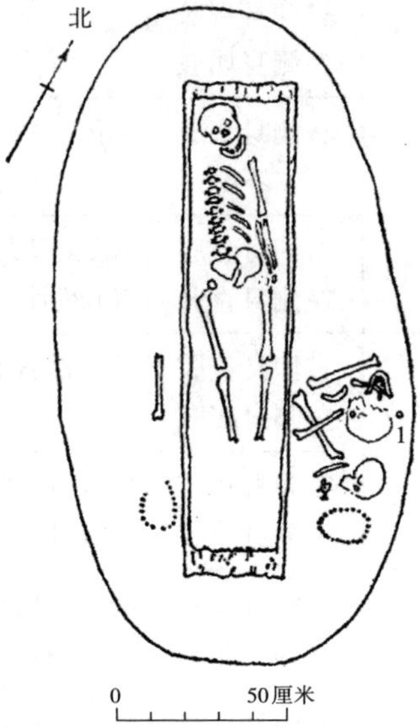

柳湾M979　1. 海贝

图八　殉葬墓平面图

在齐家文化的殉葬墓中，被殉者既有妻妾，又有战俘。因为随着日趋频繁的部落战争，战胜者往往把掠夺来的女俘虏变成自己的妻妾，因此，被殉者多数是

以妻妾的身份出现的，表现在葬制上，她们与墓主人是同埋在同一墓地，并且多数是与墓主人并排地葬于同一墓坑内。

当时的氏族社会已发展到军事民主制时期，处在这一发展阶段上的氏族或部落首领往往握有军事的和民政的全权。当时战争的主要目的是为掠夺家畜和财富，而不断进行的抢劫，并变成一种正常的营生。恩格斯写道："其所以称为军事民主制，是因为战争以及进行战争的组织现在已成为民族生活的正常职能。"①齐家文化的氏族社会正是军事民主制的最好范例。

表二　齐家文化合葬墓简表

地点	墓号	合葬人员	葬式	随葬品
永靖大何庄	M55	成人1 婴儿1	仰身直肢	侈口陶罐3、双大耳罐、高领双耳罐、猪下颌骨2、小石块9
	M70	小孩3	甲、仰身直肢 乙、？丙、屈肢	侈口陶罐2
	M84	小孩3	皆仰身直肢	
永靖秦魏家	M2	成人2	右仰身直肢 左侧身屈肢	
	M3	成人1 婴儿1	右侧身直肢 左不明	陶碗、高领双耳罐、单耳罐、侈口罐
	M6	成人1 儿童1	右仰身直肢 左侧身直肢	陶豆、双大耳罐、高领双耳罐、单耳罐、猪下颌骨68、骨匕
	M18	成人2	右仰身直肢 左侧身屈肢	猪下颌骨12
	M30	成人1 儿童1	右仰身直肢 左侧身屈肢	陶豆、高领双耳罐、单耳罐、侈口罐、猪下颌骨4、骨针、骨匕、绿松石珠4
	M37	成人2	右俯身屈肢 左侧身屈肢	陶豆、高领双耳罐、单耳罐、侈口罐、猪下颌骨18、小石块12
	M42	成人1 婴儿1	右仰身直肢 左不明	陶碗、双大耳罐、高领双耳罐、侈口罐、猪下颌骨5、绿松石珠2、小石块18
	M45	成人2	右仰身直肢 左侧身屈肢	陶豆、高领双耳罐、瓶、侈口罐、骨针、骨匕

①《马克思恩格斯选集》第四卷，人民出版社，1972年，160页。

续表二

地点	墓号	合葬人员	葬式	随葬品
永靖秦魏家	M50	成人2	右侧身直肢 左侧身屈肢	骨匕、牙饰、猪下颌骨34、小石块13
	M51	成人1 儿童1	右仰身直肢 左侧身屈肢	陶豆、侈口罐、单耳罐、双耳罐、穿孔骨器、骨锥、骨匕、小石块3
	M52	成人2	右俯身直肢 左侧身屈肢	陶豆、双大耳罐、高领双耳罐、侈口罐、猪下颌骨55、小石块40
	M60	成人2	右仰身直肢 左侧身屈肢	双耳陶罐、高领双耳罐、双大耳罐、骨针、猪下颌骨6、小石块10
	M65	成人1 儿童1	右仰身直肢 左侧身屈肢	陶豆、双大耳罐、高领双耳罐、侈口罐、石铲
	M81	成人2	右仰身直肢 左侧身屈肢	双大耳陶罐、高领双耳罐、侈口罐、石凿、绿松石珠
	M85	成人2	右仰身直肢 左侧身屈肢	陶豆、侈口罐
	M95	成人2	右仰身直肢 左侧身屈肢	双大耳陶罐、高领双耳罐、侈口罐、猪下颌骨5
	M97	成人1 儿童1	右仰身直肢 左侧身直肢	
	M103	成人2	右仰身直肢 左侧身屈肢	陶豆、双大耳罐、高领双耳罐、侈口罐、猪下颌骨、绿松石珠
	M105	成人2	右仰身直肢 左侧身屈肢	侈口陶罐、双大耳罐、高领双耳罐
	M108	成人2	右仰身直肢 左侧身屈肢	侈口陶罐、双大耳罐、高领双耳罐、瓶、敞口罐、猪下颌骨12
	M115	成人2	右仰身直肢 左侧身屈肢	陶豆、单耳罐、高领双耳罐、侈口罐、长颈罐
	M124	成人2	右仰身直肢 左侧身屈肢	陶碗、双大耳罐2、高领双耳罐、侈口罐2
	M134	成人1 儿童1	右仰身屈肢 左侧身屈肢	侈口陶罐2、双大耳罐2、高领双耳罐、绿松石珠、猪下颌骨15
	M138	成人2	右仰身直肢 左侧身屈肢	高领双耳陶罐、石凿、小石块35

续表二

地点	墓号	合葬人员	葬式	随葬品
武威皇娘娘台	M1	小孩4	皆侧身屈肢	陶罐4、彩陶罐
	M10	成人1 小孩1	皆仰身直肢	无
	M24	成人3	仰身直肢 侧身屈肢2	陶器16、铜锥、绿松石珠、石璧
	M27	成人1 小孩1	仰身直肢 侧身屈肢	陶豆、双大耳罐、双小耳罐、折肩罐、单耳罐、壶、偏耳壶、石璧2、小石子28
	M28	成人2	不明	石璧3、石凿、猪下颌骨
	M29	成人2	左仰身直肢 右侧身屈肢	陶碗、双大耳罐2、折肩罐、直口罐2、双小耳罐2、单耳罐4
	M30	成人2	左仰身直肢 右侧身屈肢	陶碗、尊4、双大耳罐2、折肩罐2、豆、侈口曲颈罐、双耳罐2、双小耳罐15、直口罐、单耳罐7、壶、石璧、猪下颌骨5
	M38	成人2	左仰身直肢 右侧身屈肢	陶豆、尊、双大耳罐、折肩罐、双耳罐、单耳罐2、石璧5、绿松石珠6、小石子53
	M46	成人2	左仰身直肢 右侧身屈肢	陶尊、折肩罐2、单耳罐5、双小耳罐3、石璇6、猪下颌骨2、小石子216
	M48	成人3	左侧身屈肢 中仰身直肢 右侧身屈肢	陶豆、尊2、折肩罐、单耳罐3、三耳罐、双小耳罐、敞口罐、石璧83、玉璜、小石子304
武威皇娘娘台	M52	成人2	左仰身直肢 右侧身屈肢	陶豆、尊、折肩罐、双大耳罐、单耳罐4、直口罐、石璧20、猪下颌骨7、小石子290、粗玉石片4
	M54	成人2	右仰身直肢 左侧身屈肢	陶碟、折肩罐、单耳罐6、壶、侈口罐、双小耳罐2、绿松石珠6、猪下颌骨、小石子5
	M57	成人2	乱葬	双耳陶罐、侈口罐
	M58	成人2	左仰身直肢 右侧身屈肢	石璧2、猪下颌骨
	M66	成人3	左侧身屈肢 中仰身直肢 右侧身屈肢	石璧15
	M68	成人2	乱葬	单耳陶罐2、双大耳罐、双小耳罐、石璧
	M71	成人2	左仰身直肢 右侧身屈肢	石罐、绿松石珠4

续表二

地点	墓号	合葬人员	葬式	随葬品
	M76	成人2	左仰身直肢 右侧身屈肢	单耳陶罐3、双耳罐、侈口罐、双小耳罐2、石璧2,小石子64、粗玉石片4
乐都柳湾	M63	成人2	皆仰身直肢	陶壶2、双耳罐、双耳彩陶罐、侈口罐、高领双耳罐、单耳罐、尊、盆、粗陶瓮、石凿
	M269	成人2	皆仰身直肢	侈口陶罐、尊、粗陶双耳罐
	M314	成人2	左仰身直肢 右侧身屈肢	侈口陶罐、单耳罐、双耳陶罐、粗陶双耳罐、纺轮2
	M858	儿童2	右不明 左仰身直肢	折腹陶罐2、双大耳罐2、高领双耳罐、单耳罐、粗陶双耳罐、石斧
	M963	成人1 儿童1	仰身直肢 不明	陶豆、彩陶壶、双耳彩陶壶、粗陶瓮、粗陶双耳罐、石斧
	M966	成人1 儿童1	右侧身屈肢 左不明	陶杯、单耳陶罐
	M970	成人2	不明	陶壶、粗陶双耳罐
	M972	成人3	皆仰身直肢	陶壶3、双耳罐2、三耳罐、双大耳罐3、鸮面罐、折腹罐、粗陶双耳罐2、敛口瓮、盆、高领双耳罐3、单耳罐3、侈口罐、带嘴罐3、陶纺轮、绿松石饰2、串珠
	M979	成人5	中仰身直肢 余不明	海贝
	M990	成人2	左仰身直肢 右侧身屈肢	陶壶9、双耳罐、双大耳罐、双耳彩陶罐、高领双耳罐、粗陶双耳罐2、盆、粗陶瓮、敛口翁、石锛、凿、刀、骨镞、骨锥
	M992	成人2	皆仰身直肢	陶壶6、双耳彩陶罐3、双大耳罐2、尊、彩陶壶、粗陶瓮、敛口瓮、石纺轮、玉饰、海贝34
	M1008	成人2	皆仰身直肢	陶壶4、双大耳罐、盆、粗陶双耳罐
	M1020	成人2	右仰身直肢 左侧身屈肢	单耳陶罐、石斧、绿松石饰
	M1039	成人2	皆仰身直肢	双耳彩陶罐、双大耳罐、粗陶双耳罐、侈口罐、单耳罐、鸮面罐、粗陶瓮、敛口瓮、石斧、锛
	M1061	成人2	皆仰身直肢	陶壶2、双耳彩陶罐2、双耳罐、双大耳罐、高领双耳罐、盉、粗陶双耳罐、粗陶瓮、陶纺轮、绿松石饰、石斧
	M1106	成人2	右仰身直肢 左侧身屈肢	无

续表二

地点	墓号	合葬人员	葬式	随葬品
乐都柳湾	M1112	成人2	右仰身直肢 左侧身屈肢	粗陶瓮、石刀
	M1179	成人2 儿童2	中仰身直肢 余不明	陶壶7、双耳罐3、高领双耳罐、盆、侈口罐2、鸮面罐
	M1203	儿童2	皆仰身直肢	陶壶2、粗陶双耳罐、石球
	M1325	成人2	皆仰身直肢	陶壶、双耳彩陶罐2、双耳罐、盆、尊、高领双耳罐、粗陶瓮、敛口瓮、石凿、锛、纺轮
	M1337	成人2	右仰身直肢 左侧身屈肢	陶壶3、单耳罐、双耳彩陶罐、双耳罐、粗陶瓮、高领双耳罐、带嘴罐、粗陶双罐、绿松石饰、石斧
	M1445	成人2	皆仰身直肢	陶壶14、双耳彩陶罐、双耳罐、敛口瓮、高领双耳罐3、四耳罐、石凿
	M1468	成人2	皆仰身直肢	陶壶5、双耳罐2、双耳彩陶罐、盆、鸮面罐、粗陶瓮、高领双耳罐、石斧、石刀、骨锥

(本文原载于《考古》1986年第2期)

甘肃临潭磨沟墓地文化性质再议

陈 玭 王 辉 华 先

《中国文物报》2010年10月15日第7版刊载了叶茂林先生的文章《甘肃临潭磨沟墓地不是齐家文化的遗存》，我们对此文提出的观点有不同的认识，特撰此文予以说明。

叶先生在兰州观摩了甘肃省文物考古研究所在磨沟遗址挖掘出土的部分文物并参阅了《考古》杂志200年第7期发表的简报，他认为《简报》中发表的磨沟遗址所出泥质红陶双大耳罐、腹耳罐、侈口细颈罐、夹砂褐陶双耳罐等“并不能视为齐家文化的典型器物，有的器形和风格已经变化，即使个别器物还可以算是遗有齐家文化的一点特征，但是就器类整体而言，也绝不能以此来反映齐家文化的特征”。

其实，叶先生的上述认识太过于绝对。截至目前，在甘肃临潭磨沟墓地已经挖掘出约1500余座墓葬，经初步整理公布发表的只是其中很少的一部分。在《考古》2009年第7期发表的《甘肃临潭县磨沟齐家文化墓地》和《文物》2009年第10期发表的《甘肃临潭磨沟齐家文化墓地发掘简报》两篇简报中都明确提到，磨沟墓地所出陶器可分为两大类，除去叶文描述一类外，还有另一类不同的器物组合，即“以泥质灰陶双耳鼓腹罐、夹砂褐陶双耳罐等为代表，且部分双耳罐已初具马鞍口形态”的陶器。《简报》还特意提到：通常情况下，无论器类是否完全一致，一座墓只随葬其中的一类，即使在一些墓葬中有两类陶器，（它们）也是位于不同的偏室内（参见《考古》简报所列举的M84）。而不同偏室内的墓主应是不同时间里分别下葬的。

不可否认的是，磨沟遗址第二类陶器组合与典型的齐家文化面貌有一定距离，其风格更接近年代更晚一些的寺洼文化，但前一类陶器组合则属于齐家文化的陶器组合和器形特征。

齐家文化最初得名于瑞典学者安特生（J.G.Adersson）1924年在甘肃广河县齐家坪遗址的调查和试掘。后来，他将齐家坪遗址的资料全部交给Margit Bylin-Althin女士整理研究，后者撰写的考古报告于1946年在远东古物博物馆馆刊正式发表，即《齐家坪与罗汉堂》（The Sites of Ch′′i Chia P′′ing and Lo Han T′′ang in Kansu，详见 Bulletin of the Museum of Far Eastern Antiquities，1946，斯德哥尔摩）。尽管这批资料缺乏地层关系，但Margit Bylin-Althin还是根据遗物的质地、色泽和纹样等进行了类型学研究，并提出了一些很有见地的认识。其中，以双大耳罐（Pl.23）、高领篮纹罐（Pl.1、Pl.2、Pl.3、Pl.21）和侈口绳纹夹砂罐（Pl.6、Pl.10、Pl.14、Pl.20）等器类最具特征，它们也成了日后齐家文化的典型代表器物。

1945年，夏鼐先生前往洮河流域进行考古调查，在宁定县（今广河县）阳洼湾遗址发掘了两座齐家文化墓葬，确定了齐家文化的相对年代，并纠正了安特生博士对于齐家文化年代的错误认识（参见：夏鼐《齐家期墓葬的新发现及其年代的改订》，载《中国考古学报》1948年第三册）。此后，裴文中先生通过在洮河流的考古调查和试掘，正式提出了齐家文化的命名。

20世纪50年代以后，中国西北地区的考古工作全面展开，齐家文化的材料也逐渐丰富。特别是60年代以来，随着对甘肃武威皇娘娘台、永靖秦魏家、大何庄等重要遗址进行的考古发掘，对于齐家文化的内涵、面貌和性质有了更加深入的了解。齐家文化的典型器组合也基本可确定为：双大耳罐（早期称安佛拉罐）、高领篮纹罐、夹砂侈口绳纹罐、陶豆及少量的空三足器等。

1975年，甘肃省博物馆文物工作队对广河县齐家坪遗址先后进行了两次正式发掘，清理齐家文化墓葬118座、灰坑18个、房屋3座、陶窑1座，出土陶器、玉石器、铜器、骨器、蚌器等大量的齐家文化遗物。由于种种原因，这批重要资料多年来一直积压在甘肃省文物考古研究所的库房。由于这批资料迟迟未能整理发表，不仅不利于齐家文化的深入研究，也影响了学术界对齐家文化的全面认识。近年来，甘肃省文物考古研究所与北京大学已着手对这批重要资料进行系统的整理。初步研究表明，齐家坪墓地的出土资料可分为早晚两期。其中，晚期墓随葬的陶器与磨沟墓地第一类墓葬的随葬器物组合（见《文物》2009年第10期M164）的形态非常接近。二者的随葬陶器除了齐家文化常见的双大耳罐、高领篮纹罐、夹砂罐、细颈瓶以及豆之外，还发现有在其他齐家文化遗址鲜见的泥质厚胎陶喇叭口罐，此类器皿的肩部较为流行戳压的连珠纹（图一）。

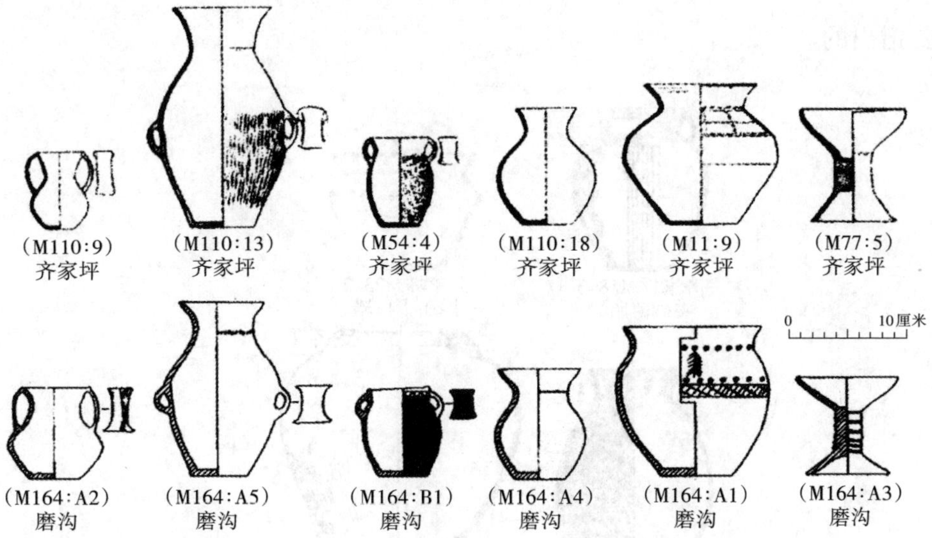

图一 磨沟第一类墓葬随葬陶器与齐家坪墓地比较

甘肃临潭磨沟墓地是迄今为止在甘肃境内发现保存最完整、墓地面积最大、墓葬数量最多的一处史前时期墓地，其文化性质和埋葬方式相当复杂。根据初步的整理，该墓地至少发现有两组不同时期的墓葬，分别代表不同的考古学文化。假如仅仅将这座墓地称为“齐家文化墓地”，确实有以偏概全之嫌，但却不能因此否定磨沟墓地中大量存在齐家文化墓葬的事实。初步的研究结果表明，磨沟墓地第一组墓葬属于晚期的齐家文化，也正是在这一组晚期齐家文化的基础上逐步发展演变出后来的寺洼文化。在磨沟第二组墓葬中已经出现了寺洼文化最具特色的马鞍口作风，在其随葬器物组合中仍保留有齐家文化的双大耳罐和细颈瓶等器类的孑遗（见《文物》2009年第10期M303），充分证实了二者的发展关系。

最后，还有一点需要说明，齐家坪和磨沟发现的另一个价值在于，分布在洮河流域的齐家文化与陇东地区、河湟地带以及河西走廊等地的齐家文化确实存在着某些方面的差异。其最大的不同点是，在洮河中上游的齐家文化随葬组合中，有几类特殊的文化因素不见（或鲜见）于其他地区。这些因素包括：器表捏塑细线堆纹（即“蛇纹”）的夹砂薄胎罐（多有双耳）、通体绘繁密红彩花纹的薄胎彩陶罐、戳印连珠纹泥质厚胎大口罐、泥质厚胎篮纹双耳瓮等（图二）。进一步的研究表明，此类特殊因素不仅集中出现在洮河流域，而且也是齐家文化晚期阶段的新内容。目前，对于此类因素的来源尚不十分清楚。或许正是由于这些新因素的出现，影响到某些学者误以为磨沟墓地不属于齐家文化，这也是我们撰写此文特别需要指出的。

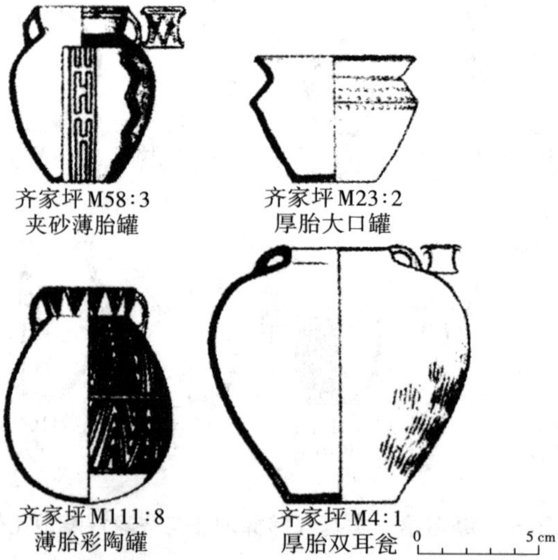

图二　洮河中上游齐家文化特殊因素举例

（本文原载于《中国文物报》2012年5月11日第6版）

关于磨沟齐家文化墓地发掘的几点思考

闫亚林

近年来，以九甸峡水库建设为契机，甘肃省文物考古研究所与西北大学合作，对甘肃省临潭县磨沟遗址齐家文化墓地开展了考古发掘工作。2008年首次发掘便取得了一系列重要收获，引起了学术界的关注。而且，发掘者及时整理并发表了一批田野发掘资料及初步研究成果①，不仅使我们对磨沟齐家文化墓葬有了更加具体的认识，同时也从中获得了许多有益的启发，并引发了对相关问题的一些思考。本文根据已发表的资料，就磨沟墓地发掘所引发的问题进行简要的讨论，以期促进早期墓葬的发掘与研究。

一、埋葬过程与早期墓葬清理方法

理论上，墓葬的营建、使用应当与埋葬过程直接相关。但由于种种原因，埋葬过程始终没有引起必要的重视，致使这一问题长期停留在理论层面上。而磨沟齐家文化墓地发掘的难能可贵之处，就在于使这一问题由理论转变为现实，不能不说是近些年来田野考古的重要进展之一。

首次发掘结果显示，磨沟墓地齐家文化墓葬的结构甚为复杂，可分竖穴土坑和竖穴偏室两大类，而后者所占比例很大。其中，竖穴偏室墓还可分为单偏室（或左或右）、双偏室（左右或上下结构）和多偏室，绝大多数为合葬墓（图一）。

① (1) 谢焱、毛瑞林、钱耀鹏：《甘肃临潭陈旗磨沟齐家、寺洼文化墓葬发掘》，载《2008中国重要考古发现》文物出版社，2009年。(2) 甘肃省文物考古研究所，西北大学文化遗产与考古学研究中心：《甘肃临潭磨沟齐家文化墓地发掘纪要》，载《考古》2009年第7期。(3) 甘肃省文物考古研究所，西北大学文化遗产与考古学研究中心：《甘肃临潭磨沟齐家文化墓地发掘简报》，载《文物》2009年第10期。(4) 钱耀鹏、朱芸芸、毛瑞林等：《略论磨沟墓地齐家文化的多人多次合葬》，载《文物》2009年第10期。(5) 钱耀鹏、周静、毛瑞林等：《甘肃临潭磨沟齐家文化墓地发掘的收获与意义》，载《西北大学学报》（社科版）2009年第5期。

如简报所云，这些合葬墓的[①]尸骨安置方式，尤其人骨推挤现象明显揭示出多次合葬的特点，而各墓不尽一致的堆积特点及埋葬过程也进一步确认了多次合葬现象的存在。针对磨沟齐家文化墓葬的埋葬过程，发掘者以令人信服的证据进行了总结分析，指出至少存在再次挖开墓道、阶段性填埋墓道、因偏室塌陷而填埋墓道、合葬完成后填埋墓道的种种埋葬过程。以前发现的其他时期或其他墓地也存在多人多次合葬现象，其埋葬过程是否皆如磨沟齐家文化竖穴偏室合葬墓，则需要在发掘过程给予充分关注，以便获得相关埋藏证据才能加以具体说明。

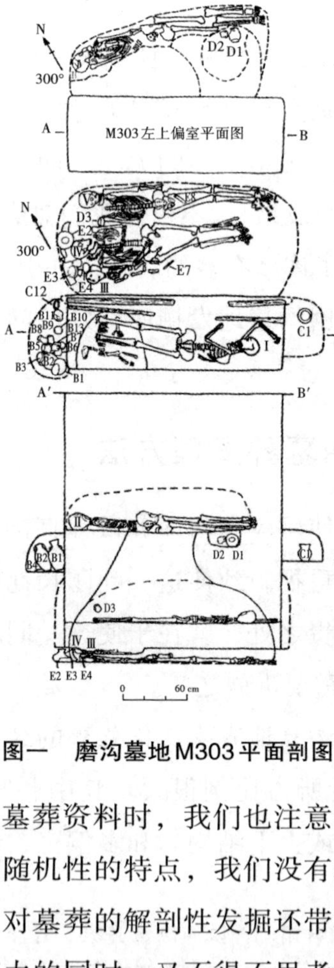

图一　磨沟墓地M303平面剖图

在阅读磨沟墓地发表的墓葬资料时，我们也注意到这样一些问题，即发掘过程中对墓葬的解剖似乎具有随机性的特点，我们没有看到一座墓葬是自上而下实施完整解剖的。也就是说，对墓葬的解剖性发掘还带有自发性的特征。这就使得我们在感叹发掘者敏锐洞察力的同时，又不得不思考如果墓葬的解剖性发掘能够由自发转变为自觉，情况又会怎样呢？相信发掘者可能对此已经有了充分的总结

①钱耀鹏、朱芸芸、毛瑞林等：《略论磨沟墓地齐家文化的多人多次合葬》，载《文物》2009年第10期。

和认识，不过我们还是觉得有必要进行一些讨论。

在田野考古实践中，中国考古学家早就总结出一套清理各种遗迹的有效方法，要求仔细清理并保留遗迹的原始形态结构，甚至对灰坑等遗迹内的堆积也要求解剖性发掘清理。但对于墓葬的发掘，往往只强调对地面坟丘部分的解剖，而墓穴部分则极少进行解剖性发掘。由于早期墓葬的地上标志往往荡然无存，所以对墓葬填埋堆积基本不进行解剖，而是确认了墓穴平面范围之后即采取水平式整体清理的发掘方法。究其原因，无非是早期墓葬一般墓穴狭小不便进行解剖性发掘清理，当然也不能完全排除习惯性发掘理念的影响。然而，有关早期墓葬的种种认知结果是否正确，其埋葬过程究竟如何，常常缺乏堆积方面的埋藏证据。而且，以往的一些发现也已显示出部分早期墓葬结构及埋葬方式的复杂性，只是对埋葬过程及相关证据关注不够。因此，早期墓葬的埋葬过程以及获取相关证据的发掘方法，仍是田野考古工作中需要关注的问题之一。

由此来看，尽管磨沟墓地的首次发掘尚未实现对墓葬的自觉性解剖清理，毕竟没有墨守成规，已经开始了对早期墓葬实施解剖性清理的探索实践，自发之中也包含着一些自觉成分。正因为如此，首次发掘结果便充分揭示出磨沟墓地齐家文化墓葬结构的复杂性，以及埋葬方式的多样性。而且，即便是自发性的解剖清理，仍然把墓葬的堆积特点与埋葬过程有机地联系在一起，足以引起人们对埋葬过程的高度关注。同时，由于对埋葬方式提供心得线索和途径，尤其是通常所谓的二次葬、扰乱葬以及合葬墓中一次葬与二次葬共存的埋葬现象等等。

基于磨沟墓地发觉结果的启发，我们认为在早期墓葬的发掘中，需要改变以往水平式整体清理墓葬的方法。对于墓穴部分也应首先采取解剖性清理的发掘方式，阶段性地保留可供对比的垂直剖面，一边获取埋葬过程方面的证据。对于磨沟墓地大量存在的竖穴偏室墓，墓道及偏室部分皆可留出剖面，划分出堆积层次。这种墓道填土及偏室部分的堆积单位①。不过，在墓穴面积较小的情况下，也无须采取以中线为准的解剖原则，可以在墓道的一端保留一定的填土范围，对其余部分则首先进行发掘清理，最后再清理解剖墓道及偏室时所留部分。令人欣慰的是，早期墓葬的解剖性清理，在磨沟墓地的发掘实践中已经由自发转变为自觉，2009年秋冬季开始对墓道和偏室全面采取了解剖性清理，获得了更多有关埋葬过程方

①国家文物局：《考古发掘规程》，文物出版社，2009年。

面的堆积证据[①]。

二、墓葬封土存在的条件与可能性

磨沟墓地齐家文化墓葬的突出特点之一，就是竖穴偏室墓所占比例很大，达到70%左右。竖穴偏室墓中以单偏室居多，也有一定数量的双偏室墓和多偏室墓。尽管这些偏室墓的埋葬过程并完全一致，却也存在着一些相同或相似的埋葬特点。具体来说，这些竖穴偏室墓最终填埋后，偏室部分往往都保留有一定的空间。诸如M246偏室口部发现有明显的封门板灰痕，封门长2.1米、宽0.08米、高0.5米左右；而偏室内部最长2米，进深0.56米，高约0.4米[②]。这种墓道填埋后仍保留有偏室封门的现象，在M260、M303、M344（图二）[③]等不少墓葬中皆有发现。这样一来，就有一个问题值得我们关注和思考，即墓上标志问题。

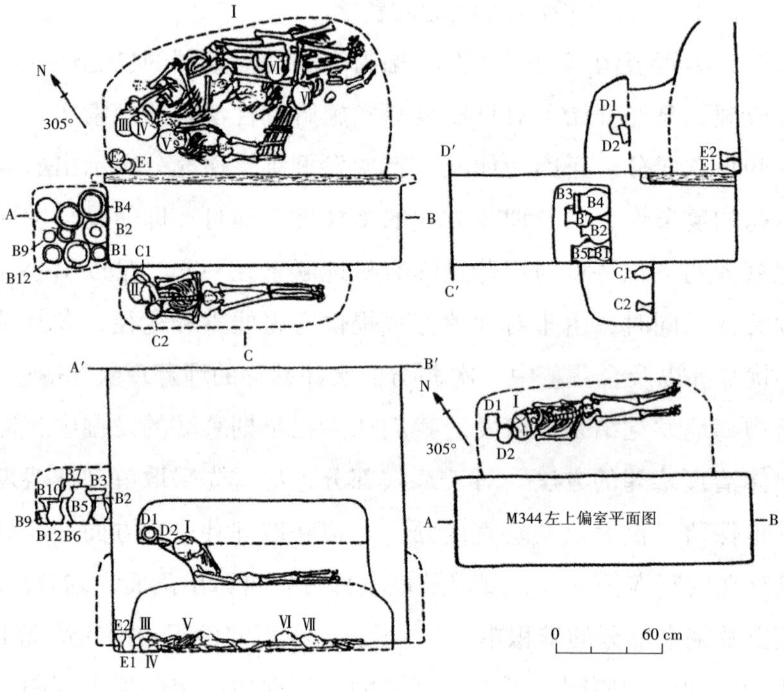

图二 磨沟墓地M344平面剖图

①甘肃省文物考古研究所、西北大学文化遗产与考古学研究中心：2009年发掘资料。

②甘肃省文物考古研究所、西北大学文化遗产与考古学研究中心：《甘肃临潭磨沟齐家文化墓地发掘纪要》，载《考古》2009年第7期。

③甘肃省文物考古研究所、西北大学文化遗产与考古学研究中心：《甘肃临潭磨沟齐家文化墓地发掘简报》，载《文物》2009年第10期。

大量的考古发现证实，史前时期各墓地的墓葬排列通常整齐有序。理论上，整个墓地有序排列的布局结构，并不能说明这些墓葬是同时修建的；而先后形成的墓葬却极少存在打破关系，则说明当时人们对先期埋葬的墓葬位置甚为清楚。这种现象自然而然地引发了人们对墓上标志的关注。当然，不同时期不同地区墓葬的墓上标志未必完全一致。就磨沟墓地的墓葬结构与埋葬特点来看，出现封土类墓上标志的条件和可能性极高，主要原因就在于偏室的存在。如前所述，偏室在墓道填埋之后，即便没有封门存在，往往也会保留一定的空间。在这种情况下，营建墓葬时掘出的土方就不可能完全回填到墓道之中，必然会部分地残留于地表之上。如果这些残留土方不移作他用，就极有可能形成地表封土。不过，形成条件也只能是一种理论上的可能性，并不能等同于客观事实。也就是说，磨沟墓地的竖穴偏室墓具备了形成地表封土即坟丘的必要条件，或者说是理论上的可能性。事实究竟如何，还需要通过发掘所获得的直接证据加以验证。

就磨沟墓地的情况来看，获取有关地表封土存在的直接证据，似乎可以从以下几个方面进行考察。首先，最可靠的线索和证据就是有无直接保留的墓葬封土，只是史前时期的墓葬封土能够原样保留下来的概率实在太小，甚至可以说是可望不可求的。即便如此，我们也不能完全排除其存在的可能性，在发掘过程中仍然需要给予关注。其次，基于磨沟墓地存在相当数量的偏室塌陷现象，其中部分墓葬或因偏室塌陷而一定程度地保留有封土痕迹，这是因为塌陷堆积与埋葬过程直接相关。无疑，偏室塌陷与墓葬填埋过程的关系较为复杂，其中不乏因偏室塌陷而填埋墓道的现象，如M164等。在填埋过程晚于偏室塌陷的情况下，墓上封土因偏室塌陷而部分残存的可能性就比较小。但是，对于合葬完成之后才填埋墓道的偏室墓，即如果偏室塌陷晚于墓道填埋过程，则偏室上部的堆积就会整体下陷数十厘米不等。在这种情况下，塌陷的偏室上部堆积可能就会包含部分封土堆积，也就是说封土底部堆积可能会因偏室塌陷而下陷至当时的地表之下。如果仔细观察分析，并采取适当的发掘方法，识别出因偏室塌陷而残存的封土痕迹并非没有可能。相信对于这种现象的确认只是一个时间问题。

另外，我们还应注意到，明显拥有地表封土的早期墓葬，时常也会在封土或封土底部、墓穴开口附近发现一些随葬物品等。如在新疆尼勒克县加勒克斯卡因特墓地的M55墓室东侧的封堆下就发现有一套石磨盘[①]，绝对年代约在公元前500年前后。尽管两者在时间和地域上都存在较大差异，但这种现象或许不无启发意义。亦即如果在墓道或墓穴开口附近发现有成组且有序摆放的物品，很可能也属于随葬品的范畴，而且可能是置于地表封土底部的随葬物品。反过来，墓道或墓穴开口附近所发现摆放有序的物品，如果没有属于其他任何遗迹的证据，即应一定程度地暗示出地表封土存在的可能性，从而提醒我们进一步寻找其他更加可靠的线索和证据。

无论如何，磨沟墓地齐家文化墓葬具备地表封土的形成条件，而且地表封土存在的可能性也比较大。通过墓葬开口部分及其周围残存的蛛丝马迹，就有可能发现并确认地表封土存在的相关证据。当然，洞室墓以及棺椁等葬具的存在，皆可导致墓葬地表封土的形成条件与可能，同样需要予以关注。

三、关于田野考古发掘的理念问题

如前所述，磨沟墓地发掘还有一些问题需要进一步关注，但发掘所取得的重要收获仍然值得充分肯定。不过，这又让我们想到了另外一个问题，即为什么磨沟墓地发掘能够获得诸多埋藏过程方面的堆积证据。可以肯定，发掘及认知结果应与发掘者的工作态度和理念密切相关。尤其在发掘理念方面，是以既往经验优先而墨守成规，还是坚持探索未知而以工作方法优先呢，似乎直接影响着考古发掘的结果。而磨沟墓地的发掘结果显示，发掘者当是坚持了后一种发掘理念。换言之，磨沟墓地的发掘还进一步引发了我们对发掘理念的思考。

考古学作为一门独立的科学，其成立的基础和前提条件首先应该是特定研究对象的存在，其次才是认知特定对象的学科理论方法，尽管理论方法是学科成立的重要标志。实物资料是考古学赖以成立的基础，而各种实物资料通常则是埋藏于地下或不同程度地暴露在地表之上。因而，获取实物资料的过程即田野考古调查、发掘就被视为近代考古学的根本特点，田野考古工作的科学化实际就是不断提高考古资料科学性的过程，尤其是田野考古发掘工作。迄今为止，如何改进田野考古工作方法，进一步提高田野考古资料的科学性和信息量，仍需高度重视。不过，随着田野考古工作的不断开展，实物资料的积累越来越多，相关的知识和

① 新疆文物考古研究所等：《尼勒克县加勒克斯卡茵特墓地发掘简报》，载《新疆文物》2007年第3期，第1-14页。

经验也更加丰富。究竟应该坚持怎样的田野考古工作理念，是知识性经验优先呢还是方法性工作程序优先，似乎还是一个值得讨论的工作理念问题。

无论是成功的经验还是失败的教训，我们都不能否认其间所隐含的相对性。换句话说，就是科学研究本身也包含着不断修正以往的认知偏差。除了事物是可以转化的哲理性理解之外，就考古学的认知结果而言，所谓相对性往往还涉及时间、空间和程度等几个方面。延伸到田野考古工作中，就是如何减少经验性的认知偏差，最大限度地获取有关古代文化遗存的各种信息资料，尤其是无法提取或保留的埋藏学方面的信息资料。具体来说，即便是同类遗迹或遗物，也会因关于使用、废弃原因与过程有所不同，从而导致它们所包含的信息量有所区别。因此，在每一次的考古发掘过程中，我们都需要树立这样一种工作理念：我们什么都不了解，怎么做才能保证发掘过程与结果的科学性，怎么做才能最大限度地提高发掘资料的信息量和科学性！无疑，这种情况就需要我们优先考虑方法性的工作程序及其基本要求。尽管工作程序与方法也是经验的总结和概括，但这种经验往往具有普遍性和规律性特点，有别于时空特征或知识性突出的微观经验（诸如房屋、墓葬、窑址结构及遗物特征等等）。

客观来说，这一理念并不是出于假设，而是符合田野考古工作特点的。原因在于田野考古工作伊始，没有哪一位学者能够拥有丰富的考古学知识（无论科学性如何），情况如同安特生之发掘仰韶遗址。不过，考古学发展到今天，相关的知识已今非昔比。对于每一位考古工作者来说，都会拥有大量可供借鉴的间接经验，甚至还有田野考古工作中所获得的直接经验。辩证地看，大量的知识性经验既是好事，但往往也会成为因循守旧的基础和根源，容易习惯性地导致经验主义的认知模式，在田野考古中则表现为知识性经验优先的工作理念，淡化发掘过程中探寻新线索、新证据的科学欲望。事实上，面对每一个遗址或墓地，面对每一次的发掘，无论发掘经验如何丰富，都不可能准确地预知发掘的具体对象和结果。但是，如果我们坚持方法性工作程序优先的工作理念，即便我们无法预知发掘对象及结果，也能够及时发现并纠正最初判断（平面判断）的种种失误，或者发现种种新线索、新问题。

针对我国的田野考古工作理念，似乎还需要强调破坏性解剖。这种破坏性解剖可以涉及各类遗迹，而不是针对某些特定的遗迹如城墙等。这是因为自中国考古学发生以来，我国学者就在田野考古，尤其安阳殷墟遗址的发掘实践中总结出了一套清理各种遗迹现象的方法，即通常所谓“找边”，要求仔细清理并保留遗迹的原始形态结构。毫无疑问，这种发掘清理方法可以较好地清理并保留各类遗迹的原始形态。然而，有关早期墓葬的种种认知结果是否正确，是否都是一次性埋葬的，其埋葬过程究竟如何，似乎仍是田野考古工作中需要关注的问题。而且，以往的一些发现也已经显示出部分早期墓葬结构及埋葬方式的复杂性，只是对埋葬过程及相关证据关注不够。

在发掘清理工作结束后，还需要根据实际情况对部分墓葬结构进行破坏性解剖，以获取其他重要的信息和证据，特别是有关营建和埋葬过程方面的证据。换言之，就是我们不能忽视或放弃任何可能获取新证据的线索。

概括而言，磨沟墓地的发掘结果不仅使我们对齐家文化及其埋葬习俗等有了不少新的认识，也诱发出一系列值得探索和思考的学术问题，这里所阐述的仅仅是我们最为关注的几个问题。无论我们的认识是否适当，如果能够对磨沟墓地的后期发掘提供一些有益的参考，如果能够在田野考古工作中引起普遍关注，即已欣慰之至。而且，我们相信随着发掘工作的进一步开展，磨沟墓地还将提供更多有关齐家文化埋葬习俗方面的新资料，值得期待。

（本文原载于《考古与文物》2010年第4期）

甘肃齐家文化墓葬中头骨的初步研究

颜 訚
四川医学院解剖学系

一、引言

这篇报告的材料，是1945年在甘肃省所举行的考古调查时在发掘墓葬中出土的一部分人类骨骼，即两个头骨。其有关考古的报告，已在夏鼐先生所著的《齐家期墓葬的新发现及其年代的改订》一文中叙述①。这是第一次发现了和齐家文化有关的人骨，可以增加了研究华北新石器时代人种的一些资料。

发掘墓地叫杨洼湾，在魏家咀村附近，是甘肃宁定县内靠近半山顶倾斜不大的斜坡上。发掘了两个墓地，因此头骨命名为杨洼湾第一号头骨与第二号头骨。第二号头骨保存尚属完整，第一号头骨颅底左侧有死后的破损。

二、性别及年龄

杨洼湾第一号、第二号头骨的年龄，依头骨缝愈合程度及牙齿磨损情况鉴定②，③约为40岁。至于其性别，则按照头骨性别特征，并结合保存的部分长骨的性特称而鉴定的，均为男性。

三、观察

为着便于比较，所以应用Fredric Wood-Jones④氏的观察标准，进行本研究的

①夏鼐：《齐家期墓葬的新发现及其年代的改订》，载《中国考古学报》1948年第3期，第101-117。

②W. Todd,&D. Lyon,"Cranial Suture Closure", *Am. J. Phys. Anthrop*, 7:325;8:23, 1925, pp. 47-149.

③W. Todd." Suture Closure, Part Ⅰ &Part Ⅱ", *Am. J. Phys. Anthrop*, vol. vii, No. 3, 1924;Vol. viii, No. i; Vol.viii, No. 2, 1925.

④Frederic Wood-jones, "The Non-Metrical Morphological Characters of the Skull as Critoeria for Racial Diagnosis, Part Ⅳ, the Non-Metrical Morphological Characters of the Northern Chinese Skull", *Journal of Anatomy*, Vol. LXⅧ, Part Ⅰ, 1933.

头骨形态的观察。兹将本研究所得结果与Fredric Wood-Jones氏现代中国人华北组与陆氏现代中国人华西组①做比较，列表如下：

表一　头骨观察特征的比较

杨洼湾一号头骨	杨洼湾二号头骨	现代华北中国人头骨(100)(Wood-Jones氏)	现代华西中国人头骨(100)(陆氏)
1.头形:狭窄卵圆的。	圆的。	61%近似卵丹形。69%近似卵丹形。	69%近似卵丹形
2.头骨不对称:轻度的不对称。	轻度的不对称。	33%没有很明显的不对。 46%正常的不对称。 21%异常的不对称。	22%显著的不对称。 53%轻度的不对称。 25%没有很明显的不对称。
3.颅顶的缝:一般缝样式简单,额缝(metopic suture)尚存在。	一般缝样式简单。	34%缝的样式非常简单。 63%是典型的细锯齿。 35%是复合缝样式。	98%简单缝样式。 2%复合缝样式。
4.缝间骨(ossa suturarum):不存在。	不存在。	38%存在。	68%存在。
5.翼点:双侧颞额骨接触。	正常型,即蝶骨大翼与顶骨接触。	95%正常型,即蝶骨大翼与顶骨接触。 5%异常型,颞额骨接触。	94%正常型。 1%异常型。
6.翼上骨或顶骨间小骨(epipteric pones):不存在。	不存在。	28%一侧或双侧存在。	26%存在。 (7%右侧,18%左侧)
7.眶上孔,切迹:两侧的孔存在。	两侧的孔存在。	15%两侧的孔存在(4%是切迹存在)。	31%两侧的孔存在(其中21%是切迹)。
8.眶的形态:前后倾斜,泪囊窝的泪脊薄而尖锐,额眉间(glabella)低平,额骨鼻部向下伸展并变为低平。	前后倾斜,额眉间低平,额骨鼻部向下延伸并变为低平。	很显著的倾斜,99%额眉间低平,额骨鼻部向下伸展并变为低平,筛骨与泪骨的部分较为膨大。	倾斜,100%泪囊窝占呈似卵丹形。

①C. S. Lu, "The Non-Metrical Morphological Characters of the Western Chinese Skulls", *The Chinese Medical Journal*, Vol. 57, No. 1, 1940.

续表一

杨洼湾一号头骨	杨洼湾二号头骨	现代华北中国人头骨(100)(Wood-Jones氏)	现代华西中国人头骨(100)(陆氏)
9. 眶下管：两侧各有一简单独立的管。	两侧有简单的管。	84%为两侧各有一简单独立的管。 14%有附加小孔存在。	简单的管占90%。
10. 颧骨，双侧颧骨的框后板(post-orbital bar)特殊的厚，颧骨向两侧展宽，面向上下变深，下缘卷曲向外。	双侧颧骨的框后板特殊的厚，颧骨向两侧宽展，而向上下变深，下缘卷曲向外。	91%颧骨具有特殊的形态，即框后板特殊的厚，颧骨向两侧展宽而向上下变深，下缘卷曲向外。	其中大部分深而宽，22%为轻度的深而宽。
11. 鼻骨：上、中三分之一缩窄，下三分之一游离端扩大，在鼻点有一些缩窄。	上、中三分之一缩窄，下三分之一游离端扩大，在鼻点有一些缩窄。	86%的鼻额缝处变宽，鼻骨的上三分之一缩窄，其游离下缘又变宽。	普通的类型属于，在鼻骨上份变宽，中三分之一缩窄，下端再变宽。
12. 鼻孔：孔缘简单而钝圆的，鼻前棘发育不良。	孔缘简单而钝圆的，鼻前棘发育不良。	25%孔缘简单而锐利，结果前鼻棘发育较好或较差。	32%孔缘简单而锐利。 21%孔缘简单而钝圆。 47%孔缘双层的，73%鼻前棘发育显著。
13. 卵圆孔：右侧居蝶骨大翼后缘近翼突处，左侧破损(系死后破损)。	两侧典型的位于蝶骨后缘的附近，呈不规则的卵丹形。	61%形状、大小、位置均正常。	35%异常的大孔，11%异常的小孔。
14. 棘孔：两侧呈完整的骨性管，位于蝶骨大翼后缘，卵丹孔后外侧。	两侧典型的位于角棘内侧的附近。	位于角棘内侧的附近，呈完整骨性管，其大小正常者占43%。	49%大小，形态正常。
15. 翼板：右侧内板轻度发育，外板发育优良，左侧死后破损。	双侧内板轻度发育，外板发育优良，其下缘延长。	63%形态非常特殊，很笔直，内板不发育，外板下缘伸长(20毫米或更多)。	59%内板轻度发育，外板下缘伸长。
16. 髁后孔：右侧存在。	两侧均存在。	63%两侧均存在。	78%存在(50%系在两侧存在，13%右侧，15%在左侧)。
17. 牙齿：磨损程度中等，切牙舌面呈铲形。	磨损程度中等，切牙舌面呈铲形。	——	——

四、测量

头骨测量，只进行了一部分，兹将此部的结果与步达生甘肃河南“晚石器时代组”及甘肃“史前混合组”及现代华北组之人类头骨做比较①，②列表于下：

表二　头骨测量的比较(绝对值以厘米计,材料均属男性)

项目	杨洼湾一号头骨	杨洼湾二号头骨	现代华北组（步氏）	“晚石器时代组”（瓻式）	“史前混合组”（步氏）
头骨最长径	18.40	17.70	17.80	18.16	18.03
头骨最宽径	14.40	15.30	13.82	13.70	13.86
额最窄处宽径	9.90	9.90	8.94	9.23	9.11
面骨高径	7.80	7.20	7.53	7.48	7.52
头骨周径	53.00	51.40	50.22	50.70	50.71
鼻骨高径	5.50	5.40	5.53	5.50	5.47
鼻骨宽径	2.54	2.55	2.50	2.57	2.58
头骨长宽指数	78.26	86.44	77.56	74.96	76.00
鼻骨长宽指数	46.18	47.22	45.33	47.33	47.65

由上表可知从大多数的形态性质看来，杨洼湾一号头骨与二号头骨的测量数值与“晚石器时代组”及“史前混合组”测量数值相近，但与“晚石器时代组”的数值则更为接近。只是在少数形态方面如杨洼湾一号头骨与二号头骨的最宽径（oranial breadth maximum）、长宽指数（cranial index）一号头骨的周径（cranial circumference）为例外，此或由于个别的头骨间差异所致。

就头骨的长宽指数来说，杨洼湾一号头骨属中头型（mesecranial），二号头骨属最宽头型（hyperbrachycranial），其数值都较“晚石器时代组”与“混合史前组”为大。与现代华北组（步氏）及现代华西组［头骨最长径（cranial length

①D.Black, “With a Note on the Prehistoric Characters of the Prehistoric Kansu Race, Memoirs of the Geological Survey of China”, *Series A.*, No. 5, June1925, pp. 52–56.

②D.Black, “A Study of Kansu and Honan Aeneolethic Skulls and Specimens from later Kansu Prehistoric Sites in Comparison with North China and other Recent Crannia, Palaeonlogia Sinica”, *Series D.*, Vol. vi. Fascicle1, 1928.

maximum）18.09厘米，头骨最宽径13.77厘米头骨长宽指数76.09］[①]相比较，则其数字较近于现代华北组。

杨洼湾一号头骨与二号头骨的鼻骨指数（nasal index）分别属于狭鼻型（lepterhine）与中鼻型（meserrhine）。与“晚石器时代组”“史前混合组”“现代华北组”及“现代昆明组”（鼻骨高5.30厘米，鼻骨宽2.60厘米，鼻指数49.24）[②]相比校，则较接近于“晚石器时代组”及“史前混合组”。

拿杨洼湾一号头骨及二号头骨与近代的华北组与华西组材料相比校。由上表可看出杨洼湾一号头骨与二号头骨与现代华北组和华西组都具有斜的眼眶、简单而明显的眶下管、特别较厚的眼眶眶后板、向两侧宽展而上下较深的颧骨、冀突内侧板较为次等发达而冀突外侧板则显著发达等。但杨洼湾一号头骨与二号头骨与现代华北组则另有其他几点相似点，如彼此均有低平的额眉间和不发达的前鼻棘，因此，杨洼湾头骨的形态似与近代华北组较为相似。另外从下列的特征，如鼻骨在鼻额交界处的鼻点（nasion）较为缩窄及低平、简单而圆钝的鼻前孔和不发达的鼻前棘，说明杨洼湾一号头骨及二号头骨较为古式。

从另一些形态方面的特征来看，如特殊的厚及宽而深的颧骨、冀突内侧板较为次等发育、而翼突外侧板显著发达、铲式的切牙等，正说明杨洼湾一号头骨与二号头骨属于蒙古型（Mongoloid）。

五、结论

由于以上的研究我们可以说，杨洼湾头骨在形态方面，基本上是属于蒙古型（Mongoloid）。与近代材料相比较，杨洼湾头骨与现代华北组较为相似。他与现代中国人在形态方面的差异为：杨洼湾头骨具有简单而圆钝的鼻前孔（nasal aperature）、不发达的鼻前棘、鼻骨在鼻额交界处鼻点较为缩窄及低平等。由测量材料方面可以看出杨洼湾头骨与甘肃“晚石器”时代头骨是相近的。

（本文原载于《考古学报》1955年第1期）

①Y.Yen and K.T.Ho,“Prediction Formulae for the Auricular Height and the Cranial Capacity of the Chinese Skull”, *Studia Serica*, Vol.Ⅲ, 1944.

②Y.Yen,“Preliminary Study of the Chinese Nasal Skeleton with Special Referance to the Kunming Specimens, the Anthropological Journal of the Insitute of History and Philology”, *Academia Siniac*, Vol. Ⅱ, 1941.

【第三章 铜器研究】

中国早期铜器的起源

杨建华　邵会秋

对金属器的考古研究主要有四个角度。第一是从金属成分入手，例如研究金属是否含砷或锡，是自然形成还是有意加入的；第二是金属器的制作技术，例如是锻造还是铸造的；第三是从器形与器类及其组合入手，例如武器与马具的增多可以揭示当时社会武装性与游动性的增强；第四是根据出土环境研究金属器，例如在龙山晚期陶寺墓地的铜器多出土于中小型墓葬，而不出土于大型墓葬，说明金属器还没有被当时的社会上层看成是财富与地位的象征。前两者主要是冶金考古的内容，后两者是考古学家涉及的领域，可以互相结合。本文则是从后两者出发进行研究。但由于资料发现与发表程度的限制，我们主要是从第三个角度，即器形与器类及其组合的视角进行讨论。

中国早期铜器的起源是一个国际上备受关注的问题。早期铜器在中国主要集中在西北地区相当于龙山时代至夏代的齐家文化中。目前大多数学者认为，在中国金属器的起源中，外来因素占有重要的地位。主要的根据有三：一是早期铜器在西北地区比中原地区发现得早、数量多，只有到了二里头时期中原铜器才迅速发展并超越西北地区，所以很有可能中原铜器是通过西北地区受到境外的影响；二是西北地区很多铜器的器形与境外铜器相似；三是中国早期铜器的年代要比欧亚大陆其他早期铜器的年代晚，大体相当于欧亚大陆青铜时代中期到晚期。但是在中国早期铜器的发展中，是否还存在本地发展的因素呢？张忠培先生通过对齐家文化的分期，提出齐家文化经历了从红铜向青铜过渡的发展历程。[①]而且仅从年代早晚出发，还不能完全否定中国早期铜器中有部分是自身起源的。如果有本地因素，外来因素与本地因素分别起多大的作用？这就涉及如何确认齐家文化铜器

①张忠培：《齐家文化研究》（上、下），载《考古学报》1987年第1、2期。

中本地的特点与外来因素的辨识。要进行这种文化因素分析，首先要把视野扩大到中国境外周边地区的早期铜器。这方面的研究已经有学者做了大量工作。目前这种研究的做法是寻找与中国早期铜器相似的那些器物，确定其年代以及文化属性，还没有对境外早期铜器的发展做过系统梳理，也没有从中找出各地铜器发展的规律。与以往对中国早期金属的研究多是从中国资料出发并与周边地区相比较而言，本文是把中国早期金属作为欧亚大陆的一个区来看待。这种研究不同于个别器物的比较，而是从欧亚大陆的早期铜器一般的发展规律审视中国早期铜器中的外来因素的作用，这就如同把那些相似的器物放入一个文化背景（Context）中来研究，会发现更多的问题。

中国早期铜器的年代，大多比周边地区的略晚。因此，在对境外早期铜器的研究中，我们应该区分两种情况：第一种是某个地区铜器的起源与发展研究，这里涉及的都是比中国早的纯铜时代和青铜时代早期和中期。但总结出的铜器发展规律对于我们认识中国早期铜器发展很有启发，也可以鉴别出中国早期铜器自身的规律；另一种是与中国早期铜器同时期的境外早期铜器，大都从欧亚大陆青铜时代晚期开始（极个别可以到青铜时代中期）。只有是同时期的，才具备影响和传播的可能。这种研究国内已经有许多成果，所以我们更多的是做第一种研究。

以上是在方法上做的一点说明。

一、中国境外早期铜器发展的个案研究

在中国境外与中国最近的早期铜器发展的考古发现，从我们目前掌握的资料来看，有里海东部土库曼斯坦的纳马兹加（Namazga）文化序列，伊朗东北部的希萨尔（Hissar）序列和它西南位于伊朗高原的锡亚尔克（Sialk）序列（图一）。

1.纳马兹加文化序列

这个序列是以纳马兹加遗址为主建立的，这个遗址是中亚马尔吉亚纳-巴克特里亚复合体（Margiana-Bactria）中最重要的遗址，基本代表了中亚地区从新石器时代到青铜时代末期安德罗诺沃联合体（Andronovo Complex）南下前的整个年代序列。1952年对这个遗址进行了发掘，将纳马兹加序列分为Ⅰ～Ⅵ期（纳马兹加Ⅰ～Ⅵ），前三期为铜石并用时代，后三期分别为青铜时代的早、中和晚期，青铜时代开始的年代为公元前3000年。[①]我们所涉及的序列包括了前五期（图二）。

① Phillip Kohl，“Central Asia Paleolithic Beginnings to The Iron Age”，*Paris*，1984.

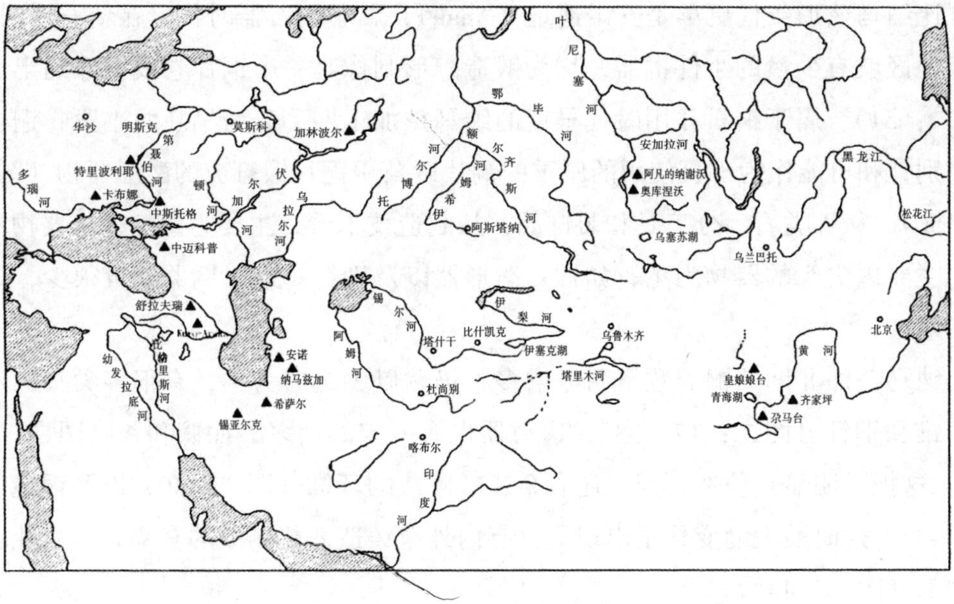

图一　早期金属主要出土地点分布示意

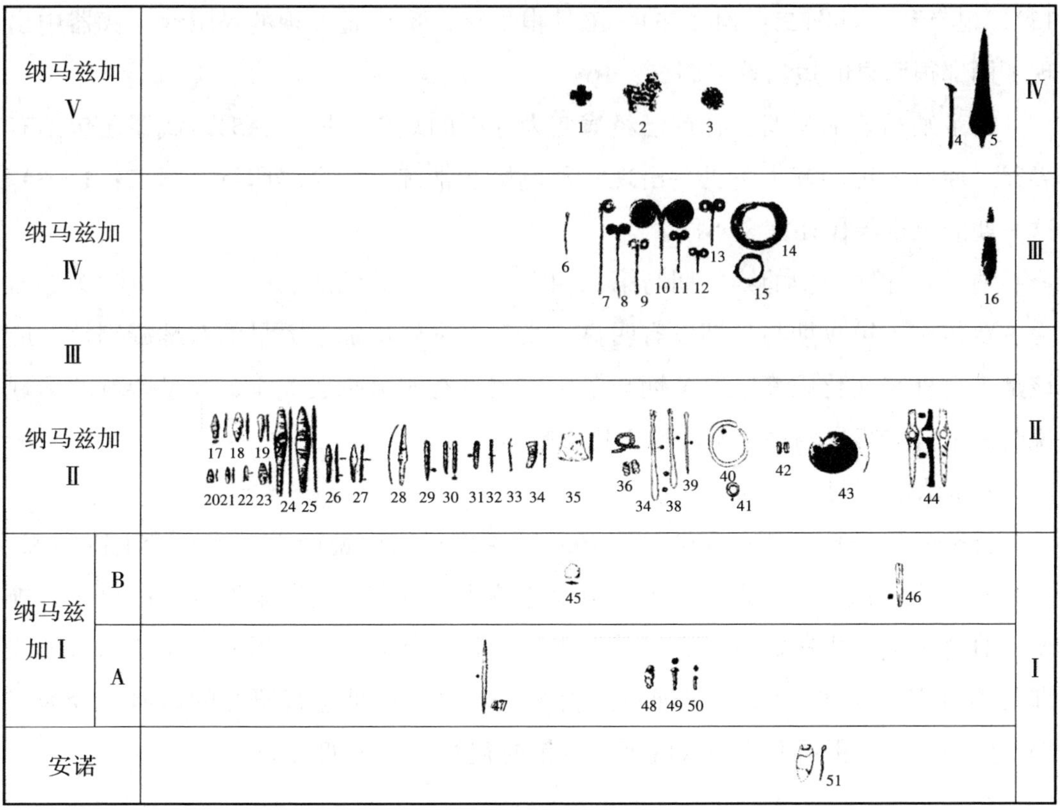

图二　纳马兹加序列的铜器

比纳马兹加年代更早是安诺遗址（Anau），属于新石器时代。在新石器时代，中亚地区就有少量的小件铜器，均为锻造。形制像是一个铜片卷成铜珠的半成品（图二：51）。属于铜石并用时代早期的纳马兹加Ⅰ期，分为早晚两小段，铜器有针、别针和可能作为工具使用的厚重的铜片以及用铜片锻打成的凿形器物（图二：45～50）。从种类看，分工具和装饰品；从制造技术看，主要为锻打；从器物种类看，主要以尖头的器物为主，如针、凿形器以及别针。这时铜器数量很少，处于萌芽期。

纳马兹加Ⅱ期的铜器数量明显增多，仍然以尖头器为主，有很多尖头的双刃刀、锥和别针（图二：17～33），边刃器也有一定的增多，如镰和斧（图二：34、35）。这把斧明显是仿造石斧，还有金属丝围成的环饰（图二：40）以及铜镜（图二：43）。这时最大的变化是出现了只有内外范铸造才能制成的有銎斧，銎孔在斧身中部（图二：44）。

纳马兹加Ⅳ期发生了很大的变化。装饰品中以双螺旋环别针为主（图二：7～13），也有环饰（图二：14、15）。工具很少见，也许是发现的局限性。武器中出现了柄部很明显的短匕首（图二：16）。

到了纳马兹加Ⅴ期，匕首已经演变为标准的短剑（图二：5），武器还包括有銎斧。原有的饰品基本不见，出现一种风格非常统一的金属印章（图二：1～3）。这一期的风格与Ⅳ期完全不同。

纳马兹加序列中的第一期与第二期有一个从萌芽到成熟的经过，以尖头形器为主要传统。第Ⅳ期与早期没有明显的联系，突然增加了大量的双螺旋别针，应该是来自外来文化因素。第Ⅴ期与第Ⅳ期也没有明显承袭关系，大量印章的出现说明是来自与第Ⅳ期完全不同的文化影响。

2.希萨尔序列

希萨尔遗址位于伊朗东北部，1931—1932年间由德国学者施密特主持发掘，1938年发表了该遗址的发掘报告，但很遗憾我们没有找到这本报告。1982年，施密特对这个遗址再次进行研究，并发表了《新石器时代至铜器时代希萨尔遗址北部聚落研究》一文。[①]我们是通过这篇文章对这个遗址进行研究的。遗址分为三期，分别相当于铜石并用时代晚期、青铜时代早期和中期（图三）。

① E. F. Schmidt, "TepeHissar—noelithische und kupferzeitlicheSiedlung in Nordostiran", *dargestellt von Paul Yule*, 1982.

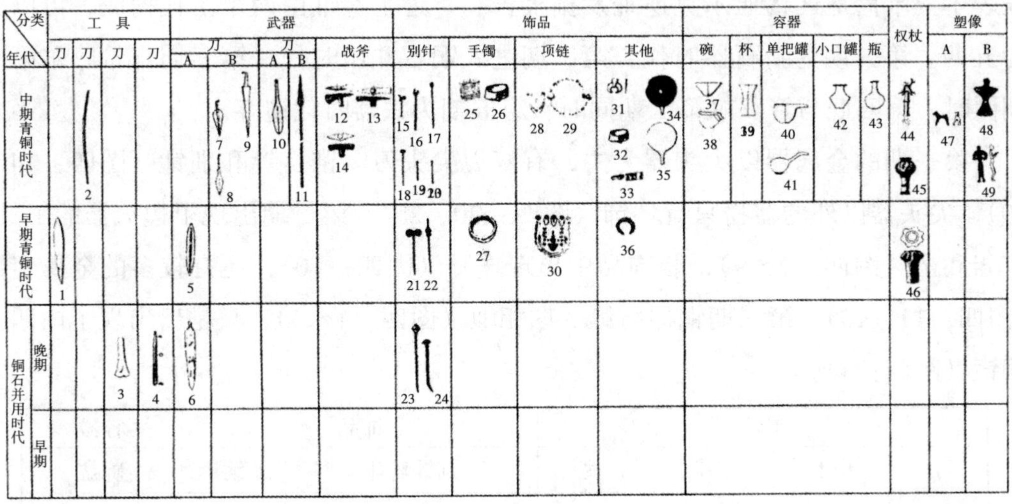

图三　希萨尔遗址的铜器

第一期没有像纳马兹加序列那么多的尖头形器，只有几件形制非常固定的器物，有锛（图三：3）、凿（图三：4）、短剑（图三：6）和菌首别针（图三：23、24）。第二期出现单刃刀（图三：1）、无柄有柱脊的短剑（图三：5），装饰品中有双螺旋别针和环饰（图三：21、22、27）。根据双螺旋别针可知，年代与纳马兹加序列第四期大体同时。第三期新出现大量武器和容器。尖头形器很不发达，只有针（图三：2）。武器有短剑（图三：7～9）、矛（图三：10、11）和管銎斧（图三：12～14）。装饰品中包括顶部有立兽装饰的别针（图三：15～20）、环饰构成的手镯（图三：25、26）和有柄镜（图三：34、35）。容器中有碗盆类、杯和单把罐和高领罐与瓶（图三：37～43）。

希萨尔序列从一开始就不见萌芽状态，也没有尖头形器的传统。刀不是这一地区常见的双刃尖头的形制而是单刃刀，第二期到第四期的短剑也各不相同。这三期没有明显的自身传统，这个系列应该是受到较多的外来文化影响。希萨尔系列中工具很少，但是有大量的武器，这说明该文化社会具有很强的武装性。强烈的外来文化影响与武装性的共存暗示了外来的征服与当地反抗。

3. 锡亚尔克序列

锡亚尔克遗址是在1933—1937年由德国考古学家吉尔什曼发掘的，在1938年发表了《卡尚地区锡亚尔克遗址发掘报告》。[①]这个遗址由两个土丘构成，可以分为五期。第一期为新石器时代，第二期进入铜石并用时代，第三期与希萨尔第一期同时，第四期与希萨尔第二期同时，第五期为铁器时代遗存。

第一期的金属器以尖头器为主，有双刃尖头刀、锥、针和别针（图四：14～19），尖头器以外的器物只有环饰（图四：20、21）。第二期出现了边刃器的工具，有斧和凿（图四：7～9），装饰品中出现珠子（图四：10），还有较多的金属容器（图四：11～13）。第三期铜器与第二期相似（图四：1～3），只是新出现了内凹的铜镜（图四：4）。

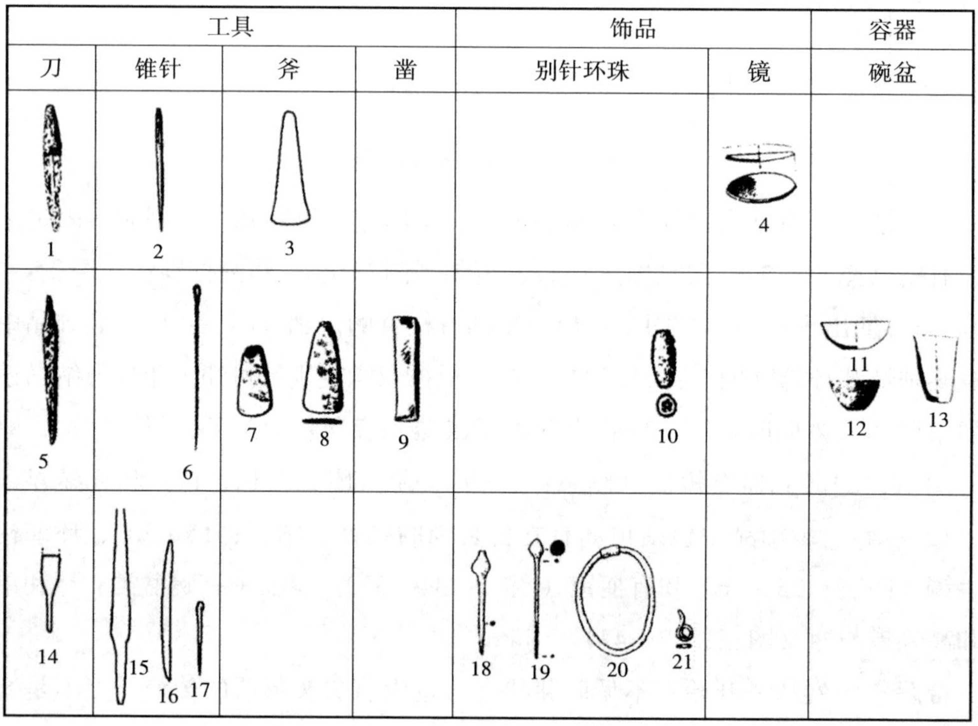

图四　锡亚尔克遗址的铜器

锡亚尔克遗址的金属器从最早的新石器时代的第一期到铜石并用时代的第三期变化不大，有很强的传统因素，以尖头器为主，后期出现实用的边刃工具，如管銎很短的镐，说明这个遗址受到外来因素的影响小，只是第三期的金属容器可能是来自两河流域的影响。

①R. Chirshman, “Serie Archèologique Tome Ⅳ Fouilles De Sialk：Près De Kashan 1933, 1934, 1937”, Volume 1, *Librairie Orientaliste Paul Geuthner 12*, Rue Vavin(Ⅳ), 1938.

根据以上三个遗址的研究，可以将中亚地区的早期铜器时代分为四期，它们的相对年代如下（见表一）。

表一 中亚地区各文化早期铜器分期对照表

阶段		纳马兹加	希萨尔	锡亚尔克	两河流域
铜石并用A	Ⅰ	Ⅰ		Ⅱ	欧倍德Ⅲ
铜石并用B	Ⅱ	Ⅱ Ⅲ	Ⅰ	Ⅲ	欧倍德Ⅳ乌鲁克
青铜时代早	Ⅲ	Ⅳ	Ⅱ	Ⅳ	苏美尔
青铜时代中	Ⅳ	Ⅴ	Ⅲ		阿卡德

从以上金属器发展序列的分析可以看出，纳马兹加和锡亚尔克均以尖头器为主，柄部与刃部没有分界，这种特点是从当地新石器时代发展而来的，应当是本地传统。之后逐渐发展到边刃器的工具。进入青铜时代之后工具不再成为金属器的主要器类，武器和装饰品明显增多，器物的柄部与刃部出现了明显的分界，使得器形更加规整，例如纳马兹加第四期的短剑。希萨尔遗址的铜器具有自身特点：这里在铜石并用时代就出现了柄部与刃部分界明显的短剑（图三：6），凿的形态也很规范（图三：4），别针的顶端形态清晰，而其他两个遗址的同类器的顶端形态非常模糊不清。这里在青铜时代早期就使用单刃刀，而不见更早形态的双刃刀。这些迹象表明，希萨尔遗址的金属器不是本地发展来的，而且从更加发达的地区传来的。进入青铜时代以后，工具类的金属数量衰减，而武器与装饰品类的猛增，说明这个时代的金属器更多地从生产领域转入战争与表现身份的功能上了。

通过对中亚地区早期金属器发展的分析，我们明确了当地铜器的传统以及本地发展与外来影响在金属器器形方面的表现，这对于我们认识中国早期金属器的起源有非常重要的意义。

二、欧亚大陆纯铜时代至早期青铜时代的铜器①

以上分析的中亚地区的三个遗址是境外距离中国西北地区较近的，它们所展现的早期金属器的发展规律，对于我们研究中国金属器的起源是非常重要的。但是仅仅了解这些还远远不够，还要简单地了解欧亚大陆其他早期金属器的情况。

①这里的早期铜器主要参见 E. N Chernyky, *Ancient metallurgy in the USSR — The Early Metal Age*, Translated by Sarah Wright, Cambridge University press, 1992。

与中国和中亚地区早期铜器有关的铜器主要发现于环黑海沿岸、高加索和欧亚草原。

1.环黑海沿岸

这一地区从纯铜时代到青铜时代早期的金属器主要发现在卡布那窖穴（Karbuna）、东欧草原从事牧业的中斯托格文化（Sredny Stog）和黑海北岸从事农业的特里波利耶文化（Tripolye）（图五）。这里很少见尖头器。装饰品占有主要地位，主要是带孔的牌饰与环饰（图五：1～3、7～9、11、12、16），武器为管銎战斧（图五：5、10、18、19），工具以平板斧为主（图五：6、20），少量锥和钩（图五：14、15）。进入青铜时代以竖穴墓文化（Pit-grave）为代表，出现柄刃分界清晰的双刃刀。

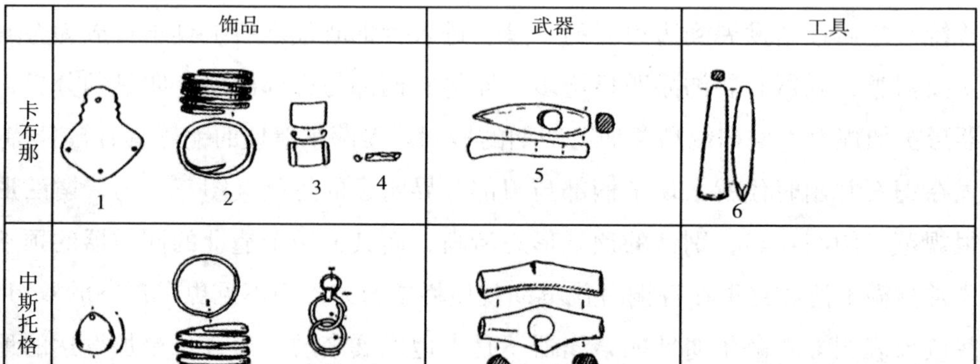

图五　欧洲草原的早期金属

2.高加索地区

这里的纯铜时代金属器很少，主要是柄刃分界不明显的双刃刀或矛状器（图六：2、3），装饰品仅有条形薄片卷成的镯（图六：1）。进入青铜时代，金属器的种类与数量激增，装饰品中出现了西亚地区的顶端为双卷曲状的别针（图六：6、7）；武器中有西亚特有的剑（图六：12、13）、草原的管銎斧（图六：10、11）以及柄刃分界明显的短剑（图六：9）；工具中有平板斧（图六：19、20）和西亚的管銎镐（图六：21）。青铜时代金属器有明显的外来因素，来自西亚与草原，这主要是由高加索的地理位置决定的。

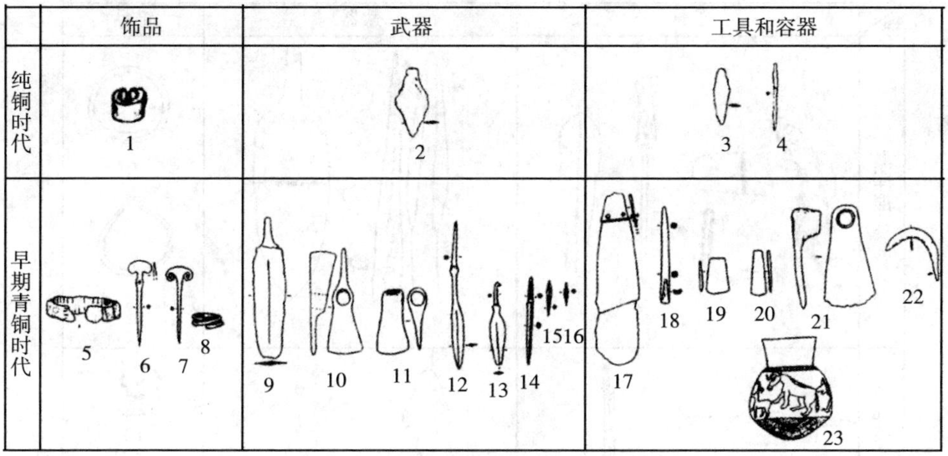

图六　高加索地区的早期金属器

3.欧亚草原

在欧亚中部地区和亚洲草原出现的金属器要晚于欧洲草原。这里的金属器主要发现在公元前3千纪初的加林-波尔文化（Garin-Bor）和青铜时代早期至中期的阿凡纳谢沃文化和奥库涅沃文化。加林-波尔文化的工具为柄刃分界不明显的双刃刀（图七：1、2），器身比中亚地区的宽，这里发现了形态非常早的空首斧，空首的形状不规整（图七：4）。装饰品有圆牌和卷曲牌饰（图七：5、6）。阿凡纳谢沃文化自身的铜器有形体很小的工具和武器（图八：9～11）以及弹簧性饰品（图八：12、13）。奥库涅沃文化的工具有嵌入式的刀和锥（图八：1、3），武器中的短剑柄刃分界清晰，形态较为进步（图八：6），矛的銎孔为锻打成的，两端不相接（图八：5）。装饰品主要是环饰，横截面是圆形，但是两端相交处为扁平状（图八：7、8）。

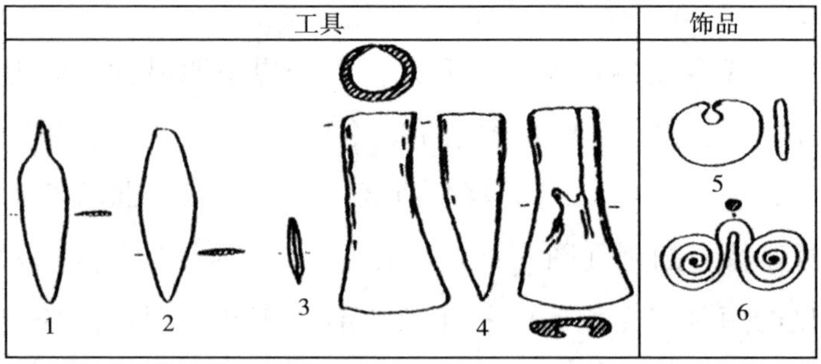

图七　欧亚草原加林波尔金属器

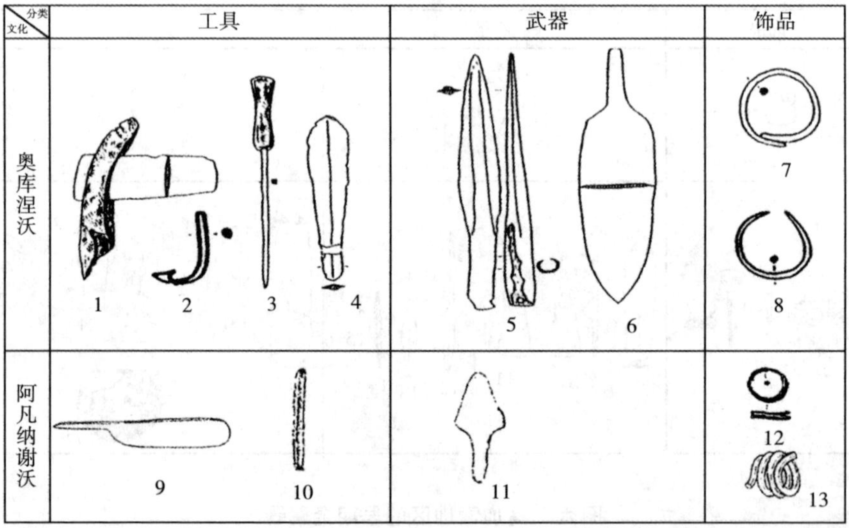

图八　亚洲草原早期金属器

以上三处金属器代表了各自地区的传统：黑海沿岸的管銎斧年代最早，代表了当地传统；草原地区的嵌入骨柄的工具和空首斧是当地的特点；高加索具有草原与西亚地区的双重影响。这些地区从纯铜时代开始的金属器都很少见尖头器，与中亚地区存在很大的差别。在对更广泛的金属器的分析之后我们可以进一步明确，中亚希萨尔的金属器受到黑海沿岸管銎斧的影响，而且是在青铜时代以后的管銎斧，它的形态（图三：12～14）比特里波利耶文化青铜时代早期的管銎斧更加规整。

三、齐家文化的金属器

我国最早的铜器大约出现在公元前3千纪中叶到公元前17世纪前后，即龙山时代到夏代。这时期的欧亚大陆已经进入青铜时代早期到中期。中国早期金属器最有代表性的就是齐家文化的铜器。如果从我们对欧亚大陆早期铜器发展规律来观察就会发现，它实际是一个不同时期的混合体。虽然我们从目前出土器物的层位关系还无法将其进行分期，但是我们还是可以根据早期铜器的发展规律对其进行年代早晚的辨析。

在齐家铜器中，刀的数量最多，而且形态各异。根据欧亚大陆早期金属刀的形态发展，可以将齐家的刀分为四个时期。第一个时期是单刃刀（图九：1)，这与大多数纯铜时代的双刃刀不同，说明齐家的年代要大大晚于纯铜时代。最早的单刃刀见于希萨尔的青铜时代早期。齐家的单刃刀不会早于这个年代。第二个时期是单刃有背刀（图九：2、3)，但是还没有出现刀柄与刀身的区别。第三阶段出现了刀柄，便于用手握住使用（图九：4)。第四阶段出现刀首装饰，柄部也加以装饰，还有以銎纳柄的按柄方式（图九：5～10)，这些器物的年代已经大大晚于欧亚大陆的青铜时代中期，与赛伊玛的组合略有相同之处。骨柄锥是齐家文化以及中国北方其后的文化常见的器物（图九：11)，在欧亚大陆见于奥库涅沃文化，说明中国西北地区早期铜器与亚洲草原的关系更为密切。年代应该在青铜时代早期向中期的过渡。齐家文化的尖头形器有锥和针之类的铜器（图九：12～15)。通过对中国境外早期铜器的分析可知，以农业为主的中亚地区的铜器基本是自身起源的，以尖头形器为特点；以牧业为主的亚洲草原地区的铜器大多是从欧洲草原传入或在其影响下产生的，所以推测齐家文化自身的铜器也有很大可能是以尖头形器为主，但是数量并不多。

齐家文化的铜斧类器物有平板斧和空首斧（图九：16～18)。平板斧很宽，与纳马兹加Ⅱ期的板斧相似，但是上端有一周凸弦纹。纳马兹加Ⅱ期的年代早于齐家文化，齐家文化的板斧有可能与这种板斧有渊源关系。齐家文化的空首斧带耳，形态比最流行空首斧的塞伊玛图尔宾诺遗存[①]要原始。欧亚大陆最早出现空首斧的，就目前掌握的情况看，见于公元前3千纪的加林-波尔文化，这个文化在乌拉尔山地区的森林草原地带。空首为圆形，无耳，壁薄（图七：4)。齐家文化的空首斧形态应当介于加林-波尔和塞伊玛图尔宾诺遗存之间。空首斧最早出现在森林草原地带，在草原地带并不多见，很可能是砍伐树木的工具，尤其多见于有铸造

①〔俄〕切尔内赫、库兹明内赫著：《欧亚大陆北部的古代冶金：塞伊玛-图尔宾诺现象》，王博、李明华译，中华书局，2010年，第26-41页。

金属器能力的文化中，这样，就把空首斧、树木与铸铜联系起来。

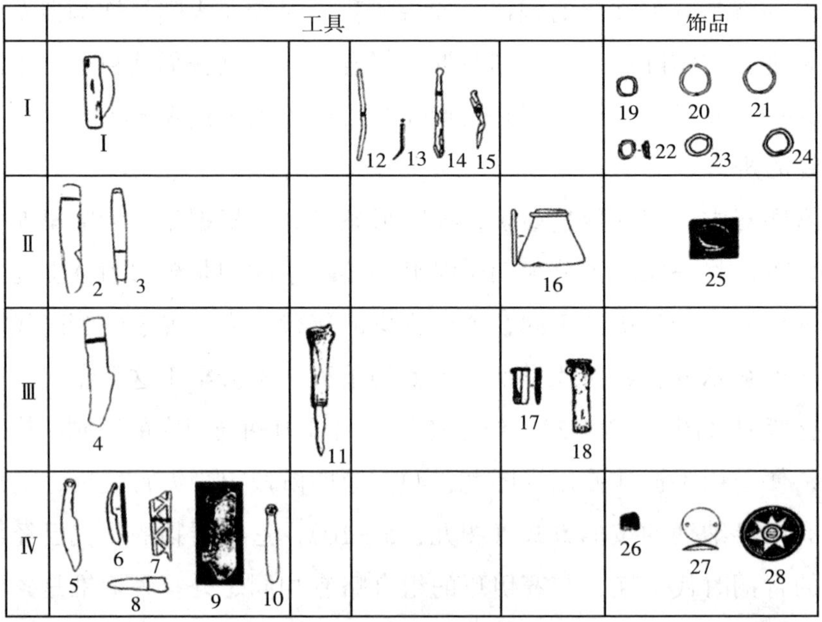

图九　齐家文化金属器发展阶段蠡测

齐家文化的装饰品中数量最多的是单层的环饰（图九：19～25），见于中亚早期铜器，如锡亚尔克最早的铜石并用时代遗存中。欧洲草原早期铜器中的环饰多为多层弹簧状。应当属于当地的传统。至于齐家文化的泡饰和镜子（图九：27、28），在欧亚大陆的青铜时代中期以前很少见，应当是青铜器晚期流行的器物，是齐家文化中年代很晚的铜器。

从以上分析可以看出，齐家文化金属器的年代相差很大。有些铜器可能超出了齐家文化的下限，还有像本文没有纳入齐家文化的沈那出土的青铜矛。①在这些齐家铜器中，大多数都与境外的铜器有联系，很可能是外来。有可能代表当地发展的铜器，如尖头器，几乎没有。这样就说明中国早期铜器中的器形是以外来文化的影响为主，但是这些外来影响到了齐家文化中，并不是原封不动的被接受，而是加以改造，所以我们看到存在外来影响又与境外器物不完全相同。

齐家文化铜器与境外铜器的联系，主要来自中亚地区和亚洲草原。根据中亚和草原金属器的年代可知，齐家文化金属器的外来影响，先是受到中亚地区的影

①王国道：《西宁市沈那齐家文化遗址》，载《中国考古学年鉴（1993年）》，文物出版社，1995年。

响，后来受到草原的影响。

按照齐家文化铜器发现的位置，可以将其分为三组：A组分布在甘肃中部的武威、湟水上游和洮河上游；B组分布在青海东部高原和河湟地区；C组发现于大夏河和洮河中下游（图一），我们按组来分析这些铜器（图一〇），会得出各组的如下特点（表二）①。这个分析说明不同的地区、不同性质的遗存以及不同的获取资料的方式，都会对铜器的种类有所制约。近年齐家文化的铜器又有很多新的发现，鉴于资料还没有正式发表，本文没有包括。

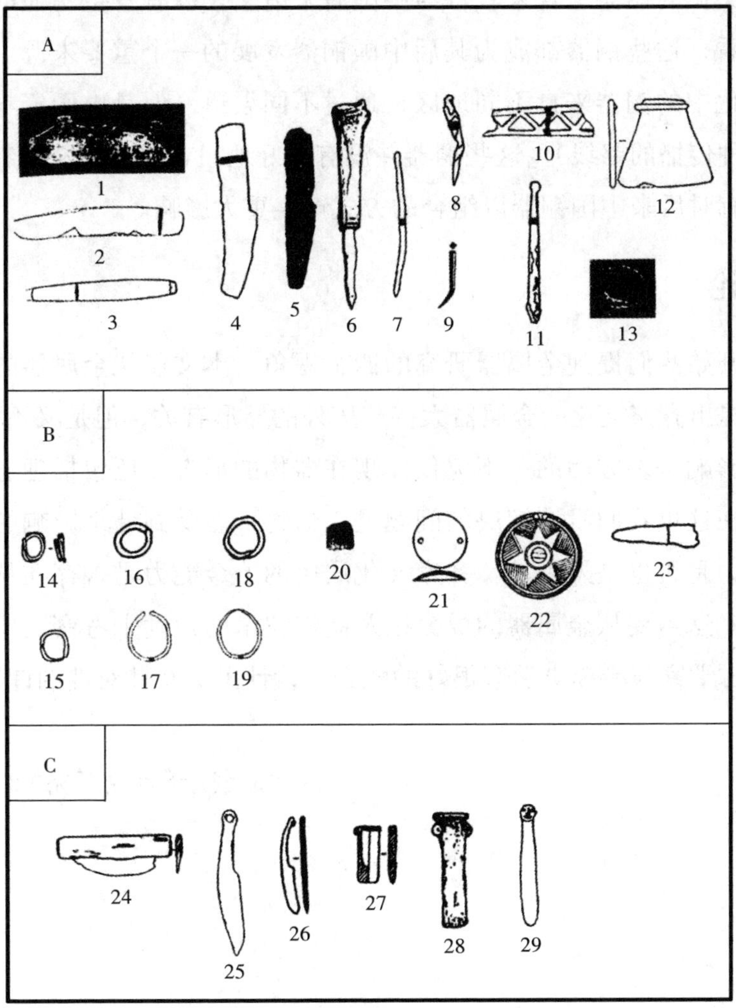

图一〇　齐家文化铜器的分区

①引自王振：《从齐家文化铜器研究看中国早期铜器的起源与发展》，载《西部考古》第2辑，三秦出版社，2007年。

表二　齐家文化铜器的分组情况

区域	出土情况	器物组合	主要器形	材质	制作工艺
A组	居址为主	工具为主	刀、锥、凿、钻	红铜	锻造为主
B组	墓葬为主	饰品为主	指环、泡、镜	青铜	铸造
C组	调查为主	工具	刀、斧、镰、匕	红铜、青铜	发达的铸造

从齐家文化的铜器组合来看，与中国后来诸文化没有发生明显的联系。但是就单个铜器看，这些铜器都成为其后中国铜器发展的一个重要来源。由此可以推断，齐家文化中的铜器来自不同地区，通过不同渠道（但是由于资料局限，我们还不知道这种传播的路线）。这些铜器并没有很好地组合成齐家文化特有的铜器特点，所以没有对后来中国铜器以组合的方式产生重大影响。

四、讨论

在文章开始我们提到金属器研究的四个视角，本文仅从金属器的形态角度进行了研究，提出齐家文化的金属器大多与境外的器形有关，但是又不完全的相同。外来文化的影响是多方面的，不仅仅体现在器物的形态，还包括理念、技术以及人的到来。在这里我们没有解决的问题是：器物形态受到外来影响的同时，制作金属器的能力是否也是外来的？齐家文化居民的冶金能力是否存在从红铜到青铜的自身发展？这需要从金属器的成分以及制作技术的角度来考察。所以这方面的研究期待考古学家与冶金史学家很好的配合，设计出更有针对性的课题。

（本文原载于《西域研究》2012年第3期）

甘肃早期铜器的发现与炼制造技术的研究

孙淑云 韩汝玢

甘肃地处黄河上、中游的高原地区，已发现新石器及稍晚时期的古文化遗址达1000多处[①]。甘肃省的祁连山脉蕴藏着丰富的铜矿和其他有色金属矿藏，为古代冶金技术的产生和发展提供了丰富的资源。甘肃已发现的早期铜器达300余件，占全国出土的商代以前铜器总数的80%以上。因此，在对中国早期铜器的研究中，甘肃早期铜器的研究尤为重要。

1981年，笔者发表了有关甘肃出土早期铜器的部分分析检验结果[②]。自那时至今的10余年间，由于新的考古发掘成果为早期铜器的深入研究提供了新的信息，同时考古学、科技史工作者对早期器的研究进一步深化，陆续发表了多篇论文[③]，对进一步认识甘肃出土早期铜器在中华文明起源和发展中的地位有重要的意义。

本文在总结甘肃早期铜器已有的检验结果基础上，增加新发现铜器的分析和研究内容，从铜器的材质和制作工艺以及与邻近地区早期铜器的冶金学特征等方

① 甘肃省博物馆：《甘肃文物考古三十年》，载《文物考古工作三十年》，文物出版社，1979年。

② 北京钢铁学院冶金史组：《中国早期铜器的初步研究》，载《考古学报》1981年第3期。

③ 李京华：《河南龙山文化冶钢技术》，载《有色金属》1983年第3期。李京华：《关于中原地区早期冶铜技术及相关问题的几点看法》，载《文物》1985年第12期。严文明：《论中国的铜石并用时代》，载《史前研究》1984年第1期。杨杰：《略论我国的铜石并用时代》，载《内蒙古社会科学》1985年第4期。杨东晨：《从我国史前的铜器瓮文明的开端》，载《郑州大学学报》（哲学社会科学版）1985年第4期。李先登：《试论中国古代青铜器的起源》，载《史学月刊》1984年第1期。郑德坤：《中国青铜器的起源》，原文载《香港中文大学中国文化研究所学报》第16卷，译文载《文博》1987年第2期。华泉：《中国早期铜器的发现与研究》，载《史学集刊》1985年第3期。膝铭予：《中国早期铜器有关问题的再探讨》，载《北方文物》1989年第2期。安志敏：《试论中国的早期钥器》，载《考古》1993年第12期。Noel Barnard ,"Thought : on the emergence of metallurgy in Pre—shang and Early shang China, and a technical appraisal of relevant bronze artifacts of the time", *Bullet in of the Metals Museum*, 1993, Vol. 19, pp. 3-48.

面进行比较，探讨甘肃冶金技术的起源及早期发展的特点。

一、甘肃早期铜器的发现与检验结果

本文涉及的早期铜器是指年代下限到商纪年开始（前1600年）以前的铜器。甘肃发现的早期铜器包括属于马家窑文化、马厂文化、齐家文化和四坝文化时期的铜器。

1.甘肃马家窑文化的铜刀和铜渣

甘肃东乡林家马家窑文化遗址房址（F20）出土的铜刀（图一）经激光微区光谱分析是含锡的青铜质。对刀的柄端及刃部进行表面金相观察具有α固溶体树枝状结晶及少量（α+δ）共析组织。估计其含锡量约在6%～10%之间。在刃口边缘1～2毫米宽处可见树枝状晶取向排列（图二）。此铜刀系用2块范闭合浇铸而成，在一块范上刻出刀型，另一块为平板范。用此法铸出的刀脊部的棱呈斜坡状。此刀的刃口经轻微的冷锻或戗磨。

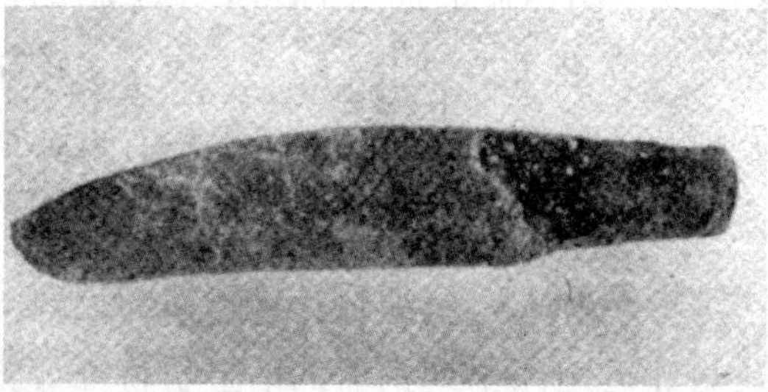

图一　马家窑文化铜刀

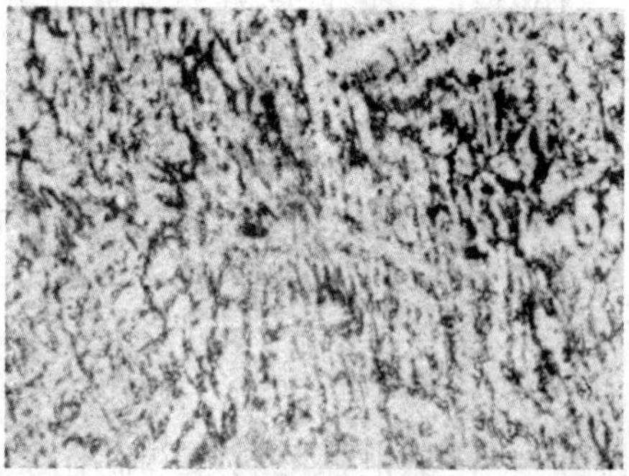

图二　马家窑文化铜刀金相组织×100

在上述遗址的灰坑（H54）中发现了“铜碎渣”。经岩相鉴定，小块的“铜碎渣”由孔雀石组成；较大块的主要物相组成为：孔雀石30%、褐铁矿40%、石英10%、赤铁矿5%、金属铜5%，铁橄榄石少量。金属铜以不规则形状分散于“铜碎渣”心部，孔雀石分布在外部及裂隙间，石英呈无棱角的圆形颗粒。表明此“铜碎渣”是铜铁共生矿冶炼不完全的冶金遗物。

东乡林家马家窑文化遗址F20和H54均属于马家窑文化晚期遗存。^{14}C年代测定结果为公元前2740年（经树轮校正）[①]。马家窑文化相当于中原仰韶文化

① 张学正、孙淑云、韩汝粉：《甘肃出土的早期铜器》，第一届国际冶金史会，北京，1981年。

晚期[①]。

2. 马厂文化铜器

甘肃永登蒋家坪出土的马厂文化铜刀（75·X·D·T473）（图三），经激光微区光谱分析是含锡的青铜。

图三　马厂文化残铜刀

甘肃酒泉高苜蓿地和照壁滩分别发现马厂文化铜块1件和铜锥1件[②]。经检验铜块为铸造红铜，铜锥由红铜热锻成形，局部又经冷加工。

马厂文化的年代约为公元前2300—前2000年[③]。

3. 齐家文化铜器

甘肃齐家文化出土铜器的遗址有6处，共出土铜器45件，其中经分析鉴定的24件（表一）。另有13件经学者对其材质或工艺进行了考察和判定。结果表明齐家文化铜器以红铜器为主，其中武威皇娘娘台遗址出土的13件铜器经仪器测定全部为红铜器，永靖秦魏家和广河齐家坪出土的铜器中开始出现青铜，材质包括铅青铜、铅锡青铜和锡青铜。齐家文化铜器的制作有铸有锻。刀、锥等器物以锻为主，锻造铜锥（75·W·X·T5）长、短各1件，如图七所示。铜斧、铜镰等器物由铸造而成。

① 夏鼐：《碳14测定年代和中国史前考古学》，载《考古》1977年第4期。
② 李水城等：《酒泉县丰乐乡照壁滩遗址和高首落地遗址 》，载《中国考古学年鉴（1987年）》，文物出版社，1988年。样品由北京大学考古学系李水城提供。
③ 夏鼐：《碳14测定年代和中国史前考古学》，载《考古》1977年第4期。

表一　甘肃齐家文化铜器及鉴定结果

出土地及出土件数	经鉴定的器名及编号	材质及鉴定手段	制作方法及鉴定手段	参考资料
武威皇娘娘台30件(第1～3次发掘出土铜器及铜渣23件、第4此发掘出土铜器7件)	条形器H9(3)	红铜(注1)	模制	18～20
	残锥Ⅱ式T13:1	红铜(注3)		
	残刀Ⅰ式AT5:249	红铜(注3)		
	铜环T18(2)		铜片卷合(考古观察)	
	残刀Ⅰ式采集		单范铸造(考古观察)	
	刀Ⅱ式F3		捶击(考古观察)	
	锥Ⅰ式T6:3		捶击(考古观察)	
	锥Ⅰ式T10:3		捶击(考古观察)	
	残锥Ⅰ式BT2(2)		捶击(考古观察)	
	锥Ⅱ式H9(3)		捶击(考古观察)	
	凿T19(2)		捶击(考古观察)	
	铜锥19948	红铜*(注4)		
	铜锥2281	红铜(注4)		
	铜锥甘267	红铜(注1)		
	铜刀19946 75·W·X·T17	红铜(注1、2)	铸造(金相检验)	21～23
	铜刀19647 75·W·X·T18③	红铜(注1、2)	锻制(金相检验)	
	铜锥(长)19668 75·W·X·T5	红铜(注4)	锻制(金相检验)	
	铜锥(短)19668 75·W·X·T5	红铜(注4)		
	铜锥 75·W·X·T17②	红铜(注1)		
	铜锥19551 75·W·X·T14③	红铜(注2)		
	铜锥19950 75·W·X·(采)	红铜(注1、2)		

续表一

出土地及出土件数	经鉴定的器名及编号	材质及鉴定手段	制作方法及鉴定手段	参考资料
永靖秦魏家8件	铜锥T6:2	铅锡青铜(注2)	锻制(金相检验)	
	铜斧H72:1	红铜(注2)	铸造(金相检验)	
	铜环M99:6	铅青铜(注5)	锤击(考古调查)	
	铜环M70:2		锤击(考古调查)	
	铜饰H4:1	红铜(考古调查)		
	铜饰H19:6	红铜(考古调查)		
	骨柄铜刃刀 临夏州博187	铅青铜(注1、2)		
	铜尖KG3 732②:27	红铜*(注2)		
永靖大何庄2件,铜匕(TF:7)未鉴定	残铜片T30:27	红铜(化学定量)		24、25
广河齐家坪2件	铜镜75·G·T1(g、g、p)M91	铅青铜(注1、4)	曲率半径为24±7毫米的凸面镜(仪器测量)	26、27
	铜斧75·G·T1·AF1:1	红铜(注1、4)		
广河西坪1件	铜镰 临夏州博137	红铜(注1、2、4)	铸造(金相检验)	28
岷县杏林2件	铜刀	红铜(考古报告)	铸造(考古报告)	29
	铜刀	红铜(考古报告)	铸造(考古报告)	

鉴定手段：（注1）同位素源手提X–光荧光仪定性分析，（注2）原子发射光谱定性分析，（注3）半定量分析，（注4）激光光谱定性分析，（注5）电子探针微区成分分析。

*根据光谱定性分析结果与金相鉴定结果相对照确定定性分析的含量在大、中等级的元素为人为加入的，此类样品可称为铜含金。据此，铜锥（19948）及铜尖（KG3732②：27）原来鉴定为青铜，现纠正为红铜。

齐家文化^{14}C年代的测定证实其年代比公元前2000年早不了许多①。不同的遗址在年代上也有早晚之分。

张忠培先生将齐家文化分为三期8段。武威皇娘娘台遗址出土的多数铜制品年代属于一期3段，早于其他遗址铜器的年代②。他还指出“皇娘娘台不出青铜”。

① 夏鼐：《碳14测定年代和中国史前考古学》，载《考古》1977年第4期。
② 张忠培：《齐家文化研究》（下），载《考古学报》1987年第2期。

本文表一所列经鉴定的13件皇娘娘台铜器的结果验证了这点。

4.火烧沟出土的铜器

1976年在玉门清泉乡火烧沟遗址发掘了314座墓葬，有铜器的墓葬占1/3以上，出土铜器200余件。经定性分析的65件，结果（表二）表明红铜器和青铜器的比例各约50%。青铜器中锡青铜较铅青铜器的数目多，铅锡青铜数目最少，仅6件。用青铜做装饰品的比例大于工具，装饰品中60%由青铜制作，而工具的青铜比例只40%。其中29件铜器经原子发射光谱对含砷量（As）的检测表明仅5件含少量砷。

表二　甘肃玉门清泉乡出土火烧沟文化铜器分析结果

器物类型与名称		编号	检测元素	材质与鉴定手段
			Cu Sn Pb As Fe Ag	
装饰品	铜泡	76·Y·H·M83:3	大无无—少微	红铜(注4)
		M11:19	有无有———	铅青铜(注1)
		M88:10	有无有———	铅青铜(注1)
		M215	有无有———	铅青铜(注1)
		M48:8	大有有无——	铅锡青铜(注2)
		M254:10	大无无无——	红铜(注2)
	鼻环	M206:8	大少无无——	红铜(注2)
		M844	大中无—少微	铅青铜(注4)
		M47:26	大有少无——	铅青铜(注2)
	耳环	M47:13	大有少无——	铅青铜(注2),锻(观察)
		M266:1	大有无无——	铅青铜(注2),锻(观察)
		M127:26	大有少无——	铅青铜(注2)
	铜?	M259:13	大无无无——	红铜(注2)
	铜管	M215	大少无少—无	红铜*(注4),锻(观察)
装饰品	条形饰	M239:2	有有有———	铅锡青铜(注1)
		M266:13	有无无———	红铜(注1)
	圆铜饰	M300	大无无无——	红铜(注2)
		?	大中无—少无	铅青铜(注4)
	铜镜	?	大无无无——	红铜(注2)
	权杖首	M310	大少少—少微	红铜*(注4)

续表二

器物类型与名称		编号	检测元素 Cu Sn Pb As Fe Ag	材质与鉴定手段
用具	铜匕	M100:4	大有无无——	铅青铜(注2)
		M254:4	大少少无——	红铜(注2)
		M153:15	大有有无——	铅锡青铜(注2)
		M299:12	大无无无——	红铜(注2)
		M79:9	大大大—少少	铅锡青铜(注4),锻(金相)
工具	铜锥	M215:4	大少无—少无	红铜(注4)
		M11:8	大无无—少无	红铜(注4)
		M176	大无无无——	红铜(注2)
	铜凿	M84:19	大无无无——	红铜(注2)
	铜镰	M100:15	大少无—少无	红铜(注4)
	铜?	采集品	有有无———	铅青铜
	铜斧	M79:10	有无有———	铅青铜(注1)
		M299	有无无———	红铜(注1)
		M64:9	有无无———	红铜(注1)
		M234	有无无———	红铜(注1)
		M50:2	有无有———	铅青铜(注1)
	铜刀	M219:6	有无有———	铅青铜(注1)
		M244:2	大无无少——	红铜(注2)
		M97	有有无———	铅青铜(注1)
		M127:2	有有无———	铅青铜(注1)
		M84	有无无———	红铜(注1)
		M127:29	有无无———	红铜(注1)
		M278:6	大少无无——	红铜(注2)
		M244:2	大无无少——	红铜(注2)
		M252:11	大有少无——	铅青铜(注2)
		M64:8	大少无无——	红铜(注2)
		M79:22	大有有少——	铅锡青铜(注2)
工具	铜刀	M19:5	大少无少——	红铜(注2)
		M304:15	大有无无——	铅青铜(注2)
		M64:11	大少少少——	红铜(注2)
		M206:20	大有无无——	铅青铜(注2)
		M103:2	大少无无——	红铜(注2)
		M196:11	大无无无——	红铜(注2)

续表二

器物类型与名称		编号	检测元素	材质与鉴定手段
			Cu Sn Pb As Fe Ag	
武器或狩猎工具	铜镞	M234	有 无 有 — — —	铅青铜(注1)
		M103	有 无 有 — — —	铅青铜(注1)
		M310:9	有 有 有 — — —	铅锡青铜(注1)
		M79:23	有 无 有 — — —	铅青铜(注1)
		M176:8	有 无 有 — — —	铅青铜(注1)
		M219:7	有 无 无 — — —	红铜(注1)
		M284:2	有 无 无 — — —	红铜(注1)
		M88:7	大 无 无 — 少 无	红铜*(注4)
		M278:11	大 大 少 — 少 少	铅青铜(注4)
		M299:11	大 大 少 — 少 少	铅青铜(注4)
		M254:2	大 无 无 — 少 —	红铜(注4)
铜矛		A 045	大 少 无 无 — —	红铜(注2)

注：本表鉴定手段的标号以及对材质的判定原则均同表一。

*表示改正《中国早期铜器的初步研究》一文作者对材质的判定。

火烧沟经鉴定的65件铜器中有4件为锻件，其余均为铸件。锻件有铜匕（76·Y·H·M79：9）、铆管（76·Y·H·M215）、耳环2件（76·Y·H·M47：13和M266：1）铜匕（图五）柄端弯曲成钩状，弯曲处和刃口表面金相组织检验显示α固溶体再结晶晶粒，晶内存在滑移线，表明是经过热锻和冷加工处理的（图六）。铸件中四羊铜权杖首（76·Y·H·M310）带有4羊头装饰（图四），在杖首内部空腔内对应于4羊头的部位有突出内表面的凸起，表明羊头与杖首是分铸的。这是我国目前所发现最早的一件镶嵌铸件。

图四　火烧沟文化铜杖首

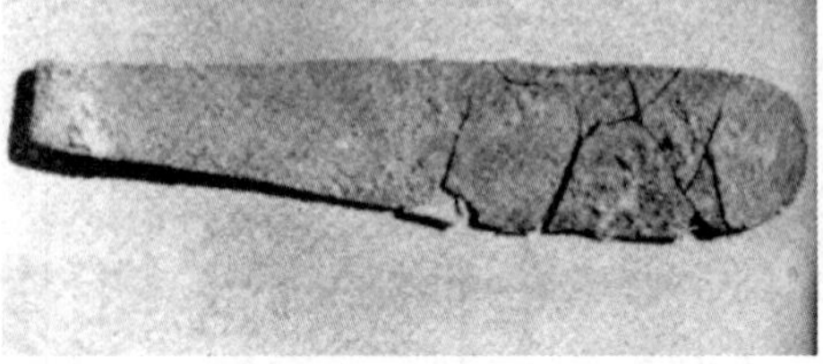

图五　火烧沟文化铜匕首(M79:9)

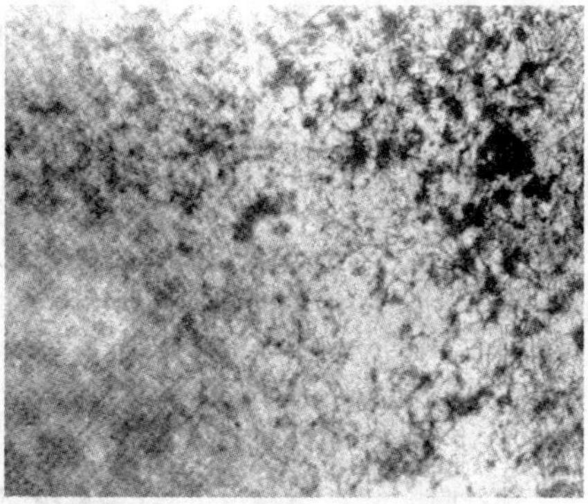

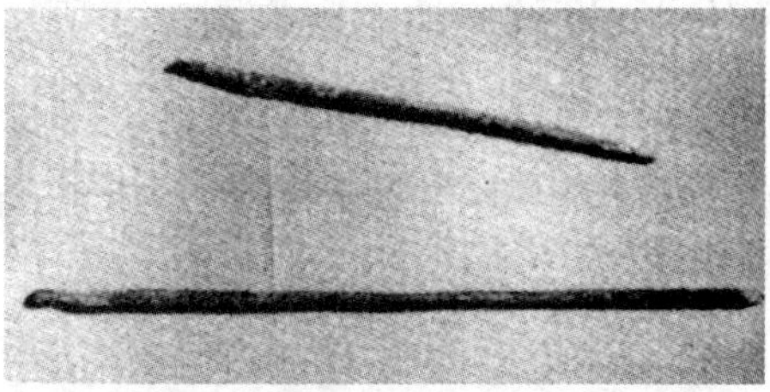

图六 火烧沟铜匕首(M79:9)金相组织×100 图七 齐家文化铜锥(75·W·X·T5.19668)

在火烧沟文化遗址中出土有可铸两件箭镞的石范（图八），石范岩相鉴定为泥质砂岩，具有硬度适中、耐火度高的特点，适宜在其上刻制铸型并能多次使用。此石范的范面留有使用过的痕迹，表明箭镞已在当地生产。

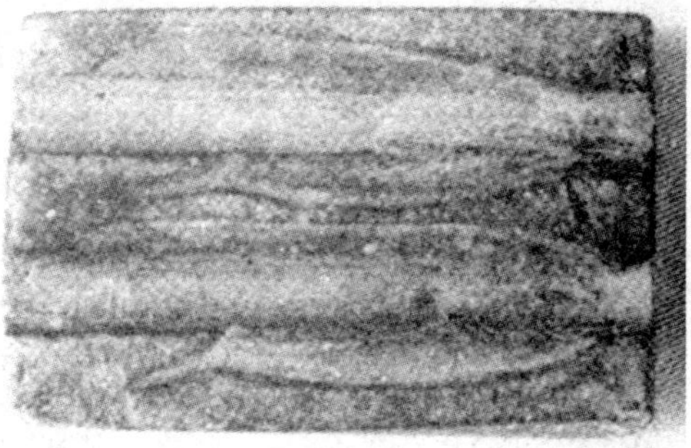

图八 火烧沟文化镞石范

火烧沟墓地的年代下限不晚于公元前1600年，应在夏纪年范围内[①]。它属于甘肃四坝文化火烧沟类型。

5.东灰山、干骨崖出土的铜器

近年考古发掘了另外2个四坝文化遗址，其中民乐东灰山遗址年代经^{14}C测定距今3770±145年。此遗址共发掘墓葬249座，出土铜器15件及金耳环1件[②]。15件铜器经检验，12件为砷铜，2件为锡砷青铜，1件为锡砷铅青铜，器物全部含砷

① 张学政等：《谈马家窑、半山、马厂类型的分期和相对年代》，载《中国考古学会第一次年会论文集》，文物出版社，1979年。

② 许永杰：《民乐县东灰山火烧沟四文化遗址》，载《中国考古学年鉴（1988年）》，文物出版社，1989年。样品由许水杰、张陇提供。

且全部由热锻成形，如图九所示为东灰山墓葬出土的铜耳环（T7③）金相组织：α固溶体再结晶晶粒及孪晶，较多黑色孔洞及灰色硫化物夹杂。热锻器物中有6件又经不同程度的冷加工，如图一〇所示为铜刀尖（M218：3）金相组织：α固溶体再结晶晶粒有一定变形，晶内存在滑移线，晶界分布有变形的硫化物夹杂。对8件器物进行原子吸收光谱定量分析的结果表明含砷量为2%～6%（表三）。

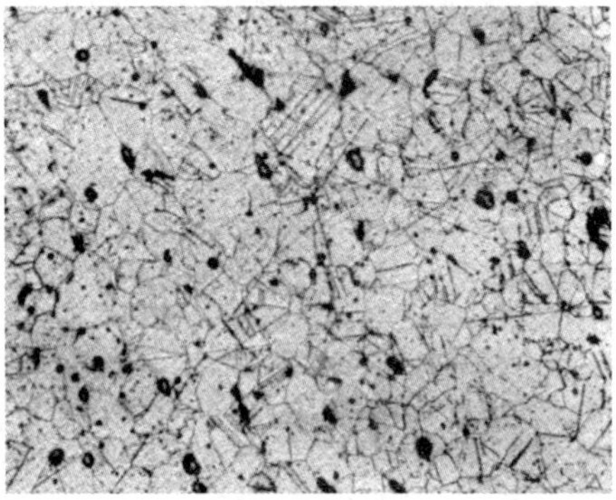

图九　四坝文化铜耳环(民乐T7③)金相组织×250

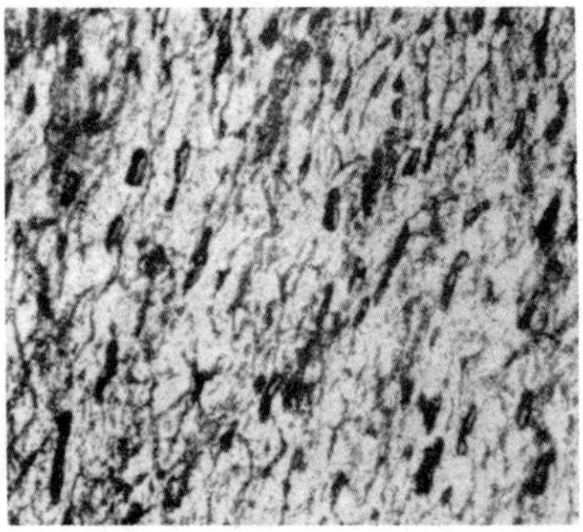

图一〇　四坝文化刀尖(民乐M128:3)金相组织×400

表三　甘肃民乐东灰山四坝文化铜器原子吸收光谱分析结果

器物及编号	成分(重量%)					
	Cu	As	Sn	Pb	Fe	总和
耳环(T7③)	93.2	4.99	0.58	0.14	<0.005	99.0
耳环(T17M21)	94.1	2.95	<0.05	<0.05	<0.005	97.5
刀(M127:12)	92.4	3.96	<0.05	<0.05	0.02	96.4
刀尖(M218:3)	91.9	5.11	0.74	0.040	0.057	97.9
耳环(M51)	93.1	4.67	1.76	0.22	0.038	99.8
耳环(M12②)	93.8	5.18	0.40	0.43	0.007	99.9
耳环(M79:1)	94.3	5.47	0.12	0.025	0.005	99.9
耳环(M23)	88.2	2.62	7.95	0.012	0.012	98.9

酒泉丰乐乡干骨崖四坝文化遗址年代在公元前1900—前1600年，共清理墓葬105座，出土铜器48件[1]。46件经取样进行扫描电镜能谱成分分析，材质包括红铜、砷铜、锡青铜、锡砷青铜、锡铅青铜以及锡砷铅青铜。含砷青铜的砷含量小于6%，含锡青铜的锡含量一般在2%～10%，只有3件高于10%。3件锡青铜含2%左右的铁（Fe）。器物类型与材质的关系如表四所示。

表四　甘肃丰乐干骨崖四坝文化铜器材质与器物类型

器物（件） 材质	工具			武器	装饰品及日用品			总计
	锥	刀	其他	镞	耳环	泡	其他	
纯铜	1						2	2
铜-锡	2	4		3	9	3	1	22
铜-砷	2	1			3	3	1	10
铜-锡-砷	1	2			1	1		5
铜-锡-铁	1		1	1				3
铜-锡-铅		2						2
铜-锡-砷-铅							1	1

对30件器物进行金相检验的结果表明，热锻成形和铸造的铜器在数量上相当。2件工具和1件镞在铸造成形后又进行过冷加工。铜器的类型、材质与制作工艺的关系如表五、六所示。

① 李水城等：《酒泉县丰乐干骨崖遗址》，载《中国考古学年鉴（1987年）》，文物出版社，1988年。样品由北京大学考古学系李水城提供。

表五　甘肃丰乐干骨崖四坝文化铜器制作工艺与器物类型

材质＼器物(件)	工具		武器	装制品及日用品			总计
	锥	刀	镞	耳环	泡	其他	
锻	3	3		6		2	14
铸	3	2	2	1	2	3	13
铸后经冷加工	1	1	1				3

表六　甘肃丰乐干骨崖四八文化铜器金属材质与工艺

工艺＼器物(件)	铸	锻	铸后经冷加工	总计
纯铜	1	2		3
铜-锡	4	8	1	13
铜-砷	5		2	7
铜-锡-砷	2	2		4
铜-锡-铁		1		1
铜-锡-铅		1		1
铜-锡-砷-铅	1			1

6.安西鹰窝树出土的铜器

安西鹰窝树四坝文化遗址发现铜锥、铜刀、铜镞及铜泡等小件器物共7件①。经检验全部为锡青铜。其中4件经金相检验，2件为铸造组织，2件为热锻组织。此遗址的年代稍晚于东灰山和千古崖四坝文化遗址。

二、讨论

1.马家窑青铜刀和“铜碎渣”的意义

甘肃东乡林家马家窑文化遗址出土的含锡6%～10%的青铜刀是目前我国发现

① 样品由北京大学考古学系李水城提供。

的最早一件青铜器，它的年代（前2740年）与世界范围内最早出现青铜的时代相当。世界上最早的含锡8%～10%的锡青铜器是发现于乌尔罗亚尔墓中的斧和短剑，年代约公元前2800年①。马家窑青铜刀由于仅出土1件、材质不是红铜，容易引起人们对其出土准确性的怀疑。本文研究的灰坑（H54）中出土的“铜碎渣”，使青铜刀已不再是孤证。

“铜碎渣”的岩相鉴定表明渣中有铁橄榄石和金属铜存在。铁橄榄石是在冶炼时矿石中的氧化铁（Fe_2O_3）被还原成氧化亚铁（FeO）后与石英（SiO_2）结合生成的产物（Fe_2SiO_4）。“铜碎渣”心部的少量金属铜以不规则形状分布于赤铁矿、褐铁矿和石英中，也应是冶炼还原的产物。一般正常冶炼铜矿的炉渣中包含的金属铜以圆球颗粒存在，“铜碎渣”中金属铜的不规则形状表明它未充分熔化。同时，“铜碎渣”中赤铁矿（Fe_2O_3）和石英颗粒呈圆角形，说明此“铜碎渣”是铜铁氧化共生矿石经过冶炼，但尚未完全熔化，未被充分还原和造渣。由于冶炼温度不高，共生矿石中的氧化铜虽已被还原成金属，但尚未达到铜的熔点（1083℃），故呈不规则形状存在。矿石中的氧化铁（Fe_2O_3）只有少部分被还原为氧化亚铁（Feo）与石英（SiO_2）形成渣，生成铁橄榄石（Fe_2Si0_4），一些被还原成的氧化亚铁（FeO）又进一步被外界环境氧化，生成赤铁矿（Fe_20_3）、褐铁矿（$Fe_20_3 \cdot nH_20$）。“铜碎渣”外部和裂隙中的孔雀石也系在外界环境中长期风化的产物，是由金属铜或氧化亚铜（Cu_2o）氧化生成的。部分孔雀石粉碎，形成小块“铜碎渣”。因此，此“铜碎渣”是一次冶炼铜铁氧化共生矿失败的遗物。

利用共生铜矿冶炼铜合金的实例还有山东胶县三里河出土的龙山文化黄铜锥。笔者曾进行过模拟实验及研究，对古代利用共生铜矿及混合矿冶炼黄铜进行了探索②。陕西临潼仰韶文化遗址曾发现黄铜片③，笔者最近对陕西渭南仰韶文化晚期遗址出土的铜笄进行了检测，表明它也是黄铜，具有锻造组织。以上说明公元前3000年左右在黄河中、上游地区已开始冶铜技术的探索。铜锌共生矿较易还原，在当时冶炼条件下可以得到黄铜器。含锡的铜矿也较易熔炼，R.F.Tylecote指出：“19世纪在南维尔士熔炼来自康沃尔的铜矿，冶炼得到的铜中含有0.7%的锡。该矿中有一种含锡0.94%，含铜12.3%的矿石，用它炼出的铜中，铜和锡的比例为

① R .F .Tylecote，*A History of Metallurgy*， Published by The Metals Soeiety，1979.

②北京钢铁学院冶金史组：《中国早期铜器的初步研究》，载《考古学报》1981年第3期。

③半坡博物馆等：《姜寨》，文物出版社，1981年。

93∶7，因此有可能炼出含锡7%的青铜来。”[①]因此，马家窑文化含锡6%～10%的青铜刀有可能由铜锡共生矿冶炼制成。而铜铁共生矿的冶炼较困难，故马家窑文化先民采用这种矿石炼铜，结果失败了。“铜碎渣”的发现进一步证明在公元前3000年的黄河流域已经开始冶金实践，冶金技术处于利用铜的氧化共生矿还原熔炼阶段，产品种类取决于当时人们所采集到的铜矿石种类。早期黄铜器、青铜器的出现并不是冶金技术已达先进水平的标志，只能认为当时的冶金技术正处于初始阶段。

2.冶炼红铜技术渐趋成熟

甘肃齐家文化时期出土的铜器与马家窑、马厂时期铜器相比，有4点明显不同：（1）齐家文化遗址出土铜器的数量有较大增加；（2）齐家文化有出土铜器集中的遗址存在，如武威皇娘娘台一处遗址，就出土30余件铜器；（3）齐家文化晚期开始出现装饰品及斧、镰等工具；（4）铜器的材质以红铜为主，不仅小件刀、锥由红铜制成（锻制为主），工具中的斧也由红铜制作（铸造）。以上反映齐家文化时期红铜的冶炼与制作技术渐趋成熟，但对铜的合金化的认识尚不充分。

齐家文化脱离原始铜合金阶段而发展到冶炼和制作红铜阶段是技术上进步的表现。随着人们选择矿石和冶金经验的不断积累，使用较纯净的氧化铜矿冶炼红铜是必然的结果。在黄河流域的下游地区也发生着同样的变化，冶炼和制作红铜器在龙山文化时期发展和成熟起来。如河南临汝县煤山河南龙山文化遗址（前2290—前1900年）灰坑中发现有炉壁，炉壁内层存在6层铜液附着物[②]。又如山西襄汾陶寺龙山文化墓葬出土1件红铜铃形器含铜量达97.86%[③]。

此时期中原地区有青铜器出现，与甘肃齐家文化晚期情况类似，如河南郑州牛砦村河南龙山文化探方发现的炉壁内附着物为含铅5%的青铜[④]。河南登封王城岗龙山文化四期出土的铜容器残片系铅锡青铜铸件[⑤]。均反映了龙山文化与齐家文化晚期中国已开始进入青铜时代。

①R .F .Tylecote, *A History of Metallurgy*, Published by The Metals Soeiety, 1979.

②李京华：《河南龙山文化冶钢技术》，载《有色金属》1983年第3期。

③中国社会科学院考古研究所山西工作队等：《山西襄汾陶寺遗址首次发现铜器》，载《考古》1984年第12期。

④李京华：《河南龙山文化冶钢技术》，载《有色金属》1983年第3期。李京华：《关于中原地区早期冶铜技术及相关问题的几点看法》，载《文物》1985年第12期。

⑤李京华：《关于中原地区早期冶铜技术及相关问题的几点看法》，载《文物》1985年第12期。

3.甘肃早期青铜时代铜器的特点

甘肃自齐家文化晚期开始出现青铜器，到四坝文化时期青铜器的数量增加，不仅用于装饰品，还用作工具，特别是用作消耗性武器（见表二、表四），并有铸镞石范出土，说明青铜的生产量较大。青铜不仅有锡青铜，还有铅青铜和铅锡青铜，已开始应用复合陶范分铸法铸造器物，反映了四坝文化已属青铜时代文化，并与中原地区同时代青铜铸造技术相同。但甘肃四坝文化铜器也有其不相同的地方：（1）红铜器仍占较大比例，如火烧沟经检验的铜器中红铜占50%。其中工具和兵器类使用红铜制作的比例大于青铜，而装饰品和用具类却相反，青铜比例大于红铜。（2）器物多为小件工具、装饰品，尚未出现青铜容器。（3）于骨崖和东灰山遗址砷铜器较多。砷铜器在中亚和近东地区早于青铜使用①，而在中国的中原地区早期遗址中尚未发现砷铜器。（4）四坝文化铜器中有一些形态上具有北方草原文化的风格。这些反映了四坝文化尚处于青铜时代早期，其特点产生的原因应与其所处的地理位置是在东西方交流的通道——河西走廊有密切的关系。

4.三个四坝文化遗址铜器的特点比较

四坝文化的三个主要遗址出土铜器在材质和制作工艺上存在一定差异。东灰山出土的15件铜器全部含砷且全部热锻成形；干骨崖出土的铜器经分析的46件中有16件含砷，其余为红铜和青铜，工艺有铸、有锻；而火烧沟经光谱分析是否含砷的29件铜器中仅5件含少量砷，经金相鉴定的65件铜器中仅4件为锻制，其余均为铸件。

技术上的差异一般是由时代、人种、资源、社会和经济等因素决定的。三个四坝文化遗址年代相近，且均分布在祁连山北麓，矿产资源亦相同。人种学研究表明甘肃河西地区自新石器时代至青铜时代为东亚蒙古人种的分布，至今尚未见到典型的白色人种分布②。说明四坝文化三个遗址居民在人种上没有明显区别。

考古学研究③表明三个墓地在墓葬形制、风俗习惯多方面有许多不同是造成铜器在技术上不同的重要原因。从存在砷铜器的情况分析，东灰山和千骨崖与中亚和近东可能有着一定的交往。从青铜的铸造技术上看，火烧沟更加先进，与中原

①H. H. Coghlan, *Notes on the prehistoric metallurgy of copper and bronze in the old world*, Royal Anthropological Institute of Great Britain and Ireland, 1972.

②韩康信、潘其风：《古代中国人种成分研究》，载《考古学报》1984年第2期。

③李水城：《四坝文化研究》，载《考古学文化论文集（三）》，文物出版社，1993年。

地区的技术似更接近些。

5. 甘肃早期冶金产生和发展的资源条件

甘肃省是我国有色金属矿产蕴藏丰富的省份之一。图一一标出围绕出土铜器遗址的矿产分布情况，在这些古代遗址周围分布有铜矿、锡矿、铅矿以及包括铜砷矿在内的多金属共生矿。丰富的矿产资源为冶金技术的产生和早期发展提供了重要的物质条件。

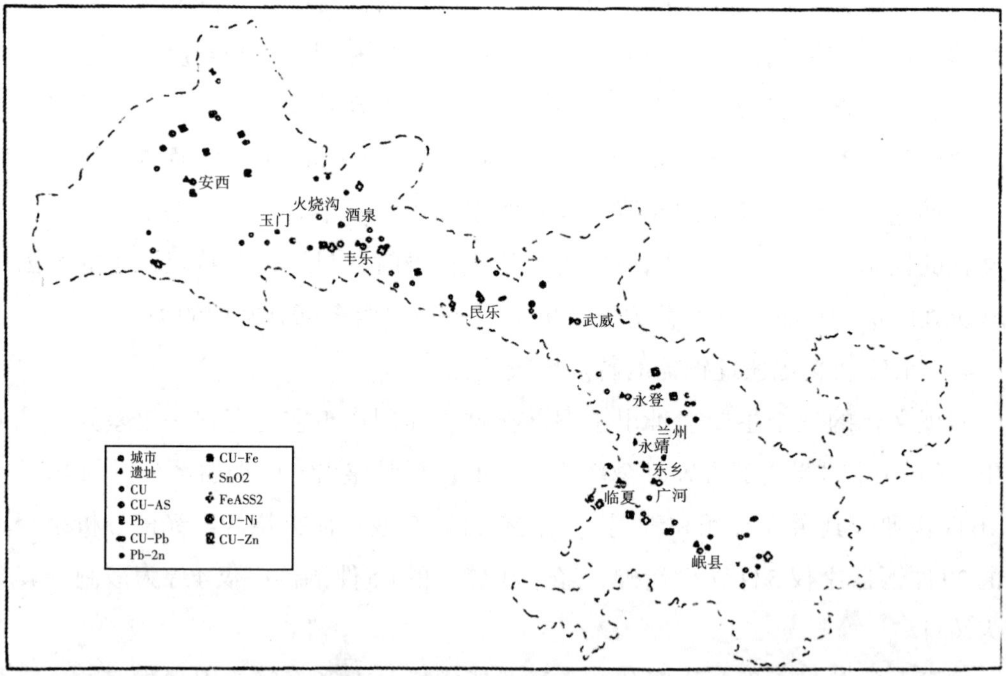

图一一　甘肃地区古代遗址周围的有色金属矿产分布示意图

三、结论

1. 甘肃马家窑青铜刀和“铜碎渣”的发现，提供了中国冶金起源的重要信息，可认为中国在冶炼和使用红铜、青铜之前，存在着利用共生矿冶铜技术的探索实践阶段。

2. 中国冶炼纯铜技术在公元前2000年左右的黄河中、上游地区发展，甘肃齐家文化后期出现青铜器，表明已开始进入青铜时代。齐家文化的炼铜技术是由冶炼红铜发展到冶炼青铜的。

3. 四坝文化已跻身于青铜时代。由于其地处甘肃河西走廊这一东西交流的重要通道，故造成其铜器具有与中原青铜文化不同的特点。玉门火烧沟、酒泉干骨崖和民乐东灰山三个四坝文化遗址铜器在成分和工艺上的差别，是不同氏族或部落在社会、经济和文化等方面差异的反映。

本文的研究得到甘肃省博物馆、甘肃文物考古研究所、北京大学考古学系等单位的大力协助，并承张学正、许永杰、张陇、李水城等同志提供标本，在此表示衷心的感谢。

（本文原载于《文物》1997年第7期）

对青海省若干遗址齐家文化铜器的考察

罗武干

中国科学院大学科技史与科技考古系

中国早期铜器的研究在探索冶金技术的起源及发展轨迹、中华文明的形成过程中都具有非常重要的意义。甘青及新疆地区一直是早期铜器研究的重点关注区域。目前，甘肃及新疆地区的早期铜冶金考古工作较多，而青海省早期铜器的相应工作则相对较少，这一现象应该引起重视。

一、科技分析现状

早在1980年，李虎侯先生即无损测试了尕马台墓地出土七角星纹铜镜的成分，指出其为铜锡合金。之后直至2010年，研究人员方测试了该墓地出土的8件铜器，结果表明7件铜泡均为铜锡二元合金，而唯一一件铜镯则为铜砷二元合金。显然，这些研究成果对揭示该墓地铜器的合金配比和工艺具有重要的价值。尽管如此，还是需要指出，该墓地出土铜器甚多，种类也较为多样，除铜镜、镯、泡外，还有铜环、指环、牌饰等，上述分析仅涉及少量样品（约占1/6），绝大多数器物，特别是后面三类器物，皆未经分析，这很可能使分析结果带有一定的片面性。

鉴于此，我们对该墓地出土的5类（铜镜除外）、22件铜器进行了初步分析。与此同时，对以往未涉及的金禅口、长宁及沈那三个遗址的齐家文化青铜器也进行了系统分析（相关测试数据将随后发表），旨在全面揭示青海省出土齐家文化铜器的材质特征。

二、结果简介

本次分析的22件尕马台样品中，12件铜泡样品均不含砷，为Cu-Sn二元合金，其他10件样品中均含有一定量的砷。含砷铜器中，有四件样品的砷含量超过2%；两件样品的砷含量也接近2%；三件样品的砷含量则在0.5%～0.9%之间；剩下一件为含砷很低的红铜。

分析的6件金禅口样品中，仅1件铜泡不含砷，其他5件铜器均含有一定量的砷。含砷铜器中，有两件砷含量超过2%，一件样品的砷含量也接近2%，另外两件样品的砷含量则在0.5%～0.9%之间。

沈那遗址残铜块含砷较高，为砷铜合金；而长宁遗址残铜环则为含砷的类锡青铜。

三、讨论

锡青铜 值得注意的是，本次分析的13件铜泡均为Cu-Sn二元合金，与北京科技大学的分析结果一致。由此可见，已分析的青海地区齐家文化铜泡合金技术较为稳定，均为锡青铜。相比之下，甘肃陈旗磨沟遗址齐家文化铜泡的合金组成较为复杂，其既有Cu-Sn二元合金，又有其他类型合金，其合金配比不稳定，对铜的合金认识尚不够充分。由此可知，尕马台墓地出土铜泡的合金配比稳定、技术较高，自身特征鲜明。

砷铜 北科大研究指出，我国早期砷铜主要出现在甘肃和新疆两地的四坝文化遗址及墓葬中。近期分析表明，甘肃陈旗磨沟和青海尕马台、宗日等部分齐家文化遗址中也出土有砷铜。然而，陈旗磨沟遗址出土铜器中，含砷铜器的比例甚低，而锡青铜比例较高。此前，尕马台9件铜器的分析表明，除1件铜镯为砷铜外，其他器物均为锡青铜；宗日遗址出土3件铜器的分析显示，其皆为含砷的铜合金，其中2件为Cu-As合金，另1件很可能是Cu-As-Sn合金。

由此可知，以往分析中，能确定为齐家文化砷铜的器物总共只有5件：宗日3件，尕马台1件，陈旗磨沟1件。而本分析新发现有7件齐家文化砷铜器：尕马台4件、金禅口2件、沈那1件。可见，迄今为止已确认的齐家文化砷铜器总共12件，而11件在青海地区。显然，这些发现具有非常重要的意义。

潜伟先生曾对四坝文化的砷铜进行过研究，认为这些砷铜可能为本地生产，并可能影响至南西伯利亚的卡拉苏克文化。而本文及近年来同行学者的分析结果表明，早在齐家文化时期，甘青地区就存在砷铜，且最早的砷铜出土于青海省宗日遗址。目前看来，我国境内的砷铜主要分布于西部地区（包括青海东部、甘肃大部及新疆东北部），而最西部的新疆天山北路地区的年代最晚。显然，就现有材料来看，我国的砷铜技术由新疆经河西走廊传入的可能性值得重新讨论，砷铜技术在我国很可能存在其他的传播路线。

现有分析结果表明，齐家文化时期砷铜主要在中、西齐家文化遗址中发现，而未见东齐家文化遗址出土砷铜的报道。目前所见最早的砷铜出土于宗日遗址，该遗址经分析的3件样品均为砷铜，而其他齐家文化遗址出土的铜器则为红铜、砷铜、锡（铅）青铜等多种合金并存。根据上述分析，并综合前人研究成果，似乎可推测我国早期砷铜的演变、传播存在东南及西北两条路线：一条源自共和盆地南缘的宗日遗址，向东南经陈旗磨沟，传至中原地区的陶寺、二里头遗址，即所谓的东南线；另一条自宗日遗址经尕马台、金禅口，通过东灰山及干骨崖墓地，传至新疆东部的哈密天山北路墓地，并进一步影响到南西伯利亚的卡拉苏克文化，即所谓的西北线。目前大多数学者认为，在中国金属器的起源中，外来因素占有重要的地位。研究表明，南亚印度Ganges山谷的Copper Hoard彩陶文化（公元前第3千纪）出土的金属中，有超过一半是含砷1%以上的砷铜，那么甘青地区的砷铜技术有没有可能从印度传播而来呢？

四、结论

基于青海省尕马台、金禅口、长宁及沈那4个遗址共30件齐家文化铜器的分析，可获得以下两点初步认识：

第一，目前经分析的青海省齐家文化铜器共42件，约占出土齐家文化铜器总量的60%；其中，砷铜11件，类砷铜3件，含少量砷的铜器16件，以上三类器物占已分析器物的71%以上。可见，砷铜合金在青海齐家文化铜器中占有十分重要的地位。这与甘肃齐家文化铜器含极少量砷铜的情况形成鲜明对比。显然，有必要就甘肃与青海齐家文化时期砷铜技术的关系进行深入研究。

第二，似有迹象表明，我国早期砷铜技术的传播路线存在东南及西北两条线路。东南线自共和盆地南缘经甘肃南部直至中原地区；西北线则自共和盆地南缘往北经河西走廊，传至新疆东部的哈密天山北路墓地，并进一步影响到南西伯利亚的卡拉苏克文化。人们不禁要问，甘青地区的砷铜技术源自何处？有无传自印度的可能性？无疑，这里提及的我国砷铜技术的传入路径及境内两条砷铜传播线路皆为初步推测，欲确证其实际存在与否，还需要做大量的工作。这既需要冶金考古学者与考古学家密切交流合作，还有赖于更多、更新的考古发掘资料。

（本文原载于《中国文物报》2014年7月4日）

从齐家文化铜器分析看中国铜器的起源与发展

王 振

齐家文化是集中出土早期铜器的考古学文化中年代最早的一支①，且地处中原与欧亚草原联系的枢纽地带，是探讨青铜器起源与发展的重要研究对象。以往对齐家文化出土铜器的研究多集中在其冶铸发展水平的探讨上，缺乏对铜器组合和出土类型（指出土于居址、墓葬或调查采集而来）的区别分析。本文拟从铜器出土类型和器物组合出发，对齐家文化出土铜器重新进行梳理和系统分析，并在此基础上对中国铜器的起源与发展做一下探讨。

一、齐家文化铜器的分组

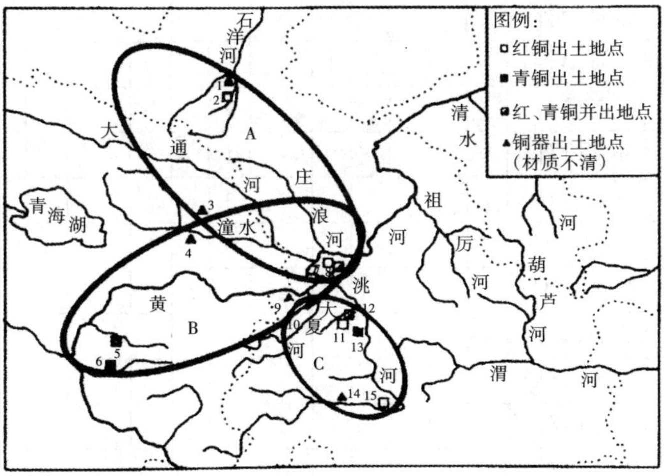

1. 武威海藏寺　2. 武威皇娘娘台　3. 互助土族自治县总寨　4. 西宁沈那　5. 贵南尕马台　6. 同德宗日　7. 永靖大何庄　8. 永靖秦魏家　9. 积石山保安族自治县新庄坪　10. 临夏魏家台子　11. 广河西坪　12. 广河齐家坪　13. 康乐商罐地　14. 临潭陈旗磨沟　15. 岷县杏林

图一　齐家文化铜器分布图

①本文的"早期铜器"指商代以前发现的铜器。

目前为止，齐家文化出土铜器的遗址共有15处，集中分布于黄河上游、大夏河、洮河、湟水流域以及石洋河上游地区（图一）。据统计，齐家文化出土铜器已超过130件①，器形有刀、斧、锥、钻、匕首、指环、手镯、铜泡、铜镜等，其中以工具为主，装饰品次之。齐家文化经鉴定的铜器既有红铜也有青铜，大部分为锻造而成，也有部分铜器已是铸造而成，器形复杂，制作也较为精细。这些都说明齐家文化已经具有了较成熟的冶铸工艺。

笔者按出土地点将齐家文化出土铜器的种类、数量以及出土类型进行了统计，结合铜器的冶铸技术与分布状况，发现齐家文化出土的铜器在出土类型、种类形制、冶铸工艺和分布地域上都具有较大差异，并据此将齐家文化所出铜器划分为A、B、C三组（表一）。

表一　齐家文化铜器分组统计表(件)

	遗址	出土类型	工具						装饰品				其他			
			刀	锥	凿	钻	斧	匕首	环	镯	泡	铜饰	镜	铜片	条形器	戈形器
A组	武威皇娘娘台(共30件)	居址(18件)	6	4	1	2		1							1	
		墓葬(1件)		1												
	互助总寨	墓葬(6件)	4	2												
	永靖大何庄	居址(2件)	1											1		
	永靖秦魏家	居址(3件)		1			1					1				
B组		墓葬(3件)							2			1				
	西宁沈那	不清(1件)							1							
	同德宗日	墓葬(4件)							3							1
	贵南尕马台	墓葬(49件)							*		*		1			
	积石山新庄坪	调查(12件)	1							5	6					
C组	临夏魏家台子	调查(1件)	1													
	广河齐家坪	墓葬(1件)											1			
		调查(2件)					1	1								
	广河西坪	调查(1件)	1													
	岷县杏林	调查(2件)	1				1									
	康乐商罐地	调查(1件)	1													

注：*代表该遗址出土该类型铜器，但数量不详。

①李水城：《西北与中原早期冶铜业的区域特征及交互作用》，载《考古学报》2005年第3期。

A、B、C三组铜器总体特征区别明显。A组铜器器形多为刀、锥、钻、凿等小型工具，且多出土于居址中，材质以红铜为主，多为简单锻造而成；B组铜器以装饰品为主，多出土于墓葬，绝大部分经鉴定为青铜；C组铜器以复杂的工具为主，多为调查采集而来，有红铜也有青铜，多为铸造而成（图二）。

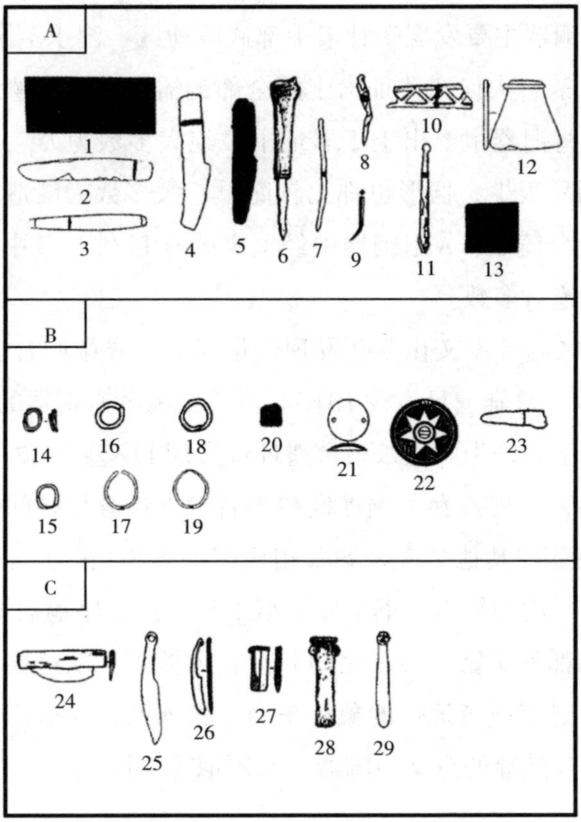

1～5. 刀（皇娘娘台采集、总寨M5：10、M7：4、皇娘娘台T17：5、大何庄TF：7）　6～9. 锥（总寨、皇娘娘台H6、T14：8、T2②）　10. 条形器（皇娘娘台H9：3）　11. 凿（皇娘娘台T3：7）　12. 斧（秦魏家H72：1）　13～20. 指环（皇娘娘台T18：2、尕马台、尕马台、宗日M319：4、新庄坪、宗日M303：1、新庄坪、秦魏家M70：2）　21. 铜泡（新庄坪）　22. 铜镜（尕马台M25）　23. 戈形器（宗日M80：3）　24～26. 刀（魏家台子、商罐地、杏林）　27、28. 斧（杏林、齐家坪）　29. 匕首（齐家坪）

图二　齐家文化铜器分组图

秦魏家遗址墓葬和居址中均出土有铜器，居址中出土的3件铜器为斧、锥和挂饰。经鉴定斧和挂饰为红铜，锥为青铜，总体特征与A组铜器一致。该遗址墓葬中出土的3件铜器，皆为装饰品，包括2件指环、1件挂饰。其中一件指环经鉴定为铅锡青铜，这种随葬装饰品的现象属于B组铜器的特征。据张忠培先生研究，秦魏家遗址居址的年代要早于墓葬的年代①，它们所出土的铜器具有年代的差别，因此我们将秦魏家遗址居址中出土的铜器归入A组铜器，将墓葬中出土的铜器归入B组铜器。

1.A组铜器

齐家文化A组铜器主要发现于甘肃中部武威地区、湟水上游和洮河下游地区。包括皇娘娘台、总寨、大何庄遗址出土的全部铜器和秦魏家遗址灰坑及地层中出土的3件铜器，这些铜器主要出土于居址中，绝大多数为刀、锥、钻、凿、斧等小型的工具，装制品很少，器形也都比较简单，大多数为锻造成形，少量是铸造的，采用的是双范合铸法。A组铜器中经鉴定的有17件，其中16件为红铜，1件为青铜，红铜占了绝对多数。

A组铜器分布区内齐家文化墓葬发现数量很多，皇娘娘台遗址发现88座，大何庄遗址发现82座，总寨遗址发现10座。但其中随葬有铜器的墓仅发现4座，绝大多数铜器都出土于居址中。皇娘娘台遗址仅发现1座墓（M24）中随葬铜器，这座墓为三人合葬墓，一男二女，铜锥发现于右侧女性骨架腰间，在墓葬规格和随葬品数量上，这座墓与其他多人合葬墓相比都基本相当。总寨遗址有3座成年男性墓中随葬有铜器，均为铜刀、铜锥等小型工具。这三座铜器墓与其他墓葬相比，规模相当，随葬品都不丰富，各墓之间并无较大差别。从这些我们可以看出，当时铜器并不是作为财富或者地位的象征来用于随葬的，而是作为一种普通的生产工具用于随葬的，其随葬的意义与陶器、石器似无不同。

2.B组铜器

此组铜器主要发现于黄河上游青藏高原东部边缘地区和河湟地区，包括尕马台墓地、宗日墓地、沈那遗址和秦魏家墓葬出土的铜器。器形以铜指环、铜泡、铜挂饰等装饰品为主，还有少量的铜镜和戈形器。此组铜器材质以青铜为主，经鉴定的标本有4件，其中3件为青铜，1件为红铜。需要指出的是，B组铜器中占绝对多数的铜指环除秦魏家M99：6鉴定为铅锡青铜外，其他均未鉴定；而且铜器出土最丰富的尕马台遗址发表的资料却很少，使得我们对B组铜器的认识也大打折扣。在制作工艺上，铜指环主要为锻造，而其他铜器造型都较复杂，特别是尕

① 张忠培：《齐家文化研究》，载《考古学报》1987年第1、2期。

马台遗址出土的青铜镜，上面的纹饰清晰、美观，冶铸技术已经相当发达。

B组铜器最大的特点就是铜器大都出土于墓葬之中，而且以装饰品为主。秦魏家墓地、宗日墓地铜器随葬并不普遍，仅见7座铜器墓，而且铜器墓的规格在同一墓地中并不算高，随葬品也不丰富，只有少量的陶器和骨器与铜器伴出，与其他墓的差别都不大。由此可见这种装饰品也不是地位的象征，而是一种“平民化”的装饰风格。尕马台遗址发掘的43座墓中出土了46件铜器，铜器随葬已相当普遍，可惜发表资料不详。虽然随葬铜器的墓葬规格并不高，但这种装饰品无疑是墓主生前佩戴，死后随身埋葬的，已经是墓主“私有”的了。可以想象，如果随葬铜器成为一种习俗，那么随葬铜器的多少和铜器的精美程度也就由此会慢慢成为财富或地位的象征。

3.C组铜器

C组铜器多发现于大夏河流域和洮河中上游地区，器形有刀、斧、匕首等。虽然同A组铜器一样都以工具为主，但是这组铜器形制复杂得多，以环首刀、人面匕首和带耳空首斧为主，铸造技术要求已相当高，带耳空首斧是由多块范合铸而成，两侧可见合范的铸痕。这组铜器中既有红铜也有青铜，经鉴定的铜器中红铜、青铜数量相当，均有4件。

此组铜器大多由考古调查获得，而且这一地区每个遗址出土铜器数量都很少，铜器发现较零散。环首刀、空首斧、铜镜这几类铜器在火烧沟墓地、天山北路墓地都有很多发现，这类器物往往是与装饰品一起出土于墓葬中，而且齐家坪遗址铜镜也出土于墓葬中，由此推测，齐家文化C组其他铜器很可能也是用于随葬的。

二、齐家文化铜器年代分析

齐家文化中与铜器共存的陶器发表很少，很难根据其伴出器物确定每件铜器的年代。但是我们可以根据陶器出土遗址的持续时间及铜器的总体特征将铜器的年代做一个相对早晚的排序。

张忠培先生在《齐家文化研究》一文中对皇娘娘台、大何庄、秦魏家遗址做了详细的分段，并指出了各段在齐家文化总体发展阶段中的位置，对齐家文化所出处陶器做了详细的类型学分析，排定了陶器的年代序列①。本文以张忠培先生的分期为标准，并对《齐家文化研究》一文中未涉及的几个遗址的年代尝试进行了

①张忠培：《齐家文化研究》，载《考古学报》1987年第1、2期。

分析。

1.A组铜器年代

皇娘娘台遗址出土遗存经张忠培先生研究共分四段，一段被归入齐家文化一期3段，二至四段归入齐家文化二期4段，此遗址四次发掘均未发现二期5段的材料，所以皇娘娘台整个遗址的年代在齐家文化一期3段至二期4段，该遗址出土的铜器大体也应在这一范围。

大何庄遗址出土遗存共分四段，一段属于齐家文化三期6段，二段至四段依双大二罐和高领双耳罐的形制特征被归入齐家文化三期8段。大何庄遗址共出土两件铜器，F7出土的铜匕可明确判定处于齐家文化三期6段，而红铜残片（T30：27）由于缺乏具体的出土层位年代，无法判定。

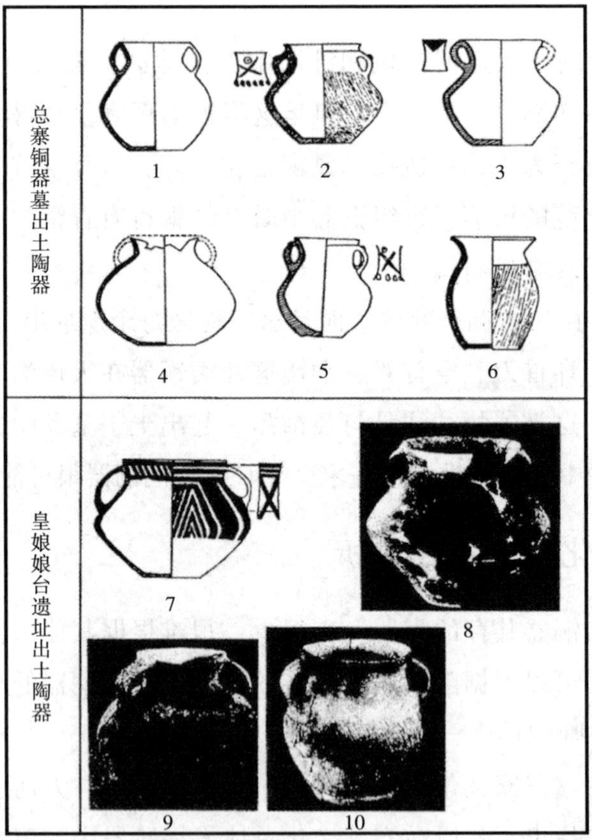

1～5.双小耳罐（总寨M1：1、M1：2、M5：2、M5：4、M5：3） 6.侈口罐（总寨M7：1） 7～10.双小耳罐（皇娘娘台M31：1、F8：9、M37：3、M67：6）

图三 总寨遗址与皇娘娘台遗址陶器比较

秦魏家遗址出土遗存共分四段，分别被归入齐家文化二期4段、5段，三期7段、8段。其中秦魏家遗址中灰坑的年代要早于墓葬的年代，属于秦魏家遗址的一段，即齐家文化二期4段。秦魏家遗址灰坑出土铜器两件，可判定其年代应在齐家文化二期4段左右，另外在遗址中出土一件铜锥（T6：2），由于没有明确的地层关系，其具体年代不能确定。

互助总寨遗址3座铜器墓随葬的陶器以双小耳罐为主，其形制与皇娘娘台遗址同类器十分相近，M7出土的侈口罐与皇娘娘台M67出土的双耳罐（M67：6）腹身也很接近，只是没有双耳而已（图三）。可见这3座墓的年代都应与皇娘娘台遗址年代大体相当，可定在齐家文化一期3段到二期4段左右。

从以上分析可见，除少数铜器由于缺乏明确的出土层位无法判断其年代外，齐家文化A组铜器年代大多处于齐家文化一期3段至二期4段，部分可晚到三期6段。因此可判定A组铜器的年代大体处于齐家文化一期3段至三期6段。

2.B组铜器年代

秦魏家出土铜器的墓葬均为报告中所说的“上层墓葬”，与铜器共出的陶器有Ⅳ式双大耳罐、Ⅳ式侈口罐、Ⅵ式侈口罐、Ⅵ式单耳罐、Ⅰ式碗和Ⅲ式敞口罐，这些都属于秦魏家遗址三段和四段遗存，年代上处于齐家文化三期7段和8段。

新庄坪遗址采集陶器以双大耳罐、单耳罐、双耳罐、侈口罐为主要器形，大量双大耳罐、单耳罐、双耳罐、侈口罐与齐家文化三期7、8段同类器形制相似，少量双大耳罐、单耳罐器形与齐家文化二期4、5段同类形制接近（图四）。该遗址采集的高领双耳罐（图四：8）较秦魏家M40：2高领双耳罐口沿外侈程度更大，应为齐家文化末期遗物。新庄坪遗址还采集一件四坝文化典型的双大耳罐，纹饰与东灰山出土同类器基本相同。可见该遗址文化内涵复杂，持续时间也很长，很难判定其采集铜器的具体年代。

尕马台遗址经发掘的43座墓中出土了46件铜器，但与其共存的陶器没有发表。宗日墓葬中与铜器共存陶器数量有限，难以断代。

因此，齐家文化B组铜器的年代只有秦魏家遗址铜器的年代可供参考，我们暂将齐家文化B组铜器的年代定在齐家文化三期7、8段左右。B组铜器的出现时间目前还没有足够资料来判定，考虑到秦魏家遗址B组铜器晚于齐家文化二期4段A组铜器的事实，其出现年代应不早于齐家文化二期4段。

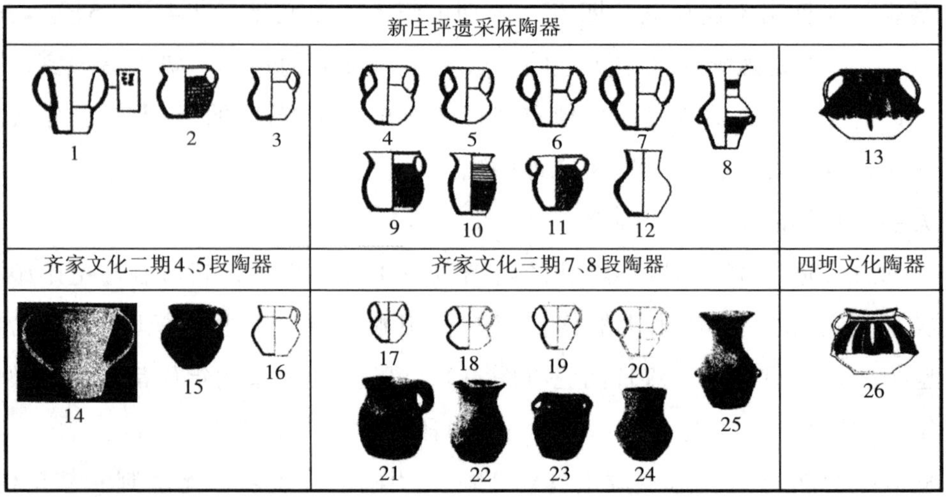

1～13.新庄坪遗址　14.皇娘娘台M24　15、16、18～21、23、25.秦魏家(M89:2、M75:2、M9:5、M106:4、M134:4、M114:4、M100:1、M40:2)　17、22、24.大何庄(M36:2、M39:2、M55:4)　26.东灰山(M26:3)

图四　新庄坪遗址铜器比较

3.C组铜器年代

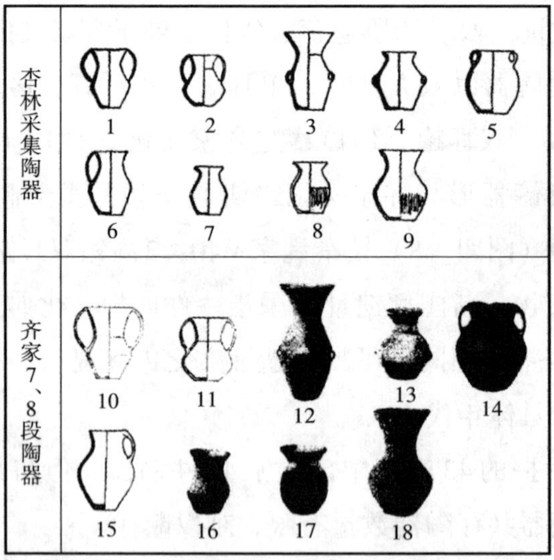

1～9.杏林采集　10、11.双大耳罐(秦魏家M134:4、M8:5)　12.高领双耳罐(秦魏家M81:4)　13.双腹耳罐(秦魏家M36:2)　14.双小耳罐(秦魏家TC:14)　15.单耳罐(泰魏家M111:4)　16.折腹罐(秦魏家M122:5)　17.侈口罐(秦魏家M135:1)　18.侈口长颈罐(大何庄M90:4)

图五　杏林遗址陶器比较

据张忠培先生研究，齐家文化遗址出土的大部分陶器与“秦魏家三段的同类器相似”，年代上属于齐家文化三期7段①。

岷县杏林遗址调查采集的陶器与齐家文化三期7、8段的陶器在陶器组合和形制上都很接近（图五），因此该遗址的年代应在齐家文化三期7、8段左右。所采集铜器的年代也应在齐家文化7、8段左右。

C组铜器多为调查采集获得，年代难以把握，目前仅齐家坪、杏林两遗址发表了两部分陶器可作为断代依据，根据两遗址的持续时间，C组铜器的年代暂定在齐家文化三期7、8段左右（表二）。

表二　齐家文化部分遗址分期表

分期	段	皇娘娘台	大何庄	总寨	秦魏家	新庄坪	齐家坪	杏林
三	8		二三四		四	√		√
	7				三	√	√	√
	6		一					
二	5				二	√		
	4	二三四		√	一	√		
一	3	一		√				
	2							
	1							

张忠培先生推定齐家文化一期的年代在“公元前三千年后半叶之前段左右”，二期的年代约在“公元前三千年后半叶之后段范围内”，三期开始进入了夏纪年。国内学者基本承认这一观点，大多认为齐家文化的年代大体在公元前2300年—前1800年左右。通过以上对齐家文化出土铜器的年代分析，结合铜器的特点将齐家文化所出铜器年代整理成下表（表三）。

表三　齐家文化各组铜器年代示意表

	一期			二期		三期			
	1段	2段	3段	4段	5段	6段	7段	8段	

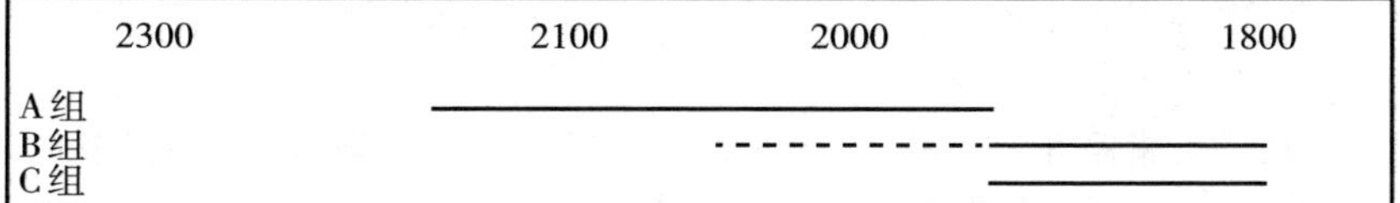

① 张忠培：《齐家文化研究》，载《考古学报》1987年第1、2期。下文分期多引用此文，不再注。

四、齐家文化铜器的发展特权及其成因

上文讨论了齐家文化三组铜器的年代，B、C两组铜器要晚于A组铜器。C组铜器以复杂工具为主，B组铜器以指环等装饰品为主。若从冶铸技术上看C组铜器冶铸技术要求更高，其出现的年代应晚于B组铜器。

由于生产力的限制，金属铜从偶然获得到大量开采是有一定过程的。初期铜的获得量是有限的，也是珍贵的，人们一般都会将其制造成最实用的工具，以提高劳动效率。随着人们对金属铜认识的深入和生产力的提高，铜的获取量逐渐增加。人们获取的铜料略有剩余的时候，就有可能制作成指环或者耳环这样的装饰品，这不仅是因为其美观，更主要是因为装饰品可以成为一个人的附属物，死后也甚至可以同埋于地下。当铜资源日趋丰富的时候，人们不仅要求自已拥有铜质工具，而且尽量获得数量更多的、铸造更好的铜工具或者武器，死后随葬铜器的数量与质量也就开始成为一种财富的象征。齐家文化的C组铜器虽然多为调查采集而来，但从四坝文化墓葬、天山北路墓地出土的铜器组合与其基本一致[①]，C组铜器很可能是用于随葬的。齐家文化A、B、C三组铜器的相继出现正体现了铜器的这一发展过程：简单工具—装饰品—精细工具、武器。铜器的发展是比较缓慢的，齐家文化铜器走过了简单工具到复杂工具的巨大转变，一方面是由于齐家文化持续时间较长，正处于铜石并用时代向早期青铜时代的过渡时期；另一方面是由于齐家文化生业方式经历了一次重大变革。王明珂通过齐家文化生产工具、动物骨骼、陶器形体大小的改变，指出齐家文化在公元前2000年—前1000年全球气候干冷化的影响下，由于河湟地区人口扩张与资源分配不均的原因，农业为主的生业方式逐渐瓦解，开始向游牧社会过渡[②]。齐家文化A组铜器的衰弱，B组、C组铜器的出现，铜器的分布地点开始南移，这些恰巧都是发生在公元前2000年左右，齐家文化铜器特征的改变与气候的变迁正相吻合。

齐家文化A组铜器以简单的刀、锥、钻、凿为主，这类早期铜器是我国仰韶时代、龙山时代铜器的主要器形，但都为零散的分布，每个遗址出土不过是一两

①李水城等：《四坝文化铜器研究》，载《文物》2000年第3期；吕恩国等：《新疆青铜时代考古文化浅论》，载《苏秉琦与当代中国考古学》，科学出版社，2001年；潜伟等：《新疆哈密天山北路墓地出土铜器的初步研究》，载《文物》2001年第6期。

② 王明珂：《华夏边缘——历史记忆与族群认同》，允晨文化，2005年。

件，很少有像武威皇娘娘台遗址那样大量出土的现象。由于铜器具有可回收利用的特点，损坏的铜质工具往往重熔再得到利用，所以居址中很少能留下铜器。皇娘娘台遗址居址中发现大量工具的现象与这一地区文化的突然衰弱正相吻合。这一地区不见有齐家文化二期5段之后的遗存，很可能是由于这一地区齐家文化的突然衰退使得大量日常生活中的铜质工具遗留在居址中。

公元前2000年前后气候开始变得干冷，齐家文化的农业区已经不再适合从事农业生产，尤其是齐家文化北部的武威地区。因此很多齐家文化的人开始向南迁徙，采取一种半农半牧的生产方式。这种经济形态的改变一方面使得以前的生产工具（如A组铜器）不再实用，数量减少，一些新的生产工具因此而出现（如C组铜器）。A组铜器多为骨铜复合工具，刀、斧等装柄都比较烦琐，携带起来也不方便，而C组铜器多为环首或带耳器，携带方便，比较适合向游牧过渡的生活方式使用。另一方面人们生活方式的改变引起遗存性质的改变，没有了长期的定居生活，居住址的数量就明显减少，墓葬成为主要的遗存保留形式，不用于随葬的铜器就很难被现今的考古发掘所发现。因此，齐家文化三期6段以后A组铜器发现很少，而C组铜器则逐渐增多起来。

五、中国铜器起源探讨

我国目前发现的早期铜器年代可早到仰韶时代。临潼姜寨遗址出土一黄铜片，为该遗址的第一期遗存，属于半坡类型。甘肃东乡林家遗存中发现1件青铜刀（F20：18），为马家窑文化晚期遗存。

表四　仰韶、龙山时代早期铜器统计表

遗址	出土铜器	遗存性质	所属文化	材质	资料来源
临潼姜寨	残铜片、管状物	遗址	半坡类型	黄铜	注①
东乡林家	铜刀	遗址	马家窑文化	青铜	注②
永登蒋家坪	铜刀	遗址	马厂类型	青铜	同上

①半坡博物馆、陕西省考古研究所、临潼县博物馆：《姜寨——新石器时代遗址发掘报告》，文物出版社，1988年。

②甘肃省博物馆：《甘肃省文物考古工作三十年》，《文物考古工作三十年（1949—1979）》，文物出版社，1979年。

续表四

遗址	出土铜器	遗存性质	所属文化	材质	资料来源
丰乐高昔蓿地	铜块	遗址	马厂类型	红铜	注①
丰乐照壁滩	铜锥	遗址	马厂类型	红铜	同上
武威皇娘娘台	刀、锥、凿、环	遗址	齐家文化	红铜	注②
互助总寨	铜刀、铜锥	荔葬	齐家文化	不详	注③
永靖大何庄	铜刀	遗址	齐家文化	不详	注④
	铜片	遗址	齐家文化	红铜	同上
胶县三里河	铜锥	遗址	龙山文化	黄铜	注⑤
诸城呈子	铜片	遗址	龙山文化	黄铜	注⑥
栖霞杨家圈	铜锥	遗址	龙山文化	不详	注⑦
长岛店子	铜片	遗址	龙山文化	不详	同上
登封王城岗	铜片	遗址	王湾三期	青铜	注⑧
郑州董砦	铜刀	遗址	王湾二期	不详	注⑨
杞县鹿台岗	铜刀	遗址	王油坊类型	不详	注⑩

①李水城:《 西北与中原早期冶铜业的区域特征及交互作用),载《考古学报》2005年第3期。

②甘肃省博物馆:《甘肃武威皇娘娘台遗址发掘报告》,载《考古学报》1960年第2期;甘肃省博物馆:《甘肃武威皇娘娘台第四次发掘报告》,载《考古学报》1978年第4期。

③青海省文物考古队:《青海互助土族自治县总寨马厂、齐家、辛店文化墓葬》,载《考古》1986年第4期。

④中国社会科学院考古研究所甘肃队 :《甘肃永靖大何庄遗址发掘报告》,载《考古学报》1974 年第2期。

⑤中国冶金史编写组:《三里河遗址龙山文化铜器鉴定报告》,载中国社科院考古研究所编著《胶县三里河》附录五,文物出版社,1988年。

⑥滕铭予:《中国早期铜器有关问题的再探讨》,载《北方文物》1989年第2期。

⑦北京大学考古实习队,山东省文物研究所:《栖霞杨家圈遗址发掘报告》,载北京大学考古系编《胶东考古》,文物出版社,1999年,第151-206页。

⑧河南省文物考古研究所等:《登封王城岗与阳城》,文物出版社,1992年。

⑨严文明:《论中国的铜石并用时代》,载《史前研究》1984年第1期。

⑩郑州大学考古专业等:《河南杞县鹿台岗遗址发掘简报》,载《文物》1983年第3期。

续表四

遗址	出土铜器	遗存性质	所属文化	材质	资料来源
襄汾陶寺	铜铃	墓葬	陶寺类型	红铜	注①
	铜齿轮形器	墓葬	陶寺类型	不详	注②

龙山时代铜器发现数量有所增加，分布范围也几乎遍布整个黄河流域。在黄河上游的西北地区，马厂类型、齐家文化A组铜器，年代上都属龙山时代，出土的主要早期铜器器形有刀、锥、凿、斧和少量的耳环。黄河中游地区，河南中西部的王湾三期遗存中也出土了几件铜器，以铜片为主，某些可辨别出为铜刀的残片。山西襄汾陶寺遗址在墓葬中出土了1件铜铃、1件铜齿轮形器。黄河下游山东半岛龙山文化出土铜器有铜片和铜锥两种，其中3件经鉴定为黄铜。陶寺遗址出土两件铜器的墓葬年代都属于龙山时代的末期，与齐家文化的A组铜器年代大体相当。铜铃（M326）出土于一座小型墓中，随葬品很少。铜齿轮形器出土于一座中小型墓中，并与一玉瑗一起套在墓主小臂上，其形状与玉瑗很相似，应是仿玉瑗的形状铸制而成的装饰品。龙山时代晚期的齐家文化一、二期与陶寺类型都发现少量墓中随葬有铜器，而且随葬铜器的墓葬与其他墓葬相比在墓葬规模和随葬物品数量上都相差无几，甚至陶寺遗址出土铜铃的墓葬规模要小于同遗址的其他墓葬。可见，在龙山时代铜器开始用于随葬，而且仅作为普通的器物，并不具有财富或地位的象征意义。

夏纪年时期，铜器的分布更加广阔。西北地区的齐家文化、四坝文化、天山北路墓地，河套地区的朱开沟三、四期遗存，燕山南北的夏家店下层文化，中原的二里头文化、东下冯类型，山东半岛的岳石文化都发现了很多早期铜器。这一时期早期铜器表现出很强的地域特征。根据各地铜器的特点可以将早期铜器的分布地域划分为三个区：西北地区、中原—海岱地区（以下简称中原地区）、北方地区。

西北地区主要就是指黄河上游河湟地区、河西走廊以及新疆东部哈密地区。这一地区是我国早期铜器出土数量最多的一个地区，齐家文化、四坝文化和哈密

①中国社会科学院考古研究所山西队：《山西襄汾陶寺遗址首次发现铜器》，载《考古》1984年第12期。

②严志斌：《襄汾陶寺遗址》，载《中国考古学年鉴（2001）》，文物出版社，2002年。

天山北路墓地都出土大量早期铜器。这一地区出土的早期铜器以装饰品和工具为主要特征，装饰品尤为发达，有指环、耳环、手锡、联珠形饰、扣饰、泡饰等器形，工具种类多样，有环首刀、空首斧、镕、锥、钻等，此外还出土了数量较多的铜镜、有銎链，这些铜器都是西北地区区别于其他地区铜器的重要器形。西北地区进入夏纪年时期铜器用于随葬更加普遍，天山北路墓地700多座墓葬中出土1000多件铜器，火烧沟墓地共清理312座墓葬，其中106座随葬有铜器。但由于资料发表不详，铜器墓与其他墓葬之间是否有等级的差别目前还无法判定，但四坝文化出土的四羊首权杖头预示着这一时期某些铜器已经开始成为特殊身份和地位的象征。

中原地区主要是指黄河中下游地区，其中二里头遗址出土铜器最多，遗址和墓葬中都有发现，遗址中出土的多为工具和小型武器（嵌），墓葬中出土铜器以铜容器、大型兵器（戈、钺）、铜铃、铜牌饰为主。其工具和小型武器的形制与西北地区的铜器形制差别很大，西北地区工具多带有柄、耳或銎，中原地区的工具则不带，两者安柄的方式与使用方法都应有很大差别。中原地区目前仅二里头遗址墓葬中出土有铜器。二里头文化二期发现3座随葬铜器的墓葬规模在（2～2.5米）×（0.6～1.2米）左右，属于中型墓，较周围未随葬铜器的墓葬规模略大，随葬品也较之更丰富，多伴出大量的玉钺、管状饰、柄形饰等玉器，而且这3座墓葬中都随葬有铜铃。铜铃可能象征着特殊的身份，夏纪年时期这一身份的墓主人较龙山时代社会地位明显提高，墓葬规模和随葬品数量、质量都有别于周围普通的墓葬。二里头文化三期，铜器随葬更加普遍，均出土于中型墓葬，铜爵、戈、钺、圆盘形器开始出现并用于随葬。“国之大事在祀与戎”，这一时期铜礼器和兵器都用于随葬，说明铜器已经开始成为地位与权利的象征。

北方地区主要是指长城沿线的河套地区和燕山南北地区，这一地区发现的铜器既有西北地区常见的装饰品和有銎铣、权杖头，还有中原地区流行的柱挺铣、刀、凿、戈等。几乎所有的铜器都能从其他两地区找到同形器。考虑到这一地区龙山时代早期铜器就发现很少，我们推测北方地区的早期铜器应该是在西北地区和中原地区铜器共同影响下形成的。从铜器的社会功能看，龙山时代之前铜器多是作为实用具使用，到龙山时代末期开始作为一种普通的实用工具用于随葬，夏纪年时期铜器开始成为一种身份与地位的象征，中原地区至少在二里头文化二期铜器已经具有了身份象征的意义，到二里头文化三期铜器作为礼器用于随葬的礼制已经基本形成。

综上所述，中国早期铜器至少在仰韶时代就已经出现，经过龙山时代缓慢发展，黄河流域大体都已认识和开始使用铜器，器形以刀、锥等小型工具为主，形制接近，基本都为锻造而成的简单工具，这是整个黄河流域铜器统一的特征①。到龙山时代末期，中国西北地区开始与中原走上了不同的铜器发展道路，西北地区小型装饰品开始流行，工具（如刀、斧）的制法、形制也开始发生变化。夏纪年时期，西北地区的铜器逐渐形成了以工具和装饰品为主的组合，中原地区则开始仿制本地的陶铃、陶容器、玉器发展出以大型的铜容器和兵器为主要特色的铜器传统。到夏纪年时期在中国大地上形成了中原和西北两个冶金中心并开始向外传播，在中国的北方地区相遇并促成了一个新冶金区的诞生。

齐家文化正处在中原与非中原文化传统的交界地，从铜器特征上我们可以看到齐家文化正在逐步脱离中原铜器的传统。夏纪年之前，中国中原地区与西北地区铜器特征基本一致，都以简单工具为主，齐家文化A组铜器这一时期仍可见到中原铜器的明显特征，秦魏家出土的铜斧（H72：1）近顶端有一凸棱，略残，其作用应类似于中原地区戈的“阑’”便于固定柄部（图二：12）。进入夏纪年时期以后齐家文化逐渐脱离了中原文化传统而与其西部的四坝文化、天山北路墓地关系更加密切起来，斧由中原传统形制变成了空首斧（图二：27、28），并出现了大量环首刀、指环、铜泡、牌饰、扣饰、联珠形饰、嫌形刀、耳环、有銎嫉等非中原传统铜器。

西北地区与中原地区的早期铜器进入夏纪年时期除了铜器组合上的不同之外，在铜器的分布上也有很大不同。西北地区铜器分布广泛却又各具特点，即使同一文化内部各遗址之间铜器的发达程度、冶铸技术上差别也很大，如东灰山遗址无论铜器的数量还是质量都与火烧沟遗址出土的铜器都有很大差距。在铜器的冶铸技术方面，四坝文化内部也同样存在很大差别，同样的特形采用的材质多样，制造方法多样，并不能根据铜器的用途选择最合适的合金配比和制作方法②。而中原地区铜器大多集中在二里头遗址，其他遗址不见有二里头遗址的铜容器和大型兵器，仅在居址中发现少量的工具和装饰品。造成这种差别的原因在于两地社会组织的不同，王明珂在其著作中指出，游牧经济要求有特别的社会组织原则，就是

①梁宏刚、孙淑云：《二里头遗址出土铜器研究综述》，载《中原文物》2004年第1期。

②孙淑云、韩汝芬：《甘肃早期铜器的发现与冶炼、制作技术的研究》，载《文物》1997年第7期。

“分裂与平等自主”，一个社会群体随时会因环境资源的改变分裂成更小的群体，社会内部实行平等自主的原则，“决策权散在每一个牧团中，甚至在每一个游牧家庭中”[①]。这个原则使得这种社会往往呈现出一种离散的状态，在公元前2000年前后中国西北地区农业经济受到严重打击，开始了其游牧化进程，其铜器分布特点正好反映出此时西北地区社会组织的分裂性。中原地区二里头文化时期，早期国家逐渐形成[②]对青铜器的生产和分配都有严格的控制，二里头遗址是中原地区的政权中心，青铜资源都要经过二里头这样高级别的遗址进行生产和再分配，所以中原的铜器集中分布在二里头遗址和东下冯遗址这样的一、二级政权中心。

因此我们推测西北地区与中原地区在夏纪年时期很可能由于生产方式的改变，引起了两地社会组织的不同，进而导致了两地铜器发展的分野。西北地区社会组织离散，讲究“以金饰身”，所以流行装饰品和小型工具；中原地区社会组织集中，等级制度严格，讲求“国之大事在祀与戎”，因此以大型的容器和兵器为自己特色。

（本文原载于《西部考古》第3辑，三秦出版社，2008年，有删减）

①王明珂：《华夏边缘——历史记忆与族群认同》，允晨文化，2005年。

②刘莉、陈星灿：《中国早期国家的形成——从二里头和二里冈时期的中心和边缘的关系谈起》，载北京大学中国考古学研究中心：《古代文明》第1卷，2002年。

【第四章　玉石器研究】

史前玉器与原始信仰

——齐家文化玉器一些现象的初步观察与探讨

叶茂林

一、前言

西北地区的齐家文化，以玉器的广泛发现而受到关注。齐家文化的时空范围也广受重视。在时间上，它处于中国史前社会向文明化的历史时期的大转变阶段，而且是在中原出现国家，出现了王朝，出现如此变革的时候，齐家文化走向了衰落，这是一个大的背景。

齐家文化是瑞典学者安特生最先发现的，开始被称为齐家期。中国的考古学家通过大量深入的工作才逐渐修正了安氏曾经有的错误认识，最后确定了齐家文化的命名。齐家文化被划分为若干的类型，表明它们存在一定的差异和时间上的变化。①

根据考古学研究和碳十四测定年代资料，齐家文化的绝对年代应该是在距今4300～3800年之间，延后的时间也许还可以晚一些，有的认为到了距今3700年前。大体上，齐家文化所处的这个大的时代一般没有什么太多异议，只是对于是否可能早到4300年前，也许会有一定的分歧。因为过去总体上认为齐家文化是比较偏晚的，现在要一下子提早这么多，可能不一定能够接受。不过现在有不少关于齐家文化年代的资料在往前推，也逐渐出现了一些预示齐家文化产生的，亦即有可能是齐家文化来源的原始文化可以提供给我们分析，虽然没有取得一致的认识，但是毕竟是有了一些很重要的线索。

在陇东黄土高原和宁夏南部地区，考古发现了一些有研究价值的和探讨意义的新材料，至少它标示了一种指向，这个区域有可能是寻找齐家文化来源的地方，

①谢端琚：《黄河上游的齐家文化》，载《新中国的考古发现和研究》，文物出版社，1984年，第118-125页；谢端琚：《甘青地区史前考古》，文物出版社，2002年，第112-136页。

至于更深入的探索还需要做许多进一步的努力。菜园文化、常山下层文化，还有某些具有较早特征的齐家文化遗存的发现，也都显示了这种现象，而且显示出较明确的倾向。有关齐家文化可能来源于这个地区的观点，得到了很多考古学者的认同，尽管在具体的认识上还有较大分歧。①

青海民和喇家遗址的发掘，也提供了不少比较偏早的齐家文化的现象。有若干提早的资料也是从喇家遗址的发掘资料的测定而来。②喇家遗址的发掘和许多重要发现还表明，齐家文化处在和东部发达的各史前文化可以相当的发展水准和相当的文明化进程之中。③

二、齐家文化的若干原始宗教现象

在齐家文化这个时期，在人类的原始宗教信仰方面，出现了许多明显的发展。齐家文化的原始宗教现象有很多发现。如卜骨，在齐家文化的很多遗址都有相当广泛的发现，这是一个很普遍的现象，而且在有的遗址中发现数量还不少，据统计至今已有几十件标本出土，一般是羊或牛，也有鹿的肩胛骨，保留有烧灼的痕迹。④

石圆圈的遗迹现象，最先在甘肃永靖大何庄和秦魏家遗址发现，附近还有动物骨骼和卜骨发现，表明是宗教祭祀性质的遗迹。⑤还有多处遗址发现有动物埋葬现象，有的为祭祀坑，如埋猪、牛等的骨架，表现了原始宗教祭祀的行为。⑥在墓葬现象中，也有明显的原始宗教行为的一些表现，多种墓葬制度反映了人们的信

①叶茂林：《改革开放三十年来黄河上游地区史前考古新进展概述》，载《中国考古学会第十一次年会论文集》，文物出版社，2010年，第17-28页。

②喇家遗址已经测定的碳十四年代资料，有约20多个，绝大部分属于齐家文化的遗存，绝对年代都在西元前2350—前1870之间。见中国社会科学院考古研究所碳十四实验室：《放射性碳素测定年代报告（二九）》，载《考古》2003年第7期，第640-644页；《放射性碳素测定年代报告（三一）》，载《考古》2005年第7期，第57-61页。

③中国社会科学院考古研究所、青海省文物考古研究所：《青海民和喇家史前遗址的发掘》，载《考古》2002年第7期，第3-5页。

④谢端琚：《甘青地区史前考古》，文物出版社，2002年，第128页。

⑤中国社会科学院考古研究所甘肃工作队：《甘肃永靖大何庄遗址发掘报告》，载《考古学报》1974年第2期，第29-62页；谢端琚：《甘肃永靖秦魏家齐家文化墓地》，载《考古学报》1975年第2期，第57-96页。

⑥中国社会科学院考古研究所：《师赵村与西山坪》，中国大百科全书出版社，1999年，第151-214，270-293页。

仰和观念[1]，反映了齐家文化先民的原始宗教意识。墓葬中，还有陪葬、殉葬、祭祀性的埋葬等现象，有的还有杀祭。

因为齐家文化的彩陶等发现较少，因此在齐家文化的器物上出现的特殊图案虽然不是很多，但还是多少反映了一些具有特殊图案性的符号、纹饰以及装饰等，[2]甚至包括一些特殊的造型，如连体的器形、双口的器形、枭面器形等，这些具有艺术性的表现，其实是功利性的原始宗教意识在起作用。还有如奠基、献祭等现象，广场仪式和祭坛的发现，以及音乐功能的表现，如成组玉器表现的音乐性能、[3]喇家遗址发现的巨型石磬等。在齐家文化中还能相当广泛地见到玉器出土等现象。玉器本身就是同原始宗教密切相关的一类特殊的器物。

还有一个应该引起人们注意但却往往被忽略的现象，就是细石器的发现。很多齐家文化都有零星的细石器发现，一般只是认为是齐家文化残留少许细石器标本，可能反映了某种细石器的实用性的问题。其实，细石器的残留有可能是比较古老的原始宗教相关的一种表现。原始宗教大致起源于旧石器时代晚期，是细石器产生并较为盛行的时期。在细石器文化成为非主流的历史时期，这些被认为是残余的细石器，实际有可能是随同北方萨满教一起一直保留下来的一种与萨满相关的法器或者是具有密切性的遗物，这种细石器的残余遗存，保留的是萨满教起源时期的远古记忆。[4]显然，残余细石器遗存不仅仅是生产生活方式的保留，我们比较倾向于认为，它更可能是一种带有原始宗教色彩和关系的道具。

这里恕不详细罗列齐家文化的相关发现，如此等等这些诸多的现象都表明齐家文化的原始宗教相当盛行和发展。

三、齐家文化玉器的一些原始宗教现象的初步观察

齐家文化的玉器现在被相当一部分学者认为是中国三大玉器地域板块之一。

①谢端琚：《黄河上游的齐家文化》，载《新中国的考古发现和研究》，文物出版社，1984年，第118–125页。

②谢端琚、瓯燕：《黄河上游史前陶器符号与图像研究》，载《考古学集刊》第16集，科学出版社，2006年，第89–123页。

③幸晓峰、叶茂林等：《青海喇家遗址出土玉石器的音乐声学测量及初步探讨》，载《考古》2009年第3期，第83–93页。

④吕光天：《北方民族原始社会形态研究》，宁夏人民出版社，1981年，第409–413，283–284页。吕先生的论述，把原始宗教萨满、细石器、岩画等相关问题联系到了一起，给人以启发和思考。

尽管齐家文化的玉器，特别是玉礼器，很可能是从受东部地区的影响而来的，但是，人们并不低估齐家文化的重要性，相反，都认为它是一个具有深远影响的玉器文化，具有承上启下的意义和历史作用。我们在本文里只选取了喇家遗址出土玉器中表现颇为突出的几个较为特殊的现象予以关注和考察，以此作为一个试探，以期能够获得一些研究的思路和进展。

（一）最近我们做了关于齐家文化玉器的音乐声学性能的测试和分析，使我们有理由相信，玉器是不仅有礼器的价值，而且还可能有着音乐的功能，有一些很可能也是乐器，是史前时期礼乐相合的器物，[①]此主张为礼乐文明的起源找到了一个新注脚。玉器的音乐特征，是过去很少注意到的，现在通过研究，似乎可以肯定，玉器的音乐现象，是原始宗教现象的一种表现。与此同时也对于更全面认识齐家文化玉器提供了一种新思考。

（二）在研究齐家文化玉器中，我们还发现了齐家文化玉器的重璧轻琮现象，[②]这种礼玉器物在数量上的强烈变化和强烈反差的表现，使我们坚信，它可能也是蕴含着原始宗教信仰的某种现象的一定真实的反映。我们初步理解和认为，玉璧类是具有表现太阳神的含义的，是代表天神的相关媒介器物，因而是原始宗教仪式中礼天性质的物件；而玉琮是连通天地，天圆地方的表现，是天和地相合的观念意识。太阳就是天神，单独大量使用玉璧这种表现和象征天神的器物，而不与玉琮配合，使得玉琮的需要很小了，数量大为减少，甚至形态也在简化，这是人们的观念发生了某种变化，或是有另外的器物或某种东西取代了玉琮，也或者是它变得不那么特别需要这种贯通天地的器物了，这是观念形态改变和实际历史功用的变化造成的结果。也可以说，这是原始宗教观念的一种变化发展。背后的根源值得探究。也许不再是需要通天达地的这种方式了。当然，对于玉琮和玉璧这种器物形态的功能，还存在有不同的解释和理解，认识还有待发展，我们只是按照自己的理解在进行探讨。

（三）齐家文化玉器还有使用下脚料和玉料以及非成品的玉器的许多现象，这是很不同于其他玉器文化的地方。对此，我们也初步认为，这可能也是一种有着

①幸晓峰、叶茂林等：《青海喇家遗址出土玉石器的音乐声学测量及初步探讨》，载《考古》2009年第3期。

②叶茂林：《齐家文化玉器的几个问题》，载《四川大学考古专业创建四十周年暨冯汉骥教授百年诞辰纪念文集》，四川大学出版社，2001年，第190-191页。

某种原始宗教观念或行为的表现。我们曾经试探性地做过推测，但是未必得到了正确的解答。①这是在存在玉器加工的环境下，对于玉所具有的特殊物质的原始宗教性质的一种肯定，也显示了玉器本身就具有原始宗教法器功能的性能。

（四）在喇家遗址的若干普通房址里出土玉器的现象，是喇家遗址发现并认识到的新情况，是不是具有普遍的认识价值，还不肯定。因为喇家遗址是一个瞬间灾难被保留下来的遗址，所以比较完好地可以再现当时社会生活的真实，说明玉器是在日常生活中随时存在的，就是日常生活中的一种原始宗教用品。其他遗址因为没有像喇家遗址这样活生生的现场，因而可能不会发现这种情况，但是否也同样存在这种现象，还是需要思考的。

四、齐家文化玉器相关原始宗教信仰的一点讨论

我们前面已经提到，齐家文化的发展与东部地区发达的文化有大致同步的发展水准和文明化进程。但是，齐家文化地处西部，还是有许多发展上的不同特点和发生不同的变化。因此，它在玉器文化上也存在一些明显的不同点。这些不同，有可能是基于原始宗教观念的不同或者是基于信仰的发展变化所致。

齐家文化玉器与其他玉器文化一般现象的相同表现，主要是在礼玉观念上接受了东部地区的影响，而又有所发展。我们一直还是坚持这种观点，即齐家文化在接受玉器礼器观念的同时，有变化地发展了这个观念。一般地说，齐家文化玉器在器物的种类上就鲜明地不同于其他文化，保持了自身的特征。形成了齐家文化玉器的一套自身风格。这方面，我们早有一些认识和论述。②

青海民和喇家遗址2003年发现并确认了广场上的祭坛，这个发现使它居于与红山文化和良渚文化可以大致相同或相当的地位和水准上。所不同的是，喇家遗址祭坛上的M17，不算规模巨大，但是规格还是高的，随葬的玉器就表现了喇家遗址有较多的非成品玉器，如玉料、半成品、下脚料等，呈现了与其他文化颇为

①叶茂林：《青海喇家遗址一些问题的思考》，载《考古学民族学的探索与实践》，四川大学出版社，2005年，第1-15页。

②叶茂林：《齐家文化的玉石器》，载《考古求知集》，中国社会科学出版社，1997年，第251-261页；《黄河上游新石器时代玉器初步研究》，载《东亚玉器》，中文大学中国考古艺术中心，1998年，第180-183页。

不同的风格样式。[①]不管怎么说，它的等级仍然还是齐家文化所见最高的，并且是非常重要的。可是为什么要使用一些并不被我们今天看好的非成品的玉制品，这是我们一直在思考和分析的问题。我们也曾经试图想解读这个问题。我们提出了一个玉器制作过程中的玉器与脱离了制作过程的玉器的划分，还提出了一个臆想的概念，就是制作完成投入使用的玉器有一个开光的仪式，玉器才成为法器。[②]不知道我这个认识是否能够得到学界的认同，但是不管怎样，我们是注意到了齐家文化玉器在原始宗教性质上的特殊意义。其实，作为原始宗教法器的玉器，它是一种巫的媒介物，它本身就是具有通天达地媒介的作用和意义，所以，如前面已经提到的，玉璧本身就已经具有通天达地的特殊功能了，因此也许可以不需要再有玉琮的重复使用，不需要再多此一举。

还有玉器在房址里出现的现象，这也是其他文化难以见到的情况。在一个看似没有特殊情况、不具备特殊性质的房址里，出现了玉器，而且有的还是特定放置在一起的。喇家遗址F4的东壁下出土了多件玉器，其中包括两件玉璧、两件玉料、一件石矛，在这部分白灰面墙壁的上面还有黑色的一部分墙面，目前由于保护情况上的原因，不能够辨别这是什么壁面，也许是一个什么家具一类的设置吧，但是还并不能肯定。玉器放置在这个位置的墙角居住面上，是否可以理解为是如同贡品一样的玉器放置，我们也还完全不能做出理由充分的判断来。但从器物的组合看，玉料或许已经是一种可以等同玉器的物件形式了，属于一种器物。在喇家遗址的齐家文化中，玉料大概具有可能和玉器同样的地位，这是我们过去根本不能够想象的。而从原始宗教学的角度，也许就可以帮助我们认识。

原始宗教学，从理论上和实际的民族调查资料，以及历史资料和考古出土资料出发，对于原始宗教的发生、发展，包括很多表现和特殊现象，进行了卓有成效的研究工作，对于考古学也有很多新的启示、帮助和借鉴意义，尤其值得考古学家加以重视。

有学者从原始宗教学的研究认为，民族学资料表明，中国各民族原始宗教的

①中国社会科学院考古研究所、青海省文物考古研究所：《青海民和喇家遗址发现齐家文化祭坛和杆栏式建筑》，载《考古》2004年第6期，第3-6页。

②叶茂林：《齐家文化玉器研究——以喇家遗址为例》，载《玉魂国魄（三）》，燕山出版社，2008年，第141-48页。

专职巫师皆无使用玉做神具的现象和痕迹。[①]巫以玉事神并不是一个普遍的现象。这说明，使用史前玉器的巫师，与古代的和现代的民族学材料并不能相互印证。当然这也并不表示否定史前玉器的原始宗教性质的存在，也不说明史前玉器与后代的各民族原始宗教毫无联系。

考古发现和原始宗教学的研究表明，在中国大约公元前3000—前2000年这个特殊的被称为“玉器时代”的时期，恰恰是在原始宗教方面有着更为重要的和特殊的意义，玉器与原始宗教有直接的更密切的联系。巫与玉的结合，完全是中国史前社会独特发展演进的结果，巫以玉为灵物，巫—玉—神的关系，从发展来看，有一个演变的发展过程。即从天人混一的世界观，发展到天人分立的世界观，再到天人合一的世界观，最后是天神高于地神的观念。[②]

齐家文化重璧轻琮现象，是石崇拜与玉崇拜的复杂关系变化与分化之结果。前面我们已经提到，根据我们的理解，玉璧代表了天神，我们还认为，灵石代表的是地神。我们这里所理解的灵石，与过去人们所一般认为的单纯生殖崇拜意义的灵石，[③]既有一定关系，但又并不完全是一回事。我们理解的灵石，它包含生殖崇拜，又不仅仅是生殖崇拜的含义，它是自然崇拜，是石崇拜，是基于万物有灵的自然灵石，是地神的体现，也就代表了地神。因此石崇拜与玉崇拜是相对的，它们有一定的对立关系。在齐家文化来说，玉崇拜是一种外来影响产生的新观念，又是从石崇拜中间分化出来的，是高于自然石崇拜观念的意识形态。

玉料是未加工的玉质原料，在一定意义上还是具有自然石含义的，所以也可以认为玉料还具有石崇拜的含义，玉料也就可以认为还有地神的含义，因而玉璧与玉料就可以是相对的组合或组配。就我们的理解，如前面所述，玉琮逐渐改变了它的使用地位，便逐步走向消退，慢慢退出了历史。如果认为是以玉琮礼地，玉琮是地神的象征，那么也是因为齐家文化出现的玉料取代了玉琮的现象，相应地可解读重璧轻琮这种变化。

我们认为，灵石就是自然石，喇家遗址及一些其他的齐家文化遗址里，都有

①于锦绣：《漫谈“巫—玉—神”——中国五帝时代玉文化的原始宗教学研究》，载《中国玉文化玉学论丛》（三编），北京：紫禁城出版社，2005年，第153-187页。

②于锦绣：《漫谈“巫—玉—神”——中国五帝时代玉文化的原始宗教学研究》，载《中国玉文化玉学论丛》（三编），第153-187页。

③ 孙作云：《中国古代的灵石崇拜》，载《民族杂志》1937年第5卷第1期。引自马昌仪编：《中国神话学文论选粹》（上），中国广播电视出版社，1994年，第347-370页。

考古发现的这种自然形状的灵石崇拜的现象和遗物。灵石崇拜的延续和发展（羌族一直保持白石崇拜的风俗），使齐家文化具有与其他文化所不同的特征和玉器发展的某种变化。这是我们尝试解释的齐家文化重璧轻琮现象的原因之一。这个变化了的玉琮失去重要性功能的现象，后来还传承给了商周时期。随后，中国玉器文化中，玉琮淡出了，玉璧却强烈地巩固了地位。

需补充一点，喇家遗址出土玉料的一个非常值得我们注意的现象就是，它的尺寸都几乎为拳头大小的状态，一般为10厘米左右，形态椭圆或接近方正。其实，这是已经有过一定初步分割加工和修正加工的“玉器”了，并不是真正的没有固定大小的原始玉料。真正的大型的原始玉料，实际上我们还没有在发掘中见到过。而且，这种大小合适，拿起来方便的玉料，正好比较更适合手握，它握在手里，就成了“器”。这样来理解，也就是如同我们说到的与原始宗教关系密切的遗物中的细石器，它具有的延续从前的古老物件一样，这种适合手握的玉料，表现了玉的原始宗教灵媒价值，又保留了较原始的形态特征，既是自然形态的物质，也就有自然灵石的含义，既有初步的加工，也就有特殊媒介作用，既是天成的玉，是灵媒，又是天然的石头物件，其蕴含可谓丰富。

从喇家遗址出土玉料的观察与分析，我们看到一些未解之谜，其实是有可能通过原始宗教学的分析和思考，获得一定理解和解答的。同样的，关于下脚料等的其他一些情况，相信也是可以最终找到一定答案的。限于时间，我们暂时还没有得到更多的认识，有待时日再做深入，也待有更多学者的参与和讨论。

回过头来看，喇家遗址F4存放的2件玉璧与2件玉料，就是比较合适的组配，以玉璧礼天，以玉料礼地，可恰好完备呈现。另外从工艺角度来理解，玉琮加工钻孔复杂困难，玉璧相对简单容易，这是一个工艺从简单到复杂，又从复杂到简单的演变过程，很符合事物的客观发展规律。历史就是很多事物在一定的时间框架中的综合影响而构成的。

五、小结

关于喇家遗址发现的齐家文化玉器的一些可能具有原始宗教含义的现象，通过以原始宗教学和考古学相结合的方法，使这些我们一时不解的特殊现象，初步得到了一定的还原，有了一定的解释，这种讨论是具有启发性和建设性的，也应该是考古学研究中很值得重视的一种方法。

以往我们所谓的考古学多学科研究，多是把考古发现通过不同自然科学的分析和测试，获得一些新的再发现与新的再认识，这已经得到了考古学家的广泛认同，而且合作的方式也在发展和改变，并随着新的变化和适应新的条件不断改善。这种多学科合作研究越来越受到考古学家和考古学界的重视，也逐步成为今后发展的方向。

但是考古学在与社会科学和人文科学的结合与多学科的研究上，看来还是不足的。过去，考古学的发现往往比较多地参考和借鉴了民族学的资料，借以解释和理解考古发现的诸多现象。这种方法至今仍然在广泛运用，只是在应用中往往都比较简单化，或具有拿来主义的倾向。究其问题所在，是没有共同参与，并不是一种多学科合作的研究。现在我们对此应该予以一定的注意。

原始宗教学对于考古学的研究，得益于这门学科在考古学丰富的发现资料中，长足地发展了原始宗教学的理论和方法，完善了自己的学科。如果不是随着考古学的大量新发现，原始宗教学可能还是处在喋喋不休的理论争论之中。考古学的发展，促进了原始宗教研究，反过来原始宗教学也可以对于考古学的认识起到某种积极的作用。我们相信，原始宗教学有可能成为如同民族学一样对于考古学产生重要影响的学科。

本文通过借鉴原始宗教学的认识方法，研究思考了喇家遗址和齐家文化出土玉器的一些难解的现象，初步促使了这些难以理解的现象有可能得到比较合理的一定解释。尽管我们的研究还不够深入，思考也还不够成熟，但毕竟是有了一些认识的进展。我们初步认为：齐家文化玉器的音乐性特征，本身即表现了一种原始宗教意识；[①]齐家文化玉器的重璧轻琮现象是石崇拜的原始宗教观念发展变化的结果；喇家遗址发现的使用玉料的现象，也是石崇拜的一种表现；玉料与玉璧的组配现象，也是石崇拜与玉崇拜复杂关系发生变化和分化的结果；初步分解化小的玉料，成为了可以取代玉琮的一种象征地神的器物，使玉琮没有了存在的意义；观念的发展，更是使得玉璧本身就具有了通天达地的功能性；玉璧代表了天神，

①音乐与宗教及原始宗教的关系是极为密切的，无须做更多论证了。我用北京中国美术馆《希腊瑞纳斯作品展》的希腊艺术家的话来做一个补充注释："毕达哥拉斯曾说过，整个宇宙间'万物皆数'。而那些数字与数字的比例又可转换成声与音的和谐；因此，我们可以说，整个宇宙都在创造着音乐。"（瓦盖里斯·瑞纳斯，《船·和谐·宇宙》），引自《希腊瑞纳斯画展》自序《船·和谐·宇宙》，中国美术馆，2010年。

作法时也无须再使用其他的媒介物；同时，玉璧也随着原始宗教观念的发展，走向了更加适应天神崇高的独尊地位，玉璧被一路延续继承下来，直至汉代及以后的意识形态观念，都是与玉璧的神性相一致的。

石崇拜的现象是许多史前文化都广泛存在过的，尤以齐家文化和羌人保持这种信仰和崇拜习俗最为盛行和长久，需要格外注意。当然其中许多关于石崇拜的细节我们仍然是不得而知，有待不断探索。商周以来的古代中国的灵石崇拜，已经不是史前时代广泛意义的灵石含义，已经成为在一定范畴下的特殊的生殖崇拜的特定含义。古代中国的灵石崇拜，与史前中国的灵石崇拜，是有差异的。这是我们必须要明确的。万物有灵具有更加悠远的和更加原始广泛的自然崇拜性质，而高禖和宗庙的石与宝以及民间的乞子石等的一脉相传的生殖崇拜含义，[①]虽然保留了远古的生殖崇拜遗风，但是毕竟已大不同于原始时代的原始宗教意义。不过，这种风俗至今仍然大量保留在民间，成为一种民间宗教的现象。

通过这些考古资料，让我们可以看到，从原始宗教向古代宗教，直至现当代民间宗教变化发展的宗教形态演变过程与发展观。原始宗教对于史前考古发现的玉器之间的密切关系甚至可以说是一种必然，对这种关系的解析，还有很多要做的工作。本文只是尝试，或许我们的阐述可能也还不够清楚和透彻，还需要今后再不断地努力下去。

（本文原载于《南艺学报》2010年）

①孙作云：《中国古代的灵石崇拜》，载《民族杂志》1973年第5卷第1期。引自马昌仪编：《中国神话学文论选粹》（上），中国广播电视出版社，1994年，第347–340页。

青海民和县喇家遗址出土齐家文化玉器

叶茂林　何克洲

民和县博物馆收藏有几件出自喇家遗址的齐家文化玉器。这些玉器曾引起一些玉器研究者的关注和重视，现予以整理报道。

1981年5月，青海省苏生秀和民和县博物馆赵存录二位先生对官亭镇的喇家遗址进行调查时征集到一批玉器，共计7件。根据社员回忆，这些玉器是地里出土的，同时出土的还有陶器、石器、骨头、烧灰、白灰面墙皮等多种遗物，埋藏并不深。经调查，这里出土的玉、石器还不止这些，有的可能已经流失。

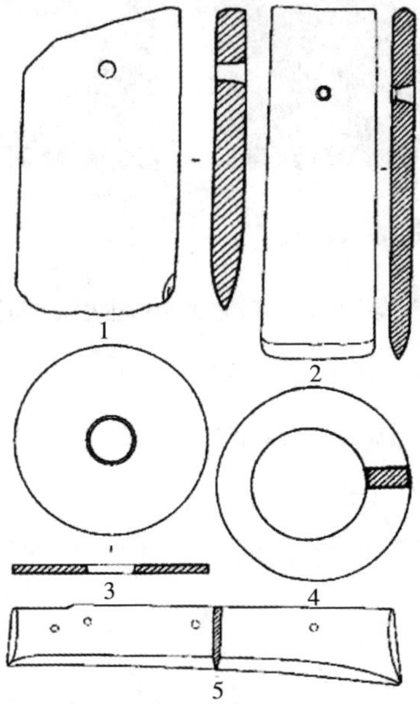

1.斧(L:5) 2.斧(L:6) 3.璧(L:2) 4.瑗(L:3) 5.刀(L:4)(3.1/8,51/4,余均为1/2)

图一　出土玉器

喇家遗址面积大约10万平方米，主要属于齐家文化堆积，有小范围的马家窑文化堆积。目前所知，出土玉器的遗存均属齐家文化，出土的玉器，包括璧、瑗、刀、斧、锛。皆素面。

璧 2件。L：1，呈浅绿色。椭圆形，一面起弧，厚薄不匀，磨制不精。纹理含黄褐色杂质较多，质较差。最大直径27.1厘米、孔径6.7厘米、最厚1.2厘米。L：2，呈青绿色，有深浅不等的絮状纹理，周围边缘有黄色。磨制较精，圆形，较规整。直径18厘米，孔径5.5厘米、厚0.7厘米（图一：3)。

瑗 1件（L：3)。呈青白色，质地细润，是7件玉器中质料最好的1件。较小，系用钻下的璧芯又加工成瑗，磨制较精，但瑗内宽度不匀。直径6厘米、孔径3厘米、厚0.7厘米（图一：4)。

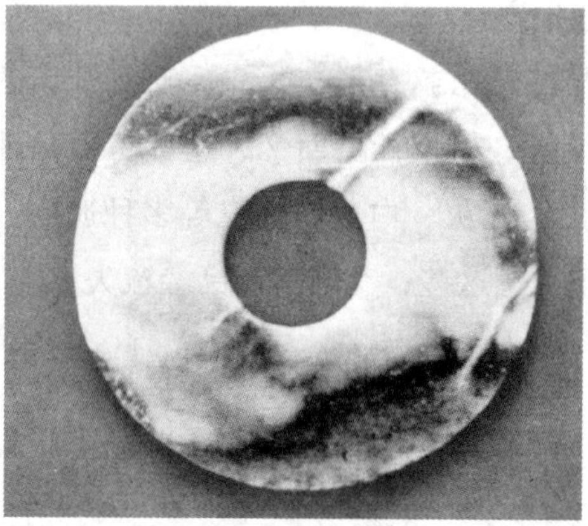

图二　玉璧

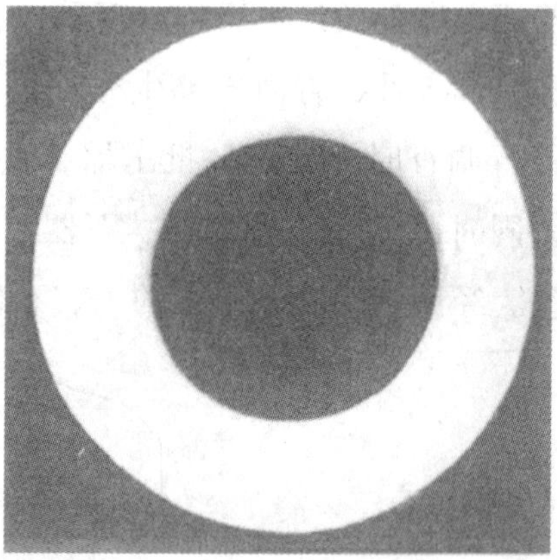

图三　玉瑗

刀 1件（L：4)。呈青绿色，有浅黄色斑点，质地细腻，磨制精致。长条形，背平直，刃微凹呈弧形，稍长，平面作梯形，刃缘磨斜锋利，柄端略窄。背部有3个穿孔，柄部有1个穿孔。已从中段折裂。长41.2厘米、宽6.5厘米、厚0.8厘米，孔径0.7～0.8厘米（图一：5）。

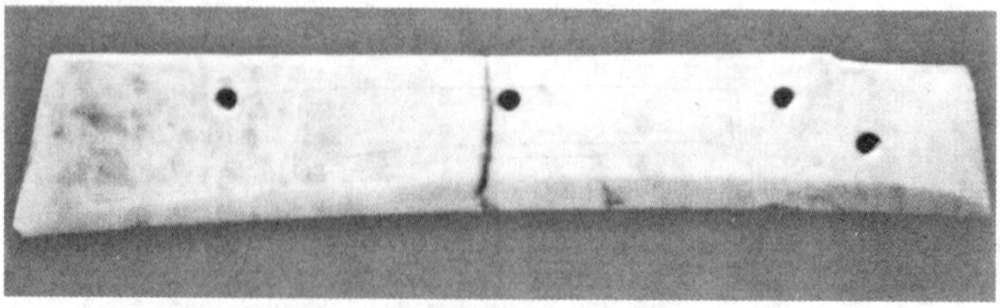

图四　玉刀

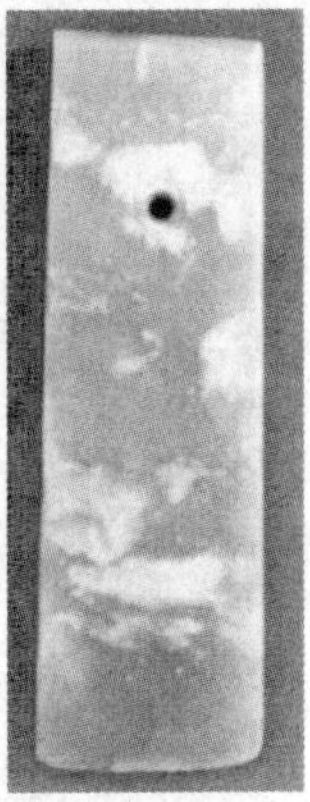
图五　玉斧

斧　2件。L：5，乳白色，质温润。呈长方形，顶端稍残，两面磨刃，柄端中部单面穿孔。磨制精美。长9.3厘米、刃宽5厘米、厚1厘米，孔径0.5～0.7厘米（图一：1）。L：6，长方形，呈青白色，有絮状白色纹理，磨制精致，造型规整。柄端中部穿孔，周边有两面磨切的切痕。长15.8厘米、刃宽4.8厘米、厚1厘米，孔径0.6～0.8厘米（图一：2）。

锛　1件（L：7）。呈墨绿色，较薄。呈斜梯形，未穿孔。长5.5厘米、刃宽3.9厘米、厚0.5厘米。

以上7件玉器皆属软玉，均带有西部玉料的特征。经初步观察鉴定，认为属于广义的昆仑山玉，很可能玉料来源于昆仑山东麓的格尔木，也就是广义的和田玉。更进一步的测试、鉴定，有待考古发掘对出土玉器残件的采样分析来进行。

目前，齐家文化玉器已经为国内外学者所重视，齐家文化起到了沟通中原及东部玉文化与西部玉料产地的联系和纽带的作用（叶茂林：《黄河上游新石器时代玉器初步研究》，载《东亚玉器》第1册，香港中文大学，1998年）。1999年，在喇家遗址发现了一些小型玉器，并初步认定喇家遗址加工玉器，（叶茂林等：《和官亭盆地考古初获成果》，载《中国文物报》2000年3月15日头版）。随后将对遗址进行大规模的发掘，有希望在齐家文化玉器研究上大大迈出一步。

附记：

故宫博物院杨伯达先生给予帮助，并观察鉴定玉器，特此致谢！

（本文原载于《考古》2002年第4期）

齐家文化的玉围圈

杨美莉

一、楔子

当欧洲的研究者正热衷着计算，存在于不列颠的石围圈（stone circles）的巨石码（megalithic yard）时，在中国也发现了不少类似的石围圈遗迹，唯不同的是，在中国，这样的遗迹并未赢得学界的青睐；一个世纪以来，西方人普遍接受这些存在于欧洲新石器时代晚期至青铜时代的石围圈遗迹，的确与当时人的标准计量单位有关，然从人类学的角度观之，似乎也排除不了与当时人，对所生存的世界的认知，以及对宇宙、对生死观念的关系。

齐家文化，一个至今年代上下限（约在公元前2000年左右）尚不清楚的新石器时代晚期之末的文化；[①]主要是发展于今日的甘肃、宁夏、青海东部、陕西西部等广大的黄土高原地带，以游牧、农业经济为其生计；此文化又由于已经有相当量的青铜器的铸作，故一般将其视为铜石并用期文化；二十世纪七十年代在甘肃永靖大何庄发掘了一个大型遗址，除了包括大量的墓葬群外，尚有石围圈遗迹、牲畜坑、卜骨等。因此，一般认为石围圈是当时祭祀中心的遗迹。

而二十世纪八十年代甘肃天水师赵村遗址齐家文化层的发掘，除了墓葬群、石围圈、牲畜骨架存在外，并在探方中发现弯月形的一环形玉片三组，此中透露了许多有关齐家文化祭祀活动的讯息。而本院新入藏的三组玉围圈，推测是来自

①齐家文化的年代，依碳十四的测年数据以及树轮的校正，目前得到的数据分布在公元前2500—前1500年间；严文明先生依碳十四的测年数据以及适当的调整，将此一文化的年代订于约公元前2055—前1900年左右，大抵进入夏的前期。严文明，《论中国的铜石并用时代》，载《史前考古论集》，科学出版社，1998年，第40页。而依张忠培先生的分期，齐家文化共分三期，其一、二期的年代约在公元前2400—前2000年间。张忠培：《齐家文化研究》（下），载《考古学报》1987年2月，第158页。

于此一文化，与石围圈祭程遗址有关的玉礼器。

二、齐家文化的祭祀遗迹——石围圈

石围圈（Stone Circles）遗迹不只见于中国境内，世界上其他古文明地区，也先后出现有石围圈的遗迹，西欧尤以英国青铜时代石围圈的建造最为盛行（图一），为其巨石文明（Megalithic civilization）发展的阶段性文化表征；而中国境内似乎不仅于齐家文化有之，更早的辽西地区红山文化亦有之，（公元前4000—前3000年）；各个地区石围圈的建造有其个别的传统与意义，然这些的意义或有若干的差异性，却亦有相当程度的普同性。

（摘自Stone Tools and Society）

图一 英格兰西北部的坎伯兰（Cumbria）的石围圈遗迹

英国考古学者对石围圈遗迹的关注，早自十八、十九世纪即已开始，二十世纪更是全面而深入地进行调查、研究；基本上，认为石围圈的建造是与古代人的天文、历算息息相关，甚至被视为反映当时人的宇宙观、生死观的具体表征，在此，人们相信可以取得与祖先、神祇的沟通这样的一种解释，是极容易放诸于存在许多古老文化中，具有宗教意义的遗物上的；因此，我们并不一定是套用西方学者的解释，来理解齐家文化或红山文化的石围圈遗迹；首先，若就红山文化石围圈遗迹出现的情况观之，庙、坛、冢（墓葬）的一体呈现，也暗示着三者同时构成红山文化先民精神层面活动的基本单元（图二），具体而微地反映了红山文化先民的宇宙观、生死观。

(摘自《牛梁河红山文化遗址与玉器精粹》图八五)

图二　红山文化石围圈遗迹　辽宁东山嘴

而齐家文化的石围圈、祭祀坑、墓葬群等，似乎亦构成一个完整的家族或聚落宗教活动的单元（图三）；从遗迹分布的情形观察，每一个石围圈明显地隶属于一组墓葬群，推测其可能为此一家族或聚落专用的祭祀建构；再加上遗迹附近常发现牲畜坑，坑内埋葬的牛、羊骨架，皆属全身，唯缺头骨，推测祭祀时曾使用牛或羊作为牺牲；并有卜骨以及玉礼器的发现，更肯定其有一套完备的祭祀仪式；因此，位于墓葬群附近的石围圈，似可视为一个家族或聚落的墓祭中心，即如后代的宗族祠堂一般；至于其是否与当时人的天文、方位认知有关，则由于齐家文化的石围圈资料有限，暂时还不甚清楚。

(摘自《考古学报》1974年2月年图版叁:1)

图三　齐家文化石围圈遗迹　甘肃永靖大何庄遗址第五号

师赵村齐家文化的石围圈附近探方中，发现弯月形玉环片九片以及玉环一件，玉环三片一组，圈成满月形环（图四）；推测此类玉器是用于墓祭的礼器，其象征月的缺而复圆，正如人的死而即将复生；因此，似乎齐家文化的先民对人的生与死，早已有寄寓，期望如月之缺而复圆般可以死而复生，其与后代人对月亮的崇拜一般无二；而有关齐家文化祭月用玉璜的详细论述，尤其是墓祭，请参见笔者另一篇专文。[①]此处我们即将说明的是齐家文化象征祭祀建构——石围圈的玉围圈。

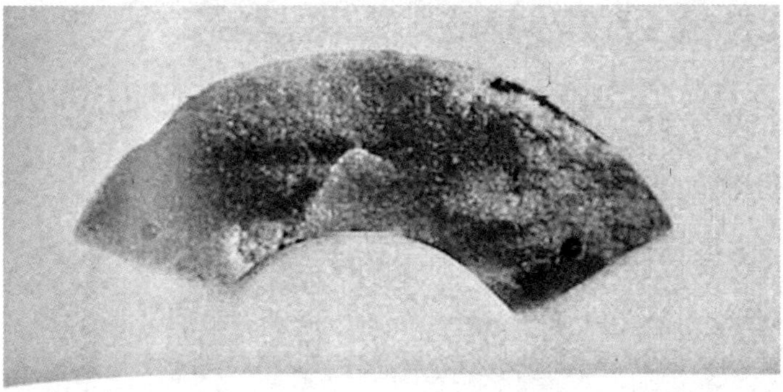

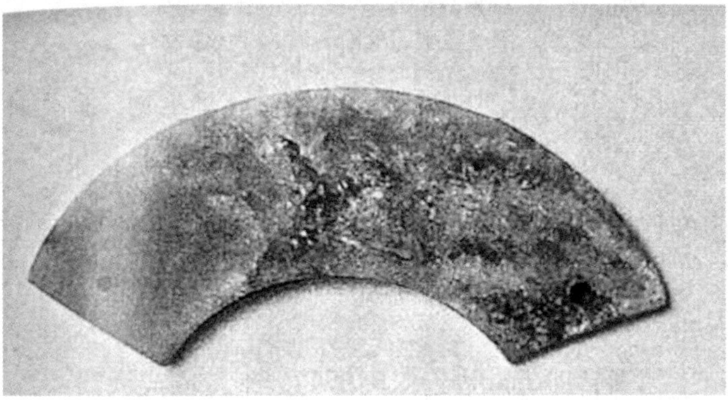

（摘自《师赵村与西山坪》彩版五）

图四　玉璜片　齐家文化　甘肃天水师赵村遗址出土

三、象征石围圈的玉围圈

一九八六年宁夏回族自治区固原博物馆的工作人员从隆德沙塘一个齐家文化遗址采集回一件大玉片（图五），玉片中部呈墨绿色，边缘沁白如石，长25.1厘米、宽17.5厘米，边缘不整齐，厚薄不一，呈不规则形状，显然表面已经抛磨，

① 杨美莉：《齐家文化玉器的性质与特色》，载《淡江史学》2000年6月第11期。

器面光滑润泽，四角落分别钻一小孔；此一玉片不知其为何物，因此，当时也难为其命名，而直呼其为“四孔玉器”[①]；此类玉片推测不是单片使用的器物，其应是如下图所见，由五或六片成一器的玉礼器；常见出于甘、青、宁等齐家文化分布的地区，甚至远及邻近的晋南、陕北；推测即是象征齐家文化祭祀中心的石围圈之玉礼器。

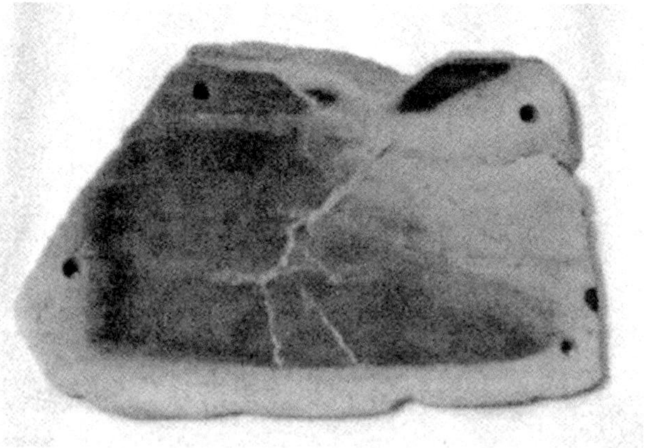

宁夏隆德沙塘采集(固原博物馆提供)

图五　第一类型的玉围圈散片　齐家文化

今日观之，齐家文化的玉围圈，大致可分成三种类型，此三种类型间是否有时间性、地域性之区别，目前尚没有足够的证据可供确定；第一种类型即前述宁夏隆德沙塘所出的类型，其完整器应如本院新入藏一组玉围圈（图六）；此型器的单片形制略一，大小相差无几，唯边幅不甚修整，保留较多石片被敲击下来的自然形态，通常是由六片圈成一器。

院藏的此组玉围圈，即为六枚近于同形的大玉片圈成（图六），每片中心呈墨绿色玉质，玉料中散布黑色藻丝团纹，外缘均匀地沁白如石，全体与固原博物馆所藏者几近一致（图五），六片来自同一玉料裁割而成，每一片大小略为不等，然长度大约均在22厘米左右，宽16.5～18厘米，厚约0.78厘米，有两边分别钻二、二小孔，围成一圈不甚圆，直径约60厘米左右。

① 马建军：《形制独特的四孔玉器》，载《中国文物报》1998年10月第25期第四版。

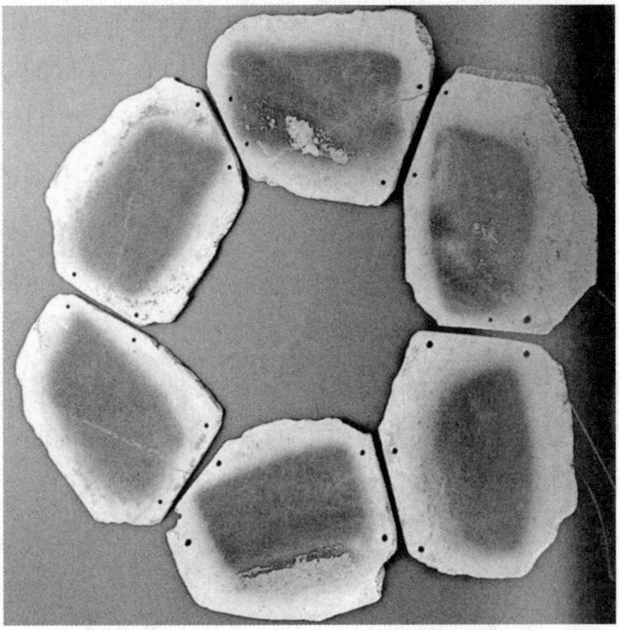

图六　第一类型的玉围圈散片　齐家文化　国立故宫博物院藏

从此型玉围圈的做工看来似乎不甚讲究，究其原因，可能与其力求逼真于齐家文化石围圈的建构之故；一般而言，齐家文化石围圈的建构，常使用砾石片圈成，例如大河庄的石围圈，围石大多以天然的河砾石为主，河砾石直径或边长约5至10厘米，围成一个石围圈所需石块，约50块或更多，所围的石围圈直径约为4米左右，师赵村的石围圈更小，直径仅2.3米左右。石围圈的大小与其所属的墓葬群大小有关，进而也与使用此石围圈或公共墓地的家族或聚落大小有关。

此型玉围圈完整保存至今者，实属不易，甚至于散片亦属难求，究其原因，主要还是在于人们对此类器的蒙昧无知，再加上此型器的器面较大，且没什么加工，易于改做成他器使用；因此，一旦落入后人手中，常将其视为一块玉料，改做成他器。院藏一件玉戚（图七），尤其器面周缘亦沁白如石，中心呈墨绿色玉质，推测即是一件此型玉围圈的散片，为后人改制成戚型器的例子。

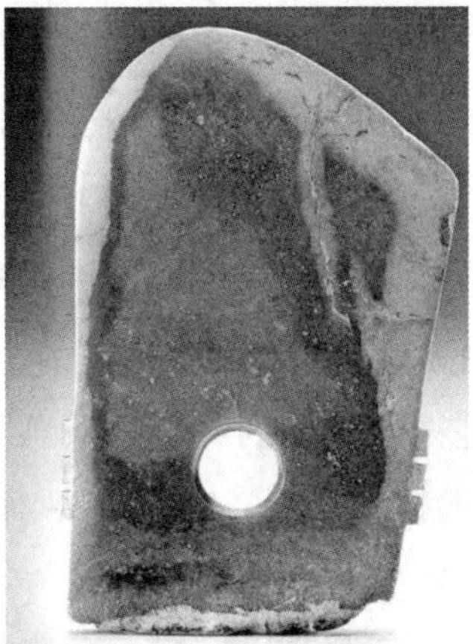

图七　玉戚　可能是由第一类型的玉围圈散片改制之器

第二类型的玉围圈，做工较讲究，其常见五片或四片圈成者；每一片大小不一，唯每片的边弧修饰得甚为整齐；而值得注意的是，其中有一片特别窄，如围圈的开口一般；通常我们所见到的齐家文化的石围圈，均有一个开口，开口的朝向方位，估计与当时人的祭祀观念，或每一个时令的日、月的方位有关；唯目前所知石围圈的考古资料极其有限，故能确定的论说亦受限；因此，此型玉围圈的开口片，是否有其特殊的功能或意义，实难说明白。

陕西延安芦山茆遗址采集的一组玉围圈，由五片黄泛绿的青玉质制作而成，四片大小略一，唯一片甚窄，每一片两短边均分别钻以二、一小孔，圈径约22.4厘米（图八）。另一组完整的玉围圈见于宁夏固原博物馆（图九），亦为隆德地区齐家文化遗址采集，其四片的组合与延安的五片极近似，唯此组玉围圈中有一片甚大，几近于半环，长约22厘米，一片甚窄如延安的开口片一般，长约5厘米，因此，单片的大小相差甚悬殊，然玉质近似，推测亦为同一玉料裁成，每片两侧的钻孔亦为二、一孔。

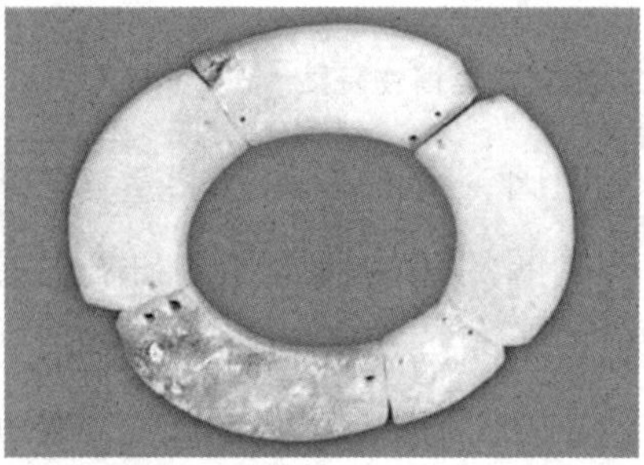

陕西延安芦山峁采集
（摘自《东亚玉器》第三册图版六九）

图八　第二类型的玉围圈　齐家文化风格

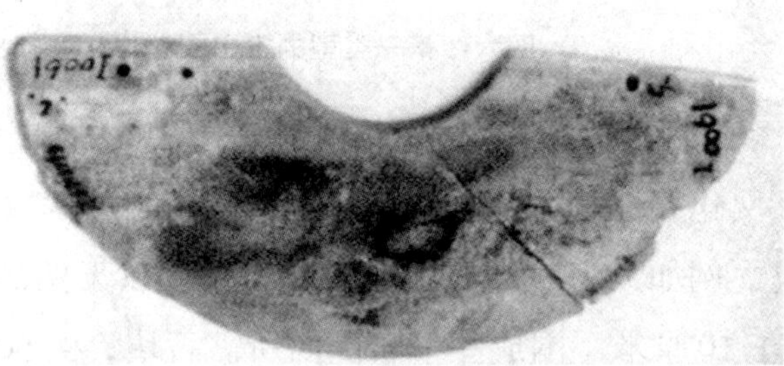

宁夏隆德沙塘采集
（固原博物馆提供）

图九　第二类型的玉围圈单片　齐家文化

而院藏一套此型玉围圈，由五片大小不一的玉片圈成，大者长约13.8厘米，窄者长约11.8厘米，宽约7.7厘米、厚约0.42厘米，围成一圈，直径约23.5厘米，各个单片器面上留有切割痕迹，外缘、内缘磨饰圆弧，其中三片两侧钻孔亦为二、一孔，另两片分别是一、一和二、二孔，玉质温润（图一〇）。

图一〇　第二类型的玉围圈
齐家文化　国立故宫博物院藏

此型器的散片，也见于各齐家文化遗址，以及各博物馆、私人收藏中；青海民和转导乡后沟遗址采集的一件散片，应属此型玉围圈的散片（图一一）。而院藏的几件大型的玉散片亦属之（图一二）。

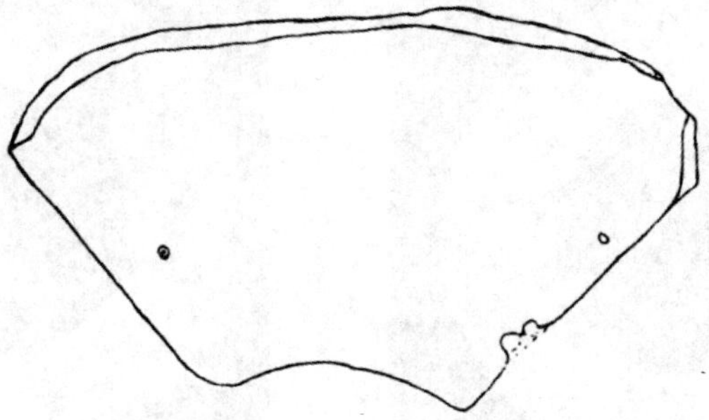

图一一 第二类型的玉围圈散片 齐家文化 青海民和采集(摘自阎亚林先生硕士论文)

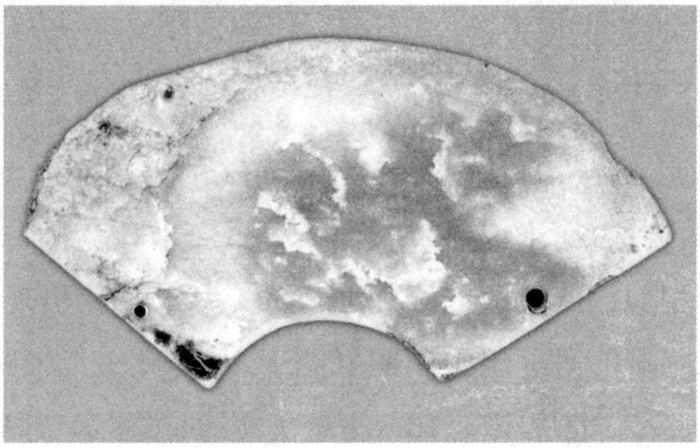

图一二 第二类型的玉围圈散片 齐家文化 国立故宫博物院藏

第三类型的玉围圈，常见由三至六片圈成，其特色在其单片的外绿略为平弧，每一片大小几近一致，两侧钻孔亦为二、一孔；山西临汾下靳遗址一九九八年发掘一个可能是陶寺文化早期的遗址，唯其出土一套与陶寺文化先民常套于人手臂的玉瑗不同的玉围圈[①]（图一三）；此组玉围圈由六片大小、形制略同，且玉料相同的玉片圈成，每一枚玉片的外绿作平弧状，内绿微圆弧，两侧边一直一斜，分

① 陶寺文化遗址常见墓中出土戴于手臂的玉瑗，此类玉瑗似乎常是有意断开成两半，在于断处两侧加钻小孔，以便聚合，此种断开似乎是为了便于戴上取下，其与玉围圈的性质寓意不能同日而语。下靳考古队，《山西临汾下靳墓地发掘简报》，载《文物》1998年12月，第9页。中国社会科学院考古研究所山西工作队、临汾地区文化局：《山西襄汾县陶寺遗址发掘简报》，载《考古》1980年1月，第18–31页。中国社会科学院考古研究所山西工作队、临汾地区文化局：《一九七八——一九八零年山西襄汾陶寺墓地发掘简报》，载《考古》1983年1月，第30–42页。

别钻二、一小孔（图一四）；陶寺类型文化的范围与齐家文化紧邻，两个文化间的关系，目前尚多争议，唯如此的玉围圈的出现，似乎也加强了其间的关系。

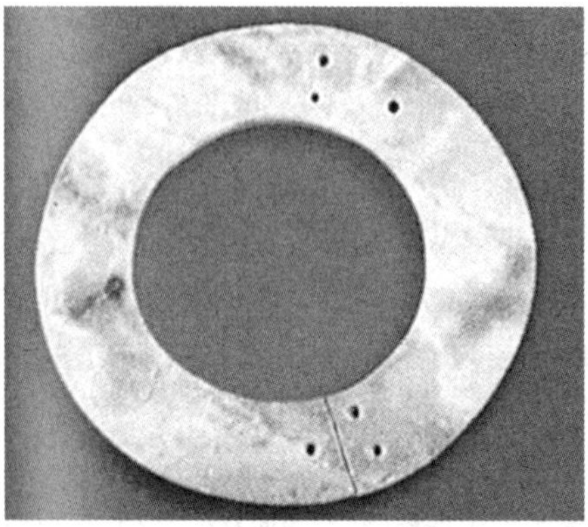

陶寺类型文化　山西襄汾下靳遗址出土

（摘自《文物》一九九八/十二）

图一三　套于手臂的断开的玉瑗

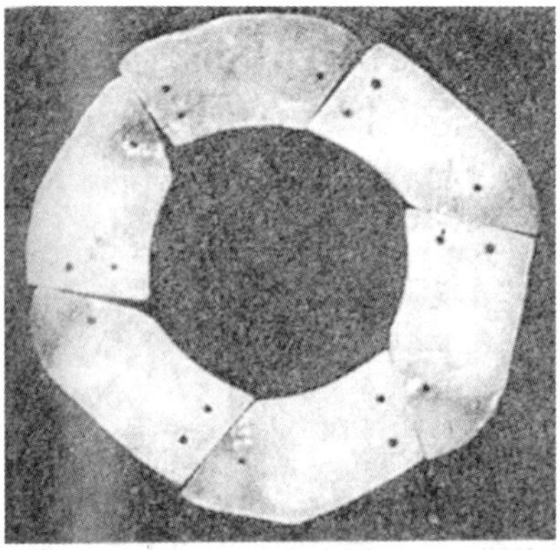

齐家文化风格　山西襄汾下靳遗址出土

（摘自《文物》一九九八/十二月二十日）

图一四　第三类型的玉围圈

现藏于芝加哥Field Museum of Natural History的玉围圈（图一五），是由四枚玉片圈成，圈径17.5～19厘米，每片长约7～7.5厘米、宽5～5.5厘米，其单片的形制与下靳所出者相似，两侧边的穿孔亦以二、一的规律出现；而与此玉围圈极相似的例子，尚见院藏的另一组玉围圈（图十六）；此组玉围圈由三枚玉片圈成，每片分别长约21厘米、20.6厘米、18.6厘米，宽约8.6厘米、厚约0.67厘米，青绿色玉质，每一片的两侧边亦分别钻以二、一小孔。

Field Museum of Natural History Collection

（摘自Archaic Chinese Jades pl.XI下）

图一五　第三类型的玉围圈　齐家文化

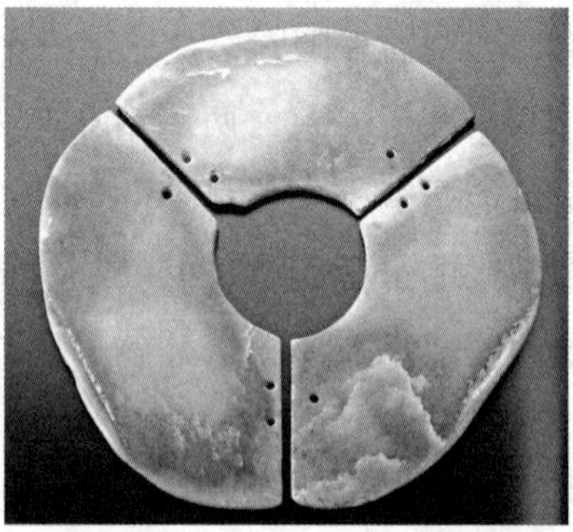

图一六　第三类型的玉围圈

齐家文化　国立故宫博物院藏

四、小结

石围圈作为古代精神文明的象征，不只出现于中国境内的齐家文化、红山文化中，西欧的许多地区亦有之，然以玉材制作，象征古人精神世界的玉围圈，却属齐家文化所独有。齐家文化先民往往依所崇拜的对象之性质，选择适合的玉材，尽量忠于其原形，制作成器；玉围圈的象征家族祭祀的建构——石围圈，以及单片玉环的象征弯月、三联环的象征满月，均是此文化极独特的表现。今日所知齐家文化三种玉围圈类型中，以第二类型的玉围圈散片传世较多，究其原因，可能与此型玉围圈的制作较讲究，作工较完备，所用玉材较佳，因此，多为后人保存下来；而以第一型的玉围圈较少见，其中的原因，诚如上述笔者的推测一般，大多不为人知，而作玉料改做他器了。至于三种类型玉围圈的发展，是否有其时间性或地区性，则由于目前的资料尚不够充分，无法确切地说明；估计石围圈作为祭祀的建构，在中国境内的新石器时代文化中，不只今日所知的几处遗址，其应是更普遍的，唯因石围圈与同时代的墓葬或牲畜坑不同，其属地面建筑，容易遭人为的破坏，墓葬或牺牲坑则埋在地下，较容易保存下来；故而，今日发掘到的齐家文化遗址，大多仅剩墓葬或牲畜坑等遗址，而不见石围圈遗迹；然推测在齐家文化的每一墓葬群间应是伴随有石围圈祭祀建构的。①

（本文发表于2000年）

①例如皇娘娘台遗址，第四次的发掘共发掘齐家文化墓葬六十二座。房屋遗迹四座，窖穴二十三个，其中十一个圆形窖穴，平底而整齐，穴内出土石、骨器，以及卜骨、陶片，兽骨等，推测可能即是祭祀坑之类的遗迹；唯不见有石围圈的遗迹；然推测与此一墓葬群、祭祀坑一起，也应有石围圈的，唯因一般石围圈遗迹在地表上，容易遭到后代的破坏。甘肃省博物馆：《武威皇娘娘台遗址第四次发掘》，载《考古学报》1978年4月，第424页。

素雅精致　陇西生辉

——齐家文化玉器概论①

朱乃诚

中国社会科学院考古研究所

齐家文化自1924年发现以来，是一直备受学术界关注的黄河上游地区重要的考古学文化。其主要分布在甘肃东部向西至张掖、青海湖一带的东西近千千米的范围内，地跨甘、宁、青、蒙四省区。在这一区域内，崇山峻岭，河谷、滩峡密布其间，蕴藏着丰富的玉矿资源，是齐家文化玉器与玉文化得以发展的重要自然条件。

齐家文化的年代一般认定在公元前2200年至公元前1600年。而2008年以来通过对临潭磨沟墓地的发掘发现，齐家文化结束的年代，可能晚至公元前1500年，甚至更晚些。在这六七百年内，齐家文化制作、使用的玉器，数量众多，种类庞杂，器形简单，显得素雅而精致。其用途广泛，有各种手工工具、装饰品、礼仪用品、各种武器，还有作为财富的专门用品。这些玉器充盈在齐家文化社会生产与生活活动的方方面面，充分体现了夏朝时期西北一隅的文化气息。

齐家文化玉器与中原地区玉文化存在着密切关系。这种密切关系体现了在夏王朝形成之前至夏王朝被灭亡以后这一重要的发展时期里，中原与陇西文化之间的文化交流与影响。所以，齐家文化玉器与玉文化的发展、兴衰以及复杂的文化面貌，隐含着夏朝时期前后的中原与陇西之间的一段秘史，具有极为重要的研究价值与研究空间。

然而，对于齐家文化玉器的研究，远远跟不上发现的步伐。许多重要的发现长期未能公布，许多重要的玉器分藏在地县级博物馆中，未能得到研究者的重视，因此，学术界对齐家文化玉器的研究，在条件上受到很大限制，认识上也难以深入。

《玉泽陇西——齐家文化玉器展》将分散在甘、青、宁各省级与地县级博物馆等考古文博单位的齐家文化玉器，集中展示，并以清晰的图版公布，以便于学者

①本文研究的齐家文化玉器，主要是指在甘青宁地区齐家文化遗址发现，目前收藏在这三个省区各级政府文博考古单位及中国社会科学院考古研究所的齐家文化玉器。

观摩、对比以及分析研究。本文在筹备本展览的基础上①，概述齐家文化玉器。

一、齐家文化玉器的发现概况及部分玉器的年代分析

齐家文化玉器基本上是与齐家文化同时发现的。90多年来考古文博工作发现的齐家文化玉器约有千余件（不包括已经流传海外的玉器），包括数以千计的绿松石琮管与片饰、数枚红玛瑙琮等。20世纪90年代中期以来学术界开始重视齐家文化玉器的研究，一些学者以及高校考古专业的研究生开展了相关的课题研究。其中，以谢端琚对甘青地区的资料收集与研究最为系统②，以古方主编的《中国出土玉器全集》一书表现的齐家文化玉器最为清晰③。另外，罗丰详细公布了宁夏地区的有关资料④，刘志华公布了甘肃省博物馆登记入藏皇娘娘台遗址出土玉石器的情况⑤，叶茂林公有了青海民和喇家遗址发掘的主要收获⑥，李晓斌等则公布了甘肃东部地区的一些重要资料⑦。

在千余件齐家文化玉器中，大部分为采集品和征集品。重要的发现上要有以下几批：

1.广河半山瓦罐嘴齐家文化玉器

1924年，安特生及其助手在甘肃省广河县（旧称宁定县）一位老人手中购得一批玉器，其中包括1件玉琮（图一）⑧，4件完整玉璧（图二、三、四、五）⑨，

①在筹备本展览初期的资料收集过程中得到邓淑苹研究员提供的许多重要信息，谨此致谢。

②谢端琚：《黄河上游史前文化玉器研究》，载《故宫学术季刊》2001年第19卷第2期。

③古方主编：《中国出土玉器全集·甘肃青海宁夏新疆》，科学出版社，2005年。

④罗丰：《黄河中游新时期时代的玉器——以馆藏宁夏地区玉器为中心》，载《故宫学术季刊》2001年第19卷第2期。

⑤刘志华、孙玮：《武威皇娘娘台出土的齐家文化玉石器》，载《故宫文物月刊》2003年11月第21卷第8期（总248期）。

⑥中国社会科学院考古研究所甘青工作队、青海省文物考古研究所：《青海民和县喇家遗址2000年发掘简报》，载《考古》2002年第12期。中国社会科学院考古研究所甘青工作队、青海省文物考古研究所：《青海民和县喇家遗址发现齐家文化祭坛和干栏式建筑》，载《考古》2004年第6期。叶茂林：《齐家文化玉器研究——以喇家遗址为例》，载《玉魂国魄中国古代玉器与传统文化学术讨论会文集（三）》，北京燕山出版社，2008年。

⑦李晓斌、张旺海：《甘肃齐家文化玉器研究》，载《陇右文博》2009年第2期。

⑧安特生 J. G. Andersson, *Researches Into The Prehistory of The Chinese*. The Museum Far Eastern Antiquities. 1943年, 图113a, 图版71-4, 文字见265页。

⑨安特生 J. G. Andersson, *Researches Into The Prehistory of The Chinese*. The Museum Far Eastern Antiquities. 1943年, 首页图版1-1、1-2, 图版71-2、71-10, 文字见124-125页。

2件残玉璧（图六、七）[①]，1件三璜联璧（图八）[②]、1件玉锛（图九）、1件玉斧（图一〇）、1件石璜（图一一），以及玉料（图一二a、一二b、一二c）等[③]。这些玉器，相传出自半山遗址区的瓦罐嘴，其中一件玉璧（图五），据说是出自人骨架胸部的位置，并且不与陶器共存。另外还在狄道县（今临洮县）购得一件玉璧（图一三）[④]。

由于安特生认为半山遗址是一处文化内涵单纯的半山时期的墓地，所以，一些研究者认为这些玉琮、玉璧、三璜联璧等玉器都属于马家窑文化半山类型[⑤]。但杨建芳在1998年指出，近50年来甘青地区清理出不少半山类型和马厂类型的墓葬，均未发现玉石璧，反而却在齐家文化墓葬中大量出土，因此安特生收购的玉璧也应是齐家文化遗存[⑥]。2001年，杨美莉也将瓦罐嘴的一件三璜联璧认定属于齐家文化玉器[⑦]。

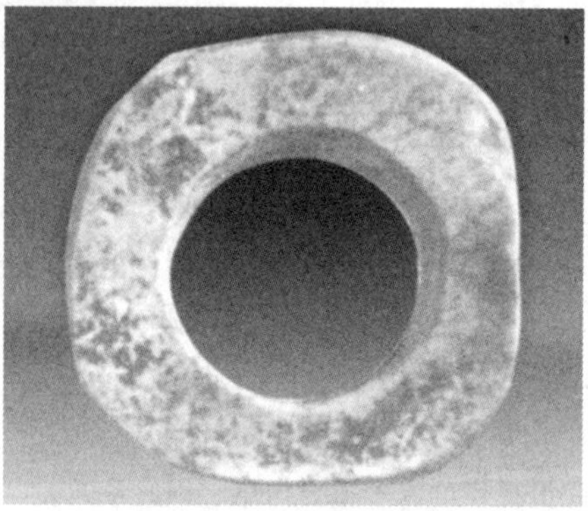

图一 瓦罐嘴玉

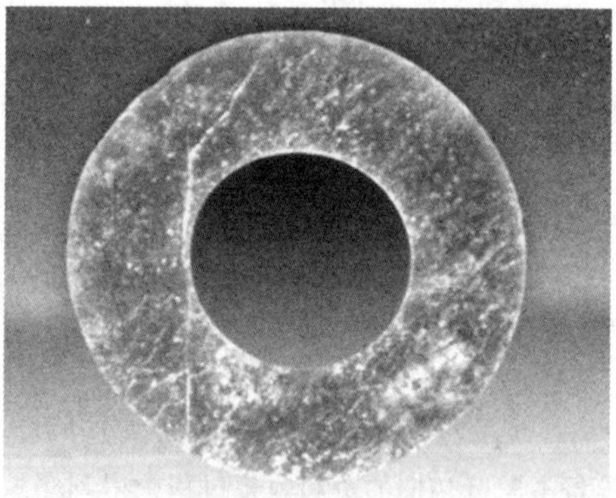

图二 瓦罐嘴玉璧

①安特生J. G. Andersson, *Researches Into The Prehistory of The Chinese*. The Museum Far Eastern Antiquities. 1943年，图版71-6、72-2，文字见125页。

②安特生J. G. Andersson, *Researches Into The Prehistory of The Chinese*. The Museum Far Eastern Antiquities. 1943年，图版72-5，文字见125页。

③安特生J. G. Andersson, *Researches Into The Prehistory of The Chinese*. The Museum Far Eastern Antiquities. 1943年，首页图版1-3，图版71-3/71-571-8，图版72-1，图版73-3。

④安特生J. G. Andersson, *Researches Into The Prehistory of The Chinese*. The Museum Far Eastern Antiquities. 1943年，图版72-6。

⑤谢端琚：《黄河上游史前文化玉器研究》，载《故宫学术季刊》2001年第19卷第2期。

⑥杨建芳：《"窜三苗于三危"的考古学研究》，载《东南文化》1998年第2期。

⑦杨美莉：《黄河上、中游的玉围圈》，载《故宫学术季刊》2001年第19卷第2期。

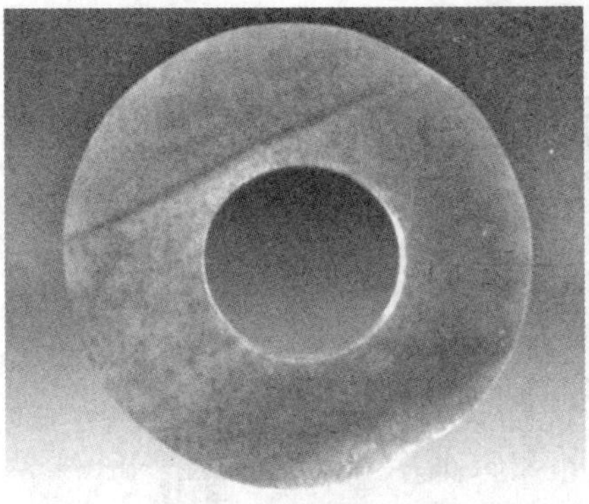

图三 瓦罐嘴玉璧

图四 瓦罐嘴玉璧

图五 瓦罐嘴残玉璧

图六 瓦罐嘴玉璧

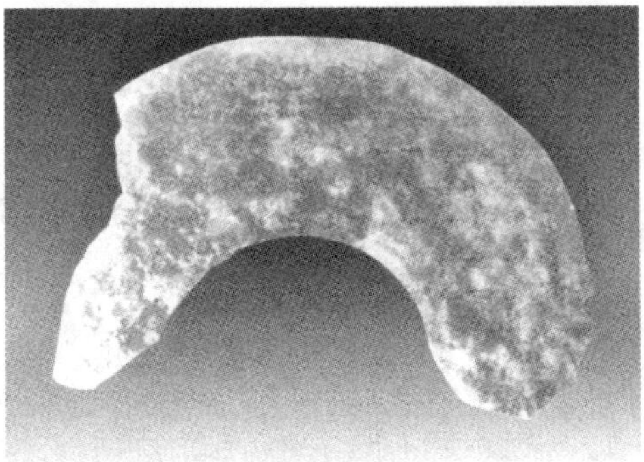

图七 瓦罐嘴三璜联璧

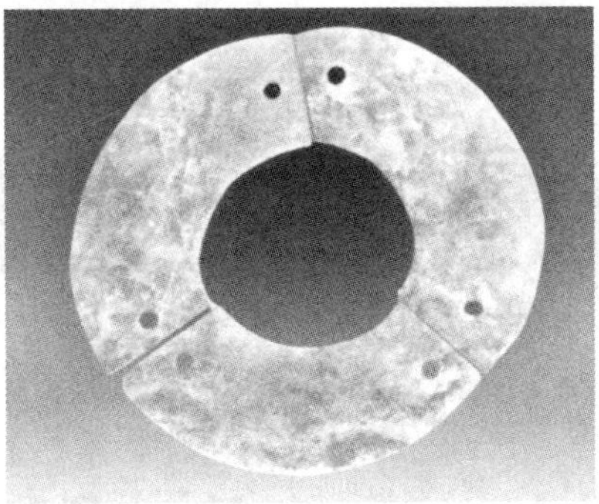

图八 瓦罐嘴残玉璧

图九　瓦罐嘴玉锛

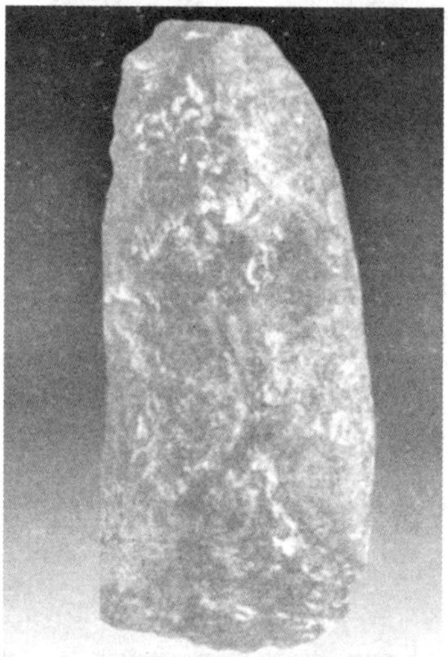

图一〇　瓦罐嘴玉斧

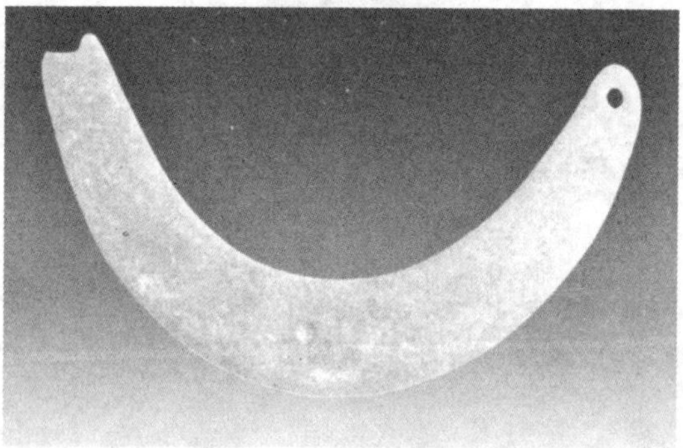

图一一　瓦罐嘴石璜

图一二a　瓦罐嘴玉料

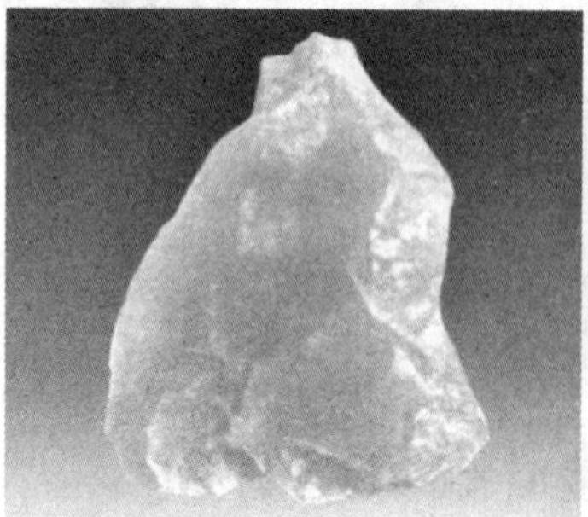

图一二b　瓦罐嘴玉料

图一二c　瓦罐嘴玉料

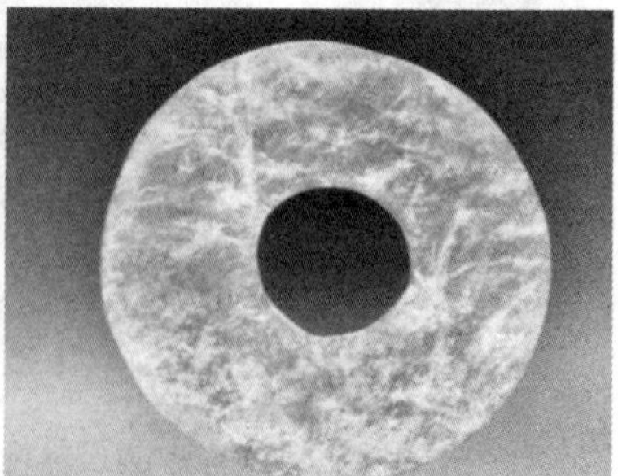

图一三　临洮玉璧

笔者认为半山瓦罐嘴的玉器，不仅是玉璧、三璜联璧属于齐家文化，玉琮、玉锛以及玉料可能都属于齐家文化。通过1999年以来对青海民和喇家遗址的发掘发现，这类玉锛、玉料在齐家文化遗存中有很多，而玉琮在甘青地区的发现，目前只能追溯至齐家文化，不见于马家窑文化半山类型与马厂类型遗址中。此外，安特生购买的瓦罐嘴石璜等，也可能是齐家文化时期的遗物，并且是年代比较晚的一种形制。其中一件石璜的正中心有一个小型凹圆点（图一一），这种小型凹圆点的形式与静宁李家村玉镯（见后述）外壁中部所饰的8个小型凹圆点的风格相同，可能是为了嵌粘绿松石小圆片的。这是一种十分进步的装饰手法。

因此，我们应对1924年安特生购买的那些文物的文化属性进行重新分析。同时，我们也希望开展对半山瓦罐嘴遗址进一步发掘，以便弄清楚半山瓦罐嘴遗址的文化内涵，彻底解决所谓半山瓦罐嘴的玉器等文化遗存的年代与文化属性问题。

2.武威皇娘娘台齐家文化玉器

武威皇娘娘台遗址于1957年和1959年由甘肃省博物馆进行了三次发掘，1975年又进行了第四次发掘。出土的玉器有玉石璧、玉钺、玉锛、玉璜、玉石璧芯以及绿松石琮。

皇娘娘台遗址前三次发掘，清理窖穴42个、墓葬26座以及几处居住遗迹，出土了一批石器、玉器、陶器、骨器、卜骨以及铜器等①。在仰身直肢葬墓中随葬玉石璧现象较为普遍，多置于人骨架胸腹部②。其中，M24为一男两女的三位成年人合葬墓，随葬陶器6件，铜锥1件，玉石璧1件，绿松石琮数枚等。

皇娘娘台遗址第四次发掘560多平方米，清理齐家文化房址4座，窖穴23个，墓葬62座，出土一批陶器、石器、玉器、骨器以及铜器、卜骨等③。其中玉器有玉石璧264件，玉钺2件，玉锛1件，玉璜1件，以及一批绿松石琮等④。玉石群数量占第四次发掘出土700多件遗物的三分之一。还有24座墓随葬玉石璧，少者1件，最多达83件。如M48为一男两女的三位成年人合葬墓，骨架上均有红色颜料。在人骨架的脚下方随葬陶罐7件，平底尊2件，豆1件，小石子304颗，在居中的男性骨架上下随葬玉石璧83件，玉璜1件。

①甘肃省博物馆：《甘肃武威皇娘娘台遗址发掘报告》，载《考古学报》1960年第2期。

②由于没有鉴定材质，当时都称为石璧。

③甘肃省博物馆：《武威皇娘娘台遗址第四次发掘》，载《考古学报》1978年第4期。

④墓葬登记表中登记了208件。

皇娘娘台遗址是目前所知出土玉石璧数量最多的一处。甘肃省博物馆登记入藏皇娘娘台遗址出土的玉石器，包括玉石璧208件，圆芯（璧芯与琮芯）66件，环6件，璜5件，纺轮22件，斧101件，锛24件，凿4件，刀180件。其中正式藏品有璧128件，圆芯51件，环3件，璜5件，纺轮12件，斧84件，锛18件，凿4件，刀64件[①]。而M48随葬玉石璧达83件，是随葬玉石璧数量最多的一座墓葬。这些玉石璧置于尸骨上下，犹似“玉殓葬”现象，但一直未被引起足够的重视。

皇娘娘台遗址出土的玉器，基本上都是墓葬中的随葬品。这些墓葬大多开口于遗址发掘层位的第2层中或第2层下，打破第3层。在第3层中清理了3座齐家文化的房址F6、F7、F8。所以，皇娘娘台墓葬中的玉器晚于皇娘娘台遗址中最早的齐家文化遗存，自然不属于齐家文化中最早的遗存。

3.永靖秦魏家与大何庄齐家文化玉器

中国社会科学院考古研究所分别于1959年和1960年对永靖秦魏家遗址进行了两次发掘，发现了两处齐家文化墓地，清理138座墓葬，1处“石圆圈”遗迹与73个窖穴。出土了5件石璧，40多件绿松石琮。其中2件石璧为随葬品，分别出自75号墓（M75：1）与123号墓。另在71号墓中出土了1件蚌璧，在一座灰坑（H5）中出土了1件骨璧。石璧与蚌璧置于骨架胸前或头部[②]。1959年在发掘大何庄遗址时，又发现了红玛瑙琮2件、绿松石琮20件[③]。

秦魏家石璧的年代大约与永靖大何庄下层的接近。大何庄下层的房址F7有两个碳十四测年数据，分别为公元前2114—前1777年和公元前2030—前1748年[④]。据此推测秦魏家石璧的年代在公元前2000—前1700年之间。

大何庄2件红玛瑙琮出自上层（遗址第2层）小孩墓M69中，其年代晚于大何庄下层（遗址第3层），据大何庄下层房址F7的两个碳十四测年数据，推测其年代约在公元前1700年前后。

---

①刘志华、孙玮：《武威皇娘娘台出土的齐家文化玉石器》，载《故宫文物月刊》2003年11月第21卷第8期（总248期）。

②中国社会科学院考古研究所甘肃工作队：《甘肃永靖秦魏家齐家文化墓地》，载《考古学报》1975年第2期。

③社会科学院考古研究所甘肃工作队：《甘肃永靖大何庄遗址发掘报告》，载《考古学报》1974年第2期。

④样品ZK0015，碳十四测年数据为3690±95，经高精度树轮校正为公元前2114—前1777年；样品ZK0023，碳十四测年数据为3660±95，经高精度树轮校正为公元前2030—前1748年。

4.大通上孙家寨齐家文化玉刀

1973年至1980年，在上孙家寨墓地共发掘4万平方米，清理墓葬1111座（不包括100多座汉墓），其中可识别为齐家文化的墓葬有2座[①]，并于1973年在青海省大通县上孙家寨墓地发现1件四孔大玉刀[②]。

5.乐都柳湾齐家文化玉器

乐都柳湾遗址于1974年至1980年由青海省文物管理处考古队与中国社会科学院考古研究所青海队共同发掘，清理墓葬1700多座，出土遗物3000多件。其中齐家文化墓葬366座，出土的齐家文化玉器有斧（M1128：15）、锛（M1325：9）、残璧（M980：6）、璧芯（M992：14）各1件，凿（M264：6、M1108：13）、纺轮（M396：4、M1013：7）各2件，另有石璧1件（W1046：4），以及绿松石琮管与片饰34件。值得注意的是，还有石臂饰1件（M1366：l1）、石磬1件（M1103：35）。

其中小玉斧（M1128：15）置于人骨架的胸部，长8厘米，刃宽3.7厘米。玉锛（M1325：9）置于人骨架头部一侧，长8.1厘米，刃宽3.3厘米。玉璧（M980：6）的直径7.4厘米，孔径2.1厘米，厚0.6厘米。玉璧芯（M992：14）置于人骨架的上腹部，直径5.5厘米，厚0.7厘米。玉石璧通常置于人骨架胸部。石璧（M1046：4）的直径10.8厘米，孔径5厘米，厚0.5厘米[③]。

在2000—2001年配合柳湾彩陶博物馆建设的发掘中，又出土数件玉片与玉料[④]。

根据棺木（M392）样品的碳十四数据做参考，推测柳湾墓地这批玉石器的年代约在公元前2000年至公元前1600年之间[⑤]。其中出土M980的残玉璧，还有双大耳陶罐，其形制特征较晚，年代可能晚于采集碳十四测年样品的M392。

6.广河齐家坪齐家文化玉器

1975年甘肃省博物馆发掘了广河县齐家坪遗址，清理墓葬118座，出土了一

①青海省文物处、青海省考古研究所：《青海文物》47号，文物出版社，1994年。谢端琚：《黄河上游史前文化玉器研究》，载《故宫学术季刊》2001年第19卷第2期。

②许新国：《试论卡约文化的类型与分期》，载《青海文物》创刊号1988年第1期。

③青海省文物管理处考古队、中国社会科学院考古研究：《青海柳湾》，文物出版社，1984年。

④肖永明：《乐都柳湾新石器时代及青铜时代遗址》，载《中国考古学年鉴（2002）》，文物出版社，2003年。

⑤样品ZK0347，碳十四测年数据为3570±140，经高精度树轮校正为公元前1970—前1630年。

批玉器[①]，并在遗址上发现了玉璧与玉琮[②]，以及石璧、铜镜等重要遗存。

7.互助总寨齐家文化玉器

1979—1980年，青海省文物工作队发掘了互助县总寨墓地，在清理的10座齐家文化墓葬中，出土1件穿孔玉钺（M7：13）、5件红玛瑙琮、3件绿松石琮。关于其年代，发掘主持者许新国依据墓葬中出土的陶器有饰白衣的现象，以及具有卡约文化陶器的风格，推测这批齐家文化墓葬的年代可能较晚[③]。卡约文化年代的上限在公元前1600年前后，估计总寨齐家文化墓葬的年代约在公元前1600年前后。

8.民和旱台齐家文化玉璧

1980年青海省文物考古研究所在民和县旱台遗址清理1座齐家文化墓葬时出土1件玉璧[④]。

9.天水师赵村齐家文化玉器

1981—1989年中国社会科学院考古研究所发掘天水市师赵村遗址，发现的齐家文化遗存有26座房址、3座陶窑、17个窖穴、1处“石圆圈”祭祀遗迹、3座墓葬，以及一大批陶、石、玉、骨角器等。其中玉器9件，包括玉琮1件（T409M8：1）、玉璧1件（T409M8：2）、玉环2件（T403②：7、T382②：12残）、三璜联璧2件（T403②：9、10、11，T403②：12、15、16）、三璜联璧组合玉片3件（T403②：8、17、24）[⑤]，还有1件残石璧（T403F25：22）和1件石璧芯（T3602：14）[⑥]。

师赵村遗址出土的玉器，其年代目前只能依据天水西山坪遗址齐家文化层碳

①甘肃省博物馆：《甘肃省文物考古三十年》，载《文物考古工作三十年1949—1979》，文物出版社，1979年。曹芳芳：《龙山时代玉器与用玉传统的嬗变——以黄河流域为中心》，北京大学硕士研究生学位论文，2014年5月。

②古方主编：《中国出土玉器全集·甘肃青海宁夏新疆》，科学出版社，2005年，第2、29页。

③青海省文物工作队：《青海互助土族自治县总寨马厂、齐家、辛店文化墓葬》，载《考古》1986年第4期。

④刘小河、刘杏改、高东陆：《民和县官亭、中川古代文化遗址调查》，载《青海考古学会会刊》1982年第4期。古方主编：《中国出土玉器全集·甘肃青海宁夏新疆》，科学出版社，2005年，第142页。

⑤古方主编：《中国出土玉器全集·甘肃青海宁夏新疆》，科学出版社，2005年，第13、14、23、24、25、26、27、28页。

⑥中国社会科学院考古研究所：《师赵村与西山坪》，中国大百科全书出版社，1999年。

十四样品测定的数据进行推测。西山坪齐家文化层测年数据有两个，分别为公元前2140—前1529年[①]、公元前2138—前1906年[②]。发掘报告认为后者应该是师赵村与西山坪齐家文化遗存的年代。

师赵村玉器的准确年代还有待今后进一步分析，但从出土物的层位关系分析，这些玉器以及石璧之间应该存在着年代早晚的关系。如随葬玉琮、玉璧的T409M8墓葬开口于遗址层位的第2层下，出土残石璧的T403F25房址在遗址层位的2层内，1件完整的玉环、2件三璜联璧、3件三璜联璧组合玉片的出土现象可能与T403F25房址有关系。据此推测T109M8集葬出土的玉琮与玉璧的年代可能略早于其他玉器及石璧的年代。发掘报告将师赵村与西山坪的齐家文化分为早晚两段，玉琮与玉璧可能属早段，其他玉器与石璧可能属晚段。推测早段玉器的年代可能在公元前2000年以前，晚段玉器的年代在公元前2000年之后。

此外，天水西山坪遗址发现3件齐家文化石环，都为残件。如西山坪残石环（T1②：13），残径7.5厘米；残石环（T19①：1），残径9厘米；残石环（采：10），残径10.7厘米。这些石环犹似石璧，但外边缘趋薄，断面呈锥形或扁椭圆形，可能为腕饰。

10.武威海藏寺齐家文化玉器

1983—1985年在武威市海藏公园湖底及海藏寺东侧的海藏河岸发现一批齐家文化玉器、玉料、石器、骨器、铜器等。其中包括玉璧37件，玉镯1件，玉版1件，玉斧、锛、凿、刀等工具8件，玉料、半成品与毛坯161件，以及石璧46件、穿孔石刀39件、石斧钺48件、石锛9件等。最大的1件玉璧，直径15厘米，孔径7.5厘米，厚0.5厘米。1件30平方厘米的玉版，厚约3～4厘米，侧边面上有一剖为二的切割痕，切割较深。有1件玉石璧为圆角方形。这里距海藏寺东侧的皇娘娘台遗址仅1.5公里，故可推测这里可能是一处齐家文化的玉石器加工作坊遗址[③]。

11.隆德页河子齐家文化玉器

1986年北京大学考古系、固原博物馆发掘宁夏回族自治区隆德县页河子遗址，发现一批齐家文化遗存，其中有2件大部分残缺的玉璧、1件玉锛、1件玉片饰。其中公布的1件残玉璧为H153：11。H153灰坑在遗址发掘区的Ⅰ区，跨

①样品ZK2149，碳十四测年数据为3660±215，经高精度树轮校正为公元前2140—前1529年。

②样品ZK2205，碳十四测年数据为3750±80，经高精度树轮校正为公元前2138—前1906年。

③梁晓英、刘茂德：《武威新石器时代晚期玉石器作坊遗址》，载《中国文物报》1993年5月30日。

T105、T106、T107、T108四个探方，开口于第3层，属页河子齐家文化一期二段。玉锛（T103⑥：10）出自Ⅰ区的第6层，属页河子齐家文化一期一段。发掘者王辉等人分析，页河子齐家文化遗存分为早晚两期，一期又分为早晚两段。一期二段的年代与永靖秦魏家下层墓葬接近[①]。据此推测，页河子齐家文化玉璧的年代相当于秦魏家下层墓葬时期，可能在公元前2000—前1700年之间。

页河子遗址曾出土征集了一批齐家文化玉器，如现在收藏在固原市博物馆的玉琮（藏品号GB05179）、大型多璜联璧组合构件（藏品号GB05182）、四璜联璧（藏品号GB05153）、两件玉璧（藏品号GB05180、GB05181），以及一件石琮（藏品号6B06056）（图一四）等[②]。这些玉器的年代可能在公元前2000年前后。

图一四　页河子石琮

12.积石山新庄坪齐家文化玉器

1989年甘肃省博物馆调查积石山新庄坪遗址[③]，获得大批齐家文化遗存。其中有9件玉石璧、169件绿松石饰等。最大的1件玉石璧，直径19厘米，厚0.6厘米[④]。之后在新庄坪遗址还发现了大量玉器，有玉琮、玉璧、玉环[⑤]、三璜联璧、

①北京大学考古实习队、固原博物馆：《隆德页河子新石器时代遗址发掘报告》，载《考古学研究（三）》，科学出版社，1997年。

②宁夏固原博物馆编：《固原文物精品图集》（上），宁夏人民出版社，2011年，第22、64、66、67、72上、73上页。

③新庄坪遗址原归属永靖县。

④甘肃省博物馆：《甘肃积石山县新庄坪齐家文化遗址调查》，载《考古》1996年第11期。

⑤古方主编：《中国出土玉器全集·甘肃青海宁夏新疆》，科学出版社，2005年，第15、22页。

玉锛、玉凿、玉璧芯等，尤为重要的是还发现了有领玉璧与牙璋[①]。

13.平安东村齐家文化玉器

1991年青海省文物考古研究所发掘平安县东村遗址，在清理的一座齐家文化墓葬中出土1件玉璧、1件玉凿形器、1件绿松石琮。该墓为成年男女合葬墓，男性葬在棺内，仰身直肢，棺内有玉璧和绿松石琮各1件，玉璧置于头部左侧。棺外头端随葬3件陶罐、1件兽骨。女性葬在棺外，侧身屈肢面向棺内的男性，头端随葬1件陶罐，陶罐内有1件陶纺轮和1件玉凿形器[②]。该墓的埋葬现象表明，玉璧为男性使用，而玉凿形器为女性使用。

14.武山傅家门齐家文化石璧

1991—1993年中国社会科学院考古研究所发掘武山县傅家门遗址，发现齐家文化石璧5件。其中3件系发掘出土，2件为采集。5件石璧的制作与形制都较为规整，但3件残缺，2件完整。其中T128H1：13石璧，直径13.8厘米，孔径4厘米，厚1～1.5厘米。T28H1：12残石璧，直径约9.5厘米，孔径约3.7厘米，厚0.46厘米[③]。

傅家门T128H1：13、T128H1：12这2件石璧具有较为丰富的考古学年代信息。他们出自一座较为规整的窖穴（T128H1）中，该窖穴口径1米，深0.5米，底部抹有一层厚2～3厘米的草筋泥。在该窖穴中与石璧一起出土的还有1件右斧（T128l1：3）、1件石铲（T128H1：5）、1件石研磨器（T128Hl：7）、2件石纺轮（T128H1：2、T128H1：8）、1件陶纺轮（T128H1：4）和一组7件陶器，这组陶器包括3件双大耳罐（T128H1：11、T128H1：14、T128H1：18）、2件单耳罐（T128H1：16、T128H1：17）、1件双耳罐（T128H1：1）、1件侈口罐（T128H1：9）。这座窖穴出土的多为生产工具与生活用具，应是当时生活活动使用的窖穴，时代特征较为鲜明，与师赵村齐家文化早段时间基本相同，由此推测傅家门遗址T128H1：13与T128H1：12两件石璧的年代在公元前2000年之前。

---

①历年来在新庄坪遗址采集、征集的齐家文化玉器分别收藏在甘肃省博物馆、临夏市博物馆。笔者于2015年4月22、23日因筹备“玉泽陇西”展览调研时得到两馆领导的支持，对这些玉器进行了仔细观摩。

②任晓燕：《平安县东村古墓葬及窑址发掘简报》，载《青海文物》1994年第8期。

③中国社会科学院考古研究所甘青工作队：《武山傅家门遗址的发掘与研究》，载《考古学集刊》第16期，科学出版社，2006年，第442页，图五三：5。

15.尖扎直岗拉卡齐家文化玉器

1992年青海省文物考古研究所发掘尖扎县直岗拉卡乡砂石料厂遗址，发现1件残玉石璧和10枚绿松石饰①。

16.西宁沈那齐家文化玉器

1991—1993年青海省文物考古研究所发掘西宁市沈那遗址，发现一批齐家文化玉器，有玉璧、环、锛、凿形器、玉璧芯以及绿松石饰等②。

17.同德宗日齐家文化玉器

1994—1996年青海省文物管理处组织有关单位连续三年发掘同德县宗日遗址，清理墓葬341座、灰坑18个、祭祀坑18个，出土文物23000多件。其中在一座圆角长方形祭祀性遗迹（M200）的填土表面一角，发现堆放着的5件玉器，有1件玉璧、3件玉刀、1件玉半成品。而在其他墓中还出土了47粒红玛瑙琮等③。另外还征集了1件扁薄窄长条铲形玉器、1件环形玉璧、1件玉凿④。

18.民和喇家齐家文化玉器

1981年在调查民和喇家遗址时征集了7件玉器，有玉钺、玉刀、玉锛、玉璧、玉环等⑤，后来又征集了1件玉璧⑥与1件玉琮⑦。1999—2014年中国社会科学院考古研究所、青海省文物考古研究所发掘喇家遗址，出土齐家文化玉器与玉料100多件⑧。玉器类主要有玉钺、斧、锛、凿、大刀、玉璧、三璜联璧、璜、环、璧形饰、璧芯、琮芯、圆形玉片、三角形玉片、玉管、玉条形器等，还有绿松石片饰、

①晓军：《尖扎县直岗拉卡乡齐家文化遗址发掘简报》，载《青海文物》1996年第10期。

②王武：《西宁小桥沈那齐家文化遗址》，载《中国考古学年鉴（1992）》，文物出版社，1994年。吴平：《西宁市沈那遗址》，载《中国考古学年鉴1994》，文物出版社，1997年。

③青海省文物管理处、海南州民族博物馆：《青海同德中日遗址发掘简报》，载《考古》1998年第5期。陈洪海：《关于宗日遗址第200号墓出土的玉器》，载《宗日遗址文物精粹论述选集》，四川科学技术出版社，1999年。

④古方主编：《中国出土玉器全集·甘肃青海宁夏新疆》，科学出版社，2005年，第126、154页。另一件玉凿，现藏青海省博物馆。

⑤叶茂林、何克舟：《青海民和县喇家遗址出土齐家文化玉器》，载《考古》2002年第12期。古方：《中国出土玉器全集·甘肃青海宁夏新疆》，科学出版社，2005年，第143、144、145、148、155页。

⑥古方主编：《中国出土玉器全集·甘肃青海宁夏新疆》，科学出版社，2005年，第127页。

⑦民和县博物馆藏品。

⑧中国社会科学院考古研究所甘青工作队、青海省文物考古研究所：《青海民和县喇家遗址2000年发掘简报》，载《考古》2002年第12期。中国社会科学院考古研究所甘青工作队、青海省文物考古研究所：《青海民和县喇家遗址发现齐家文化祭坛和干栏式建筑》，载《考古》2004年第6期。

绿松石管饰。

19.大通长宁齐家文化玉器

2006年青海省文物考古研究所发掘大通县长宁遗址3000平方米，发现齐家文化房址15座、墓葬5座、灰坑与窖穴150座，出土2000多件遗存。其中玉器有斧、锛、凿、玉璜、玉璧、镯、纺轮、玉片、玉料、残器等①。

20.临潭磨沟齐家文化玉器

2008年甘肃省文物考古研究所、西北大学考古文博学院发掘临潭磨沟齐家文化墓地，出土几件玉器，有玉斧、玉凿等，在个别墓中发现有铜璜（铜颈饰）②。铜璜的形制与1924年安特生购买的半山瓦罐嘴石璜的形制接近。

除上述考古发现外，历年来还在许多遗址出土了大批齐家文化玉器，并进行了采集或征集。这些采集品或征集品的数量远远大于考古发掘品。如1978年发掘灵台桥村遗址出上了1件玉锛③，而据庄浪县博物馆李晓斌、张旺海介绍，1975年在桥村遗址出上了47件齐家文化玉器，包括玉钺、斧、刀、璧、环、璜、玦等④。1974年庄浪县白堡乡野狐湾遗址出土过玉钺与玉琮。1975年在庄浪县良邑乡苏苗塬遗址出土了玉璧、多璜联璧、玉环等18件。另在庄浪县水洛、南坪、盘安、万泉、柳梁、赵墩、杨河、阳川等乡镇出土齐家文化玉器100多件。1961年在秦安县兴国镇堡子坪遗址出土玉琮、玉璧、玉环等5件玉器。1964年在秦安县兴国镇杨家坪出土玉璜1件。1972年在秦安县郭集乡榆木村出土玉琮1件。1984年在静宁县治平乡后柳沟村发现玉琮4件、玉璧3件。1977年在武山县马力乡傅家门遗址出土玉钺1件。1981年天水市文化馆收到礼县宽川乡一农民交售的一组3件玉璜（三璜联璧）。征集的这些玉器大都收藏在当地市、县博物馆。

另据罗丰介绍，1960—1999年，先后在宁夏南部的固原县中河乡张易镇，河川乡上台村，隆德县沙塘乡和平村，海原县海（黑）城镇山门村，彭阳县古城乡，西吉县白崖乡南湾村、兴隆镇等地出土并征集了一批玉器⑤。从器形角度分析，其中的玉琮、玉璧、三璜联璧、四璜联璧、玉钺、玉圭、璧芯、琮芯等玉器可归属

①任晓燕：《青海长宁遗址抢救性考古取得重要成果》，载《中国文物报》2006年12月20日。

②钺耀鹏、毛瑞林：《临潭磨沟齐家文化墓地》，载《2008中国重要考古发现》，文物出版社，2009年。

③甘肃省博物馆考古队：《甘肃灵台桥村齐家文化遗址试掘简报》，载《考古与文物》1980年第3期。

④李晓斌、张旺海：《甘肃齐家文化玉器研究》，载《陇右文博》2006年第2期。

⑤罗丰：《黄河中游新时期时代的玉器——以馆藏宁夏地区玉器为中心》，载《故宫学术季刊》2001年第19卷第2期。

于齐家文化，其年代可能与隆德县页河子齐家文化遗存的年代相当。

此外，在甘肃天水市、陇南市、定西市、临夏市、武威市等多个地点发现玉璧、玉琮、玉刀、玉钺、玉铲、玉锛等齐家文化玉器[①]。这些零散征集品，有的也收集在古方主编的《中国出土玉器全集》一书中。如甘肃省静宁县晨光梁玉璧[②]、李店村玉钺[③]与玉镯[④]，榆中县甘草店玉璧[⑤]与玉钺[⑥]，会宁县老鸦沟村油坊庄玉璧[⑦]、玉琮芯[⑧]，定西市安定区三十里铺玉璧[⑨]与玉锛[⑩]，内官营镇及其清溪村玉璧[⑪]、玉琮[⑫]、玉铲[⑬]，渭源县七圣村玉璧[⑭]，甘谷县渭水峪玉琮[⑮]，临洮县李家坪玉琮[⑯]，定西县团结乡高泉村玉琮[⑰]，古浪县峡口大玉刀[⑱]，东乡县玉铲形器[⑲]等。在青海省民和县马家村遗址也采集过玉璧[⑳]。

以上这些发现，是目前认识齐家文化玉器的基础资料。其中那些没有经过考古文物工作发现的齐家文化玉器，其埋藏年代通常说不清楚，只能依据其出土地点、形制特征和制作工艺特点等推断其属于齐家文化制作或齐家文化使用。

目前对齐家文化玉器的形制特征的认识，还处于经验积累阶段，而对齐家文化两玉器的制作工艺，尚未展开全面的研究。因此，对那些非经过考古文物工作

①王玉妹、李天铭：《关于齐家文化玉器的调研报告》，《博物馆研究》2011年第4期。
②古方主编：《中国出土玉器全集·甘肃青海宁夏新疆》，科学出版社，2005年，第6页。
③古方主编：《中国出土玉器全集·甘肃青海宁夏新疆》，科学出版社，2005年，第44页。
④古方主编：《中国出土玉器全集·甘肃青海宁夏新疆》，科学出版社，2005年，第50页。
⑤古方主编：《中国出土玉器全集·甘肃青海宁夏新疆》，科学出版社，2005年，第7页。
⑥古方主编：《中国出土玉器全集·甘肃青海宁夏新疆》，科学出版社，2005年，第43页。
⑦古方主编：《中国出土玉器全集·甘肃青海宁夏新疆》，科学出版社，2005年，第8、9页。
⑧古方主编：《中国出土玉器全集·甘肃青海宁夏新疆》，科学出版社，2005年，第51页。
⑨古方主编：《中国出土玉器全集·甘肃青海宁夏新疆》，科学出版社，2005年，第10、19页。
⑩古方主编：《中国出土玉器全集·甘肃青海宁夏新疆》，科学出版社，2005年，第47页。
⑪古方主编：《中国出土玉器全集·甘肃青海宁夏新疆》，科学出版社，2005年，第11、18、19页。
⑫古方主编：《中国出土玉器全集·甘肃青海宁夏新疆》，科学出版社，2005年，第32页。
⑬古方主编：《中国出土玉器全集·甘肃青海宁夏新疆》，科学出版社，2005年，第45页。
⑭古方主编：《中国出土玉器全集·甘肃青海宁夏新疆》，科学出版社，2005年，第12、21页。
⑮古方主编：《中国出土玉器全集·甘肃青海宁夏新疆》，科学出版社，2005年，第30页。
⑯古方主编：《中国出土玉器全集·甘肃青海宁夏新疆》，科学出版社，2005年，第33页。
⑰古方主编：《中国出土玉器全集·甘肃青海宁夏新疆》，科学出版社，2005年，第34页。
⑱古方主编：《中国出土玉器全集·甘肃青海宁夏新疆》，科学出版社，2005年，第39页。
⑲古方主编：《中国出土玉器全集·甘肃青海宁夏新疆》，科学出版社，2005年，第40页。
⑳古方主编：《中国出土玉器全集·甘肃青海宁夏新疆》，科学出版社，2005年，第125页。

而发现并征集的齐家文化玉器，很难避免认识上的偏差，或存在对个别玉器的文化属性与年代的误判现象。这是目前对齐家文化玉器研究中，需要特别注意的问题。对齐家文化玉器器类的分析和认识，以及开展制作工艺的研究，是目前对齐家文化玉器进行研究的基础工作。

二、齐家文化玉器主要器类的分析

齐家文化玉器是在中国史前玉器与玉文化经历了充分发展之后，受各种文化因素的交汇与影响，在黄河上游地区这一特殊的自然地理环境与齐家文化这一特定的时代文化背景下形成的一种重要的文化现象。所以，齐家文化玉器的玉材与器类比较庞杂。其中器类主要有玉钺、斧、铲、锛、刀、凿、凿形器、条形器、纺轮、玉璧、三璜联璧、多璜联璧、环、琮、璧芯、琮芯，以及玉管、凸领璧、牙璋、镯、圆筒形器（臂饰）等，还有大量的玉料或玉边角料。这些数量庞大的玉器，除个别玉琮、玉钺外，都是素面的，而且形制简单，精工者很少，形成了齐家文化玉器的独特风格。下面依据已公布的资料，对齐家文化玉器的主要器类进行形制或形式的分析。

1. 玉钺

齐家文化玉器中的玉钺，在资料公布时，有的称为玉斧或玉铲。但根据其形制为扁薄、边棱规整、背部穿一孔或穿两孔，以及斜刃等特征分析，称为钺更合适。目前齐家文化玉器已公布的资料中可以确定为玉钺的有10多件。

皇娘娘台1959年发掘出土的1件玉钺（59VX08），呈浅青色，为扁薄长方形，弧刃，刃部崩缺，背部穿一孔，孔较大，长8.8厘米，宽3.5厘米，厚1厘米，孔径0.7～0.9厘米（图一五）[①]。

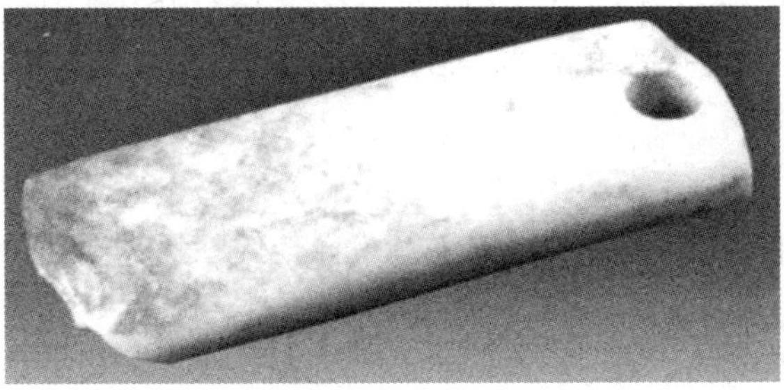

图一五 皇娘娘台59VX08玉钺

①古方主编：《中国出土玉器全集·甘肃青海宁夏新疆》，科学出版社，2005年，第42页。

皇娘娘台1959年发掘出土的另一件玉钺（H12），为扁平长条形，弧刃，背端残断，背部穿一孔，为单面穿，一面平整，另一面留有两边切割在中部形成的一道纵向台阶，长约16.8厘米，宽约4.6厘米（图一六）①。

皇娘娘台1975年发掘出土的M85：11玉钺，呈乳白色，为扁薄长方形，平刃，刃部为全器最宽处，背部穿一孔，两侧收分，长10厘米，刃宽4.3厘米（图一七）②。与这件玉钺一起随葬的还有10件石璧。墓主应为男性。

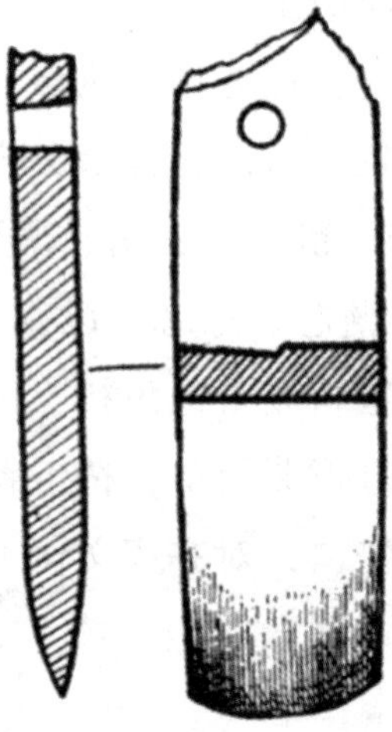

图一六　皇娘娘台H12玉钺

图一七　皇娘娘台M85:11玉钺

总寨M7：13玉钺，为扁薄长方形，平刃，背端凹凸不平。在背部穿两孔，一孔穿透，另一孔没有穿透。没有穿透的洞可能是先制作，制作者考虑到不便绑缚而中途放弃，另做第二个穿孔。玉钺长11.5厘米，宽3.6厘米，厚0.9厘米（图一八）③。

喇家L：5玉钺，呈乳白色，为扁薄长方形，刃较平，有崩缺。背部穿一孔，为单面穿孔。背端残缺一大角，长9.3厘米，刃宽5厘米，厚1厘米，孔径0.5～0.7厘米（图一九）④。

①甘肃省博物馆：《甘肃武威皇娘娘台遗址第四次发掘》图五，载《考古学报》1960年第2期，第61页。

②甘肃省博物馆：《武威皇娘娘台遗址发掘报告》，载《考古学报》1978年第4期，图版叁：3。

③青海省文物考古队：《青海互助土族自治县总寨马厂、齐家、辛店文物墓葬》，载《考古》1986年第4期，第314页，图九：4。

④叶茂林、何克洲：《青海民和县喇家遗址出土齐家文化玉器》，载《考古》2002年第12期，第89页，图一：1。

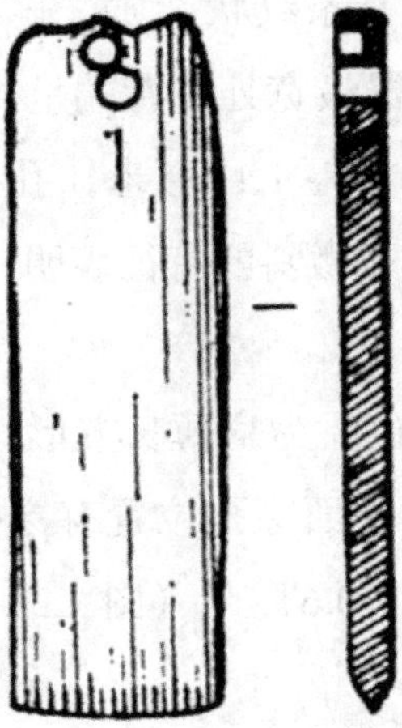

图一八 总寨M7:13玉钺

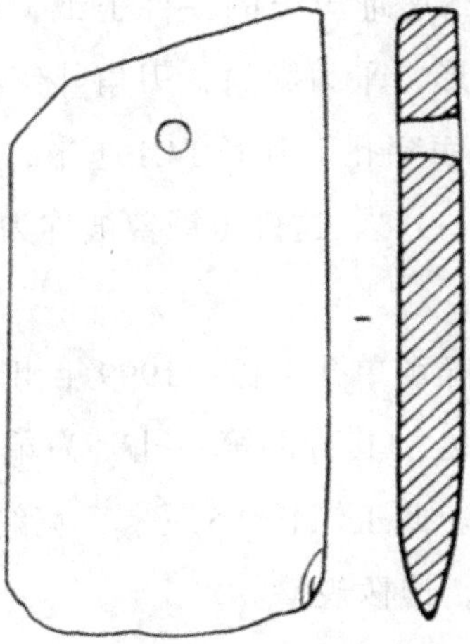

图一九 喇家L:5玉钺

喇家L：6玉钺，呈青白色，为扁薄长方形，平刃微斜，平背微斜，在接近背部的全器四分之一处穿一孔，为两面穿孔，其中一面穿孔较深。周边有两面磨切的切痕，长15.8厘米，刃宽4.8厘米，厚1厘米、孔径0.6～0.8厘米（图二〇）①。这件玉钺曾称为玉斧或玉铲，但据其刃部与背部的特征，可能是横向安装木柲的钺。

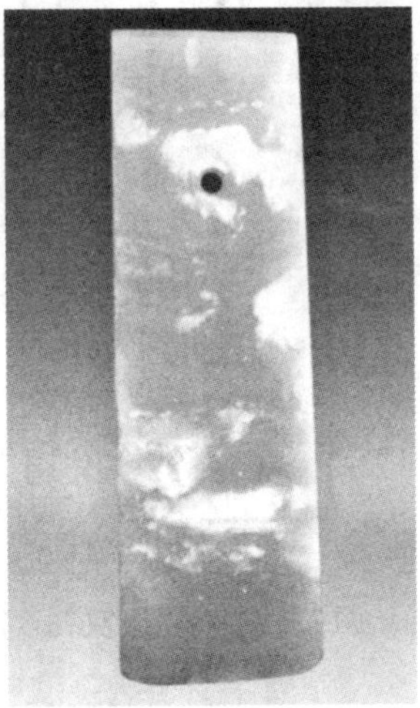

图二〇 喇家L:6玉钺

图二一 喇家F25玉钺

①叶茂林、何克洲：《青海民和县喇家遗址出土齐家文化玉器》，载《考古》2002年第12期，第89页，图一：2。古方主编：《中国出土玉器全集·甘肃青海宁夏新疆》，科学出版社，2005年，第155页。

喇家F25房址出土的一件玉钺，呈青白色，有条纹状杂质，表面抛光很好，为扁平长方形，平刃微斜，刃角外侈，刃部为全器最宽处。背端呈拱形，背部穿一孔，为单面穿孔。其长14.1厘米，宽4.78厘米，厚1.17厘米，孔径0.58～0.73厘米（图二一）①。这件玉钺曾被称为玉铲，但其刃微斜的特征表明，应是横向安装木柲的钺。

西吉兴隆镇单孔玉钺，1999年出土，呈深黑色，为扁薄长方形，平刃，刃部为全器最宽处。其背部第一孔，为单面穿孔，另一面穿孔位置有穿孔定位痕迹。背端缺一角。此玉钺长9.5厘米，宽约4.3厘米，厚0.6厘米（图二二）②。这件玉钺器身较薄，边棱规整。

1999年西吉兴隆镇征集了一件双孔玉钺，呈黄褐色，有深浅色纹理，为扁薄长方形，平刃微斜，刃侧内收，刃后部为全器最宽处。其背部穿两孔，都为单面穿孔，长约24厘米，宽7厘米，刃宽6.5厘米，厚1.2厘米（图二三）③。这件玉钺器身较长大，罗丰称之为玉圭，但其穿双孔及刃部或背部微斜的特征表明，其可能是横向安装木柲的钺，是体量较大的一件玉钺。

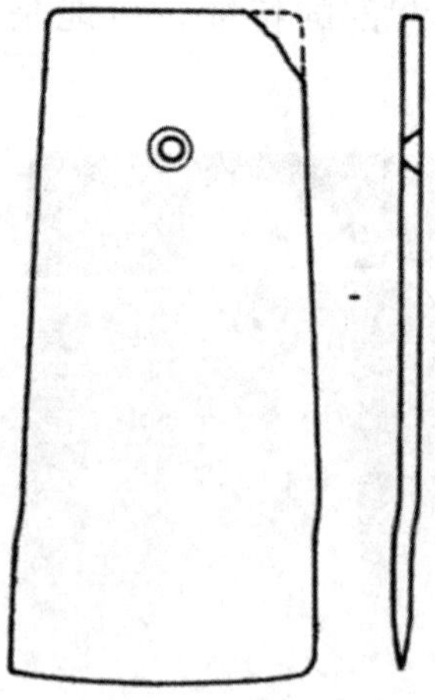
图二二　兴隆镇单孔玉钺

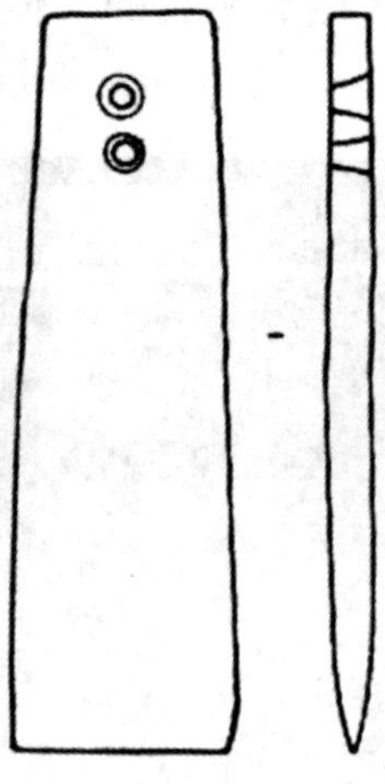
图二三　兴隆镇双孔玉钺

①青海省博物馆、青海民族博物馆编著：《河湟藏珍·历史文物卷》，文物出版社，2012年，第118页。古方主编：《中国出土玉器全集·甘肃青海宁夏新疆》，科学出版社，2005年，第156页。

②罗丰：《黄河中游新石器时代的玉器——以馆藏宁夏地区玉器为中心》，载《故宫学术季刊》2001年第19卷第2期，第57页，图2.1。

③罗丰：《黄河中游新石器时代的玉器——以馆藏宁夏地区玉器为中心》，载《故宫学术季刊》2001年第19卷第2期，第57页，图6.3。

甘草店玉钺，呈青白色，为扁薄长方形，斜刃。背部穿一孔，长10.75厘米，宽4.9厘米，厚0.5厘米（图二四）①。

李店村玉钺，呈青色，为扁薄长方形，微弧刃，刃部为全器最宽处。背部的全器三分之一处穿一孔，在背端中轴一侧竖列穿两个小孔。背端的另一侧残缺一大角，残缺处的断茬，呈现出色彩陈旧不同的早晚两种特征现象。其长15.2厘米，宽5厘米，厚1.2厘米（图二五②，图二六③）。这件玉钺穿三孔，一大两小，不合常制，可能不是同时穿孔制作的。依据背端两个小穿孔的位置偏于一侧以及断茬呈现出早晚两种特征等现象推测，这件玉钺原本制作了一个穿孔，即全器三分之一处的大穿孔，后来在使用过程中背部残断一大角，即在陈旧的断茬处残断，于是再制作了背端的两个小穿孔，以便在玉钺柄端残缺一大角的情况下绑缚木柄，继续使用。至于在背端一侧下部残断处呈略新的断茬，可能是后来又残断一角所致。

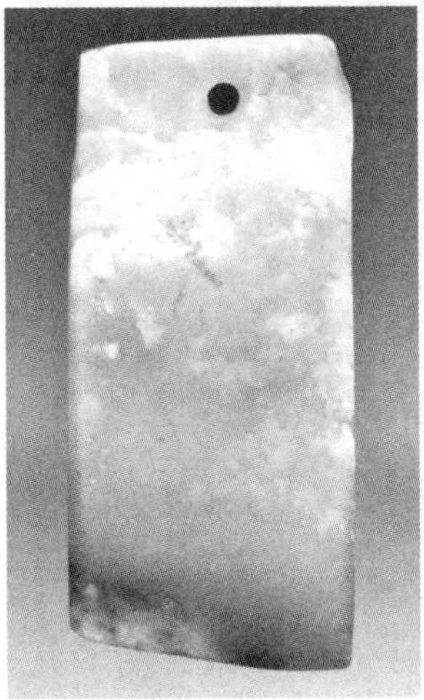

图二四　甘草店玉钺

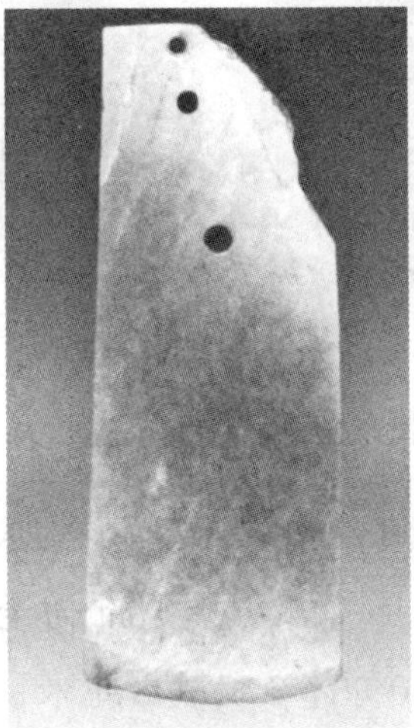

图二五　李店村三孔玉钺

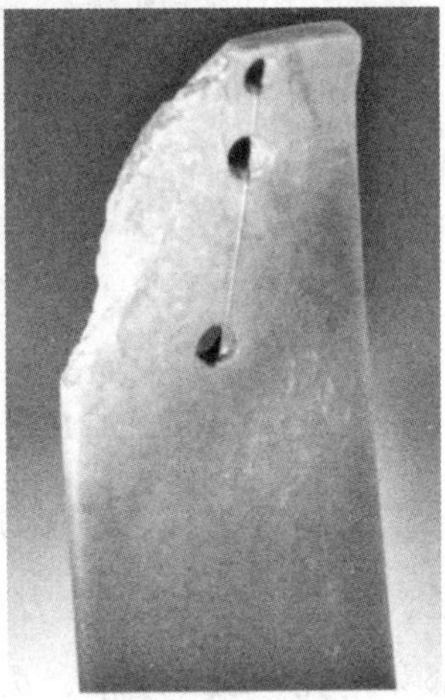

图二六　李店村三孔玉钺

庄浪野狐湾玉钺，1974年在庄浪县柳梁乡野狐湾遗址出土后征集，现藏甘肃省博物馆。此玉钺呈淡绿色夹青灰璜斑纹，为扁平长方形，单面平刃，平背。在全器上端四分之一处穿一孔，在此孔两侧的边棱上，向柄端内收成凹弧形，形成钺柄。在穿孔至刃部之间的中部，饰两组八道平行凸棱弦纹，每组四道，正反两

①古方主编：《中国出土玉器全集·甘肃青海宁夏新疆》，科学出版社，2005年，第43页。
②古方主编：《中国出土玉器全集·甘肃青海宁夏新疆》，科学出版社，2005年，第44页。
③图二六李店村三孔玉钺，由张树伟拍摄提供，谨此致谢。

面相同，并通过边棱相连接，其中一侧边棱上的凸棱弦纹已被磨去。其长29.5厘米，宽11厘米，厚0.4厘米。全器抛光很好，制作精工，尤其是器身上的两组八道平行凸棱弦纹，凸棱细而笔直，表现出极高的制作工艺（图二七）①。这是一件改制的作品，原件可能是体量很大的玉璋或玉刀。

苏苗塬玉钺，1975年庄浪县苏苗塬遗址出土，原称为玉斧，呈乳白色，质地纯净，为扁平长方形，平刃、平背，背部穿一孔，为两面穿，长12厘米，宽6厘米，厚1厘米（图二八）②。

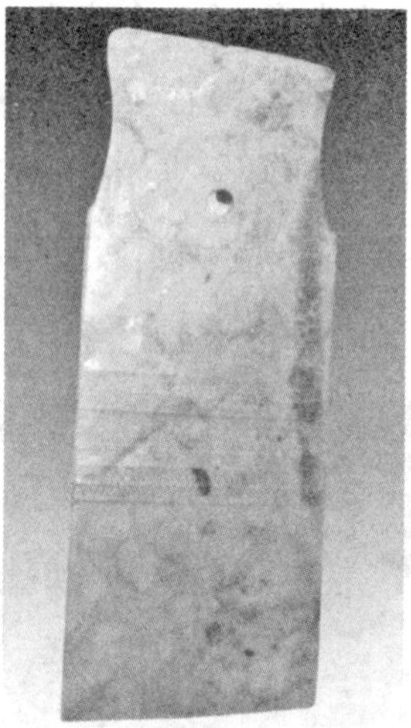

图二七　庄浪野狐湾玉钺

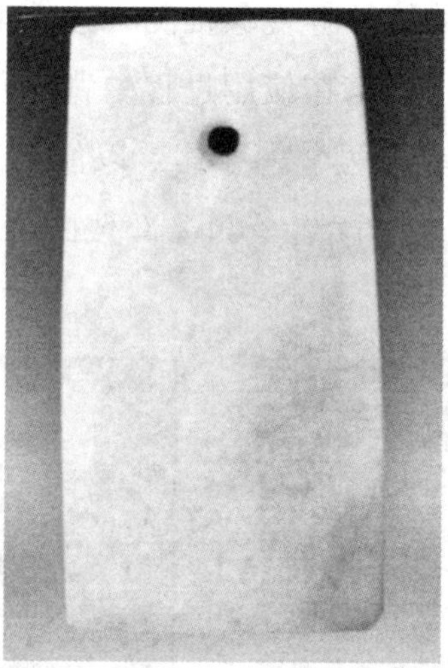

图二八　苏苗塬玉钺

王家高塬玉钺，于1976年在庄浪县王家高塬遗址出土。此玉钺呈器绿色、含黑色藻叶纹，平面为近方的梯形，弧刃，刃部为全器最宽处，两侧斜收，平背，背部穿一孔，长1厘米，刃宽10厘米，背宽8厘米，厚0.1～0.7厘米（图二九）③。

齐家文化玉钺的使用者，可能都是男性，如总寨M7墓主为45岁左右的男性，皇娘娘台M85与玉钺一起随葬的还有10件石璧，墓主也应为男性。但目前发现的齐家文化玉钺的数量不多，这可能与当时社会比较平稳、少战事有关。

① 2015年4月23日笔者参观甘肃省博物时拍摄。又见李晓斌、张旺海：《甘肃齐家文化玉器研究》，载《陇右文博》2009年第2期，封三，照36。

②李晓斌、张旺海：《甘肃齐家文化玉器研究》，载《陇右文博》2009年第2期，封三，照31。

③李晓斌、张旺海：《甘肃齐家文化玉器研究》，载《陇右文博》2009年第2期，封三，照37。

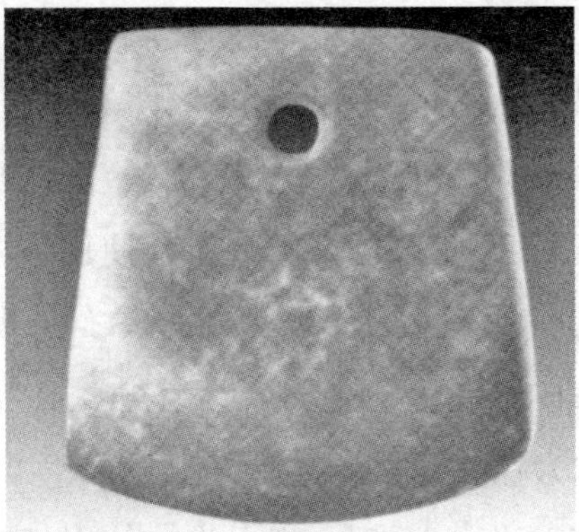

图二九　王家高塬玉钺

其中李店村玉钺、兴隆镇单孔玉钺与双孔玉钺、野狐湾玉钺、上家高原玉钺等5件玉钺与其他9件玉钺比较，较为特殊。

李店村玉钺的残缺后再利用现象，表明也许当时比较珍惜这种玉钺，而其原本的形制，棱角规整。

兴隆镇单孔玉钺的玉质与其他玉钺不同，玉质呈深黑色，器身较薄，显示出较为精工的制作技术。兴隆镇双孔玉钺器形长大、厚重，棱角规整。这两件玉钺的形制、玉质与皇娘娘台、甘草店，喇家遗址出土的玉钺有明显的区别，可能都不是齐家文化制作的。

野狐湾玉钺是这些玉钺中制作最为精致的一件。器身上的细凸棱纹风格与二里头5YLVIKM7：5牙璋阑部与柄部上的细凸棱纹风格接近（图三〇）[①]。而野狐湾玉钺柄部两侧内收成凹弧形则是其特殊的形式。推测这件玉器原本不是甘青地区齐家文化制作的，可能是由中原夏王朝区域制作后流传到齐家文化分布的陇西地区。而柄部两侧内收成凹弧形以及一侧边棱上磨去细凸棱纹，可能是后来对这件玉器改制而形成的。何时改制的？在中原地区改制的还是在陇西地区改制的？目前尚难考证。

王家高塬玉钺为刃部外修的近方形玉钺，这是一种形制规范的钺，在齐家文化中不多见。

①朱乃诚：《关于夏时期玉圭的若干问题》，载《玉魂国魂——中国古代玉器与玉文化学术讨论会文集（六）》，浙江古籍出版社，2013年。

2. 玉铲形器

在齐家文化玉器中被称为玉铲的有一定的数量，但形制差异较大，有的是玉钺，有的为玉铲，有的可能是其他器类。其中有一类的形制呈扁薄窄长条形，端刃，柄端穿一孔，这类玉器不应称为玉铲，但其使用方式一直不能明确，所以我们暂称之为玉铲形器。目前见到的玉铲形器仅有3件，都是征集品，分别出自甘肃东乡县、青海同德县宗日遗址、宁夏周原县河川乡上台村。

东乡玉铲形器，曾称为铲，呈灰绿色青玉，有褐色斑块，端刃，缺失一小角。刃部略宽于器身，柄部穿一孔，柄部一侧内收，使得柄部特征突出。整器的柄部与器身等同厚，由器身前半段向刃部逐渐趋薄，形成扁薄锋利的平刃。长33.2厘米，宽3.6厘米（图三一）[①]。

同德宗日玉铲形器，曾称为凿，呈墨绿色，端刃，刃部略宽于器身。柄部略有内收，柄部穿一孔，孔径较太。从器身的前半段向刃部逐渐趋薄，刀部有一磕斑。其长29厘米，刃宽4厘米，柄端宽3.3厘米，厚0.6厘米（图三二）[②]。

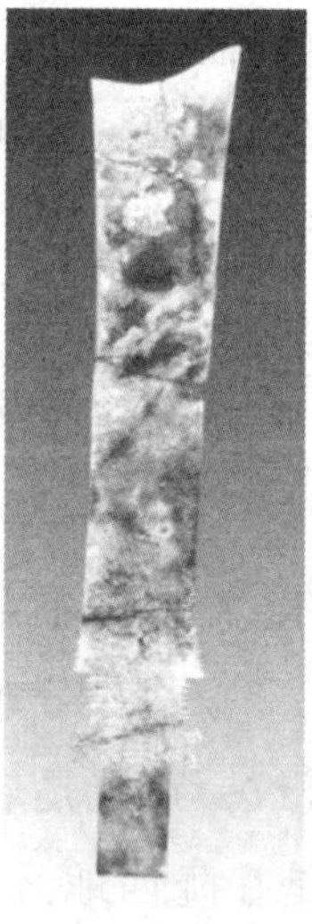
图三〇　二里头5YLVIKM7:5牙璋

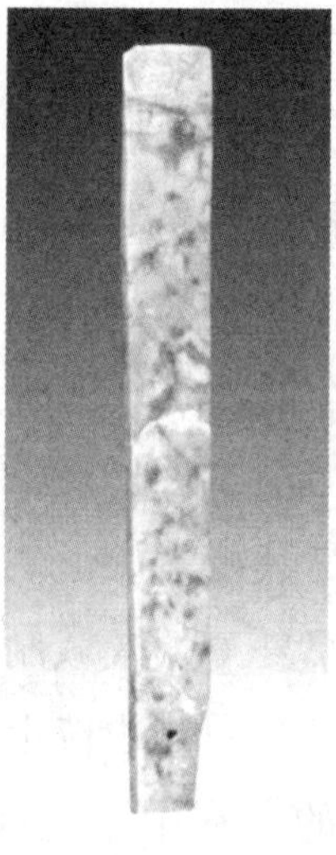
图三一　东乡玉铲形器

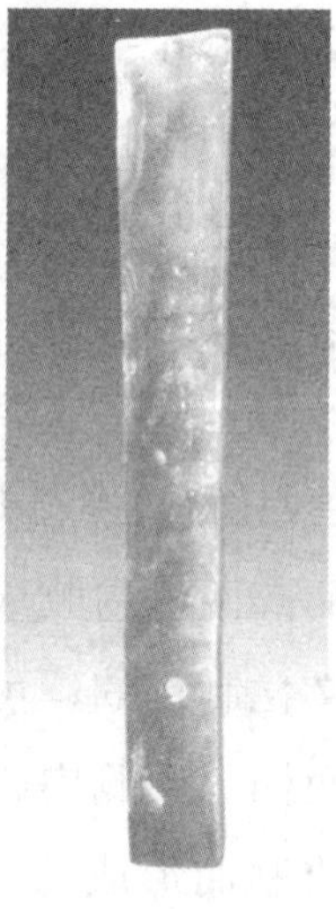
图三二　宗日玉铲形器

固原上台村玉铲形器，曾称为圭，呈青色。端刃，刃部明显宽于器身，器身两侧边略呈斜弧状。刃部有密集的纵向磨痕。柄端略磨薄，也为密集的纵向磨痕。

①古方主编：《中国出土玉器全集·甘肃青海宁夏新疆》，科学出版社，2005年，第40页。

②青海省博物馆、青海民族博物馆编著：《河湟藏珍·历史文物卷》，文物出版社，2012年，第117页。古方主编：《中国出土玉器全集·甘肃青海宁夏新疆》，科学出版社，2005年，第154页。

柄部偏上穿一孔，为两面穿，孔径较大。其长30厘米，刃宽4.3厘米，柄端宽3.4厘米，厚0.5～0.7厘米，孔径0.8厘米（图三三）[①]。这件扁薄窄长条铲形器的刃部及柄部的磨痕，可能是在原制作使用之后再次加工使用形成的。

这三件玉铲形玉器，都是征集品，年代与文化属性不明。但是，同德宗日遗址的发掘表明，在宗日遗址上年代最晚的文化遗存是齐家文化，所以推测这三件玉铲形玉器都属齐家文化。

从器形角度分析，这三件玉铲形器，虽然都呈扁薄窄长条形，但也略有区别，或许是它们制作的年代有早有晚、其中，可能以东乡玉铲形器最为原始，器身较厚，柄部内收，柄部的穿孔较小，柄部特征最为鲜明。宗日玉铲形器次之，器身也较厚，但柄部穿孔较大，柄较短。上台村扁薄窄长条形玉铲形器最晚，刃部略宽，刃部的使用功能较强，柄部穿孔较大，而且距柄端较长，表明柄插入木质柄内的部分较多。这种刃部功能的加强，以及安装木柄方式的进步，是这类器形进步的重要特征。

对这种扁薄窄长条形玉铲形器的名称，曾称为铲，或称为凿、圭。在三星堆两座祭祀坑中也出土过同类玉器，被称为“斤”。按《说文》注：“斤之刃横，斧之刃纵，其用与锄、镬相似，有恐而无内。”按此解释，两相对照，扁薄窄长条形玉铲形器没有器，其功能也不是工具，不会像锄、镬那样的使用方式，所以不能称为“斤”。

从这种扁薄窄长条形玉铲形器的使用功能看，原本可能是一种武器，安装长柄之后，使用方式可能是一种直击类武器。当然这是一种推测，实际情况如何，有待进一步证实。

这三件扁薄窄长条形玉铲形玉器，在齐家文化玉器中较为少见，玉质也很特殊，故推测他们不是齐家文化所制作的。这种玉器在延安芦山峁一带有发现，经我分析，芦山峁一带发现的这种扁薄窄长条形玉铲形器（图三四）可能与夏王室的遗存有关[②]。据此我推测，齐家文化中的这种扁薄窄长条形玉铲形器是由中原夏王朝区域流传到齐家文化分布区的。而在齐家文化玉器发展过程中，对这种玉铲

①宁夏固原博物馆编：《固原文物精品图集》（上），宁夏人民出版社，2011年，第79页。古方主编；《中国出土玉器全集·甘肃青海宁夏新疆》，科学出版社，2005年，第184页。

②朱乃诚：《时代巅峰冰山一角——夏时期玉器一瞥》，载《玉魂国魄——玉器·玉文化·夏代中国文明展》，浙江古籍出版社，2013年。

形玉器没有社会需求，所以在后来的齐家文化玉器中不再制作这类玉器。

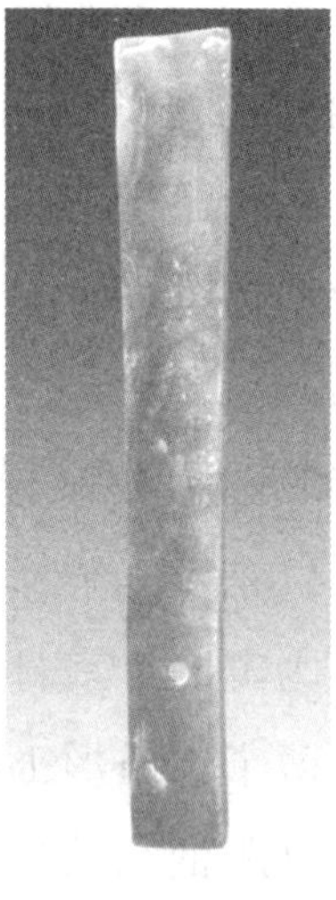

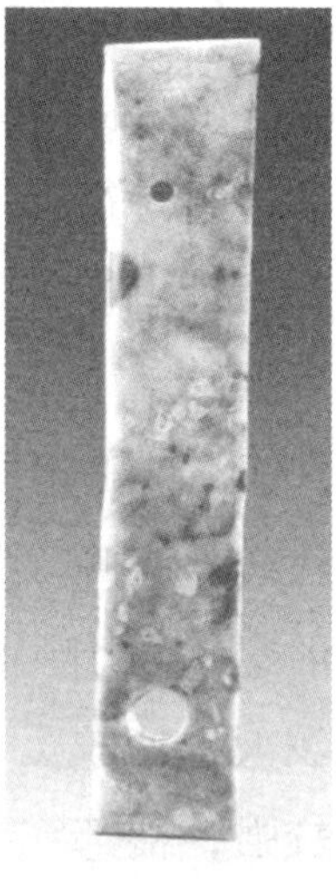

图三三　固原上台村玉铲形器　　图三四　芦山峁玉铲形器

3.玉铲

区分了玉钺、扁薄窄长条形玉铲形器之后，齐家文化的玉铲就比较容易明确分辨了。玉铲形制为扁薄长方形，与玉斧的器身厚重有明显的区别；器身的长宽比，通常比钺要大些，但不像扁薄窄长条形玉铲形器那样呈窄长条形；平刃、平背，背部穿一孔，也有不穿孔的。玉铲数量不多，形制特征较为明确的见于定西清溪村、武威皇娘娘台、民和喇家等遗址。

清溪村玉铲，呈青色，为扁薄近长方形，形体较长。平刃，刃部为全器的最宽处。平背，背部穿一孔，背端为全器的最窄处。由刃角至背角的两侧边呈斜直。长28.2厘米，刃宽6.3厘米，背宽4.6厘米，厚1.3厘米，孔径0.9厘米（图三五）[1]。

图三五　清溪村玉铲

①古方主编：《中国出土玉器全集·甘肃青海宁夏新疆》，科学出版社，2005年，第45页。

皇娘娘台玉铲，呈灰绿色，为扁薄长方形，平刃，刃角有磨损。平背，背部没有家再间平山，长25.8厘米，宽5.3厘米，厚1.3厘米（图三六）[①]。这件玉铲背部没有穿孔，据推测或许是这件玉铲原本有穿孔，只是器身比现在长，背部残断后裁截磨平，以致无穿孔。

图三六 娘娘台玉铲

以上两件玉铲出土情况不明，形制较长，使用方式不明，据其形制推测其为玉铲，估计其使用方式是纵向安装木柲使用的一种工具。这种形制的玉铲，在齐家文化中并不多见。

4.玉刀

齐家文化玉刀的数量也不多，主要见于古浪峡口、大通上孙家寨、同德宗日、民和喇家等遗址。此外，在武威皇娘娘台与海藏寺曾发现玉刀，但未见公布，其形制不明。

古浪峡口大玉刀，呈青绿色，间棕、黑色条纹，为近长方形的梯形薄片状。刀头宽，刀尾窄，刀尖斜出，刀刃为近直刃的内弧形，双面刃。刀背平真，在刀背约等距离穿四个孔，在最后一个孔内侧的近中轴处又穿一孔，此孔的作用在于与刀背上的四个穿孔一起，加固木质刀柄的安装，使得刀尾处多一个玉刀与木柲之间的加固点，以便更好地发挥大玉刀的使用功能，而不易使木松脱落。因为大玉刀与木柲的结合部分，受力最多的是在刀尾。在刀尾背棱上缺失一角片，似为原工材的角面，又似硫损的残缺面。其长65.5厘米，宽12.5厘米（图三七）[②]。

①古方主编：《中国出土玉器全集·甘肃青海宁夏新疆》，科学出版社，2005年，第41页。
②古方主编：《中国出土玉器全集·甘肃青海宁夏新疆》，科学出版社，2005年，第39页。

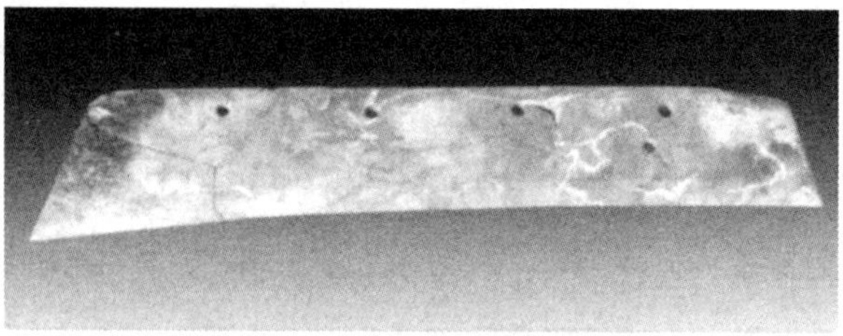

图三七　古浪峡口大玉刀

上孙家寨大玉刀，呈青黄色，被称为蛇纹石质[①]。为近长方形的梯形薄片状，刀头宽，刀尾窄，斜直刃微弧，双面刃，直背，背部有4个约等距离的穿孔。刀尾一角残断，刀头端似磨过。其长54厘米，刀头宽10.3厘米，刀尾宽8.0厘米，孔径1～1.2厘米（图三八）[②]。

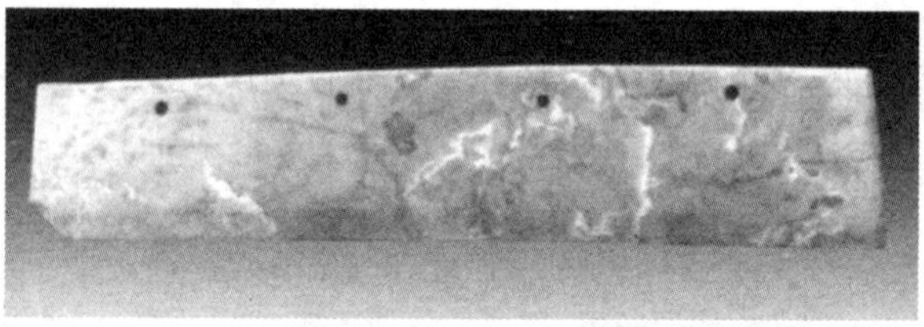

图三八　上孙家寨大玉刀

同德常日95TZM200：2玉刀，呈青灰色，平面近梯形。刀头宽，刀尾窄，在刀尾的背部内收，形成刀柄。斜直刀微内弧，双面刃。刀头端磨出刃，为端刃。直背，背部穿两孔，单面穿，孔径为1.2厘米。刀尾（刀柄之前）正中穿一孔，单面穿，孔径0.5厘米。长18.7厘米，刀头宽5.6厘米，刀根端宽3.7厘米，厚0.5厘米（图三九）[③]。

同德宗日95TZM200：3玉刀，呈灰色。平面近梯形。刀头宽，刀尾窄，刀头端残缺一角，在刀尾的背部亦残缺一小条。斜直刃微内弧，双面刃。刀头端磨出刃，为端刃。刀柄端亦磨薄，似呈刃，可能与将刀柄插入有机质如木质柄内安装木柄有关。直背。在全器约四分之一的刀尾中轴穿一孔，单面穿，孔径1厘米。

①青海省博物馆、青海民族博物馆编著：《河湟藏珍：历史文物卷》，文物出版社，2012年，第114页。
②古方主编：《中国出土玉器全集·甘肃青海宁夏新疆》，科学出版社，2005年，第150页。
③陈洪海：《关于宗日遗址第200号墓出土的玉器》，载《宗日遗址文物精粹论述选集》，四川科学技术出版社，1999年，第28页，图7.5。古方主编：《中国出土玉器全集·甘肃青海宁夏新疆》，科学出版社，2005年，第151页。

其长28.5厘米，刀头宽5.5厘米以上，刀柄端宽4.6厘米，厚0.5厘米（图四〇）[①]。

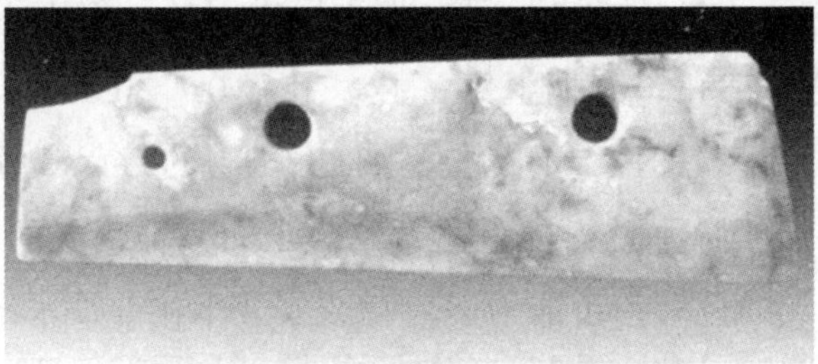

图三九　同德常日95TZM200:2玉刀

图四〇　同德宗日95TZM200:3玉刀

同德宗日95TZW200：4玉刀，呈青灰色，平面近梯形。刀头宽，刀尾窄，斜直刃微内弧，单面。直背。在刀尾中轴穿两个孔，单面穿，前大后小，孔径分别为1厘米、0.7厘米。长23.4厘米，刀头宽6厘米，刀尾宽1.4厘米，厚0.5厘米（图四一）[②]。

图四一　同德宗日95TZM200:4玉刀

①陈洪海：《关于宗日遗址第200号墓出土的玉器》，载《宗日遗址文物精粹论述选集》，四川科学技术出版社，1999年，第28页，图7.1。古方主编：《中国出土玉器全集·甘肃青海宁夏新疆》，科学出版社，2005年，第153页。

②陈洪海：《关于宗日遗址第200号墓出土的玉器》，载《宗日遗址文物精粹论述选集》，四川科学技术出版社，1999年，第28页，图7.3。古方主编：《中国出土玉器全集·甘肃青海宁夏新疆》，科学出版社，2005年，第152页。

喇家L：4大玉刀，已断为两节，呈青绿色，有浅黄色斑点。平面为长条状梯形，刀头宽，刀尾窄。在刀尾的背部内收，形成刀柄。斜直刃微内弧，双面刃。直背。背部等距离穿三孔，刀柄上穿一孔，孔径0.7～0.8厘米。其长41.2厘米，宽6.5厘米，厚0.8厘米（图四二）[①]，在这件大玉刀的刀背最后一个穿孔前约1厘米至刀柄端，有一层褐色水锈样的色彩，与大玉刀其他部位的器表明显地区分出来。这刀尾柄端异样的色彩，可能与裹着物或安装木柲并被水浸泡有关。

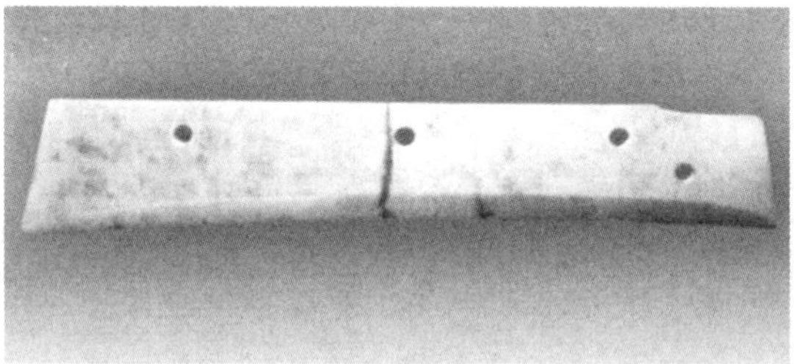

图四二　喇家L:4大玉刀

喇家遗址发掘出土的一件喇家T534（4）大玉刀，仅存约前半部分，呈淡绿色，夹杂白色斑纹，并有褐色水锈。其呈长方形片状，刀头路宽，近直刃，背部存两个穿孔，单面穿，其中一个穿孔在断裂处，仅存半个圆孔，孔径2厘米。大玉刀残长32.8厘米，宽16.6厘米，厚0.4厘米。此件大玉刀的复原长度可能在65厘米以上，是齐家文化中发现的最大、最薄的大玉刀（图四三）[②]。这件大玉刀出自喇家遗址的沙层内，器表的褐色水锈可能与出自沙层并遭水浸泡有关。

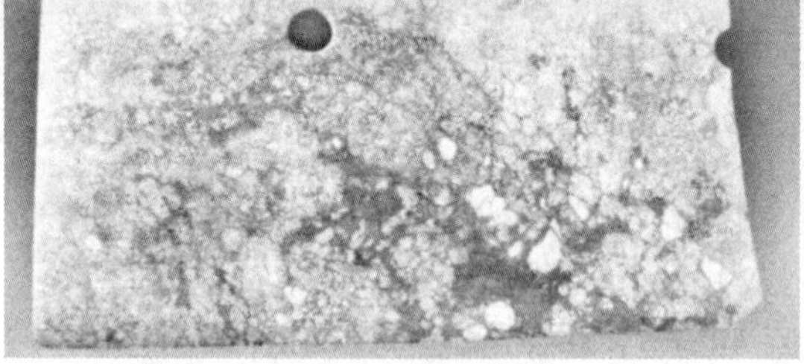

图四三　喇家T534(4)大玉刀

①叶茂林、何克洲：《青海民和县喇家遗址出土齐家文化玉器》，载《考古》2002年第12期，第89页，图一：5。古方主编：《中国出土玉器全集·甘肃青海宁夏新疆》，科学出版社，2005年，第148页。

②古方主编：《中国出土玉器全集·甘肃青海宁夏新疆》，科学出版社，2005年，第149页。

甘肃省博物馆藏的另一件玉刀（藏品号35978），为四孔大玉刀，呈灰白色，有紫褐色蔓枝斑纹，为扁平长条形，直刃，直背。刀尾两侧略微内收，并磨去边棱，形成刀柄，刀柄较长。在接近刀柄端的中轴处穿一孔。刀背穿三孔，一孔在刀头处，一孔在接近刀柄处，另一孔在器身约二分之一处。玉刀长43厘米，宽6.8厘米（图四四）①。这件玉刀的柄部特征鲜明，是一件手握刀柄直接使用的玉刀。刀柄端的穿孔，可能是系线绳的而不是安装木柲的。这种形制的玉刀似棒刀，极为少见。

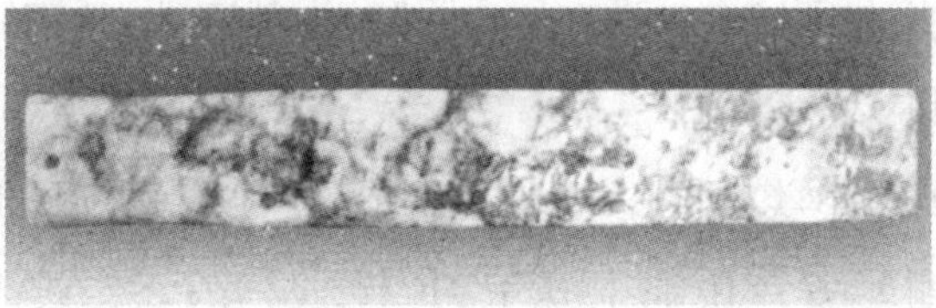

图四四　甘肃省博物馆藏四孔玉刀(35978)

以上8件玉刀，形制各不相同。如依据器形的大小，可分为两大类，即大玉刀与小玉刀。如果依据安柄的方式或柄部的特征，可分为三类，即仅刀背穿孔的大玉刀为第一类，有上孙家寨大玉刀、喇家T534（4）大玉刀。不仅在刀背穿孔，在刀尾也穿孔或形成柄部的为第二类，有古浪峡口大玉刀、喇家L：4大玉刀、宗日95TZM200：2玉刀、甘肃省博物馆（藏品号35978）大玉刀。仅在刀尾穿孔的为第三类，有宗日95TZM200：3玉刀、宗日95TZM200：4玉刀。其中第二类中的宗日95TZM200：2玉刀与第三类中的宗日95TZM200：3玉刀，都为双刃刀，既有边刃，又有端刃，又可以归为另外一类。

玉刀形制的不同，反映了制作年代的区别。下面略做分析。

从器物形制的角度分析，第一类大玉刀仅在刀背穿孔以绑缚木松，显得形制较为原始。第二类玉刀在刀尾多穿一个孔或是制作出刀柄，使得玉刀木柲的绑缚力度增大，是在玉刀制作、使用过程中积累经验而产生的一种进步现象，所以第二类玉刀的制作自然要晚于第一类大玉刀。在第二类3件玉刀中，峡口大玉刀没有形成刀柄，年代可能偏早些；同德宗日95TZM200：2玉刀，形制较小，而且是具有边刃与端刃的双刃刀，年代可能晚一些。第三类玉刀，形制较小，仅在刀尾穿孔，可能是第二类玉刀安装木柲方式简化的结果，还可能是第二类宗日

① 2015年4月23日笔者观摩甘肃省博物馆藏品时拍摄。

95TZM200：2玉刀的演化形式，所以第三类玉刀的制作年代可能略晚于第二类玉刀。

至于这8件玉刀的年代，由于7件是采集品或征集品，所以只能依据喇家T534（4）大玉刀的年代信息并结合对7件玉刀的形制特征的分析进行推测。

喇家T534（4）大玉刀为发掘品，出土层位表明，其属于喇家遗址齐家文化的偏晚阶段。据对喇家遗址层位、出土物的文化面貌及测定的碳十四样品年代数据的综合分析，喇家遗址齐家文化偏晚阶段的年代在公元前2000多年至公元前1900年前后[①]。据此推测第一类玉刀中上孙家寨大玉刀的年代也在公元前2000—前1900年之间。

第二类玉刀晚于第一类玉刀，晚多少，尚难直接分析。但是，第二类玉刀刀尾穿孔的特点与陕西延安芦山峁七孔玉刀（图四五）[②]、神木石峁SSY83号玉刀（图四六）[③]的刀尾穿孔的特点相同。我曾指出：在玉刀尾端穿孔以加固安装木柲的绑缚方式，仅仅流行了很短的一段时间就被淘汰了。尾端穿孔大玉刀的相对年代，应晚于陶寺文化晚期，早于二里头文化二期[④]。据此，推测第二类玉刀即峡口大玉刀、喇家L：4大玉刀、同德宗口95TZM200：2玉刀、甘肃省博物馆（藏品号35978）玉刀的年代，可能在喇家齐家文化偏晚阶段之后至二里头文化二期之前，即公元前1900—前1680年之间。

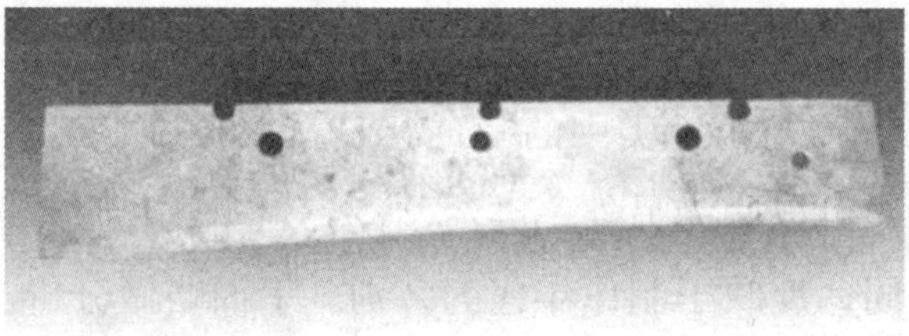

图四五　芦山峁七孔玉刀

①张雪莲、叶茂林、仇士华等：《民和喇家遗址碳十四测年及初步分析》，载《考古》2014年第11期。

②古方主编：《中国出土玉器全集·陕西》，科学出版社，2005年，第8页。

③戴应新：《神木石峁龙山文化玉器探索（三）——刀形边刃器——多孔刀》，载《故宫文化月刊》1992年10月第127期，图六四。

④朱乃诚：《时代巅峰冰山一角——夏时期玉器一瞥》，载《玉魂国魄——玉器·玉文化·夏代中国文明展》，浙江古籍出版社，2013年。

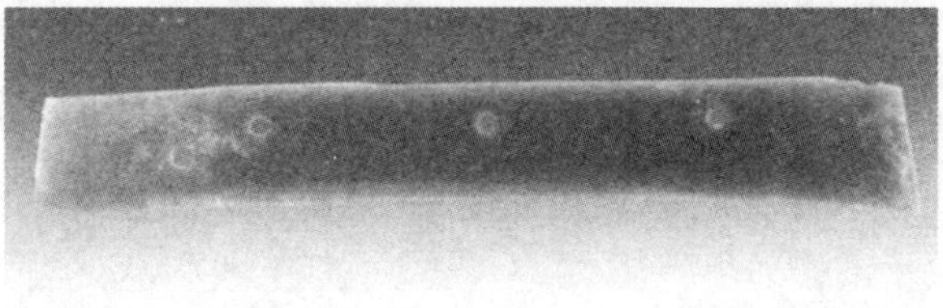

图四六 石峁SSY83号玉刀

第三类玉刀的形制与第二类同德宗日95TZM200：2玉刀密切相关，器形都较小，而且是共存于同一个考古学单位，或许他们之间的制作年代有区别，但埋藏年代相同。所以推测第三类玉刀即同德宗日95TZM200：3玉刀、同德宗日95TZM200：4玉刀的年代也在公元前1900—前1680年之间。

需要指出，以上8件玉刀的制作都较为精致，玉质与皇娘娘台、喇家等遗址出土的大宗玉器的玉质不同。它们可能不是齐家文化制作的，应该是来自中原地区。它们在中原地区的制作年代有明显的早晚区别。但它们在甘青地区的埋藏年代，除了第一类喇家T534（4）大玉刀具有出土层位及其相关年代的信息外，其他7件玉刀的埋藏年代不是很清楚。所以，这7件下刀的埋藏年代，还有待新的发现以使做更为具体的研究。

5.玉斧

齐家文化中的玉斧，据报道，见于广河半山瓦罐嘴、武威皇娘娘台、灵台桥村、乐都柳湾、武威海藏寺、民和喇家、临潭磨沟以及乐都白崖子、定西三十里铺等遗址，在庄浪、积石山、广河等县也有不少征集品[①]。其中部分被称为玉斧的，其实应称为玉钺。玉斧的形制，通常为长条梯形，刃宽，背窄，双面半或弧刃，器身较厚重，侧边枝为弧形，棱角不分明，有的背部穿一孔，有的背部不穿孔。

如柳湾M1128：15玉斧，显乳白色。平面为近似模状的梯形，平刃，平背，背部穿一孔，为两面穿，长8厘米，刃宽3.7厘米，背宽约1.3厘米（图四七）[②]。

白崖子穿孔玉斧，呈碧绿色，有鸡骨白沁色，平面为长条梯形，弧刃，弧背，两侧边棱的棱角不分明。背部穿一孔，一刃角残缺。其长11.3厘米，刃宽4.8厘

①李晓斌、张旺海：《甘肃齐家文化玉器研究》，载《陇右文博》2009年第2期。

②青海省文物管理处考古队、中国社会科学院考古研究所：《青海柳湾》上册，第194页，图一一七：4；下册，图一六六：3，文物出版社，1984年。

米，背宽3.5厘米，厚1.3厘米（图四八）[①]。

白崖子玉斧，呈青绿色，有鸡骨白沁色，平面为长条形，中部略宽，刃端与背端内收。平弧刃，背端残，不知是否穿孔。其长10.5厘米，宽3.4厘米，厚1.5厘米（图四九）[②]。

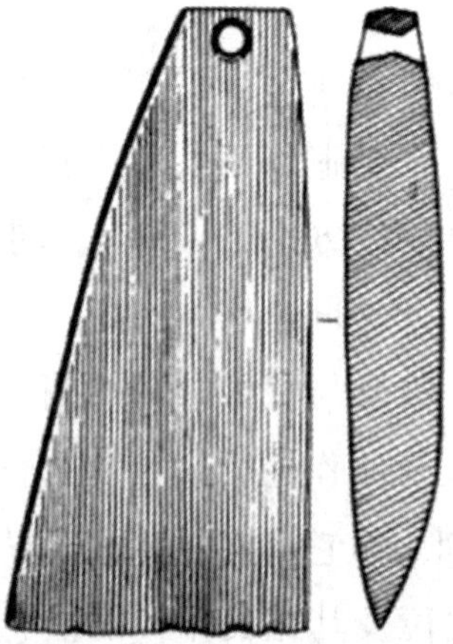

图四七　柳湾M1128:15玉斧

图四八　白崖子穿孔玉斧

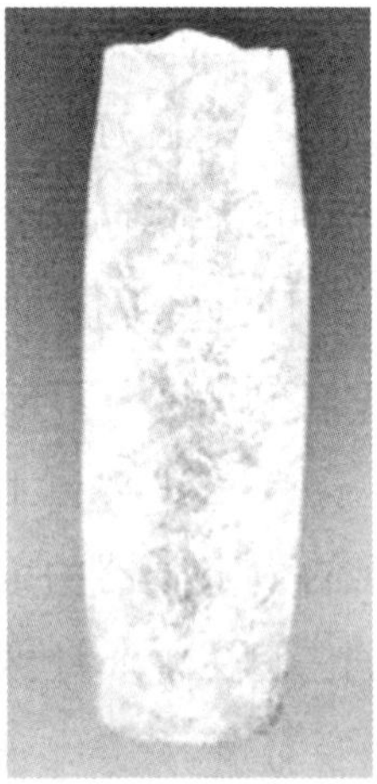

图四九　白崖子玉斧

喇家F7：35玉斧，呈深绿色，夹杂褐色，平面为长方梯形，近平刃，最宽处在刃部。弧背，背端边缘经两面磨制。器身两侧的边棱磨制成圆弧状。背部穿一孔，为单面穿。其长7.6厘米，宽5.1厘米，孔径0.83～1.02厘米[③]。这件玉器的形制近似钺，但其弧背、圆弧边棱，器形较小，这些特征表明它是作为斧使用的。

三十里铺的一件玉斧，曾称为玉锛。呈青白色，有褐色沁斑，为扁平长条形，双面平刃，近平背，两侧边枝磨成圆弧状。长11.2厘米，宽4.8厘米，厚1.3厘米（图五〇）[④]。其为双面刃，不应称为锛，形体较窄小，似可称为玉凿。

①古方主编：《中国出土玉器全集·甘肃青海宁夏新疆》，科学出版社，2005年，第161页。
②古方主编：《中国出土玉器全集·甘肃青海宁夏新疆》，科学出版社，2005年，第160页。
③古方主编：《中国出土玉器全集·甘肃青海宁夏新疆》，科学出版社，2005年，第163页。
④古方主编：《中国出土玉器全集·甘肃青海宁夏新疆》，科学出版社，2005年，第47页。

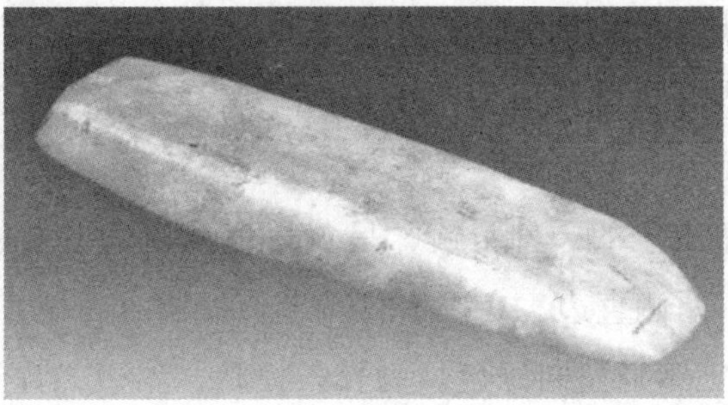

图五〇　三十里铺玉斧

齐家文化的玉斧，形制不大，可能都是手工作业的工具，而不是砍伐类工具。

6. 玉锛

齐家文化中玉锛的数量较玉斧多一些。在广河半山瓦罐嘴、武威皇娘娘台、灵台桥村、永靖新庄坪、武威海藏寺、乐都柳湾、民和喇家、西宁沈那、大通长宁、隆德页河子等遗址都有出十，估计有二三十件。器形较小，形制较为单一，通常为扁平长方形或扁平长条形，单面平刃或斜刃，平背或拱形背。

如皇娘娘台1957年发现的一件玉锛，系青玉，有黄色及黑色斑点，为届平长条形，器身下半部分略有弯弧。刃端一侧边凸出，微斜刃，平背。玉锛长11厘米，宽3.8厘米，厚1.1厘米①。这件玉锛的器身下半部分略有弯弧，刃端一侧边凸出，大概是因料而为。

皇娘娘台1975年发现的另一件玉锛，系青玉，有黄褐色。平面近方形，平刃，平背，两侧直边，边棱分明。其长4.1厘米，宽3.7厘米，厚1厘米。

皇娘娘台早年征集的一件玉锛，系青玉，背部呈褐色，为扁平长条形，平刃，背端残，两侧直边。其长5.3厘米，宽2.9厘米。

皇娘娘台59UX：67玉锛是一件改制品，呈灰白色，为扁平长方形，平刃略弧，平背，背端残缺一大角。在背部有一个较大的穿孔，但仅存约三分之一。其长4.5厘米，宽2.9厘米，厚0.6厘米（图五一）②。这件玉锛的形制较为特殊。从保留的玉锛背端部分被磨制过这一现象分析，这件玉锛的背端相切了玉锛背部的穿孔，即在这件玉器上，先产生了穿孔，后形成玉锛背端，而且穿孔的孔径较大，

①古方主编：《中国出土玉器全集·甘肃青海宁夏新疆》，科学出版社，2005年，第46页。

②刘志华、孙玮：《武威皇娘娘台出土的齐家文化玉石器》，载《故宫文物月刊》2003年11月第21卷第8期（总248期），第98页。

与这件玉锛形体较小不成比例。这说明这件玉锛是利用一件较大型的穿孔玉器残断后改制为玉锛。现在这件玉锛上的小半个穿孔不具有使用功能。此件玉锛曾称为玉斧，但从其单面刃、形体较小等特点分析为玉锛。

永靖新庄坪早年出土的一件玉锛，呈黄褐色，为扁平长条形，平刃微弧，拱形背，背两侧内收，两侧直边。在拱形背端上似保留有因敲打而脱落的斑块痕。

柳湾M1325：9玉锛，呈暗绿色。为长条模状，斜刃，背部内收，圆弧背，正面隆起，背面平直，长8.1厘米，刃宽3.3厘米（图五二）[①]。

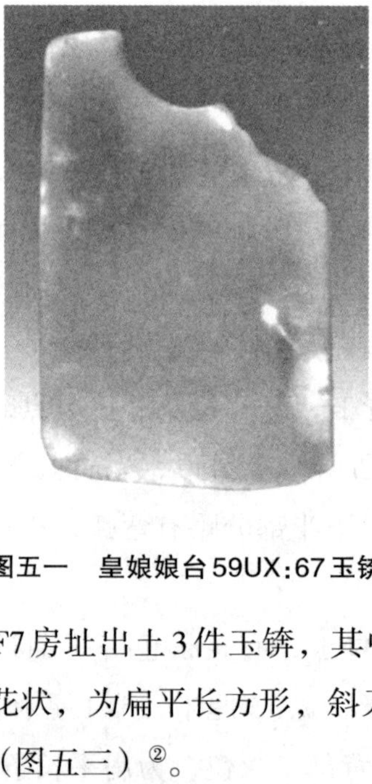

图五一　皇娘娘台59UX:67玉锛

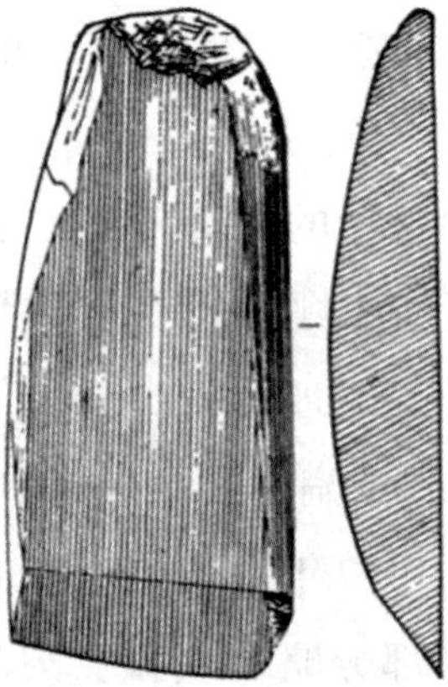

图五二　柳湾M1325:9玉锛

喇家F7房址出土3件玉锛，其中一件玉锛，呈深绿色，夹杂褐色，局部受沁呈灰白雪花状，为扁平长方形，斜刃，平背，长6.38厘米，宽3.05～3.4厘米，厚0.44厘米（图五三）[②]。

沈那玉锛，呈青黄色，为扁平梯形，平刃，拱形背，两侧斜直，长5.3厘米，刃宽3.5厘米，厚0.6厘米（图五四）[③]。

页河子T103⑥：3玉锛，呈墨绿色，为扁平长方形，平刃，背部两侧内收，背端残断，残长6.7厘米，宽3厘米，厚1.1厘米（图五五）[④]。

①青海省文物管理处考古队、中国社会科学院考古研究所：《青海柳湾》（上），文物出版社1984年版，第195页，图一一八：2。

②古方主编：《中国出土玉器全集·甘肃青海宁夏新疆》，科学出版社，2005年，第164页。

③古方主编：《中国出土玉器全集·甘肃青海宁夏新疆》，科学出版社，2005年，第158页。

④北京大学考古实习队、固原博物馆：《隆德页河子新石器时代遗址发掘报告》，载《考古学研究（三）》，科学出版社，1997年，第187页，图三一：8。

图五三 喇家F7玉锛

图五四 沈那玉锛

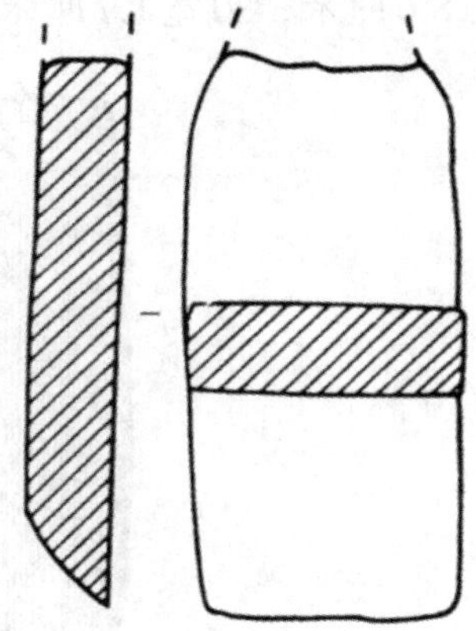

图五五 页河子T103⑥:3玉锛

以上是齐家文化玉锛中形制较为典型的几例。从上述的9件玉锛分析，齐家文化的玉锛主要有三种形式。第一种为扁平长条（方）形玉锛，平刃或斜刃、平背，如皇娘娘台4件玉、喇家F7玉饼等。第二种为扁平长条形或梯形玉锛，平刃，拱形背，如永靖新庄坪玉锛、沈那玉锛等。第三种为长条楔状玉锛，如柳湾M1325：9玉锛。前两种玉锛是齐家文化玉锛的基本形式。以第一种玉锛的形制较为多见，第三种玉锛则较为少见。

齐家文化玉锛的形制都比较小，都是手工作业的工具。由于器形较小，有时可将较大型的玉器残块改制成玉锛使用，如皇娘娘台59UX：67玉锛，表明当时对玉料是十分珍惜的。

7.玉凿

齐家文化的玉凿，主要见于武威皇娘娘台、海藏寺、乐都柳湾、民和喇家、大通长宁、同德宗日等遗址，在甘肃省博物馆还藏有4件，估计近20件。玉凿的形制通常为长条形，两端略微内收，中部略鼓，双面刃，个别为单面刃。

如柳湾M264：6玉凿，系铁碧玉，赭红色，为宽条状模形，双面平刃，微弧背，两侧微鼓，长8厘米，刃宽1.4厘米（图五六）①。

柳湾M1108：13玉凿，呈浅灰色，为长条形，双面平刃，近平背，两侧微鼓，

①青海省文物管理处考古队、中国社会科学院考古研究所：《青海柳湾》（上），文物出版社，1984年，第196页，图一一九：2。

长18.6厘米，刃宽1.7厘米（图五七）[①]。该玉凿随葬的墓主为45岁左右的男性。

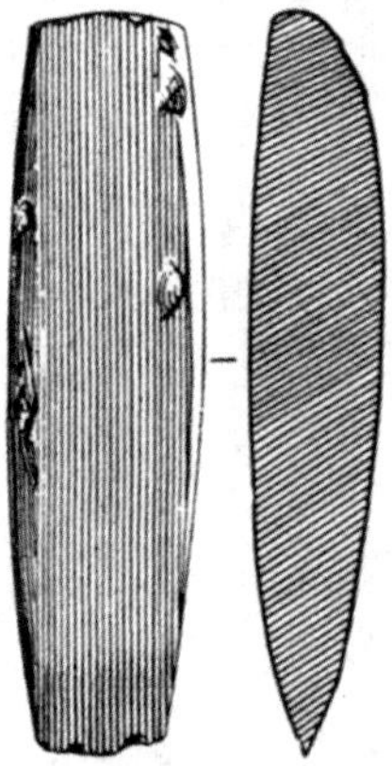

图五六　柳湾M264:6玉凿

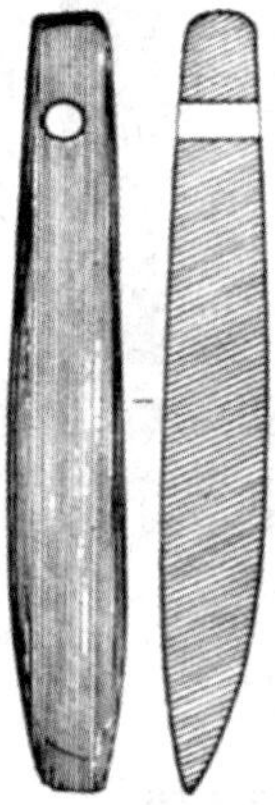

图五七　柳湾M1108:13玉凿

喇家M17墓葬出土的一件玉凿，呈白色，为柱状长条形，两端略微内收，平刃，背部有破裂面，抛光较好，长14.2厘米，宽1.74厘米，厚1.53厘米（图五八）[②]。

喇家出土的另一件玉凿，呈浅绿色，局部受沁呈浅褐色，为宽长条形，两端略微内收，中部略鼓，弧刃，平背，长8.84厘米，宽2.02厘米，厚1.4厘米（图五九）[③]。

图五八　喇家M17玉凿

图五九　喇家玉凿

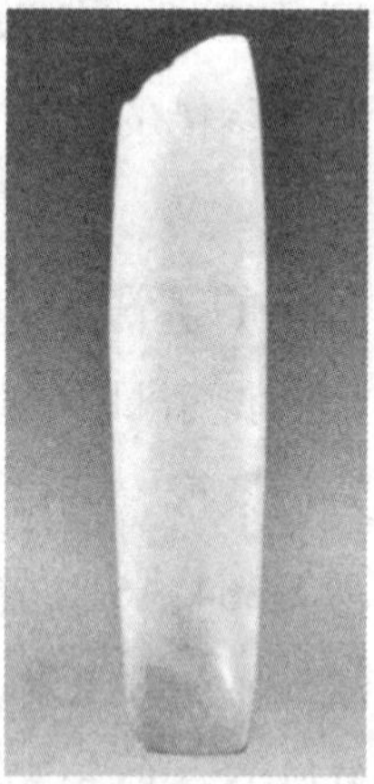

图六〇　同德宗日玉凿

①青海省文物管理处考古队、中国社会科学院考古研究所：《青海柳湾》（上），文物出版社，1984年，第196页，图一一九：4。

②古方主编：《中国出土玉器全集·甘肃青海宁夏新疆》，科学出版社，2005年，第165页。

③古方主编：《中国出土玉器全集·甘肃青海宁夏新疆》，科学出版社，2005年，第166页。

同德宗日遗址出土的一件玉凿，呈乳白色，为长条形，中部微鼓，背端残缺，平刃（图六〇）①。

甘肃省博物馆收藏一件玉凿（藏品号07728），呈青色，背端受沁呈褐色，为长条形，中上部略鼓，平刃，近平背，背端面不平整。其长15.7厘米，宽2.3厘米，厚1.7厘米。

甘肃省文物考古研究所发掘临潭磨沟遗址出土的一件玉凿，呈灰白色，为长条形，双面平刃，背部略窄，顶部因敲打而残缺。其长10.22厘米，宽1.97厘米，厚2.05厘米，其形制特点是厚大于宽。

齐家文化玉凿都为长条形，可分为长短两种。如柳湾M264：6玉凿、喇家玉凿等，长不足10厘米，是为短款玉凿：柳湾M1108：13玉凿、喇家17玉凿、甘肃省博物馆藏品07728号玉凿等，长在14厘米以上，是为长款玉凿。这些玉凿，尤其是长款玉凿的玉质较好，都是当时的手工作业的工具。

8.玉凿形器

齐家文化的玉凿形器，可分为两类。第一类玉凿形器，一端为单面刃，另一端为平面的背，主要见于武威皇娘娘台、平安东村、西宁沈那等遗址。如东村M2：8玉凿形器，曾称为玉饰，呈青绿色，为方柱状长条形，背端平直，另一端呈斜面，似单面平刃。其长6.3厘米，宽约1厘米，厚约0.6厘米（图六一）②。武威皇娘娘台、西宁沈那玉凿形器的形制与东村M2：8玉凿形器相同，只是器形更长大些。

图六一　东村M2:8玉凿

第二类玉凿形器，两端都为刃，主要见于渭源北寨、秦安杨家坪等遗址。如北寨玉凿形器，系青玉，为柱状长条形，断面呈方形，四边角棱清晰。两端都制作成单面平刃，刃面相错。其长9.7厘米，宽0.8厘米，厚0.8厘米（图六二）③。杨家坪玉凿，呈灰绿色，为柱状长条形，一端粗厚，一端细薄，断面呈长方形，四边角棱清晰。两端都制作成双面平刃，面相同。其长11厘米，宽1.5厘米（图

①青海省博物馆藏品，并已展出。2015年2月6日笔者参观青海省博物馆时拍摄。

②任晓燕：《平安县东村古墓葬及窑址发掘简报》，载《青海文物》1994年第8期，第12页，图二：3。

③古方主编：《中国出土玉器全集·甘肃青海宁夏新疆》，科学出版社，2005年，第48页。

六三）①。

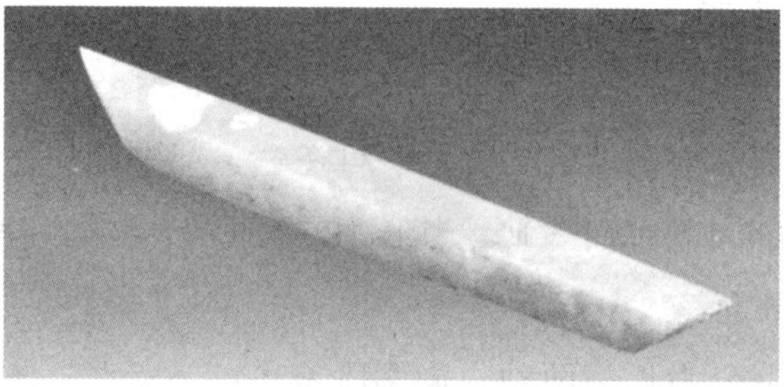

图六二　北寨玉凿形器

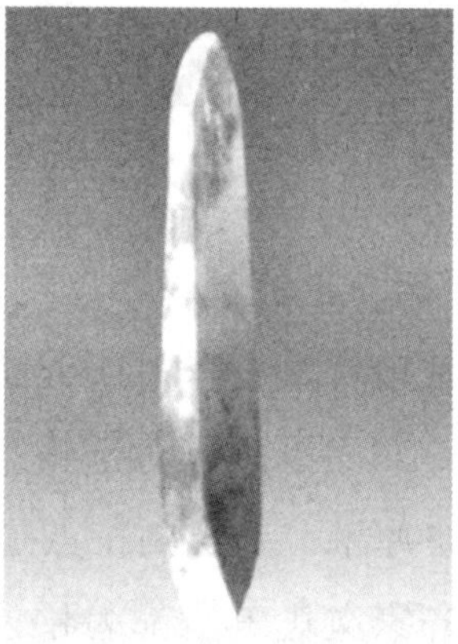

图六三　杨家坪玉凿形器

这两类玉凿形器的用途，目前都不是很清楚。其中，东村M2是一座成年男女合葬墓，在女性骨架头端随葬一件陶罐，陶罐内置一件陶纺轮和一件玉凿形器。这件陶罐以及陶纺轮与M2：8玉凿形器，都应是女性的随葬品。这一出土现象表明，第一类玉凿形器的使用功能，可能是与纺轮有关的女性手工作业的一种工具。

第二类玉凿形器的形制较为特殊，与发掘出土的柳湾玉凿、喇家玉凿的区别更为明显。发掘出土的齐家文化玉凿都是一端为刃，另一端为打击的平背，而且四边角棱不分明，或为圆弧角棱。第二类玉凿形器两端都是刃，没有作为凿的锤打点，而且四边角棱分明，不能作为凿使用。其用途有待探索。

此外，同德宗日95TZM200：1玉器②，似凿形器，但不具有明显的使用功能，可能还是属于某种器形的半成品玉料。与这件半成品玉料一起堆放的还有一件玉璧，三件玉刀。这件半成品玉料形似刀形，但与那部件玉刀比较，过于窄，或为削刀的半成品玉料。

9.玉条形器

齐家文化的玉条形器主要见于民和喇家遗址，有的出自墓中，有的出自房址中。如M2：3玉条形器，呈白色，通体透亮，为长条形，两端为自然斜面磨成，

①古方主编：《中国出土玉器全集·甘肃青海宁夏新疆》，科学出版社，2005年，第49页。

②陈洪海：《关于宗日遗址第200号墓出土的玉器》，载《宗日遗址文物精粹论述选集》，四川科学技术出版社，1999年，第28页，图7.2，第29页，图版十：3。

器身四边有角棱，长6.8厘米，宽1.4厘米，厚1.24厘米（图六四）①。这种玉条形器，形制简单，但制作规范，不属玉料。其作为一种玉器的用途，目前尚不清楚，但确实符合喇家遗址齐家文化玉器的一个特色。

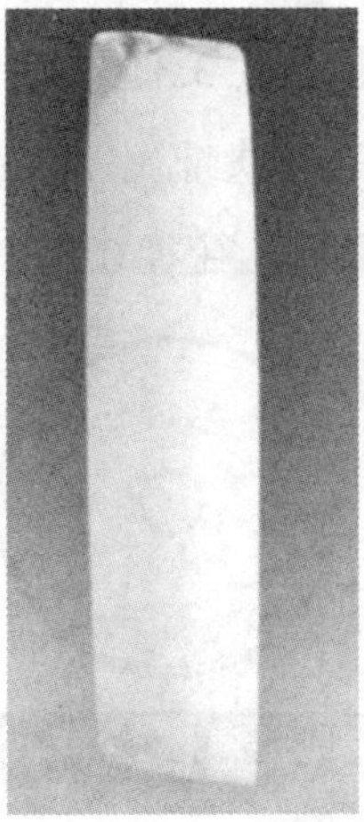

图六四 喇家M2:3玉条形器

10.玉纺轮

齐家文化的玉纺轮，主要见于乐都柳湾、民和喇家、大通长宁、庄浪关家等遗址，在武山傅家门遗址的一座窖穴内出土一件石纺轮②，在永靖大何庄两座小孩墓（M1、M81）中分别随葬有一件石纺轮③，在皇娘娘台等遗址也出土有石纺④。在宁夏西吉县葛岔村出土的玉纺轮、固原县嵩店乡征集的玉纺轮可能也属齐家文化⑤。玉纺轮的形制，通常为直径较小的扁平圆形，中间穿孔。由于出土数量不多，这类玉器并不引人注意。

柳湾M396：4玉纺轮，呈乳白色，中央穿孔，直径6厘米，厚1厘米（图六五）⑥。柳湾M1013：7：4玉纺轮，呈灰黄色，中央穿孔，直径5.6厘米，厚0.5厘米（图六六）⑦。

柳湾M1325：14玉纺轮，系叶蜡石，呈暗绿色，中央穿孔，在一面器表有钻

①古方主编：《中国出土玉器全集·甘肃青海宁夏新疆》，科学出版社，2005年，第167页。

②中国社会科学院考古研究所甘青工作队：《武山傅家门遗址的发掘与研究》，载《考古学集刊》第16期，科学出版社，2006年。

③中国科学院考古研究所甘肃工作队：《甘肃永靖大何庄遗址发掘报告》，载《考古学报》1974年第2期。

④甘肃省博物馆：《武威皇娘娘台遗址第四次发掘》，载《考古学报》1978年第4期。刘志华、孙玮：《武威皇娘娘台出土的齐家文化玉石器》，载《故宫文物月刊》2003年11月第21卷第8期（总248期）。

⑤罗丰：《黄河中游新石器时代的玉器——以馆藏宁夏地区玉器为中心》，载《故宫学术季刊》2001年第19卷第2期。

⑥青海省文物管理处考古队、中国社会科学院考古研究所：《青海柳湾》（上），文物出版社，1984年，第198页，图一二一：2。

⑦青海省文物管理处考古队、中国社会科学院考古研究所：《青海柳湾》（上），文物出版社，1984年，第198页，图一二一：3。

磨痕，直径3.3厘米，厚0.7厘米①。

关家遗址出土的一件玉纺轮，呈黑灰色，中央单面穿一孔，孔壁有钻痕，直径4厘米，孔径0.7厘米，厚0.5厘米，系由玉璧芯制作成（图六七）②。

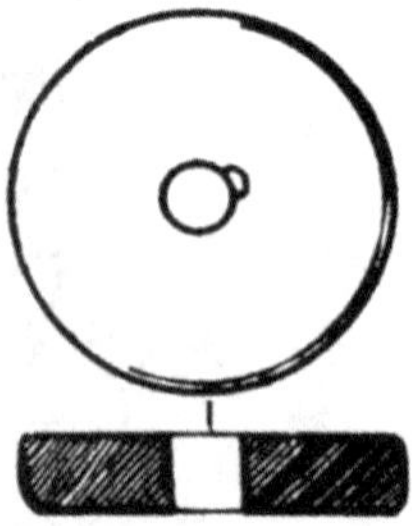

图六五　柳湾M396:4玉纺轮

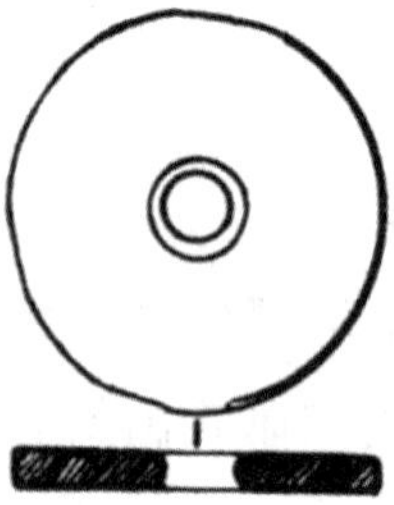

图六六　柳湾M1013:7:4玉纺轮

图六七　关家玉纺轮

玉纺轮通常是女性使用的纺线工具，如柳湾M1325：14玉纺轮出自一座男女合葬墓中，玉纺轮置于女性木棺内靠头一侧。这类玉纺轮大多用玉璧芯制作，所以通过玉纺轮，可以探索玉璧的制作情况以及玉料的特点。

11.玉璧

玉璧是齐家文化玉器中数量最多、最有特色的一种器形，基本为素面，分玉质和石质，在整个齐家文化分布区内都有发现。甘青地区的重要发现，见于广河半山瓦罐嘴、武威皇娘娘台、永靖秦魏家、广河齐家坪、天水师赵村、武威海藏寺、积石山新庄坪、平安东村、武山傅家门、乐都柳湾、民和旱台、尖扎直岗拉卡、西宁沈那、同德宗日、民和喇家、大通长宁以及灵台桥村、庄浪县苏苗塬、秦安堡子坪、静宁后柳沟村等遗址。征集形制或玉质较好的玉璧，主要出自静宁晨光梁、榆中县甘草店、会宁老鸦沟村油坊庄、定西三十里铺、定西内官营镇及其清溪村、渭源七圣村、永靖新庄坪、民和马家村等地。宁夏南部的固原张易镇、海原海（黑）城镇山门村、彭阳白阳镇店洼村、隆德城关镇与沙塘乡页河子、风岭乡胜利、温堡乡街道、奠安乡梁堡等地也有发现。据初步统计，考古发现与征集的齐家文化玉石璧，总数在450件以上。在永靖秦魏家还出土了小型的骨璧与蚌璧，永靖大何庄也出土了小骨璧。

依据这些玉石璧的形制，可分为圆形、椭圆形、圆角方形、不规则形等几种。

①青海省文物管理处考古队、中国社会科学院考古研究所：《青海柳湾》（上），文物出版社1984年版，第198页，图一二一：1。

②李晓斌、张旺海：《甘肃齐家文化玉器研究》，《陇右文博》2009年第2期，封三，照43。

（1）圆形玉璧

大部分圆形玉璧的周边因手工切割打磨而呈局部直边或不规则弧边，甚至呈凹凸边，所以齐家文化圆形玉璧的平面，大多数都不是正圆形，多为近圆形，只有极少数玉璧为正圆形。圆形玉璧可以分为三类，即小孔玉璧、大孔玉璧、环形玉璧。

第一类为圆形小孔玉璧。这类玉璧的孔径与玉璧的直径之比，通常在三分之一及以下。如师赵村M8：2玉璧，呈墨绿色，圆形，中部穿孔。孔由管钻法穿透。璧一面平整，另一面留有一道切割痕和结裂断阶纹。璧面有交错的植物痕。玉璧的周边不呈正圆弧形，直径18.1～18.6厘米，孔径4.8～5.1厘米，厚0.4～0.5厘米（图六八）。

这类玉璧依据直径的大小，可分为小、中、大和特大等四型。

Ⅰ型 小型小孔玉璧，直径通常在7厘米至10厘米之间。直径小于7厘米不称为玉璧，而称为微型璧饰或璧形饰。目前发现的小型小孔下璧的数量不多，如武威皇娘娘台出土的一件小型小孔玉璧（图六九）[①]，系青白玉，边缘受沁较重，中部单面穿孔，直径8.5厘米，孔径约2.67厘米。

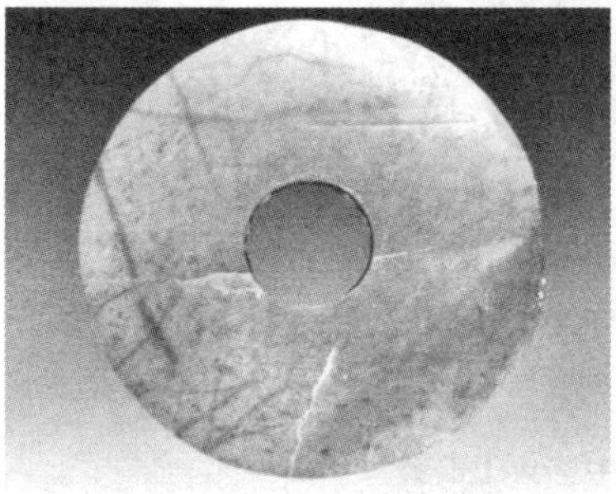

图六八　师赵村M8:2玉璧

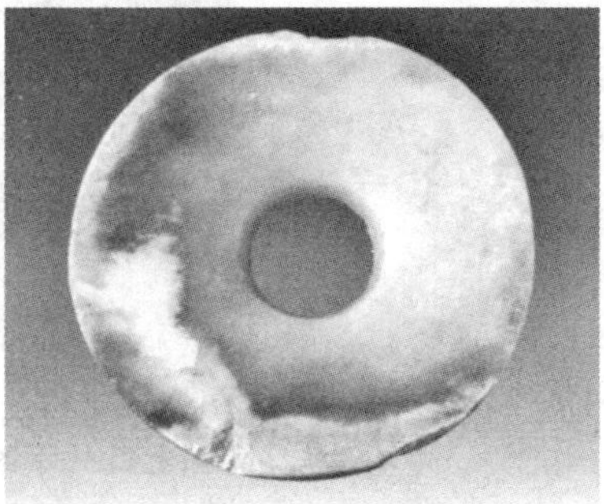

图六九　皇娘娘台小型小孔玉璧

Ⅱ型 中型小孔玉璧，直径通常在10厘米至16厘米之间。已公布资料的约有十多件，如会宁老鸦沟村油坊庄出土的一件玉璧（图七〇）[②]，系青玉，石性较强，玉璧边缘的圆周不规整，中部单面穿一孔，表面有给裂纹，直径12.8厘米，孔径约3.9厘米，厚0.5厘米。又如隆德沙塘乡页河子遗址出土的一件玉璧（图七

①古方主编：《中国出土玉器全集·甘肃青海宁夏新疆》，科学出版社，2005年，第1页。

②古方主编：《中国出土玉器全集·甘肃青海宁夏新疆》，科学出版社，2005年，第9页。

一）[1]，呈黑灰色，玉料较软，厚薄不均，但平面基本呈正圆，中部单面穿一孔，直径15.3厘米，孔径5.1厘米。又如1981年在民和喇家遗址征集的一件玉璧L：2（图七二）[2]，呈青绿色，有深浅不等的絮状纹理，边缘有黄色玉皮，表面有三道绺裂纹，制作较好，平面基本呈正圆。中部穿一孔，其直径13.7厘米，孔径4.3厘米，厚0.8厘米。

图七〇　老鸦沟村油坊庄中型小孔玉璧

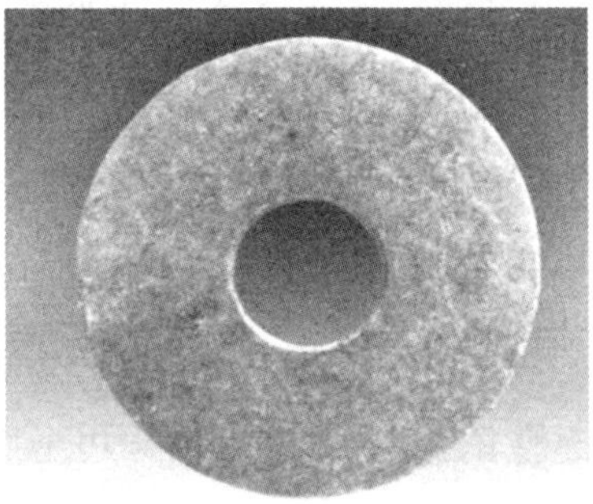

图七一　页河子中型小孔玉璧

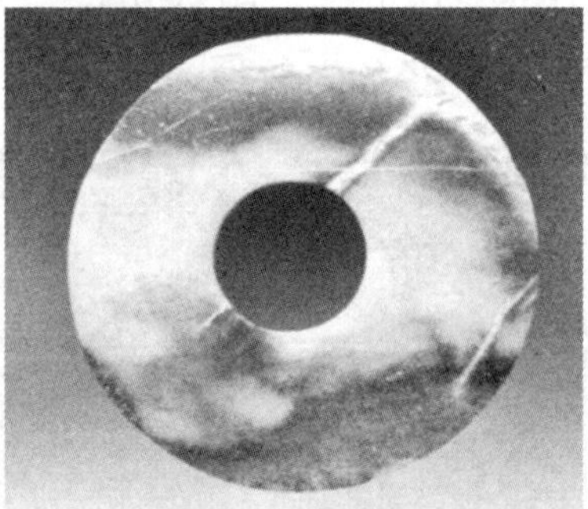

图七二　喇家L:2中型小孔玉璧

Ⅲ型　大型小孔玉璧，直径通常在16厘米至22厘米之间，已公布资料的约有十件。如前述师赵村M8：2玉璧。在民和马家村阳坪遗址采集的一件玉璧（图七三）[3]，呈青绿色，周边凹凸，平面不呈正圆，中部单面穿一孔，直径20厘米，孔径1.5厘米，厚1厘米。这件玉璧较为厚重。还有降德沙塘乡页河子遗址出土的

①宁夏固原博物馆编：《固原文物精品图集》（上），宁夏人民出版社，2011年，第72页。古方主编：《中国出土玉器全集·甘肃青海宁夏新疆》，科学出版社，2005年，第185页。

②古方主编：《中国出土玉器全集·甘肃青海宁夏新疆》，科学出版社，2005年，第144页。

③古方主编：《中国出土玉器全集·甘肃青海宁夏新疆》，科学出版社，2005年，第125页。

一件玉璧（图七四）[①]，呈土黄色，周边加工不规范，平面不呈正圆，中间厚，边缘薄，中部单面穿一孔，直径17.4厘米，孔径3.79厘米。

图七三 马家村阳坪大型小孔玉璧

图七四 页河子大型小孔玉璧

Ⅳ型 特大型小孔玉璧，直径通常在22厘米以上，已公布资料的有7件，其中最大一件玉璧的直径达36厘米。如1988年在隆德县城关镇出土的一件玉璧（图七五）[②]，呈青绿色，大部分沁白，平面为不规整圆，周边有的为直切边，有的为凹凸边。这种凹凸边或许与使用过程中磕碰受损有关。两面均有切割痕。中部单面穿一孔。其直径36厘米，孔径约6厘米。1981年在民和喇家遗址征集的一件玉璧L：1（图七六）[③]，呈浅绿色，含黄褐色，质较差。平面近圆形，厚薄不匀，一面起弧。其直径25.6～27.1厘米，孔径6.7厘米，最厚处1.2厘米。1984年在海原山门村遗址出土的一件玉璧，玉质呈青白黄相间，夹杂较为密集的褐色枝蔓纹理，两面都有明显的切割痕迹，直径25.8厘米，孔径5.8厘米，厚1.1厘米[④]。还有静宁治平乡后柳沟村出土的三件玉璧，直径与孔径分别为27.8厘米、5.9厘米，27.3厘米、7厘米，32.1厘米、4.8厘米，厚分别为0.7厘米、0.78厘米、0.78厘米（图七七～图七九）[⑤]。

①宁夏固原博物馆编：《固原文物精品图集》（上），宁夏人民出版社，2011年，第73页。

②宁夏固原博物馆编：《固原文物精品图集》（上），宁夏人民出版社，2011年，第70页。

③古方主编：《中国出土玉器全集·甘肃青海宁夏新疆》，科学出版社，2005年，第143页。

④罗丰：《黄河中游新石器时代的玉器——以馆藏宁夏地区玉器为中心》，载《故宫学术季刊》2001年第19卷第2期，第61页，图3.14。

⑤古方主编：《中国出土玉器全集·甘肃青海宁夏新疆》，科学出版社，2005年，第3-5页。

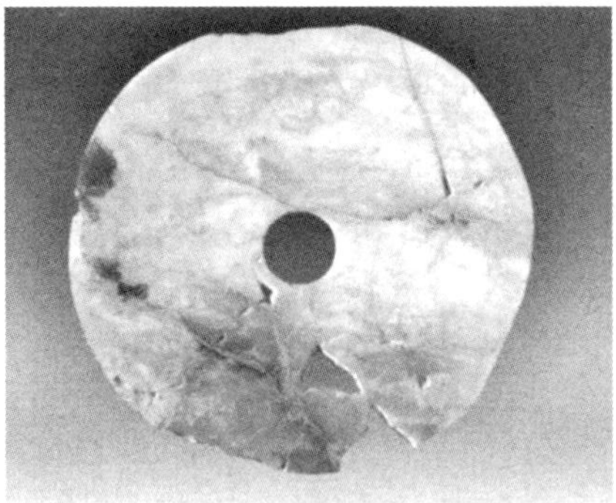

图七五　隆德特大型小孔玉璧

图七六　喇家L:1特大型小孔玉璧

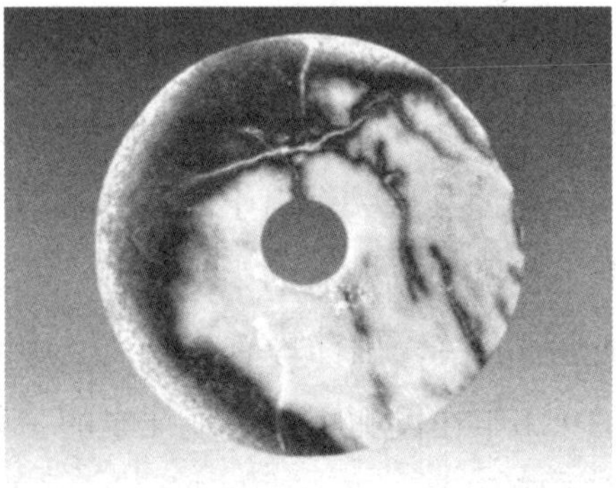

图七七　后柳沟村特大型小孔玉璧

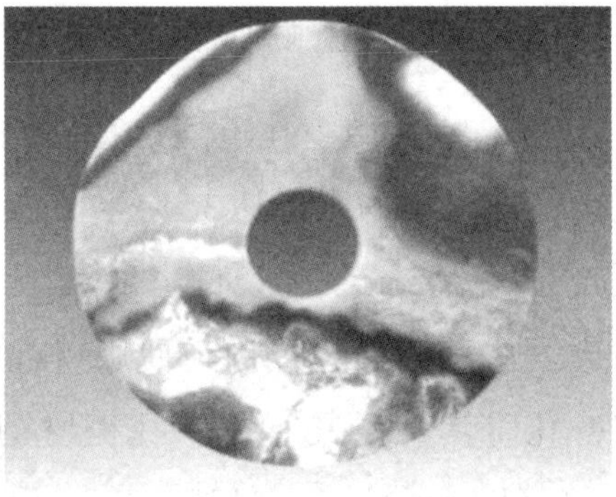

图七八　后柳沟村特大型小孔玉璧

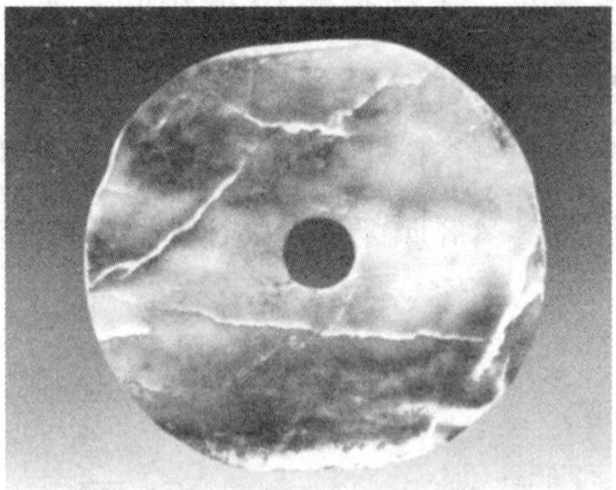

图七九　后柳沟村特大型小孔玉璧

第二类为圆形大孔玉璧。这类玉璧的孔径与玉璧的直径之比，通常在三分之一至二分之一。这类玉璧依据直径的大小，可分为小、中、大三型。

Ⅰ型　小型大孔玉璧，直径通常在7厘米至10厘米之间。目前发现并已公布资料的小型大孔玉璧，大约有十多件。如广河齐家坪遗址出土的1件小型大孔玉璧（图八〇）[1]，系青白玉，泛黄。平面近面圆形，表面有一道切割痕，中部穿一孔，直径9.1厘米，孔径约3.58厘米。定西三十里铺遗址出土的一件玉璧（图八一）[2]，系青玉，有白色斑纹，平面近正圆形，中部单面穿一孔。其直径9.8厘米，孔径4.5厘米，厚0.35厘米。民和喇家遗址采集的一件玉璧[3]，呈青白色，周边不规整，切割线较明显，中部厚，边缘渐薄，中部单面穿一孔。其直径10厘米，孔径4.8厘米，厚1.2厘米。出自民和喇家F4房址一件陶罐内的玉璧[4]，呈浅绿色，大部受沁呈白色，中部单面穿一孔。其直径7.6厘米，孔径3～3.28厘米，厚0.3厘米。出土时已残断为两部分。

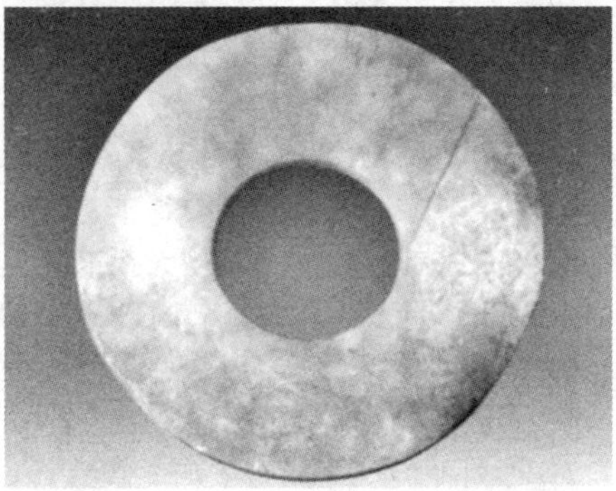

图八〇　齐家坪小型大孔玉璧

图八一　三十里铺小型大孔玉璧

Ⅱ型　中型大孔玉璧，直径通常在10厘米至16厘米。目前发现并已公布资料的中型大孔玉璧，大约有十多件。如定西三十里铺出土的一件玉指（图八二）[5]。呈褐黄色。中部穿一孔。其直径10.2厘米，孔径4.4厘米，厚0.3厘米。同德宗日M200：5玉璧（图八三）[6]，呈青绿色，一半受沁呈黄白色。中部厚，边缘渐薄。中部单面穿一孔。直径14.5厘米，孔径5.8厘米，厚0.5～0.7厘米。民和喇家H19灰坑出土的一件玉璧（图八四）[7]，呈深绿色，夹杂褐色和黑色斑纹，边缘不规整。中部穿一孔。玉璧有自然破裂，在破裂处的两边分别钻一小孔以便连结。其

①古方主编：《中国出土玉器全集·甘肃青海宁夏新疆》，科学出版社，2005年，第2页。
②古方主编：《中国出土玉器全集·甘肃青海宁夏新疆》，科学出版社，2005年，第19页。
③古方主编：《中国出土玉器全集·甘肃青海宁夏新疆》，科学出版社，2005年，第127页。
④古方主编：《中国出土玉器全集·甘肃青海宁夏新疆》，科学出版社，2005年，第136页。
⑤古方主编：《中国出土玉器全集·甘肃青海宁夏新疆》，科学出版社，2005年，第10页。
⑥青海省博物馆、青海民族博物馆编著：《河湟藏珍：历史文物卷》，文物出版社，2012年，第112页。古方主编：《中国出土玉器全集·甘肃青海宁夏新疆》，科学出版社，2005年，第140页。
⑦古方主编：《中国出土玉器全集·甘肃青海宁夏新疆》，科学出版社，2005年，第133页。

中一个连结孔为单面钻，另一个连结孔为对钻，钻孔的旋钻痕迹清晰。直径11.3厘米，孔径1.2～4.7厘米，厚0.7厘米。1990年隆德温华乡街道出土的1件玉璧（图八五）①，呈莹白色，有褐色纹理。中部穿一孔。直径15.5厘米，孔径6厘米，厚0.4厘米。

图八二　三十里铺中型大孔玉璧

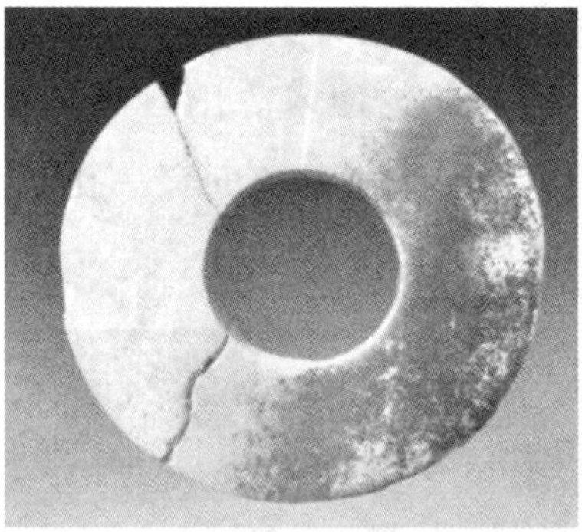

图八三　宗日M200:5中型大孔玉璧

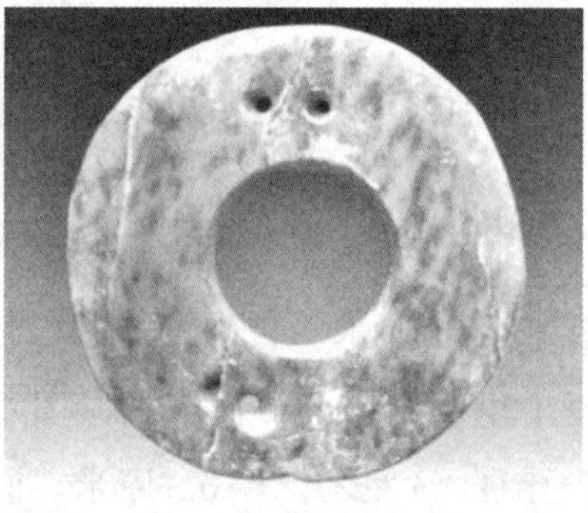

图八四　喇家H19中型大孔玉璧

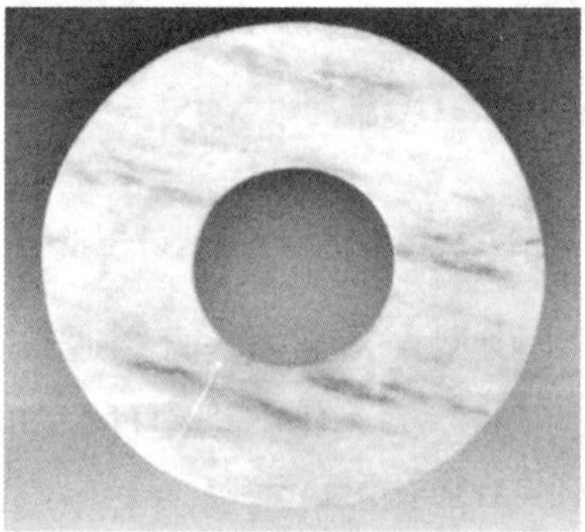

图八五　隆德温华乡街道中型大孔玉璧

Ⅲ型　大型大孔玉璧，直径通常在16厘米至22厘米之间。目前发现的这类玉璧数量比较少，质地很好，制作精工。如1986年在彭阳白阳镇店洼村出土的一件玉璧②，呈乳白色偏黄，局部为黄褐色，玉质晶莹纯净，半透明，有一处瑕疵，抛光很好，有玻璃光泽。平面为正圆形，中部穿孔。直径16.1厘米，孔径6.4厘米，厚0.9厘米。甘肃省博物馆藏一件玉礁（藏品号39004），浅黄色，玉质晶莹纯净，半透明。平面为正同形，中部穿孔。直径18.6厘米，孔径6.7厘米，厚0.6厘米。

①宁夏国原博物馆编：《国原文物精品图集》（上），宁夏人民出版社，2011年，第74页。
②宁夏固原博物馆编：《固原文物精品图集》（上），宁夏人民出版社，2011年，第71页。

20世纪70年代在固原县张易镇征集的一件玉璧，呈菜绿色，玉质较好。器表半直，一面光滑，面有白色水垢迹。平面为正圆形，中部单面穿一孔。直径16.2厘米，孔径7厘米，0.65厘米①。

第三类为环形玉璧。这类环形玉璧的孔径较大，孔径与直径之比，大于二分之一以上，形似环，所以有研究者将其直接称为玉环。但是这种环形玉璧与玉环还是有区别的。

目前发现并公布资料的环形玉璧约有十多件。形制都较小，直径通常在10厘米以下。如天水师赵村T403②：7环形玉璧（图八六），呈棕褐色间灰白色，外边缘与孔边缘有加工痕迹。直径9.5～9.7厘米，孔径5.5厘米，厚0.6厘米。同德宗日遗址出土的一件环形玉璧（图八七）②，呈青灰色，器表部分受沁呈灰白色，单面穿孔。直径8.6厘米，孔径5.1厘米，厚0.6厘米。西宁沈那遗址出土的一件环形玉璧（图八八）③，呈青黄色，周边不规整，平面呈椭圆形，一边切割较多，单面穿孔。最大直径7.1厘米，孔径4厘米，厚0.7厘米。这类环形玉璧，多是穿戴在手腕处的腕饰。但沈那出土的那件环形玉璧，形制不规范，制作简陋，孔径较小，是否用作腕饰，有待研究。

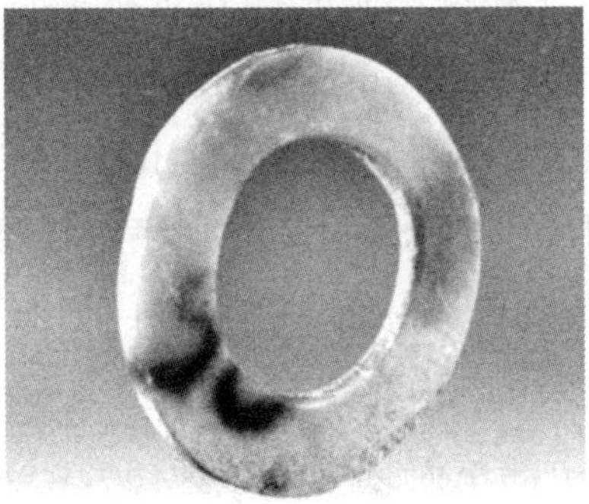

图八六 师赵村T403②:7环形玉璧

图八七 同德宗日环形玉璧

①罗丰：《黄河中游新石器时代的玉器——以馆藏宁夏地区玉器为中心》，载《故宫学术季刊》2001年第19卷第2期，第60页，图3.10。

②古方主编：《中国出土玉器全集·甘肃青海宁夏新疆》，科学出版社，2005年，第126页。

③古方主编：《中国出土玉器全集·甘肃青海宁夏新疆》，科学出版社，2005年，第141页。

图八八 沈那环形玉璧

（2）椭圆形玉璧

椭圆形玉璧数量不多，在武威皇娘娘台、海藏寺较为多见。目前发现并公布资料的约有一二十件。这类椭圆形玉璧，大多受材料的限制而制作成椭圆形，所以形制都不大，直径通常在10厘米以下。如榆中甘草店遗址出土的一件椭圆形玉璧（图八九）[①]，呈白色，局部有淡褐色斑和白色斑，平面呈椭圆形，边侧局部残缺，在近中轴的表面有因两边切割上下交错而形成的切割断裂痕。中部穿一孔。最大直径7厘米，孔径2.3厘米，厚0.7厘米。民和喇家遗址F4房址出土的一件椭圆形玉璧[②]，呈绿色，局部受沁呈白色，两边似经切割呈直边，弧形边的切割不规整，穿孔偏一侧，为单面部。最大直径8.3厘米，短径7.4厘米，孔径3.62～3.89厘米。1957年皇娘娘台遗址出土的一件椭圆形玉璧57WH：53（藏品号08825），呈浅绿色泛色，形制与喇家遗址F4房址出土的1件椭圆形玉璧相同，但穿孔位于中部。最大直径9.6厘米，短径6厘米，孔径约2厘米。秦魏家M75：1椭圆形石璧，两边斜直，呈一头大一头小的椭圆形，中部单面穿一孔。直径7.5～8厘米，孔径约1.7厘米[③]。

①古方主编：《中国出土玉器全集·甘肃青海宁夏新疆》，科学出版社，2005年，第7页。

②古方主编：《中国出土玉器全集·甘肃青海宁夏新疆》，科学出版社，2005年，第135页。

③中国社会科学院考古研究所甘肃工作队：《甘肃永靖秦魏家齐家文化墓地》，载《考古学报》1975年第2期，第87页，图二二：1。

图八九 甘草店椭圆形玉璧

（3）圆角方形玉璧

圆角方形玉璧大多为近方形，以石质的较为多见。皇娘娘台出土较多，如皇娘娘台75WXT7（M40）M66：11石璧，系青灰色大理石，为方形，四角或圆弧或切去一角，在偏离中心处两面穿一孔。一面平整，一面保留着粗糙面，边缘有切割痕迹。长5厘米，宽5.6厘米，厚0.7～0.85厘米，两面的孔径分别为2.1厘米、2.4厘米，中间孔径1.7厘米①。又如秦魏家T6：1石璧，四边呈弧形，但形成四个圆弧形角，中部单面穿孔。最大直径14厘米，孔径约5厘米②。

（4）不规则形玉璧

不规则形玉璧数量较少，大都因材制作，形成不同的形状。如武威海藏寺一件桃形玉璧③，一半呈黄绿色，一半呈青绿色，平面似桃形，中间厚，周边薄，一面光滑，一面凹凸不平，近中部穿一孔最大径20.5厘米，孔径1.8厘米。皇娘娘台75WXT11（M15）M41：1圆三角形石璧，系青灰色大理石，一面平整，一面保留着粗糙面，单面穿孔。直径24.1厘米、24.7厘米、25.3厘米，厚2.1～2.2厘米，孔径6.5～7.2厘米④。积石山新庄坪遗址出土的一件不规则石璧⑤，平面呈不规则方

①刘志华、孙玮：《武威皇娘娘台出土的齐家文化玉石器》，载《故宫文物月刊》2003年11月第21卷第8期（总248期），第93页，下排中间图。

②中国社会科学院考古研究所甘肃工作队：《甘肃永靖秦魏家齐家文化墓地》，载《考古学报》1975年第2期，第87页，图二二：2。

③梁继红：《武威出土的几件玉器》，载《陇右文博》1999年第2期，第62页，图1。

④刘志华、孙玮：《武威皇娘娘台出土的齐家文化玉石器》，载《故宫文物月刊》2003年11月第21卷第8期（总248期），第94页，上排图。

⑤甘肃省博物馆：《甘肃积石山县新庄坪齐家文化遗址调查》，载《考古》1996年第11期，第47页，图三：12。

形，四边凹凸，断面略有弧度，在凹弧的一面有两道切割痕，中部穿一孔。长22厘米，孔径约5.9厘米。这可能是一件石璧的半成品，或是一件大型石璧或大型穿孔板状石器的残件。

齐家文化玉璧的种类、形制多样，以圆形玉璧为上。圆形玉璧中，特大形玉璧都属于小孔玉璧，大型玉璧也以小孔玉璧为主。这种现象可能与玉璧制作的大小规格有关。大型玉璧的玉质与制作通常较好，而数量最多的则是中型玉璧。

这些数量众多的齐家文化玉璧，应该存在着年代上的早晚区别。就现有的资料分析，在考古学单位方面明确属齐家文化早期的玉璧，有十分规范的圆形玉璧，如师赵村M8：2大型小孔玉璧。而在考古学单位方面明确属齐家文化晚期或偏晚阶段的玉璧，有椭圆形玉璧和圆角方形玉璧，如民和喇家遗址F4房址出土的椭圆形玉璧、皇娘娘台75WXT7（M40）M66：11石璧、秦魏家石璧等。由此推测，那些椭圆形玉石璧、圆角方形玉石璧、不规则形玉石璧，大都属齐家文化晚期。

12.璧形饰

璧形饰，形制较小，为圆形或不规则圆形，直径通常在7厘米以下，孔径通常不足璧形饰直径的二分之一。有人称其为小玉璧或小系璧。如武威皇娘娘台一件璧形饰（藏品号08821），呈青褐色，有小白斑，平面近圆形，周边不规整，在中部略偏单面穿一孔。直径5.7厘米，孔径约2.3厘米。皇娘娘台另一件璧形饰（藏品号19818），呈青色，周边多残缺，中部单面穿一孔缺。直径5.6厘米，孔径约2.1厘米。积石山新庄坪出土的一件璧形饰（藏品号35989）[①]，呈黄褐色，平面为正圆形，中部单面穿一孔。直径5.9厘米，孔径约2.8厘米。喇家M17出土的一件璧形饰（又称玉纺轮）[②]，呈青褐色，边缘局部呈深褐色。周边圆弧不规整，有交错磨制而形成的棱角。在偏离中心部位单面穿一小孔，孔内壁有旋转切割痕迹。直径4.3～4.5厘米，孔径0.57～0.95厘米，厚0.9厘米。

这类璧形饰，大多是利用玉璧芯制作的，形制较小，那些孔径在2厘米以上的，其使用功能都不是玉纺轮，而可能是坠饰。喇家M17的那件璧形饰，穿孔较小，似纺轮，但穿孔偏离中心较多，不能作为纺轮使用。从其出自墓中男性骨架的头颈部现象分析，应为坠于头颈处的坠饰，按其形制，称为璧形坠较为妥当。

13.玉环

玉环，形制较小，直径通常在7厘米以下，孔径通常大于玉环直径的二分之

①古方主编：《中国出土玉器全集·甘肃青海宁夏新疆》，科学出版社，2005年，第22页。
②古方主编：《中国出土玉器全集·甘肃青海宁夏新疆》，科学出版社，2005年，第175页。

一。如1981年在民和喇家遗址征集的一件玉环L：3[①]，呈青白色，质地细润，穿孔偏一侧。直径6厘米，孔径约3.5厘米，厚0.7厘米。喇家遗址M17号基出土的一件玉环[②]，呈淡绿色，玉质晶莹。圆周不规整，周边侧面上有单面钻孔的旋转切割痕。穿孔偏一侧，呈不规则圆，一边厚，边薄，孔壁不规整，有单面钻孔的痕4迹。钻孔的方向与玉环周边侧面上显示的单面钻孔的方向相反。直径5.15厘米，孔径3.3～3.5厘米，厚0.47～0.62厘米。

这类玉环亦可能是利用玉璧芯制作的。在喇家M17号墓中，出自人骨架的头颈部，可知其是一种坠饰。

14.玉璧芯

齐家文化的玉璧芯，因为玉璧较多，玉璧芯也应较多，但一些玉璧芯被利用再制作为璧形饰、小玉环、玉纺轮等小型玉器，所以，目前发现的玉璧芯的数量远没有玉璧多。见诸公布的资料主要有武威皇娘娘台、乐都柳湾、西宁沈那、民和喇家、永靖新庄坪、庄浪郭李家等遗址以及固原张易镇等地，其中皇娘娘台遗址出土的数量最多，有数十件，喇家遗址出土了八件。天水师赵村遗址中发现有石璧芯。

齐家文化玉璧芯，形制都为圆薄饼状，由于是在制作玉璧或璧形饰、玉环进行穿孔时单面钻形成的，所以玉璧芯的璧面通常为斜切面，有的还保留有旋钻痕迹，璧面的直径也是一面大、一面小。

如武威皇娘娘台75WXT7M65：17玉璧芯（藏品号19929），呈白色，直径2.5厘米，厚0.6厘米。皇娘娘台75WX：21玉璧芯（藏品号20229），呈青绿色，大直径3.6厘米，小直径3.1厘米。皇娘娘台57WH（砖2）AT3（2）：162玉璧芯（藏品号22274），呈青色，一面有平面切割痕，直径4厘米，厚0.3厘米。皇娘娘台53VX：46玉鉴芯（藏品号07019），呈青白色，有褐色纹理，大直径2.1厘米，小直径1.9厘米，厚0.4厘米。

乐都柳湾M992：14玉璧芯[③]，呈浅绿色，半透明，直径5.5厘米，厚0.7厘米。

永靖新庄坪57YXX：12玉璧芯（藏品号09091），呈青色，有褐、白纹理，直

①古方主编：《中国出土 玉器全集·甘肃青海宁夏新疆》，科学出版社，2005年，第145页。

②古方主编：《中国出土玉器全集·甘肃青海宁夏新疆》，科学出版社，2005年，第130页。

③青海省文物管理处考古队、中国社会科学院考古研究所：《青海柳湾》，文物出版社，1984年，第232页，图一四一：1。

径3.8厘米。永靖新庄坪57YXX：3玉璧芯（藏品号07149），呈绿色，直径5厘米，厚0.6厘米。

庄浪郭李家遗址出土的一件玉璧芯[①]，呈墨绿色，一面直径5厘米，另一面直径4.5厘米，厚0.9厘米。

喇家遗址QMLT537⑥：10玉璧芯[②]，呈绿色，夹杂灰褐色，边缘有灰褐色水锈，一面有钻切形成的圆形浅凹槽，直径4.16厘米，厚0.58厘米。在喇家遗址出土的玉芯中有一件直径约1.5厘米的小玉芯，玉质晶莹，周边圆润，显得很精致，出自M17墓中。如此孔径的玉器，不见于其他喇家遗址已发现的玉器中，由此推测M17墓主可能是一位治玉能手。而喇家遗址制作的更为精致的玉器，还有待发现。

固原张易镇征集的两件玉璧芯，一件呈深青色，一面泛黑间灰白色，直径4.9厘米，厚0.5厘米；另一件为青玉，夹白云纹理，直径5.8厘米，厚0.6厘米。

玉璧芯在甘、青、宁多处齐家文化遗址中发现，说明齐家文化中的玉璧，大都是齐家文化制作的。而从玉璧芯直径大的一面的边缘有毛茬这一现象分析，其钻孔方式是由直径小的一面向直径大的一面进行。这些玉璧芯同时也反映齐家文化制作玉器使用玉料的特点。其中喇家遗址与皇娘娘台遗址的玉璧芯的玉料接近，而陇山北施的玉璧芯则有鲜明的自身地区特点。

15.玉琮芯

据公布的资料，齐家文化玉琮芯数量没有玉琮多，仅见于武威皇娘娘台、民和喇家、庄浪杨河乡郭李家、会宁中川乡老鸦沟村、西吉玉桥乡苏家村遗址以及彭阳古城乡等地。

玉琮芯通常为圆柱状或直筒状，或一头大一头小，或在中段芯体交错，在交错处起棱边，也有呈大头细柄的样形状。其外表光滑，有的还保留有细密的旋转磨痕。依据其形制，可分为五种。

（1）直筒圆柱状玉琮芯

玉琮芯两端的直径接近，如皇娘娘台遗址75WXT19：7玉琮芯（甘肃省博物馆藏品号19933）[③]，呈深青绿色，圆柱状，外表光滑，有密集的旋转磨痕。长5.5

---

①李晓斌、张旺海：《甘肃齐家文化玉器研究》，载《陇右文博》2009年第2期，封三，照45。

②古方主编：《中国出土玉器全集·甘肃青海宁夏新疆》，科学出版社，2005年，第146页。

③刘志华、孙玮：《武威皇娘娘台出土的齐家文化玉石器》，载《故宫文物月刊》2003年11月第21卷第8期（总248期），第96页，图1。

厘米，直径3.4厘米。西吉玉桥乡苏家村遗址出土的1件玉琮芯，呈浅绿色中泛白，一端残断，残长9.5厘米，直径6厘米①。罗丰曾把它归入研磨器。

（2）一头大一头小的圆柱状玉琮芯

如皇娘娘台遗址75WXT18：17玉琮芯（藏品号20060）②，呈深青绿色，圆柱状，一头大，一头小，外表光滑。长5.8厘米，大头一端的直径3.3厘米，小头一端的直径2.6厘米。喇家T537④b：4玉琮芯③（图九〇），呈青绿色，夹杂黑色斑纹，圆柱状，一头大，一头小，外表光滑，有细密的旋转磨痕。大头这端的圆面上有钻磨形成的内外多道圆形浅凹槽磨痕。长7.9厘米，大头一端的直径4.1厘米，小头一端的直径3.8厘米。

图九〇　喇家T537④b:4玉琮芯

（3）扁圆柱状玉琮芯

如会宁老鸦沟村出土的一件玉琮芯④，呈白色，有水波状条纹纹理与红褐色瑕斑。一端粗，一端细。在粗端一面的中部琢成凹坑。长7.8厘米，一端直径13.5厘米，另一端直径7.1厘米。

（4）中段芯体交错的玉琮芯

如庄浪杨河乡郭李家遗址出土的一件玉琮芯（图九一）⑤，呈深青绿色，交错

①罗丰：《黄河中游新石器时代的玉器——以馆藏宁夏地区玉器为中心》，载《故宫学术季刊》2001年第19卷第2期，第58页，图2.7。

②刘志华、孙玮：《武威皇娘娘台出土的齐家文化玉石器》，载《故宫文物月刊》2003年11月第21卷第8期（总248期），第96页，图2。

③古方主编：《中国出土玉器全集·甘肃青海宁夏新疆》，科学出版社，2005年，第147页。

④古方主编：《中国出土玉器全集·甘肃青海宁夏新疆》，科学出版社，2005年，第51页。

⑤李晓斌、张旺海：《甘肃齐家文化玉器研究》，载《陇右文博》2009年第2期，封三，照47。

圆柱状，芯体交错处的边缘有断茬，外表磨光，有旋转磨痕。长4.5厘米，一头直径4.5厘米，一头直径4厘米。

（5）大头细柄的杵形状玉琮芯

如1986年在彭阳古城乡征集的一件玉琮芯（图九二）[①]，呈深青绿色，分上下两节，一节粗，一节细，都为梯形柱状，两节相交处，在粗的这一节上形成不规则断裂台面。两节的外表都有旋转磨痕。长10厘米，粗的这节端面直径4厘米，细的这节端面直径2.8厘米，两节相交处的最大直径5.5厘米。

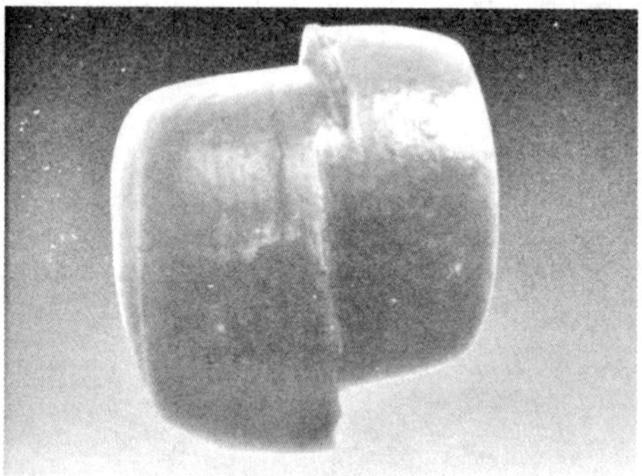

图九一　郭李家玉琮芯

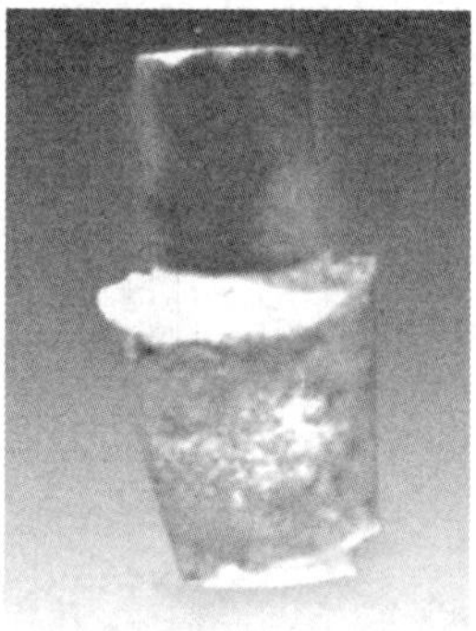

图九二　彭阳杵形状玉琮芯

玉琮芯在甘、青、宁多处齐家文化遗址的发现，说明齐家文化中的玉琮，大都是齐家文化制作的。其中宁夏南部的两件玉琮芯都较长，表明那里能够制作高体的大型玉琮。而从郭李家玉琮芯与彭阳杵形状玉琮芯的两端小中间粗的现象分析，其钻孔方式是由直径小的一面向直径大的一面进行的。

16.玉琮

齐家文化玉琮，数量不多，但很有特征。根据目前已公布的资料，玉琮主要见于甘肃与宁夏地区，如广河半山瓦罐嘴与齐家坪、天水师赵村、秦安兴国镇堡子坪与郭集乡榆木村、静宁后柳沟村、定西市安定区清溪村、定西县团结乡高泉村、甘谷渭水峪、临洮李家坪、庄浪白保乡野狐湾、积石山新庄坪、民和喇家等遗址，以及宁夏原州区张易镇毛窄北山梁、中河乡、隆德县沙塘乡页河子遗址与奠安乡梁堡遗址、西吉县白崖乡南湾村、海原县海（黑）城镇山门村遗址、海原县等，约有30多件（包括2件不知地点的展品）。有些遗址虽然没有出土玉琮，但

①罗丰：《黄河中游新石器时代的玉器——以馆藏宁夏地区玉器为中心》，载《故宫学术季刊》2001年第19卷第2期，第64页，图6.1。

出土了玉琮芯，说明该遗址可能有玉琮。如前述皇娘娘台遗址、庄浪杨河乡郭李家遗址、西吉玉桥乡苏家村遗址等都出土了玉琮芯，这些遗址可能制作过玉琮。目前的发现可表明，虽然齐家文化玉琮的出土数量不多，但在齐家文化分布的甘青宁地区都在制作和使用玉琮。

依据齐家文化玉琮的形制，可分为扁体玉琮、矮体玉琮、高体玉琮、不规则玉琮、微型玉琮五种。

（1）扁体玉琮

这类玉琮为外方内圆的扁体状，射部不明显，高与宽之比的比值在0.5及以下。目前发现较少，以甘谷渭水峪发现的一件玉琮为代表（图九三）[①]。渭水峪玉琮呈青绿色，射部极短，而且射部的制作，粗糙不规范，略微别去四角而形成，角的平面呈凹注斜坡状。射部的平面外形呈八角形。高2厘米，宽5.6厘米。

（2）矮体玉琮

这类玉琮为外方内圆的矮体状，射部明显，高与宽之比的比值在0.5至1。如师赵村M8：1玉琮（图九四），呈浅绿色，泛黄。一边高，一边低。射部制作较粗糙，角的平面呈斜坡状，射部的平面是有四个直边的近圆环形。高3.1～3.9厘米，边长5.2～5.5厘米，孔内径1.2～4.5米，射高0.4～0.8厘米。定西高泉村玉琮（图九五）[②]，呈黄绿色，射部制作较师赵村M8：1玉琮的规整些，角的平面较平整，射部的平面呈有四个直边的近圆环形。高3.2厘米，宽5.5厘米。定西安定清溪村玉琮（图九六）[③]，呈青褐色，局部呈白色，有黑色斑点，形制与定西尚泉村玉琮接近，角的平面略呈斜坡状，射部的平面没有四个直边的近园环形。高41厘米，宽6.7厘米。孔径4.9厘米，射高0.6厘米。临洮李家坪玉琮（图九七）[④]，呈青白色，有褐色与黑色条纹及斑点与斑块，形制与定西高泉村玉琮相同，射部的平面呈有四个直边的近圆环形，只是琮体高些。高5.4厘米，宽6.3厘米，孔径5.8厘米，射高0.7厘米。还有庄浪白堡乡野狐湾玉琮[⑤]、秦安郭集乡榆木村玉琮[⑥]，也是矮体玉琮。

①古方主编：《中国出土玉器全集·甘肃青海宁夏新疆》，科学出版社，2005年，第30页。
②古方主编：《中国出土玉器全集·甘肃青海宁夏新疆》，科学出版社，2005年，第34页。
③古方主编：《中国出土玉器全集·甘肃青海宁夏新疆》，科学出版社，2005年，第32页。
④古方主编：《中国出土玉器全集·甘肃青海宁夏新疆》，科学出版社，2005年，第33页。
⑤李晓斌、张旺海：《甘肃齐家文化玉器研究》，载《陇右文博》2009年第2期，封二，照26。
⑥李晓斌、张旺海：《甘肃齐家文化玉器研究》，载《陇右文博》2009年第2期，封二，照28。

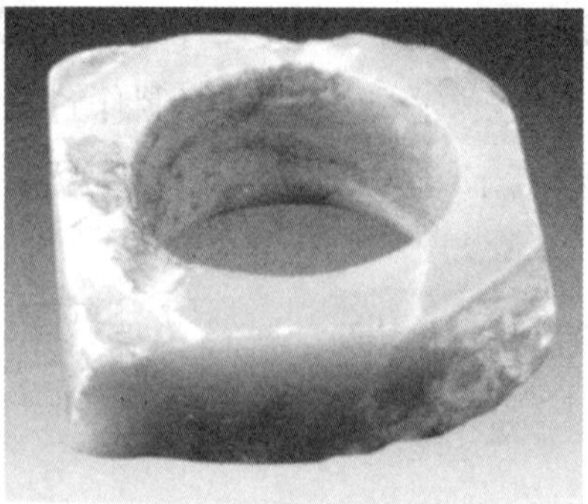

图九三　渭水峪扁体玉琮

图九四　师赵村M8:1玉琮

图九五　高泉村矮体玉琮

图九六　清溪村矮体玉琮

图九七　李家坪矮体玉琮

（3）高体玉琮

这类玉琮为外方内圆的高体筒状，高与宽之比的比值在1以上，有的达到2.4以上，可分为制作精致、器表有纹饰、制作规范、制作简陋等四类。

第一类玉琮制作精致，射部较长，器体外表四壁中部有竖槽，四个角面鲜明，并且施刻纹饰。如静宁后柳沟村出土的1件瓦垄纹玉琮①。这件玉琮最初由杨伯达在静宁县博物馆考察后予以公布②，后来邓淑苹等人也前往考察③。2015年4月22日笔者与北京艺术博物馆张树伟馆长等人前往静宁县考察，获知与这件玉琮一起出土的还有四件玉琮、三件玉璧，是1984年春静宁县治平乡后柳沟村村民韩彩红携其女儿、儿子一家三人在山脊上挖栽树坑时，由其女儿挖到的。其中四件玉琮在下，三件玉璧在上，覆盖着玉琮，其上有一块石板覆盖。石板当时被挖碎，并被遗弃。他们三人将四件琮和三件璧带回家中，置于自己住家院内的树下，后来上交，被静宁县博物馆征集。韩彩红已于2015年3月去世。

后柳沟村瓦垄纹玉琮（图九八）④，呈深青绿色，形制为外方内圆。射部凸出，制作精细，射外壁局部呈内凹弧形的圆弧面，并且保留着横向的别刻痕迹。射口呈微修状，射口平面呈规范的圆环形。琮体四面的中轴做出竖槽，而且相当规范。竖槽宽不足琮体宽的四分之一，而且上下没有延长至射部。竖槽边线笔直，竖槽与角面落差约0.1厘米。竖槽内平整光滑，略有弧凸，并且保留着竖向的剔刻痕迹。因琮体四壁有竖槽，所以琮体的四个角面分隔清晰。琮体四个角面的形态基本相同，角的上下平面较为平坦。角面从上到下饰13道平行的凹凸瓦垄状纹饰，每道凹凸瓦垄纹的宽度不相等。垄沟有的呈凹弧形，有的呈平底形，在垄沟内保留着横向的别刻痕迹。垄顶基本为平面，有的垄顶很窄，呈棱状。在同一条瓦垄上亦有粗细不一致的现象，角面两侧的瓦些纹在角棱上大都不能准确对应相接，表现出鲜明的手工制作的特征，但整器的抛光极好。高14.7厘米，宽8.2厘米，孔径6.9厘米，射外径8.2厘米，射高约1.4厘米。这件玉琮的形制，目前尚未见到第二件。

①古方主编：《中国出土玉器全集·甘肃青海宁夏新疆》，科学出版社，2005年，第35页。

②杨伯达：《甘肃齐家玉文化初探——记鉴定全国一级文物时所见甘肃古玉》，载《陇右文博》1997年第2期。

③邓淑苹：《史前至夏时期璧、琮时空分布的检视与再思》，载《玉魂国魄——中国古代玉器与传统文化学术讨论会文集（四）》，浙江古籍出版社，2010年。

④ 2015年4月23日笔者参观甘肃省博物馆观摩时拍摄。

图九八　后柳沟村瓦垄纹玉琮

第二类玉琮制作精致，射部较长，器表有纹饰，但没有竖槽纹饰。如静宁后柳沟村出土的一件三组弦纹玉琮（图九九）①，呈深青绿色，局部有白色沁斑。射部制作规范，射口较高，射口外壁近竖直，角的平面平坦而略有斜坡。射口平面呈圆环形。琮体外表分上、中、下饰三组平行凹凸弦纹，每组五道凸弦纹、六道凹弦纹。凸弦纹宽窄不一致，较宽的凸弦纹约在0.2厘米以上。凹弦纹亦宽窄不一致，较窄的凹弦纹约在0.1厘米以下。琮体四面凹凸弦纹在角棱处的相接，存在上下错位现象（图一〇〇）②，其中一个角棱最为明显，可能是施刻琮体四面凹凸弦纹过程中的最后一道角棱的相接处。三组平行凹凸弦纹的这些特征，显示出对玉琮上凹凸弦纹的制作手法较为原始而笨拙，但却使得这件玉琮显得粗放而古朴。高16.7厘米，宽7.2厘米，射部外径7.2厘米。

图九九　后柳沟村三组弦纹玉琮

①古方主编：《中国出土玉器全集·甘肃青海宁夏新疆》，科学出版社，2005年，第36页。
②2015年4月22日笔者参观静宁县博物馆观摩时拍摄。

图一〇〇 后柳沟村三组弦纹玉琮

图一〇一 后柳沟村湖绿色素面玉琮

第三类玉琮制作规范，射部较长，器表为素面。现有五件，静宁后柳沟村出土的湖绿色素面玉琮（图一〇一）①，器表有褐斑与白斑。射部制作较规范，切去四个角面形成，射口较高，射口外壁近竖直而内收，角的平面较小，平坦而略有斜坡。射部外表与琮体中轴外表相同面的部分，没有做切弧加工，所以射口平面呈有四个直边的近圆环形。高16.7厘米，宽7.2厘米，射部外径7.2厘米。静宁后柳沟村出土的青绿色素面玉琮（图一〇二）②，有较大面积的乳白色沁斑。射部制作规范，射口较高，射口外壁近竖直，有明显的横向剔刻痕迹。角的平面平坦，射部外表与琮体中轴外表相同面的部分，有明显的分界，射口平面呈圆环形。高12.8厘米，宽8.3厘米，射部外径8.3厘米。1986年隆德沙塘乡页河子遗址出土的一件玉琮（图一〇三）③，呈棕黄色中含青绿，泛白色。射部制作规范，射口较高，射口外壁近竖直而略外斜，角的平面平坦，射口平面呈近圆环形。琮孔为对钻加工形成。高19.7厘米，宽8.1厘米，孔径6.4厘米，射高3厘米。

---

①古方主编：《中国出土玉器全集·甘肃青海宁夏新疆》，科学出版社，2005年，第37页。

②古方主编：《中国出土玉器全集·甘肃青海宁夏新疆》，科学出版社，2005年，第38页。

③宁夏固原博物馆编：《固原文物精品图集》（上），宁夏人民出版社，2011年，第64页。

图一〇二　后柳沟村青绿色素面玉琮　　图一〇三　隆德沙塘乡页河子玉琮

第四类玉琮制作较为简陋粗糙，器形不规整，射部较短，器表为素面，并且有坑斑或切割制作深痕。现有三件，都分布在宁夏南部。

如西吉县白崖乡南湾村征集的一件玉琮（图一〇四）[①]，呈棕黄色中含青绿，局部泛白。玉琮平面呈长方形。射部制作不规范，切去四个角而形成，射口较高，射口外壁呈竖斜坡状，角的平面很小，呈带一点平面的斜坡状。射部外表与琮体中轴外表相同面的部分，没有做切弧加工，所以射口平面呈有四个直边的八角形。琮孔为对钻加工形成，孔内有对钻形成的凸棱。高11.8厘米，长7.2厘米，宽6.8里米，射高1.26厘米。这件玉琮边枝上磕碰较多，在琮体的一面阴刻一披羽站姿的凤鸟，刻纹线条拙劣，不是操作熟练的玉工所为，应是后期作品。

图一〇四　西古南湾村高体玉琮

①宁夏固原博物馆编：《固原文物精品图集》（上），宁夏人民出版社，2011年，第65页。

1973年固原张易镇毛洼北山梁出土的一件玉琮（图一〇五）[1]，呈灰白色，外表粗糙，器表有崩坑。射部制作不规范，切去四个小角而形成，射口较高，射口外壁呈竖斜坡状，角的平面很小，与射口外壁连接呈一个不规范的斜面。射部外表与琮体外表相同面的部分较多，没有做切弧加工，所以射口平面呈不规则的圆角方形的环状。

图一〇五　毛洼北山梁高体玉琮

琮孔为对钻加工形成，错位较大，孔内有对钻形成的凸棱，孔壁有旋纹。高7.6厘米，孔径3.7厘米，射高1～1.5厘米。

1984年海原海（黑）城镇山门村出土的一件玉琮[2]，呈黑绿色。一头大，头略小，一边高，一边低。外表光滑，但在琮体大头一端的一角面有切割凹槽与凹块。射部制作较规范，切去四个小角并将切面磨成圆弧形，射口较高，射口外壁近竖直，角的平面不大但平坦。射口稍倾斜，平面近圆环形。琮孔为对钻加工形成。高11.9厘米，大头一端孔口外径9.8厘米，小头一端孔口外径9.4厘米。与这件玉琮一起出土的还有一件玉璧、两件陶罐。这种墨玉玉琮，在齐家文化中少见。其玉料的来源地，值得探索。

（4）不规则玉琮

这类玉琮没有制作射部，仅一件，为1924年安特生购买的广河半山瓦罐嘴墓葬中的玉琮。它为扁体状，平面为弧边方形或称圆角方形，没有射部，一端局部

①2015年4月4日笔者参观宁夏回族自治区博物馆时拍摄。又见罗丰：《黄河中游新石器时代的玉器——以馆藏宁夏地区玉器为中心》，载《故宫学术季刊》2001年第19卷第2期，第62页，图5.5。

②罗丰：《黄河中游新石器时代的玉器——以馆藏宁夏地区玉器为中心》，载《故宫学术季刊》2001年第19卷第2期，第63页，图5.8。

受损。高约2厘米，宽约6.8厘米（图一〇六）[①]。安特生认为这是中国年代最早、形制最为原始的玉琮。现在看来安特生的这一认识是错误的。安特生将瓦罐嘴这件玉琮认作是中国年代最早、形制最为原始的玉琮，是因为他认为那时的工匠们还没有掌握精确的、复杂的技巧，并认为这件玉琮所反映的宇宙天地观的出现，无疑是史前时代与王朝时代之间最重要的联系之一。安特生的这些认识是建立在当时将刻纹玉琮（良渚式玉琮）的年代定位于王朝时代为前提的基础上的，由于瓦罐嘴这件玉琮是没有纹饰的素面玉琮，所以将其作为原始玉琮的代表。然而，20世纪70年代以来，良渚文化玉琮的发现与刻纹玉琮年代的确立，已经彻底推翻了安特生的判定。

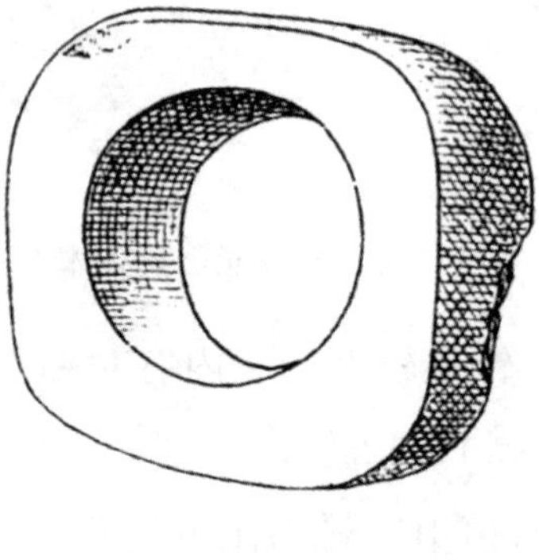

图一〇六　瓦罐嘴玉琮线图

（4）微型玉琮

这类玉琮的形制很小，可分为微型扁体玉琮、微型矮体玉琮、微型高体玉琮、微型不规则玉琮等四类。

第一类为微型扁体玉琮。如1984年隆德奠安乡梁堡出土的一件玉琮（图一〇七）[②]，呈青色，有褐斑，质地细腻，制作规范，射部很短，角的平面较平，射口平面近岗形。高2.7厘米，边长1.6厘米，孔径3.5厘米。

①安特生 J. G. Andersson, *Researches Into The Prehistory of The Chinese*.The Museum Far Eastern Antiquities. 1943年，第265页，图113a，图版71-4。

②宁夏固原博物馆编：《固原文物精品图集》（上），宁夏人民出版社，2011年，第65页。

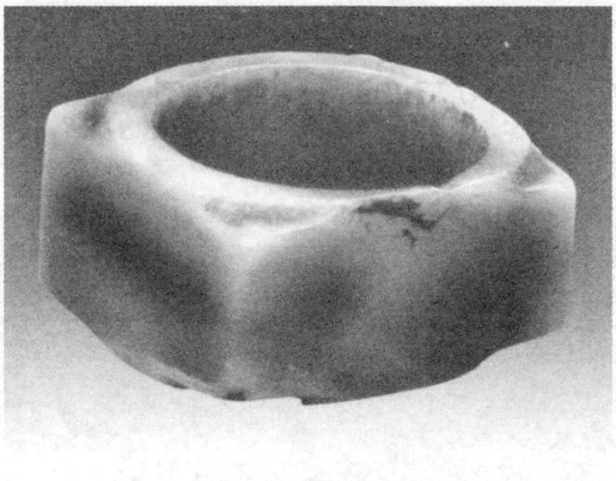

图一〇七　梁堡微型扁体玉琮

第二类为微型矮体玉琮。见于民和县博物馆与临夏市博物馆的藏品。如民和县博物馆藏小玉琮，为墨绿色，高4.4厘米，边长4.5厘米。又如临夏市博物馆藏小白玉琮（图一〇八）[①]。

图一〇八　临夏市博物馆藏微型矮体白玉琮

第三类为微型高体玉琮。如1973年在固原张易镇毛洼北山梁出土的一件玉琮[②]，呈青黄色。制作较为简略，射部较短，切去四角而形成，射部外表与琮体中轴外表相同面的部分，没有做切弧加工，所以射口平面呈有四个直边的八角形。射口平面有切割痕。琮孔为两面对钻。高5厘米，射部外径3厘米，射高0.8～1厘米，孔径2.1厘米。1979在毛洼北山梁出土的一件玉琮[③]，呈黄白色，玉质较差。

①2015年4月22日笔者参观临夏博物馆观摩时拍摄。

②罗丰：《黄河中游新石器时代的玉器——以馆藏宁夏地区玉器为中心》，载《故宫学术季刊》2001年第19卷第2期，第62页，图5.3。

③罗丰：《黄河中游新石器时代的玉器——以馆藏宁夏地区玉器为中心》，载《故宫学术季刊》2001年第19卷第2期，第62页，图5.4。

制作简略，形制与上一件微型高体玉琮接近而略粗壮些。高5.1厘米，射部外径约4.1厘米。孔径2.8厘米，射高0.1～0.6厘米。此外，在临夏市博物馆收藏的一件玉环（图一〇九）[①]，也是微型高体玉琮。

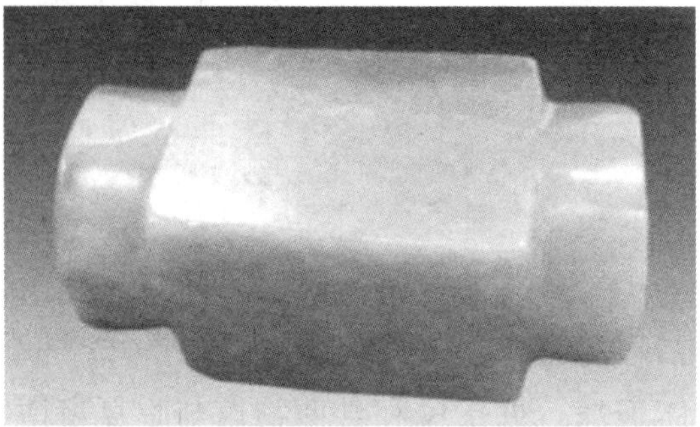

图一〇九　临夏市博物馆藏微型高体玉琮

图一一〇　齐家坪微型不规则玉琮

第四类为微型不规则玉琮。如出自广河齐家坪遗址（图一一〇）[②]，系黄绿色青玉。为长方形筒状，没有射部，两端为平口，一个角的平面略微低弧，琮孔为两面对钻，内壁光滑，尚存钻痕，外表打磨光滑。高3.7厘米，长3.9厘米，宽3.7厘米。

上述的齐家文化五类玉琮，数量上以第二、三类玉琮为主，即以矮体玉琮和高体玉琮为主，分别有十多件，其次是微型玉琮，扁体玉琮与不规则玉琮数量较少。其中扁体琮与矮体琮还有石质的。从形制角度分析，微型玉琮、扁体玉琮、不规则玉琮可能都是在矮体玉琮和高体玉琮发展过程中繁衍出来的旁类，开启了商周时期作为“弄器”玉琮的先风。其中制作年代最早的可能是静宁后柳沟村瓦垄纹玉琮。

17.多璜联璧

顾名思义，多璜联璧是由两件、三件、四件或五件等璜形玉片，通过各个璜形玉片两端的系孔连缀而形成的玉璧。据目前公布的资料，多璜联璧主要见于广河县半山瓦罐嘴、广河齐家坪、天水师赵村、礼县宽川乡、庄浪县良邑乡苏苗塬与阳川乡王家高原、会宁县中川乡老鸦沟、积石山新庄坪、民和喇家、原州区河

① 2015年4月22日笔者参观临夏博物馆观摩时拍摄。

②古方主编:《中国出土玉器全集·甘肃青海宁夏新疆》,科学出版社，2005年，第29页。

川乡、隆德沙塘乡页河子、彭阳县彭阳乡周沟村等地区与遗址，约有20件。

依据这些多璜联璧的形制特点，可以分为三璜联璧和四璜联璧两种。

（1）三璜联璧

依据形制大小与特征，可将三璜联璧分为大、中、小三类。

第一类为小型三璜联璧，直径在10厘米以下。组成联璧的三件璜形玉片或大小相同，或两件大小相同，一件略小。有的取自同一件玉料制作组合，有的则是使用不同玉料制作组合。

如喇家M17墓葬外围墓口填土中出土的一件三璜联璧（图一一一）[①]，外形近圆形，孔不成正圆，近桃形圆。三件璜形玉片连接的形式是各穿一孔呈一字形缀联。直径9.45厘米，孔径4.5厘米，厚0.43厘米，系孔为单面穿，孔径0.22～0.43厘米。其中，两件璜形玉片呈深青绿色，一件璜形玉片呈浅青绿色。三件璜形玉片的连接密合较好，其中取自同一件玉料的两件深青绿色璜形玉片之间的连接密合无间。另一件浅青绿色璜形玉片与这两件深青绿色璜形玉片之间的连接，虽然也成密合状，但略有错缝，并在两玉片角相接处呈不密合的凹缺状。由此推测，这件浅青绿色璜形玉片或许是在原三璜联璧使用过程中残断一块之后另补的，所以在玉料以及璜形玉片连接处呈现出不一样的状态。

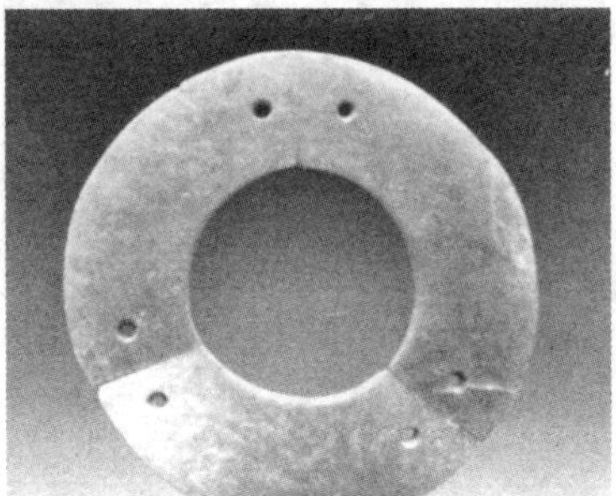

图一一一　喇家M17三璜联璧

喇家M17墓葬内圈墓口填土中出土的一件三璜联璧[②]，外形近圆形，孔不呈正圆。三件璜形玉片连接的形式是各穿一孔呈一字形缀联。直径7.3厘米，孔径3.4厘米，厚0.36厘米，系孔为单面穿，孔径0.19～0.36厘米。三件璜形玉片都呈青

①古方主编：《中国出土玉器全集·甘肃青海宁夏新疆》，科学出版社，2005年，第139页。

②古方主编：《中国出土玉器全集·甘肃青海宁夏新疆》，科学出版社，2005年，第138页。

绿色，系取自同一件玉料制作组合。但三件璜形玉片之间的连接，密合度较小，显示其制作不是很精工。

1975年在庄浪苏苗塬遗址出土的一件三璜联璧[①]，外形为圆形，孔为正圆。三件璜形玉片连接的形式是各穿一孔呈一字形缀联，系孔为单面穿。直径8.3厘米，孔径约4.8厘米，厚0.7厘米。三件璜形玉片都呈青白色，玉质细腻纯净，呈半透明，局部有不均匀的褐色纹理，系取自同一件玉料制作组合。三件璜形玉片之间的连接，密合较好，形制规范，制作较为精细。

第二类为中型三璜联璧，直径在10厘米至16厘米，组成联璧的两件璜形玉片通常为两件大小相同，一件略小，并且都取白同一件玉料制作组合。

如师赵村1984KTT403②：9-10-11三璜联璧（图一一二）[②]，外形为圆形，孔为圆形。三件璜形玉片连接的形式是各穿一孔呈一字形缀联。直径11.5厘米，孔径5.73厘米，厚0.49～0.59厘米，系孔为单面穿。三件璜形玉片依次大小，但都呈墨绿色，含黑色纹理，系取自同一件玉料制作组合。三件璜形玉片之间的连接，密合较好，其中一片因残缺而修补使连接有缝隙。这件三璜联璧制作较为规范。

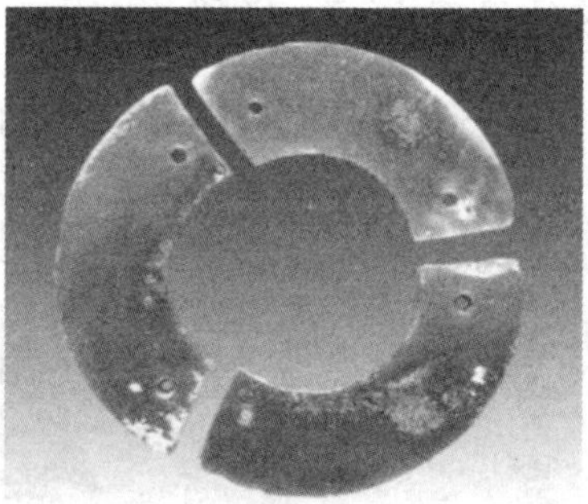

图一一二　师赵村1984KTT403②:9-10-11三璜联璧

师赵村1984KTT403②：12-15-16三璜联璧（图一一三）[③]，外形为圆形，孔为桃圆形。三件璜形玉片连接的形式是各穿一孔呈一字形缀联。直径10.7～10.9厘米，孔径5.2～5.5厘米，厚0.3～0.5厘米，系孔为单面穿。三件璜形玉片，两件大小相同，一件略小，都呈浅绿色，有自云状纹理，系取自同一件玉料制作组合。

①李晓斌、张旺海：《甘肃齐家文化玉器研究》，载《陇右文博》2009年第2期，封二，照17。
②古方主编：《中国出土玉器全集·甘肃青海宁夏新疆》，科学出版社，2005年，第23页。
③古方主编：《中国出土玉器全集·甘肃青海宁夏新疆》，科学出版社，2005年，第24页。

三件璜形玉片之间的连接，密合较好，制作较为规范。

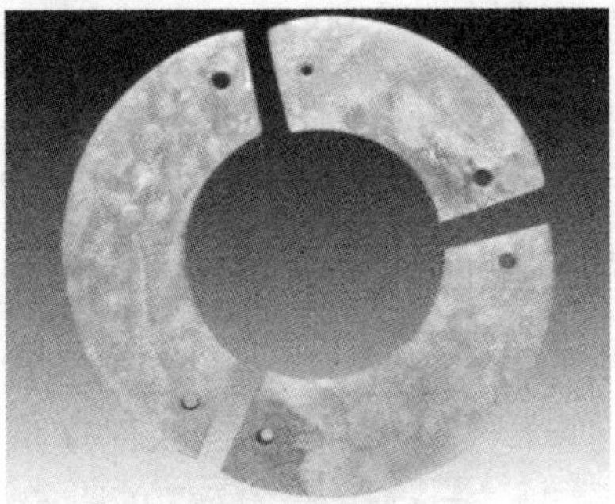

图一一三 师赵村1984KTT403②:12-15-16三璜联璧

1924年安特生购买的广河半山瓦罐嘴三璜联璧（见图八），为大理石质，呈浅灰色含绿色斑。外形为圆形，孔为桃圆形。三件璜形玉片连接的形式是各穿一孔呈一字形缀联。直径12.8厘米，孔径5.6厘米，厚0.45厘米。系孔为单面穿，孔径0.2～0.5厘米。三件璜形玉片，依次大小，两处连接密合较好，一处连接有缝隙。

第三类为大型三璜联璧，直径在16厘米以上，目前仅发现一件，为2000年在固原原州区河川乡征集所得（图一一四）[①]。外形为圆形，孔为近圆形。三件璜形玉片连接的形式是各穿一孔呈一字形缀联。系孔为单面穿。直径20厘米，孔径8.1厘米。三件璜形土片大小基本相等，都呈墨绿色，有褐色斑纹，系取自同一件玉料制作组合。其中两件璜形玉片的玉质纹理相同，相叠后玉质纹理能够对应一致，表明这两件璜形玉片是先制成一件后，一剖为二的。三件璜形玉片之间的连接，密合有缝隙，其中一片略宽而凸出一点。这件三璜联璧形体较大，制作规范，是三璜联璧中的精品。

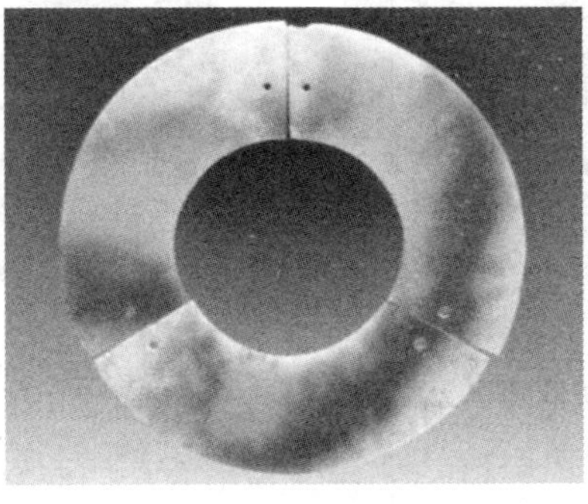

图一一四 河川大型三璜联璧

①宁夏固原博物馆编：《固原文物精品图集》（上），宁夏人民出版社，2011年，第68页。

（2）四璜联璧

目前四璜联璧有三件，形制各不相同。

1974年在庄浪苏苗塬遗址出土的一件四璜联璧（图一一五）[①]，外形为圆形，孔为近圆形。四件璜形玉片连接的形式是相对应的两处为各穿一孔呈一字形缀联，另外相对应的两处为各穿两孔呈两个一字形缀联，即每件璜形玉片一端穿一个系孔，另一端穿两个系孔，四件璜形玉片依据系孔，对应连缀。系孔为单面穿。联璧直径10.2厘米，孔径6.1厘米、厚0.3厘米。四件璜形玉片大小基本相等，呈黑灰色，质地较差，边缘有沁蚀，系取用同一件玉料制作组合。

1984年彭阳周沟村遗址出土的一件四璜联璧（图一一六）[②]，外形为不规则圆形，孔也为不规则圆形。四件璜形玉片连接的形式是三系孔三角形缀联，即每件璜形玉片一端穿一个系孔，另一端穿两个系孔，穿一个系孔的对应穿两个系孔的进行缀联。系孔为单面穿。联璧直径20.1厘米，孔径7.9厘米，外厚内薄。四件璜形玉片的形状，一边斜切呈楔形，所以四件璜形玉片连缀组成的圆有旋转状。四件璜形玉片，两件略大些，大小基本相等；另两件略小些，大小也基本相等。玉质呈青灰色，有褐色斑纹，系取自同一件玉料制作组合。其中两件略大些璜形玉片的玉质纹理与形状相同，应是先制成一件后，一剖为二的。另两件略小些璜形玉片的玉质纹理与形状也相同，也应是先制成一件后，一剖为二的，并且按需进行裁截。这件四璜联璧形体较大，两面抛光都很好，是齐家文化多璜联璧中的重器。

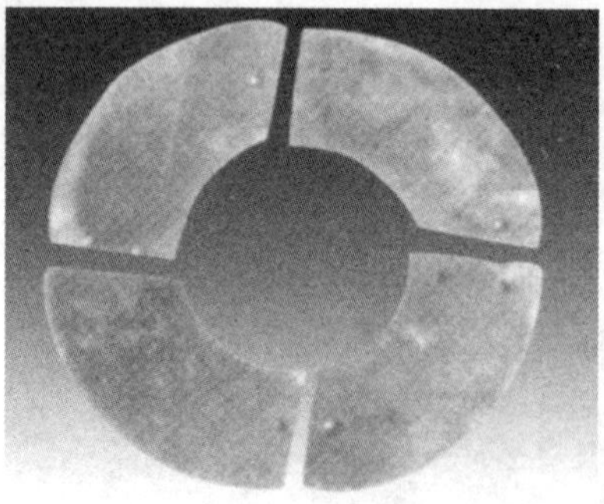

图一一五　苏苗塬四璜联璧

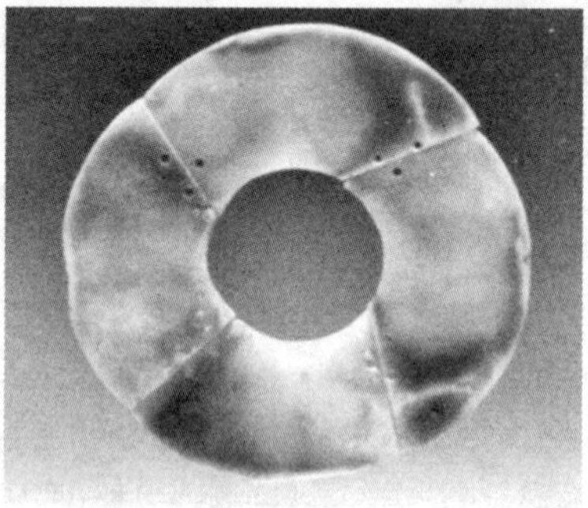

图一一六　周沟村四璜联璧

①李晓斌、张旺海：《甘肃齐家文化玉器研究》，载《陇右文博》2009年第2期，封二，照14。

②宁夏固原博物馆编：《固原文物精品图集》（上），宁夏人民出版社，2011年，第69页。

1986年隆德沙塘页河子遗址出土的一件四璜联璧（图一一七）[①]，呈青灰色，杂质多，外缘石质，厚薄不一，表面有切割痕迹。四件璜形玉片的形状各不相同，最大的一件为小半个圆，另外三件依次排列，最小的一件为一窄条形，表明它是这件四璜联璧制作过程中最后加工补缺的。其外形为不规则圆形，孔也为不规则圆形。四件璜形玉片的系孔缀联形式有多种，有的是三系孔三角形缀联；有的是先各穿一孔呈一字形缀联，一系孔破损后再补两系孔，形成三系孔三角形缀联；有的则是先三系孔三角形缀联，一系孔破损后再补两系孔，形成四个系孔两组一字形缀联。系孔有单面穿，也有两面穿。联璧直径23.9厘米，孔径8.1厘米。这件四璜联璧形体大，玉质较差，形制不规范，因形体大，系孔易破损，故不断修整补系孔与边缘。其中两面穿的系孔大都是后补的。

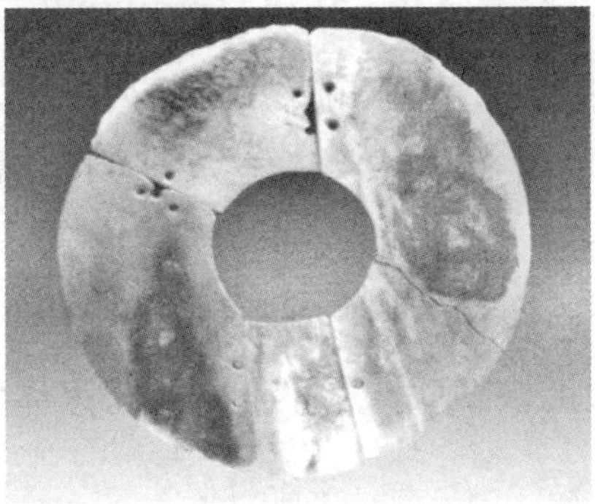

图一一七　页河子四璜联璧

上述这些多璜联璧，以大中型的三璜联璧的形制最为规范，制作较好。其中师赵村的两件三璜联璧，其年代在公元前2000年前后。喇家M17墓葬中出土的两件三璜联璧的年代在公元前2000年至公元前1900年之间。

此外，目前在齐家文化中没有发现两璜联璧，但据隆德沙塘乡页河子遗址出土的四璜联璧是由一片小半个圆形璜和另外三片璜形玉片组成的多璜联璧的现象分析，当时有可能存在着由两个半月形璜组成的两璜联璧。

18.璜形玉片

璜形玉片是组成多璜联璧的基本构件。在武威皇娘娘台、广河齐家坪、天水师赵村、灵台桥村、秦安兴国镇杨家坪、庄浪县良邑乡苏苗塬、隆德沙塘乡页河子、民和喇家、大通长宁、民和转导乡后沟等遗址或地区都有出土。这些璜形玉

①宁夏固原博物馆编：《固原文物精品图集》（上），宁夏人民出版社，2011年，第67页。

片可能是与多璜联璧有关的璜形散片。形制有多种，大致可分为两类。

第一类为片状扇面形，两端各穿一系孔，两端的边缘不呈水平状，而呈斜坡状，系孔也不在两端的上边，通常在两端的中部或中部偏下。可知这种璜形玉片是不作为系绳垂挂在人体的颈部或胸腹部的装饰璜使用的，而是多璜联璧的组合件。如师赵村1984KTT403②：8璜形玉片[①]，呈青绿色，为片状扇面形，两端中部各穿一系孔，为单面穿。长8.2厘米，宽2.4厘米，厚0.15～0.25厘米，系孔径0.1～0.25厘米。

第二类为片状几何形，一端的边缘呈斜坡状或竖直状，另一端边缘呈斜坡或楔状，两端各穿一系孔或两系孔。这类璜形玉片大都是三件璜形下片以上的多璜联璧的组合件，有的形体很大，如1986年在隆德沙塘乡页河子遗址出土的一件璜形玉片（图一一八）[②]，呈深青绿色，边缘泛白。其平面为不规则梯形，厚薄不，边缘不整，两面都有切割痕迹，其一端近竖直，另一端为斜角状。在两端的上下角各穿一系孔，为单面穿。长25.1厘米，宽17.5厘米，厚2.1厘米，系孔径0.8～1厘米。这件璜形玉片形体硕大，一端为斜角状的形制以及两端都有系孔的特征，表明其是多璜联璧的组合构件。按其形制与体量，由其组合成的多璜联璧，直径在50厘米以上。如此巨大的多璜联璧，不适合用于人体装饰，或许可能是某种仪式场所的一种特殊陈设。

图一一八　页河子大璜形玉片

19.玉镯

齐家文化玉镯，数量并不多，主要见于武威海藏寺、大通长宁、静宁李店村

①古方主编：《中国出土玉器全集·甘肃青海宁夏新疆》，科学出版社，2005年，第27页。

②宁夏固原博物馆编：《固原文物精品图集》（上），宁夏人民出版社，2011年，第66页。

等遗址。如静宁李家村玉镯（图一一九）[①]，呈乳白色，玉质较差。镯体外表立面为圆弧状，内表立面亦为圆弧状。在外壁中部凸鼓的一周上等距离饰8个小型凹圆点，可能是为了嵌粘绿松石小圆片的，绿松石小圆片已脱落。手镯高4厘米，直径9.1厘米，孔径7.1厘米。这件玉镯制作较为精致，同样形式的玉镯未见第一件，并且它是否为齐家文化的作品，有待研究。

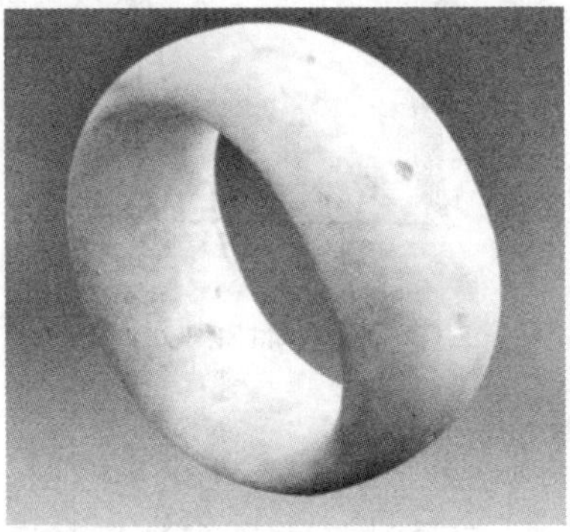

图一一九　李家村玉镯

20. 玉臂饰

玉臂饰在齐家文化中发现不多，在乐都柳湾、庄浪王宫家遗址各出土一件，在宁夏海原征集到一件。依据形制，可分为两种。

（1）素面圆筒状玉臂饰

如柳湾M1366：11玉臂饰，又称为石臂饰，质地尚未鉴定。它出自一座二次葬墓中，呈乳白色，为圆筒状，略微束腰，高5.5厘米，复原外径约7.5厘米，内径约5.8厘米（图一二〇）[②]。又如庄浪王宫家玉臂饰，呈青白色，质地细润光滑，边缘处有灰白色沁蚀，为圆筒状，略微束腰，高4.5厘米，外径6.5厘米，内径5厘米[③]。这两件玉臂饰，是齐家文化制作的还是由陇山以东地区传入的，有待研究。

① 2015年4月22日笔者参观静宁县博物馆观摩时拍摄。又见古方主编：《中国出土玉器全集·甘肃青海宁夏新疆》，科学出版社，2005年，第50页。

②青海省文物管理处考古队、中国社会科学院考古研究所：《青海柳湾》，文物出版社，1984年，第232页，图一四一：3。

③李晓斌、张旺海：《甘肃齐家文化玉器研究》，载《陇右文博》2009年第2期，封三，照30。

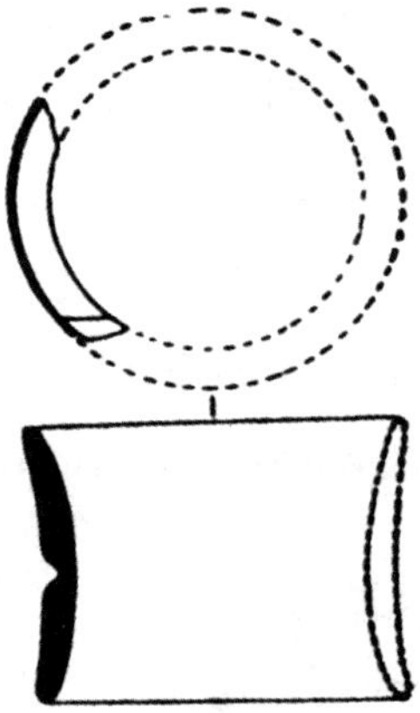

图一二〇　柳湾M1366:11玉臂饰

（2）瓦垄纹圆筒状玉臂饰

如宁夏海原县征集的一件玉臂饰，呈青灰色，有褐色斑。外表饰21道平行瓦垄纹。两端的直径小于饰瓦垄纹的器身，犹似圆筒形玉琮的射部。瓦垄纹宽窄不一，同一条瓦垄纹的宽窄也不一致（图一二一）。它的制作方式是先做成两端有射口的圆筒状后，再剔刻瓦沟而形成平行瓦垄纹，所以瓦垄纹的顶部是在同一个平弧面上，而瓦沟则有深浅的区别。其高7.7～7.8厘米，直径5.9～6.4厘米，孔径4.9厘米。这件玉臂饰上的瓦垄纹与后柳沟村出土的瓦垄纹玉琮上的瓦垄纹具有相类似的风格，可以互证年代关系。

图一二一　海原瓦垄纹玉臂饰

21.喇叭形玉管

喇叭形玉管在齐家文化玉器中仅发现两件，出自喇家遗址M12墓葬中，置于人骨架的左腹部（图一二二）[①]。与喇叭形玉管一起出土的还有两件玉璧、长三角形玉片、绿松石琮管等。两件喇叭形玉管的形制基本相同，呈青灰色，受沁严重，大面积变白。一头大一头小的喇叭形，略微束腰，两端面磨平，单面钻一孔，孔心位置偏移，孔内壁有旋钻痕迹，外表素面抛光。长5.14厘米，大的一端直径2.6厘米，孔径1.04厘米，小的一端直径1.6厘米，孔径0.4厘米（图一二三）[②]。

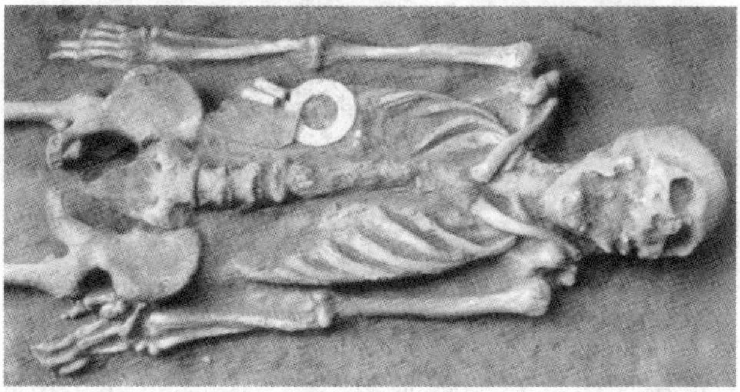

图一二二 喇家遗址M12墓葬

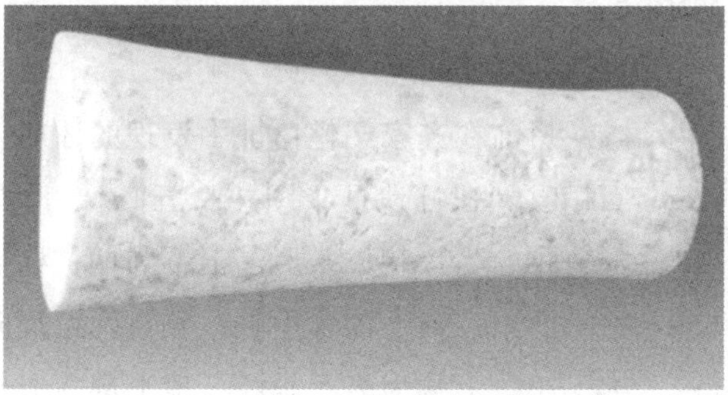

图一二三 喇家M12喇叭形玉管

两件喇叭形玉管并列置于一件玉璧的下方，或许这两件喇叭形玉管与这件玉璧存在着组合使用的关系，即两件喇叭形玉管垂坠于玉璧之下。

这种略微束腰的喇叭形玉管在齐家文化中仅发现此两件。这种形制的玉管，在河南偃师二里头遗址中出土较多，是为铜铃的铃舌。如1981YLVM4墓葬中与铜牌饰、铜铃一起出土的玉铃舌（图一二四），形制为束腰喇叭形，上端小，圆弧边，下端大，磨平，贯通穿一孔。长5.3厘米，大的一端直径3厘米，小的一端直

①叶茂林：《齐家文化玉器研究——以喇家遗址为例》，载《玉魂国魄——中国古代玉器与传统文化学术讨论会文集（三）》，北京燕山出版社，2008年，彩版五：2。

②古方主编：《中国出土玉器全集·甘肃青海宁夏新疆》，科学出版社，2005年，第174页。

径2.5厘米。二里头还出土了石铃舌，如2002VM3：23石铃舌，为圆柱状，略束腰①。

图一二四　二里头1981YLVM4:8铜铃

目前发现的二里头文化玉铃舌、石铃舌的年代晚于喇家喇叭形玉管，或许是二里头文化玉铃舌采用齐家文化的喇叭形玉管，也或许在二里头文化之前的中原地区已经在制作并使用喇叭形玉管，后来传到了齐家文化分布的民和喇家一带。这些问题有待进一步探索。

22.牙璋

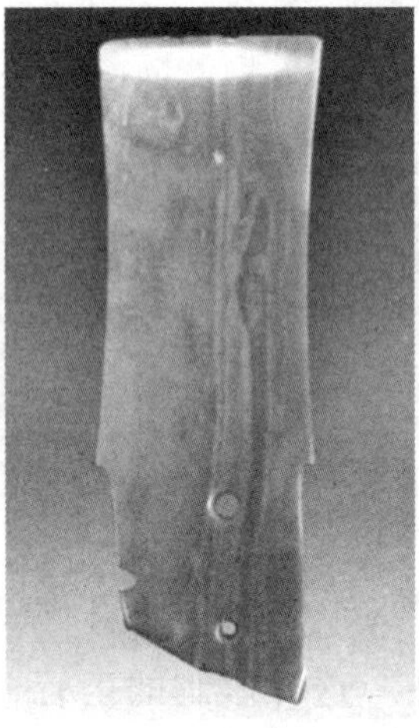

图一二五　新庄坪牙璋

目前在齐家文化遗址中发现的牙璋仅有一件，出自积石山县新庄坪遗址（图一二五）②，呈青色，有竖向弯条形斑纹，为片状长条形。下端为柄，柄端斜直，柄一侧有一小凹口，柄上偏移中轴一侧有两个竖向排列的穿孔，上大下小。上端为刃，是原牙璋上部（刃部）残断后改制磨出的刃部，为双面刃。两侧边从刃角至阑脚边呈微凹弧形。长约18厘米，宽约5.5厘米，厚约0.8厘米。

现在这件器形是由牙璋改制成了钺，刃部及柄端的小穿孔以及柄部侧边的小凹口，可能都是后来改制时所为。原本的牙璋还要长一些，可能在20厘米以上，刃部的宽度可能是全器的最宽处。从阑角处尚未出牙的特征分析，原件牙璋应是一件形态原始的牙璋。其最初的制作年代可能在新砦一期或更早些。至于其改制的年代，从其出自积石山新庄坪齐家文化遗址的现象推测，可能在齐

①中国社会科学院考古研究所编著：《二里头1999—2006》肆，文物出版社，2014年，彩版一二五：2。
② 2015年4月22日笔者参观临夏博物馆观摩时拍摄。

家文化中晚期阶段。

23.玉有领璧

目前在齐家文化遗址中发现的玉有领璧仅有一件，出自积石山县新庄坪遗址（图一二六）[①]，呈青色，平面近正圆形，边缘有一处内凹，不知是受玉料局限的原因，还是受损后再加工所致。整器素面无纹。领部外壁略有凹弧，局部保留有横问的剔刻痕迹，领内壁光滑。整器显示出已脱离有领璧的原始形态。直径约12厘米，孔径约6厘米。这件玉有领璧也不是齐家文化制作的，是由中原传入的。

图一二六　新庄坪玉有领璧

24.束柄齿棱端刃器

目前仅见一件，由会宁县博物馆征集到的（图一二七）[②]。呈黑色，为墨玉。形制为长条形片状。端刃，刃部斜弧状。最宽处在刃部，柄端略为收窄。两侧边平直。束柄，柄两侧呈内凹弧形，在柄两侧边内凹弧的上下两端，分别有上下两个极为细尖的齿棱，其中一侧边的柄端一个齿棱已受损。在柄部以上约器身的四分之一范围的中轴线上穿三个孔，是为绑缚木松而设的穿孔，现已断为两节。整个器形的形制，似牙璋又不是牙璋，似刀又不是刀，似圭又不是圭，依据其形制特征，暂称之为“束柄齿棱端刃器”。其长约54厘米，极薄。

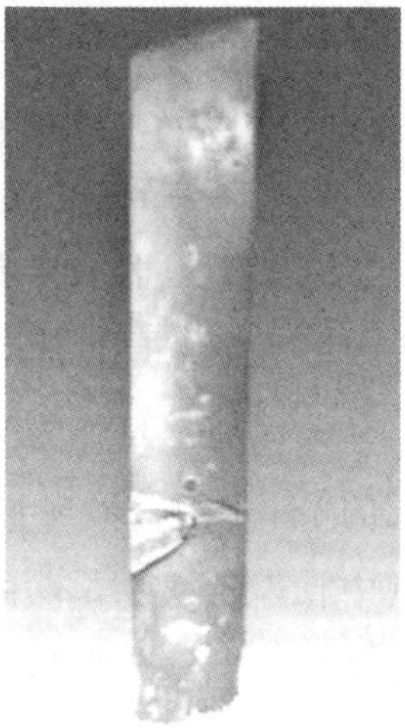

图一二七　会宁县博物馆束柄齿棱端刃器

这种形制的束柄齿棱端刃器，目前仅见此一件，无从比对。但从玉料为墨玉，器形很薄，器身无阑而在束

① 2015年4月22日笔者参观临夏博物馆观摩时拍摄。

② 2015年4月21日笔者参观会宁县博物馆观摩时拍摄。

柄处饰有细尖齿棱等特点分析，其制作工艺较高，不是齐家文化制作的，应是由中原传入的。而其细尖齿棱的特点，则与二里头文化二期的玉钺上的扉牙近似，且更加细尖，据此推测束柄齿棱端刃器的制作年代相当于二里头文化一期或更早些。

齐家文化玉器除以上这些器类外，在有的遗址还发现了玉版、玉片饰，以及玉料等。可能还有玉权杖头，如会宁县博物馆藏品中的一件白色玉石权杖头[①]，又如磨沟墓地出土的多种形态的石质权杖头。

齐家文化玉器中，绝大部分是由齐家文化制作的，部分为输入品。齐家文化制作的这些玉器，精品者较少，粗制者居多，而且以素面为主。并且在齐家文化中后期，出现了大量的石璧等以石代玉的现象。这些都是构成齐家文化玉器与玉文化的重要特色。

三、齐家文化玉器的使用功能

关于齐家文化玉器的使用功能，以往研究者或多或少论及过，但没有做过专门的分析讨论。下面依据以上对齐家文化玉器形制特征的分析，并结合玉器的出土情况，对上述齐家文化玉器的使用功能做简略的阐述。

齐家文化玉器，按其形制特征及出土现象，可分为武器类、工具类、财富类、装饰类、礼器类和其他杂类。

1.武器类玉器

武器类玉器主要有玉钺、玉刀、玉铲形器、玉束柄齿棱端刃器。有一件牙璋已改制为钺，是为牙璋形玉钺。

玉钺通常是作为武器使用的。玉刀的使用功能，以往多作为工具，但上述介绍的8件玉刀，器身长大，扁薄，有较长的刃部，只有将之作为武器才比较恰当。其中甘肃省博物馆藏的一件四孔玉刀（藏品号35978），柄首特征较为鲜明，年代可能较晚。玉铲形器的使用功能，以往没有论及，从其形制为扁薄窄长条的特征看，可能不宜作为工具使用，而可能是作为直击类武器使用。束柄齿棱端刃器的形制特征表明，其需安装木柲使用，端刃为斜刃，可能也是作为直击类武器使用的。

① 2015年4月21日笔者参观会宁县博物馆时所见。

这四种武器类玉器在齐家文化玉器中数量不多，约有30件。其中玉铲形器有3件、玉刀有8件、束柄齿棱端刃器1件，这三种玉器可能都不是齐家文化制作的，而且在齐家文化的后续发展中也不再制作这种玉器。齐家文化的玉钺，有的也不是齐家文化制作的，如最为精致的在西吉兴隆镇出土与征集的两把玉钺（图二二，图二三），就不是齐家文化制作的。由此看来，齐家文化中武器类玉器并不兴盛，那些不是齐家文化制作的武器，在齐家文化中或在器物埋藏（葬）之前是否继续作为武器使用，尚不可知。

从已经发现的齐家文化遗存所反映的齐家文化的文化面貌看，当时的社会并不是争战频繁的血腥社会，而是适应陇西山地河谷及丘陵小盆地间的平稳发展、适当交流的较为和谐的社会。齐家文化玉器中玉兵器不兴盛的现象与这种社会较为平稳的现象是相协调的。

2.工具类玉器

工具类玉器主要有玉铲、玉斧、玉锛、玉凿、玉凿形器、纺轮等。

玉铲数量较少，前述的清溪村穿孔玉铲与皇娘娘台无孔玉铲，体量较大，其作用是否为铲土，尚难明确；玉铲较为厚重，是否为兵器也不可知；皇娘娘台无孔玉铲是否为在穿孔处残断后的改制品，也尚无定论。目前暂将这类玉铲归入工具类中。

玉斧、玉锛、玉凿、纺轮都是手工工具。纺轮是纺线的工具。玉斧、玉凿、玉锛都是木工作业的工具，其中玉锛与玉凿很有特色，尤其是长条形玉凿，是同时期同类玉器中最为精致的，其器身较长，长15厘米左右，表明使用其所凿的部位较深，应是在大件木料上施展。由此推测当时的木作手工业技术较为先进。在大件木料上施展的木作手工业技术，可能较多地作用于房屋梁架等制作方面。

玉凿形器不是一个准确的名称，其用途可能有多种，只是目前难于明确。第一类木凿形器中的中东村M2的玉凿形器与纺轮共存，应是女性的手工业工具，据此推测武威皇娘娘台、西宁沈那的那些形制较长大的玉凿形器的用途，可能与其相同。面对上第二类玉凿形器的使用方式，目前尚难究明。

3.财富类玉器

财富类玉器主要是玉璧，其他玉器也具有财富的含义，只不过没有像玉璧那样突出。当然，玉璧还是装饰类玉器与礼仪类玉器。

将玉璧作为财富类玉器的依据，主要是齐家文化墓葬中的三个重要的现象。

一是玉璧通常是男性的随葬品而不是女性的随葬品。二是在成年男女合葬墓中，通常是以男性为主，女性屈从于男性，这是女性从属男性的随葬现象。三是在有的墓中玉璧的数量很多，出现许多形制不规则玉璧，甚至是石璧，而且凡是玉璧数量较多的墓，墓葬都较大，规格较高。如皇娘娘台M48墓葬。墓坑长2.6米，宽1.48米，深1.15米，葬三人，中间一位是成年男性，仰身直肢，左右两侧是成年女性，侧身屈肢，面向男性，有94件随葬品以及304颗小石子，其中随葬玉石璧83件，全都铺在男性骨架的下面与上面①，这些现象表明墓中的这些下石璧是男性财富的象征。皇娘娘台墓地内随葬的200多件玉石璧，都应是作为个人的财富随葬的。这种作为财富的玉石璧，在当时可能具有以物易物的媒介作用，即原始货币的作用。所以齐家文化玉璧的后来发展，出现一些不规则的玉璧甚至是石璧，并影响到陇山以东的关中等地区。

4.装饰类玉器与礼仪类玉器

装饰类玉器与礼仪类玉器较难区分，因为玉器都是装饰类器物，但在等级化社会中玉器又与人的身份、等级有关，所以在特定的仪式场合中使用的玉器又属于礼仪用器物。

从使用方式是人体的装饰品角度分析，装饰类玉器有玉璧、有领璧、多璜联璧、璜形玉片、璧形饰、玉环、玉偶、玉臂饰、喇叭形玉管、玉片饰等。如喇家M17在人骨头颈部置有两件玉璧、一件玉环、一件璧形饰、两件绿松石管。这些玉璧、玉环、玉璧形饰以及绿松石管，虽然无法确定佩戴的组合方式，但可以明确的是，M17墓主颈部两侧的这些玉璧、玉环等的确是装饰品。还有一件玉凿置于脚端一侧，是为工具。另外置于M17墓内圈坑填土中的一件三璜联璧与一件玉璧芯，墓葬外围墓口填土中的一件三璜联璧、一件玉锛、一件玉料、一件三角形玉片、一件玉璧芯、一件小玉璧芯，都应是M17墓主生前所有的或制作的装饰品、工具、玉料等。又如喇家M12，在人骨右腹部有一件玉璧，玉璧下方并列两件铃舌状玉管，玉璧左侧、上方有四枚绿松石管形琮（图一二二），这是一组配于左腹部的装饰品，包括玉璧、喇叭形玉管、绿松石管形琮等。而玉臂饰与玉镯是套在手臂或手腕部的装饰品。

从使用的社会作用与意义角度分析，礼仪类玉器主要有玉璧、玉琮，以及大

①甘肃省博物馆:《武威皇娘娘台遗址第四次发掘》，载《考古学报》1978年第4期。

型三璜联璧等。

玉璧在某种特定仪式场所的使用，表明其具有礼器性质。如喇家F4灾难性房址所保留的瞬间场面显示了玉璧作为礼器的一种使用方式。在房屋近门口的东墙北段一段突出的墙壁下，整齐地摆放着两件玉璧与两件玉料；旁边的一件大陶罐内也有一件玉璧。房内有14具人骨，其中房屋中部灶上的第一组一具人骨与距两件玉璧最近的第二组一具人骨，都是男性青少年，呈面向玉璧的倒卧状，似面向玉璧做祈祷状而突然屋毁人亡（图一二八）①。这大概是在突发灾难事件来临时进行的使用玉璧进行祭祀活动以求解救的场面。这三件玉璧以及两件玉料在这个场所的使用及其作用，无疑具有礼器性质。

喇家F4灾难性房址所保留的瞬间场面的现象，还表明在齐家文化中不仅是玉璧可以作为礼器使用，其他玉器，即使是玉料，在特定的仪式场合都可以作为礼器使用。这表明齐家文化玉器的使用，没有明确的礼器概念，只要需要，任何玉器包括玉料和稀少珍贵的物品，都可以作为祭祀活动的礼器使用。而这些玉器以及玉料，在非特定的普通场合，都按其原本功能使用。这大概是在齐家文化中所表现的玉礼器初期使用的现象。

图一二八　喇家F4号灾难性房址

大型、特大型小孔玉璧，制作十分精致的玉璧，大型三璜联璧，不便于在日常生活活动中使用，可能都与礼仪活动有关。隆德沙塘页河子遗址采集的特大型

①中国社会科学院考古研究所甘青工作队、青海省文物考古研究所：《青海民和县喇家遗址2000年发掘简报》图版叁，载《考古》2002年第12期。本图片由叶茂林提供，谨此致谢。

多璜联璧的组合件，也应是在礼仪活动使用的。

齐家文化玉琮的使用功能，由于考古发现的使用现象较少，所以较难分析。

从形态上看，那些形体较小的玉琮、微型玉琮，可能是财富类的“弄器”或装饰品。如师赵村M8墓葬，随葬了一件玉璧与一件玉琮。玉琮形体较小，而玉璧形体较大，不应是配对使用的。玉璧是该墓主的财富，玉琮也应是作为墓主的财富而随葬的。又如齐家坪遗址出土的微型玉琮（图一一〇），玉琮特征消失，应是“弄器”。

那些大型玉琮，如静宁后柳沟村三件大型玉琮、降德沙塘页河子遗址出土的大型玉琮，原本的使用功能可能都是礼器，但使用方式不明。而静宁后柳沟村三件大型玉琮与四件大型玉璧同埋一坑的现象，是祭祀还是窖藏，尚难分辨。从该坑不是在遗址中，以及坑周边没有发现其他与祭祀有关的现象看[①]，埋藏三件大玉琮与四件大玉璧的坑可能是一处窖藏。或者说目前以宫藏来解释这两件大型玉琮与四件大型玉璧同埋一坑的现象比较妥当些。

至于那些形体较大、制作粗劣的玉琮，如固原毛洼北山梁出土的一件玉琮、海原山门村出土的一件玉琮等，是否也是作为礼器，尚无据可做分析。

5.其他杂类玉器

其他杂类玉器有玉条形器、玉璧芯、玉琮芯、玉料、长三角形片状玉器、玉版等。其中玉条形器形制规整，制作抛光都较好，应是一种具有特定用途的玉器。在喇家遗址的房址中与墓葬中都有出土，具有财富的含义，但目前对其具体的使用功能尚不能明确。玉璧芯、玉琮芯、玉料、长三角形片状玉器、玉版等都是玉料或是再生玉料。

从上述对齐家文化玉器使用功能的分析，可以看出，齐家文化玉器，除了缺少容器类用具外，几乎在当时社会生活活动的各个领域都有使用。

四、齐家文化玉器的制作作业方式与玉料来源

齐家文化玉器，除部分为输入品外，大部分都是齐家文化制作的。从民和喇家、乐都柳湾、武威海藏寺、张掖黑水国（又名西城驿）等遗址都出有玉料，从武威皇娘娘台、乐都柳湾、西宁沈那、民和喇家、永靖新庄坪、庄浪郭李家、会

①当时也不可能发现与埋藏三件大玉琮、四件大玉璧的坑有关系的其他任何现象。2015年4月22日笔者参观临夏博物馆观摩时拍摄。

宁老鸦沟村、西吉苏家村、彭阳古城乡、固原张易镇等地与遗址都出有玉璧芯或玉琮芯等现象分析，齐家文化制作玉器的现象较为普遍。六盘山东麓往西至张掖、青海湖一带，在齐家文化分布区域内的许多聚落都在制作玉器。其制作作业方式，可能大都是家庭或家族制作作业形式。如喇家M17随葬了15件玉器包括玉料、玉璧芯等，该墓主可能是一位制作玉器的能手而成为该聚落的重要成员并被大家所尊敬。对玉料的开采不可能是大规模的作业，应该是家庭式的或是少数人员的秘密行为。由此也可以推测齐家文化制作玉器的玉料，大都是就近开采、采集的，不大可能是远距离的开采与运输。

关于齐家文化玉器制作的玉料来源问题，除了那些从齐家文化外部输入的玉器外，齐家文化制作玉器的玉料，如那些白玉、青玉、青白玉、绿色玉、青绿色玉、黄绿色玉等，基本上都采自齐家文化分布区域内，即可能采自陇山及以西至青海湖、张掖一线的崇山峻岭之间。如大家熟悉的武山鸳鸯镇一带、临洮马衔山以及祁连山及其余脉等地。个别含有棉絮状、质地极为细腻的白玉玉料，如临夏博物馆藏小型白玉琮（图一二九）[①]、甘肃省博物馆藏皇娘娘台白玉芯（图一三〇）[②]、喇家遗址出土的条形玉器等玉料，被一些研究者认为可能是和田玉。如果是和田玉，齐家文化居民也只能是经过交换等方式辗转得到，而不可能开采和田玉。我认为在祁连山余脉的诸玉矿中很有可能有类似和田白玉的玉矿玉料，从而使得齐家文化的武威至民和一带的治玉者有条件开采、采集到这类玉料，从而制作玉器，所以这类玉质的玉器在皇娘娘台遗址、喇家遗址较为多见。至于青海民和以东的这类玉质的玉器，如临夏博物馆藏微型白玉琮等，很可能是由武威至民和一带东传过去的。

需要指出，齐家文化分布区域内齐家文化开采的那些玉矿，有的可能现在并不知晓。如祁连山余脉的诸玉矿中是否真有类似和田白玉的玉矿，现在并不能确定。又如在六盘山的东麓、北麓、西麓一带都出有丰富的齐家文化玉器，而且以大型的玉璧与玉琮为主，带大面积黑色斑块的玉璧及玉璧芯，也主要见于这一地区，据此推测六盘山一带应有玉矿，但目前尚未发现。所以，建议地质等有关方面对六盘山一带以及六盘山至张掖一带的祁连山余脉之间开展有关勘察，以便解开这一谜团。

①2015年4月22日笔者参观临夏博物馆观摩时拍摄。

②2015年4月22日笔者参观甘肃省博物馆时拍摄。

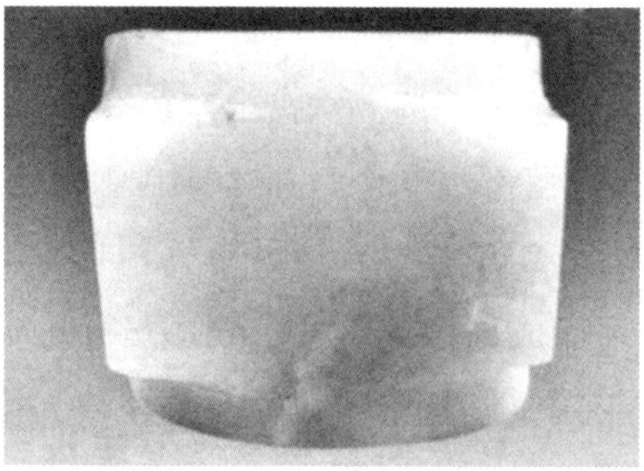

图一二九　临夏博物馆藏小型白玉琮

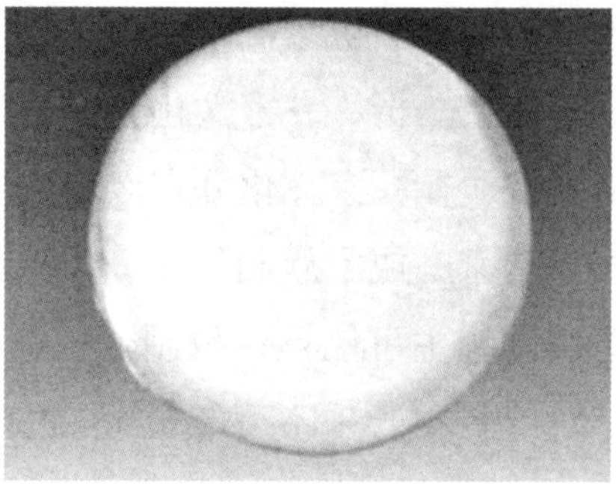

图一三〇　甘肃省博物馆藏皇娘娘台白玉芯

五、齐家文化玉器的文化传统

齐家文化玉器大都是在齐家文化分布区域内制作的，部分为齐家文化外部输入品，所以其文化传统相当复杂，有的具有本地的文化传统，有的则不具有当地的文化传统。简要分析如下。

齐家文化中的小型玉斧、玉锛、玉凿以及小型坠饰都具有甘、青、宁当地的文化传统。如在甘肃东部的仰韶文化半坡类型晚期已出现玉锛①、翡翠坠②。仰韶文化晚期有玉锛③、玉凿④、玉扇形刮削器⑤、玉料⑥、翡翠坠⑦等。马家窑文化中有小型玉斧、玉锛、玉琮等。在菜园文化中也有小型的玉斧、玉锛。所以，齐家文化的小型玉斧、玉锛、玉凿以及小型坠饰的文化传统应属于甘青地区的仰韶文化。只是有的器形有了进一步的发展，如齐家文化的玉凿，呈长条形，比以前的

①甘肃省文物考古研究所：《秦安大地湾——新石器时代遗址发掘报告》（下），文物出版社，2006年，彩版三一：1～4。

②甘肃省文物考古研究所：《秦安大地湾——新石器时代遗址发掘报告》（下），文物出版社，2006年版，彩版一九：3。

③甘肃省文物考古研究所：《秦安大地湾——新石器时代遗址发掘报告》（下），文物出版社，2006年版，彩版四〇：2、3、4。

④甘肃省文物考古研究所：《秦安大地湾——新石器时代遗址发掘报告》（上），文物出版社，2006年版，第597页，表一〇八。

⑤甘肃省文物考古研究所：《秦安大地湾——新石器时代遗址发掘报告》（上），文物出版社，2006年版，第605页，图四一一：8。

⑥甘肃省文物考古研究所：《秦安大地湾——新石器时代遗址发掘报告》（下），文物出版社，2006年版，彩版四一：1。

⑦甘肃省文物考古研究所：《秦安大地湾——新石器时代遗址发掘报告》（下），文物出版社，2006年版，彩版四二：2。

玉凿更长，更为精致，使用功效更好。

齐家文化玉器中的玉凿形器与玉凿有关，玉铲、玉纺轮则与仰韶文化晚期的石铲、石纺轮有关。因此齐家文化玉凿形器、玉铲与玉纺轮的文化传统亦应属于甘青地区的仰韶文化。

齐家文化的玉条形器很有特色，白质玉料，长条形，器形规整，是齐家文化玉器中独具特色的一种器形。

齐家文化玉器中的玉环、玉镯、玉臂饰，在马家窑文化马厂类型中有同类器形的石制品。从文化现象看，环、镯、臂饰在马家窑文化中有使用传统。但马家窑文化的石环、石镯、石臂饰的材质，硬度很低，沁蚀已相当严重，与齐家文化的玉环、玉镯、玉臂饰没有同比性。就单件器物而论，可能嵌粘过绿松石的静宁李店村白玉镯、海原县征集的一件瓦纹圆筒状玉臂饰，都是作为装饰品，而且制作较为精致，独具匠心，可能是由中原地区传入的作品。

齐家文化玉器中的玉钺，是新出现的玉器。但在仰韶文化晚期已出现了石钺，如大地湾第四期出土了穿孔石钺①，所以齐家文化中玉钺的文化传统也可以追溯至甘肃东部的仰韶文化晚期。而齐家文化中那些棱角分明、制作精致的玉钺，可能是由中原地区传入的，其文化传统应在中原地区。

齐家文化玉器中的大玉刀、牙璋、扁薄窄长条玉铲形器、束柄齿棱端刃器、有领璧、多璜联璧、璜形玉片、喇叭形玉管、玉琮等，都不具有甘、青、宁地区的文化传统。

其中大玉刀、牙璋、扁薄窄长条玉铲形器、束柄齿棱端刃器，不仅数量少，而且其玉质不见于齐家文化玉器的其他器类中，甘青地区是否有这类玉器的玉料与玉矿，有待探索。就现在所掌握的资料等信息推测，这类玉器应是由中原地区包括陕北一带传入的。其文化传统应在中原地区。那些传世的同类玉质的同类玉器，恐怕都不是齐家文化的作品。有领玉璧最早见于陶寺文化，是陶寺文化盛行手腕装饰而发明的一种器类②。齐家文化的有领玉璧目前仅发现一件，其短小的领外壁呈凹弧形，显然已脱离了有领玉璧的原始形态，推测其年代相当于二里头文

---

①甘肃省文物考古研究所：《秦安大地湾——新石器时代遗址发掘报告》（下），文物出版社，2006年版，图版二六四：1。

②朱乃诚：《时代巅峰冰山一角——夏时期玉器一瞥》，载《玉魂国魄——玉器・玉文化・夏代中国文明展》，浙江古籍出版社，2013年。

化早期。所以，齐家文化的这件有领玉璧应是由中原地区传入的。其文化传统在中原地区，应与二里头文化有关。

多璜联璧亦可能是陶寺文化盛行手腕装饰而发明的一种器类。目前在陶寺文化中发现有二璜联璧、三璜联璧、四璜联璧、五璜联璧、六璜联璧，而在齐家文化中仅发现三璜联璧与四璜联璧，以及多璜联璧的组合件璜形玉片，估计今后也会发现二璜联璧、五璜联璧。这种多璜联璧的文化传统根源于中原地区。但齐家文化的三璜联璧、四璜联璧等多璜联璧大都是在齐家文化分布区域内制作的。

喇叭形玉管在二里头文化中是作为铜铃的铃舌使用的。中原地区的铜铃，最早见于陶寺文化晚期，或许在陶寺文化中已开始使用这种喇叭形玉管，这有待今后的发现证实。故推测喇叭形玉管的文化传统可能与中原地区的陶寺文化有关。

齐家文化玉琮的文化传统与中原地区的陶寺文化有关。目前在齐家文化中发现的约30多件玉琮中，从形制角度分析，年代最早的大概是静宁后柳沟村的两件刻纹玉琮。其中瓦垄纹玉琮，保留着玉琮四壁中轴的竖槽纹饰，使得玉琮琮体的四个角面界线清晰。这是由良渚文化发明的。在良渚文化晚期至广富林文化时期，玉琮经历着由刻纹玉琮向素面玉琮的演变。而中原地区的陶寺文化，在太湖地区文化的影响下，也正在经历着刻纹玉琮向素面玉琮的演变。静宁后柳沟村出土的四件玉琮，两件为刻纹玉琮，两件为素面玉琮，形体都较大，两件刻纹玉琮的制作年代要早于两件素面玉琮的制作年代。这似乎显示着在静宁后柳沟村这四件玉琮的制作之间，即在齐家文化早期阶段，也已完成了刻纹玉琮向素面玉琮的演变。所以在这之后的齐家文化玉琮，都是素面玉琮。

静宁后柳沟村瓦垄纹玉琮的竖槽特征，在甘青宁地区没有文化源头，而与陶寺M3167：7玉琮（图一三一）所具有的竖槽特征的风格相同。由此说明后柳沟村瓦垄纹玉琮与陶寺文化玉琮有关。当然，陶寺M3167：7玉琮所具有的竖槽特征，是在良渚文化玉琮的发展影响下在中原地区产生的。但是良渚文化玉琮与齐家文化玉琮在时间与空间方面都存在着一段距离，而陶寺文化玉琮与齐家文化玉琮，在时间与空间方面能够紧密相接，所以推测静宁后柳沟村瓦垄纹玉琮应是源自陶寺文化。

图一三一　陶寺M3167:7玉琮

静宁后柳沟村瓦垄纹玉琮是齐家文化玉琮中最为精致的一件，一起出土的另一件刻纹玉琮亦十分精致，他们可能都是由中原地区制作后传入齐家文化的。至于这两件刻纹玉琮与另外两件素面玉琮以及三件玉璧在何时一起埋藏的，尚待考证。

需要指出，齐家文化早期出现的素面玉琮，如天水师赵村M8出土的素面玉琮等，有的与陶寺文化素面玉琮具有相同的特征与风格。静宁县博物馆藏的一件素面矮体玉琮（图一三二）[①]与药城清凉寺——坡头遗址出土的陶寺文化素面玉琮（图一三三）[②]，在玉质及形制方面具有相同的特征与风格。这一现象显示，齐家文化早中期与陶寺文化中晚期可能存在着密切的文化交流，所以两地的素面玉琮具有十分相同的风格。

图一三二　静宁县博物馆藏素面矮体玉琮

图一三三　坡头1号玉琮

① 2015年4月21日笔者观摩会宁县博物馆藏品时拍摄。

②李百勤、张惠祥：《山西，芮城坡头玉器》，载《文物世界》增刊，《文物世界》杂志社，2003年版，第7页。

齐家文化玉璧的文化传统较为复杂。在甘肃东部的秦安大地湾遗址出土的仰韶文化晚期（大地湾四期）石璧（QD0：224），呈黑色，经闻广先生鉴定为半玉质。其平面为圆角近方形，边棱经磨过，穿孔偏离中央一侧，为单面穿，孔壁有旋转痕迹。两面都较为平整。长9.2厘米，孔径2.8厘米，厚0.7厘米（图一三四）①。在甘、青、宁地区发现的年代如此早的石璧，仅此一件，可谓是孤证。目前不知这件石璧是后期混入仰韶文化晚期文化层中的，还是确实是仰韶文化晚期制作的。如果是仰韶文化晚期制作的，那么齐家文化的玉石璧的文化传统要追溯至这件石器。但是在陕西高陵杨家塞遗址曾在仰韶文化一个灰坑中出土一件玉璧，形制十分规整，大概是由太湖地区传入中原地区的。由此也可以表明甘、青、宁地区仰韶文化晚期的玉石璧源自中原地区的仰韶文化，而仰韶文化玉璧的文化传统应与太湖地区有关。

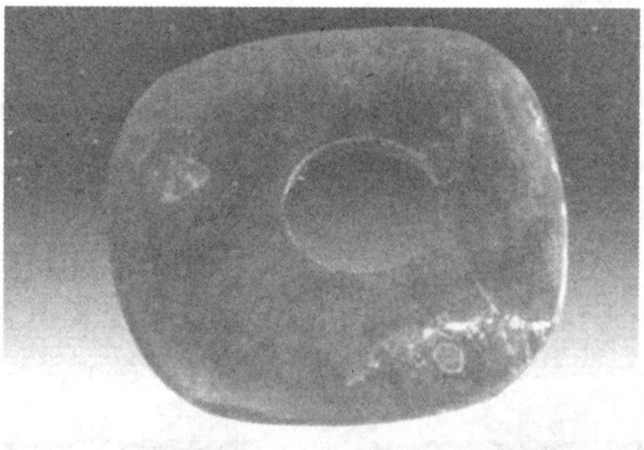

图一三四　大地湾四期QD0:224

然而，齐家文化早期的玉璧，与大地湾遗址出土的玉石璧，在质地与形制方面有着明显的区别。如天水师赵村M8出土的玉璧、静宁后柳沟村与四件玉琮一起出土的三件玉璧，玉质很好，形体较大，平面为圆形，边棱清晰，形制规整。这种玉璧的文化传统应与陶寺文化有关。

陶寺文化的玉璧，有厚约0.1～0.2厘米的玉璧，薄如纸，表明其制作工艺极高②。齐家文化玉璧应是在陶寺文化的影响下，在齐家文化中发展起来的。其文化

①甘肃省文物考古研究所：《秦安大地湾——新石器时代遗址发掘报告》（下），文物出版社，2006年版，彩版四三：2。

②高炜：《陶寺文化玉器及相关问题》，载《东亚玉器》，香港中文大学中国考古艺术研究中心，1998年。

传统自然是中原地区的陶寺文化。但是，在陶寺文化晚期也存在着与齐家文化玉璧相同质地、相同形制的玉璧。如在山西药城清凉寺——坡头遗址出土了许多与齐家文化圆形玉璧的玉质及形制风格相同的玉璧（图一三五）[①]，制作都较为规整。又如在陶寺遗址也出土了与齐家文化圆形玉璧的玉质及形制风格相同的玉璧。这些现象同样表明，齐家文化早中期与陶寺文化中晚期可能存在着密切的文化交流，所以两地都有质地、形制十分相同的玉璧。

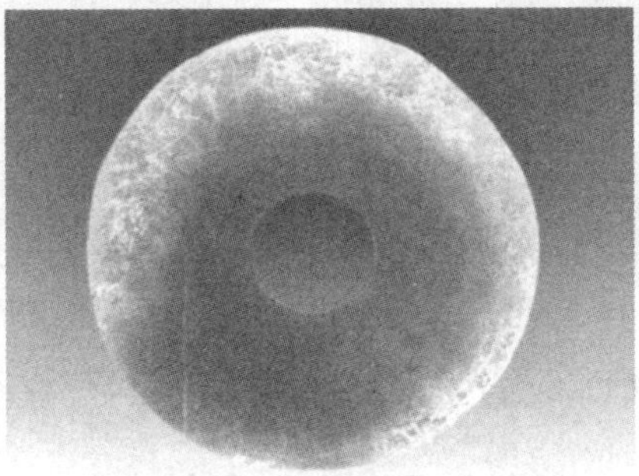

图一三五　坡头19号玉璧

归纳以上的分析，可以看出，齐家文化玉器的文化传统，主要是甘、青、宁地区的仰韶文化与马家窑文化，以及中原地区包括延伸至陕北一带的陶寺文化、二里头文化早期。其中那些高档次玉器的文化传统与陶寺文化、二里头文化早期有关。

六、结语

齐家文化玉器，数量众多，器形形体硕大，风格素雅、大气，在中国古老的玉文化中独树一帜。

齐家文化玉器的年代与齐家文化的年代相始终，大致在公元前2200年至公元前1600年甚至更晚些。它们经历了一个由兴盛到衰落的发展过程。在秦魏家、大何庄、磨沟等齐家文化晚期与本期墓葬中发现的齐家文化玉器很少，尤其是少见玉璧与玉琮，似乎表明在齐家文化晚期与末期，玉璧与玉琮已不再流行了。然而，

①李百勤、张惠祥：《山西·芮城坡头玉器》，载《文物世界》增刊，《文物世界》杂志社，2003年，第8–19页。

津西张家坡西周墓葬中出土的玉琮（图一三六，图一三七）[1]与玉璜[2]，反映了齐家文化玉琮与璜形玉片在西周时期的延续使用与发展，并对西周时期玉琮与玉璜的再度兴起以及玉礼器使用意义的升华，可能产生了重要影响。故对这种玉文化前后承接发展的文化背景，很值得深入探索。

图一三六　张家坡1983SCCM32:1玉琮

图一三七　张家坡1983SCCM32:2玉琮

齐家文化玉器在整个齐家文化分布区域内都有发现。其中部分为中原地区输入品，大部分为齐家文化制作。制作玉器的作业方式，可能是家庭或家族制作作业形式。制作玉器的玉料来源，可能大都开采、采集于聚落群区域周边的崇山峻岭，可能还存在着交换所得。齐家文化玉器能够在陇山周围及陇西地区得到成规模的发展，与齐家文化分布区域内蕴藏着丰富的玉矿资源有关。

齐家文化玉器器类主要有玉钺、斧、铲、扁薄窄长条玉铲形器、刀、凿、凿形器、条形器、纺轮、玉璧、璧形饰、凸领璧、环、三璜联璧及多成联璧、成形玉片、镯、玉臂饰、琮、玉管、牙球、束柄齿棱端刃器、璧芯、琮芯等，还有大量的玉料或玉边角料。其用途主要是武器、手工工具、装饰类玉器与礼仪类玉器，以及财富的象征。这些种类多样、数量庞大的玉器，除个别玉琮、改制的玉钺外，都是素面的，而且形制简单，大多数玉器的器形不规整，精工者较少，其中数量最多的玉璧以及玉琮保留了切割、钻孔、剔刻等手工制作的痕迹，形成了齐家文化玉器的独特风格。

齐家文化玉器的文化传统，主要源于甘、青、宁地区的仰韶文化与马家窑文

①中国社会科学院考古研究所、北京艺术博物馆编：《天地之灵——中国社会科学院考古研究所发掘出土商与西周玉器精品展》，北京美术摄影出版社，2013年，第97、98页。

②黄翠梅：《彤云暾日·珠玉交辉——西周至春秋时期玉璜组佩》，载中国社会科学院考古研究所、良渚博物院编：《天地之灵——中国社会科学院考古研究所发掘出土商与西周玉器精品展》，浙江古籍出版社，2013年。

化，以及中原地区包括延伸至陕北一带的陶寺文化和二里头文化早期。其中大玉刀、扁薄窄长条玉铲形器、束柄齿棱端刃器、牙璋、制作精致的玉璧与玉琮、有领玉璧等高档次玉器的文化传统，都与陶寺文化玉器和二里头文化早期玉器有关。

从齐家文化中那些具有中原地区陶寺文化、二里头文化早期风格与特征的玉器的分布现象分析，中原地区向甘青地区齐家文化的影响，大概存在着两条由东往西的路线。一条由陇山东麓转折陇山北麓、陇山西麓，经会宁、定西，到达齐家文化核心分布区域的洮河、大夏河一带。另一条由渭河逆流而上，经甘肃东部的天水、陇西，到达洮河、大夏河地区。由齐家文化核心分布区域的洮河、大夏河一带再往西的影响，可能存在着三条路线。一条是由大夏河下游沿黄河西进，到达青海东部黄河流域的民和、同德一带。另两条是由洮河下游顺黄河而下，再分别溯湟水、庄浪河而上，分别到达青海湖一侧以及祁连山东麓的乌稍岭一侧。而甘肃武威以西至张掖一带受中原地区的玉文化影响较小，所以这里的玉文化以本地的文化特色为主。其中张掖黑水国遗址出土的齐家文化阶段的玉器及其玉料，是纯粹的本地区的文化传统。

齐家文化玉器与陶寺文化、二里头文化早期玉器存在着的密切关系表明，陇西地区齐家文化玉器的发展，在受到中原地区陶寺文化、二里头文化的重要影响的同时，自然也应对中原地区玉文化的发展产生了重要影响。如前述的陶寺文化中的玉璧与矮体素面玉琮等。其中齐家文化与陶寺文化的文化交往关系，应是通过陇山东侧的甘肃平凉、庆阳地区实现的。据此推测，在陇山东麓以及平凉、庆阳地区将会有体现陶寺文化特征与齐家文化特征的玉器。我们期待着新的发现。

陇西地区齐家文化与中原地区陶寺文化、二里头文化在玉文化方面的密切关系，应是反映了夏王朝形成之前至夏王朝被灭亡以后这一中国历史上极为重要发展时期，中原至陇西地区在社会政治、经济、文化方面共同经历着剧烈的分化与改组、发展与交流的重要物证。

齐家文化玉器是在中原夏王朝形成前后勃兴于陇山及陇西地区的一种重要的文化现象，并在陇山及陇西地区这一特殊的自然地理环境与人文环境下逐步发展，使得陇西地区的玉文化在夏时期呈现出五彩缤纷的景象，最终成为开启西周玉文化的重要源头之一，对中国古代玉器与玉文化的发展，发挥了承上启下的重要作用。

（本文原载于《玉泽陇西》，北京美术摄影出版社，2015年，第204-275页）

青海地区齐家文化出土玉器概述

任晓燕
青海省文物考古研究所

青海位于青藏高原东北部边缘，是黄河、长江、澜沧江三江之源，是中西文化交汇处，是中华民族发祥地之一。这里在中国历史发展漫长的历程中，一直是各民族相互交流、文化传播的舞台与通道。

地处中国西部的齐家文化，距今4000年左右，兴起在黄河上游，延续了六世纪之久，在华夏文明的形成中扮演了十分重要的角色，自19世纪70年代以来，在青海地区多处齐家文化遗址与墓地中陆续出土了数百件玉器，种类繁多，包括礼器、生产工具和装饰品等，著名的史前灾难遗址——喇家遗址是黄河上游齐家文化极具有代表性的重要聚落，1981年在此征集玉器7件，1999年至2007年考古发掘出土玉器108件，占据了青海地区齐家文化出土玉器总量的四分之一还多，基本囊括了目前青海地区齐家文化已出土玉器的全部器形。该遗址出土的玉器从不同角度展现出了齐家玉文化的面貌，同时也展示出这一时期玉器使用的社会时尚及齐家文化所取得的艺术成就，这批玉器具有典型性和代表性，不仅促进了齐家文化玉器的深入研究，也是探索青海地区齐家文化玉器的重要素材，本文试以该遗址出土的玉器为基本材料，概述这一地区齐家文化出土玉器的器形分类、制作工艺与时代特征。

一、发现地点

齐家文化，是我国黄河上游新石器时代晚期到青铜时代早期的文化，因最初发现于甘肃省广河县齐家坪遗址而得名。

该文化分布地域广阔，东起泾水、渭河流域，西至河西走廊西部、湟水流域及青海湖畔，南抵白龙江流域，北达内蒙古西南部及宁夏南部，主要分布地区为甘肃大部、青海东部、宁夏南部、陕西北部和内蒙古西南部，其中心区域在甘肃中西部及青海东部，现已发现遗址1100多处。据“三普”最新调查资料显示，在青海地区齐家文化遗址达505处之多，主要集中分布在青海东部农业区的河湟谷地及支流台地上。经统计，目前考古调查及发掘资料，在青海地区有13处地点出土、采集或征集到齐家文化玉石器（见表一），其中考古调查的地点有民和中川旱台与乐都白崖子两处遗址，其余有11处地点均经考古发掘，早在1973年考古发掘的大通上孙家寨早期墓地中出土有玉器，已发表的玉器资料仅有大玉刀1件，由于该地点尚未进行全面清理，具体出土玉器数字不清：1974—1980年乐都柳湾墓地出土玉璧1件、玉斧1件、玉锛1件、玉凿2件、玉纺轮3件、玉璧芯1件，绿松石饰34件。1977年贵南录马台出土玉璜1件、绿松石饰188件。1979—1980年互助总寨出土玉斧1件，绿松石饰3件。1991年平安东村地出土玉璧1件、玉条形器1件、绿松石饰10件。1992—1993年西宁沈那遗址出玉器30多件（包括玉璧、玉环、玉琮、玉凿、玉璧芯、绿松石饰、玛瑙石饰），发表资料中未报道各类玉器的数量。1994—1996年同德宗日遗址出土玉璧1件，玉环1件，玉钺1件，玉刀3件，玉凿1件。2003年化隆拉卡遗址出土玉璧1件及玉料（出土件数未报道）。1999—2007年民和官亭喇家遗址出土玉石器108件，有玉璧9件、玉三璜联璧3件、玉环5、玉瑗1件、玉钺2件，玉刀1件、玉斧2、玉锛3件、玉凿4件，玉璜3件、玉纺轮2件，玉条形器件、玉管饰6件，天河石珠饰2件、绿松石饰3件、璧芯6件，琮芯1件、玉片7件、刀形玉器1件、梯形玉器1件，璜形玉器1件，玉坯1件、玉料35件、绿松石片3件。另外，早在1981年在喇家遗址征集玉器7件，器类有玉璧2件、玉瑗1件、玉刀1件、玉钺2件、玉锛1件。2006年大通长宁遗址出土玉器35件，其中玉璧3件、玉斧3件、玉锛6件，玉凿7件、玉纺轮1件、绿松石饰5件、玉料10件。2012年互助金禅口遗址出土玉锛及玉纺轮各1件。

上述13处地点中，其中仅贵南杂马墓地、长宁遗址、金禅口遗址、民和县遗址四处地点统计的出土玉器资料齐全，其余遗址仅根据已发表的零星材料进行统计，共计420件。

表一 青海地区齐家文化出土玉器种类统计表(件)

出土地点	礼器							工具				装饰品					其他								
	璧	三璜联璧	环	瑗	璜	钺	刀	斧	锛	凿	纺轮	条形器	管饰	天河石管饰	绿松石管饰	玛瑙石饰	璧芯	琮芯	玉片	刀型玉器	璜形玉器	梯形玉器	绿松石片	玉料	玉坯
大通上孙家寨墓地							1																		
乐都柳湾墓地	1							1	1	2	3				34		1								
贵南尕马台墓地					1										188										
互助总寨墓地								1							3	5									
民和中川旱台遗址	1		1						1?															1	
乐都白崖子遗址						1		1																√	
化隆拉卡遗址	1																							√	
西宁沈那遗址	√								√	√					√	√	√								
平安东村墓地	1											1			10										

续表一

出土地点	礼器							工具				装饰品					其他								
	璧	三璜联璧	环	瑗	璜	钺	刀	斧	锛	凿	纺轮	条形器	管饰	天河石管饰	绿松石管饰	玛瑙石饰	璧芯	琮芯	玉片	刀型玉器	璜形玉器	梯形玉器	绿松石片	玉料	玉坯
同德宗日遗址	1		1			1	3			1															
大通长宁遗址	3							3	6	7	1				5									10	
互助金禅口遗址									1		1														
民和喇家遗址	11	3	5	2	2	4	2	2	4	4	2	6	6	2	3		6	1	8	1	1	1	3	35	1
合计	19	3	7	2	3	6	6	8	13	14	7	7	6	2	243	5	7	1	8	1	1	1	3	46	1

注：√表示具体数量不清。

二、器形分类

玉器的种类有25种之多。按其功用可分为礼器、工具、装饰品及其他四大类。

（一）礼器类

在青海地区齐家文化玉器群中，除保留有甘青地区前期文化中一些经典器型，如生产工具类的斧、锛、凿和装饰品类的串珠、绿松石饰外，最大的特征就是出土大量制作精美的玉礼器，如璧、环、瑗、三璜联璧、璜、钺、刀。其中以璧环类为主，钺与刀的数量相对较少，琮这类礼器目前在青海地区尚未出土完整的器形，仅在喇家遗址中出土一件玉琮芯。由此反映出了这一地区“重璧轻琮”的礼仪现象，刀在齐家文化玉器的分类中有人将其分在工具类中，也有人把其分在礼器类，青海地区出土的玉刀均为多孔玉刀，不具有实用性，应归入礼器中。

璧 共计19件，为孔径小于直径二分之一的环形器。在喇家遗址中出土9件，其中有3件出于3座墓排中（M2、M12、M24），位于墓葬的填土、人骨胸部及腹部处；3件出于居址F4中，3件出于灰坑（H9、H79）与地层中。另早年采集玉璧以圆形为主，个别呈椭圆形或不规则扁圆形。均单面钻孔，素面无纹。玉璧表面均经打磨，磨制痕迹明显，有的璧裂处已磨平。直径长10.1厘米，孔径4.8～5.24厘米，厚0.44～0.65厘米（图二）。璧面还保留有多次切割痕迹。外缘只有个别磨制规整，少数玉璧厚薄均匀、浑圆规整、打磨精细。大多不规整，并有自然破裂面。孔钻旋转切割痕迹明显，留有断器痕迹。玉璧颜色多呈绿色，有浅绿与深绿之分；少数呈白色，亦有灰白及青白之别。璧面有的局部受沁，受沁的程度不等，呈白色或灰白色。玉璧大小不一。标本1喇家H79：1，器形最大者，直径长21.8厘米，孔径长5.8厘米，厚1.1厘米。标本2（喇家F4；23），器形最小者，直径长7.6厘米，孔径3.0～3.28厘米，厚0.3厘米（图一）。

环 共7件，为孔径大于直径二分之一的环形器。形制基本规整，圆形，单面钻孔，光素无纹，部分打磨不精，保留有切割痕迹。外缘多平直，少数加工成刃状。

标本1（宗日遗址），整器切割得十分规整，通体磨光，素面无纹，直径长8.6厘米，孔径5.1厘米，厚0.6厘米。标本2（喇家MI7：12），位于人骨胸部，圆形。璧面不平整，略有起伏。外缘加工规整。断列处已磨平。直径长10.1厘米，孔径4.8～5.24厘米，厚0.44～0.65厘米（图二）。

图一 喇家F4:23玉璧

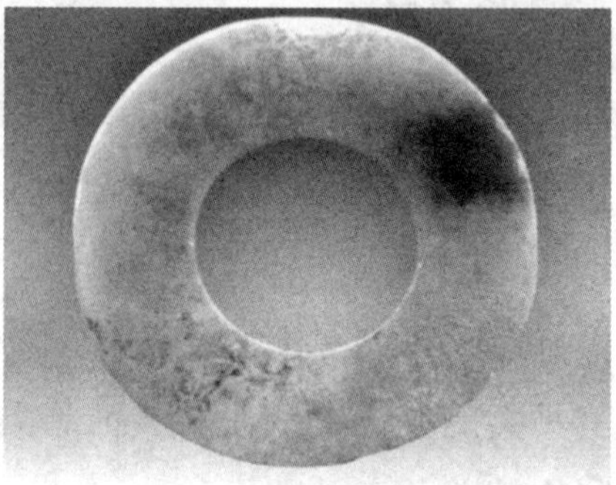

图二 喇家M17:12玉环

瑗 2件，为孔径大于孔旁宽度的环形器，均出于喇家遗址，出土及采集各1件。皆采用璧芯再加工而成，质地晶莹透亮。瑗内宽度不均匀，单面钻孔，素面。

标本1（喇家M17：16），呈淡绿色，素面，无沁。瑗周边边缘不规整，器体厚薄不均。内孔偏于一侧，孔内壁留有较清晰的制作痕迹，钻切痕迹明显，不规整，钻切的旋转方向与外周边缘的旋转方向相反。从玉瑗的外周边缘有旋转切割痕迹，最薄处外缘有断裂面分析，可确定玉环的用料采用了玉璧芯制成。玉瑗一面磨制痕迹清晰。直径5.0～5.15厘米，孔径3.3～3.5厘米，厚0.47～0.62厘米（图三）。

三璜联璧 3件，均出于喇家遗址墓葬及地层中。其中两件器形完整，同出在M7填土中，均呈深绿色，玉色中夹杂有褐色，无沁，不透明，素面抛光，由三片玉璜拼合而成，单璜长度不一，呈扇面形两端各有一个单孔以便拼连，孔均为单面钻，钻痕清晰。

标本1（喇家M17：8），系由一块玉料切割为三块玉璜磨制拼对，直径7.3厘米，孔径3.4厘米，厚0.36厘米，璜孔径长0.19～0.36厘米（图四）。

图三 喇家M17:16玉瑗

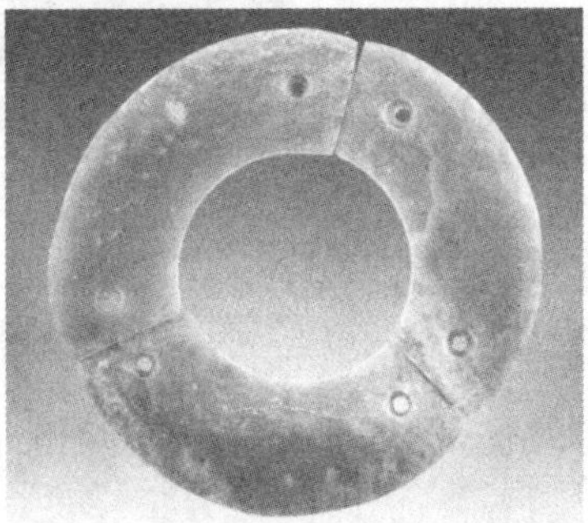

图四 喇家M17:8三璜联璧

标本2（喇家T1013硬面：9）器残，亦由三片玉璜拼合成器，直径8.1厘米，孔径3.8～4.1厘米，璜孔径0.25～0.43厘米（图五）。

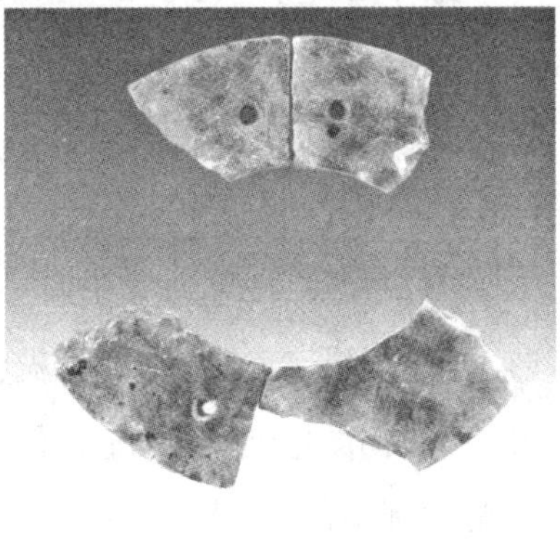

图五 喇家T1013硬面:9三璜联璧

玉璜 共3件，喇家遗址中有2件同出土于F2房址内。玉色不透亮，夹杂白色斑块或深褐色，颜色整体呈黑褐色，两面磨制成片状，磨制痕迹较明显，素面抛光。璜呈扇面形，两端各有一孔以便相连，孔为单面钻，旋转痕迹清晰。2件玉璜均残断，长短不等。

标本1（喇家F27：49），残长6.6厘米，宽2.06厘米，厚0.31厘米，孔径0.1～0.31厘米（图六）。

标本2（喇家F27：48），残长4.8厘米，宽1.9厘米，厚0.36厘米，孔径0.22～0.45厘米。

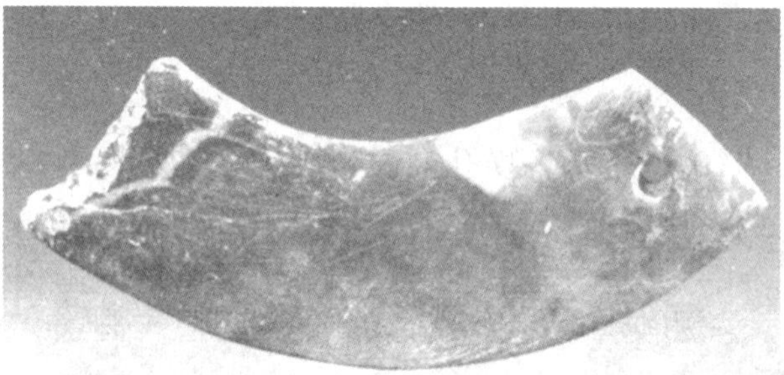

图六　喇家F27:49玉璜

钺　6件，器体近长条形，两侧平直上下两端的宽度基本相等，柄端单面钻单孔。

标本1（喇家F25：1），置于居址奠基内，呈白色，通体透亮，局部受沁。整器制作精细，顶端拱形，两侧圆弧。平刃。长14.1厘米，厚1.17厘米，孔径0.58～0.73厘米。

图七　喇家F7:35玉钺

标本2（喇家F：35），置于陶器内。玉色深绿色，其间夹杂有褐色，素面抛光，无沁，斜顶，两面磨制起脊。斜刀。长7.6厘米，宽5.1厘米，厚1.3厘米，孔径0.83～1.02厘米（图七）。

刀　6件，均为多孔玉刀，可分两种，多为窄条形，共5件，黄青色或青灰色，均素面无纹，双面开刃，通体磨光使用痕迹。器形最长者为青海大通上孙家寨墓地出土，长54厘米，宽8.5～10.3厘米，厚0.8厘米，刀身背部有4个等距单面孔径1～1.2厘米，最短者青海同德日遗址出土，长18.7厘米，宽3.7～5.6米，厚0.5厘米，背部单面钻有3孔，孔小不一，径长0.5～1.2厘米。

一种为宽条形，仅1件（喇家T537④：1）于疑似祭坛附近的地层中。通体较透淡绿色，玉色中夹杂白色斑纹，并裹褐色水锈。器形制作规整精致，棱角分明，刃部锋利，素面磨光，顶窄刃宽，平斜边，双面弧刃，刀身顶部有两个单面钻孔。刀身已残缺，断裂处有磨制痕迹，残长32.8厘米，宽16.6厘米，厚0.4厘米，孔径2厘米，长条形（图八a，图八b）。

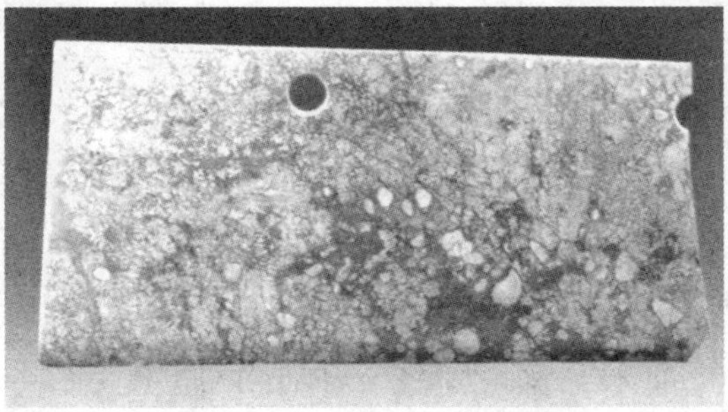

图八a 喇家T537④:1玉刀

图八b 喇家T537④:1玉刀

（二）工具类

工具类包括有斧、锛、凿、纺轮。这类器物在居址和墓葬中均有出土，是齐家文化工具类玉器中比较常见的几种玉器，制造工艺粗精不一，有的残断破损或有使用痕迹，尚未脱离实用的范畴。

斧 8件，体扁平，长条形，顶窄刃宽，顶端单面钻单孔，素面无纹，双面刃，多数刃面有使用痕迹。

标本1（喇家F27：5），置于房址内。深绿色，玉色中夹有少量白色。顶端拱形，器体较薄，两侧平整与器面棱角分明，磨制光滑，器表磨制痕迹较明显。刃

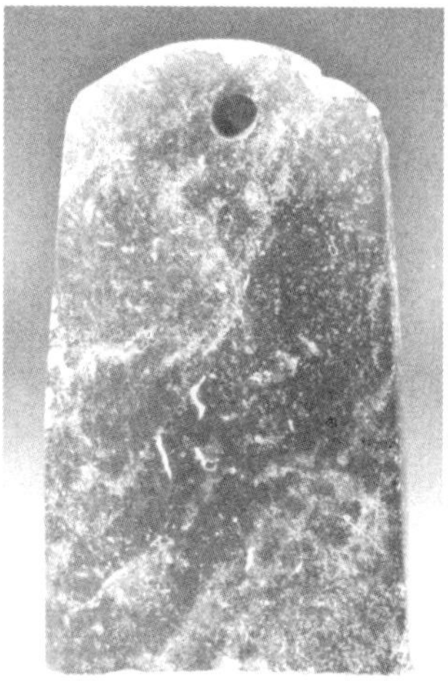

图九　喇家F27:5玉斧

部一端残断，通体残长12.5厘米，宽7.1厘来，厚1.04～1.7厘米，孔径1.0厘米（图九）。

标本2（F23：26），置于门前场地。青灰色中夹杂白色斑块。顶端残断，两侧棱角分明。磨制光滑，器表磨制痕迹较明显。残长8.2厘米，宽64厘米，厚1.12厘米。

锛　共13件，其中喇家遗址出土的3件玉锛分别位于F7陶器内及F28填土内。长方形，顶窄刃宽，加工规整，棱角分明，顶端均留有自然破裂面，单面斜刃或弧刃，刃部有使用裂痕，素面磨光。

标本1（喇家F7：32），置于陶器内。深绿色，无沁。单面弧刃。长5.07厘米，宽4.2厘米，厚0.67厘米（图一〇）。

标本2（喇家F7：33），置于陶器内。玉质透亮，深绿色，夹杂有褐色，局部受沁呈灰白色。单面斜刀。长6.38厘米，宽3.05～3.4厘米，厚0.44厘米（图一一）。

图一〇　喇家F7:32玉锛

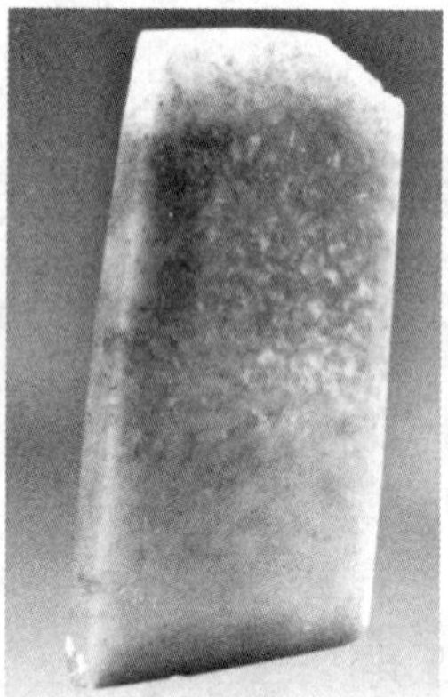

图一一　喇家F7:33玉锛

标本3（喇家F2B：1），置于房内填土中。灰白色，玉色中夹杂黑褐色和白色斑块，局部受沁，呈白色。单面斜刃。长5.45厘米，宽3.2厘米，厚0.67厘米（图一二a，图一二b）。

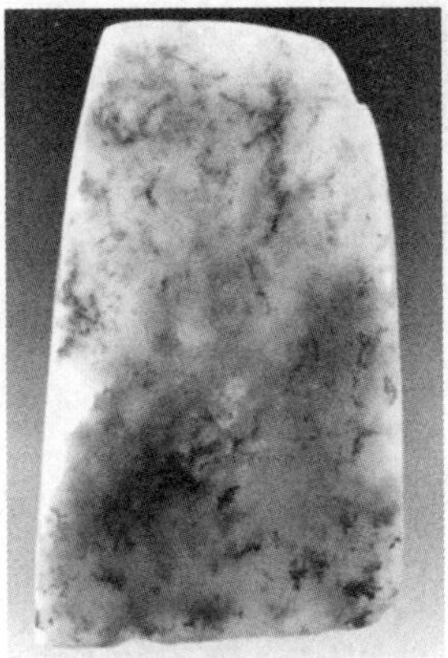

图一二 a　喇家 F28:1 玉锛

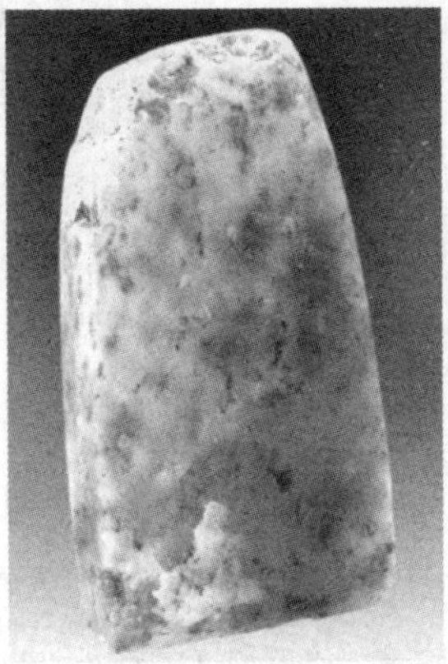

图一二 b　喇家 F28:1 玉锛

凿　14件，喇家遗址出土4件，分别出土于地层、房址及墓葬中。长条形，顶端在自然破裂面上稍做磨平，器身磨制平整光滑，棱角分明，素面抛光。

标本1（喇家M17：10），位于墓葬中人骨下肢处。通体透亮，白色无暇。器身略弯曲，平刃。长14.2厘米，宽1.74厘米，厚1.53厘米（图一三）。

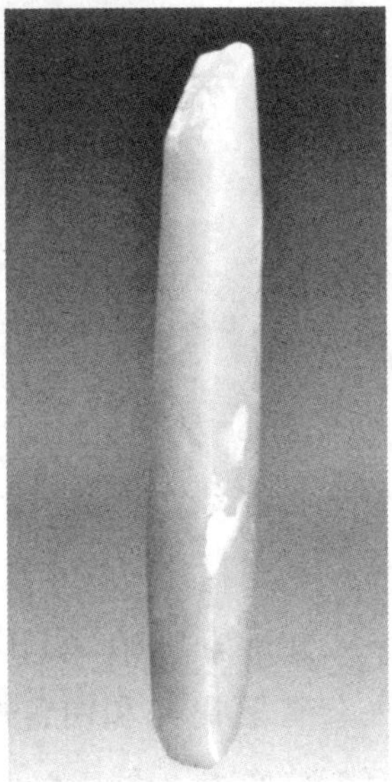

图一三　喇家 M17:10 玉凿

标本2（喇家F23：25），位于门前场地处。黑褐色，玉色不透亮，顶端受沁，局部呈白色。磨制痕迹清晰，横断面呈梯形，单面弧刃。长18.9厘米，宽2.5厘米，厚2.5厘米（图一四a，图一四b）。

标本3（喇家T526⑥b：1），位于地层中。绿色，局部受沁呈浅褐色，器身包裹有白色水锈。器身中部略外凸，两头渐收，横断面略呈八棱状，斜刃，周有细微的磨制痕迹。长8.84厘米，宽2.02厘米，厚1.4厘米。

图一四 a　喇家 F23:25 玉凿

图一四b 喇家F23:25玉凿

纺轮 共7件，圆形，单面钻单孔，孔内壁旋转钻痕清晰，素面磨光。

标本1（喇家M17：15），位于人骨胸。玉质透亮，呈灰白色，相夹有褐色与深褐色。圆形不规整，单孔位置未居中，略偏一侧，周缘交错磨制有棱角。直径4.3～4.5厘米，孔径0.57～0.95厘米，厚0.9厘米（图一五）。

图一五 喇家M17:15玉纺轮

标本2（喇家T1105⑦：1），位于地层中。器残，仅存一半。灰白色，玉质中央杂有黑褐色和白色斑块，局部受沁呈白。径长6.1厘米，孔径0.85～1.0厘米，厚0.82厘米（图一六a，图一六b）。

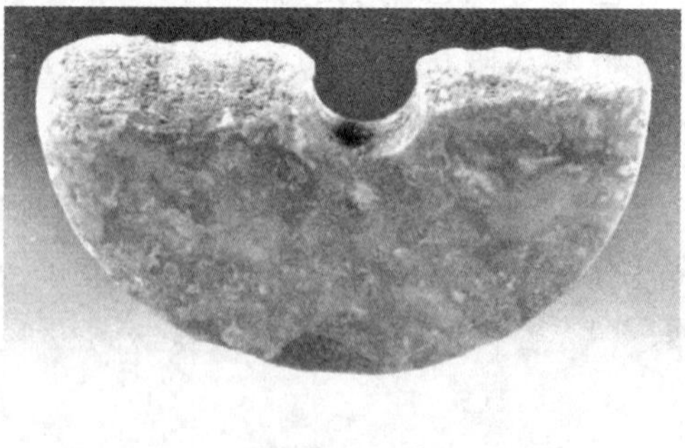

图一六a 喇家T1105⑦D:1玉纺轮

图一六b 喇家T1105⑦:1玉纺轮

(三)装饰品

装饰品包括有玉条形器、玉管饰、天河石管饰、绿松石珠饰。其中绿松石饰是新石器时代晚期比较常用的装饰品之一，在齐家文化遗址中屡有发现。

条形器 共7件，其中5件器形较长，长6.2～7.47厘米，分别置于3座墓葬中。平安东村墓葬中条形器位于颅骨附近。喇家遗址条形器置于M2与M25中，各墓均出土2件，都位于人骨腹部。从5件较长的条形器位于墓葬人骨腹部及颅骨处，推测可能属装饰品。器形均为长条形，两端磨成圆弧形，周边棱角分明，磨制痕迹清晰。玉质透亮，颜色为白色或青白色，局部受沁呈灰白色，通体打磨，素面抛光。另2件器形较短，长2.5～3.95厘米，分出于F23与F26门前场地及填土中，亦呈青白色或灰白色，包裹有褐色水锈。

标本1（喇家M2：2），白色，横断面略呈方形。长6.8厘米，宽1.4厘米，厚1.4厘米。

标本2（喇家M2：3），白色，横断面略呈方形。长7.47厘米，宽1.44厘米，厚1.22厘米。

标本3（喇家M25；3），青白色，横断面呈长方形。长6.55厘米，宽1.04厘米，厚0.6厘米（图一七）。

图一七 喇家M25:3玉条形器

标本4（喇家M25：5），青白色，横断面呈长方形。长6.2厘米，宽1.14厘米，厚0.6厘米（图一八）。

标本5（喇家F23：22），置于居址门前场地处，玉质不透亮，横断面呈长方形。长2.5厘米，宽1.24厘米，厚0.82厘米（图一九）。

标本6（喇家F26：28），置于居址填土中，横断面呈长方形。长2.5厘米，宽0.8厘米，厚0.6厘米。

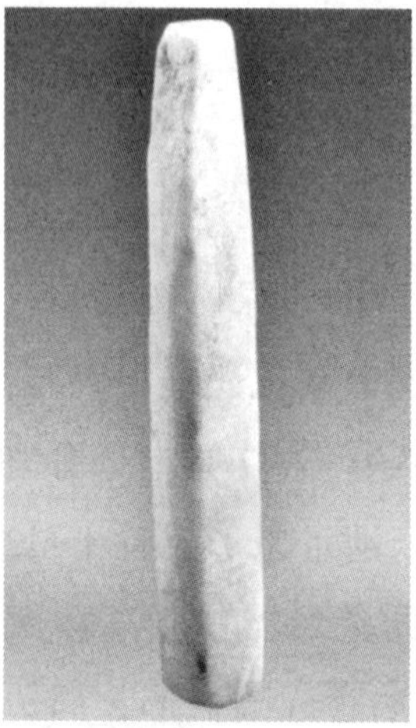

图一八　喇家M25:5玉条形器

图一九　喇家F23:22玉条形器

玉管饰　6件，同出于喇家遗址M12中，均位于人骨腹部及头部。青灰色，受沁较甚，多呈白色。喇叭形，制作精致，上下端磨平，单孔双面对钻，孔内旋转痕迹清晰。素面抛光。

标本（喇家M12：3），管孔未居中，略偏一侧。长5.14厘米，径宽1.6～2.16厘米，孔径0.4～1.04厘米（图二〇）。

图二〇　喇家M12:3玉管饰

梯形玉器　1件（喇家M10：1），位于人骨颅骨处。从此件玉器所处位置推测为饰品。器体光洁透亮，浅绿色，局部受沁呈白色。梯形，顶厚底薄，顶底两边略呈弧线，顶端有切割的槽痕。器身一面为直面，另一面为弧面，四周棱角分明。上宽5.96厘米，下宽8.1厘米，高1.54厘米，厚0.2～0.7厘米（图二一a，图二一b）。

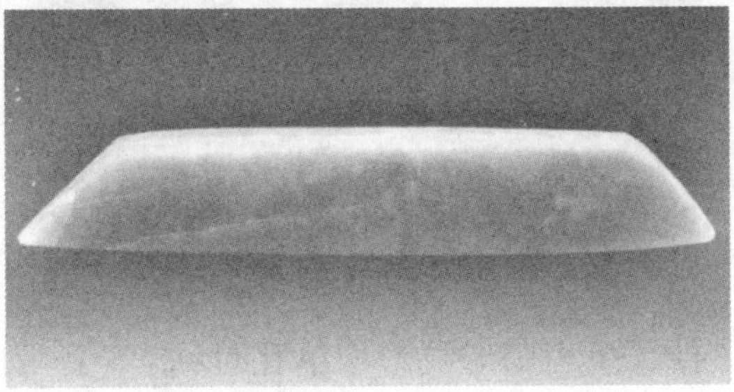

图二一a 喇家M10:1梯形玉器

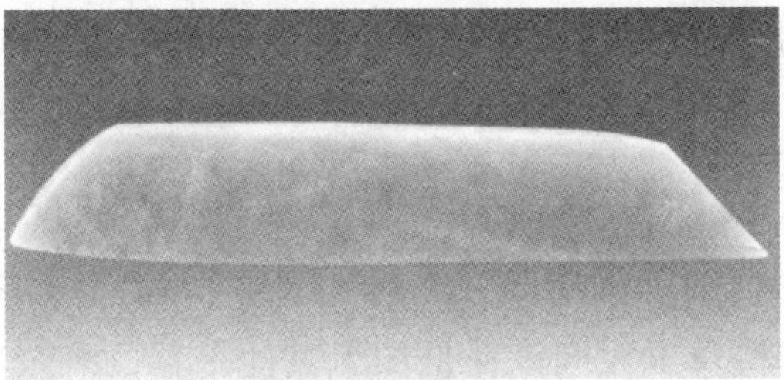

图二一b 喇家M10:1梯形玉器

天河石管饰 2件，均位于喇家遗址M17颅骨处。梭形，翠绿色，玉色中夹杂白色，素面抛光。单孔对钻，对钻衔接有错位。

标本1（喇家MI7：13），长3.7厘米，宽1.54厘米，孔径0.4厘米，两端磨平（图二二）。

标本2（喇家M17：14），长3.74厘米，宽1.5厘米，两端磨成斜面（图二三）。

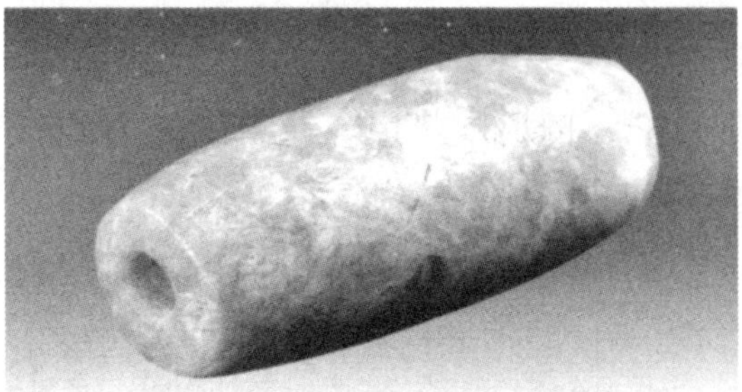

图二二 喇家M17:13天河石管饰

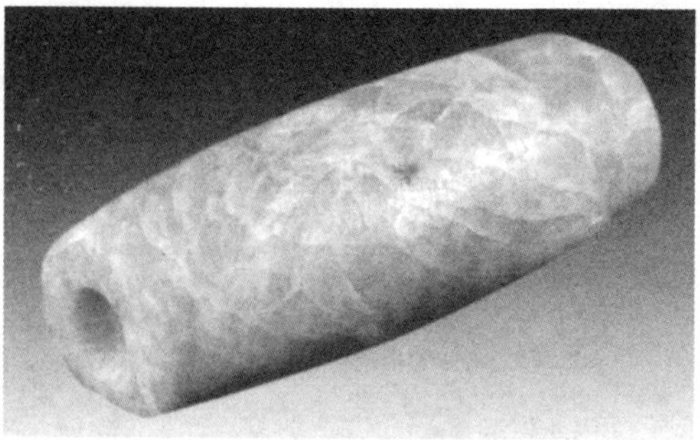

图二三　喇家M17:14天河石管饰

绿松石珠饰　243件，呈扁圆形或管型单孔对钻。

标本1（喇家遗址M12：6），绿色，周身磨制不规整，长1.45厘米，宽1.2厘米，孔径长0.3厘米。

标本2（喇家遗址M12：7），蓝色，局部受沁呈灰色，长1.35厘米，宽1.1厘米，孔径长0.32厘米。

(四)其他类

其他类包括有玉璧芯、玉琮芯、玉片、刀形玉器、璜形玉器、玉料、玉坯、绿松石片等。这些玉科及玉片应该都是加工其他玉器的剩余料或待加工玉器的半成品。玉料与玉片虽然不成器，但从玉料上可以清楚地了解到当时的切割方法及钻孔方法，是一批非常珍贵的齐家文化出土玉器资料。

璧芯　7件，均见于喇家遗址，只有2件出于地层内，其余均位于墓葬中。玉芯属切割玉璧、玉环等环形玉器中部的玉料，周边旋转痕迹清晰，断裂处有的并裹有褐色水锈。器表两面平整光洁，一面加以打磨，也有的未经磨制。由于制作工艺采用了单面钻，故直径上下不等。素面无痕，玉色有绿色、浅绿色、浅青色、白色多种。有的玉质通体透亮，有的局部受沁成白色或包裹有褐色水锈。玉芯以圆形为主，个别为椭圆形。

标本1（喇家M14：1），圆形，绿色，器表有交错磨制的痕迹，上径5.71厘米，下径5.8厘米，厚0.48厘米（图二四a，图二四b）。

标本2（喇家M17：4），呈椭圆形，绿色，局部受沁，并裹有褐色水锈，器表两面平整光洁，一面留有一道清晰的切割槽痕，外周边缘钻痕清晰，长径5.71厘米，短径4.33厘米，厚0.66厘米（图二五）。

标本3（喇家M17：7），浅绿色，玉质极好，通体透亮，玉芯极小，径长1.55

厘米，厚0.63厘米（图二六）。

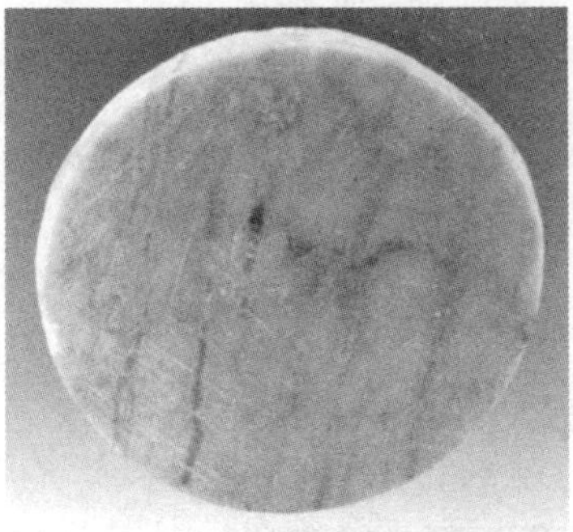

图二四a 喇家M14:1玉璧芯

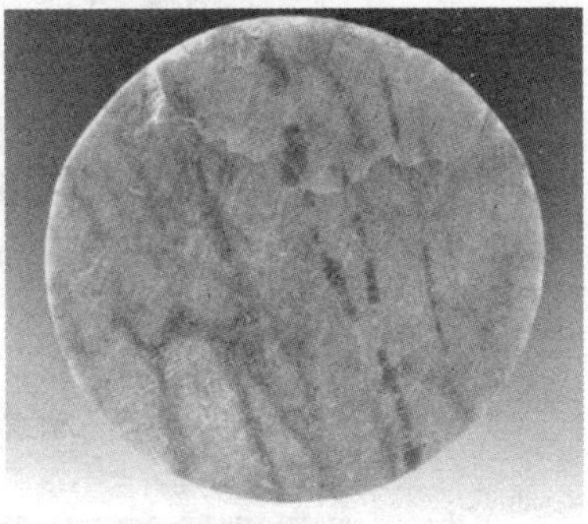

图二四b 喇家M14:1玉璧芯

图二五 喇家M17:4玉璧芯

图二六 喇家M17:7玉璧芯

标本4（喇家T537⑥：10），绿色，夹杂有少量褐色，玉质较好，通体透亮。在玉芯的背面留有一周宽0.33厘米的圆形管钻凹槽，径长4.16厘米，厚5.8厘米。

琮芯 1件（喇家T537④b：4），出在地层中。深绿色，并夹杂有不规则的黑色斑纹，部分位置受沁呈白色，表面包裹有浅褐色的水锈。玉琮芯呈圆柱形，上端略收口，向下逐渐变得粗细匀称。柱形琮芯外壁存有清晰的孔钻加工痕迹，外壁通体布满极细的旋转痕迹，上端孔钻旋转凹槽痕较粗，向下端逐渐变细，下端四周有断裂面，琮芯两端未经打磨，为玉料原始面。高7.9厘米，直径3.8～4.1厘米（图二七）。

刀形玉器 1件（喇家F23：20），位于门前场地处。通体透亮，深绿色，夹杂有黑色斑纹。长方形，一端已残。顶厚底薄，顶平直边，底呈刀刃状，不锋利。一侧有对钻单孔，孔钻旋转痕迹清晰，深0.4毫米。素面磨光。长11.6厘米，宽2.8厘米，厚0.4厘米，孔径0.22～0.42厘米（图二八）。

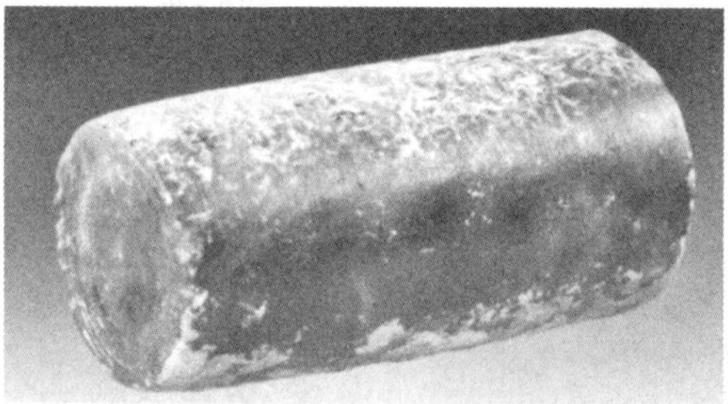

图二七　喇家T537④b:4玉琮芯

图二八　喇家F23:20刀形玉器

璜形玉器　1件（喇家F23：24），位于门前场地。玉色不透亮，灰绿色，包裹褐色水锈。璜形。两面磨制成片状，磨制痕迹明显，两端残断。长2.7厘米，宽1.53厘米，厚0.3厘米（图二九）。

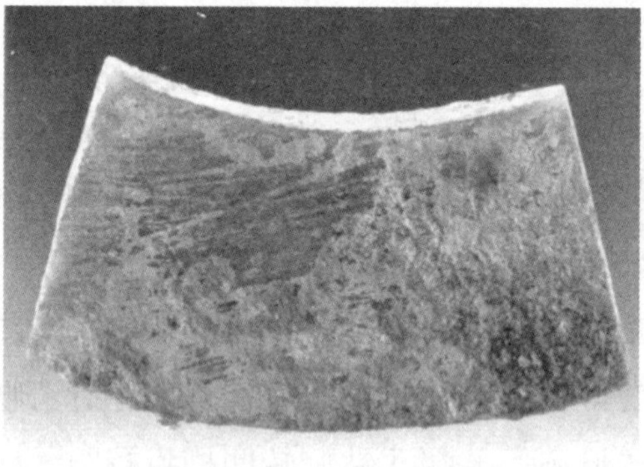

图二九　喇家F23:24璜形玉器

玉片　8件，分别位于喇家遗址墓葬与房址中。均呈薄片状，形状各异，有不规则形、圭形、长方形、不规则三角形、不规则长条形、三角形、圆形多种。

标本1（喇家M8：3），不规则形玉片，位于人骨腹部。绿色中夹杂白色、黑褐色杂质，无沁。片状，一面切割成平面，另一面磨平，略带弧度，平整光洁。断裂处一侧边磨平，其余各边为自然断裂面，未经磨制。长9.6厘米，宽6.4厘米，

厚0.8厘米（图三〇a，图三〇b）

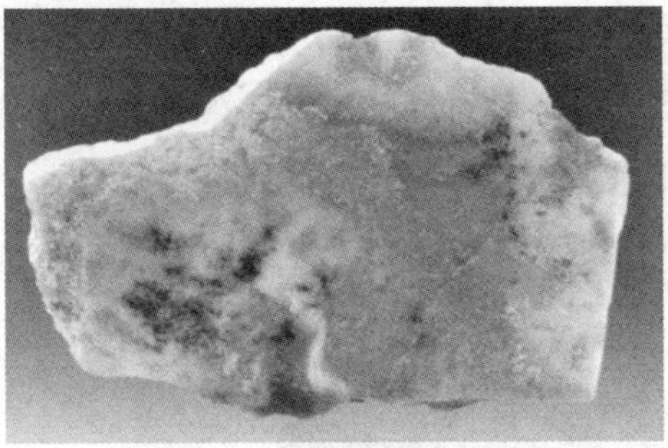

图三〇a 喇家M8:3玉片

图三〇b 喇家M8:3玉片

标本2（喇家F23：21），不规则形玉片，置于门前场地。通体透亮，灰绿色，局部受沁呈白色。不规则形，两面为切割光洁面，呈片状，一边薄一边厚，两面平整，磨制痕迹明显，一侧有切割线痕清晰，深3毫米，呈斜坡状。周边为自然破裂面和切割断裂面。长3.7厘米，宽2.95厘米，厚0.3～0.42厘米。

标本3（喇家M12：1），圭形玉片1件，置于填土中。青灰色，局部轻微受沁呈白色。形似玉圭，残断一角。长13.5厘米，宽5.4厘米，厚0.66厘米。

标本4（喇家F29：？），不规则三角形玉片，标本置于门前场地。青白色，玉色受沁较重呈白色。两面为切割面。一侧有切割痕迹，其余各面为自然破裂面。长2.1厘米，宽1.7厘米，厚0.2厘米。

标本5（喇家F26：27），不规则长条形玉片，置于房内填土中，青白色，玉色受沁呈白色，裹有褐色水锈。一面为磨光面，其余为自然破裂面。长3.6厘米，宽1.8厘米，厚0.3厘米。

标本6（喇家M8：5），三角形玉片，置于墓葬填土中。玉色较透亮，绿色，局部受沁呈白色。两面均为切割面，光洁平整。正面上有切割线四条，组成三角形。底边切割并有断裂。其余侧面为自然断裂面。长4.5厘米，高2.63厘米，厚0.14～0.36厘米。

标本7（喇家M8：2），圆形玉片，置于人骨腹部。玉色较透亮，浅绿色，夹杂条纹状褐色杂质，部分受沁呈白色。正反两面均为切割面，平整光滑。边缘为自然面加工磨制，不甚规整。一边厚一边薄。径6.1厘米，厚0.23～0.36厘米。

标本8（喇家F27：3），长方形玉片，位于房址内。绿色，正面光洁平整，四侧向背面斜收，背面有深褐色的残留物，深褐色残留物有可能是镶嵌器物的胶质物。长2.53厘米，宽1.08厘米，厚0.2厘米。

玉坯 1件（喇家M17：2），出于墓葬填土中。黄褐色，器身包裹有褐色水锈。该器应属锛的坏体，尚未成器。长方形，顶窄刃宽，顶端自然破裂，稍做磨平，刃部略残，单面斜刃。一面为平整的切割面。另一面经磨制略带弧度。侧面均磨制起脊，一侧有切割断裂痕迹，但已磨平。长10.2厘米，宽3.37厘米，厚0.36～1.14厘米（图三一a，图三一b）。

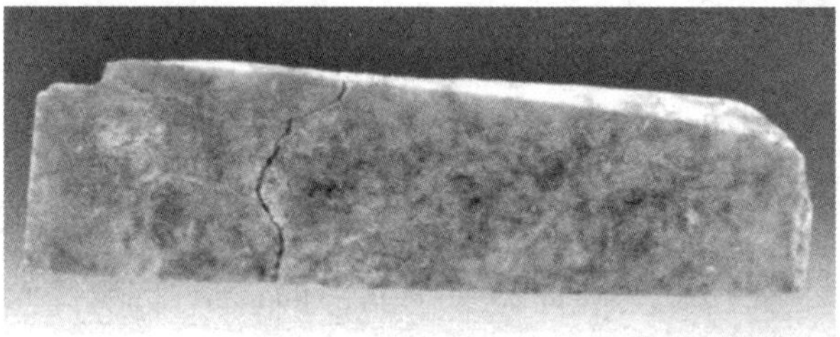

图三一a 喇家M17:2玉坯

图三一b 喇家M17:2玉坯

玉料 46件，喇家遗址中出土35件，大多出土在墓葬及房址中，少数是出于地层及灰坑内。玉料大小不等，形状各异，以不规则形居多，个别为三角形、长方形、楔形等。玉料大多都留有加工的切割痕或磨制痕，个别玉料无加工痕迹。

标本1（喇家M2：4），长方形，置于墓圹南壁。深绿色，玉色中夹杂有褐色条纹，无沁。顶端厚底端薄，顶端磨制呈弧线。底端为自然破裂原始面。一面平整光洁，另一面将自然破裂面磨平清晰。侧面一侧在自然面上稍做磨制，器长19.2厘米，宽7.74厘米，厚0.36～0.7厘米。

标本2（喇家M17：3），三角形，置于填土内，玉质较透亮，绿色，局部受沁变白，并包裹褐色水锈。正反两面均为切割面，一边厚一边薄，呈楔形，光滑平整。长5.7厘米，宽2.9厘米，厚0.56～0.82厘米（图三二）。

标本3（喇家M13：3），不规则形，置于填土中。浅绿色，玉色中含白色，外层裹有少量褐色水锈。两面切割呈片状，切制线痕迹清晰，槽宽0.7厘米，深3毫米。其余侧面为自然破裂面。长10.1厘米，宽3.3厘米，厚1.84厘米（图三三）。

图三二　喇家M17:3玉料

图三三　喇家M25:1玉料

标本4（喇家M25：1），不规则长条形，位于人骨腹部。青白色，长方玉色受沁，局部泛白。两面均为切割面，两面平整，有磨制痕迹，周边为自然破裂面和切割断裂面，侧边有两处切割线痕迹清晰，深3.6毫米，呈斜坡状。长9.14厘米，宽6.1厘米，厚0.62厘米（图三三）。

标本5（喇家H65：7），青灰色不规则形。各面全部为自然破裂面，无打制痕迹。玉色夹杂白色、绿色，表面部分受沁变白。长13.1厘米，宽12.2厘米，厚6.9厘米（图三四）。

图三四　喇家H65:7玉料

玉屑　2件，均出在喇家遗址中，为长条形碎屑，两面磨光，其余为断裂面。

标本1（喇家F23：27），位于门前场地，青白色，玉色通体较透亮，局部受沁呈白色。残长1.2～2.8厘米，宽0.2～0.7厘米，厚0.2厘米。

标本2（喇家H68：1）出于填土中，玉色透亮，翠绿色，有白色斑块。不规则长条形，两端残断，其余面磨制。磨制痕迹不明显。长1.2厘米，宽0.7厘米，厚0.5厘米。

绿松石片 3件，均出自喇家遗址中。

标本1（喇家173：1），位于填土中。一面为蓝绿色，另一面为黑褐色。长条形，周边棱角分明，素面抛光。长1.2厘米，宽0.8厘米，厚0.15厘米（图三五a，图三五b）。

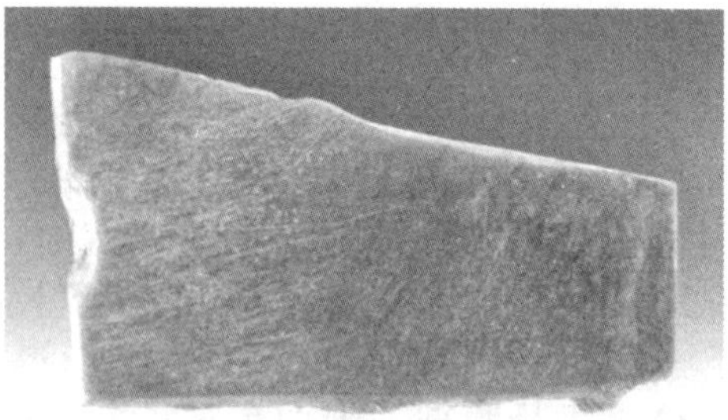

图三五 a 喇家H73:1绿松石片

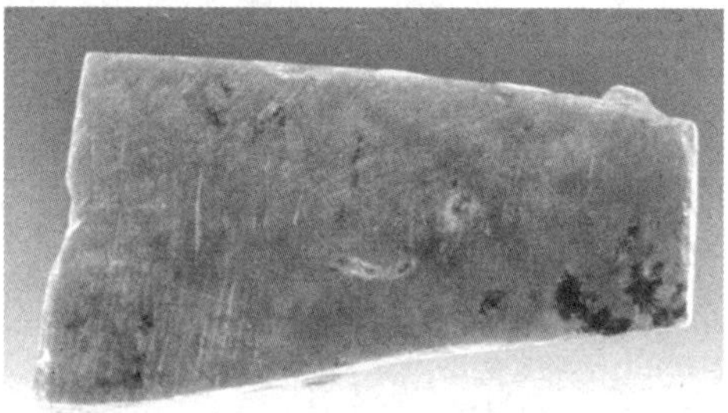

图三五 b 喇家M73:1绿松石片

标本2（喇家M13：1）位于墓圹北壁。玉色正面为浅绿色，部分面积受沁呈黄褐色，背面为黑色。长方形，正背两面平整光滑，周边三侧向背面斜收，一侧为自然断裂。长2.3厘米，宽1.07厘米，厚0.28厘米（图三六a，图三六b）。

标本3（喇家M13：2），置于填土内，正面为绿色，背面为黑色。长3.6厘米，宽1.46厘米，厚0.4厘米。

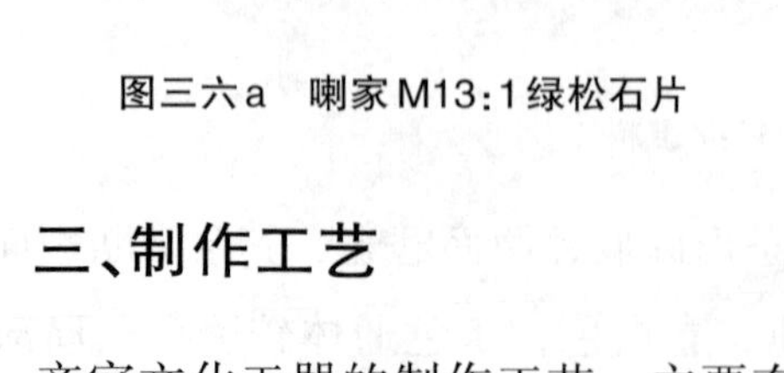

图三六a 喇家M13:1绿松石片

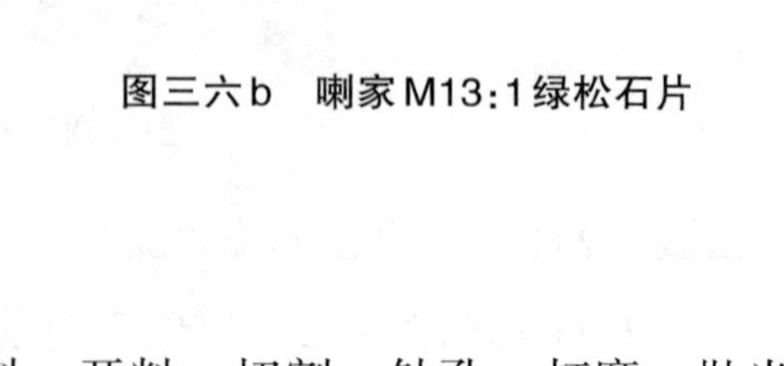

图三六b 喇家M13:1绿松石片

三、制作工艺

齐家文化玉器的制作工艺，主要有选料、开料、切割、钻孔、打磨、抛光等工序。

青海境内出土的齐家文化玉器目前未经系统检测，初步观察玉料选材多样，种类繁杂，以甘青地区本地产玉为主，包括透闪石、蛇纹石、大理石、石英石、天河石、绿松石等，属于就近就地取材。另对甘青地区齐家文化出土的少数质地晶莹的白色软玉是否均为新疆和田玉还有待讨论。就青海喇家遗址出土玉器而言，不见新疆和田玉，个别白色透亮的玉器应是青海昆仑玉，如17号墓葬中出土的玉凿（M17：10）为白色软玉，经专家观察鉴定，玉质可见水线，即属青海昆仑玉。

新疆和田玉与青海昆仑玉，从地质矿物构造而言，它们基本属于一个成矿带，所产料成分具有极大的相似性，从矿物组成上两者区分不大，检测结果相同。但新疆和田玉与青海昆仑玉之间存在感官上的区别，青海昆仑玉呈半透明状，比和田玉透明度要好，质地比和田玉稍粗，质感不如和田玉细腻，缺乏羊脂玉般的凝重的感觉，经常可见有透明水线。青海昆仑玉原料以山料为主，新疆和田玉有籽料与山料之分。

此外，在玉器的选材上，表现出鲜明的因材致用。按其功能分类来观察齐家玉器，如玉质滋润、色泽纯正的玉材普遍用于玉礼器。斧、锛、凿等工具类玉器，其玉石材料多为普通玉料，甚至部分选材接近石质材。

玉器的开料与切割采用了片切割的方式，但无论是单面切割还是双面对切，在带有切痕的玉料或器物上往往有一条较为平直的断茬，这是齐家文化切割工艺的特点之一，应是在切割结束时直接将玉料用力敲断所致。从这一时期尚未出现大型锋利的青铜切割器分析推测，玉器切割工具可能是用坚硬的石板制成锋利的带刃工具进行切割。齐家文化玉器的切割技术已非常娴熟，其薄片切割最为突出，喇家遗址地层中出土的残刀（T537④：1），复原长度65.8厘米，宽16.6厘米，厚仅0.4厘米，反映出令人叹为观止的切割技艺。

齐家文化的有孔玉器再现出了当时钻孔的工艺特点及钻孔工艺之成熟，按照使用工具的不同，可分为管钻和锥钻；按照所需孔洞的大小不同，分别使用了单面钻和双面钻不同钻孔方法，普遍以单面钻孔为主。单面钻孔在孔径小的一面周缘多留有断茬，这是钻孔快通时，直接敲击孔中的内芯，使其迅速崩落，即采用了振截法取出钻芯，也是本地钻孔技术的工艺特点。单面管钻主要应用于孔洞偏大、器形较薄的器物，如璧、环、钺等，形成的孔洞内部旋痕明显，孔洞上大下小。双面管钻工艺应用较少，应用于孔洞较深，器形厚重的器物，如喇家遗址出土的琮芯即保留有双面管钻的加工痕迹。由于双面钻孔很难完美地对接，因此常常在孔的中间部位留有明显的对接痕迹，即使经过打磨，也很难完全掩盖。琮芯的出土，清晰明了地再现了这种钻孔工艺特征。琢磨和抛光是玉器加工的最后工艺，由此使玉器作品显露出圆润明亮、温润光洁的效果，凸显出玉器作品的艺术价值。齐家文化玉器不同种类的玉器不仅有选材之分，在琢磨与抛光工艺上也有精粗之别。玉礼器中玉钺、玉刀，琢磨抛光精致，多数不留切割、打磨、抛光痕迹。又如喇家遗址中M17出土的玉器选材多数质地晶莹透亮、磨制抛光精细，大多是齐家文化同类器的精品。璧、环类玉器亦属礼器，部分器面却往往残留有切割的痕迹，厚薄不均，多数只经过一般的琢磨、抛光加工，玉器表面的光泽不强。工具类玉器则琢磨抛光略粗，有的还保留有切锯痕迹或石皮。

四、时代特征

黄河源头青海地区出土的齐家文化玉器与甘肃、宁夏等地齐家玉器相比较，时代特征基本相同，玉器的选材、切割、钻孔、琢磨和抛光等制作工艺，都具有相同的地域特征，基本特征主要体现为以下几个方面。

一是玉料选材具有多元性，以就近就地取材为主，主要采用甘青地区的本地玉。玉器的玉材选择已存在着材料的分化现象，出现了不同类别的玉器在选材上的差异。

二是加工工艺非常成熟且有其特点。切割开料多使用片切割的方式，琢磨粗犷大气，部分打磨抛光精致，表面多呈蜡状光泽。造型工艺随意平实、量力而为，不苛求奇特严谨，呈现出了两极分化的特点。

三是造型简洁、沉稳厚重、朴实大气、类型简单。装饰风格以质为美，以素为美，均光素无纹，不使用雕刻工艺。沁色柔和自然，光泽沉稳，体现出独特的地域特色。

四是出现了新型的玉礼器。与甘肃地区齐家玉礼器相比较，青海地区齐家文化玉礼器更加呈现出“重璧轻琮”的地域特征，同时也出现了“三璜联璧”。玉礼器璧、钺、刀在整个社会观念中亦占有重要地位。

从玉礼器的用材与其他类别玉器出现了差异来看，齐家文化礼制制度已形成。礼乐制度根植于私有制的基础之上，体现的是特权和社会成员间的不平等。如在喇家遗址疑似祭坛之顶，埋葬有一座形制特殊的17号墓葬，墓中随葬品有16件玉器，有三璜联璧2件、玉环2件、玉瑗1件、玉凿1件、玉纺轮1件、玉璧芯3件、天河石管饰2件、玉料3件、玉坯1件，别无他物。其玉器选材考究、制作精美，大多属青海地区齐家玉器的精品，在一定程度上反映出墓主人在当时应该拥有某种特权和地位。喇家4号房址，制作规整，居室面积较大，房屋居住面及四壁白灰面光滑平整，而且室内物品均集中陈放在居室内东壁，使得西侧空间大，可以集中容纳多人活动。居室中设置有直径长近一米的圆形灶面，显然是满足众人特殊活动的需要，反映出了此居址不是一般的家庭住房。室内有着特殊的遗迹现象，在居址内东壁北段紧贴白灰面房壁上又二次重砌了一段凸出墙面，墙面上均匀地涂有一层黑色涂层，玉璧、玉料均集中放在黑色壁面旁。另有一件玉璧盛于敛口瓮中，亦紧贴黑壁放置贵重的玉礼器等集中放在黑色壁旁，这种特殊的迹象可能反映出的是深厚的礼制意义。

总之，在喇家遗址的地层、居址与墓中都出土了一定数量、不同种类的玉器及玉料，反映出青海地区齐家文化时期已出现了一定规模，专业性较强的玉器作坊，玉器手工业在当时已经发展成为一门独立的手工业体系，已拥有一批制作工艺相当熟练的制玉专业人员，已形成自成一体的玉文化体系，由此才出现了大批玉制礼器、工具、装饰品及制作玉器的玉料和半成品。

齐家文化玉器群中工具与装饰品的主要制作工艺，都可在大地湾文化和马家窑文化的玉器中找到根源。玉礼器则是受外来文化的影响，直接是受到了黄河流域的龙山文化的影响，间接受到了长江下游良渚文化的影响。玉礼器在青海境内首先是在其东部黄河上游地区涌现，除了是文化传播、交流融合所致外，也是所有制基础上的等级制的产物，是原始氏族社会走向瓦解、氏族贵族阶层出现，社会等级逐渐分化、阶级社会出现的重要标志，表明青海地区齐家先民已迎来了文明的曙光。

黄河上游齐家文化玉器为史前西北玉器的典型代表，与同时期的山东龙山玉文化、陕西龙山玉文化相映生辉。齐家文化玉器为研究史前玉文化的发展演变提供重要的实物材料，在史前玉文化中占有十分重要的地位，向人们展示了中华文明起始阶段的重要信息与玉之魅力。

（本文原载于《玉泽陇西》，北京美术摄影出版社，2015年，第276-295页）

浅谈齐家文化玉器

魏元彪
临夏回族自治族博物馆

齐家文化是黄河上游地区新石器时代晚期到青铜时代早期的一支文化。1924年，瑞典考古学家安特生在甘肃省广河县首次发现齐家遗址而得名。临夏境内齐家文化遗址内涵丰富、分布广泛。这些年，随着田野考古调查和发掘的齐家文化玉器数量和品类的增多，齐家文化玉器开始受到学界重视。齐家文化玉器丰富了人们对齐家文化特征、面貌和内涵的认识，而且为中国古玉文化宝库提供了许多新东西，为中国玉文化史研究提供了十分重要的新资料。

齐家文化玉器有自己的特点。相比较而言，齐家文化所处黄河上游地区，玉器出现比较晚，在齐家文化之前的各种文化中很少见到玉器。截至目前，考古发现还没有形成脉络清晰的发展脉络，因此一般多认为齐家文化玉器的兴盛，是受东方影响的结果，但是很难说这是最终的结论。齐家文化距今4200到3500年左右，主要分布在甘肃、青海境内的黄河沿岸及其支流，陕西西北部、内蒙古西部和宁夏部分地方。此前，学术界公认的文化特征主要有两点：一是有一群独其特征的陶器，以素陶为主；二是出现了红陶器和青铜器。今天，随着考古所发现的齐家玉器数量和品种的增多，其内涵之丰富，工艺之精美，令人折服。它的年代和所处的位置，都是非常有意思的关节点，即从内容上说，是中国从史前社会进入国家、文明时代的阶段；从地域上说，是中国腹地与西域边地的连接地带，这表明齐家文化的意义非同一般，对于研究玉器史也就颇为意义深远。

齐家玉器最主要的是玉璧，包括瑗、环，数量最多，品种式样也丰富，有圆形、椭圆形、圆角方形，还有介于方形和圆形之间的直边椭圆形等等。但是玉琮极少，相较玉琮文化发达的良渚文化来说，比较简略、退化，这是齐家文化重璧轻琮的结果。此外，齐家文化玉器还有玉璜和玉刃，玉璜呈较规则的扇面形，或呈三璜联璧（瑗或环）形式；玉刀作长条形，两端不一样，有穿孔。还有锛、凿、斧等玉质工具，这是齐家文化玉器的主要品类。

齐家文化玉器加工简单，常保留一些加工痕迹，有简朴素雅之美。科学文化出版社出版的《中国出土玉器全集》第十五卷，集中介绍了甘肃、青海、宁夏等地齐家文化玉器的出土情况，并著录齐家文化玉器109件，器形主要有玉璧、玉琮、玉环、玉璜、玉斧、玉锛、玉铲、绿松石等。书中评价说："各地的齐家文化出土玉器数量之大，资料之丰富，引人瞩目，[1]其功能主要是礼器、工具两大类。"[2]

齐家文化玉器使用的玉材主要是甘肃、青海本地的玉，还有新疆和田玉。有人估计大约是7：3的比例，即百分之七十是本地玉，百分之三十是和田玉。在齐家文化圈内的临夏—榆中境内的马寒山和酒泉等地，有墨绿色、艾青色、豆绿色玉材以及属蛇纹鸳鸯玉和试金石类黑色石材。齐家文化玉器中的工具类器物如斧、锛、凿等，便主要采用本地玉，一部分工具还直接选用接近石质或玉内含有较重石质的材料。一般来说，礼器中的璧、琮、环、璜、钺、刀、璋等，都是采用玉质滋润、色泽纯美的本地玉。总的来说，对齐家文化玉器都还缺乏科学的检测，这对进一步认识齐家文化玉料来源很是局限，也不一定准确。一般认为，齐家文化玉器还是以就近取材为主，远距离输入玉材也有可能，不排除使用昆山玉或和田玉的可能性，有的或许来自新疆，有的则可能来自青海格尔木。也有研究者观察鉴定认为齐家文化已有不少和田玉制品，说明玉石之路已成雏形。

有学者把齐家文化玉器中的礼器分为墓葬用玉和祭祀用玉。认为墓葬用玉的玉器上均可见到疤记，称之为"墓葬疤记"。而不具有这种疤记的制作工整的玉器，则推测为祭祀用玉，但这种认识未必准确。有些所谓疤记不一定都是疤记，还有的应是粗率加工的痕迹。总之，这正是齐家文化玉器的一种特征。齐家文化玉器在沁色方面也有自己的明显特点：一种是沁色明显，受沁后的玉器颜色主要呈现黑色、褐色和黄白色；另一种沁色只是在玉质表面有一层薄薄的褐黄色。齐家文化玉器的沁色主要有石灰沁、黄土沁、水银沁和朱砂沁等沁色，单色沁多，复色沁少，沁色自然，过度柔和。玉器的沁色固然有玉质方面的原因，但与埋藏的土质环境与丧葬习俗也是密不可分的。清人刘新瑶《玉纪补》中说："西土者，

①古方、王辉、贾建威：《中国出土玉器全集》第十五卷，科学出版社，2005年。

②杨伯达：《甘肃齐家文化玉器初探——记鉴定全国一级文物所见甘肃古玉》，载《陇右文博》1997年第1期。

燥土也；南土者，湿土也；燥土之斑干结，湿土之斑润褥；干结者色易鲜明，润褥者色终暗淡。”[①]西北黄土高原气候干燥，地下水位低，干燥厚实的黄土很好地保护了齐家文化玉器，使其虽有4000年之久，仍给人以皮壳陈旧、包浆饱满、色泽稳重、色泽艳丽的美感，这也是同时期其他地方玉器所不及的。

现在对齐家文化玉器的考古有一些新发现，让人们意识到不能低估齐家文化的玉器发展。齐家文化玉器不仅出土于墓葬中，还较多出土于遗址里，甚至房址中，这对于古玉的使用及相关问题的认识会有新的启发。但总的来说，对齐家文化的玉器研究还不够，尤其是考古发掘资料不足，影响了研究的推进。由于资料的限制以及研究的欠深入，有一些关于齐家文化玉器的看法并不是很正确。例如把一些不是齐家文化的玉器也当作齐家文化玉器来看待，把一些不属于齐家文化分布范围发现的资料也作为齐家文化资料来使用等等。希望在不久的将来，随着考古发现的增多和相关研究的推进，之前在研究中存在的误区和谬误将会一一得到订正，齐家文化玉器将会带给我们更多惊喜。

（本文原载于《陇右文博》2010年第2期）

① 〔清〕刘新瑶：《玉纪补》。

齐家文化的玉石器

叶茂林

黄河上游的齐家文化，随着考古发现和研究，已经积累了比较丰富的资料。本文拟就已知的齐家文化资料，初步对玉石器加以记述和讨论。

一

齐家文化的研究，目前还存在较多争议，对它的界定、分布、年代、类型、来源、去向等都有着分歧意见。本文对齐家文化求同存异，取广义的理解，并按该地区文化一般发展序列去认识，不讨论那些争论的问题。

齐家文化已见于报道的发掘资料主要有：甘肃武威皇娘娘台①，永靖大何庄②、秦魏家③、张家咀、姬家川④，广河齐家坪⑤、阳洼湾⑥，天水师赵村⑦、西山坪，灵台桥村⑧，宁夏固原海家湾⑨、店河⑩，海原菜园村⑪，西吉兴隆镇⑫，青海西宁

①甘肃省博物馆：《甘肃武威皇娘娘台遗址发据报告》，载《考古学报》1960年第2期；《武威皇娘娘台遗址第四次发掘》，载《考古学报》1978年第4期。

②中国科学院考古研究所甘肃工作队：《甘肃永靖大何庄遗址发据报告》，载《考古学报》1974年第2期。

③中国科学院考古研究所甘肃工作队：《甘肃永靖秦魏家齐家文化墓地》，载《考古学报》1975年第2期。

④中国社会科学院考古研究所甘肃工作队：《甘肃永靖张家咀与姬家川遗址的发掘》，载《考古学报》1980年第2期。

⑤安特生著、乐森璕译：《甘肃考古记》，载《地质专报》甲种第五号，地质调查所印行，1925年。

⑥夏鼐：《齐家期墓葬的新发现及其年代的改订》，载《中国考古学报》第3册，1948年。

⑦中国社会科学院考古研究所甘青工作队：《甘肃天水师赵村史前文化遗址发掘》，载《考古》1990年第7期。

⑧甘肃省博物馆考古队：《甘肃灵台桥村齐家文化遗址试掘简报》，载《考古与文物》1980年第3期。

⑨宁夏回族自治区展览馆：《宁夏固原海家湾齐家文化墓葬》，载《考古》1973年第5期。

⑩宁夏文物考古研究所：《宁夏固原店河齐家文化墓葬清理简报》，载《考古》1987年第8期。

⑪宁夏文物考古研究所、中国历史博物馆考古部：《宁夏海原县菜园村遗址、墓地发掘简报》，载《文物》1988年第9期。

⑫钟侃、张心智：《宁夏西吉县兴隆镇的齐家文化遗址》，载《考古》1964年第5期。

朱家寨①，乐都柳湾②，贵南尕马台③，互助总寨④等。其他有一些零散的调查资料，另外还有一些虽经发掘却未见报告的资料。这些资料中，一般都少见或不见玉器的报道，只有少数遗址发现的玉石器较为引人注目。其中，皇娘娘台墓葬出土玉石器数量很多，是罕见的现象，附近的武威海藏公园发现过玉石器作坊遗址，其次师赵村遗址出土玉石器也较多，并且更为重要⑤；此外，在甘肃省博物馆，还有出自广河齐家坪和定西的玉器多件⑥，虽未见报道，也较重要。估计齐家文化还会有一些没能发表报告的玉石器资料。

齐家文化的玉石器，依质料可分为：软玉、大理岩、板岩、砂岩、玛瑙、绿松石、石膏石质等；按形制可分为：琮、璧、瑗、环、璜、斧（铲）、锛、凿、刀、纺轮、臂环、镯环及小型玉石珠、管、片、条形饰物等；从其性质或用途看，大致可归为礼器、工具、装饰品三大类（表一）。下面分别简要记述。

表一　齐家文化出土玉石器登记表(件)

地点		礼器类					工具类（仅限玉质）					装饰品类				其他	备注
		琮	璧	瑗	环	璜	斧铲	锛	凿	刀	纺轮	玉饰	玛瑙珠	绿松石饰	石饰		
青海	柳湾		A B 2				C1	1	1		3	1		34	臂环1串 珠若干		
	尕马台													若干			未发表报告
	总寨						B1						5	3	大量串珠		

①安特生著、刘竞文译：《西宁朱家寨遗址》，青海人民出版社，1992年。

②青海省文物管理处考古队、中国社会科学院考古研究所：《青海柳湾——乐都柳湾原始社会墓地》，文物出版社，1984年。

③青海省文物处考古队：《青海省文物考古工作三十年》，载《文物考古工作三十年》，文物出版社，1979年。

④青海省文物考古队：《青海互助土族自治县总寨马厂、齐家、辛店文化墓葬》，载《考古》1986年第4期。

⑤梁晓英、刘茂德：《武威新石器时代晚期玉石器作坊遗址》，载《中国文物报》1993年5月30日。

⑥笔者1993年8月在兰州甘肃省博物馆陈列中所见，玉琮2件，广河齐家坪出土；玉璧2件，玉斧1件，定西县出土。均属齐家文化。

续表一

地点		礼器类					工具类（仅限玉质）				装饰品类					其他	备注
		琮	璧	瑗	环	璜	斧铲	锛	凿	刀	纺轮	玉饰	玛瑙珠	绿松石饰	石饰		
	朱家寨													若干	串珠若干		欠详
甘肃	皇娘娘台		A B大量 C			5	B若干							32	串珠若干	玉石片、废料	
甘肃	大河庄												2	20			
甘肃	秦魏家		A B 5 C											45			
甘肃	齐家坪	2															未发表报告
甘肃	定西		A2				B1										未发表报告
甘肃	海藏公园		82	1			有	有	有	有		玉镯1				玉料玉板	
甘肃	师赵村	1	A C有 D	2	1	9	A1								若干镯环、石饰		
甘肃	桥村							1									
甘肃	天水甘谷					有											调查资料欠详
宁夏	店河													复合饰2			
宁夏	菜园村						A1	1						有			
统计		3	极多	3	1	较多	较多	少	少	少	3	2	7	很多	较多		

（一）礼器

琮 已知3件。皆为玉质，较小。

师赵村出土玉琮1件。另有2件出土于广河齐家坪，实物陈列于甘肃省博物馆，型式比较简单，一件无射，内圆孔，外方边，呈黄绿色；另一件有射，呈浅绿色，略大于前者。但两件均较小，出土情况不详。

璧 数量很多。石质为主，玉质的少。可分四型。

A型：平面呈基本较规则的圆形，数量最多。

B型：平面呈椭圆形，数量较少。

C型：平面呈圆角方形，数量较少。

D型：表面不平，呈微弧面的圆形或椭圆形，边缘圆钝，多不规整，打制或琢制，或略加粗磨，较粗糙，或许只是半成品，数量较少。

齐家文化玉石璧数量的绝大多数出自皇娘娘台。这里墓葬中比较大量地随葬玉石璧，总计不详，可能超过300件。主要是大理石质，其次是玉质，色泽主要呈白色和绿色。形制主要是A型，另有B型和C型。皆磨制，有的较精致，有的较粗糙。随葬时往往堆置于人骨架腹部上下周围。各墓随葬玉石璧的数量多寡悬殊甚大，最多的达83件，少的仅1件，甚至没有。在有些合葬墓中，璧主要堆放在男性墓主身旁，表明了死者的主从关系的区别。

与皇娘娘台相距约1.5公里的武威海藏公园发现的齐家文化玉石器作坊遗址，出土83件玉石璧，其中37件为玉璧，46件石璧，这中间可能包括有瑗或环在内。多是残件，以A型为多，也有C型。作为作坊遗址，是否存在D型璧，情况不详。

师赵村出土玉璧1件。另有C型和D型的石璧。

秦魏家不见玉器，但出土有5件石璧，分属A、B、C型三种。M75：1，椭圆形，直径7.5～8厘米。T6：1，圆角方形，直径14厘米（图一：6）。

柳湾墓地出土一石璧、一玉璧。石璧为B型。粉砂岩制，呈灰黑色，不规整，直径10.8厘米、好径5厘米、厚0.5厘米（图一：7）。玉璧为A型。青绿色软玉，稍残，孔沿遗有旋痕，直径7.4厘米、好径2.1厘米、厚0.6厘米。出玉璧的为二次葬，使用独木棺，随葬品较简单，除玉璧外，另有石斧2件，双大耳罐和陶盆各1件。出石璧的M1046，为仰身直肢葬，使用木棺，随葬品也较简单，除石璧外，另有石锛、陶豆各1件，陶罐3件。

定西出土玉璧2件。颜色一绿一白，直径都比较小，加工不够精致，一件还遗有切割痕迹。皆A型，素面。出土情况不详。见于甘肃省博物馆陈列。

瑗 数量不详。一般可能作为璧看待，未加区分。《尔雅·释器》有“好倍肉谓之瑗”。以好径倍于肉宽的标准来衡量，齐家文化玉石器中有瑗存在。

师赵村出土2件。皆玉质。

海藏公园玉石器作坊遗址中也出土有瑗。其中最大的一件玉璧，应是玉瑗，直径15厘米、好径7.5厘米、厚0.5厘米。

环 这里采纳夏鼐先生意见，以好径明显大于全器直径二分之一的称为环①。被区分出来的，只有师赵村1件。已残。

如果严格区分，海藏公园玉石璧中，及皇娘娘台玉石璧中可能都还有瑗和环存在。

璜 数量略多，已知超过10件。皆呈扇面形，形态比较规整，大致作三分之一或四分之一璧（瑗或环）面。这种规格的玉璜，应属礼器。

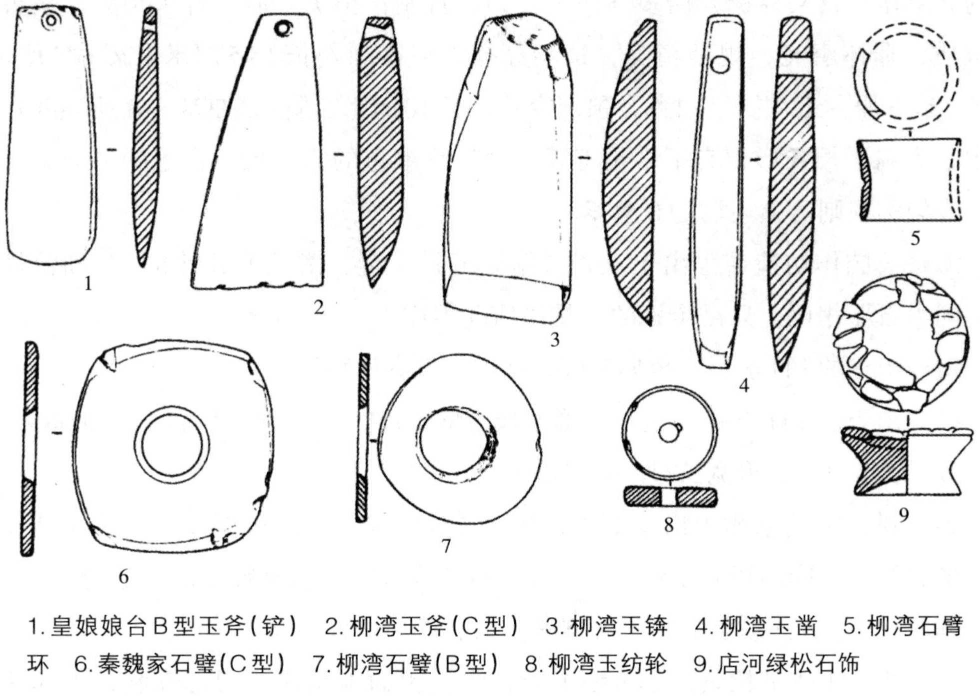

1. 皇娘娘台B型玉斧（铲） 2. 柳湾玉斧（C型） 3. 柳湾玉锛 4. 柳湾玉凿 5. 柳湾石臂环 6. 秦魏家石璧（C型） 7. 柳湾石璧（B型） 8. 柳湾玉纺轮 9. 店河绿松石饰

图一 玉石器

①夏鼐：《商代玉器的分类、定名和用途》，载《考古》1983年第5期。

皇娘娘台报告有5件，其中M41：12，呈白色，长8厘米、宽3厘米。

师赵村遗址出土9件，皆玉质。

另外，在天水、甘谷的考古调查中，也发现过玉石璜①，但报告情况甚不详。

(二)玉质工具

齐家文化的工具类玉器，各地都有少量发现，一般都归入同类石器中，作生产工具看待。用玉材制作工具，性质如何，待后研究。同类石器中，也有少量制作极精，并无实用功能，较为特殊。

玉斧（铲）与石斧（铲）形制相同，数量略多，一般通体磨光，顶端多有穿孔。可分三型。

A型：长方形斧。

B型：长条形斧，一般较窄长、较薄，有时称作铲。

C型：斜梯形斧。

皇娘娘台出土玉斧多件，数量欠详。从两篇报告叙述的情况看，以扁平长条形的B型斧（或又称铲）居多（图一：1)，且制作精美。有一件采集品，呈碧绿色玉质，通体磨光，规整精美，顶端穿孔，刃锋利。长18.5厘米、刃宽5厘米。M85：11，原称玉铲。乳白色，顶部穿孔。长10厘米、宽4.3厘米。在所述Ⅱ式石斧中，为扁平长条形，有不少是玉斧，大致呈绿色的为玉质，白色的多为大理石质，皆匀称规则。上述均为B型斧。

海藏公园作坊遗址也出土玉斧。据说玉斧、锛、凿、刀共计8件，和数量更多的同类石器相比，只是个别的。具体情况不详。

定西出土的1件玉斧，也属B型。见于甘肃省博物馆。

柳湾出土的1件玉斧，呈斜梯形，属C型，极少见。乳白色软玉，顶部穿孔，较精致。长8厘米、刃宽3.7厘米（图一：2)。

菜园村瓦罐嘴墓葬中出土1件玉斧，略呈长方形，但顶部残，或许应是长条形。形制规整。同出还有玉锛1件，与一些其他石器一起放置在墓主足端。

师赵村有1件玉质长方形的A型斧。另有石质的B型斧。

总寨出土1件呈长条形的B型玉斧，为较粗的玉制成，刃部锋利，顶部钻双孔，其中一孔未穿，通体打磨光滑。长11.5厘米、宽3.6厘米、厚0.9厘米。出自

①甘肃省文管会：《渭河上游天水、甘谷两县考古调查简报》，载《考古》1958年第5期。

M7，长方形竖穴土坑墓，成人，仰身直肢，随葬石珠165件，骨珠12件，海贝2件，羊角1对，骨针2件，残石器1件，细石片250件，小铜工具3件，侈口陶罐1件，以及玉斧。玉斧放置在两大腿之间。

玉锛 形制与石锛相同，数量较少。有长方形和梯形的两种。

皇娘娘台出土1件（T13：12），碧绿色玉质，长方形，较小，磨制精致，刃锋利。长4厘米、宽3.7厘米。

菜园村瓦罐嘴墓葬出土1件，长方形，两侧边厚薄不匀，单面刃，原名玉凿，较小，与前述玉斧同出。

桥村出土1件玉锛，梯形，形制较小。

柳湾出土的1件（1325：9），暗绿色软玉，梯形，长8.1厘米、刃宽3.3厘米（图一：3）。出玉锛的为成人男女合葬墓，各有独木棺，初步分析这是夫妻合葬，玉锛放置在男性墓主右肩上部头侧。

武威海藏公园也出土有玉锛，情况不详。

玉凿 与石凿相同，数量很少。

柳湾出土1件（1180：13）。浅灰色软玉，长条形，顶部穿孔，通体磨光，制作精致。长18.6厘米、刃宽1.7厘米（图一：4）。出玉凿的凸字形墓，为二次葬，使用独木棺，墓主为45岁男性，随葬品除玉凿外，还有石锛2件，壶、罐、瓮等陶器12件。

海藏公园也出土有玉凿。

玉纺轮 与石纺轮相同，扁平圆形，直径较小。共3件，均出土于柳湾墓地。1013：7，灰黄色软玉，通体磨光。直径5.6厘米、厚0.5厘米（图一：8）。该墓呈凸字形，二次葬，无葬具，随葬品还有石球，陶壶、罐、盆、匜、瓮等。396：4，直径6厘米、厚1厘米。该墓为长方形竖穴土坑，无葬具，随葬品还有碗、壶、罐、瓮等5件陶器。另一件玉纺轮，出自M10，为长方形土坑墓，有独木棺，随葬品还有绿松石饰及8件陶器。

玉刀 与石刀相同，数量极少。

海藏公园出土有玉刀，详情不明。

(三)装饰品

绿松石饰是齐家文化最常见的装饰品，几乎每个遗址和墓地都能见到。一般是比较小型的物件。其中以串珠为多，分为珠状和管状两种。除串珠外，还有片状和条状的绿松石饰，一般都有小穿孔。有坠饰或串饰，柳湾墓地就有成组出土的串饰。还有的可能是缀饰，或许是缀于服饰上的。至于无孔的绿松石饰，则可能是镶嵌在某种东西上的，也可能是为随葬而放置在死者身上或身旁的。皇娘娘台见有口含和置于手腕处的绿松石珠。

用软玉做装饰品在齐家文化中所见不多。在柳湾M992出土1件圆形玉饰，浅绿色半透明，通体磨光，无穿孔，呈饼状，很精致。直径5.5厘米、厚0.7厘米。这是长方形竖穴土坑女性二人合葬墓，主人有独木棺，仰身直肢，骨架完好。从葬者无棺，骨架腐朽，仅头骨保存较好，略面向墓主，骨架位置仅在主人腿部，带有地位较低的从属性质。玉饰放置在主人胸腹部中间，还有36枚海贝置于双腿之间。两位女性死者均为青年，年龄相仿。另有15件陶器随葬，基本放置在头端。

在武威海藏公园出土有1件玉镯。

玛瑙装饰品在齐家文化的个别遗址也有少量出土。大何庄出土玛瑙珠2件，紫红色，直径0.7厘米。总寨出土玛瑙珠5件，直径0.8厘米、厚0.7厘米。有的矿物学家认为，玛瑙和绿松石都是较珍贵的玉石或宝石，但绿松石的产地很少，不像玛瑙那样易得①。但是齐家文化发现的绿松石却远比玛瑙丰富得多，这是值得研究的。

相对说来，齐家文化的石质装饰品出土较为常见，其中以大理石质为多。主要有串珠、串饰、臂环、镯环、坠饰等。

柳湾出土1件臂环，呈圆筒形，中腰略内凹，乳白色大理岩。内径约6厘米、高5.5厘米（图一：5）。出土石串珠较多，一般是圆形，大小厚薄不一，有的很薄，个别呈三角形。

皇娘娘台也出土不少石珠，有白色和黑色等不同颜色。

海藏公园作坊遗址大约也有石质的装饰品。

总寨出土石珠多达753枚，多用石膏石质加工。因质软易于加工，极细小，直径约0.5厘米、厚0.2厘米。

师赵村也出土有石环、石饰多件。

---

① 夏湘蓉等：《中国古代矿业开发史》，地质出版社，1980年。

还应特别提到的是，店河墓葬中出土的绿松石复合饰物。它不同于一般的绿松石饰，而是用10多枚薄平的绿松石片，拼贴粘合在一块小凹圆形陶制品圆面上。陶制品圆形束腰，两面内凹，状如一个小型圈足器底座。绿松石片大小不够整齐，看来也未加修整治理，将绿松石片直接粘贴于陶座略宽大的一面，估计原本是粘贴满一面的，但中间部分有的已脱落了，观之犹如环贴一周。这种做法是少见的，其原理大概略近似于后来盛行的绿松石镶嵌工艺，只是甚显原始和粗陋。店河M1和M2各出土1件，M1：10出土时绿松石已与陶座分离开；M2：7，上面还有17枚绿松石片黏附在一面周围，绿松石片无规则形状，显得比较草率。饰件直径2.8厘米、高1.3厘米（图一：9）。这两件绿松石饰，都出自墓主的颈部或胸部，或许是沿饰件凹腰系绳悬挂于颈上垂于胸前的饰物。这种复合体的饰件，可以利用一些残碎细小的绿松石，集合一体而成装饰品，但却并不多见。

二

齐家文化出土的玉石器情况，我们只能够粗略地做上述介绍。显然，目前的资料报道极不完全，已报道者有的也不详细；而且绝大多数玉石器资料都缺乏进一步的科学鉴定，这些不能不说是很大的缺憾。对于齐家文化的玉石器，我们试做初步的估价，同时就其中某些现象和反映的问题，试探地加以讨论，提出粗浅的认识。

齐家文化所发现的玉石器，总的说数量有限，尤其是礼玉类器物更少，远不能和东部地区堪称玉器发达的有关文化相提并论。在齐家文化分布的黄河上游地区，与之相当和更早的其他文化中，除了普通装饰品相沿有传承关系外，玉器在本地区没有渊源。齐家文化几乎是突然就出现了质量较高的玉石器。从现象看，只能认为齐家文化的玉石器是受东部地区玉器文化强烈影响而产生的。这一方面是时代潮流，齐家文化与东部中原文化有亲密联系，另一方面，齐家文化也有着一定的社会基础。

齐家文化玉石器主要有以下一些特征。

几乎都素面无纹，制作一般不十分精致，有的甚至比较粗糙，但也有的工艺比较成熟。如师赵村玉璧、定西玉璧，都可见锯切痕迹，反映出有较先进的制玉工具的应用；同时熟练运用了传统的打琢磨等加工石器的工艺，如D型石璧所保留的痕迹可知。海藏公园玉石器作坊遗址的发现，说明齐家文化玉石器制造已开始具有一定的规模，其中所见锯切一半的大型玉板，表明制玉能力的提高。

玉石礼器有琮、璧、瑗、环、璜等，不见玦、璋、圭等。已知的齐家文化玉石礼器，从形态看已比较成熟。如玉璜基本上按三分之一或四分之一璧（瑗、环）制作，这似乎是商周玉璜的规范。类似扇面形的璜，大概陕西客省庄所见较早①，但都是残件。齐家文化玉琮，发现极少，均小型，扁矮型，较简化，这也是中原黄河流域琮的特征。

玉石璧的形制较多样，以圆形为主，同时存在椭圆形、圆角方形，还有保留打琢加工痕迹的弧面形的半成品。其中圆角方形的C型璧，在齐家文化中得到了一定的发展，若干地点都有发现，代表了齐家文化的特色。方形璧较早见于黄河下游的大汶口文化晚期和龙山文化早期的个别墓葬中，在莒县杭头和临沂湖台的3座墓葬中，均套于墓主右腕上②。齐家文化的方形璧还没有见过这种现象，而出土的数量更多。东周时期南越地区出现过圆角方形的玉石玦③，不过还难以说明与齐家文化C型璧之间有什么关系。

玉石工具中，有的虽为玉质，但仍是实用生产工具，从形制和出土情况可以看出，后面将要提到。而其中薄条形的B型斧，或称铲，形态上特殊，实用功能不强，而且颇近似后来的平首圭的形制，因此可能是非实用的有象征性的礼器，但目前从出土情况上获得的证据还不足，需要更多的考古发现来证实。

绿松石饰比较突出，成为一大特点，这也是本地区的具有广泛性的艺术传统和文化传统。这和黄河下游地区绿松石饰盛行形成对应④，这也许不是简单的巧合，可能反映某种联系。齐家文化装饰品除偏爱和崇尚绿松石外，对白石也同样表现出喜好，相当多的玉石制品采用了白色大理石。崇尚白石的风气，在本地区大概也是积习长久，在一定范围内有着悠久的传统。相反，齐家文化装饰品少见软玉、玛瑙，也罕见其他玉石和宝石的质料。

---

①中国科学院考古研究所：《沣西发掘报告》，文物出版社，1963年。属于客省庄二期文化的玉璜有5件，参见该书图版三四：13。

②山东省文物考古研究所等：《山东莒县杭头遗址》，载《考古》1988年第12期；临沂市博物馆：《山东临沂湖台遗址及墓葬》，载《文物资料丛刊》第10集；另外在辽宁牛河梁积石冢群出土的所谓方形玉饰，其实略呈长方形，看来不是方璧，而可能是铲或戚，见《辽宁牛河梁红山文化“女神庙”与积石冢群发发掘简报》，载《文物》1986年第8期。

③杨建芳：《商周越式玉器及其相关问题》，载《南方民族考古》第2辑，1992年。

④邵望平：《海岱系古玉略说》，载《中国考古学论丛》，科学出版社，1993年。

齐家文化玉器原料的来源问题，由于缺乏进一步的科学鉴定，目前还难于探讨。除了软玉外，齐家文化玉石器大量使用大理岩，同时还有其他多种石料。现有资料表明，齐家文化中既存在玉质原料做的实用生产工具，又广泛存在非玉质石料加工的玉石礼器和装饰品，说明玉的概念并不严格，有时还使用比较易于加工的不很优良的石料。这种迹象表明，齐家文化玉石器原料应主要是当地所产，包括一部分玉料很可能出自本地，那种玉质的实用生产工具或许就是选取的石器原料中有少量玉料，因而加工成了石器工具。但同时，不能排除齐家文化有从外地采运玉料（如新疆玉）的可能，相对说齐家文化较之中原有更近便的条件。我们期待着今后对齐家文化玉器的鉴定结果。

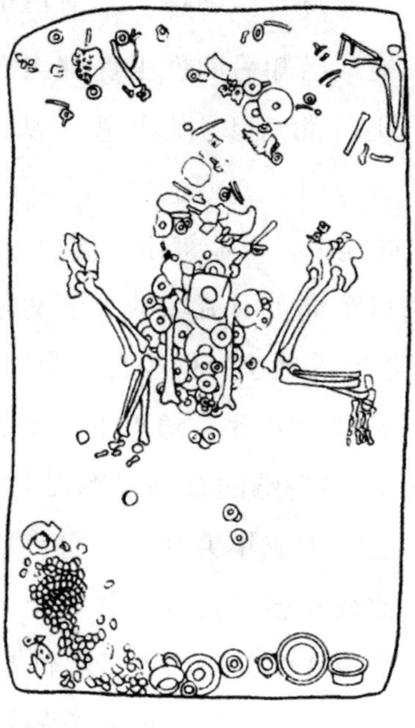

（请注意极不完整的骨架和玉石璧的堆放）

图二 皇娘娘台M48平面图

齐家文化玉石器是受到东部地区玉器文化的强烈影响而出现的，目前还缺乏更直接的更具体的可对比材料。总的看来，史前时期东部地区玉器文化主要分布在滨海地区[①]，尤以良渚文化玉器最为发达，最具明显的礼器性质。但齐家文化并不是直接受其影响，而是通过中原黄河流域间接获得的，换言之，它是直接主要来源于黄河流域的中原文化，即龙山时期和二里头时期的某些文化的影响。齐家

① 任式楠：《中国史前玉器类型初析》，载《中国考古学论丛》，科学出版社，1993年。

文化和龙山文化晚期及二里头文化的年代相当，有理由相信，齐家文化与之有密切的联系。从考古学上揭示它们之间的相互关系，有着重要的意义。

从齐家文化玉石器的发现看，以天水、定西—临夏、武威三个区域尤为重要，这也是齐家文化分布中占主流的三个较重点的地区。天水师赵村的齐家文化遗存，表现出较具特点的面貌①，这与它所处的年代较早和所处的位置较东有关。如果说齐家文化玉石礼器受东部中原文化强烈影响，那么师赵村可能是最先受到影响的地点之一，因而师赵村出土的玉石器颇为重要，实际上师赵村的玉石器也更接近中原文化，无论品种形式规格都很典型。武威皇娘娘台的玉石器突出的现象是玉石璧特别多，用大量玉石璧随葬，与此同时还流行用玉石废料、粗玉石片等随葬。皇娘娘台玉石器数量那么多，却没有发现琮，是值得思考的现象。甘肃中部地区为齐家文化典型遗存的聚集地，已知另两件玉琮都出自齐家坪，据悉齐家坪还有多人殉葬的墓被发现②，说明这一带应该引起重视。从玉器的角度观察，齐家文化不同区域之间发展并不平衡。

在中国文明起源和发展进程中，玉器被学术界公认为一项重要因素和指示物。齐家文化的玉石器是接受来自东部黄河流域的中原文化的影响产生的，它在齐家文化社会生活中也占据着较重要的地位。但表现上自有特点。

皇娘娘台墓地第四次发掘62座墓葬，随葬玉石璧有24座，共计208件，最多的M48随葬达83件。这是一座很特殊的墓葬（图二），为长方形竖穴土坑墓，墓圹略大略深。为三人合葬，居中为成年男性，仰身直肢，两旁为侧身屈肢的成年女性。经鉴定，右侧的女性比较年轻。报告称骨架上身已被扰乱。骨架上均撒有红色颜料。随葬的83件玉石璧和1件玉璜均置于男性身上。随葬的10件陶器排列于墓坑足端一侧，304块小石子堆放在墓坑东南角陶器旁边。据观察，墓内骨架的扰乱，也有可能是属于二次葬，尤其居中的男性骨架二次葬的可能性更大。如果观察判断不错，该墓有可能不是殉葬，而是先后死亡的合葬。据对已发表的其他合葬墓的观察，似可发现合葬墓中至少有一具骨架是不完整的，这或许可以说明其中都可能有一具是二次葬，那么假如其他未发表资料的合葬墓都有这种现象的话，是否可以说皇娘娘台这里没有殉葬。当然这并不等于说其他齐家文化墓地都没有殉葬现象。

①谢端琚：《论渭河上游史前文化》，载《中国考古学论丛》，科学出版社，1993年。

②甘肃省博物馆：《甘肃省文物考古工作三十年》，载《文物考古工作三十年》，文物出版社，1979年。

已有学者倾向于认为皇娘娘台随葬玉石璧是财富的象征①。原报告认为很可能是货币，另有学者推测是类似权衡而演化为代表财富的象征②。总之，象征财富的解释有一定道理。从皇娘娘台墓地的全面分析，玉石璧在这里墓中看来不是礼器，也不是实用的装饰品，当然更不是如良渚文化的玉殓葬，而应该是财富的象征。我们认为皇娘娘台的玉石璧可能是批量生产的商品，用于与外界的交换，因而拥有它可以显示财富。这样才好理解皇娘娘台的玉石璧如此多，附近海藏公园玉石器作坊遗址的发现可以佐证。

皇娘娘台的贫富分化显著，父权和夫权有强化的表现，但氏族社会仍然严格保存。男女合葬墓可能反映夫妻妾同穴入葬的父系家长制现象，但不一定是妻妾殉葬。其中M48从妻妾同葬、撒红色颜料、大量拥有玉石璧等现象综合分析，墓主人可能有一定的地位，但没有超越氏族成员的特权。M85随葬玉斧（铲）和10件玉石璧，却没有更多的随葬品，也没有撒红颜料的现象。M66夫妻妾同葬，撒红色颜料，但只有15件玉石璧随葬。M40撒红颜料，随葬6件陶器和小石子55枚，还有2件猪下颌骨，但玉石璧仅1件。M52夫妻同葬，撒红色颜料，随葬品较丰富，包括9件陶器、290枚小石子、7件猪下颌骨、20件玉石璧。综合来看，这些墓主可能显示了一定的地位，但都没有特权在握。

师赵村的一琮一璧，为墓葬同出，系二次葬，不见其他随葬品。但该墓显示的身份和地位可能不同一般，按照琮璧玉器是宗教法器的一种意见，该墓主生前应是掌握宗教权的人物。可以看出，当时神权和军权是分开的，而且这位神权人物除拥有法器外，别无其他财产。同样的，秦魏家M23、皇娘娘台M8都随葬卜骨，墓主可能是掌占卜的宗教权威人物，但都没有更丰富的随葬品。他们也都看不出有超越氏族成员的更大特权。

在柳湾墓地中，M1325随葬玉锛，M1108随葬玉凿，M1128随葬玉斧，以及随葬玉纺轮的三座墓，从发现的情况分析，这些玉质工具本身和这些墓葬，都看不出有特殊的含义。有的在出土位置上显得要略受重视一点，可能是因为质地美观而要珍爱一些。菜园村罐嘴M34随葬的玉斧和玉锛，就是同其他石器放置在一起的。可见这些玉工具都是单纯生产工具，不过是比其他器物更精美些而已。

而薄条形的B型玉斧（铲），已有特殊的含义，推测属于礼器性质，但目前还

①谢端琚：《黄河上游的齐家文化》，载《新中国的考古发现和研究》，文物出版社，1984年。
②冯汉骥、童恩正：《记广汉出土的玉石器》，载《文物》1979年第2期。

缺乏充足的考古资料印证。皇娘娘台M85随葬1件，尚看不出特殊所在。不过总寨M7的玉斧位置突出，连同其他随葬品反映出该墓比较特殊，墓主有一定的地位。但也有些此型玉斧是在遗址里出土和采集的。

目前见报告的考古资料表明，齐家文化似乎还没有发现凌驾于氏族社会之上的特权阶级，还没有发现王权的踪影。齐家文化的玉石器表明，还应该从其他文明因素去探讨齐家文化的发展。齐家文化的社会性质，有学者认为是父权奴隶制的初期[①]，这个判断还是比较切合实际的。但是齐家文化地区间和早晚间的发展不一致，同时它的经济基础和经济形态的发展变化，对社会发展起着影响和制约的作用。

研究者都已经看到，齐家文化的制铜业和农业经济对它的发展是起促进作用。而齐家文化不断增长的畜牧业经济，又对其发展可能起着制约的作用。因而齐家文化文明发展的模式很可能有其自身的特点，对此看来很有必要做深入研究。

（本文原载于《考古求知集》，中国社会科学出版社，1997年，第251–261页）

①张忠培：《齐家文化研究》（下），载《考古学报》1987年第2期。

青海喇家遗址出土玉石器的音乐声学测量及初步探讨

幸晓峰 叶茂林 王其书 沈 博 王国道

任晓燕 崔兆年 蔡林海 何克洲 李晓东

前 言

礼乐文明是中华文明探源研究的重要内容。而在与此相关的中国古代玉器研究中，关于玉石璧的功能又一直是学术界关注和争论的问题。本研究课题根据古文献所说“玉有五德”中“其声舒扬”的记载出发，从音乐声学的角度来考察古代玉石璧，即将各地重要遗址的出土资料，通过音乐声学的科学测定，以客观数据所显示的证据，来探讨史前时期及青铜时代的成组玉石璧可能具有的音乐上的特殊作用和意义。研究结果表明，这种成组的玉石璧具备良好的音乐性能[①]，这为我们探讨玉石璧的功能开辟了一个新思路。

本文作者之一曾对四川广汉三星堆、成都金沙、盐亭麻秧乡等遗址出土的33件玉石璧作过音乐声学测量和初步研究，发现成组玉石璧具有良好的音乐性能。在对三星堆真武仓包包出土的成组石璧做了复原调音实验研究后，证明玉石璧的调音原理和方法，符合现代音乐声学理论对板体打击乐器的规定[②]。这些课题中的音乐声学测量采用电子数字录音，使用《通用音乐分析系统（GWAS2.0B）》软

①a.幸晓峰：《三星堆成组玉石璧音乐声学性能初识》，载《中国文物报》2006年3月10日第7版；《三星堆遗址出土石璧的祭祀功能和音乐声学特征》（上），载《中华文化论坛》2004年第4期；《三星堆遗址出土石璧的祭祀功能和音乐声学特征》（下），载《中华文化论坛》2005年第2期。

b.幸晓峰、马芸芸：《“三星堆——金沙遗址商周音乐文化研讨会”综述》，载《中华文化论坛》2005年第2期。

c.幸晓峰、王其书：《三星堆、盐亭、金沙遗址出土玉石璧音乐声学性能初步研究》，载《音乐探索》2006年第2期。

②幸晓峰：《成组玉石璧音乐声学性能的初步探讨》，载《玉魂国魂（三）——“第三届中国古代玉器与传统文化学术研讨会”文集》，燕山出版社，2008年。

件，依据板体打击乐器声学振动原理，测量单件器物的频率，经过换算，确定单件器物音高、音强，制作频谱图，再对玉石璧进行音乐性能分析。其测量的环境和技术，严格按照规定标准要求，保证测量数据的准确[①]。成都高尔科技文化有限公司提供了电子技术支持。以上研究使我们积累了必要的经验，对相关技术和方法进行了检验，为进一步开展古代玉石器的音乐声学测量和研究奠定了基础。

甘青地区的齐家文化是玉石器发现的重要区域，也是玉文化研究的一个热点。本课题选定甘肃武威皇娘娘台遗址[②]与青海民和喇家遗址出土的玉石器进行了重点考察。我们在测量喇家遗址玉石器的同时，也注意到了青海省博物馆收藏的部分齐家文化玉石器，从出土情况、形制特征、音乐声学测量等方面对它们加以综合考察。本文即是对喇家遗址出土玉石器以及青海省博物馆收藏的齐家文化玉石器加以考察和测量分析的结果及初步探讨。此次研究不仅进一步证明了玉石器（如璧等）具有的音乐性能，而且将考古学、历史学、音乐学相结合，尝试了解齐家文化玉器与史前乐舞文化的关系，探讨中国古代礼乐文明的产生和发展。本文由此提出了一些有关礼乐文明的新认识，谨供学术界评判和讨论。

一、玉石器出土情况和形制特征

对青海出土的玉石器进行观察时，我们选择了符合本次音乐声学测量研究特征的，或者成组的标本共计约15件（套）。器形主要包括玉石璧（环）类，也有个别玉管和石磬。

在青海省文物考古研究所对喇家遗址出土玉石器进行观察和测量的标本，包括F4出土的3件玉璧、M2出土的1件玉璧、M12出土的2件玉璧及2件玉管、M17出土的2件玉璧。对青海省博物馆所藏部分齐家文化玉石器进行观察和测量的标本，包括青海省民和县阳平遗址出土的1件玉璧，同德县宗日遗址出土的1件玉璧、1件玉环，另有喇家遗址出土的1件玉环和大型石磬。

(一)喇家遗址玉石器的出土情况

喇家遗址位于青海省东部民和县的南端，地处黄河北岸的二级阶地上，海拔

①幸晓峰、王其书：《三星堆、盐亭、金沙遗址出土玉石璧音乐声学性能初步研究》，载《音乐探索》2006年第2期。

②幸晓峰等：《甘肃武威皇娘娘台遗址出土玉石璧音乐声学性能初步研究》，载《中国历史文物》2008年第4期。

高度1800米左右。遗址面积约20多万平方米，是黄河河谷小盆地中的一处齐家文化时期中心聚落。1999年至今已连续发掘多年，发掘总面积约3000余平方米，出土了丰富的陶器、石器、骨器和玉器等。多项发现表明，喇家遗址的齐家文化已达到较高的发展水平，文明化进程显著。

喇家遗址出土了比较丰富的齐家文化玉器和各类玉石材料，发现有包括特大玉刀在内的重要玉器，随葬玉石制品的重要墓葬，以及各种玉器残屑、废料、半成品、玉料等。而且，玉器和残屑、废料、玉料等广泛分布于各处墓葬、房址、灰坑、地层中，研究者认为这是存在玉器加工制作活动的一个齐家文化大型遗址。①

2000年在遗址东区台地发现了因灾难毁弃的房址F3和F4，清理出大量人骨遗骸。在F4中清理出人骨架14具，房址东侧沿墙边平置有2件玉璧和2件玉料，2件璧的大小及形态各有差异。房内的陶器中还发现另一件形体较小的玉璧②。同年，在当地村民家中征集到1件特大型的长方形石磬，已移交青海省博物馆收藏③。

在已发掘的墓葬中，有两座各出土了2件成组、大小不同的玉璧。2002年发掘的M12出有2件玉璧及2件玉管，放置在死者胸部。2003年发掘的M17，位于遗址中土台祭坛的顶部，是一座经过特殊加工的高规格墓葬。此墓为长方形竖穴，墓坑口上有套口，呈回字形，套口填土中出土6件玉器，包括三璜合璧、锛、璧芯、三角形玉片、小璧芯和玉料等。墓主为一男性，头向正北，面向西，仰身直肢，随葬有7件玉器，包括2件璧（图一）、2件管，以及环、纺轮（或称小璧）、凿各1件，放置在尸骨头、颈部（位置可能已被移动）④。另外，2000年发掘的

①叶茂林：《青海喇家遗址齐家文化的重要发现》，载《中国社会科学院古代文明研究中心通讯》2002年第3期；《青海喇家遗址一些问题的思考》，载《考古学民族学的探索与实践》，四川大学出版社，2005年。

②中国社会科学院考古研究所甘青工作队、青海省文物考古研究所：《青海民和喇家遗址2000年发掘简报》，载《考古》2002年第12期。

③a.王仁湘：《宝器重光———黄河磬王发现记》，载《文物天地》2001年第1期。

b.王国道：《“黄河磬王”现喇家》，载《中国文物报》2005年1月7日第7版。

④a.叶茂林、蔡林海等：《青海喇家遗址发现齐家文化祭坛》，载《中国文物报》2004年3月17日第1版。

b.中国社会科学院考古研究所甘青工作队、青海省文物考古研究所：《青海民和喇家遗址发现齐家文化祭坛和干栏式建筑》，载《考古》2004年第6期。

M2出土1件玉璧，系椭圆形孔，形制较为特殊，同出的还有2件白玉条形器①。

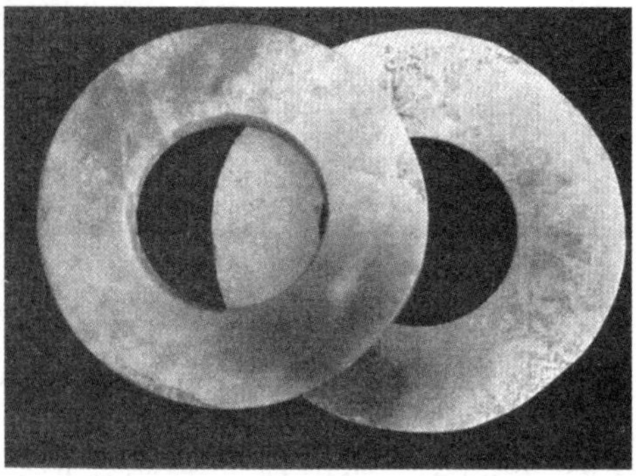

图一　喇家遗址M17出土的成组玉璧

(二)形制特征和材质鉴定

1.喇家遗址出土的标本

M12：1，玉璧。蛇纹石，鸡骨白色。圆形较规则，有两条裂纹，未穿透。一面打磨抛光较好，另一面比较粗糙，黏有土锈。直径13.5厘米、孔径5.5厘米、肉宽4厘米，厚0.8～1厘米。此器音质较好（图二）。

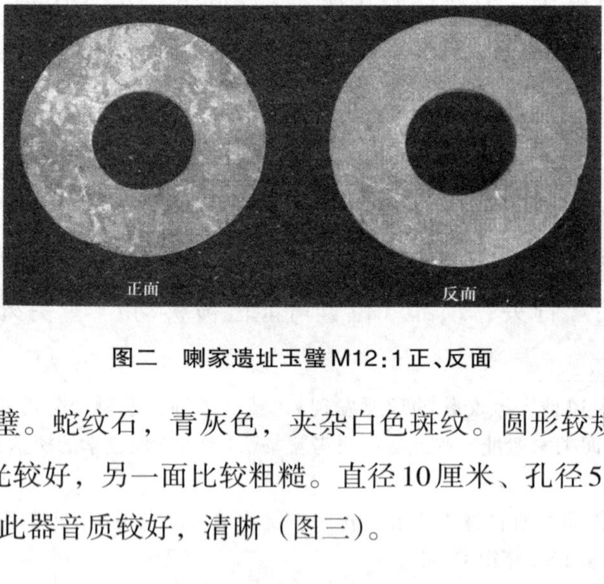

图二　喇家遗址玉璧M12:1正、反面

M12：2，玉璧。蛇纹石，青灰色，夹杂白色斑纹。圆形较规则，一侧边沿略残。一面打磨抛光较好，另一面比较粗糙。直径10厘米、孔径5厘米、肉宽2.5厘米、厚0.6厘米。此器音质较好，清晰（图三）。

①叶茂林：《从青海喇家遗址出土资料再论齐家文化玉器》，载《海峡两岸古玉学会议论文专辑（Ⅰ）》，台湾大学出版委员会，2001年；《齐家文化玉器研究——以喇家遗址为例》，载《玉魂国魄（三）——“第三届中国古代玉器与传统文化学术研讨会”文集》，燕山出版社，2008年。

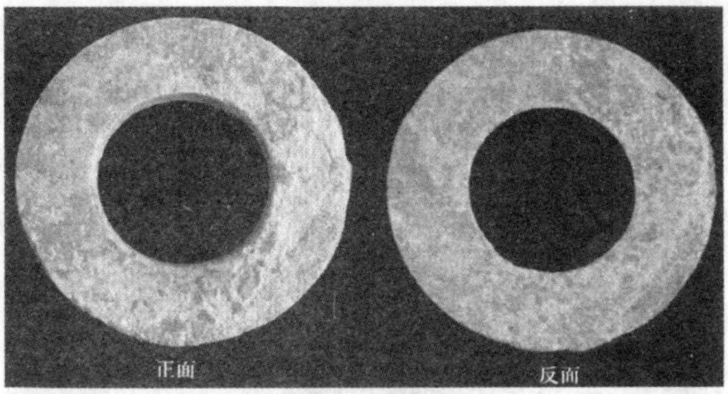

图三 喇家遗址玉璧M12:2正反面

M17：11，玉璧。透闪石，绿色，夹杂白色和墨绿色斑纹。圆形较规则，两面磨光，加工精致。器身一侧厚，另一侧渐薄。直径10.6厘米、孔径5厘米、肉宽2.5～2.8厘米、厚0.5～0.8厘米。边缘处有一处凹斜面磨痕，弦长4厘米、宽0.5厘米。此器音质较好，清晰（图四）。

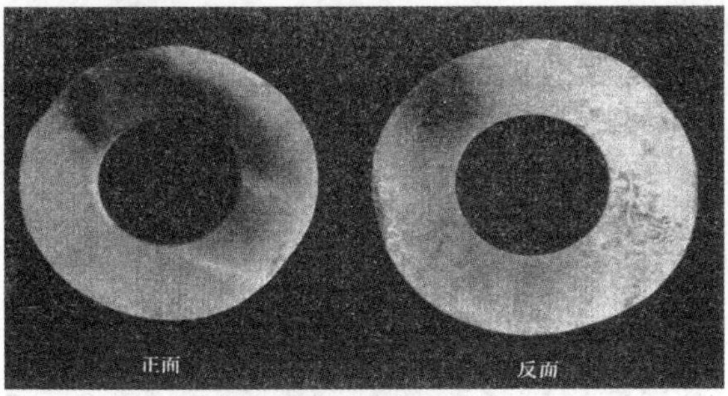

图四 喇家遗址玉璧M17:11正、反面

M17：12，玉璧。透闪石，绿色，夹杂白色、墨绿色、褐色斑纹。圆形较规则，两面磨光，加工精致。直径10厘米、孔径4.8厘米、肉宽2.6厘米、厚0.5～0.8厘米。一面边缘有两处呈“八”字形对称的斜面磨痕，一侧弦长3厘米、宽1.2厘米，另一侧弦长1厘米、宽0.5厘米。此器音高不够清晰（图五，图六）。

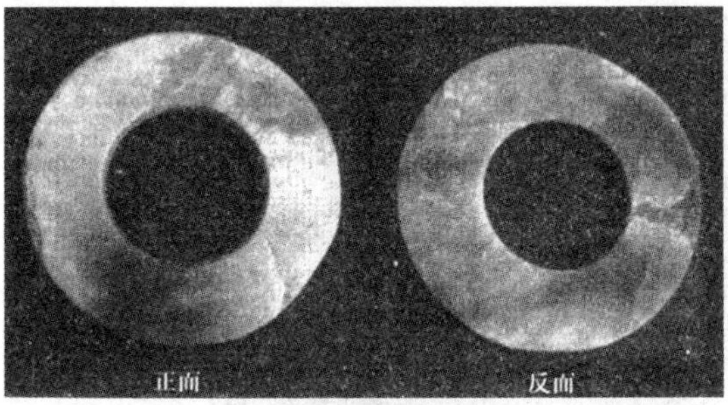

图五 喇家遗址玉璧M17:12正、反面

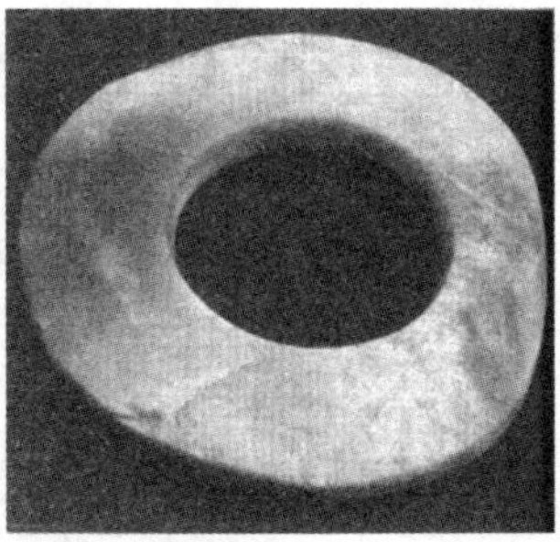

图六 喇家遗址玉璧M17:12斜面痕迹

F4：4，玉璧。石英岩，鸡骨白色。圆形较规则，两面磨光，加工精致。器身一侧厚，另一侧渐薄。直径9.4～9.7厘米、孔径4.2厘米、肉宽2.3～2.7厘米、厚0.2～0.8厘米。一面有斜面痕迹，弦长7厘米、宽1厘米、厚0.2～0.4厘米。斜面上有一个比较明显的凹窝痕迹，可能是人为造成，很像敲击形成的小坑。此器音高清晰，音质较好（图七，图八）。

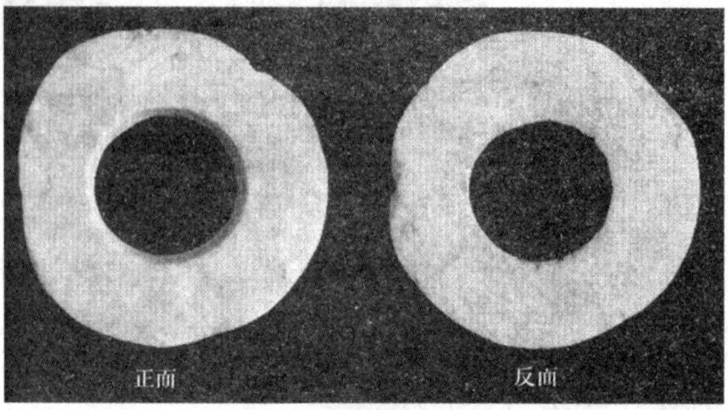

图七　喇家遗址玉璧F4:4正、反面

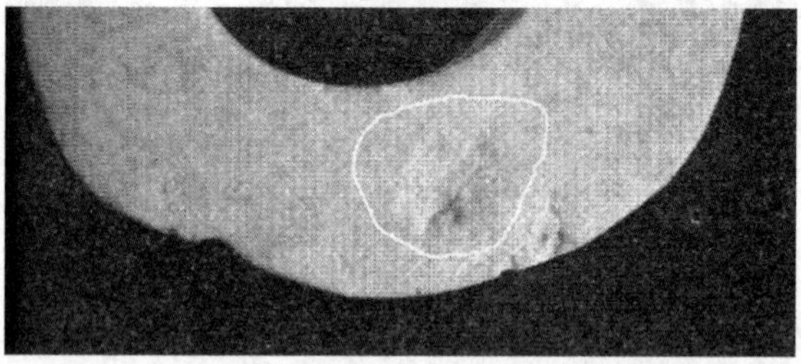

图八　喇家遗址玉璧F44表面的凹窝痕迹

F4：5，玉璧。蛇纹石，绿色，夹杂白色斑纹。略呈长圆形，经打磨抛光，磨制痕迹明显，两面磨光，加工精致。器身中间厚，边缘薄。长径8.4厘米、短径7.4厘米、孔径3.6厘米、肉宽2～2.6厘米、厚0.6～0.9厘米。此器音质较好，清晰（图九）。

图九　喇家遗址玉璧F4:5正、反面

F4：23，玉璧。蛇纹石，绿色，夹杂白色斑纹。圆形较规则，两面磨光，加工精致。器表有三道裂痕，经粘接修复。直径8厘米、孔径3厘米、肉宽2.3厘米、厚0.3厘米。此器音高为参考值（图一〇）。

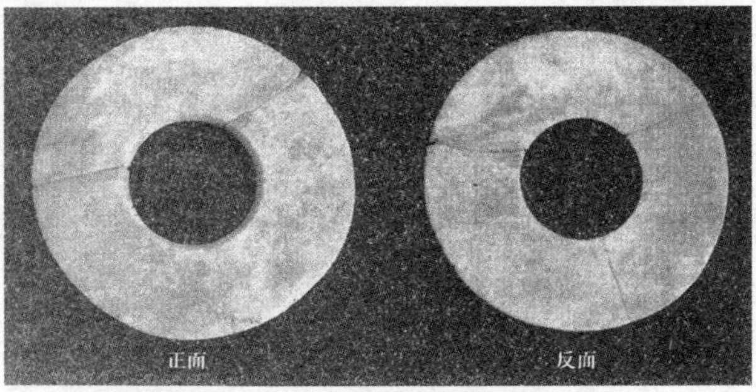

图一〇 喇家遗址玉璧F4:23正、反面

M2：1，玉璧。透闪石，墨绿色，夹杂黑色、白色斑纹。圆形不规则，一侧边缘整齐地切割掉呈“八”字形对称的两个斜面，好孔呈椭圆形，两面磨光，加工精致。直径8.2厘米、孔径3.7～4.2厘米、肉宽2～2.2厘米、厚0.8厘米。切割掉的边缘一处长4厘米、宽0.5厘米，另一处长3厘米、宽0.5厘米。仔细观察切割痕迹，可确认是在玉璧做好后，有意识在边缘切割掉两块。此器音质不够清晰（图一一，图一二）。

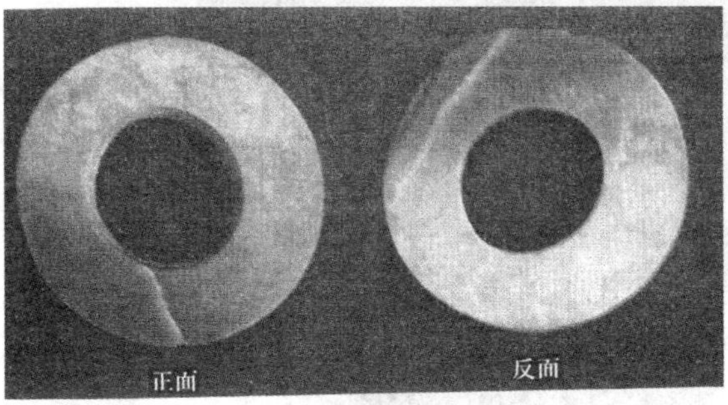

图一一 喇家遗址玉璧M21正、反面

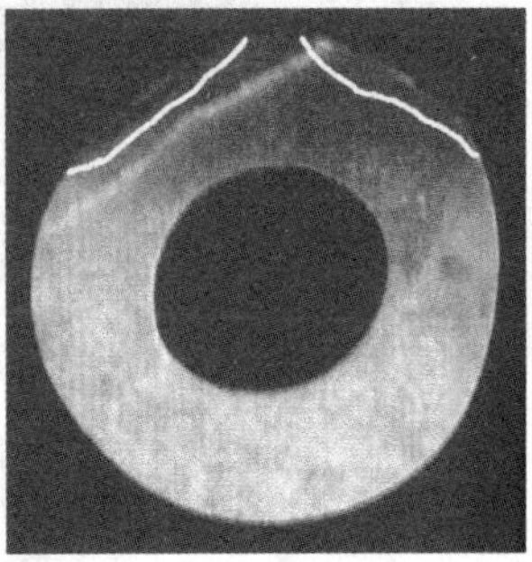

图一二 喇家遗址玉璧M2:1对称斜切面

M12：3，玉管，保存较完好。蛇纹石，鸡骨白色。束腰喇叭形柱体，一端略小，另一端略大。管长5.2厘米、小端直径1.6厘米、大端直径2.2厘米、小端孔径0.4厘米、大端孔径1厘米。管内穿孔由小渐大，钻孔偏斜，穿透两端。经试吹，大孔朝上，堵住下端小孔则发音清晰，音质较好，似可判断为律管。

M12：4，玉管，保存完好。蛇纹石，鸡骨白色。形制及大小与上一件玉管相同，通过改变穿孔大小，达到不同的音高标准。管长5.2厘米、小端直径1.6厘米、大端直径2.2厘米、小端孔径0.5厘米、大端孔径0.7厘米。管内穿孔由小渐大，钻孔偏斜，穿透两端。经试吹，大孔朝上，堵住下端小孔，发音清晰，音质较好，同样似可判断为律管。

2.青海省博物馆藏品①

QB1403，玉璧。1972年在青海民和县马营乡马家村阳平遗址出土。青灰色，一面有一条贯穿器表的白色沁纹。圆形较规则，中间略厚，边缘渐薄。正面磨光，反面较粗糙。直径20厘米、孔径4.5～5.2厘米、肉宽8厘米、厚1～1.1厘米。正面边缘有两处呈“八”字形对称的痕迹，一处弦长3厘米、宽0.5厘米，另一处弦长6.5厘米、宽1厘米。反面边缘有一处明显的斜面磨痕，弦长5厘米、宽0.5厘米。此器音质较好，清晰（图一三，图一四）。

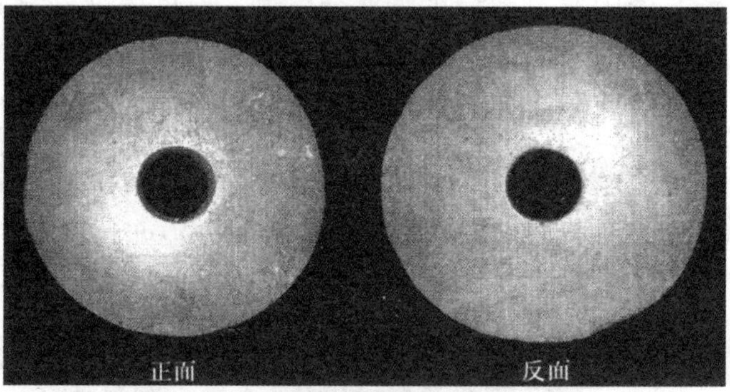

图一三　阳平遗址玉璧QB1403正、反面

图一四　阳平遗址玉璧QB1403斜面痕迹

QB1121，玉璧。1995年在青海同德县宗日遗址出土。绿色，夹杂黄斑。圆形较规则，两侧有裂纹，均未穿透。边缘切割后又经打磨，两面磨光。直径14.5厘

①青海省博物馆所藏相关玉石器的情况，可参见王国道、崔兆年著：《青海齐家文化玉器研究》，载《中国玉文化玉学论丛》，紫禁城出版社，2004年，第241-249页。

米、孔径5.5厘米、肉宽4.5～4.8厘米、厚0.3～0.7厘米。此器尚可辨别音高（图一五）。

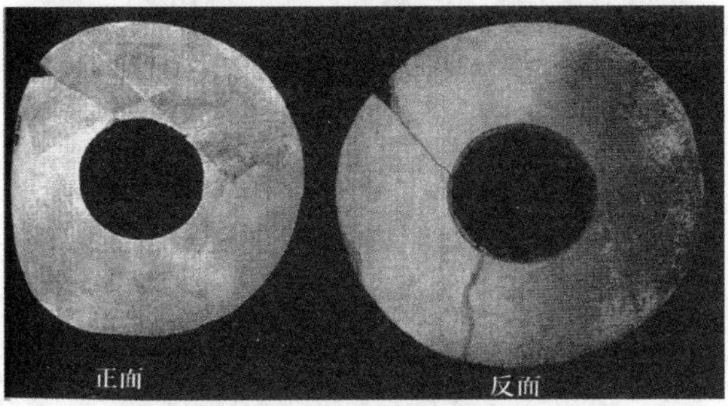

图一五　宗日遗址玉璧QB1121正、反面

QB1404，玉环。1981年在喇家遗址出土。白色，夹杂蓝黑色斑，较透明，质地细腻温润。圆形较规则，两面磨光，加工精致。器身一侧厚，另一侧渐薄，整体呈一斜面。直径10.2厘米、孔径4.8厘米、肉宽2.5～2.8厘米、厚0.5～1厘米。正反面各有一处有意识加工磨制的斜面，处于对称位置。正面沿边缘的三分之一磨薄，内厚外薄。反面磨薄呈斜面，弦长4厘米、宽2厘米。斜面上有一处比较明显的凹窝痕迹，似为敲击形成的小坑。此器的音乐性能与玉璧相同，加工和敲击痕迹明显，音质清亮纯净（图一六）。

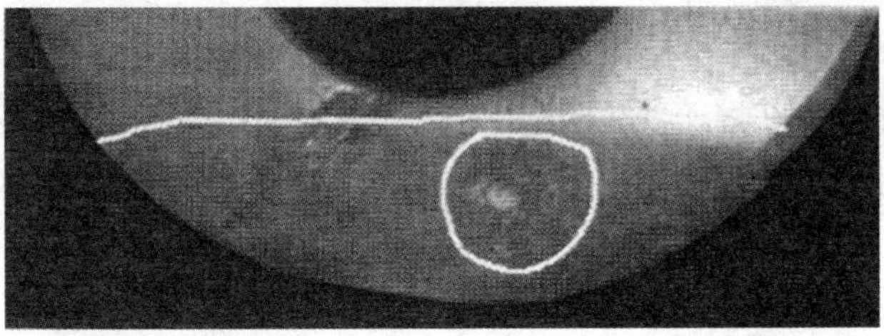

图一六　喇家遗址玉环QB1404反面的斜面、凹窝痕迹

QB1567，玉环。出土于宗日遗址。绿色，夹杂白斑。圆形较规整，两面磨光，环身一侧有一处磨痕。直径8.6厘米、孔径5厘米、肉宽2厘米、厚0.7厘米。此器音质较好（图一七）。另有一件石磬，是2000年在喇家遗址征集出土的。灰绿色。矩形，长91厘米、宽64厘米、厚4厘米。右侧下角被原先收藏者不慎撬断，折断处呈直角三角形。此器经悬挂敲击，音色圆润、洪亮，音高清晰（图一八）。

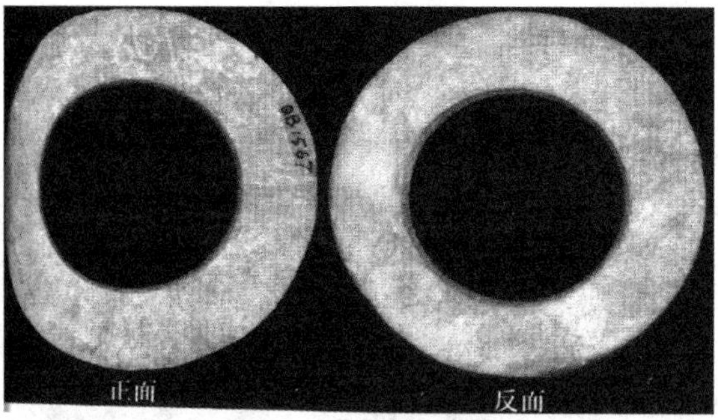

图一七　宗日遗址玉环QB1567正、反面

图一八　喇家遗址征集的石磬

二、音乐声学测量结果

本次研究所挑选的青海地区所出齐家文化玉石器标本，包括10件玉璧、2件玉环、2件玉管及1件石磬。我们对这些器物进行音乐声学测量，全部测量后换算出音高。测量结果见表一、表二。

表一　喇家遗址玉石器标本的音乐声学测量结果

出土编号	M12:1	M12:2	M17:11	M17:12	F4:4	F4:5	F4:23	M2:1	M12:3	M12:4
频率(Hz)	1852.04	2231.06	2501.10	3234.60	3385.35	5120.14	2424.36	3230.33	1981.48	1776.92
物理音高	#A6-20	#C7+0	#D7+0	#G7+45	#G7+24	#D8+40	D7+46	G7+43	B6-3	A6+8
音名	#a6-20	#c4+0	#d4+0	#g4+45	#g4+24	#d5+40	d4+46	g4+43	b3-3	a3+8
音强(Db)	19.53	20.67	18.42	22.03	33.52	34.30	23.07	12.88	49.78	52.99

表二 青海省博物馆所藏齐家文化玉石器标本的音乐声学测量结果

馆藏号	QB1403	QB1121	QB1404	QB1567	石磬
频率(Hz)	1727.63	2665.06	5001.70	3974.69	538.40
物理音高	A6-40	F7+10	#D8+0	B7+2	C5+4
音名	a3-40	f4+10	#d5+0	b4+2	c2+4
音强(Db)	33.60	18.03	32.86	46.05	31.88

三、音乐性能初步分析和讨论

1.喇家遗址是近年来连续开展工作的重要考古发现，在遗址上由突然灾害所造成的遗迹原状被保存下来，这对齐家文化研究具有重要意义，也提供了探讨齐家文化玉器的重要资料。虽然可进行音乐声学测量的玉石器数量稍微少了一些，但所选器物均有明确的出土时间和地点，科学性较高，可以很好地达到课题研究的要求。

2.两件成组，这是喇家遗址出土玉石器一个比较突出的特点。同一处遗迹中出土两件成组的玉璧、玉环、玉管，是一个重要的文化现象。其中，M12出土2件璧、2件管。M17出土2件璧、2件环、2件管。F4出土2件璧，旁边各放一件块状玉料，推测应该是待加工的坯料，另外在一件陶器中还放置有1件璧。

3.测试结果反映出，两件成组的玉石器具有明显的音乐声学性能，说明喇家遗址的居民已经具有比较成熟的音乐文化观念，也有绝对音高概念和音程概念。M12出土的2件玉管，音名分别为a3和b3，可以构成大二度音程关系。同墓葬出土的2件玉璧，有明显加工痕迹，音名分别为#a3和#c4，可以构成小三度音程关系。M17出土的2件玉璧，音名分别为#d4和g4，可以构成减四度音程关系。F4出土的2件玉璧，音名分别为#g4和#d5，可以构成纯五度音程关系。这些音程关系均为比较规范的自然音程，似可以进一步说明玉石器的音乐性能比较好。无论是从工艺技术还是从调音技术分析，都表明距今约4000年前的齐家文化时期，已出现律管和可以作为律器或乐器的两件制的成组玉石器。

4.玉璧的表面遗留有明显的加工痕迹，可能是起到调音作用。例如，M2：1号玉璧在侧面切去对称的“八”字形的部分，而在璧的肉面上没有磨出的对称斜面，这可以看作是对调音加工部位的实验。在我们已考察的玉石璧中，这是首次发现切割侧面的痕迹。从调音原理分析，这种加工方式也可以减少肉面面积从而提升音高，但却无法解决降低音高的问题。

5.许多玉璧表面呈倾斜状，即一侧厚，向另一侧渐薄。这有一种可能是加工过程所造成的，属于工艺技术的问题，与良渚文化时期大小厚薄非常规整的玉璧加工工艺明显不同，似乎显得较落后。但另一种可能是，利用加工时出现的厚薄不均，用于调整音高；同时，比较薄的部位，也可能是敲击部位。例如，青海省博物馆收藏QB1404号玉环，我们认为可归为璧环类，这件器物的材质较好，器身有两处明显的磨痕：一处在正面，顺着器表面边缘的圆弧磨出斜面；另一处在反面磨出斜面，宽度几乎等于肉宽，在这个斜面上还有凹窝，似为敲击造成的小坑。这或许可以说明，较薄的部位不仅是调音部位，还可能是敲击部位。

6.部分玉石器的表面发现凹窝痕迹，近似敲击形成的小坑。例如，喇家遗址出土的F4：4号玉璧，为石英岩质，璧面倾斜，单面有斜面加工痕迹，斜面上有凹窝痕迹，近似敲击造成的小坑，可认定是人为造成。青海省博物馆所藏QB1404号玉环也有相同的特征，据观察可认定属同样性质，可能为敲击痕迹。与此类似，我们曾观察过甘肃武威皇娘娘台遗址出土的M41：1号石璧，此器形体较大，为大理石岩质，单面磨光略呈伏鼓状，有加工痕迹；另一面边缘有三处痕迹，其中一处凹窝明显，呈小坑状，似乎恰可承受圆槌体的敲击。

7.喇家遗址发现的玉管，通过改变钻孔大小，可吹出不同音高，构成大二度音程关系。这与古文献中所谓西王母在昆仑山造律管的记载似乎有一定联系，时间、地点和器物都相互有所印证，也许并非出于偶然。当然，关于古代神话的史学考察，还有待于更深入的探讨。

8.喇家遗址发现的大石磬，音高在小字2组，可视为低音打击乐器。如果喇家遗址所出玉璧的音乐声学性能得到确认，音高主要在小字4组，为两件组合。这或许可以反映出《尚书》所记载的上古时期音乐中“击石拊石”和“戛击鸣球”的演奏形式。依郑玄注，“击石拊石”为大击和小击乐器“石磬”。依宋代陈浩注，“戛击鸣球”为刮击旋律乐器“玉磬（璧）”。如此，文献中记载的石质、玉质乐器，单音、旋律乐器，大击、小击、戛击三种演奏方法等，似乎可以由出土的大石磬和成组的玉石璧初步得以反映。金沙遗址出土的2件石磬，为六度音程关系；同时出土的石璧，形制特征与喇家遗址所出玉璧相似。三星堆遗址出土有成组石璧，已可排列出音阶。过去我们已经提出，这似乎可以印证《尚书》记载的以“石”和“球”作乐器，以及“大击”“小击”“戛击”等不同演奏方法的存在。

9.对同属于齐家文化的皇娘娘台和喇家这两个遗址出土的玉石璧进行比较，皇娘娘台遗址的玉石璧在形制特征、材质、音乐性能上与陕西东龙山遗址比较接近，直径多达到25厘米以上，主要为大理石岩质，音响效果较好。而喇家遗址出土的玉璧与三星堆、金沙遗址出土的玉石璧相同点较多，比如器形较小，圆形较规则，有斜面痕迹；材质都以蛇纹石为主；音区更加相近，主要在小字4组和5组等。

10.另外还需要提出讨论的问题是，以喇家遗址为代表的黄河上游齐家文化与三星堆和金沙遗址所代表的长江上游古文化之间的关系。本文作者之一曾经提出过关于长江上游和黄河上游的古代文化交流圈的认识①。在此还可以列举一些文化现象，以反映出它们存在一定的联系。其一，喇家遗址的玉璧与三星堆和金沙遗址的同类器在形制及材质上多有相似之处。其二，喇家和金沙遗址都同时发现了石磬。石磬和玉石璧均为板状，具备敲击入乐的音乐性能，可对应文献中“击石拊石”的记载。其三，喇家遗址发现有9个柱洞的特殊建筑遗迹，在金沙遗址也发现布局基本相同的有9个圆形洞坑的遗迹，这种特殊建筑可能与祭祀礼仪有关。其四，上述两个文化区域，都有较多海贝、青铜泡，特别是铜铃的发现。喇家遗址的齐家文化遗存虽然没有发现这类器物，但是在该遗址北区发现的辛店文化墓葬群中出土了青铜泡，资料目前尚未报道。青海贵南县尕马台齐家文化墓地出土有“铜指环、铜泡”等；稍后的卡约文化中，装饰品铜泡和铜铃的数量更多②。其中，许多铜铃是无舌铃，从外部撞击发音，这类铜铃具有良好的音乐声学特性，即撞击发出的音响较清亮，可以挂在头发上、身上、脚或手腕上，甩臂顿足，均可造成有节奏的音响效果，应该是乐舞用器。三星堆遗址出土的玉璋上有祭祀乐舞图，图像中的人像耳垂挂铃；二号坑出土有两组铜铃，还有其他形制的零散铜铃约40余件。金沙遗址出土了上百件小铜铃，其中也有许多是无舌铃。两地域出土的铜铃，不仅可以作为服饰或装饰品使用，更为重要的，它们可能是我国最早

①叶茂林：《青藏高原东麓黄河上游与长江上游的文化交流圈———兼论黄河上游喇家遗址的考古发现及重要学术意义和影响》，载《中华文化论坛》2005年第4期。

②a.陈秉智：《青海考古五十年述要》，载《青海考古五十年文集》，青海人民出版社，1999年。

b.赵生琛、谢端琚、赵信：《青海古代文化》，青海人民出版社，1985年。

出现的青铜乐器，其音响和节奏等被用在乐舞中可创造出“神圣之音”，与神沟通。这些应当都是在祭礼仪式中使用的器物。铜铃有舌和无舌的音响性能，是人们在长期的实践中逐渐发现和不断发展的。数量较多的铜铃和玉石璧都具有良好的音响性能，两类器物在音乐声学上的关系，是值得我们注意的有趣问题。其五，从新石器时代晚期到商周之际，齐家文化与三星堆和金沙文化在祭祀乐舞方面，似乎也显示出某些相似点。以上诸种文化现象，对揭示当时西部地区的文化交流、先民的精神文化信仰，以及探讨黄河和长江两大流域上游地区礼乐文明的起源和发展，都值得重视。

结 语

早期音乐舞蹈是非物质形态的艺术，这种非物质文化遗产早已消失，利用考古发现的艺术的物化资料，比如彩陶上的舞蹈画面和具有音乐性能的器物等，就可以追寻远古人类的精神信仰和乐舞文化艺术，也可能在一定程度上复原远古人类的精神生活及其发展历程。我们通过对古代玉石器，特别是玉石璧的音乐性能的研究，为探寻早期人类的精神文化提供了一种新的切入点和研究途径，这项工作亟待继续深入和进一步全面开展。

在喇家遗址出土以及青海省博物馆收藏的齐家文化玉器中，选择部分成组标本进行音乐声学测试分析，结果显示这些玉器明显具有调音和不同音高的音响功能，有着比较好的音乐性能。这些玉石礼器同时具有音乐性，是将礼器与乐器集于一身，是礼乐相合的一种表现。应该说这并不仅仅是巧合，而很可能反映了当时社会生活中已经相当普遍的一种社会现象，这是礼乐文明发展的一定体现。

对于玉的声音表现，古人早有认识。相关文献如《说文解字》中记载，“玉，石之美者，有五德”，“润泽以温，仁之方也。理自外，可以知中，义之方也。其声舒扬，博以远闻，智之方也。不挠而折，勇之方也。锐廉而忮，洁之方也”。古人关于玉，还有“七德”“九德”“十一德”等说法。《荀子·法行》记载，“夫玉者，君子比德焉。温润而泽，仁也。栗而理，知也。坚刚而不屈，义也。廉而不刿，行也。折而不挠，勇也。瑕适并见，情也。扣之，其声清扬而远闻，其止辍然，辞也”[①]。《管子·水地》记载，“夫玉，温润以泽，仁也。邻以理者，知也。

① 参见梁启雄校注：《荀子简注》，中华书局，1983年。

坚而不蹙，义也。廉而不刿，行也。鲜而不垢，洁也。折而不挠，勇也。瑕适皆见，精也。茂华光泽，并通而不相陵，容也。叩之其音，清博彻远，纯而不杀，辞也……九德出焉”。《礼记·聘义》则记载，“夫昔者，君子比德于玉焉。温润而泽，仁也。缜密以栗，知也。廉而不刿，义也。垂之如坠，礼也。叩之其声，清越以长，其终诎然，乐也。瑕不掩瑜，瑜不掩瑕，忠也。孚尹旁达，信也。气如白虹，天也。精神见于山川，地也。圭璋特达，德也。天下莫不贵者，道也”。

以上诸种说法，不论表述的内容有何差异，却都涉及对玉之声音的赞誉。由于历史久远，还因为古玉的发展变化，后代对于玉器曾经的声音（音乐）功能早已遗忘不知，但这很可能是一个不争的事实。有学者对于古人这些关于“玉德”含义的表述，还进行了一些形成机理的研究，试图从某种科学的角度给予一定解释。关于声音方面，如认为，“其实玉的声学性质，决定于玉的粒度组成，致密程度，结构强度及韧性……从玉的粒度组成和结构致密说明玉振能发出金属声的原因一样的效出之声，因为和田玉的准纳米颗粒构成毛颤状结构，使这种无机物是有了金属一样的敲击之声，即古传至今的所谓‘金声玉振’”。孔子、管仲、许慎等的不同表述，“说明古时对玉声远播的精神蕴涵有多解性，名家理解各不相同”①。这从物质结构上给我们提供了一种玉发声和远播的解释。还有的学者同时提出了玉德的矿物学基础②。这些观点无疑都很有参考和借鉴意义。实际上，玉显而易见具有发声的材质原理，只要实际接触都会有所感受。

探索古玉的音乐声学性能，不仅是玉文化研究的深入发展，也是文明探源的重要内容，在文明探源课题中关注这项工作，自有其学术价值。本文所做的分析研究，尽管可能还存在某些不足，需要进一步深入和完善，但它对于探讨玉石器所具有的音乐功能以及史前和商周时期音乐文化和乐舞文化的发展，对于研究古代礼乐文明和礼制的起源与发展，对于中华文明探源研究，应该具有重要的学术意义。

① 周佩玲、杨忠耀：《玉的道德蕴涵及其形成机理研究》，载《如玉人生——庆祝杨伯达先生八十华诞文集》，科学出版社，2006年。

② 曾卫胜：《论玉德——谨以此文献给杨伯达先生八十大寿纪念》，载《如玉人生——庆祝杨伯达先生八十华诞文集》，科学出版社，2006年。

附记：

本文为国家社会科学基金课题《长江流域礼乐文明起源与发展——从成组（成批）玉石璧的性能和功能研究入手》（编号：06XZS005）的调查研究项目之一，同时得到“中华文明探源工程（第二阶段）”的资助。所选喇家遗址出土玉石器标本的材质由北京大学赵朝洪、员雪梅、王时麒先生鉴定，鉴定结果由青海省文物考古研究所提供。

（本文原载于《考古》2009年第3期）

上博藏齐家文化玉器综述

张 尉

上海博物馆

齐家文化是我国黄河上游新石器时代晚期到青铜时代早期的文化，因1924年瑞典考古学家安特生及其助手发现于甘肃省广河县齐家（祁甲）坪遗址而得名。根据C14数据显示，齐家文化的年代跨度为公元前2615—前1529年，长达千年之久。绝对年代集中在公元前2300—前1700年，最盛期是公元前2000年前后，约在公元前3000年后半叶至公元前2000年之间，共分为3期8段，与马厂类型年代持平或稍晚，相当于黄河中游的二里头文化，也就是新石器时代晚期到中原文化的夏王朝和商代早期。

齐家文化分布地域广大，面积达几十万平方公里。现已发现遗址1100多处，东起泾水、渭河流域，西至河西走廊西部、湟水流域及青海湖畔，南抵白龙江流域，北达内蒙古西南部及宁夏南部，主要分布地区为甘肃大部、青海东部、宁夏南部、陕西北部和内蒙古西南部，其中心区域在甘肃中西部及青海东部。①

齐家文化玉器是齐家文化的重要组成部分。自20世纪50年代以来，经科学考古陆续发现的齐家玉器主要出于甘肃省临夏回族自治州广河县齐家坪②、永靖县大何庄③和秦魏家④、积石山县新庄坪⑤，平凉市灵台县桥村⑥，武威市皇娘娘台⑦，

①王裕昌：《齐家文化玉器散论》，载《博物馆研究》2012年第4期总第120期。

②古方主编：《中国出土玉器全集·15》，科学出版社，2005年。

甘肃省博物馆：《甘南积石山县新庄坪齐家文化遗址调查》，载《考古》1996年第11期。

③中国科学院考古研究所工作甘肃队：《甘肃永靖大何庄遗址发掘报告》，载《考古学报》1974年第2期。

④中国科学院考古研究所甘肃工作队：《甘肃永靖秦魏家齐家文化墓地》，载《考古学报》1975年第2期。

⑤甘肃省博物馆：《甘南积石山县新庄坪齐家文化遗址调查》，载《考古》1996年第11期。

⑥甘肃省博物馆考古队：《甘肃灵台桥村齐家文化遗址试掘简报》，载《考古与文物》1980年第3期。

⑦甘肃省博物馆：《甘肃武威皇娘娘台遗址发掘报告》，载《考古学报》1960年第2期。

天水市师赵村与西山坪[①]、武山傅家门[②]，甘南藏族自治州临潭县磨沟[③]；青海省海东市乐都区柳湾[④]、民和县喇家[⑤]，海南藏族自治州同德县宗日[⑥]，西宁市沈那[⑦]；宁夏回族自治区固原市原州区店河[⑧]、隆德县页河子[⑨]、彭阳县海家湾[⑩]等地，此外，尚有一些零星出土和采集、征集的玉器散见于各地考古部门和博物馆。齐家文化玉器种类主要包括礼仪器、装饰品和工具等。其中礼仪器主要有玉璧、玉琮、玉刀等；装饰品主要有玉璜、玉环、玉镯、玉珠、玉饰等；工具主要有玉斧、玉铲、玉锛、玉凿、玉纺轮等。

齐家文化玉器近年来日渐引起人们的关注，其主要原因是由于经考古出土的玉器数量不断增多，为人们深入认识和研究提供了科学准确的实物资料，随着研讨和收藏的升温，其影响逐步凸显。作为史前西北地区重要的玉文化，其自成一体的玉器品类和内涵以及与其他地区文化玉器的关系，和在华夏文明进程中的作用都是人们颇感兴趣的话题。

由于过去受到文字和实物材料等的局限，上海博物馆馆藏玉器中没有被认定为齐家文化的器物。伴随这些年来相关出土和研究资料的相继公布，尤其是20世纪90年代末笔者和同事们曾亲赴西北的陕西、甘肃、青海、宁夏等实地考察，走访了许多有关的考古部门和文博单位，掌握了大量第一手资料，从而对齐家文化

①甘肃省博物馆：《武威重娘娘台遗址第四次发掘》，载《考古学报》1978年第4期。

②刘忠华、孙玮：《武威皇娘娘台出土的齐家文化玉石器》，载《故宫文物月刊》2003年11月总第248期。

③中国社会科学院考古研究所：《师赵村与西山坪》，中国大百科全书出版社，1999年。

④青海省文物管理处考古队、中国社会科学院考古研究所：《青海柳湾——乐都柳湾原始社会墓地（上）》，文物出版社，1984年。

⑤中国社会科学院考古研究所甘青工作队：《甘肃武山傅家门史前文化遗址发据简报》，载《考古》1995年第4期。叶茂林、何克洲：《青海民和县喇家遗址出土齐家文化玉器》，载《考古》2002年第12期。中国社会科学院考古研究所甘青工作队、青海省文物考古研究所：《青海民和喇家遗址发现齐家文化祭坛和干栏式建筑》，载《考古》2004年第6期。

⑥青海省文物管理处海南州民族博物馆：《青海同德县宗日遗址发掘简报》，载《考古》1998年第5期。

⑦青海省文物考古研究所、西宁市文化局文物管理所：《西宁小桥沈那齐家文化墓地》，载《中国考古学年鉴，1992》，1994年。青海省文物考古研究所：《西宁市沈那齐家文化遗址》，载《中国考古学年鉴，1992》，1994年。

⑧宁夏文物考古研究所：《宁夏固原店河齐家文化墓葬清理简报》，载《考古》1987年第8期。

⑨北京大学考古实习队、固原博物馆：《隆德页河子新石器时代遗址发掘报告》，载《考古学研究（三）》1997年。

⑩宁夏回族自治区博物馆：《宁夏固原海家湾齐家文化墓葬》，载《考古》1973年第5期。

玉器有了较为全面深入的了解和认识。在此基础上，对馆藏品中原定为新石器时代或三代的器物进行了复鉴，从中识别出一批可归属于齐家文化的玉器。

这批玉器有很大一部分是20世纪70年代末集中征集于现代著名书画家、鉴赏家吴湖帆。吴湖帆是清末著名古文字学家和金石学家吴大澂之孙，其玉器原多为吴大澂旧藏，其中不少曾著录于吴大澂的《古玉图考》。吴大澂，初名大淳，字止敬，又字清卿，号恒轩，晚年又号客斋，别号白山云樵，江苏省吴县（今江苏苏州）人。清道光十五年（1835年）生，光绪二十八年（1902年）卒。他在同治六年（1867年）进士，历任编修、陕甘学政、河北道、太仆寺卿、北洋会办、左副都御使、广东巡抚、河道总督、湖南巡抚等职。曾受命赴山、陕襄办赈务，不辞劳苦，并亲赴灾区勘察。他善诗文、书画、篆刻，著有《说文古籀补》《字说》《窑斋集古录》《恒轩所见所藏吉金录》《古玉图考》《毛公鼎释文》《秦汉名人印辑》《续百家姓谱》《客斋诗文集》《北征日记》《皇华纪程》等。来源于吴湖帆的这批齐家玉器很有可能是吴大澂当年在西北公务时收藏的，作为一名金石学家，其留意对当地玉器等文物的搜集是不难理解的。此外，也表明齐家文化玉器至少于19世纪后半叶即已流散至民间。

这批玉器有玉璧、玉环、玉琮、玉刀、玉斧等，基本涵盖了齐家文化的重要玉器品种。现择其要者略述于下。

1.玉璧

（1）玉璧，直径22.5厘米，孔径4.8厘米，厚0.7～2厘米。玉呈墨绿色间赭褐色，扁平圆形，素面无纹，一面写有金粉字“宏璧”，当为吴大澂所书；中央单面穿一孔，孔内遗有螺旋痕。此璧制作不甚规范，外径不圆，器面厚薄不均，表面当中遗有一条参差不齐的直线切割痕，为齐家玉璧的重要特征（图一）[①]曾著录于《古玉图考》，材质经矿物鉴定为软玉[②]。齐家玉璧所见数量较多，除圆形外，还有椭圆形、圆角方形等形式，或大或小，不少是石质制品。

（2）玉璧，直径24.9厘米，孔径5.8厘米，厚0.5～1.5厘米。玉呈黄绿色，裂纹颇多，内含黑色。器形、特点与上者基本相同，一面有吴大澂所书金粉字“宏璧，镇圭尺十二寸”，并也遗有一条直线切割痕，残留的切割沟痕为0.1厘米。材

①可参见甘肃天水师赵村8号墓出土的玉璧，见古方主编：《中国出土玉器全集15》，科学出版社，2005年版，第13页。

②本文馆藏玉器矿物成分均由同仁谷娴子小姐使用必达泰克MiniRam Ⅲ拉曼光谱仪检测。谨致谢忱!

质经矿物鉴定为软玉（图二）。

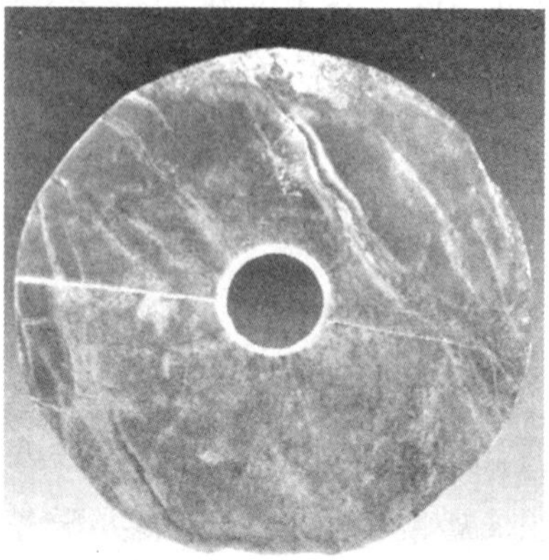

图一　齐家文化玉璧

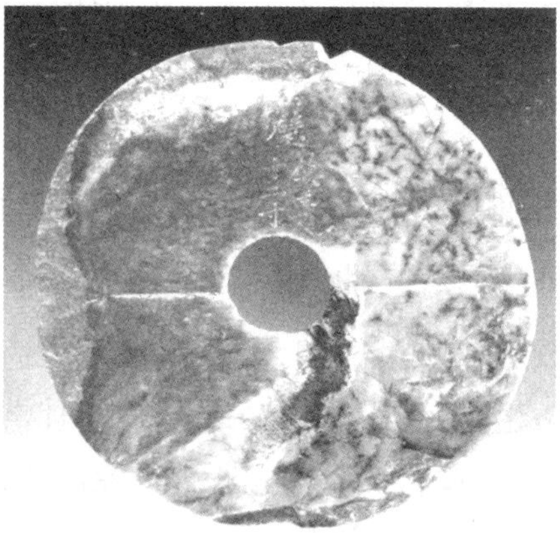

图二　齐家文化玉璧

（3）玉璧，直径20厘米，孔径6.3厘米，厚0.7～0.9厘米。玉呈淡青绿色间褐黄色条纹。扁平圆形，素面无纹，中央单面穿一孔，外径不甚规则，器面厚薄不均，表面当中遗有直线切割痕。材质经矿物鉴定为软玉（图三）。此器玉质在齐家文化中多见，如甘肃临夏博物馆藏玉璧（编号：齐218）就与此接近。

2.玉环

玉环，直径12.7厘米，孔径5.5厘米，厚0.3～0.7厘米。玉呈暗青色间黄褐色，内含黑色丝絮状纹。椭圆形，器面厚薄不均，当中单面穿一孔，孔内遗有螺旋痕。材质经矿物鉴定为软玉（图四）。

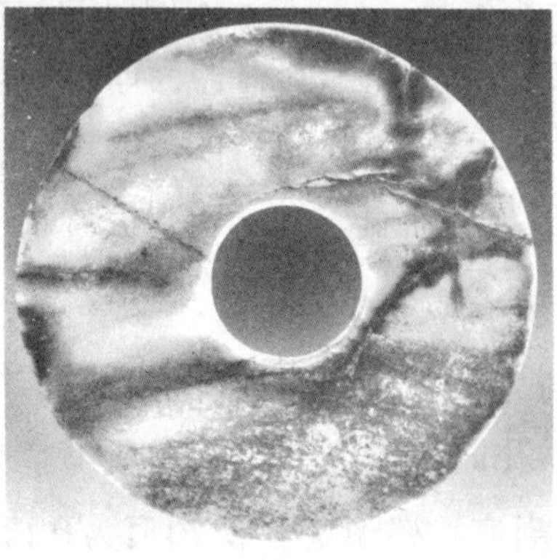

图三　齐家文化玉璧

图四　齐家文化玉环

3. 玉琮

玉琮，高18.6厘米，宽9厘米，上孔径7.2厘米，下孔径6.7厘米。玉呈灰青绿色，局部有赭黄褐色斑纹。长方柱体，两端射部作有棱角的圆形，中间穿孔，孔内壁近一端处有对钻留下的台阶痕。材质经矿物鉴定为软玉（图五）。玉琮在齐家文化中数量较少，大小皆有，大多素面无纹。此琮与宁夏隆德沙塘页河子出土玉琮风格相近。

图五 齐家文化玉琮

4. 玉刀

（1）四孔玉刀，长37.3厘米，宽7.1厘米，厚0.3～0.5厘米。玉呈青中间褐色，内含有不规则团块。扁平长条梯形，平背，双面刃，刃微弧，左右两端宽窄不一，窄端钝尖，近刀背等距单面钻三圆孔，中间两孔和边上两孔钻向相反，窄端近边孔处亦有一穿孔（图六：a），曾著录于《古玉图考》，定名为“笏”（图六：b）。材质经矿物鉴定为软玉。玉刀当系从石刀演变而来，不作实用，应属仪仗用具，其与后世大臣上朝所执掌的朝板（笏）有所不同。多孔玉刀也是齐家文化中较有特色的品种，如青海大通县上孙家寨齐家文化墓地便出土过一件（图七）。此刀与之造型相似，且玉质亦相近。

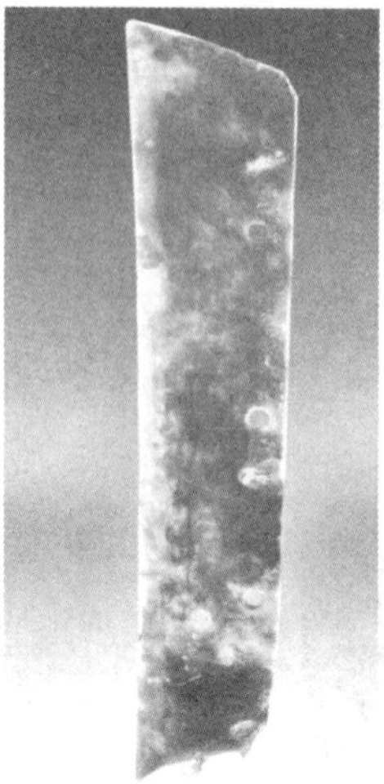

图六a　齐家文化四孔玉刀

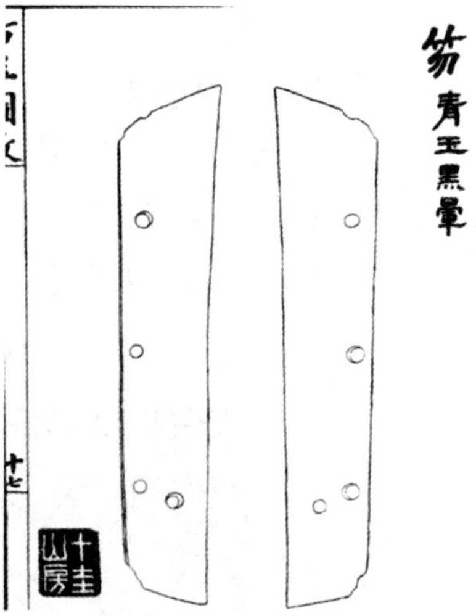

图六b　《古玉图考》笏

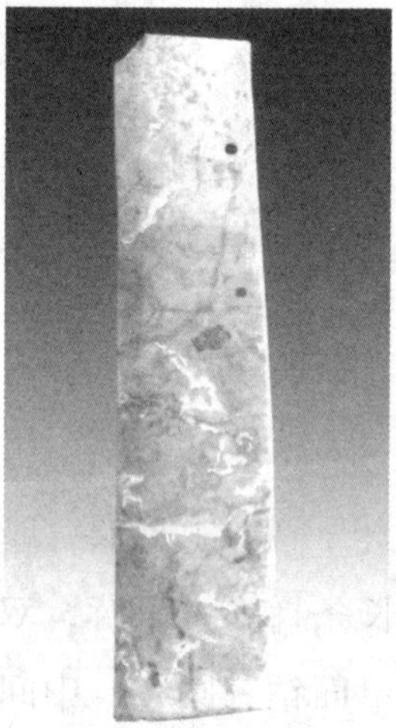

图七　齐家文化四孔玉刀 青海大通县上孙家寨出土(引自《中国出土玉器全集·15》)

（2）三孔玉刀，长54.8厘米，宽10厘米，厚0.8厘米。玉呈灰绿色，内含灰蓝色等不规则布团块和黑色草藻状纹。扁平长条形，上端平背，凹凸起伏，有拗折痕，下端双面刃，刃微弧，左右两端宽窄不一，宽端有双面刃，近刀背等距单面钻三圆孔，孔内留有螺旋痕。材质经矿物鉴定为软玉（图八）。

图八　齐家文化玉刀

通过对以上几类代表性馆藏品的观察，比照出土实物，可以大致看出齐家玉器的一些主要特征。

第一，相较红山、良渚等类别丰富、特点鲜明的玉器文化，齐家玉器品种较少，主要的仅十几种，原创器物亦不多，主要为受其他文化影响的礼仪器，如玉璧、玉琮、玉刀等，其次为装饰品、工具等，但礼仪器有些器形较大，颇有特色。

第二，相较红山、良渚等造型讲究、工艺精致的玉器，齐家玉器琢工多简单粗犷，或留有加工痕迹。圆形往往不规则，见棱见角，厚薄不一；穿孔一般单面钻，呈上大下小的喇叭形，孔内常见钻后留下的螺旋遗痕，出钻处边沿亦常见钻具即将钻通时钻芯被强行敲下的磕缺痕，这可能是为了省时或防止钻具损坏而采用的处理手法；一些有刃部的器物多系双面开刃，器面和器侧往往存留有剖材后的对向直线切割错位痕或拗折痕。齐家玉器多无装饰纹样，这种素面无纹的作风，或许是齐家先民的刻意追求，从而成为它的又一大特色。

第三，齐家玉器材质据矿物分析，是具有沉积构造特征的软玉，其典型者有布丁石（pudding stone）与韵律条带（rhythmic banding）等，这些构造可以共生在一起说明来自同源。这类软玉以黄色调与低浓度（low-chroma）之neutral gray为基础，而变化其明度（value）之深浅直至黑色，这类软玉中也有少数色调偏绿与浓度偏高者。具布丁石构造的软玉，其中边界不清的不规则团块（nodules）比诸基质（groundmass）颜色可深可浅，此类团块主要是内碎屑（intraclasts），个别为外碎屑（extraclasts）者则外观犹如角砾岩（breccia）。这种玉质多见于齐家文化和陕西龙山文化（客省庄二期文化），具有鲜明的西北地区特色，较易于与其他地方玉质相区分，对辨别史前西北玉器具重要参考价值[①]。齐家玉器的材质来源较为复杂，多认为系就地取材，“其东有渭河之滨的武山鸳鸯玉，中部则有兰州附近的马衔山玉料，西部则更多为祁连山的祁连玉和青海玉或昆仑玉等，主要为透闪石、蛇纹岩、阳起石或试金石类墨玉等。当然，其中也还有一些玉料含有较重的石质，反映出在玉石崇拜初始阶段或材料紧缺时制作者对选材的无奈。此外，在齐家玉器中发现还有近1/3的玉器，其材质与新疆和田玉一致”[②]。

齐家文化玉器既具有自身的区域特点，又与其他多种新石器时代文化玉器有着广泛密切的联系，显示出较相致的共性特色，且包含了丰富的内在含义。

首先，不少学者曾指出，良渚、龙山等文化玉器都或多或少给予齐家文化玉器以一定的影响。虽然齐家玉器有它自身的发展演变脉络，但其中一些重器如玉璧、玉琮则是江南太湖流域良渚文化的典型器物之，尤其是齐家玉琮，尽管制作不及良渚玉琮精致，且大多素面无纹，但它显然受到了良渚文化的影响。不然很难想象，不同地区的人们在毫无交流的前提下先后创造出同一种特殊造型的器物来。从文化年代上来看，其顺序传播的路径可能通过中原陶寺文化，因为山西襄汾陶寺遗址就出有类似的玉琮[③]。也有学者在对西北史前玉石陶器及信仰习俗考察后认为，西北地区与长江中下游一带存在着一些相同或相似的文化因素或现象，应是文化直接传播或间接影响的结果，与《尚书·尧典》中“舜窜三苗于三危”的古史传说相符[④]。在后来的商周墓葬中，还时常可以见到素面的玉琮。从文化背景、内涵及时代风格考虑，并对实物玉质和做工进行分析，笔者认为有些可能系齐家文化的孑遗。

其次，多孔玉（石）刀早先常散见于长江和黄河流域的下游地区，稍后它才在西北地区较集中地被大量发现。陕西龙山文化和齐家文化均有不少多孔玉刀，

①闻广：《中国大陆史前古玉若干特征》，载邓聪主编：《东亚玉器》第2册，香港中文大学中国考古艺术研究中心，1998年。

②王裕昌：《齐家文化玉器散论》，载《博物馆研究》2012年第4期总第120期。

③高炜：《陶寺文化玉器及相关问题》，载邓聪主编：《东亚玉器》第1册，香港中文大学中国考古艺术研究中心，1998年。

④杨建芳：《“窜三苗于三危”的考古学研究》，载《东南文化》1998年第6期。

仅陕西神木石峁一地就出土有十几件之多[①]，一来表明其器形可能源自于东方，二来也反映出陕西龙山文化和齐家文化二者之间紧密的相互交流和影响关系，它们与二里头文化之多孔玉刀更应有着直接的传承关系。

最后，相较于史前东部地区发达的玉文化，西部地区玉器似乎显得略逊一筹。有些学者甚至认为，东部沿海是“崇尚玉的部落”，中西部是“擅长彩陶的部落”。然而，在东部玉器逐渐走向衰落之际，西部玉器却异军突起，这不能不引发人们悠长的想象思绪。在普遍将玉器与文明社会之进程紧密关联的今天，探求齐家文化玉器特有的社会功能和内在意义等已愈加受到人们的重视，并且随着考古工作和多学科交流的进一步深入，齐家玉器的研究空间定将得到极大的拓展。

（本文原载于《玉泽陇西》，北京美术摄影出版社，2015年，第366-373页）

①戴应新：《回忆石峁遗址的发现与石峁玉器》（上），载《收藏界》2014年第5期。

齊家文化玉禮器

黃宣佩
上海博物馆

中國玉文化的傳統悠久而燦爛，早在新石器時代，在遼寧與內蒙古有興隆窪—趙寶溝—紅山文化玉器。在江蘇、上海、浙江有馬家浜—崧澤—良渚文化玉器。在陝西、甘肅、青海一帶，有仰韶—馬家窰—齊家文化玉器。其他尚有魯南蘇北的大汶口—龍山文化玉器，湖南、湖北的石家河文化玉器等等。對於上列各系列玉器，從考古發掘報告到專題研究，至今已有較多論述。但唯獨於陝、甘、青的古玉，發表的資料與研究報告很少。筆者為對上海博物館館藏的一批齊家文化玉器做一次整理研究，近期特地赴甘、青二省做一次新石器時代玉器的考察。承蒙甘、青二省的省博物館、省考古研究所，以及各地區博物館的熱誠接待和無私的提供研究方便，讓我們鑑看了大量考古發掘出土的、調查採集的和徵集上交的新石器時代玉器。其間又巧遇礦物學專家聞廣教授亦來這一地區做玉礦調查，對瞭解甘、青古玉的來源又使我們獲得許多幫助。本文即根據這一次的考察所得，結合上海博物館藏甘、青玉器和有關考古發掘資料，特對甘、青玉器最盛行期——齊家文化的玉禮器做一探討。

一、陝、甘、青一帶出土玉器概況

中國的陝、甘、青一帶，是國內最早開展田野考古的地區，以甘肅為例，從1923年起，已發掘了馬家窰、半山、齊家坪等遺址。因此古文化的序列已經比較清楚，它們是秦安的大地灣一期—仰紹文化的半坡類型—廟底溝類型—石嶺下類型—馬家窰文化的馬家窰類型—半山類型—馬廠類型—齊家文化。大致齊家文化已進入銅石並用時期。這一地區出土玉器的概況：

在秦安大地灣遺址，經多次發掘，揭開的面積已達數千平方米，遺存包含大地灣一期、半坡類型、廟底溝類型、石嶺下類型以及馬家窰類型。發現了房基、陶窑、灰坑、墓葬等。在大地灣一期中未見玉器，在半坡至馬家窰類型中，見環、墜等玉石飾件。未見琮、璧、玉禮器。①

在天水師趙村遺址，發掘了5370平方米，清理了房址36座、窖穴49個、墓葬19座。遺存分七期，前六期與大地灣相似，第七期屬齊家文化的早期階段。發現玉器十餘件，器類以玉璜數量最多，次為璧、環、琮，主要出於地層中，只有個別見於房址和墓葬。②

在永昌鴛鴦池墓地，清理了189座墓葬，年代分三期，早期墓由半山類型向馬廠類型轉變期，中期墓屬馬廠類型中期，晚期墓處於馬廠類型晚期。在上列墓中，除玉石生產工具、綠松石鑲嵌飾片與石珠等外，未見璧、琮等禮器。③

其他如古浪的老城遺址和高家灘遺址，康樂的邊家林墓地都經試掘，清理了灰坑，居住面和墓葬，也屬馬廠類型，在遺物中同樣未見玉石禮器。④

在永靖秦魏家齊家文化墓地，發掘了1011平方米，清理了138座墓葬，出土的玉器除了綠松石珠以外，有石璧5件，其中2件出於墓內，另3件未說明出處。當出於地層，年代處於齊家文化的中期。⑤

在武威皇娘娘台遺址，經多次發掘主要屬於齊家文化晚期，以第四次發掘為例，清理了齊家文化墓葬62座，出土玉璜5件，綠松石珠32枚，在其中24座墓中出土玉石璧264件，每座少者1件，最多達85件。⑥

在永靖大何莊遺址，發掘了1589平方米，發現了居住遺跡和窖穴，清理了齊

---

① 甘肅省博物館、秦安縣文化館、大地灣發掘小組：《甘肅秦安大地灣新石器時代早期遺存》，載《文物》1981年第4期，第1-8頁；甘肅省博物馆文物工作隊：《甘肅秦安大地灣第九區發掘簡報》，載《文物》1983年第11期，第1-14頁。

② 中國社會科學院考古研究所甘肅工作隊：《甘肅天水師趙村史前文化遺址發掘》，載《考古》1990年第7期，第577-586頁。

③ 甘肅省博物館文物工作隊武威地區文物普查隊：《甘肅永昌鴛鴦池新石器時代墓地》，載《考古學報》1982第2期，第199-228頁。

④ 武威地區博物館：《古浪縣高家灘新石器時代遺址試掘簡報》，載《考古學報》1983年第3期，第5-7頁；武威地區博物館：《甘肅古浪縣老城新石器時代遺址試掘簡報》，載《考古與文物》1983年第3期，第1-4頁；臨夏回族自治州博物馆：《甘肅康樂縣邊家村新石器時代墓地清理簡報》，載《文物》1992年第4期，第63-76頁。

⑤ 中國科學院考古研究所甘肅工作隊：《甘肅永靖秦魏家齊家文化墓地》，載《考古學報》1975年第2期，第57-96頁。

⑥ 甘肅省博物館：《甘肅武威皇娘娘台遺址發掘報告》，載《考古學報》1960年第2期，第53-72頁；《武威皇娘娘台遺址第四次發掘》，載《考古學報》1978年第4期，第421-448頁。

家文化墓葬82座，出土物中玉石飾件不多，未見玉石璧琮，但出土骨璧21件，器形均很小，形似扁平紡輪。[①]

此外，已經發掘有琮、璧等出土，但尚未發表發掘報告或簡報的還有：廣河齊家坪遺址。此址為齊家文化據以命名的典型遺址，出土器物中有較多璧和琮。[②]青海同德縣宗日遺址，在齊家文化層內，見長方形帶孔玉刀和玉璧。[③]至於調查徵集所得已經發表的有陝西神木石峁遺址，1976年收集到一批玉禮器，有鏟、璋、長方多孔刀、牙璧、鉞和璜及人頭雕像等，據調查者了解，應出於石板墓內，不是新石器時代遺物，其年代大致晚於客省莊二期而早於偃師二裡頭早商文化。[④]

延安蘆山峁遺址，1981年收集到一批玉禮器有璧、琮、牙璧、鏟、錛、斧、長方形多孔刀，以及璜、笄、鐲和1件良渚型的角尺狀石犁等。[⑤]其年代有的與石峁採集一致，而帶獸面紋的琮及石犁則略早，與山西襄汾陶寺晚期墓葬相近。

歸納上列現象，甘青一帶出土玉器的概況是：大地灣一期未見玉器，仰韶至馬家窰文化中常見玉生產工具斧、錛、鑿、鏟與飾件珠、管、墜、鐲。到了齊家文化出現並盛行璧、琮、刀、鏟、璜等玉禮器。而且是璧、璜多，琮、刀較少，璋未見。所以習稱的華西璧、琮、刀與璜，可以更確切地稱為齊家文化玉禮器。

二、齊家文化玉禮器的研究

齊家文化玉器的玉料與仰韶、馬家窰的一樣很有特色，屬透閃石—陽起石系列的真玉有黃玉、碧玉、青玉、白玉和墨玉等種。玉色中往往間夾布丁石紋(pudding stone)，即可見各種不規則的圓形斑紋（圖一：1），或有不同色澤的條紋(圖一：2)，與產於新疆和田的玉石有所不同，即使墨玉一類，外觀與和田墨玉無異，但齊家墨玉在扁薄透光處呈黃色，有的亦見布丁石紋，而和田墨玉扁薄處透綠色，無布丁石紋。齊家玉器玉料的產地據聞廣教授的調查，在臨洮縣洮河的支流大碧河的馬銜山溝和祁家溝中，可以採集到這類玉石。除上列真玉以外，尚有

①中國科學院考古研究所甘肅工作隊：《甘肅永靖縣大何莊遺址發掘報告》，載《考古學報》1974年第2期，第29-62頁。

②廣河齊家坪遺址的發掘報告尚未整理發表，出土琮璧見於甘肅省博物館和省考古研究所。

③宗日遺址發掘隊：《宗日遺址發掘獲重大成果》，載《文物報》第42期（1997年10月26日）。出土的長方形玉刀與玉璧陳列於青海省博物館。

④戴應新：《陝西神木縣石峁龍山文化遺址調查》，載《考古》1977年第3期，154-157頁。

⑤姬乃軍：《延安市發現的古代玉器》，載《文物》1984年第2期，第84-87頁。

蛇紋石系列的鴛鴦石，這是一種在綠色中間夾黑褐色斑紋的美石，在笄、墜、鐲中常見，產地在武山的鴛鴦鎮一帶。

齊家玉器在製作技術上，普遍採用將玉料鋸剖成片成形，然後研磨修整與鑽孔的方法。一般石禮器的製作較粗糙，在鋸割成形並做鑽孔以後，不再修整。玉禮器則較精，在成形以後再做進一步研磨，所以器形比較圓整與光潔，但多數未做拋光。從器面遺留的製作痕跡分析，鋸割是用片狀工具加硬砂與水作直線運動往來磨切。由於使用從兩面相向的鋸割容易錯位，所以鋸割相接處常見錯位崩斷遺留的一條台階。鑽孔技術有使用圓頭鑽與管鑽的兩種，但均為單向直鑽，基本不用兩面相向對鑽。圓頭鑽用於鑽製刀、璜上的小孔，孔徑口大底小，一般呈17度以上的收縮，說明鑽體磨損度大，硬度不高。管鑽用於鑽製璧、斧上的大孔。無論圓頭鑽或管鑽在單向鑽進將要穿透時，孔眼邊沿即崩斷，所以鑽孔穿透一面邊沿凹缺不圓整，成為齊家玉器工藝上的另一特徵。唯有琮上的鑽孔，由於器身較高採用從兩面相向對鑽的方法，并在穿透後對孔壁再做修整，所以孔形不圓，孔壁不見旋痕，亦無對鑽錯位遺留的台階，但常見直向研磨的痕線。齊家玉器的器形，多數不十分規正，如琮的方柱體四面寬度不一，璧的厚度兩邊差異亦大，有的甚至器形中凹呈V形，並且器面常常可見做平面研磨遺留的平行直線或交叉直線的磨痕。無論琮、璧或刀，器表均為素面，無一有刻紋的。

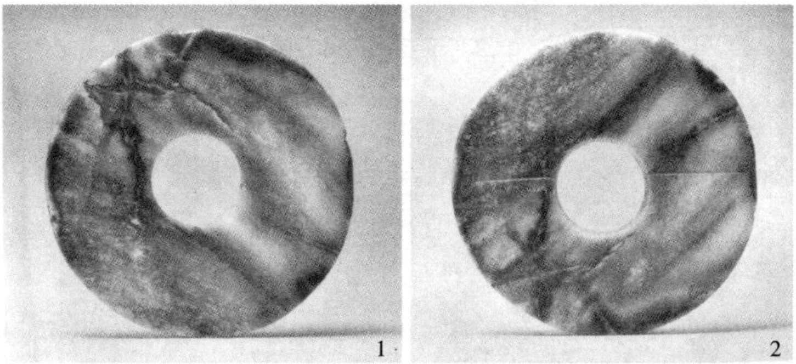

圖一　玉璧(54662)的兩麵

璧是數量最多的一種，發掘出土的已有數百件，調查採集藏於當地博物館的亦上百件。它是將玉料鋸割成片狀後，中心鑽孔，再用多次切角的方法，使之大體成為圓形，然後再做進一步磨圓，所以邊沿可見不同方向的研磨小平面，有的做前後研磨，有的再做左右側磨。器形有圓形、橢圓形、圓角方形等種，如皇娘娘出的一件（13922）石璧，周邊可見清晰的切角痕，中心單向鑽孔（圖一）。

上海博物館藏齊家文化玉璧（54663），棕褐色間夾黑色斑塊和淡灰色條紋玉璧，器面上有直條研磨痕，一面有相向鋸割錯位折斷的台階，鑽孔為單向直鑽，穿透處邊沿有崩裂痕，孔壁上有旋紋，璧的周邊可見切角平面，直徑22.5釐米，孔徑上4.8釐米，孔徑下4.2釐米，器厚1.9～0.7釐米，一邊厚，另一邊薄，器上金粉“宏璧”二字為吳大澂所書（圖二：1、2）。

（54633），青黃色有黑褐色水草紋玉璧，璧的一面兩邊低斜中間隆凸，另一面見相向鋸割錯位折斷遺留的台階，單向直鑽孔，穿透處有崩裂痕，孔壁有旋紋，周邊有切角小平面，器面遺留直條研磨痕，直徑25.1釐米，孔徑上5.9釐米，孔徑下5釐米，厚1.9～0.5釐米，器上有金粉“宏璧鎮圭尺十二寸”八字，為吳大澂所書（圖三：1、2）。

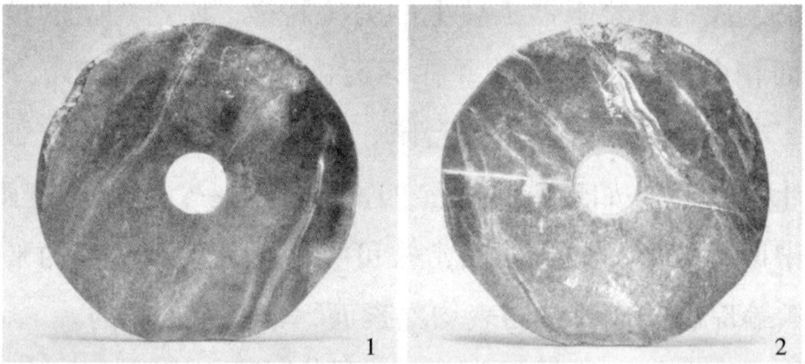

圖二 1、2 玉璧(54663)的兩麵

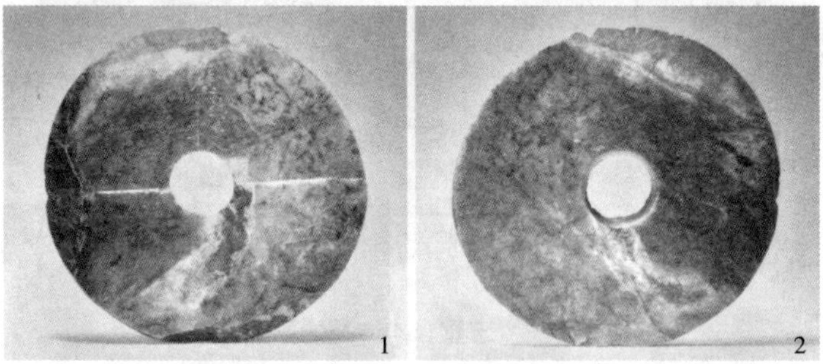

圖三 1、2 玉璧(54633)的兩麵

（54662），青色有黃褐條紋玉璧，單向直鑽孔，穿透處有崩裂痕，孔壁光滑經過修整，器的一面有相向鋸割錯位折斷的台階，器形比較圓整，但仍有切角磨邊痕，直徑20.1釐米，孔徑上6.5釐米，孔徑下5.8釐米，厚0.8～0.6釐米（圖一：

1、2)。

(54634),青色夾褐色斑紋玉璧,器形一邊較薄,並因由上向下斜向鋸割而略為上翹,還遺留一條鋸割痕,另一邊較厚,單向直鑽孔,孔壁雖然經過修整,穿透處邊沿仍見崩裂痕,直徑17.5釐米,孔徑上6.7釐米,孔徑下6.4釐米,厚0.6～0.2釐米,器上有金粉"黃鐘律琯尺八寸"七字,為吳大澂所書(圖四:1、2)。

圖四 1、2 玉璧(54634)的兩麵

琮,見於發掘出土的僅齊家坪與師趙村兩例,而且數量不多,調查採集的亦僅見十件左右。它是將玉料鋸割成方柱體後,再從兩端相向對鑽一大孔,並將孔壁研磨光滑,最後在方柱體的兩端各取一小段削角成為圓形的射部,射的外壁往往可見多次切角與研磨的平面,射部與方柱角相接處多數呈凹弧角。琮的四面平直,既無刻紋,亦無橫直凹槽分節。例如上海博物馆藏琮:(64640),黃褐色有淡黃色斑塊玉琮,器表見長期收藏撫摸的寶漿,射圈不圓整。射與方柱角相接處呈凹弧角,方柱體四面闊度不一,琮孔經過修整,有直條研磨痕,器高5.3釐米,闊7.6～7.4釐米,射高0.8釐米,孔徑6.3釐米。

(66555),青灰色間夾深褐色水草紋及黃色斑塊玉琮,射部較高,射圈上八面切角平面,射底與方柱角相接處成直角,孔壁有對鑽錯位的台階,方柱體四面闊度不一,器高18.8釐米,闊9.5～9.2釐米,射高3.7～3.8釐米,孔徑上7.15釐米,孔徑下6.8釐米(圖五:1、2)。

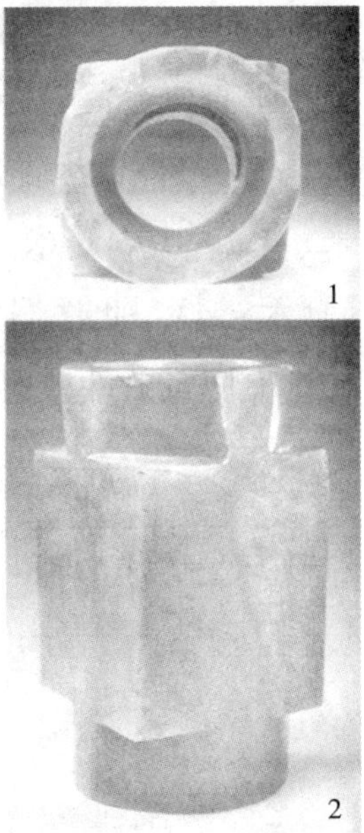

圖五 1、2 玉琮(66555)

長方形多孔刀,發掘出土的僅見青海省海南州同德縣巴溝鄉宗日遺址齊家文化層出土的數件,與民和齊家文化墓葬出土的一件僅存一孔的殘器,調查採集的亦不多見，它的製作是將玉料切片並切割成長方形後，把其中的一條長邊甚至另一條側邊磨成雙面刃，其餘二邊磨去邊角，使之比較光滑，在器身近背部用頭鑽單向直鑽數孔，孔底穿透處均見崩裂痕。有的在刀背或兩端相向鋸割然後折斷的斷裂痕。長邊刃部往往內凹，並有經過使用的崩缺口。例如宗日出土玉刀（見於青海省博物館陳列）。

1.青白色有深褐色水草紋玉刀，一端較寬，扁薄近似鈍口，另一端稍狹較厚，底邊雙面刃、利口、刃部微凹，背部平直，器身在狹端中間橫向並列直鑽二小孔，據目測，長約20釐米，狹端寬4.5釐米，寬端寬6釐米（圖六：3）。

2.青灰色有深褐色條紋玉刀，一端較寬，扁薄似鈍口，另一端稍狹較厚，底邊雙面刃、利口，刃部較平直，器身背部中段並列直鑽二孔，目測長約18釐米，狹端寬4釐米，寬端寬5.5釐米（圖六：1）。

3.青灰色石刀，一端較寬扁薄成雙面刃，另一端較狹、稍厚，底邊雙面刃、利口，刃部較平直，器身狹端中間直鑽一孔，目測長約21釐米，狹端寬5釐米，寬端寬6釐米（圖六：2）。

此外在青海大通縣上孫家寨徵集的一件青綠色有布丁石紋的玉刀，兩端寬度不一，並和背部一樣均稍薄，底邊雙面刃、利口，刃部微凹，有經過使用痕跡，背部平直，遺留一條從兩面相向鋸割然後折割的直條斷裂痕，背部橫列直鑽四孔，刃長54釐米，大端寬10.3釐米，厚0.8釐米，孔徑口大底小，分別為1.3～0.8釐米、1.2～0.75釐米、1.2～0.75釐米、1.3～0.8釐米，上下縮小約0.5～0.45釐米（圖六：4）。此件器大孔多，與陝西神木徵集的相似，年代可能較宗日出土的稍晚。上博藏數件亦與此器相似。

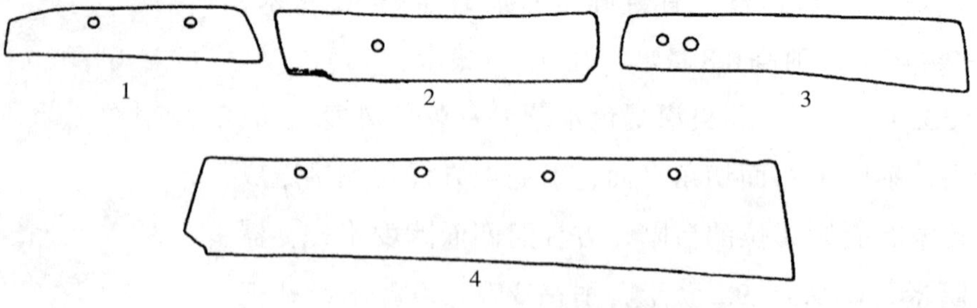

1～3宗日遗址出土，4系孙家寨采集

图六　玉刀

（60991），青黃色間夾淡黃色布丁石紋玉刀，背部較厚，平直，有鋸割折斷凹入的斷裂痕，兩端作鈍口，一端較寬，另一端較狹，底邊單面刃，鋒利有崩缺，刃部微凹，凹入0.5釐米，器身近背部橫列三孔，均為單向直鑽，穿透處孔沿有崩裂痕，器長53.8釐米，寬一端9.9釐米，另一端7.3釐米，厚0.7釐米，孔徑口大底小，分別為1.2～0.9釐米，1.3～0.8釐米，1.2～0.9釐米（圖七）。

圖七　玉刀(60991)

（66648），墨玉，間夾灰黃色斑紋玉刀，背部短，刃部長呈梯形，一端寬另一端較窄，兩端與背部平整，底邊單面刃，刃部平直，有小崩缺口（較大缺口似後期碰崩），器身近背部橫列三孔，寬端中部另鑽一孔，均單向直鑽，穿透處邊沿見崩裂痕，自寬端起背部三孔第一孔和第三孔從正面鑽入，第二孔和寬端一孔從背面鑽入，刃長40.7釐米，背長39.1釐米，一端9.5釐米，另一端9.1釐米，厚0.3釐米，孔徑口大底小，寬端一孔1.6～1.9釐米，背部三孔依次為1.9～1.6釐米、1.6～1.9釐米、1.8～1.6釐米（圖八）。

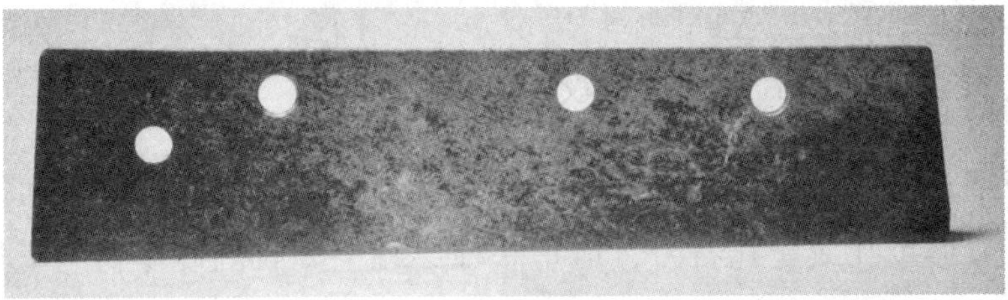

圖八　玉刀(66648)

（54647），淡褐色有淡黃色和深褐色布丁石紋玉刀，背部短，刃部長呈梯形，兩端作鈍口，並且一寬一窄，底邊作雙面刃，刃部凹入0.3釐米，器身近背部橫列三孔，寬端中部另鑽一孔，均為單向直鑽，穿透處邊沿見崩裂痕。自寬端起，背部三孔，前二孔從背面直鑽，後一孔與寬端一孔從正面鑽入，器身一面近窄端有一研磨的凹槽。刃長37.3釐米，背長34.3釐米，一端寬7.1釐米，另一端5.2釐米，厚0.5～0.3釐米，孔徑口大底小，寬端一孔1.1～0.8釐米，背部三孔依次為0.7～1.1釐米、0.9～1.1釐米、1.1～0.8釐米（圖九）。

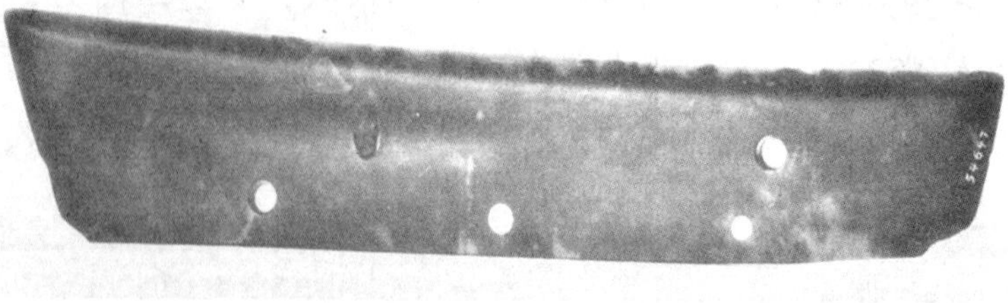

圖九　玉刀(54647)

璜，查閱發掘報告或簡報，僅在師趙村有出土，而且據報告稱在出土的十餘件玉器中占多數，但文中無描述，亦未見圖照，其他發掘的各遺址均未見，在這一次甘、青古玉考察中，在臨夏博物館的徵集玉器中見多件。器形均為一璧作四等分鋸割，呈扁形，鋸斷面有的經過研磨，平整光滑，有的仍留相向鋸割後折斷的斷裂痕，兩端均有一孔，孔位處於中部，與斷鐲斷璜穿孔聯結的近似。目前局限於資料過少，無法分析，本文從略。

鏟，玉質的僅見調查採集的數件，扁長形，頂端窄，刃部寬，有的器身近頂端穿一孔，單向直鑽，穿透處邊沿有崩裂痕，器形與製法與長方形刀近似。上海博物馆藏（64641），深褐色玉鏟，頂端有相向鋸割後折斷的斷裂痕，刃部較寬，單面刃、鈍口，長20釐米，頂寬3.7釐米，刃寬5.6釐米，厚1釐米。

三、與良渚文化玉禮器比較

上列齊家玉禮器的產生，刀、鏟器形出現較早，在齊家文化之前的馬家窰文化中已見長方形單孔或雙孔石刀，這是一種穿繩手握收割農作物的工具，至齊家文化，隨同其他禮器的出現，也有了禮儀上使用的玉刀。玉鏟亦從石鏟演變而來。但是璧與琮，在早於齊家的仰韶和馬家窰文化諸類型內未見蹤跡，卻在齊家文化大量湧現，其來源就值得探討，筆者以為應與良渚文化璧琮的向四周傳播有關。以下試與良渚文化的同類器做一對比研究。

良渚是早於齊家的新石器時代文化，良渚的絕對年代約為距今5100～4200年，這方面已有較多考古地層關係和碳十四及熱釋光年代可資證明，齊家的年代晚於馬廠類型而早於二里頭的早商期，馬廠類型的年代為距今4590±149～4005±110年。齊家文化碳十四的測定如永靖大何莊的下層居住遺址F7木柱為距今4000±115年與3960±115年，樂都柳灣M266棺木4205±140年，M392棺木為3865±

155年。[①]齊家文化的年代可以定為距今4200～3800年。

璧與琮均為良渚文化的特徵器物之一。璧最早產生於崧澤文化中，出現在距5500年前後，盛行於良渚的中晚期，約當距今4500年上下，齊家璧出現於距今4200年，盛行於4000年左右。齊家璧與良渚璧在製法與使用上基本相同，二者均為對鋸切片，然後切角研磨成圓，再在中心鑽孔。二者在使用要求上均有精粗之分，精製的器形規整，研磨光滑，主要用於禮儀，在墓內也單獨放置，粗製的在成形以後不再進一步加工，用於作隨葬品，在墓內成堆成批放置，而且放置的部位齊家與良渚亦相同，有的填於人骨下，有的鋪蓋於人骨上，在良渚文化如寺墩M3。有璧24件，分置頭前足後各10餘件，一部分壓在頭足之下，製作最精的2件放在胸腹之上。[②]福泉山M9，有璧4件，2件壓於右肢骨下，1件置於右肢骨上，另1件墊於骨下。[③]反山M20有璧45件，雖然人骨已朽蝕不清，但從跡象分析，亦分別置於人骨上下。[④]在齊家文化出璧最多的皇娘娘台墓地，一座出璧83件的墓葬雖然報告未見描述和圖表，而已列圖的數例如M32有璧6件，1件置於頭骨右側下，5件位於腰部左側下，M52璧22件，有半數位於人骨下。對於用璧的含義，齊家與良渚基本相同。二者的不同點僅在製作的個別方面，如良渚的鑽孔使用相向對鑽，而齊家的全用單向直鑽；良渚的器面上常見弧線凹痕，齊家的多為平行直線的磨痕；良渚精製的器表均經拋光，光亮如鏡，齊家的似未經拋光。

琮是一種非常獨特的造型，內圓外方，上下有"射"，在良渚文化最早見於早期的張陵山上層墓葬見1件琮形鐲，年代距今約5000年，到良渚的中晚期約4500年時，就進入盛行期，幾乎凡良渚的高臺墓地都見琮，多的如江蘇寺墩N3達23件。齊家的見於距今4000年前後。齊家與良渚琮除前者素面無紋，後者有神像紋以外，器型一致，製法亦相同，射部均用切角方法大體成圓角方形，中間大孔矮琮在鑽透後，均將孔壁研磨光滑，長琮在孔壁中可見從兩端相向對鑽，中間折斷的台階。使用要求上同樣有粗精之分。只有在墓內的位置，因齊家琮的出土情況尚未發表，無法比較。古代琮的演變規律，良渚時期是由粗眉大眼闊嘴獠牙的神

①梁星彭：《齊家文化起源探討》，載《史前研究》1984年第3期，第33-40頁。

②汪遵口：《良渚文化玉斂葬述略》，載《文物》1984年第2期，第23-35頁。

③上海市文物管理委員會：《上海福泉山良渚文化墓葬》，載《文物》1984年第2期，第1-5頁。

④浙江省文物考古研究所反山考古隊：《浙江餘杭反山良渚墓地發掘簡報》，載《文物》1988年第1期，第1-31頁。

像紋琮，演變為上節神臉下節獸面紋琮，再度變為簡化的單一的神臉紋琮，紋飾是由繁到簡，到商代的婦好墓中，就出現了素面的無紋琮。齊家琮在琮的發展演變中，正處於後期的形式，與所處年代相合。

因此齊家的璧與琮，在本地未見產生與演變的規跡，器形與用途又與良渚如此相似，年代又晚於良渚，所以很自然地聯想齊家璧與琮是受良渚影響的產物。再說良渚文化與西、北地區的文化交流，於齊家文化已不是孤例：在良渚文化分佈區之北的大汶口文化中見良渚的璧、琮等大批器物，往西在稍晚於大汶口中晚期的山西襄汾陶寺墓地的晚期墓葬中，見璧琮和良渚的另一典型器三角形斜柄石刀，在年代晚於客省莊二期，又早於二裡頭早商的陝西延安蘆山峁採集的一批玉器中，除了璧、琮之外，亦見1件良渚的角尺形石犁。特別是齊家文化中尚有受良渚文化影響的陶鬹，以及馬廠和齊家文化墓葬中常見的海貝，已被確認產於東南海區，可見齊家與良渚雖然相距二千餘裡，經過輾轉傳播早已有了交流。璧琮的出現來源於良渚文化的影響，應該說是有一定的論據。

（本文原載于《玉泽陇西·齐家文化玉器》,北京美术摄影出版社,2015年）

再谈齐家文化玉器

——对一些误导的质疑

叶茂林
中国社会科学院考古研究所

齐家文化玉器现在看来已经颇受重视了，曾经一度在港台和海外时兴的收藏，如今在国内大陆地区也开始有广泛的公众参与。在互联网上搜索，即可发现大量有关齐家文化玉器的文字见于各种媒体的文章中，特别是网络中。一期中央电视台的鉴宝节目播出了所谓齐家文化玉刀，专家估价达80万元之高，立即引发了公众的热烈追捧。而且近期我们还看到，出现了打着齐家文化玉器之名，其中大多根本不是齐家文化玉器的出版物。这些现象不能不引起相关学术界的注意。我曾经在本报发表过《浅谈齐家文化玉器》的短文，简述了有关齐家文化玉器的现象，现在再谈谈齐家文化玉器的问题。

大众对于齐家文化玉器的积极参与和显示的热情是好事。有言道，盛世兴收藏，它反映了我们今天的时代安定和繁荣。齐家文化玉器可以肯定在民间有许多收藏，但是，如果不懂齐家文化玉器的知识，很可能会出现失误，最应提防的是一些误导，不仅可能误导公众，而且可能误导学术。新闻媒体不懂可以理解，有的人是以专家的身份在说没有科学依据的话，就很容易使公众盲目轻信，甚至会引起学术界和业界的迷惑。目前关于齐家文化玉器的专著确实没有，但是可以参考的书籍还是有的，去年科学出版社推出的15卷本的《中国出土玉器全集》，其中第15卷是甘肃、青海、宁夏、新疆分卷，这个地区是齐家文化的重要分布区，书中收录了大量齐家文化玉器，都是出土玉器，可以作为鉴定的对比参考。有的所谓齐家文化玉器，如果与本书加以对比，就不难发现其存在的问题。

我曾经一再强调，齐家文化玉器研究应该以考古发掘出土玉器为标准器，以馆藏的有明确出土地点的玉器为参考，进行整理归纳。这样才能得出比较科学可靠的结论。当然不能排除有可能在考古出土之外，还有一些早已出土的标本流落民间，也有一些后来为博物馆所收藏，这是完全可能的。其实在商周时期甚至更晚，仍然还有齐家文化的玉器在使用，有的还可能被改制成新时期的玉器。但是绝不可以因此而认为齐家文化玉器就没有标准，可以随意指认。正好相反，收藏的齐家文化玉器被认识恰恰是因为考古发现的齐家文化玉器作为依据的标准，才能在许多博物馆藏品中识别出来。目前考古发现和发掘的齐家文化遗址和墓葬已经相当多了，据谢端琚先生的初步统计，齐家文化遗址已经发现约1000多处，而经过发掘的也有二三十处（《甘青地区史前考古》，文物出版社，2002年）。各地所出土的齐家文化玉器也不在少数，阎亚林先生在北京大学的研究生论文，深入调查和收录了甘、青、宁地区各地出土的大量玉器，特别是齐家文化玉器。台湾故宫博物院的杨美莉女士也在大陆西北地区走访观察搜集大量出土齐家文化玉器方面的资料，发表了若干篇涉及黄河上游地区和齐家文化玉器的论述。谢端琚先生也发表过《黄河上游史前文化玉器研究》，罗丰先生全面收集概述了宁夏地区的史前玉器（见台湾《故宫学术季刊》第19卷第2期）。还有多位专家学者也都发表过关于齐家文化玉器的不少文章。这次我们编写出土玉器全集过程中，经短期初步收集，就发现各地收藏的出土齐家文化玉器数量远远超出我们的估计，收录在书中的只是其中各类有代表性的一部分。所以从考古发现关于齐家文化玉器的研究结论，应该说是相当有分量的，可以成为一般的鉴定标准。当然并不是说这就是一成不变的了，随着新的考古发现，对于齐家文化玉器的认识肯定还要发展。即便如此，也要有一个相对通行的标准，不能任意误读。

由于收藏的经济利益，收藏和鉴定都应该慎重，而利益驱使就可能出现各种情况。我们注意到，为了把一些不是齐家文化的玉器说成是，有些文章说，齐家文化玉器可分为早晚期的不同，早期符合我们一般所说的齐家文化玉器的特征，而晚期出现了那些所谓的新品种，这完全是误导的说法。按照张忠培先生的研究和分期，齐家文化共分为3期8段，约当公元前3000年后半叶至公元前2000年之间（《齐家文化研究》，载《考古学报》1987年第1、2期）。谢端琚先生则直接以测定年代数据划定在公元前2183—前1630年之间，并按照不同地区分别划分出早晚或早中晚期。我们认为根据后来更多的测年数据，典型齐家文化的绝对年代大约应该在公元前2300—前1700年之间，最盛期是公元前2000年前后（《中国文物报》2004年2月6日第7版）。对这些具体的年代看法可能会有些不尽相同，但是研究者认定的遗址和遗存内容却是一致的，这就是我们一般称为齐家文化遗存的无论早晚或早中晚的年代范围都包括在内，出土的齐家文化玉器都是处在这个发展时期范围之内的。再从玉器文化本身发展情况看，考古资料表明齐家文化之后的辛店文化、卡约文化和四坝文化等，都普遍缺乏玉器或者明显呈衰落之势，因此齐家文化之后不会还有一个什么齐家文化晚期的玉器更繁盛阶段。所以，我们怀疑某些所谓齐家文化晚期玉器的说法，不知是否有某种其他目的，总之是有意无意地制造了一种混乱。

若以古玉的概念来说，因没有见到实物，我们暂不断定这些所谓齐家文化晚期的玉器是否有假，但是可以明确说这些所谓新品种它们基本上都不是齐家文化玉器。希望热爱收藏的群众要谨慎。同时我们也希望有的所谓专家，做学问要严谨，要有良知，不要败坏文物系统学者的声誉。退一步讲，如果说你代表一种新观点，一定要认为这些玉器是齐家文化晚期，至少也应该先做学术研究，应该说明这些玉器来源的可靠性，应该公布这些玉器的真实身份，应该把齐家文化早晚怎么分期搞明白，以供人们鉴别研究和讨论，切不可把假的当了真，更不可混淆视听误导公众，为混乱的文物市场助力！

（本文原载于《中国文物报》2006年5月10日）

【第五章　生业社会经济】

齐家文化农业发展的生态化适应:原始草作农业初探

——以青海喇家遗址为例

叶茂林

摘　要：齐家文化的研究和喇家遗址的考古发现，让我们注意到在齐家文化时期不仅养殖畜牧业在不断发展，而且很可能还有过种草的农业，实际也就是畜牧业，因而齐家文化是半农半牧的经济形态，并且还继续在向牧业转化过渡。这是适应气候变化的一种方式，同时受到欧亚游牧文化的影响。这提供了现代草地农业的一个史前标本。

关键词：齐家文化；草作农业；粟作农业；草地农业；畜牧业游牧；农牧交错带；边地半月形文化传播带

齐家文化发现至今已经超过90年了。1923—1924年间，瑞典学者安特生在发现仰韶文化之后，又进入到甘肃、青海考古调查，再发现了一系列史前文化的古遗址，其中就包括1924年在甘肃广河发现的齐家坪遗址。以这些遗址定名的诸考古学文化类型，一直被国内外学术界沿用至今，成为经典的学术史，是中国考古学值得回味的早期历程中很重要的一部分，也是需要不断反思检视，甚或再重新研究思考的老话题。关于齐家文化的这些老话题，就如同生业形态老树发新枝、出新芽，在研究中仍不断会产生新意和新的发现。从齐家文化态的考古发现与深入研究和不断展开的新思考，就让我们重新发现了齐家文化原始“草作农业”的一些现象。

一、齐家文化的特殊时空地位

齐家文化的时空范围正处于中国地理的一个特殊位置和距今约4000年前后[①]的中国历史的一个特殊时期。齐家文化分布区，是青藏高原与黄土高原和蒙古高

① 张雪莲、叶茂林、仇士华等：《民和喇家遗址碳十四测年及初步分析》，载《考古》2014年第11期；谢端琚：《甘青地区史前考古》，文物出版社，2002年。

原相接邻近的农牧交错地带，是黄河上游的民族聚居区和民族交融区，是古民族分分合合的一个特殊区域。它是连接欧亚的东西文化交汇和东西交通的纽带，还是从东北到西南的边地半月形传播带上的一个南北过渡地带，是古代文化交流的一个三岔口或十字路口。它有多种多样的地形地貌和复杂多变的地理环境，生态尤其脆弱，区域内隐藏着变化，潜伏着危机，深埋着未知。

由其特殊地理背景，对于气候环境变化的敏感度就远超其他地区。齐家文化遗址区相应留下了十分丰富的环境气候演化示踪标记的各类遗存，包括古遗址的文化遗迹和地层埋藏，都是科学家和考古学家直接观察、采样和进行分析研究的充分具备直观或间接的人地关系表现的样本。当然，其他地区的古遗址也是具有环境考古的同样意义，然而其敏感程度可能不同于齐家文化区域，我们认为这不可同日而语，在表现上就还会有一定差异。对于气候变化，齐家文化的反应更快，时间更早①。对气候变化的这种灵敏度，更易获得变化规律性的深刻烙印。根据齐家文化区甘青多地的自然剖面与遗址剖面及文化遗存现象的结合分析，科学研究取得了颇多研究结论②，这些成果一再证明全新世中期以来，气候变化影响环境变迁，并影响人类生业经济形态，还影响到人类社会结构改变③。学者们也认识到气候变化导致齐家文化经济形态、文化遗存上的积极响应，诸如畜牧比重的显著增加，从农牧混合、半农半牧到游牧的转化过程，后续文化在游牧业中也还含有种植农业的成分，游牧也并不单纯。这是齐家文化改变传统，带来经济生活与生业

①韩茂莉：《中国北方农牧交错带的形成与气候变迁》，载《考古》2005年第10期。

②夏敦胜等：《秦安大地湾高分辨率全新世植被演变与气候变迁初步研究》，《兰州大学学报》（自然科学版）1998年第1期；安成邦等：《甘肃中部4000年前环境变化和古文化变迁》，载《地理学报》2003年第5期；安成邦：《甘青地区全新世中期的环境变化与文化演进》，载《西北大学学报》（自然科学版），2003年第6期；侯光良、刘峰贵：《青海东部史前文化对气候变化的响应》，载《地理学报》2004年第6期；刘峰贵、侯光良等：《中全新世气候突变青海东部史前文化的影响》，载《地理学报》2005年第5期；安成邦等：《甘青文化区新石器文化的时空变化和可能的环境动力》，载《第四纪研究》2006年第6期；侯光良、刘峰贵等：《中全新世甘青地区古文化变迁的环境驱动》，载《地理学报》2009年第1期。

③王巍：《公元前2000年前后我国大范围文化变化原因探讨》，载《考古》2004年第1期；吴文祥，刘东生：《4000aB.P前后东亚季风变迁与中原周围地区新石器文化的衰落》，载《第四纪研究》2004年第3期；王绍武：《2200—2000BC的气候突变与古文明的衰落》，载《自然科学进展》2005年第9期；吴文祥等：《甘青地区全新世环境变迁与新石器文化兴衰》，载《中原文物》2009年第4期；刘浴辉等：《中国全新世4.2kaBP气候事件及其对古文明的影响》，载《地质科技情报》2013年第1期。

形态的明显变化和突出特征，既是一种适应，也不仅仅是适应，应该说还是一种经济社会的发展。

二、现代"草地农业"与史前"草作农业"

所谓"草作农业"，可以视为当今"草地农业"一个的雏形，为现代生态农业提供了一种原始标本，还有关联性的现实意义。关于"草地农业"，我国草业研究的权威学者任继周院士多年来不懈建言献策，大力推动[①]，逐渐得到国家和各地政府的采纳和支持，成为宜草宜牧的南北各地荒漠区和山区可持续发展农牧业的示范性产业选择。发展草业种植，扩大畜牧养殖，综合农林园艺，扩大产品流通与深加工，逐步保持和发挥了生态经济效能。

在现代农业科学不断发展的基础上，一个全新的草地农业观念被不断地、逐渐地受到了我国无论是北方还是南方，都广泛接受并推广了这种先进的生态农业理念。草地农业具有的突破中国传统农业的新格局和新概念，获得了越来越广的认同和实践的检验。任继周院士作为中国草业科学及草地农业与生态研究的学科领头人和积极倡导者，毕生致力于这项事业，他的努力推动，逐步为更多人们所了解和认识。改革开放的总设计师邓小平同志在1980年就曾做过指示："像西北的不少地方，应该下决心以种牧草为主，发展畜牧业。"（1980年5月31日，载《邓小平文选》第2卷《关于农村政策问题》）。我国杰出科学家钱学森也曾对此问题特别关注并有重要的思考[②]。

草地农业是相对于耕地农业而言，按照任继周院士所述，指草地与农田和林地相结合，植物生产与动物生产相结合，物质生产与精神生产相结合，产品生产与流通相结合，它包括前初级生产层（含风景、旅游、自然保护区等）、植物生产

①任继周：《草地农业西部可持续发展之路》，载《科学新闻（周刊）》2001年第13期；任继周：《藏粮于草施行草地农业系统——西部农业结构改革的一种设想》，载《草业学报》2002年第1期；任继周等：《草地农业生态学研究进展与趋势》，载《应用生态学报》2002年第8期；任继周：《中国农业史的起点与农业对草地农业系统的回归——有关我国农业起源的浅议》，载《中国农史》2004年第3期；任继周等：《草地农业是甘肃农业可持续发展的重要途径》，载《草地学报》2009年第4期；任继周等：《农区种草是改进农业系统、保证粮食安全的重大步骤》，载《草业学报》2009年第5期；任继周：《草地农业生态学》，中国农业出版社，1995年，

②钱学森：《草原、草业和新技术革命》，载《中国草原与牧草》1986年第1期；《国家杰出贡献科学家钱学森关于草业的论述》，载《草业科学》1992年第4期。

层（含牧草、作物、林果等）、动物生产层（含家畜、野生动物等）、后生物生产层（含植物和动物产品的粗加工与深加工及流通等）。它是一个多层次的现代化综合的大农业系统，突破了单纯“以粮为纲”的思维，使草业与林业生态系统、农田生态系统等及其他农业系统耦合，成为一个大农业系统①。对于草地农业也是有一个逐步的认识过程，一开始的草地农业概念其实是强调的以畜牧业为主导的一种大农业概念，后来才渐渐形成了一个更加生态化的、更加全面均衡的科学认识新观念。

那么，草地农业作为一种全新概念的现代生态农业，其实，它也是早有其传统的历史渊源的。任继周院士就研究认为，传说中的原始农业起源，有伏羲时代和神农时代两个发展阶段，伏羲是草地畜牧业，神农是种植农业②。这是科学家对古史传说时代进行研究的一种新理解，也或可以说是新成果。当然，考古学家对于古史传说是谨慎对待的，因为神话传说的外壳很容易被神化为历史。不管怎样，我认为任继周院士是想要说明，草地农业的形式其实早已在历史上有就先例的类似原型存在。我们赞赏这种探讨。在目前考古学还不能把古史传说完全对应到考古学上的史实的现实情况下，怎么样以考古学的观点来认识史前文化中的草地农业现象？这需要考古学者们按照考古学的方法来进行深入研究。我们认为，可以通过考古学编年的科学性，从而来溯源探索早期草地农业的考古发现。

三、齐家文化生业形态与喇家遗址动植物考古新发现

我们提出了齐家文化“草作农业”的观点，为解答齐家文化经济混杂性和演化过渡性与复杂性，提供了新思路，也是齐家文化先民适应气候环境变化的新发展。由此原因，因而齐家文化在生业形态上，就显现出了某种容易含混模糊的原有的一些认识。

齐家文化生业研究，一直有着不同观点的争议。但对畜牧业比重在增加，就其这一点上，大家的认识还是大致相同的。不同的是农业仍占主要，还是畜牧业

①任继周、林慧龙等：《草地农业是甘肃农业可持续发展的重要途径》，载《草地学》2009年第4期；任继周：《藏粮于草施行草地农业系统——西部农业结构改革的一种设想》，载《草地学报》2002年第1期；王卉采访任继周院士的文章：《草地农业是趋势》，载《农产品市场周刊》2012年第21期。

② 任继周：《中国农业史的起点与农业对草地农业系统的回归——有关我国农业起源的浅议》，载《中国农史》2004年第3期。

已成主业，也就是比重上的孰重孰轻。其实这个问题应该可以换一个角度来表述，即对齐家文化牧业经济形态的表现方式要客观准确把握和认识，齐家文化具体遗址可能因所处地域环境差异而在生业现象上可能也就有一定差异，但总体上的牧业转化过程的趋势则是已经注定的。齐家文化走向牧业的转型，其实并不简单化，这是造成齐家文化在很长时间似乎还仍然表现出农业为主的原因。很多研究者对看到的畜牧业因素和现象，也往往倾向于只是把它看作农业附带的畜牧成分，把大量草料遗存只是看作田间杂草，而未知这可能是一种草作农业的生产方式，从本质上说它是属于畜牧业。这是常常从定居和种植的思维定式惯性来思考问题的结果。

关于齐家文化“草作农业”，我们下面将从喇家遗址的考古发现来进一步论述和说明。喇家遗址的动植物考古提供我们的资料，已可较充分地加以阐明。

1.动物考古统计显示，羊已是喇家遗址最主要的家畜，数量占绝对优势，而不是猪。喇家遗址出土动物骨骼的可鉴定标本数的标本总数为2405，均为哺乳纲动物。其中哺乳纲可鉴定标本总数为873，狗18，占2.06%；小型食肉动物1，占0.11%；猪234，占26.80%；梅花鹿6，占0.69%；狍12，占1.37%；小型鹿科动物5，占0.57%；鹿科动物1，占0.11%；黄牛146，占16.72%；绵羊420，占48.11%；山羊4，占0.46%；羊或鹿15，占1.72%；羊或牛1，占0.11%；另外一种统计方法是以最小个体数，统计最小个体数总数为44，均为哺乳纲动物。黄牛3，占6.82%；绵羊17，占38.64%；山羊1，占2.27%；鉴定中不能严格区分和确定的还有：羊或鹿2，占4.55%；羊或牛1，占2.27%；这些在数量上已经显示了其相当的重要性[①]。看得出，无论以哪种方式来统计，其羊的数量或牛羊的种群数，已经是差不多占到了半数或半数以上。牛、羊是牧业的最主要牲畜，有放牧的可能，即便圈养也基本都是草饲料为主。

2.喇家遗址植物考古资料中，除了绝大多数浮选标本都是粟和较少的黍之外，还发现许多种类的草本植物的草籽，浮选得到的草籽数量，已大大超过了黍，其中很多种类草本植物，还都是优质牧草，很可能它们本身其实并不只是杂草。而且有的牧草草籽数量的比例，还相应较高。

据本所植物考古学家赵志军的鉴定和统计，他把农作物品种与其他各类植物

① 吕鹏、袁靖：《喇家遗址动物遗存的鉴定和研究》，载《喇家遗址多学科研究报告集》（待刊）。

是分开来进行的。在喇家遗址考古采集的95份浮选样品中，共发现了81539粒各种炭化植物种子。而其中浮选出土的炭化粟粒的数量非常多，合计达56098粒，占出土农作物总数的86.6%，炭化黍粒的数量并不是很多，合计8612粒，占出土农作物总数的13.3%，是出土植物种子总数的10.5%。

在喇家遗址浮选出土的非农作物植物种子中，以禾本科植物种子的数量最为突出，总计12110粒，占所有出土植物种子总数的14.9%，这显然高于黍的种子数。根据鉴定，这些禾本科植物种子分别属于狗尾草属、马唐属、早熟禾属和燕麦属。禾本科植物种子中的绝大多数属于狗尾草属，共计12046粒，占禾本科植物种子总数的99%。通过进一步鉴定，其中以狗尾草（S.viridis）为主，其他种类还有大狗尾草（S.faberii）等。可以看到，如此众多的大量较单纯的“杂草”，可能已经并不能简单地说是杂草了。

我们再做一下计算，它与粟的数量比例为不足5：1，即大约只是4.7：1的比例。而且我们还应该要充分考虑到，粟粒是收获的粮食，会尽量全部收存，而草饲料则除了少部分留种外，基本上并不要求籽粒的完全收存，而且许多作为青饲料就已经消耗掉了，所以这个比例是很说明问题的，这样大量的比较单纯的草籽，很有可能是人为因素的作用，我们估计存在人工种植即“草作农业”的可能性。还尤其值得注意的是，赵志军分析认为它们“出土概率很高”[①]。

赵志军先生鉴定和分析了喇家遗址出土牧草的草籽情况，“在喇家遗址浮选出土植物种子中，胡枝子属和草木樨属的绝对数量并不突出，仅占出土植物种子总数的1.1%，但出土概率很高。经过统计发现，草木樨属植物种子的出土概率是23%，而胡枝子属的出土概率高达30%。植物遗存的出土概率是指在遗址中发现某种植物种类的可能性，是根据出土有该植物种类的样品在采集到的样品总数中所占的比例计算得出的，这种统计的结果所反映的是植物遗存在遗址内的分布范围和密度”。“从理论上讲，与人类生活关系越为密切的植物种类被带回居住地的可能性越大、频率越高，因而被遗弃或遗漏在遗址中的概率就越高，散布在遗址中的范围就越广，由此反映在样品中的出土概率也就越高。在喇家遗址浮选结果中，胡枝子属和草木樨属的出土概率较高，说明这两种豆科植物种子的来源和埋藏应该是与人的某种行为直接有关。考虑到胡枝子属和草木樨属植物都属于良好

①赵志军：《喇家遗址浮选结果及分析》，载《喇家遗址多学科研究报告集》，未出版，待刊。

的牲畜饲料，因此推测这两种豆科植物很有可能是喇家遗址先民有意识收割回来的牲畜饲料的遗存。如是，则可以进一步说明喇家遗址齐家文化在经营农业生产的同时也兼营着家畜的饲养”。[①]

3.喇家遗址孢粉分析结果也进一步佐证了这些浮选草籽是遗址植物群落中的重要组成部分[②]。在孢粉分析中，据齐乌云的鉴定统计，草本孢粉数中的农作物与各类杂草的比率多较接近或几乎相当。

4.另有对喇家遗址齐家文化石刀的残留淀粉粒等分析结果，其中许多不能最后确定种属的所谓小麦族等物种[③]，这与喇家遗址浮选缺乏麦类的现象形成明显反差。不能确定种属的原因，主要是因为目前淀粉粒鉴别方法的实验室分类识别的基础研究工作还不细化，无法确认这一类植物淀粉粒的各自特征标识，只能做出此类笼统判定。我们认为，所谓麦族类植物很可能就是作为牧草种植的。植物分类学上，小麦族禾本科植物除了包括小麦、大麦、黑麦等作物外，还归类了大量与之相关的优质牧草植物[④]，小麦族植物多达300多到近400种，许多种类都是牧草。因此所谓小麦族很可能许多都是种植的牧草类，并且要收割，因此也在石刀上就残留下淀粉粒痕迹。

5.喇家遗址还在许多出土器物内的土样中，鉴定出较多芦苇的植硅体，鉴定者认为芦苇可作燃料，还是饲料[⑤]。当然这更可能是自然生长的。在喇家遗址和齐家文化时期，除了“草作农业”方式外，应该也有不少可能仍是天然草料或草地的畜牧。

在鉴定喇家遗址土样中，黍的植硅体数量要远超粟[⑥]，这与浮选发现的大量粟而很少黍的情况，明显也形成了一个矛盾的现象，应再深入研究。而近期吕厚远先生的研究团队，就带着这个问题专门进行了实验分析和研究，发现在同样条件

①赵志军：《喇家遗址浮选结果及分析》，载《喇家遗址多学科研究报告集》，未出版，待刊。

②齐乌云：《孢粉分析反映的喇家遗址和官亭盆地史前气候与植被》，在《喇家遗址多学科研究报告集》（待刊）。

③马志坤等：《青海民和喇家遗址石刀功能分析：来自石刀表层残留物的植物微体遗存证据》，载《科学通报》2014年第13期。

④刘玉萍等：《小麦族植物的分类现状及主要存在的问题》，载《生物学杂志》2013年第2期。

⑤王灿、吕厚远：《喇家遗址沉积样品植硅体分析报告》，载《喇家遗址多学科研究报告集》（待刊）。

⑥王灿、吕厚远：《喇家遗址沉积样品植硅体分析报告》，载《喇家遗址多学科研究报告集》（待刊）。

下，粟的实物保存效果确实要远高于黍。因此在黍与粟的植硅体保存效果和几率一致的情况下，同样的植硅体数量而保留下来粟的机会就要更多。这就可以很好地说明，当时实际种植的真实情况，也许就确是黍的数量要远远大于（多于）粟，而考古实物发现粟多黍少，较大程度上可能仅仅是由于它们保存情况的概率不同所致。这似乎解释其反差现象了，但它们在喇家遗址里实物发现的比例差异也是过于悬殊了，是否还有其他原因的影响呢？我们在思考这个问题。

现在我们可以用这个实验的结论，来重新判断其数量间的这种差异。显然应该说，以植硅体的数量比例来反映实际种植情况应该还是更准确的。除此之外，我们也考虑，这或可还能从同一作物，既作为饲草，也作粮食的不同用途上，来加以区分，做出更多的思辨，兴许就可得出某种更合理的解释。我们初步思考认为，这可能是仍然大面积种植的黍，有些只是把它作为饲料来使用，而不是主要作为粮食，这样保留在土壤中的黍植硅体，就当然会很多，植硅体应该真实反映了种植的数量和面积，但因保存效果差，保留下来的籽实就较少，还因其时有的作为饲草种植的黍，也并不要求黍粒的粮食产量，只求黍苗的草茎多产和茂盛即可，甚至不等籽实成熟就已经成为喂养牲口的畜牧饲料了，籽实肯定就会更少了。大概这也正是早期“草作农业”的一个现象吧。

6.可提供为佐证的考古资料，还可以包括在喇家遗址出土的，数量较为丰富的各类打制石器。我们认为，在新石器时代和早期铜器时代，打制石器数量如果仍然还占据非常重要的比例，远远超过磨制石器，那么这种现象应该不是偶然的，其必然性往往即是，农业生产比较粗放，或比较不那么占据强大的优势，而牧业与采集、狩猎等，这些相关的生业活动，却相对是较处于或倾向于更强势的地位。这种情况在新石器时代早期也同样是还仍然保持着这种状况，随着新石器时代农业生产的大发展，农业所占比重越来越重要，相应的磨制石器也是在生产工具中更处于主要地位。打制石器特别发达和增加的地方，可能表现出农业生产下降或受影响趋势。我们从齐家文化到辛店文化的石器变化中，就能够较明显地看到这种趋势和现象。

显然，不同遗址或许还有其他因素可能是导致打制石器比例增加的原因。但是，目前我们似乎也可以肯定，在齐家文化，在喇家遗址，这种现象就正好反映了其某种业态变化的演进趋势，二者看来是有互动的因果关系，或者说是相关联的。这里我们还只是将其作为一个旁证或补充证据，说明这种变化的一个显著的相关特点。在现当代的草地农业中，相对而言，种植牧草也是较为低于一般精细农业劳作程度的工作，劳动强度比较更轻松一些或轻松得多。所以，较粗率的打制石器与畜牧业生产的发展是总体上大致相适应的。到了辛店文化时期，打制石器则变得更多，而且打制加工还更加粗率。这种现象也许还要更深入研究和解释，但是这种关联性明显存在。

四、对齐家文化史前草作农业的初步推断和认定

据悉，在耐旱性上，一般是黍要更强于粟。至今仍然有农民在无法种植粮食作物的干旱地上临时撒下一些黍种，只待能够长出些黍苗黍草，可供牲畜喂食也就算是有所获，并不求有黍粒实物的收成。这颇已类似“草作”的形式。而据任继周院士提到，20世纪50年代新疆的有些牧民在游牧出发前，也是在居住地随意补播一些草籽，以期在转场放牧返回时，住地现已被踩踏的地上，也可生长出一片牧草[①]，恢复的草地，可供畜群啃食。这些现象，也都反映出现代某种较简单的“草作”生产生活方式的一定保留。这就说明，草作农业其实是可以自发地很容易产生的。

实际上，齐家文化草作农业出现也是自然而然的。因为原始旱作农业（粟作）本身就是并不够精工细作的生产方式，农作物与杂草也许就是夹杂其中混生，所以很多学者宁可认为发现的草籽是杂草。当农作物干旱歉收，农作物和杂草可能都只能一同成了牲畜饲料。甚至有可能，杂草很多时候比粮食作物生长得更好，相应地，草作农业也就可顺势而为先民认知，亦即就相应出现草作农业生产了。当然，齐家文化史前人类肯定怎么也想不到这是一种生态农业形态。只不过，这是齐家文化在气候环境下的一种不知不觉的生态化适应。

对于先民来说，畜牧和就近范围放牧，可能比之种植农业更实惠便利。气候变化出现波动和大变化，造成环境植被改变，可能是促成“草作”出现的一个促进剂，再一个可能的动因，应是与欧亚游牧民族的密切交往接触以及所受影响，会成为“草作”发生的催化剂。任继周院士就曾还认为，草地农业系统的若干元

①任继周：《中国农业史的起点与农业对草地农业系统的回归——有关我国农业起源的浅议》，载《中国农史》2004年第3期。

素，普遍存在于农业生产的各个环节[①]，在这些环节中的各具有草地农业的元素，也都是齐家文化农业中的“草作农业”可能自然生成的因素。因此，我们该如何来认定和判断齐家文化这种“草作农业”呢？前面所述的动植物考古资料的现象，其实已经在不断提示我们对它有所认识了。

喇家遗址考古浮选获得的草籽资料，数量较多。这是一个我们现在才注意到的事实，过去我们总是都把它看成了田间杂草，但如果数量多到相当的程度，其中又不乏牧草，有的现在看来也是优质牧草，若再说它是杂草，似乎就有点讲不通了。起初，当赵志军先生较早鉴定出喇家遗址豆科草本植物苜蓿时[②]，就曾让我们开始想到了喇家遗址齐家文化种植牧草的可能性了。尽管后来赵志军再重新鉴定后，认为不是苜蓿，但也还仍然属于另一种牧草。我们又从现代草地农业的概念中受到很多启发，特别是任继周院士为我们指出，史前农业就曾经早已出现过类似草地农业[③]，认为中国农业起源应该从伏羲氏开始。原始人在对牧草的收选中，认识了对籽实的采集储藏，从而学会并产生了种植农业的方式，进入神农氏时代。这进一步启发了我们，应该可以用考古学方法和考古资料，来重新进行分析和研究，认识和判断史前文化中有可能出现过的类似草地农业的这种生产方式(其他史前文化是否也有“草作”存在，同样值得探讨。今后甚至还应该进一步去探究“草作”是否也曾并非只是个别偶然现象)。

根据喇家遗址考古出土的较可靠的考古发掘资料和多学科研究报告，我们拿来进行了分析，经研究和反复思考，我们于是提出了齐家文化可能存在“草作农业”的畜牧方式这样的初步认识。似乎或可比较更好地解释齐家文化生业现象中的令人费解的一些问题。齐家文化因其畜牧经济为重要生业，也显然就更容易接受欧亚草原游牧文化的传播。同样道理，也或可说明齐家文化正是在转向以牧业为主的经济形态过渡。而这种转化的影响范围，可能还要更大[④]。

---

①任继周：《中国农业史的起点与农业对草地农业系统的回归——有关我国农业起源的浅议》，载《中国农史》2004年第3期。

②赵志军：《青海喇家遗址尝试性浮选的结果》，载《中国文物报》2003年9月19日，第7版。

③任继周等：《华夏农耕文化探源——兼论以粮为纲》，载《世界科技研究与发展》2003年第2期；任继周：《中国农业史的起点与农业对草地农业系统的回归——有关我国农业起源的浅议》，载《中国农史》2004年第3期。

④王晖等：《炎姜族由农业衰变为半农半牧部族的环境考古学探索》，载《陕西师范大学学报》(哲学社会科学版)，2009年第2期。

五、齐家文化草作农业发展成为草地牧业和游牧

当然，齐家文化“草作”与“粟作”并存的半农半牧生业形态和农牧混合经济形态及相应的生活状态，也是很复杂的一种现象，不宜简单化理解，应从总体上看，发展来看。这个认识观点，也还需要再继续更深入探讨，并且还有许多细节需要更多考古发现和研究的资料，来不断充实、支持与完善。关于草作与粟作，我们还得到一个浅识，即同时种草和种粮食，很可能是无心插柳地提供了一种植物与作物发生自然杂交和自然选择[①]的更多一些机会，其实这是较有助于农作物品种产生杂交进化的。

齐家文化的原始草作农业，其实并未持续发展起来，而是遭到失败并最终走向了草作农业的解体，促使在其后续文化中的游牧经济转变成为最主要的生产和生活方式，然后，彻底成为游牧文化滥觞的最终结局。一时间，游牧曾经有一个大发展，超限放牧，更加破坏了生态平衡。齐家文化区域的生态恶化在这个时期，造成了最严重的后果，直到今天。现代的科学研究表明，游牧生产方式似乎是较低效率的生产力。不过在游牧出现的早期，很可能还是具有较强吸引力的，也是具有较多好处的，不然，史前人类的功利目的不能达到，也就不会对它发生很强的兴趣，自然也就不可能出现游牧的生业生活方式。考古学资料显示，齐家文化之后，青海卡约文化遗址的分布范围，极为广泛且较密集，这正是这种游牧社会达到的一个空前发展状态的反映。卡约文化的分布，向西、向青藏高原纵深高海拔地区，大大超越了马家窑文化和齐家文化的分布界线[②]。数据表明，青海省考古调查发现的齐家文化遗址四五百处，而卡约文化的遗址数量，竟约达近1800处之多[③]。

游牧的活动范围扩大，是必然的现象。游牧方式也是相对十分便捷的人类行为方式。游牧出现是自然环境使然，也是社会发展的必然。因此，不能说游牧方式就是生产力的倒退，这种生产方式也是适应性的经济形态的一种改变和发展。

我们说齐家文化的草作农业的失败，是值得总结的教训，需要有更多的时间

---

①张相岐：《从野草到小麦的华丽转身》，载《生命世界》2008年第7期。

②国家文物局主编：《中国文物地图集·青海分册》，中国地图出版社，1996年；谢端琚：《甘青地区史前考古》，文物出版社，2002年。

③许新国：《青海考古的回顾与展望》，载《考古》2002年第12期。

来进行探讨。这也是对现代草地农业提出的一个反面的参考警示。它告诫我们：生态农业需要均衡发展，维护生态平衡和生态经济，需要一些更强力的措施，仅靠自然经济和自发方式，难免会走向末路，不可能取得自然平衡。有研究者认为游牧经济是效率最低下的生产力和生产方式。甚至，考古学界一般也认为游牧经济可能阻滞了社会的发展。但即使它的效率很低，游牧经济它也同样会造成生态的失衡，甚至严重失衡。青海齐家文化之后发展起来的卡约文化，就存在超牧现象。从畜牧到游牧仅一步之差，从适应生态的生态化畜牧到非生态畜牧、放牧，以至超牧、滥牧，这是根本不同的生产方式。如果在现代生态经济的发展中，不加注意，不能很好平衡，还是存在许多问题的话，草地农业和生态农业也有可能埋下一些危机，造成某种后果，甚至是严重后果。从齐家文化原始草作农业的经验教训，也许还具有现实的借鉴意义。

六、简要结论

甘青地区的齐家文化处在一个特定的时间和特殊的位置，其地位十分关键和重要。喇家遗址多年的考古发现，显示齐家文化畜牧业在环境变化中获得了突出发展，其中明显的现象是以“草作农业”养殖了大量牛羊。在喇家遗址比例超过半数，占绝对优势的牛羊，是先民在定居下饲养的，因而其生产方式类似于现代的“草地农业”。这反映了齐家文化是农牧混合经济形态，并且还在继续向牧业经济形态过渡。这是对齐家文化时期的气候变化的一种积极响应，也是一种生态化的适应，而且是经济发展、社会发展的一种反映。

齐家文化草作农业的新认识，为探讨在更多史前文化中的草作农业生产方式，开启了一个深入认识和研究的先例。也为现代草地农业提供了一个史前范本，其中还有一些经验和教训，也是值得总结和借鉴。齐家文化草作农业发展带来的结果是游牧滥觞。

注：

①童恩正：《试论我国从东北至西南的边地半月形文化传播带》，载《文物与考古论集》，文物出版社，1986年，第17-43页。这条传播路线，我们且把它称为“童恩正线”。

②我们认为，“草作”是可对应于一般所称的“粟作农业”“稻作农业”等传

统种植业的一种畜牧业的草业种植形式，故称为“草作农业”，其实是属于畜牧业。

③感谢赵志军、袁靖和吕鹏等几位专家的植物考古和动物考古的工作，他们告知并提供了相关的鉴定研究成果。相关内容可参见：喇家遗址多学科研究报告集（待刊）。

④喇家遗址采集的器物中的土样多达上百件，土样的体量也很大，约达数十纸箱。

⑤承蒙吕厚远先生告知，再次谨表感谢！

⑥一种主流观点认为，中国北方小米种植是先发明的黍，后出现的粟。早期以黍为主，大约仰韶文化晚期以后，大多遗址实际已渐转为以粟为主，黍渐退出或居其次了。陇东地区的研究就反映了这一点，见周新郢、李小强等《陇东地区新石器时代的早期农业及环境效应》，载《科学通报》2011年第4、5期，第318-326页。喇家遗址可能还是以种植黍为主，但是出土碳化粮食则是粟最多，这个现象或许正是反映了一些特殊的历史情况。

（本文原载于《农业考古》2015年第6期）

关于齐家文化主要经济形态的探讨

一 丁

石陶同志的《黄河上游的父系氏族社会——齐家文化社会经济形态的探索》一文[①]，对齐家文化的社会性质的分析，我个人是同意的。但是，关于社会经济形态的意见，有点不同的看法，提出来和大家一起讨论。

石陶同志认为“齐家文化的人们主要从事于畜牧，农业的生产活动，畜牧和农业在当时的经济生活中占着同等重要的地位，甚至畜牧比农业占着更重要的地位”[②]。这个看法是值得讨论的。

齐家文化出土物中，关于畜牧方面的资料，计有家畜四种，即猪、羊、牛和狗，其中猪骨出土最多，其他三种在量上远比猪少。

首先，让我们来分析一下这四种家畜与农业关系及其在经济生活中的地位。

猪 由墓葬中随葬猪头的数目来看，少则3个，多则可达68个。由其数量之多，可以想见当时养猪业是很发达的，在当时社会经济中有一定的作用，但不能起主要作用。为什么这样说呢？因为，猪是杂食动物，要养猪业发展，必须有充足的饲料，而饲料主要依靠农产品，特别是粮食，由此可见，只有农业发展了，作为家庭副业的养猪业才能得到相应的发展。反之，养猪业就得不到发展。

羊 在游牧部落和民族中，或一些以农业为主的定居畜牧的部落和民族中，羊都是大量饲养的一种牲畜，假如是前者，它占社会经济的主要地位；如是后者，则占次要地位。是前者或是后者，需要和当地的自然环境联系起来考察。若地多沃土，就宜农业；若少草原牧场，就不利于游牧。因之，这里出土较多的羊骨，表明是以农业为主的定居牧畜，其饲料来源一部分以至大部分要依靠农业供给。许多遗迹也证明齐家文化的人们是定居的而不是游牧的部落。

①见《考古》1961年第1期，第3-11页。

②见《考古》1961年第1期，第4页。

牛 虽然它是食草动物，但在很大程度上，它的饲料来源要依靠农产品。考虑到齐家文化分布于西北的黄土高原上，冬季时间长，牛的过冬时间长，因此，其饲料更需农作物的产品供给，不然就难以发展。

狗 虽然在动物分类上属肉食类，实际上它是杂食的。不过无论在游牧部落或民族中，抑或定居的农业部落和民族中，狗在任何社会阶段的经济生活中都不起主要作用。

一般而论，定居部落中的牧畜，是以农业为基础的，处于农业的从属地位。只有游牧部落和民族（包括半定居半游牧的部落和民族在内）中的牧畜，在社会经济中才起着主导作用。

齐家文化分布于东起渭河上游，西达甘肃武威，在青海到海南藏族自治州的黄河沿岸，北抵宁夏回族自治区的河成阶地上①。这地区是冲积而成的阶地，堆积中含腐殖质较多，土质较肥沃，是宜于农业的。大量的石斧、石刀、石镰和骨镰等生产工具的出土（生产工具是人们谋生的手段，很大程度上能反映出当时人的生产面貌），也证明当时人是从事农业的。现在，当地的人民，拥有相当数量的家畜——主要是绵羊，但主要的生产还是农业；这一事实对我们了解古代人的经济形态是有启发性意义的。

以畜牧为主的部落和民族中，其所饲养的牲畜，除大量羊外，还成群的养马。如大青山以北的蒙古族同胞。马在这些民族和部落的经济中占有重要的地位，它不仅是人们的主食之一，而且又是不发达地区的主要交通工具和运输工具。这个文化的遗址和墓葬中未出过马骨，也间接地说明了牧畜在当时当地的经济生产中仅居次要地位。

就目前所知，农作物的遗存，发现的比较少，仅有粟一种。发现少的原因是：草本植物，特别是禾本科植物，极易腐朽，难以保存。因此，不能因发现农作物的数量和种类少而产生错觉，由此得出当时农业不发达的看法。不过现有材料告诉我们，粟是当时人普遍种植的一种农作物。它既在墓葬中发现，也在居址中找到过，是上述说法的可靠证据。

从一般的社会经济发展的规律来看，并由齐家文化遗址出土物中有骨镰等生产工具的存在，可以推断，当时人可能处于发达的锄耕农业阶段。

---

①吴汝祚：《甘肃地区原始文化的概貌及其相互关系》，载《考古》1961年1期。

由以上简单的分析，可以肯定，农业生产是齐家文化的主要经济形态。当时人饲养的家畜，是以农业为基础的牧畜，是以农业为主的家庭副业。当然，由于出土数量多，在当时的社会经济中起着相当重要的地位。但与农业比较，绝不是两者同等重要，或牧畜更比农业重要，而只是农业经济的补充和附庸。吴汝祚同志的看法，我是表示赞同的。他说："猪是以农业生产为基础的家畜，猪骨的大量发现，一方面说明了家畜饲养的发展；另一方面也反映了农业生产的迅速发展。"①

（本文原载于《考古》1961年第7期）

①吴汝祚：《甘肃地区原始文化的概貌及其相互关系》，在《考古》1961年1期，第14页。

中国甘青地区齐家文化时期的农业双向传播

董广辉　陈发虎　王　辉　贾　鑫　任晓燕　赵志军　吴小红

欧亚大陆史前时代的农业传播和文化交流是学术界关注的热点问题。截至目前的植物考古研究结果显示，粟黍作物在距今10000年（校正距今年代，从1950年起算）前后最早在中国北方驯化①，在距今8000～7000年前传入欧洲②。大麦、小麦等麦类作物则早在距今约13000年前被人类有意识干预并驯化于西亚肥沃的新月地带，到距今90年前被稳定驯化并向其他地区传播③，目前在中国有确切年代的小麦遗存发现于山东胶州赵家庄龙山文化遗址，年代约为距今4500～4300年④。中国北方起源的粟黍农作物自东向西传入西亚，以及西亚起源的农作物传入中国的路线和时间是国际学术界关注、尚未解决的重要科学问题。欧亚大陆地域广阔，而已开展的植物考古、动物考古和冶金考古等研究工作还十分有限，亟待加强。

甘青地区位于古丝绸之路的东端，是连接中国内陆和中亚、西亚，乃至欧洲的重要陆路通道，被认为是史前时代东西方文化交流和农业传播的重要通路。尽管有研究认为小麦于距今5000～4500年前已传入甘肃地区，如甘肃民乐东灰山遗

①Zhao Z. J. , "New Archaeobotanic Data for the Study of the Origins of Agriculture in China", *Current Anthropology* 52, 2011, pp. 295-306。

②Hunt H M, Linden V. , liu X. Motuzaite-Matuzeviciute G. , Colledge S., Jones M. , "Millets across Eurasia: Chronology and Context of early Records of the Genera Panicum and Setaria from Archaeological Sites in the old World", *Vegetation History and Archaeobotany* 17, 2008, pp. 5-18.

③Terence A Brown, Martin K Jones, Wayne Powell, Robin G Allaby, "The Complex Origins of Domesticated Crops in the Fertile Crescent", *Trends in Ecology Evolution* 24, 2009, pp. 103-109.

④靳桂云、王海玉、燕生东等：《赵家庄遗址炭化植物遗存》，载《科技考古》第3辑，科学出版社，2011年。

址[①]、天水西山坪遗址[②]，但近期的研究显示东灰山遗址的麦类遗存年代在距今3600～3400年[③]，而西山坪遗址的小麦遗存缺乏直接的测年数据，尚需进一步工作验证。目前在甘青地区有确切年代数据的麦类遗存发现在甘肃省金塔县的缸缸瓦遗址和火石梁遗址，年代为距今4100～3800年[④]。然而，在这一地区的马家窑遗址中曾发现过青铜器，齐家文化遗址中发现的铜器有所增加[⑤]，可能已经进入铜石并用时代。在些齐家文化时期的遗址中还出土了羊骨[⑥]，这些证据显示齐家文化可能是史前东西方文化交流和碰撞的关键时期。但关于齐家文化的年代范围和传播过程，不同的学者有不同的看法。例如，齐家文化的年代范围在不同的文献中并不一致，包括距今4100～3600年[⑦]、4200～3800年[⑧]、4300～3900年[⑨]等。一些学者认为齐家文化可能来源于陇东盆地的常山下层文化[⑩]，发展过程中受到了客省庄文化的影响，是史前文化不断“西渐”的产物[⑪]。也有学者认为齐家文化是自西向东传播的。根据已发表的甘青地区齐家文化发掘遗址的^{14}C测年数据[⑫]，青海省东部齐家文化遗址的年代整体早于甘肃省中部东部齐家文化遗址的年代，进一步支持了齐家文化有可能自西向东传播的假设。

①李璠：《甘肃省民乐县东灰山新石器遗址古农业遗存新发》，载《农业考古》1989年第3期；李水城、莫多闻：《东灰山遗址碳化小麦年代考》，载《考古与文物》2004年第6期。

②Li X. Q. , Dodson J. , Zhou X. Y. , Zhang H.B. , Masutomoto R. , “Early Cultivated Wheat and Broadening of Agriculture in Neolithic China”. *Holocene*, 2007, 17, pp. 55-560.

③Flad R. , LiS. C. , Wu X.H. , Zhao Z. J. , “Early Wheat in China: Results from New Studies at Dong-huishan in the Hexi Corridor”, *Holocene* 20, 2010, pp. 955-965.

④Dodson J. R. , Ii X. Q. , Zhou X. Y. , Zhao K.L. , Sun N, Tahan P. , “Origin and Spread of Wheat in China”, *Quaternary Science Reviews* 72, 2013, pp. 108-111.

⑤谢端琚：《甘青地区史前考古》，文物出版社，2002年。

⑥傅罗文、袁靖、李水城：《论中国甘青地区新石器时代家养动物的来源及特征》，载《考古》2009年第5期。

⑦谢端琚：《甘青地区史前考古》，文物出版社，2002年。

⑧李水城：《东风西渐——中国西北史前文化之进程》，文物出版社，2009年。

⑨An C. B. , Tang L. Y. , Barton L. , Chen F. H. , “Climate Change and Cultural Response around 4000 cal yr B P. in the Western Part of Chinese Loess Plateau”, *Quaternary Research* 63, 2005, pp. 347-352.

⑩陈昱、洪方：《陇东镇原常山下层遗存浅析》，载《考古》1982年第4期。

⑪李水城：《东风西渐——中国西北史前文化之进程》，文物出版社，2009年。

⑫中国社会科学院考古研究所：《中国考古学中碳卡四年代数据集（1965—1991）》，文物出版社，1992年；中国社会科学院考古研究所考古科技实验研究中心碳十四实验室：《放射性碳素测定年代报告》（二九），载《考古》2003年第7期。

然而，用常规^{14}C测年方法（液体闪烁计数法）测定炭屑的^{14}C年代数据可能会受到“老碳效应”的影响①，导致所测年代比实际考古遗址年代偏老的问题。为检验甘青地区史前遗址测年数据可能存在的“老碳效应”问题，我们在甘青地区15个史前遗址中采取了浮选样品，通过浮选同时获得炭屑和植物炭化种子材料，并应用AMS（加速器）方法直接测定炭化作物种子的年代，通过液体闪烁计数法测定炭屑的年代。研究发现在甘青地区开展工作的15个遗址的同一浮选样品中，炭屑常规^{14}C年代比炭化种子AMS年代平均偏老244±258年（校正2σ）左右，其中有5对年代差异显著，可能主要受到了测年材料的“老碳效应”的影响②。甘青地区目前新石器文化和青铜文化的年代框架是根据125个已发表的考古遗址发掘所测定的^{14}C年代确定的，其中114个年代是用常规测年方法测定的未鉴定树种的炭屑年代，可能部分年代会受到^{14}C测年的“老碳效应”的影响。这不但说明甘青地区史前文化的年代序列需要更精确的炭化种子AMS年代进一步厘定，也说明仅以炭屑年代判断齐家文化传播过程是很可能存在问题的。作物种子是最可靠的^{14}C测年材料，因其单年生长和死亡，不受^{14}C测年的“老碳效应”影响。^{14}C测年技术的发展，使得炭化作物种子可以直接用于AMS定年，且测年精度大幅提高。因此，如果统一用AMS方法对同一史前文化不同分布区域的炭化作物遗存开展测年工作，就可以建立可靠的年代序列，用于研究该文化的年代范围和发展过程，以及不同农作物的传播过程。因此，我们在甘青文化区从东到西调查了26个齐家文化遗址，通过浮选法的应用获得了这些遗址中的炭化作物种子遗存，并测定了30个炭化作物种子的AMS年代，进而讨论齐家文化时期的农业传播和文化扩张过程。

在陇东盆地，我们在镇原县老虎嘴遗址，灵台县蒋家嘴遗址、草脉店遗址和桥村遗址开展了调查，并采集样品开展了浮选鉴定工作。在这些遗址中鉴定的农作物遗存全部为粟和黍的炭化种子。根据^{14}C测年结果，老虎嘴遗址、蒋家嘴遗址和草脉店遗址的年代范围是距今4400～4100年，桥村遗址的年代较晚，为距今3973±101年。

①Schiffer M. B.，“Radiocarbon Dating and thc‘Old Wood’Problem：the Case of the Hohokam Chronology”，*Journal of Archaeological Science* 13, 1986, pp. 13-30.

②Dong G. H.，Wang Z. L.，Ren L.L.，Matuzeviciute G. M.，Wang H.，Ren X. Y.，Chen F. H.，“A Comparative Study of Radiocarbon Dating Charcoal and Charred Seeds from the Same Flotation Samples in the Late Neolithic and Bronze Age Sites in the Gansu and Qinghai Provinces, Northwest China”，*Radiocar bon.* 56, 2014, pp. 157-163.

在甘肃省庄浪县，我们调查了鸭儿嘴遗址、刘堡坪遗址、西河遗址和苏苗源头遗址。这些遗址中鉴定的农作物遗存同样全部为粟和黍的炭化种子。根据测定炭化粟黍种子的年代，上述遗址的年代范围约为距今4200～3500年。在甘肃省定西地区，我们在堡子坪遗址开展了植物浮选和鉴定工作。结果表明，该遗址齐家文化时期的植物遗存全部为粟黍炭化种子，未见麦类遗存①。该遗址齐家文化遗存的年代约为距今4100～3800年。

在洮河流域的考古调查中，我们在冠子嘴、冯家坪和任家坪遗址采取了浮选样品，鉴定出的植物遗存依然以粟黍炭化种子为主，但在冯家坪鉴定出昙花的麦类遗存，小麦种子直接鉴定的年代为距今3531±81年。在临夏县李家坪遗址，2011年甘肃省文物考古研究所和临夏州博物馆开展了发掘工作，共发掘6个探方及1个探沟，我们采集了13个样品开展浮选和植物遗存鉴定工作。在这13个样品中，粟、黍、大麦和小麦遗存出土概率分别为100%、92.81%、84.62%和23.08%。用大麦测定了3个^{14}C年代，年代范围约为距今3700～3400年。

2008—2012年，我们先后在青海省黄河上游谷地、湟水谷地、大通河谷地和青海湖盆地的13个齐家文化遗址开展了考古调查和取样工作②。这些遗址的植物遗存鉴定结果显示，青海省东部齐家文化时期的农作物遗存仍以粟黍为主，但麦类遗存已经在一些齐家文化遗存出现，如互助县金蝉口遗址、化隆县贡什加遗址和西宁市上孙家寨遗址。此外，在刚察县沙柳河桥东遗址中发现羊骨遗存。这些遗址碳化种子直接定年的结果在距今4000～3000年。

综合上述结果，初步判断齐家文化的年代范围在距今4400～3400年。我们的研究结果表明，齐家文化时期甘青地区出现了农业的双向传播。在齐家文化早期（距今4400～3900年）粟黍旱作农业从陇东盆地传播至青海省东部，促进了齐家文化的西渐；齐家文化晚期（距今4000～3500年），大麦、小麦自河西走廊传入青海省东部和甘肃省中部地区，主要传播至洮河以西地区。

（本文原载于《早期丝绸之路暨早期秦文化国际学术研讨会论文集》,2014年）

①Jia X., Dong G., Li H., Brunson K., Chen F., Ma M., Wang H., An C., Zhang K., "The Development of Agriculture and its Impact on Cultural Expansion During the Late Neolithic in the Western Loess Plateau", *China Holocene* 23, 2013, pp. 83-90.

②贾鑫：《青海省东北部地区新石器——青铜时代文化演化过程与植物遗存研究》，2012年兰州大学博士论文。

齐家文化的经济形态和社会性质

宋 涛

齐家文化，因1924年首先在甘肃广河县齐家坪发现而得名。关于齐家文化的经济形态和社会性质，目前尚无定论。

从发掘材料看，齐家文化的人们已经过着比较稳定的以农业为主、兼有畜牧业和手工业的生活。

农业是齐家文化的主要经济部门，生产工具以石制为主，骨制次之。主要的工具有石斧、石镰、石刀、石铲和骨铲，还普遍发现石杆和石磨盘，石斧是当时人们的砍伐器，石镰是收割工具，石铲和骨铲是翻土工具，石杵和石磨盘是粮食加工工具。早期的工具，器类比较简单，制作粗糙；晚期的工具种类增加，制作比较精细，反映了生产力的发展。关于农作物，在齐家文化的遗址和墓葬中。普遍发现有粟的残迹。除了种粟，当时的人们还种麻类作物，布纹痕迹在遗址和墓葬中都有发现，布为麻织。说明了当时的人们以粟作为主要粮食，以麻作为织布的主要原料。

齐家文化的遗址中普遍发现有猪、羊、狗、牛、马、驴等的骨骼。其中以猪骨为最多，羊骨次之。反映了在农业发展的基础上，畜牧业的发达。此外还出土有鼬、鹿等动物的骨骼，说明了狩猎是当时人们经济生活的补充。

纺织业引人注目，在齐家文化的遗址中发现有布纹的痕迹。布纹有粗细两种：较粗的布纹，每平方厘米交织经纬线各11根；细的布纹，其交织密度几乎和现代的麻布相类似。各地还发现有较多的陶纺轮和石纺轮以及骨针。反映了当时的纺织业比较进步，推测当时人们穿的衣服的一部分是这种麻布缝制而成的，另一部分可能为兽皮缝制而成。

制陶业是齐家文化的重要手工业部门。在各地齐家文化的遗址和墓葬中都有大量的陶器出现。陶器主要是素陶，彩陶较少。早期陶器主要是手制的，晚期的多为轮制，反映了制陶技术的不断进步。常见的器形有陶碗、陶豆、双大耳罐、高领双耳罐、侈口罐等，其中双大耳罐是齐家文化具有代表性的器物。

冶铜业。齐家文化的冶铜技术是继承了马家窑文化，并在其基础上有了很大的发展。在齐家文化的遗址和墓葬中普遍发现了铜器，不仅有红铜，还有铅铜和青铜器。器形有铜斧、铜刀、铜匕、铜锥、铜镜等。经光普定性分析，红铜含铜量为97%，铅量极小，铅铜含铜量为95%，铅为5%；青铜由铜、锡、铅三种金属炼成。铜器的制作有锻造和铸造莲两种。

齐家文化的村落一般选择在人们便于生活的河旁台地上。房子大都是方形或长方形半地穴式的，中间有圆形的灶，门多开在南边。房子居住面和墙壁下部多涂有一层白灰，白灰面平整、光滑、坚硬，又有防潮作用，居住面涂有白灰是齐家文化房子的特点，反映了当时房子建筑的进步。

各地有关墓葬的材料说明，齐家文化的人们保持着民族公共墓地，墓葬的形制以土坑竖穴为主。葬具有长方形的棺或木棺，葬式可分为单人葬和合葬两种：单人葬有仰身直肢葬、俯身葬、侧身葬、二次葬和瓮棺葬，以仰身直肢葬为常见；合葬墓有成人男女二人合葬、成人与儿童合葬、多人合葬等，以成年男女二人合葬为主。在成年男女二人合葬墓中，男性仰身直肢，女性侧身面向男子，反映出女性依附男子的社会地位。随葬品多少不一，差别很大，大部分墓随葬陶器仅一两件；少数墓随葬品有几十件之多。不仅有陶器，还有玉器。这无疑反映了齐家文化的人们中已经出现了贫富分化的现象。

齐家文化正处在原始社会父系氏族公社阶段。父系氏族公社时期。人们还是生活在集体公有和集体分享的大同世界中，而维系氏族的是血缘关系。父系氏族社会的重要标志，是男性在社会生活中居于主要地位。父系氏族公社是原始社会向阶级社会过渡的阶段。私有制、贫富分化都在父系氏族社会出现了，齐家文化本身经历了数百年的历史，该文化的晚期已接近阶级社会。

（本文原载于《甘肃社会科学》1993年第5期）

沈那齐家文化聚落及其社会形态

曾永丰

一、遗址的调查、命名与发掘保护

沈那遗址位于湟水河（西川）与北川河交汇的第二台地上。“1948年夏季，裴文中先生受地质调查所的派遣，在湟水流域进行考古调查工作。除了复查朱家寨和马厂垣等遗址以外，还在享堂附近的汪家沟子、海西湾、窑街，乐都附近汉家庄（汉庄子），西宁市附近的小桥，塔尔寺附近的清水河，湟源县的新庄及海晏县三角城等地发现了8处遗址，为湟水河流域的古代遗址提供了许多重要线索。”①小桥古文化遗址首次被发现时，命名为“小桥遗址”。1978年，省、市文物部门在复查西宁地区文物遗存时，在对“小桥遗址”进行调查核实后，提出更改“小桥遗址”名称。其原因一，文化遗址虽然位于小桥村，但文化遗址的小范围与小桥村的大范围相比较不够具体与确切。另外，“小桥”作为城北区城市中心地区，随着城市建设的迅猛发展，区域面积和概念已远远超出以往的范畴，两者之间的对应关系正在日趋拉大，为了使文化遗址范围与文化遗址名称相一致，重新命名显得十分必要；原因二，在调查走访时，从小桥村村民中了解到分布文化遗址的台地名叫“沈那”。“沈那”既然是台地的历史名称，它不仅可以与“小桥”这个大的地域概念有所区别，而且还有可能成为进一步解读文化遗址的线索。同时，20世纪70—80年代在文物普查、检查中，在沈那台地西南部、东部和北部断崖多处发现齐家文化特有的“白灰面”房址和灰层、灰坑。鉴于上述原因，1979年西宁市人民政府在公布市级文物保护单位时，将其更名为“沈那遗址”。1986年，沈那遗址被省人民政府公布为省级文物保护单位。为了进一步了解沈那遗址

①安志敏：《青海的古代文化青海省大通县上孙家寨出土地彩盆》，转引自青海省文物考古研究所编：《青海省考古资料汇编（1925—1979年）》，1996年。

文化内涵，1991—1993年，由省考古研究所主持、西宁市文物管理所配合试掘遗址面积约2000平方米，发现文化堆积层厚约2米，出土齐家文化居住房址、墓葬、灰坑和一批齐家骨、石、陶器、青铜器等遗物。这些进一步证明了沈那遗址是以齐家文化为主的文化遗址，并且是集中发现的齐家文化居住遗存。2006年，“沈那遗址”经国务院审核批准公布为全国重点文物保护单位。

二、聚落社会的基本内容

（一）成熟的“城防”体系

沈那遗址地处湟水河（西川河）与北川河交汇的第二台地上，北临阴坡，南有坟墓沟，西有乱沟（为自然洪水沟，由北向南流入湟水，沟内有泉水，现已干枯），东面断崖下为小桥大街。台地东西窄，南北长，呈北高南低的长条形，面积约10万平方米，与周边山麓相比较，“独立”的沈那地形地貌十分明显。据考证，“沈那”二字为羌语的音译名，至今广泛保留于藏语中。“史纳是个藏语地名，藏语以黑为纳亥，如今海南州就有唐乃亥、石乃亥的地名，唐乃亥汉译为黑滩，石乃亥汉译为黑云（雾）。史纳即石乃亥的别译。石乃亥的得名盖因地处青海湖西北岸，常有乌云笼罩，而山原夏秋间草色青绿，亦显黑黝色云然。史纳山色近灰，无黑土，但藏语石乃亥，石读如舍，其义则近似于汉语的黑黝，如青草色及森林颜色，多称黑而不云绿。”①可见“沈那”二字的汉译为“依山面水，黑刺茂密”的地方。应该说这一解读完全符合沈那台地的地理环境和良好的生态环境。所谓“依山面水”，沈那依靠大有山，能够左右目睹北川河、湟水河（西川河）；所谓“黑刺茂密”，是指在沈那四周陡坡上长满了沙棘灌木林（沙棘灌木至今有大片保存）。“沈那”独特的自然地理环境，符合早期人类理想居住地选择标准，因为它满足了先民生存、生活的两个基本条件：一是解决了先民生存所必需的水源问题。湟水河（西川河）、北川河由两翼经过沈那，加之西侧乱沟内的泉水，充分保障了遗址上聚落人口的水源补给；二是解决了聚落社会的安全问题。“独立”的沈那台地四周陡坡和坡上茂密的沙棘灌木林，是确保部落自身安全的天然防御屏障。当然，从实际效果来看，这个防御屏障功能是综合性的，它包括人与自然灾害（洪水）、人与动物之间的防御和人与人（不同聚落）之间的防御，而对人与人之间的

① 李文实：《西陲古地与羌藏文化》，青海人民出版社，2001年。

防御明显成为“沈那”的主要功能。

文物普查、检查资料证明，新石器时代晚期的马家窑文化在这里也有遗存，并留下了他们活动的遗迹。继马家窑文化之后的齐家文化，已经从单一的自然生存，发展到能够主观选择、综合利用聚落社会生活环境，特别是对于聚落社会安全防御功能的考量尤为突出。我们知道，城池和城堡是人类早期的防御工事，是生产力发展到一定程度，在人力、物力条件的支撑下建造的地面防御建筑体系，而沈那遗址显示出在人力、物力条件尚不具备的情况下，人们充分利用沈那四周自然沟壑作为防御设施的巧妙构想，这不能不说是当时的人认识自然、利用自然的智慧所在。恩格斯在《家庭、私有制和国家的起源》一书中提到：“在新的设防城市的周围屹立着高峻的城壁并非无故：它们的堑壕成了氏族制度的墓穴，而它们的城楼已经耸入文明时代了。”①考古发掘资料证明，沈那齐家文化聚落社会中的“壕沟”并不是一个孤立的现象，在民和喇家齐家文化遗址中也发现有聚落壕沟，“宽大的环形及大量的玉器出土，说明了喇家遗址是一个处于中心聚落，大玉刀和特形磬的出现，又提高了这处中心聚落高等级、高规格的地位”。②可见，齐家文化遗址聚落壕沟的存在，在表现聚落防御体系的同时，还传递出河湟地区“城池”萌芽，聚落社会平衡发展、进步以及文明曙光来临的时代信息。

(二)家庭与聚落的社会关系

在沈那约10万多平方米的遗址上，集中发现了大量齐家文化房屋建筑遗迹，其中不乏典型“白灰面”房屋建筑遗迹。1991—1993年，仅在沈那遗址西端2000平方米的试掘便出土半地穴式房址17座，其中白灰面房址9座，硬土面房址8座，房址型制有圆形、方形两种，面积约10平方米左右。我们知道，家庭是社会的基本单元，沈那遗址上诸多不同房址的密集出土，不仅从一个侧面反映了4000年前沈那聚落社会所拥有的人口规模，而且反映了沈那聚落社会等级的差异，这种差异在最大程度上沉淀了聚落社会以家庭（私有制）为基本单元生活的全部内容。“在房址周围布满了灰坑、窖穴，是发掘为数较多的遗迹，共清理145座……灰坑窖穴有圆形、长方形、椭圆形、不规则形四种，这些分布密集反映了私有现象甚

①中共中央马克思恩格斯列宁斯大林著作编译局编：《马克思恩格斯文集》第四卷，人民出版社，2009年。

②任晓燕：《关于喇家遗址保护和利用的思考》，转引自《西部文博论丛》，科学出版社，2006年。

为明显。”[①]沈那齐家文化房址基本分布于台地四周，在沈那台地中央区域尚未发现房址，说明沈那齐家人对台地的使用已具有明显的区域划分活动区。这种划分行为充分反映了聚落社会公与私的社会结构关系。如喇家齐家文化遗址“已揭露的局部聚落的分布情况，表现出了极有规律的分布格局，往往背对中心广场位置，利用黄土断面开凿窑洞式房址，具有独特的聚落形态特征”。[②]另外，在出土房址周围还发掘出了21座无葬具墓，墓内无随葬品，此类墓葬从墓地分布、规模、形制、葬具等诸多方面来说，不属于沈那齐家文化公共墓地的范畴，它与同一区域的柳湾齐家文化墓葬有着本质的差别，“柳湾的齐家文化墓葬共三百六十六座，既有长方形竖穴土坑墓，又有带墓道的凸字形墓，以前者为主。墓葬主要分布在墓地西区。分布在坪台缓坡上的墓葬，头向皆朝坪台的中心。大部分墓皆以独木棺为葬具。这种独木棺即用一段圆木，中间凿空成船舱状，形似独木舟。另外，还有长方形木棺与垫板作为葬具的”。[③]而沈那出土的那些墓葬极有可能是建筑祭祀的产物。这种特殊的埋葬方式，有可能是将人作为私有产物给予特殊使用的结果。

三、出土文物及其价值

沈那遗址保存了大量齐家文化遗迹遗物，经考古发掘出土的文物有石器、玉器、骨器、陶器、青铜器等。石器如石斧、石刀、石锛等，且数量居多，表明当时农业生产占主要经济地位；玉器如玉琮、玉璧，虽然稀少，但说明聚落社会祭祀活动已十分突出和严格；骨器如骨刀柄、骨锥、骨针、羊角螺纹器等实用器，说明先民日常生活用具的成熟。其中三齿骨叉，长15.2厘米，骨柄宽0.4厘米、厚0.3厘米、叉齿宽1厘米。它与宗日遗址出土三齿骨叉的形状完全一致，“宗日遗址的餐具，简直就是当今西式餐具的模本，尤其是骨叉，形状和尺寸与现代叉子绝无二致”[④]，为研究叉餐具提供了实物资料；陶器以陶器碎片为主，完整器物有陶纺轮等小型器物；齐家文化出土的青铜器物一般数量不大，但价值很高，是我国青铜器制作初始阶段的重要器物，其中在沈那出土的巨型青铜圆銎大矛（长

①吴平：《沈那遗址的考古发掘》，转引自青海省政协学习和文史委员会编：《青海考古纪实》，内部资料，1998年。
②任晓燕：《关于喇家遗址保护和利用的思考》，转引自《西部文博论丛》，科学出版社，2006年。
③青海省文物管理处考古队，中国社会科学院考古研究所：《青海柳湾》，文物出版社，1984年。
④格桑本、陈洪海：《宗日遗址文物精粹论述选集》，四川科学技术出版社，1999年。

61.5厘米，宽19.5厘米）尤为珍贵，它是聚落社会经济发展的标志和冶炼技术进步的见证，更是聚落社会形态的表现。研究认为，青铜圆銎大矛已丧失作为兵器的使用功能，它是一种聚落统治权力的象征，也是聚落民众自觉追求精神世界的产物，是建立聚落社会组织结构的关键，它标志着青铜时代更加具体、更加严格、更加明确的社会等级制度的确立。

四、结论

齐家文化主要分布在甘、青黄河沿岸及其支流渭河、洮河、大夏河、湟水河流域。“青海省的齐家文化遗址有430余处，分布地域基本与马家窑文化相当，但在湟水流域则有所扩展。”①截至目前，沈那齐家文化遗址是将自然沟壑作为城防“壕沟”设施使用最成熟的遗址。如果说沈那遗址城防设施、房屋建筑遗迹是这个时代的外在社会形态特征的话，那么齐家文化成熟的农牧业生产、发达的冶炼技术、神圣的精神世界和严格的等级制度，则是构成河湟地区青铜时代私有制社会形态的内在动力和文化支撑。

［本文原载于《青海民族大学学报》(社会科学版)，2013年第3期］

①青海省地方志编纂委员会：《青海省志·文物志》，青海人民出版社，2001年。

金禅口遗址齐家文化中晚期木炭遗存指示的木材利用和生态环境

王树芝　王倩倩　王忠信　梁官锦　齐乌云　任晓燕

树木与人类休戚相关，不论是生产力水平低下的远古时代，还是生产力水平有所提高的近代，木材都是人类利用的主要资源之一，因此，考古遗址中经常出土木材遗存[①]。尤其是木材经过不完全燃烧，或者在隔绝空气的条件下热解，所残留的深褐色或黑色多孔固体燃料的木炭，由于能阻止微生物的活动和一些化学物质的侵蚀，在堆积后能长期保存下来，在考古发掘中容易被发现和被提取。

通过对木炭横切面、径切面和弦切面上细胞和组织的宏观和微观构造特征分析，从而确定木本植物种属[②]。木炭分析不仅可以提供古代人类利用木材的信息，探索古代人类与自然界植物的相互关系，而且能认识地域性木本植物种类，重建古环境和古气候。木炭分析可以鉴定到属，甚至可以鉴定到种[③]，而且木炭分析的优点还在于木材来自文化层，与考古学文化具有同时性，还能代表较小范围的地方性植被、气候特征，特别是一些当地植被的优势种或建群种，它们具有较强的气候指示意义[④]。近30年，木炭分析和微炭屑测量在国内外广泛开展，已经取得了不少的研究成果，成为第四纪和第三纪环境研究中的重要的研究工具，尤其是木炭分析，同时还是提取古人类利用木材的信息，探索社会和技术等人地关系的

①王树芝：《考古遗址木材分析简史》，载《南方文物》2011年第1期。

②中国社会科学院考古研究所：《科技考古的方法与应用》，文物出版社，2012年，第108-112页。

③Sutton M. Q. , *Arkush B. S. Archaeological Laboratory Methods : An Introduction*, Dubugue: Kendall/Hunt Publishing, 1996, p. 206.

④崔海亭、李宜垠、胡金明等：《利用木炭碎块显微结构复原青铜时代的植被》，载《科学通报》2002年第47卷第19期。

重要研究工具[①]。而这些内容是古环境考古学研究的核心内容，也是植物考古的部分研究内容。

金禅口遗址地处甘青文化分布区大通河南岸的二级阶地上，是一处齐家文化聚落遗址。关于这一文化区在全新世中晚期的环境变化对文化演化产生的影响研

---

①a. Heinz C. , "Barbaza M. Environmental changes during the Late Glacial and Post-Glacial in the central Pyrenees (France): new charcoal analysis and archaeological data". *Review of Palaeobotany and Palynology*, 1998, p. 104.

b. Ferrio J. P. , Voltas J. , Araus J. L. "Use of carbon isotope composition in monitoring environmental changes" . *Management of Environmental Quality*, 2003, p. 14.

c. Ferrio J. P. , Alonso N. , Lopez J. B. et al. "Carbon isotope composition of fossil charcoal reveals aridity changes in the NW Mediterranean Basin". *Global change biology*, 2006, 12(7).

d. Marconetto M. B. "Paleoenvironment and anthracology: determination of variations in humidity based on anatomical characters in archaeological plant charcoal (AmbatoValley, Catamarca, Argentina)". *Journal of Archaeological Science*, 2010, p. 37.

e. Figueiral I. , Mosbrugger V. A. "Review of char-coal analysis as a tool for assessing Quaternary and Tertiary environments: achievements and limits". *Palaeoecology*, 2000, p. 164.

f. 靳桂云、于海广、栾丰实等：《山东日照两城镇龙山文化（4600～4000aB.P.）遗址出土木材的古气候意义》，载《第四纪研究》2006年第26卷第4期。

g. 王树芝、方燕明、赵志军：《龙山时代的植被、古气候及植物利用——以河南瓦店遗址的木炭分析为例》，载《第四纪研究》2012年第32卷第2期。

h. 王树芝、王增林、朱延平：《内蒙古赤峰市大山前第一地点夏家店下层文化的植被和生态气候》，载《华夏考古》2004年第4期。

i. 王树芝、王增林、许宏：《二里头遗址出土木炭碎块的研究》，载《中原文物》2007年第3期。

j. 王树芝、王增林、何驽：《陶寺遗址出土木炭研究》，载《考古》2011年第3期。

究成果较多[①]，对植物种子资源利用状况的研究也已经有一些研究[②]，然而对木材资源的利用的研究尚显不足[③]。为了弄清楚齐家文化时期甘青地区的局域环境及其居民对木材的利用，2012年，结合青海省文物考古研究所对金蝉口遗址的考古发掘，我们采用针对性取样方法和随发现随取样采集了38份的木炭样品，试图利用

①a.安成邦、王琳、吉笃学等：《甘青文化区新石器文化的时空变化和可能的环境动力》，载《第四纪研究》2006年第26卷第6期。

b.侯光良、许长军、樊启顺：《史前人类向青藏高原东北缘的三次扩张与环境演变》，载《地理学报》2010年第65卷第1期。

c.侯光良、魏海成、鄂崇毅等：《青藏高原东北缘全新世人类活动与环境变化——以青海湖江西沟2号遗迹为例》，载《地理学报》2013年第68卷第3期。

d.莫多闻、李非、李水城等：《甘肃葫芦河流域中全新世环境演化及其对人类活动的影响》，载《地理学报》1996年第51卷第1期。

e. An C. B. , Feng Z. D. and Tang L. Y. "Environmental change and cultural response between 8000 and 4000 calyr B. P. inthe western Loess Plateau, northwest China". *Journal of Quaternary Science*, 2004, 32(2).

f. An C. B, Tang L. Y, Barton L. et al. "Climate change and cultural response around 4000 calyr B. P. in the western part of Chinese Loess Plateau". *Quaternary Research*, 2005, 63(3).

g. Dong G. H. , Jia X. , An C. B. et al. "Mid-Holocene climate change and its effect on prehistoric cultural evolution ineastern Qinghai Province, China". *Quaternary Research*, 2012, 77(1).

h. Liu F. G. and Feng Z. D. A dramatic climatic transition at 4000 calyr B. P. and its cultural responses in Chinese cultural domains. *The Holocene*, 2012, 22(10).

②a.安成邦、吉笃学、陈发虎等：《甘肃中部史前农业发展的源流：以甘肃秦安和礼县为例》，载《科学通报》2010年第55卷第14期。

b.刘长江、孔昭宸、郎树德：《大地湾遗址农业植物遗存与人类生存的环境探讨》，载《中原文物》2004年第4期。

c.周新郢、李小强、赵克良等：《陇东地区新石器时代的早期农业及环境效应》，《科学通报》2011年第56期。

d.赵志军：《青海互助丰台卡约文化遗址浮选结果分析报告》，载《考古与文物》2004年第2期。

e. Jia X. , Dong G. H. , Li H.et al. "The development of agriculture and its impact on cultural expansion during the late Neolithic in the Western Loess Plateau, China". *The Holocene*, 2013, (1).

f. Li X. Q. , Sun N. , Dodson J. "Vegetation characteristics in the western Loess plateau between 5200 and 4300 cal. B. P. based on fossil charcoal records". *Vegetation History and Archaeobotany*, 2013, 22(1).

③ a.王树芝、李虎、张良仁等：《甘肃张掖黑水国西城驿遗址出土木炭指示的树木利用和古环境》，载《第四纪研究》2014年第34卷第1期。

b.李虎、安成邦、董惟妙等：《陇东地区齐家文化时期木炭化石记录及其指示意》，载《第四纪研究》2014年第34卷第1期。

c. Li X. Q. , Sun N. , Dodson J. "Vegetation characteristics in the western Loess plateau between 5200 and 4300 cal. B. P. based on fossil charcoal records". *Vegetation History and Archaeobotany*, 2013, 22(1).

d.孙楠、李小强、周新郢等：《甘肃河西走廊早期冶炼活动及影响的炭屑化石记录》，载《第四纪研究》2010年第30卷第2期。

木炭分析方法达到这一研究目的。

一、研究区概况

(一)自然地理概况

大通河流域地处青藏高原东北边缘，东接黄土高原，西南为柴达木盆地，南靠湟水谷地，北临河西走廊。地理位置位于北纬36°30′～38°25′，东经98°30′～103°15′，大通河发源于青海省天峻县木里山，自西北向东南流经青海省刚察、祁连、海晏、门源、互助、乐都，折经甘肃省天祝、永登、兰州市红古区等（区）县再转流至青海省民和县享堂镇汇入湟水，是湟水的最大一级支流（图一）。大通河流域地势西北高，东南低，东西长，南北窄，形状羽毛，海拔大多在1650～4700米之间，且多山。流域内按照地貌、地形特点，可分为三段，即河源至孕大滩水文站为上游，孕大滩至甘肃连城为中游，连城盆地至河口为下游。上游以高山草原为主要特征，中游为森林和种植生长期较短的农作物为主，下游光热资源充足，适宜种植生长期较长的农作物。

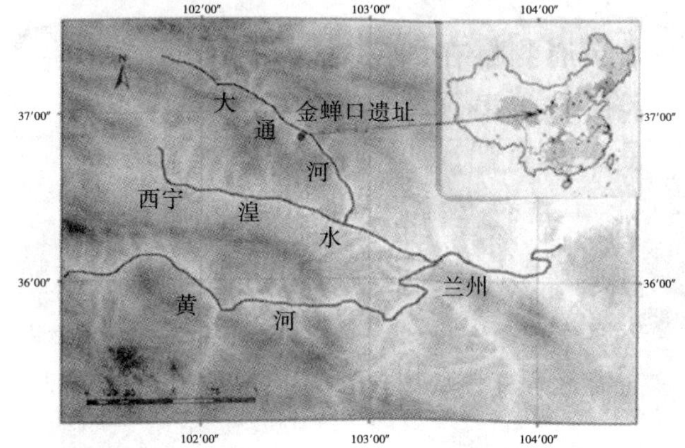

图一　研究区域与采样地点

区内属大陆性气候，年平均温度为0.6℃（门源）～8.3℃（民和）之间，降水量300～600 mm之间，从东南向西北递减。流域内植物区系交汇，林木类型多种，植物资源达千余种，已定名有980余种，居青海省之冠。茂密森林和灌木丛为野生动物提供了良好的生存条件①。

①李万寿、陈爱萍、李晓东等：《大通河流域水资源外调及其对生态环境的影响》，载《干旱区研究》1997年第14卷第1期。

(二)考古发现

金禅口遗址位于互助县加定镇加塘村金禅口社西侧的缓坡上，东北与甘肃省天祝藏族自治县隔河相望（图二：a)。遗址地处大通河南岸的二级阶地上，南距大通河河谷约300米（图二：b)。遗址南北长约100、东西宽约80米，面积约8000平方米，海拔2419米。2012年7—9月，青海省文物考古研究所对金禅口遗址进行了考古发掘，揭露面积285平方米，获得了较为丰富的遗存。共发现房址5座（图二：c)、灰坑15个、墓葬1座及窑址2座。出土遗物丰富，种类齐全，有陶器、石器、玉器、骨（角、牙、蚌）器、铜器及木器等230余件。已发掘出土的文化遗迹、遗物表明，该遗址是一处重要的齐家文化时期的聚落遗址①。

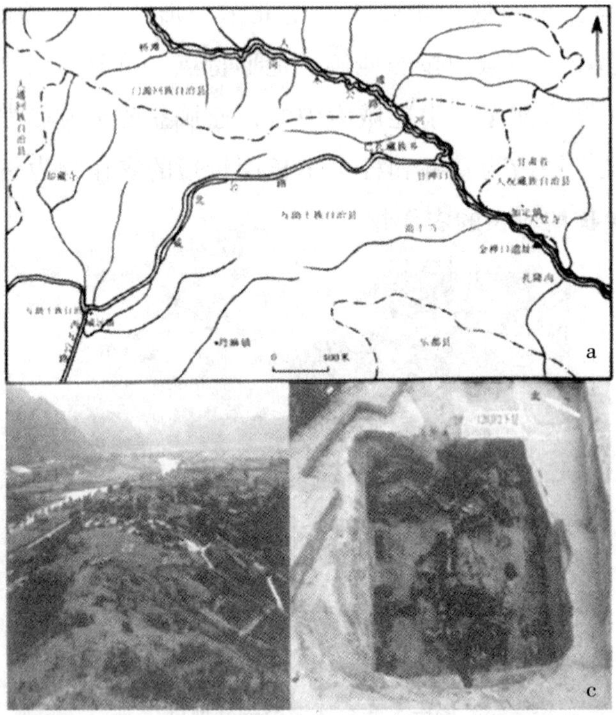

图二　a金禅口位置;b遗址图;cF2下层全景

二、研究方法

2012年，青海省文物考古研究所对金禅口遗址进行了考古发掘。在发掘过程中，采用针对性取样和随发现随取样两种采样方法，在房址、柱洞、灶、窑址、

①王倩倩:《青海互助县金禅口遗址的考古发现及其意义》，载《青海社会科学》2013年第5期。

灰坑等处取到120份木炭样品。将采集的木炭样品用孔径2毫米的筛子筛，取大于2毫米的木炭碎块进行鉴定和分析，共获得可鉴定木炭碎块7710块。

将木炭样品放置在体式显微镜下观察，根据树种木材特征和现代炭化木材的构造特征进行树种的初步鉴定。然后将木炭样本放置在扫描电子显微镜下进行进一步鉴定和拍照。每个样品除了记录树种外，还记录出现的块数，统计树种的出土概率和绝对数量①。

三、鉴定及统计结果

根据鉴定结果，大于2毫米的7710块木炭分别属于15种木本植物种属（表一），有硬木松（Subgen.Diploxylon）、软木松（Subgen.Haploxylon）、云杉属（Picea）、杨属（Populus）、柳属（Salix）、沙棘属（Hippophae）、桦属（Betula）、灯台树（Cornus controversa）、桃亚属（Amygdalus）、沙枣（Elaeagnus angustifolia）、梨属（Pyrus）、桤木（Alnus cremastogyne）、鼠李属（Rhamnus）、领春木（Euptelea pleiosperma）和一种未知阔叶树种。另外有一些秸秆、草和树皮等植物大遗骸。树皮经鉴定为桦树皮。

表一 摇木炭鉴定结果统计表(块)

植物种属	房址	灶	窑址	灰坑	地层	绝对数量
松属	4114	163	175	157	71	4680
云杉属	415	4		1	5	425
杨属	711	4		69		784
柳属	1314	54	3	190	6	1567
沙棘属	10	30		141	3	184
桦属	16	4	6		7	33
灯台树	4	3		1		8
桃亚属	3	14			2	19
沙枣	1	2				3
梨属			1			1
桤木				1		1
鼠李属				1		1
迎春木		1				1
未知阔叶树种		3				3

①赵志军：《植物考古学：理论、方法和实践》，科学出版社，2010年，第50-51，90-104页。

根据数量统计分析结果，松木出土概率最高，为77.4%；其次是杨属，为37.4%；云杉属占第三位，为27.8%；柳属占第四位，为24.3%；沙棘属占第五位，为11.3%；桦属占第六位，为5.2%，其余种属出土概率较低（图三）。

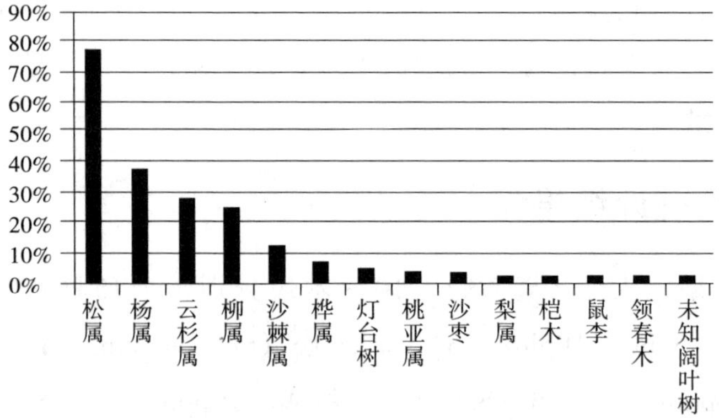

图三　整个遗址不同种属出土概率

我们还对不同的遗迹单位出土木炭的树种分别进行了统计和分析，例如灰坑、房址、灶坑等。

从灰坑中采集了9份木炭样品，经鉴定有松属、沙棘属、杨属、柳属、云杉属、鼠李、灯台树和桤木。出土木炭统计分析结果表明，松木出土概率最高，为100%；其次是沙棘，为33.3%；柳属和杨属占第三位，为33.3%；云杉属、鼠李、灯台树和桤木出土概率为11.1%（图四）。

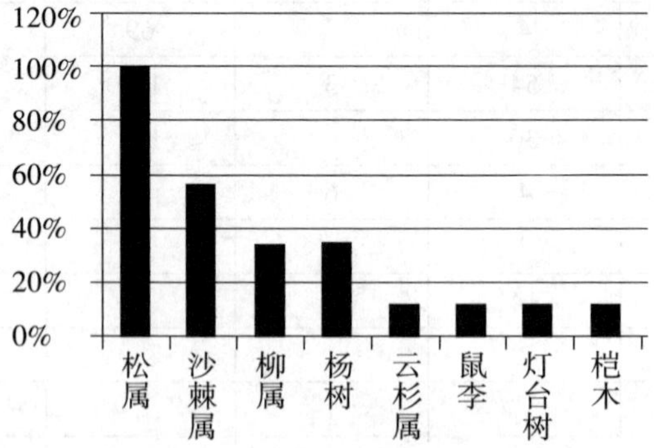

图四　灰坑中不同种属出土概率

从F1、F2、F3、F4、F55个房址采集了96份样品，经鉴定有松属、杨属、柳属、云杉属、桦属和沙棘属。统计分析结果表明，5座房子松属出土概率均最高，分别为100%、71.4%、88.9%、100%和90.5%。其余依次是杨属、云杉属和柳属。

F1木柱、F2灶旁柱洞内、F31号柱洞内、F33号柱洞内、F48号柱洞内、F58号、9号和13号柱洞内木炭都为松木，只有F33号柱洞内为杨木（图五）。

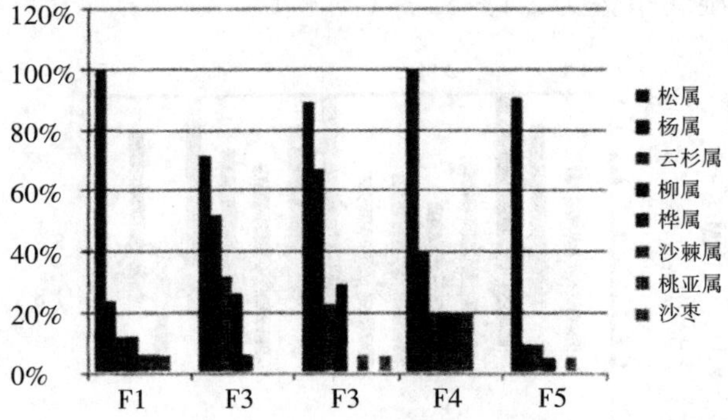

图五　五座房址不同种属出土概率

从4个灶坑里取到了4份木炭，经鉴定有松属、柳属、沙棘属、杨属、云杉属、沙枣、领春木、桦树、灯台树、桃亚属和灯台树。统计分析结果表明，松属和柳属出土概率最高，为75%，其次是沙棘属，为50%，最次的是杨属、云杉属、沙枣、领春木、桦属、灯台树、桃亚属和灯台树，分别为25%（图六）。另外，窑洞火塘的木炭为松木、柳木、桦木和梨木。

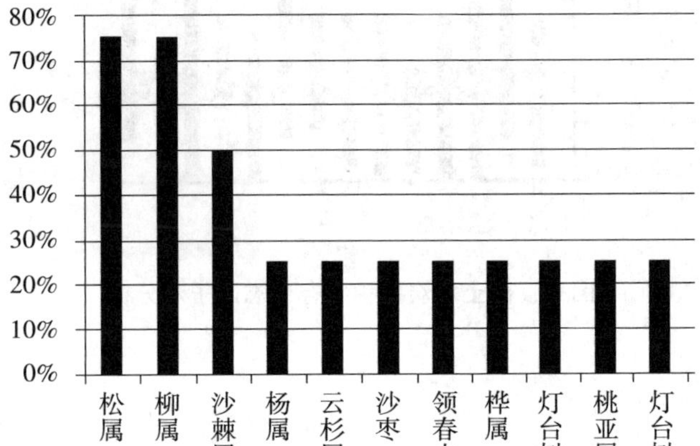

图六　四个灶不同种属出土概率

根据古气候研究中常被应用的均一性原理，古今气候有着同一属性。对此，我们对出土木炭进行共存生态因子分析（Coexistence Approach，简称CA），即根据中国木本植物分布图集[①]，查出考古遗址所在地的现今树种及其年均温（MAT）、

① 方精云、王志恒、唐志尧：《中国木本植物分布图集》，高等教育出版社，2009年。

年降水量（AP）、湿润指数（IM）的气候参数的最大和最小值，找出所有树种的共同的耐受区间。结果表明，金禅口遗址周边年均温为1.8℃～8.2℃，年均降水量为677～707 mm，湿润指数为2.4～55.3（图七）。

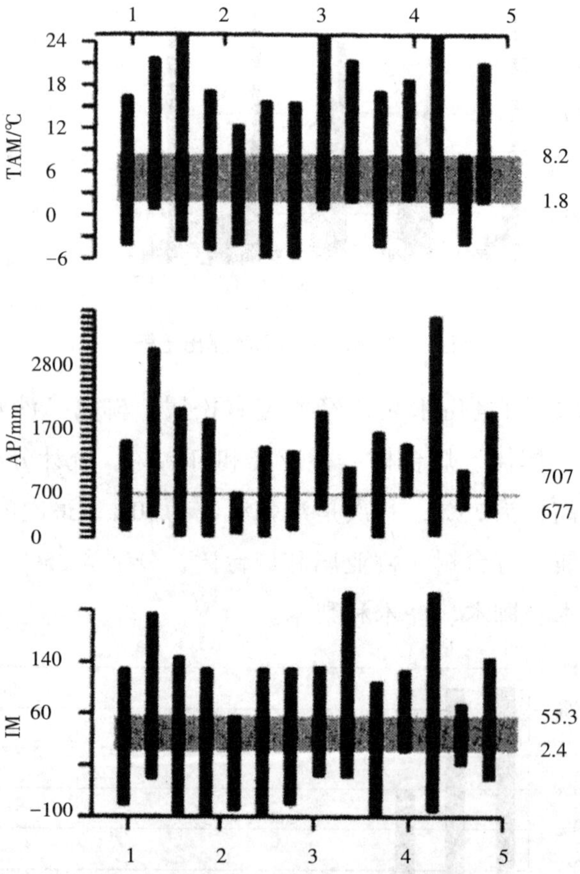

图七　出土木炭树种共存生态因子法分析

四、讨论

(一)木炭遗存指示的古植被和生态环境

考古遗址中的木炭遗存，虽然是古人类对树木选择利用的结果，比如建筑材料、薪柴和工具等，但是，依据“最省力原则”，人们在遗址周边随意采集薪柴[①]，

①Shackleton C. M. , Prins F. “Charcoal analysis and the principle of least effort a conceptual model”. *Journal of Archaeological Science*, 1992.

每个树种的出土频率与史前该树种在林地植被中的丰度一致[①]，而且，地层中分散的木炭，是多次实践活动的遗存。因此，考古遗址中的木炭遗存在一定程度上代表了遗址周边的植被组成。通过鉴定，金禅口遗址出土了15种树种，根据《青海植物志》[②]和《中国森林》[③]，在青海，云杉生于河谷、阴坡、山顶、海拔2400～3800米处，云杉可组成大面积的纯林。油松生于山坡、河边、海拔2000～2800米处，可形成纯林；华山松生于河谷林中，海拔2200～2600米处，可形成纯林；山杨生于山坡、山脊和沟谷地带、海拔2000～3000米处；柳林喜湿，耐水淹，多分布水分良好的地方；白桦生于山坡、河谷林地、海拔2300～3900米处，常与云杉混生成林；鼠李生于山沟林间、山坡灌丛下、水沟边、海拔2100～3700米处；沙枣生于田边、道旁、河岸阶地、海拔2080～2900米处；中国沙棘生于高山灌丛、河谷两岸、阶地河漫滩和山坡、海拔1800～3800处，因此遗址周边存在针叶林、针阔叶混交林、零星的杂木和果树。

出土木炭共存生态因子分析结果表明，金禅口遗址周边年均温为1.8℃～8.2℃，年均降水量为677～707 mm。现今大通河流域年平均温度为0.6℃（门源）～8.3℃（民和）之间，降水量300～600 mm之间，通过比较可以看出，遗址周边年均温与现今相差不大，而降水量高于现在，在冬季寒冷，夏季较潮湿。史前房屋建筑的发展受多种因素的制约，其中生态环境和气候直接影响到房屋的建筑式样和方法，为了防寒，房址选在山坡东部，房址均系半地穴式建筑结构，门向朝东南，处在避风处，减轻冬季寒冷，而且，在F3中有壁炉的遗迹，这些都是适应西北寒冷气候的最佳选择。

值得注意的是，在房址中发现有草、秸秆及树皮，尤其在F2柱洞填土有桦树皮存在，桦树皮可以起到防水、防潮的作用[④]。根据考古发现，齐家文化房屋在地面常有一层坚实而平整的白灰面，不仅坚固美观，而且起着防潮作用[⑤]。而金禅口遗址五座房址居住面及穴壁虽然平整、结实，但是未经过特别加工，因此，是否

①Salisbury K. J. , Jane F. W. “Charcoals from Maiden Castle and their significance in relation to the vegetation and climatic conditions in prehistoric times”. *Journal of Ecology*. 1940.

②中国科学院西北高原生物研究所：《青海植物志》第1册，青海人民出版社，1997年，第47、50、51、69、124、329页；第二册第365、369页。

③《中国森林》编辑委员会：《中国森林》第1卷，中国林业出版社，1997年，第519-534页。

④蓝白、杨福喜：《弓箭杂谈》，载《兵器知识》2008年第11期。

⑤谢端琚：《甘青地区史前考古》，文物出版社，2002年。

因地域的差别，建筑的防潮采用的是秸秆、草和桦树皮，而不是白灰面?

(二)木炭遗存指示的木材资源的利用

古代人类对树木的利用，主要包括木材、食用、药用和香料等方面。大多数树木的木材可用于建筑材料、薪柴、制造各种工具和器具；有的树木的根、茎、叶、花、果实、种子乃至树皮可食用；有的树木具有药用成分和香精等。金禅口遗址先民对植被的利用方式可能有下列几种。

1.建筑材料

建筑材料的选择不仅受到聚落周边植被状况的影响，更与木材性质有关。作为房屋建筑的树木，不仅树体要高大、顺直，而且木材也要有适当的抗拉、抗压、抗弯强度，耐腐朽、耐风化。

通过鉴定，多数柱洞出土的是松木。松树树干高大、通直，力学性能高，且具有一定耐腐性，同时，取材便利，是房屋建筑的良好材料。还有一个柱洞出土了杨木，杨树为高大乔木，木材较轻软，是北方主要用材树种，供农具、建筑、门窗等用。

2.薪柴

“木，火之母也。”[①]薪柴是古代使用最早，也是使用最广泛的能源之一。房址灶旁有11种树木的木炭，窑洞火塘有4种树木的木炭。灶旁11种树木的木炭中松属和柳属出土概率最高，为75%，而且，窑洞火塘的木炭也有松木和柳木。因此齐家文化时期的金禅口遗址先民主要用松木和柳木做薪柴。

松木含油脂高，是良好的燃料。柳木木材密度较高，质硬，耐烧。如中国古代有燧人上观辰星下察五木以为火的传说。“春取榆柳之火，夏取枣杏之火，季夏取桑、柘之火，秋取柞楢之火，冬取槐檀之火”[②]。

3.食物来源

在我们鉴定出的木本植物中，有许多有食用价值的经济林树种，包括桃亚属、梨属、沙棘属、沙枣等。

桃亚属为蔷薇科，原产我国。桃果外观艳丽，肉质细腻，营养丰富，是我国人民普遍喜欢的鲜果，甜仁也可食用。《大戴礼记·夏小正》：“（一月）梅、杏、

①〔汉〕扬雄撰，〔晋〕范望注：《太玄经》第1卷，四部农刊景明翻宋本，第4页。
②〔周〕尸佼，《尸子》卷下，清平津馆农书本，第21页。

杝桃则华。”“杝桃，山桃也。”《诗经·魏风·园有桃》中有记载：“园有桃，其实之肴。心之忧矣，我歌且谣。”[①]在考古遗址中，桃的果核发现甚多。如湖南澧县八十垱[②]，浙江余姚田螺山遗址[③]，河南瓦店遗址[④]，二里头文化二期、四期、二里岗晚期都出现了大量的桃核[⑤]。

梨属为蔷薇科，营养价值较高，味甜多汁，并有香味，是深受人们喜食的果品之一，有“百果之宗”的声誉。据我国药典《本草从新》，梨具有“甘寒微酸，凉心润肺，利大小肠，止咳消痰，清喉降火，除烦解渴，润燥消风，醒酒解毒等功效”。[⑥]

沙棘属为胡秃子科。沙棘果实中维生素C含量高，素有“维生素C之王”的美称。沙棘可降低胆固醇，缓解心绞痛发作，还有防治冠状动脉粥样硬化性心脏病的作用[⑦]。沙枣为胡颓子科，沙枣果实、种子、叶片和花粉都含有多种有用的营养成分，具有较高的利用价值和经济价值。沙枣还是一种淀粉植物，据测定，沙枣果肉约占全果重的2/3，其营养成分接近玉米。沙枣果可鲜食，磨碎做面、酿酒、加工、制醋等。沙枣面可以蒸馒头、烙饼、做面条，还能做糕点、果酱、酱油等，每50千克沙枣面可出60%的沙枣酒[⑧]。

采集经济林树种的果实，并不像栽培作物与驯化动物需要花费人们很多的时间和精力，而且。果实营养丰富，口味好。金禅口遗址先民为了满足其身体各种营养素需要和各种口味，除了食用粟、黍、大麦、小麦[⑨]和羊肉外，自然会采集经济林可食用部分食用。金禅口遗址这些经济林树种的发现，从一个侧面说明先民采集其果实食用。

---

①冯广平、包琰、赵建成等：《北京皇家园林·树木文化图考》，科学出版社，2012年，第243页。

②湖南省文物考古研究所：《彭头山与八十垱》，科学出版社，2006年，第518-543页。

③北京大学中国考古学研究中心、浙江省文物考古研究所：《田螺山遗址自然遗存综合研究》，文物出版社，2011年，第97-107页。

④刘昶、方燕明：《河南禹州瓦店遗址出土植物遗存分析》，载《南方文物》2010年第4期。

⑤中国社会科学院考古研究所：《夏商都邑与文化（二）——“纪念二里头遗址发现55周年学术研讨会”论文集》，中国社会科学出版社，2014年，第372-382页。

⑥〔清〕吴仪洛：《本草从新》卷十，清刻本，第102页。

⑦李晓燕：《沙棘性状及形态解剖特征与其生态适应性研究》，内蒙古农业大学博士学位论文，2006年，第2页。

⑧袁宝财、单巧玲：《沙枣树经济价值与栽培技术》，载《林业科技通讯》2001年第8期。

⑨杨颖：《河湟地区金蝉口和李家坪齐家文化遗址植物大遗存分析》，兰州大学博士论文，2014年，第42-43页。

五、结论

通过对青海民和金禅口遗址出土的齐家文化中晚期的7710块木炭鉴定和分析，得出以下初步结论：

（1）遗址周边存在针叶林和针阔叶混交林，有稀疏的杂木和一些果树。当时的气温与现今相差不大，但降雨量明显高于现在。

（2）松属在古代人类生活中占有重要作用，不论整个遗址出土概率还是房址、灰坑和灶中，松属出土概率都最高。松木是主要的建筑材料和薪柴。此外，建筑材料还有杨木，桦树皮可能用于建筑防潮。

（3）古代人类有可能采集桃亚属、梨属、沙棘属、沙枣等经济林的果实食用。

（本文原载于《农业考古》2016年第1期）

民和喇家遗址碳十四测年及初步分析

张雪莲　叶茂林　仇士华　钟　建

前　言

喇家遗址位于青海省民和县南端，面积约50万平方米。中国社会科学院考古研究所与青海省文物考古研究所合作开展“官亭盆地古遗址群考古研究”的过程中对该遗址进行了发掘与研究①。1999年进行试掘，2000年开始较大规模的发掘②，到2007年，遗址中先后发现了壕沟、房址、广场、窖穴、灰坑以及墓葬等，出土较丰富的陶器、石器、玉器、人骨等。灾难性场景是该遗址的主要特征，多处房址中有挣扎、躲避或呼救等不同姿态的遗骸，其中有成年人，也有儿童。据分析，这是一处由地震和洪水共同导致的灾难现场遗址③。突如其来的灾难，将处于生活状态中的人与物全部定格于当时，如同后来的庞贝古城。遗址的一处房址中还发现了被倒扣在一个陶碗中的面条遗存。据悉，这应该是所发现的史前人类遗留下来的最早的面条，这一发现引起了国际上的关注④。喇家遗址这些重要的事件具体发生在何时，所处的是一个怎样的时代呢？

喇家遗址属齐家文化。齐家文化因首次发现于甘肃省广河县齐家坪遗址而得

①中国社会科学院考古研究所、青海省文物考古研究所：《青海民和喇家史前遗址的发掘》，载《考古》2002年第7期。

②中国社会科学院考古研究所甘青工作队、青海省文物考古研究所：《青海民和县喇家遗址2000年发掘简报》，载《考古》2002年第12期。

③a.夏正楷、杨晓燕、叶茂林：《青海喇家遗址史前灾难事件》，载《科学通报》2003年第48卷第11期。b.中国社会科学院考古研究所、青海省文物考古研究所：《青海民和喇家史前遗址的发掘》，载《考古》2002年第7期。中国社会科学院考古研究所甘青工作队、青海省文物考古研究所：《青海民和县喇家遗址2000年发掘简报》，载《考古》2002年第12期。

④HouyuanLu, XiaoyanYang, MaolinYe, et all. “Milletnoodles In Late Neolithic，China”, *Nature*, 2005, 437, pp. 967–968.

名[①]。关于这一文化的相对年代曾有过争议，20世纪40年代，夏鼐先生等在西北地区进行的考古发掘与研究将其从地层关系上梳理清楚[②]。其绝对年代则是60年代以后，随着国内碳十四实验室的建立、数据的陆续测定而逐渐清晰。70年代后，随着西北地区考古发掘工作的开展，与之相关的马家窑文化[③]、半山期、马厂期[④]等的研究也有了新的进展，与齐家文化之间的关系也更加清晰[⑤]。通过发掘、研究并结合测年工作，20世纪90年代之前，西北地区考古学文化的大致年代序列已经建立。但随着考古学研究的深入，年代标尺的细化越来越显得必要。喇家遗址的发现为这一问题的探讨带来了契机。

一、测年材料、方法与结果

(一)材料与方法

喇家遗址从第一次发掘至今已有10余年，发掘面积达数千平方米。这些年来围绕该遗址的多学科研究，特别是灾害、环境等相关研究为遗址灾难原因的探讨提供了线索或依据。由于年代研究是其中的基础，所以从21世纪初配合该遗址最

①a.安志敏:《甘肃远古文化及其有关的几个问题》，载《考古通讯》1956年第6期。
b.甘肃省文物管理委员会:《渭河上游天水、甘谷两县考古调查简报》，载《考古通讯》1958年第5期。
c.甘肃省博物馆:《甘肃古文化遗存》，载《考古学报》1960年第2期。
d.胡谦盈:《试论齐家文化的不同类型及其源流》，载《考古与文物》1980年第3期。

②a.夏鼐:《齐家期墓葬的新发现及其年代的改订》，载《中国考古学报》第3册，1948年。
b.夏鼐、吴良才:《兰州附近的史前遗存》，载《中国考古学报》第5册，1951年。

③a.夏鼐《临洮寺洼山发掘记》，载《考古学论文集》，科学出版社，1961年。
b.谢端琚:《马家窑文化渊源试探》，载《中国考古学研究——夏鼐先生考古五十年纪念论文集》，文物出版社，1986年。

④张学正、张朋川、郭德勇:《谈马家窑、半山、马厂类型的分期和相互关系》，载《中国考古学会第一次年会论文集》，文物出版社，1980年。

⑤a.张忠培:《齐家文化研究》(上、下)，载《考古学报》1987年第1期、1987年第2期。
b.严文明:《甘肃彩陶的源流》，载《文物》1978年第10期。
c.谢端琚:《试论齐家文化》，载《考古与文物》1981年第3期。
d.谢端琚:《试论齐家文化与陕西龙山文化的关系》，载《文物》1979年第10期。
e.谢端琚:《甘青地区史前考古》，文物出版社，2002年。

初发掘的测年[①]，到进一步发掘工作中的陆续取样测定[②]，这些年代结果为相关研究提供了依据[③]。但由于遗址展示等工作需要，灾害现场的样品一直没能获得，直到后来发现了灾害发生的房址内人骨遗骸上破损的小碎块，测年才得以继续。

配合喇家遗址的测年开始于2002年，样品来源于在2001年发掘工作中采集到的少量木炭标本。之后陆续测定的是2002年、2005年和2007年提供的采集样品。样品主要为木炭，少量为人骨。喇家遗址可分为北面的上喇家（北区）、南面的下喇家（东区）和村西面（西区）等三部分。样品主要取自上喇家的第Ⅺ发掘区、下喇家的第Ⅱ发掘区和第Ⅴ发掘区（图一），所采用的测年方法，前期主要为常规方法，后期则为加速器质谱方法。

我国的考古——碳十四年代学经过20世纪90年代中期到20世纪末的夏商周断代工程年代学研究，在测年精度和研究模式上都有了明显的提高和改进，使通过考古研究与碳十四测年相结合所建立的旧石器晚期以来的史前年代框架[④]有条件进行年代细化，也使得新石器时代晚期到历史时期这一时段中相对更为具体的年代的探讨成为可能[⑤]，特别是通过系列样品方法的研究与应用，在测年精度提高的基础上，使日历年误差进一步缩小。近年来，随着加速器质谱测年技术的普及，测年样品量由先前常规样品的十几克，减少为几毫克，使小样品测年成为可能[⑥]，

①中国社会科学院考古研究所考古科技实验研究中心碳十四实验室：《放射性碳素测定年代报告（二九）》，载《考古》2003年第7期。

②a.中国社会科学院考古研究所考古科技实验研究中心碳十四实验室：《放射性碳素测定年代报告（三一）》，载《考古》2005年第7期。

b.中国社会科学院考古研究所考古科技实验研究中心碳十四实验室：《放射性碳素测定年代报告（三五）》，载《考古》2009年第7期。

③a.叶茂林：《喇家遗址绝对年代的初步认识》，《载中国文物报》2004年2月6日第7版。

b.夏正楷、杨晓燕、叶茂林：《青海喇家遗址史前灾难事件》，载《科学通报》2003年第48卷第11期。

c.张玉柱、黄春长、庞奖励等：《黄河上游官亭盆地喇家遗址地层光释光测年研究》，载《地理学报》2013年第68卷第5期。

④夏训：《碳-14测定年代和中国史前考古学》，载《考古》1977年第4期。

⑤a.仇士华、蔡莲珍：《夏商周断代工程中的碳十四年代框架》，载《考古》2001年第1期。

b.张雪莲、仇士华、蔡莲珍等：《新砦—二里头—二里冈文化考古年代序列的建立与完善》，载《考古》2007年第8期。

⑥a.吴小红、付罗文、李水城等：《重庆忠县中坝遗址的碳十四年代》，载《考古》2007年第7期。

b.中国社会科学院考古研究所考古科技实验研究中心碳十四实验室、中国科学院地球环境研究所加速器质谱中心、中国社会科学院考古研究所中美队：《河南虞城县马庄新石器时代遗址的碳十四测年》，载《考古》2010年第12期。

这样也提高了样品的可测率，有利于样品的选择和系列样品的组织。喇家遗址的测年工作正是基于这样的工作基础和环境条件。

样品前处理、制备及测定详见《中国^{14}C年代学研究》和《河南虞城县马庄新石器时代遗址的碳十四测年》[①]。样品前处理及常规方法测定由中国社会科学院考古研究所碳十四实验室完成，加速器质谱测定由中国科学院广州地球化学研究所AMS-^{14}C制样实验室和北京大学核物理与核技术国家重点实验室联合完成。

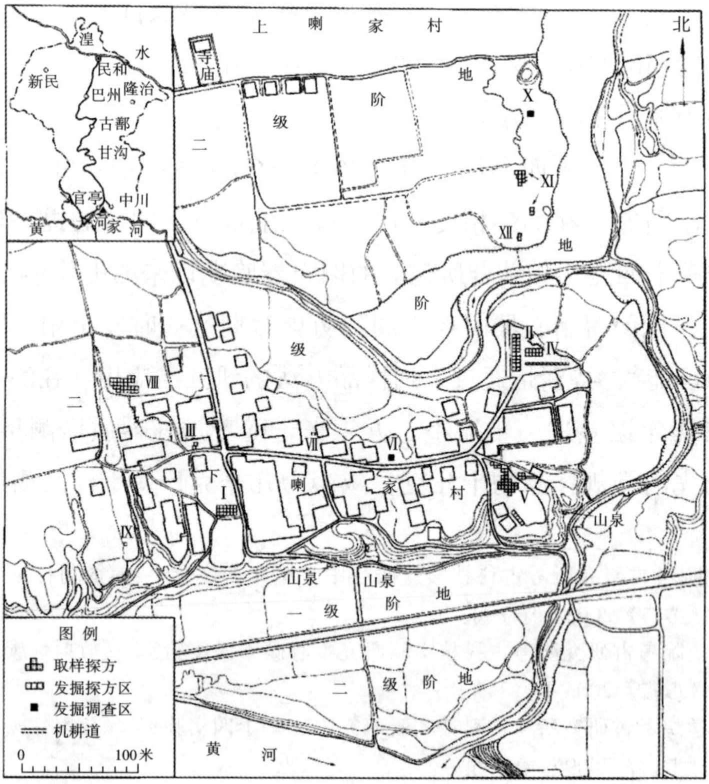

图一　喇家遗址Ⅰ～Ⅻ区分布图

(二)测年结果

测定结果分别见表一至表四。表一为2003年发表的测年结果[②]，常规方法测

①a.仇士华、陈铁梅、蔡莲珍：《中国气年代学研究》，科学出版社，1990年。

b.中国社会科学院考古研究所考古科技实验研究中心碳十四实验室、中国科学院地球环境研究所加速器质谱中心、中国社会科学院考古研究所中美队：《河南虞城县马庄新石器时代遗址的碳十四测年》，载《考古》2010年第12期。

②中国社会科学院考古研究所考古科技实验研究中心碳十四实验室：《放射性碳素测定年代报告(二九)》，载《考古》2003年第7期。

定。表二为2009年发表的测年结果[①]，常规方法测定。表三为2005年发表的测年结果[②]，常规方法测定。表四为近两年测定的结果，加速器方法测定。

表一　喇家遗址木炭样品碳十四测定数据

实验室编号	原编号	样品	碳十四年代 （B.P.，19 50 ，5568）	树轮校正年代 （OxCal 3.9)(Iσ,B.C.)
ZK～3132	2001QMLH18	木炭	3574±73	2030～1870 (51.7%) 1850～1770(16.5%)
ZK～3133	2001QMLH20	木炭	3685±42	2140～2020 (61.1%) 2000～1980(7.1%)
ZK～3134	2001QMLM3	木炭	3637±75	2140～2070(16.1%) 2050～1880(52.1 %)
ZK～3137	2001QMLH33	木炭	4200±107	2900～2620(68.2%)

表二　喇家遗址木炭样品碳十四测定数据

实验室编号	原编号	样品	碳十四年代 （B.P.，1950，5568）	树轮校正年代 （OxCal 3.9）(Iσ，B.C.）
ZK～8345	炭±	炭±	3352±76	1740～1710 (7.5%) 1700～1520 (60.7%)
ZK～8201	Tll04H78	木炭	3339±37	1690～1600 (51.6%) 1580～1530 (16.6%)
ZK～8202	Tl 104H78	木炭	3633 ±74	2140～2080 (14.9%) 2050～1880 (53.3%)
ZK～8203	T1106⑧	木炭	3645±33	2120～2090 (7.3%) 2040～1940 (60.9%)
ZK～8205	Tll04HD15	木炭	3854±50	2460～2420 (5.1%) 2410～2270 (47.6%) 2260～2200 (15.5%)
ZK～8206	Tl108F33	木炭	3789±89	2400 ～ 2380 (3.5%) 2350～2120 (56.1%) 2090 ～ 2040 (8.6%)

①中国社会科学院考古研究所考古科技实验研究中心碳十四实验室：《放射性碳素测定年代报告（三五）》，载《考古》2009年第7期。

②中国社会科学院考古研究所考古科技实验研究中心碳十四实验室：《放射性碳素测定年代报告（三一）》，载《考古》2005年第7期。

续表二

实验室编号	原编号	样品	碳十四年代（B.P.，1950，5568）	树轮校正年代（OxCal 3.9）（Iσ，B.C.）
ZK～8209	Tll04H90下层	木炭	3697±51	2200～2170(5.9%) 2150～2020（56.7%） 2000～1980（5.6%）
ZK～8210	T1104H90下层	木炭	3624±51	2120～2100（4.0%） 2040～1880（64.2%）
ZK～8213	Tll04H90下层	木炭	3679±43	2140～2020（59.3%） 2000～1970（8.9%）
ZK～8214	T11OIH79	木炭	3459±150	1960～1600（64.1%） 1570～1530（4.1%）
ZK～8215	Tll04H91	木炭	3628±87	2140～1880（68.2%）
ZK～8216	T1104H91	木炭	3772 ±57	2290～2130（60.7%） 2080～2050（7.5%）
ZK～8217	T1104H91	木炭	3686±99	2210～1920（68.2%）
ZK～8218	T1106H77	木炭	3474±107	1940～1680（64.4%） 1670～1630（3.8%）
ZK～8219	Tll06H89	木炭	3750±45	2280～2250（6.6%） 2230～2220（1.7%） 2210～2120（41.7%） 2090～2040（18.2%）

表三　喇家遗址木炭样品碳十四测定数据

实验室编号	原编号	样品	碳十四年代（B.P.，1950，5568）	树轮校正年代（OxCal 3.9）（Iσ，B.C.）
ZK-3179	2002年采自T537H45	木炭	3746±48	2280～2250（4.7%） 2210～2120（41.0%） 2100～2030（22.6%）
ZK-3180	2002年采自T537H45②	木炭	3740±42	2210～2120（43.1%） 2100～2030（25.1%）
ZK-3181	2002年采自T539H48	木炭	3828±43	2400～2380（3.9%） 2350～2200（64.3%）
ZK-3182	2002年采自T539H48	木炭	3846±43	2410～2370（9.8%） 2350～2270（36.1%） 2260～2200（22.3%）

续表三

实验室编号	原编号	样品	碳十四年代（B.P.，1950，5568）	树轮校正年代（OxCal 3.9）（Iσ，B.C.）
ZK-3220	2002年采自T537H44②	木炭	3684±41	2140～2020（60.1%） 22000～1980（7.2%）
ZK-3221	2002年采自T536H49②	木炭	3764±38	2280～2250（12.7%） 2230～2130（50.9%） 2080～2060（4.6%）
ZK-3222	2002年采自T529J2③	木炭	3800±56	2340～2320（2.3%） 2310～2130（65.9%）
ZK-3223	2002年采自T537H41	木炭	3778±66	2300～2130（58.3%） 2090～2040（9.9%）

表四 喇家遗址人骨样品碳十四测定数据

实验室编号	原编号	样品	碳十四年代（B.P.，1950，5568）	树轮校正年代（OxCal 3.10）（Iσ，B.C.）
ZK-3632	2000QMLF3I	人骨	3565±25	1945～1885（68.2%）
ZK-3635	2000QMLF4Ⅳ	人骨	3580±20	1950～1895（68.2%）

二、结果分析与讨论

（一）数据结果分析

1.遗存的分布

由图一可以看出，喇家遗址发掘主要在上喇家的第Ⅺ发掘区，下喇家的第Ⅱ发掘区、第Ⅳ发掘区、第Ⅴ发掘区和西区的第Ⅷ发掘区。测年样品采集于其中的第Ⅳ发掘区、第Ⅱ发掘区和第Ⅴ发掘区，而这三个发掘区也是出土遗迹和遗物很丰富的区域。

（1）上喇家第Ⅺ发掘区该区地层共分10层（图二）。其中第4层是辛店文化堆积层。第5层是砂土层，属于齐家文化与辛店文化的过渡层，实际上可能也是辛店文化的地层。第6层是地震喷砂层的沙子堆积层，第7层是地震灾难废墟层。

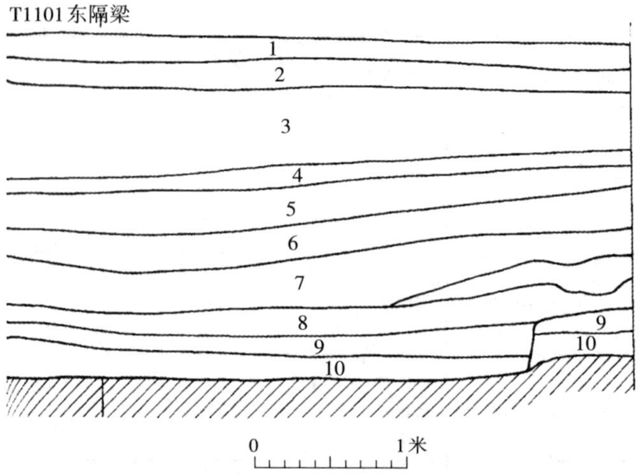

图二　上喇家第Ⅺ发掘区T1101南壁剖面图

第8层是齐家文化最后的或灾难前的相关地面或活动面与相关遗迹现象所在，喇家齐家文化的一些遗迹属于此层。测年的灰坑H77、H79等叠压在第7层下，归属第8层。第9层是齐家文化偏早的层位，发现了若干小孩墓葬。叠压于第8层下，归属第9层的遗迹还有H78、H90等涉及测年数据。第10层是此处最早的地层活动面，测定的F33、HD15（灰堆15）和H8等叠压于此层下。第10层下个别地方还残余少许第11层，但几乎无遗物，因此目前分期的意义不大，不过它有年代意义。

（2）下喇家第Ⅴ发掘区该区的第6层，该区的第6层是地震灾难废墟层，第7层为齐家文化最后的或者灾难前的地面或活动面（图三）。

第Ⅴ区中部是一个小型广场的活动面，小广场的南部边缘有F12，属于窑洞式废弃建筑，偏东南部有2座带柱洞的房址F20和F21，属于地面建筑。小广场的下面还有M13～M15等，小广场上面有H21等若干灰坑。M3位于小广场的下面，据考古学分析，M3可能为小广场的奠基墓葬。

小广场的北面有一处土台，土台与小广场为同一层面。据考古学分析，土台上面M17的年代与土台上其他遗迹年代相近。

从层位关系上看，小广场属于第7层，所测定的土台下面早于第7层的遗迹有H44、H45、H48、H49等，这些灰坑都被认定在第9层下。据考古发掘，在第Ⅴ区范围内，大多数探方的地层都只有第7层，少数堆积比较好的探方有更早期的堆积层，可到第9层，个别到第10层。显然，这些灰坑属于下喇家较早的遗迹。

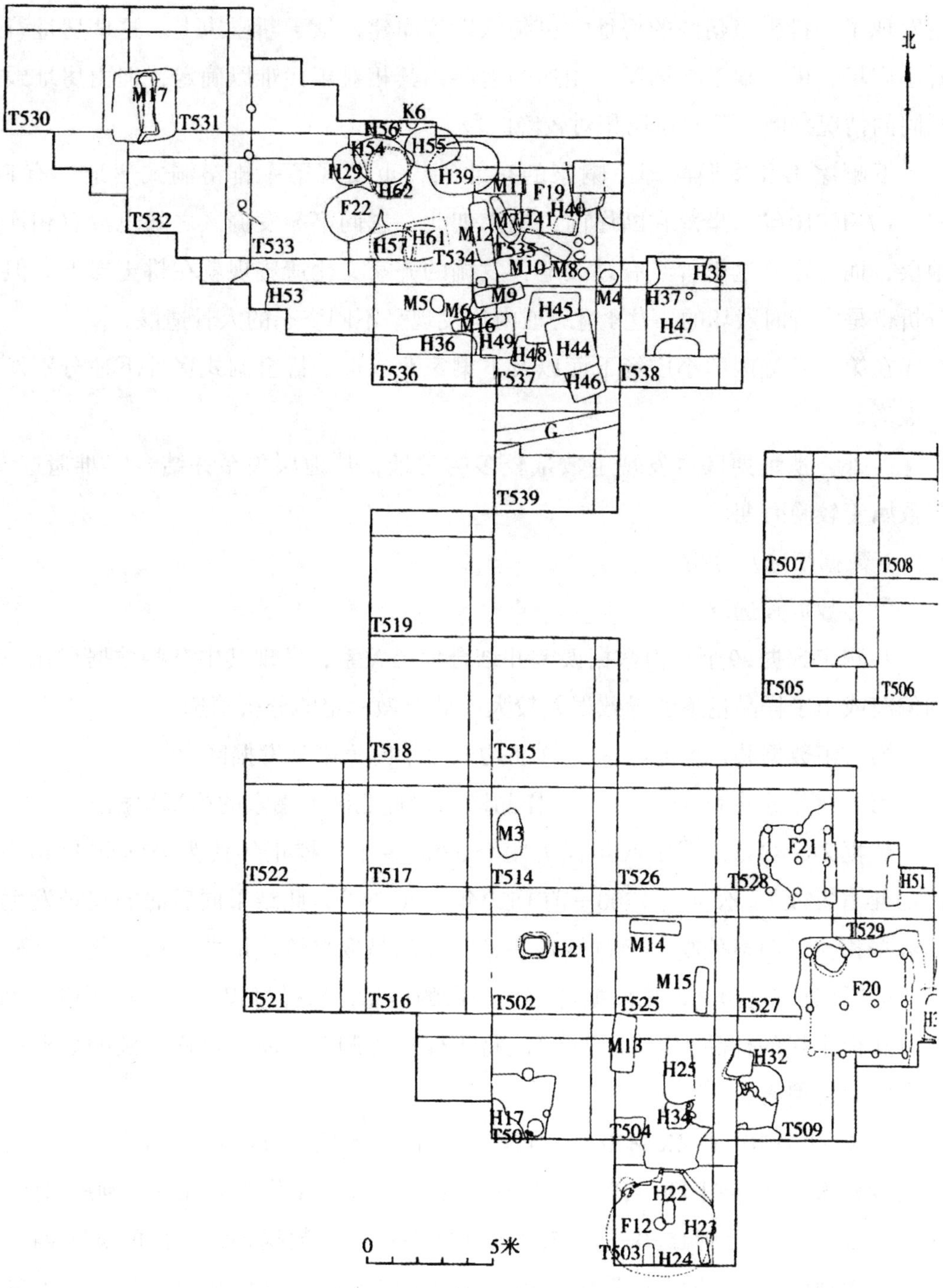

图三 下喇家第Ⅴ发掘区平面图

下喇家的遗迹还有位于第Ⅴ发掘区西南面的H18与H20。第Ⅴ发掘区西南侧还发现了一排坐东朝西的房址，也是依地势而建，处于断崖边上。这些房址背对着小广场，由于缺乏与第Ⅴ区相连的地层，其相对年代难以确定，但由房址毁坏相同的情况判断，基本也属相对较晚时段。

下喇家第Ⅱ发掘区即下喇家的东北端，也发现了一排窑洞式房址，有F4、F3、F7和F10等，坐落在断崖前，坐南朝北，它同第Ⅴ发掘区之间也没有相连的地层，而且据称这里曾经有过改地，发掘的齐家文化遗迹现就在耕土层下。但据分析也是灾难时毁坏的，这4座房址内均发现呈不同姿态的人骨遗骸。

在第Ⅴ发掘区的小广场下面以及下喇家北端那一排窑洞式房址下还分别发现了壕沟。

另外，遗址西区也发现了数量较多的房址，从地层关系并结合灾难遗迹看，多数属于较晚时期。

2.数据筛选及分析

（1）数据筛选

共测定数据29个，由数据误差并结合地层关系，发现其中有些数据存在一定的偏离或由于样品量不够导致误差较大，需要做一定的分析筛选。

第一组数据共4个（表一），样品均取自下喇家第Ⅴ发掘区。

第一组数据共15个（表二），样品取自遗址北区上喇家的第Ⅺ发掘区。

数据ZK-8345，碳十四年代为距今3300多年，校正年代为公元前1740—前1710年（7.5%）、公元前1700—前1520年（60.7%），此结果同后面的灾难发生时的数据相比，明显偏晚。通过核查获悉，样品是取自该遗址的齐家文化层（样品没有标明取样单位），但据发掘者后来提供的信息，取样过程似乎不够严格。由于难以获得木炭的样品，因而当时只能将土样作为测年样品，这样得到的数据一般会有较大的偏离。

数据ZK-8201和ZK-8202出自同一个取样单位Tl104H78（第Ⅺ发掘区第9层），ZK-8201的碳十四年代为距今3300多年，校正年代为公元前1690—前1600年（51.6%）、公元前1580—前1530年（16.6%），而数据ZK-8202的碳十四年代为距今3600多年，校正年代为公元前2140—前2080年（14.9%）、公元前2050—前1880年（53.3%）。两者相比，ZK-8201的年代相对较晚。

数据ZK-8209、ZK-8210、ZK-8213的取样单位为T1104H90（第Ⅺ发掘区第

9层），碳十四年代均为距今3600多年，校正年代为公元前2100多年—前1900年前后，取样单位与H78为同一层位，其年代也比较相近。由此也进一步表明ZK-8201明显偏离。经核实得知曾经在H78的浮选物中也发现过年代偏晚的遗存。H78有可能存在局部扰动。

数据ZK-8214，样品取自H79，其碳十四年代为距今3459±150年，校正年代为公元前1960—前1600年（64.1%）、公元前1570—前1530年（4.1%）。由于H79叠压于第7层下，打破第8层，且被M28叠压，其年代至少不应晚于第7层灾难的年代，但与第8层的ZK-8203相比，显然偏年轻。且此结果同后面的灾难发生时的数据相比，也明显偏晚。由数据本身误差可以看出，该数据误差有150年，明显较大，应该是产生年代偏离的一个主要原因。

数据ZK-8218，样品取自H77，该灰坑叠压在第8层下，其年代应早于第8层，或与之接近。而其年代为距今3474±107年，校正年代为公元前1940—前1680年（64.4%）、公元前1670—前1630年（3.8%），也明显晚于发生灾难的人骨的测定年代。由数据误差可以看出，其误差也为100年以上，这可能与数据ZK-8214的情况相近。

第三组数据共8个（表三），样品取自遗址下喇家第Ⅴ发掘区的南部。其中有6个数据的样品采自四个相互之间有打破关系的灰坑单位，即H44→H45→H48→H49，均属第9层下的遗迹。另外2个数据中的ZK-3222，其样品采自J2③，该窖穴在F20下，相当于第8层及其之下的层位。ZK-3223，其样品取自H41，该灰坑被处于灾难层的人为废弃的房址F19打破，因而其年代应不晚于灾难层，而不早于第9层下的遗迹。

第四组数据共2个（表四），样品取自遗址下喇家第Ⅱ发掘区的房址中。

（2）年代分析

为便于观察，将经过筛选之后的25个数据做入图四中。

据发掘者，上喇家第Ⅺ发掘区考古学文化分为两段：灾难层即第7层和其前的第8层为偏晚段，第9层和第10层为偏早段。

由图四可知，第7层和第8层的年代由上喇家第Ⅺ发掘区数据ZK-8203代表，数据的主要分布范围为：公元前2000多年—前1900多年。第9层和第10层的年代为上喇家第Ⅺ发掘区第9层数据ZK-8202、ZK-8209、ZK-8213、ZK-8210和第10层数据ZK-8205、ZK-8206、ZK-8219、ZK-8215、ZK-8216、ZK-8217所代表，由其数据的概率分布看，大部分数据处于公元前2300多年—前2000多年的范围内。

下喇家第Ⅴ发掘区的考古学文化分期为：第6层即灾难层和第7层（包括第7层下）为偏晚段，第8～10层为偏早段。

偏晚段为由下喇家第11发掘区房址中的人骨样品数据ZK-3632、ZK-3635和第Ⅴ发掘区第7层下ZK-3134所代表，数据的主要分布范围为：公元前2000多年—前1900多年。

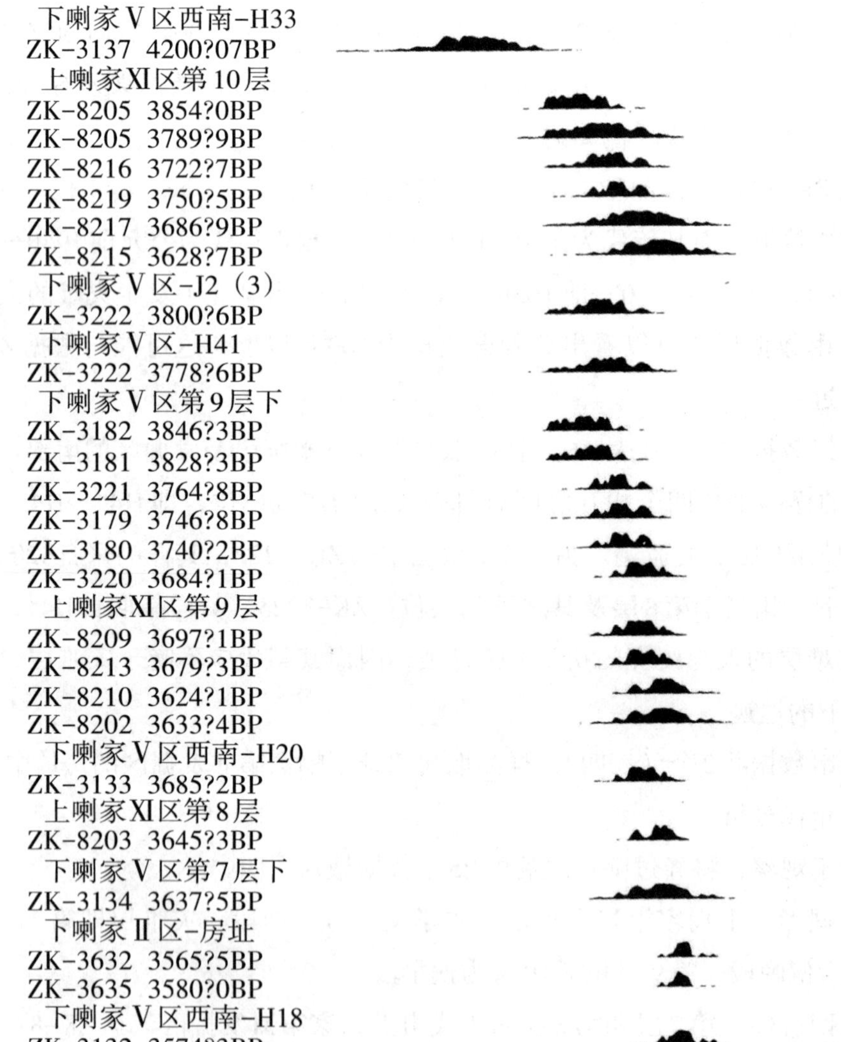

图四　喇家遗址部分样品碳十四测年数据校正结果

偏早段为由下喇家第Ⅴ发掘区第9层下ZK-3179、ZK-3180、ZK-3181、ZK-3182、ZK-3220和ZK-3221所代表，大部分数据所处年代范围为公元前2300多年—前2000多年。

其余没有被包括在上述地层关系中的遗迹有位于下喇家第Ⅴ发掘区西南的H18（ZK-3132）和H20（ZK-3133），其中H18打破H20，而H20的下面就是生土层，表明H18年代应相对较晚，H20相对较早。由图四可知，ZK-3132的年代与下喇家第Ⅱ发掘区房址人骨年代大致相近。而ZK-3133的年代范围略早于人骨和上喇家第Ⅺ发掘区第8层的年代，大致处于上喇家第Ⅺ发掘区第9层及其之前的层位或下喇家第Ⅴ发掘区第9层下的年代范围内。ZK-3222和ZK-3223样品取自下喇家第Ⅴ发掘区的J2③和H41，其年代范围大致处于图四中上喇家第Ⅺ发掘区的第9层及其之前的层位，以及下喇家第Ⅴ发掘区第9层下的年代范围内。这同发掘者对于两个遗迹相对年代关系的判断基本吻合。

由图四还可以看出，所测数据中年代最早的为ZK-3137，样品取自第Ⅴ发掘区西南属于马家窑文化时期的H33。年代最晚的为ZK-3632、ZK-3635和ZK-3132，样品分别取自第Ⅱ发掘区F3、F4和第Ⅴ发掘区西南的H18。

（二）初步认识

根据遗迹分布并结合测定数据分析，可以得出以下的初步认识。

1.关于喇家遗址灾难事件及齐家文化的年代

（1）喇家遗址灾难事件的年代

关于灾难发生时刻人类活动遗迹的界定，如房屋的废弃是人为废弃还是灾难所致？发掘者认为，在先前考古学关于此类遗迹现象认识的基础上，还发现地震造成的房屋毁坏所形成的堆积现象与人为废弃的堆积现象之间存在差别，这可以在地层关系上反映出来而加以区别。地震时被毁坏的房址目前在遗址中发现15～20座，其中下喇家的F3、F4、F7、F10和西区的F23等五座房址中发现了人骨遗骸。

人骨测年涉及的房址F3中共有2具人骨，经鉴定，Ⅰ号为女性，年龄35岁左右；Ⅱ号性别不详，年龄3～4岁[①]。所测样品取自Ⅰ号个体。这两个人的形态是成年女性靠墙跪在地上，紧抱着孩子。F4中共有14具人骨，其中有2具在房址的偏中部，其余大致分四组分散于他们周围。所测样品取自房址内靠东墙第3组的

①中国社会科学院考古研究所甘青工作队、青海省文物考古研究所：《青海民和县喇家遗址2000年发掘简报》，载《考古》2002年第12期。

人骨组中。该组共有2个个体，Ⅲ号为女性，年龄28～30岁；Ⅳ号性别不详，年龄1～2岁。这两个个体的形态为女性屈膝跪地，上身前倾，面朝下，一只手撑地，另一只手紧抱着怀中的孩子。所测样品取自Ⅳ号个体。这些人骨由其姿态也能看出这里应该是地震发生时的第一现场。

由测定结果，2个人骨个体的碳十四年代分别为距今3565±25年、3580±20年，其校正年代分别为公元前1945年—前1885年（68.2%）和公元前1950年—前1895年（68.2%）。可见两者年代比较一致，均为公元前1900年前后，这也为考古和环境研究得出的两所房址中的事件为同一灾难事件的结论辅以佐证。

（2）喇家遗址齐家文化偏早段的年代

H33为马家窑文化时期的遗存，年代测定为公元前2900—前2620年（62.3%）。上喇家第Ⅺ发掘区齐家文化偏早段的遗存以第9层和第10层为代表，而下喇家第Ⅴ发掘区齐家文化偏早段的遗存是以第9层下为代表。两部分碳十四年代数据中的大多数处于距今3800～3700年前后，校正年代主要集中在公元前2300多年—前2000多年。

（3）喇家遗址齐家文化偏晚段的年代

喇家遗址齐家文化偏晚段上限，依据考古学分期，上喇家第8层、第7层和下喇家第7层下、第7层、第6层属于齐家文化偏晚段。由此，上喇家第8层和下喇家第7层下的碳十四年代应为齐家文化偏晚段的年代上限。由前面的分析可知，上喇家第8层和下喇家第7层下的碳十四年代大致为距今3600多年，校正年代为公元前2000多年—前1900多年。

喇家遗址齐家文化偏晚段下限，依据考古地层学和关于喇家遗址灾害前后的环境因素研究，地震和洪水的共同作用使喇家遗址齐家文化在其偏晚阶段受到了致命性的打击，导致其完全毁灭[①]。因而，灾难发生的年代应为该遗址齐家文化年代的下限，自然也是其偏晚段的年代下限。下喇家第Ⅴ发掘区齐家文化灰坑H18的测年为距今3574±73年，校正年代为公元前2030—前1870年（51.7%）、公元前1850—前1770年（16.5%），与人骨测年比较相近，年代集中在公元前1900年前

①a.夏正楷、杨晓燕、叶茂林：《青海喇家遗址史前灾难事件》，载《科学通报》2003年第48卷第11期。
b.中国社会科学院考古研究所、青海省文物考古研究所：《青海民和喇家史前遗址的发掘》，载《考古》2002年第7期。中国社会科学院考古研究所甘青工作队、青海省文物考古研究所：《青海民和县喇家遗址2000年发掘简报》，载《考古》2002年第12期。

后。由此再次证明齐家文化在此处的时段。

由喇家遗址齐家文化偏早段的年代和灾难发生的年代看，喇家遗址齐家文化大致延续了300多年。

（4）遗址中发现的面条的年代

由于目前有较充分的测定数据，可以对遗址中出土的面条的年代有进一步的认识或讨论。面条被灾难堆积覆盖，显然也是灾难发生时刻的遗存。但也不妨再结合其层位关系进行分析。面条出土于第Ⅴ发掘区小广场上偏南部的F20中①。房址修建于小广场之上，属于该遗址齐家文化偏晚段，其具体时段应相当于或略晚于小广场。而属于小广场奠基墓的M3的年代应为小广场年代的上限。由此，面条的年代上限为不早于小广场M3（ZK-3134）。小广场属于该区域的第7层，其上的第6层为灾难遗迹层，因而面条的年代下限应为灾难遗迹层的年代。但考虑到面条的食物属性，其实际的存在时间段用“年”作为时间标尺显然已相当粗糙。由于发现面条的房址并非人为废弃，而是特大灾难导致毁弃，所以，面条存在的时间应该仅限于灾难发生时刻，即由上面依据地层关系框定出的较为宽泛的时间段缩小至该时间段的下限较为合理，应为公元前1900年前后。

2.同相关遗址相关文化的比较

（1）喇家遗址齐家文化的年代学讨论

通过对文化面貌特征及所在地域的研究，齐家文化曾被认为基本可以分为东、中、西三个区域②。东区为甘肃东部地区，包括渭河流域、泾河上游与西汉水上游等，以师赵村类型和七里墩类型为代表。中区为甘肃中部地区，包括黄河上游及其支流洮河、大夏河流域，以甘肃永靖秦魏家类型为代表。西区为甘肃西部和青海东部地区，包括庄浪河流域、湟水流域、河西走廊等地，以乐都柳湾类型和武威皇娘娘台类型为代表。到目前为止，发现齐家文化遗址1000多处，正式发掘的

①中国社会科学院考古研究所甘青工作队、青海省文物考古研究所：《青海民和喇家遗址发现齐家文化祭坛和干栏式建筑》，载《考古》2004年第6期。

②a.谢端琚：《试论齐家文化》，载《考古与文物》1981年第3期。

d.谢端琚：《试论齐家文化与陕西龙山文化的关系》，载《文物》1979年第10期。

e.谢端琚：《甘青地区史前考古》，文物出版社，2002年。

b.正吉怀：《天水西山坪和师赵村遗址发掘的学术意义》，载《考古》1991年第7期。

c.水涛：《西北地区史前考古研究的回顾与前瞻》，载《考古学文化论集（三）》，文物出版社，1993年，第1页。

遗址共有20多处[①]。

据已有发掘资料的研究，对其相对年代已有了一些基本的认识，但不同研究者在具体看法上存在不同意见。有观点认为东区年代早于西区[②]。而其绝对年代，此前碳十四测年得到的数据还不太多[③]（表五），希望喇家遗址的测年对其有所补充。

表五　齐家文化碳十四测年数据

实验室编号	原编号	样品	碳十四年（B.P.，1950，5568）	树轮校正年代（Iσ，B.C.）
ZK-0015	永靖大何庄 F7:1柱洞	炭化木	3570±95	2114～1777
ZK-0023	永靖大何庄 F7:2柱洞	木炭	3540±95	2030～1748
ZK-0741	灵台桥村 H4	木炭	3680±60	2183～1979
ZK-1283	天水师赵村 T307④	木炭	3760±80	2317～2042
ZK-2149	天水西山坪 TI③	木炭	3500±215	2140～1529
ZK-2205	天水西山坪 T10③F1	木炭	3640±80	2138～1906
ZK-0347	乐都柳湾 M392	棺木	3470±140	1970～1630
BK77052	贵南高渠顶 T101灰坑	木炭	3700±90	2273～1972
BK77053	贵南高渠顶 Tl02Hl05	木炭	3620±150	2199～1772

①谢端琚：《甘青地区史前考古》，文物出版社，2002年。

②a.谢端琚：《试论齐家文化》，载《考古与文物》1981年第3期。

d.谢端琚：《试论齐家文化与陕西龙山文化的关系》，载《文物》1979年第10期。

e.谢端琚：《甘青地区史前考古》，文物出版社，2002年。

b.正吉怀：《天水西山坪和师赵村遗址发掘的学术意义》，载《考古》1991年第7期。

c.水涛：《西北地区史前考古研究的回顾与前瞻》，载《考古学文化论集（三）》，文物出版社，1993年，第1页。

③中国社会科学院考古研究所：《中国考古学中碳十四年代数据集（1965—1991）》，文物出版社，1991年。

表五的9个数据中，除去3个误差较大，其余6个数据的碳十四年代为距今3500多年～3700多年。从所分布的区域看，灵台桥村处于甘肃的最东部，由东往西依次为中东部的天水西山坪和师赵村，然后是偏西面的永靖大何庄，再往西是青海的贵南高渠顶。只从已有的数据看，似偏东面的师赵村略偏早，而偏西面的永靖大何庄略偏晚。显然，相互之间更为清晰的年代关系，有待于更多精度较高数据的测定和分析。

将上面的数据与喇家遗址齐家文化数据比较可以看出，其结果基本全部处于喇家遗址齐家文化的年代范围之内。

结合以往的考古资料，发掘者曾初步认为喇家遗址的早晚关系大致可排序为师赵村—喇家—西山坪—大何庄和秦魏家等。由于师赵村和西山坪遗址的考古学文化遗存系统而丰富[①]，形成了上下有序、早晚关系明确的考古学文化序列，年代关系也较清晰，因而可以作为比较资料用于喇家遗址齐家文化年代的讨论。

表五中师赵村齐家文化的年代与喇家遗址齐家文化早段最早的年代比较接近，而表中西山坪齐家文化的年代与喇家遗址齐家文化晚段的年代比较接近，这和考古学关于其早晚关系的判断在较大程度上是比较吻合的。当然，由于数据误差仍然相对较大，这里难以做进一步比较。另外，从发掘资料看，由于喇家遗址相当于上喇家第10层阶段所发现的器物普遍比较破碎，因而所用资料多为第9层（目前第9层和10层均划分为偏早段）。而结合年代测定结果看，第9层和第10层的年代似乎存在一定的差别，这还有待于进一步细化。这种年代上的差别是否会给器物的文化面貌带来一定的影响是需要考虑的，所以同师赵村的早晚关系比较可以通过在器物类型以及年代分析细化研究使其最终得以澄清。关于齐家文化偏晚段的比较，显然，喇家遗址灾害发生的年代在可比的数据中较晚，这可以为整个齐家文化年代偏晚段的研究提供参照。但是学界较普遍的看法为齐家文化晚期实际上还要更晚。

（2）同马厂期以及二里头等遗址的比较从序列上，齐家文化之前是马厂期，明确为马厂期的测年数据有9个[②]（表六），除去1个数据偏离较大和2个误差过大外，其余6个数据处于距今3500多年～3700多年之间，校正年代基本为公元前

---

①中国社会科学院考古研究所：《师赵村和西山坪》，中国大百科全书出版社，1999年。

②中国社会科学院考古研究所：《中国考古学中碳十四年代数据集（1965—1991）》，文物出版社，1991年。

2300—前1900年前后。与之比较，可以看出喇家遗址齐家文化年代基本涵盖了这些马厂期年代值，但除去永登蒋家坪和青海乐都柳湾M236的2个数据，其余数据基本处于喇家遗址齐家文化偏早的时段。由于用于比较的数据误差仍然相对较大，所以其比较结果也只能是大致的。

甘肃张掖西城驿遗址是近年发掘的青铜时代冶铸遗址①，据考古学分析，该遗址主要为马厂期—四坝文化遗存。对遗址中木炭、植物种子、人骨等进行了碳十四年代测定，所测得的马厂期的年代下限大致处于公元前1900年前后，喇家遗址齐家文化的年代与之似乎有部分重叠。这是因为区域间的差别，还是原本如此，也有待于进一步的研究。目前有许多学者认为齐家文化与马厂期有可能有并存的时段。

表六　马厂期测年数据

实验室编号	原编号	样品	碳十四年代（B.P.，1950，5568）	树轮校正年代（Iσ,B.C）
ZK-0021	甘肃永靖马家湾F3	木炭	4020±100	2860～2460
BK75017	甘肃永登蒋家坪T45③F内	木炭	3580±90	2114～1782
BK75009	青海乐都柳湾M281，棺木（马厂、早）	木炭	3750±90	2317～2037
BK75010	青海乐都柳湾M266，棺木	木炭	3730±90	2289～2031
BK75012	青海乐都柳湾M236，棺木	木炭	3640±100	2182～1890
ZK-0345	青海乐都柳湾M505，棺木	木炭	3760±120	2453～2030
ZK-0348	青海乐都柳湾M391，棺木	木炭	3860±240	2855～1979
ZK-1371	师赵村T403H27	木炭	3790±85	2452～2048
ZK-2299	师赵村T406③	木炭	3770±80	2335～2044

关于夏文化的讨论中，考古学文化的绝对年代是重要的参考依据。一种认为二里头文化早期属于夏文化的观点同过去二里头早期的测年为公元前1900年前后有一定的关系。通过夏商周断代工程和中华文明探源工程高精度的年代研究，使

①中国社会科学院考古研究所、西北大学文化遗产学院：《甘肃张掖市西城驿遗址》，载《考古》2014年第7期。

二里头文化第一期的年代明确在不早过公元前1750年[①]，为探讨其是否为夏文化提供了依据。喇家遗址年代测定结果与之比较，其齐家文化的年代下限为公元前1900年前后，明显早于二里头文化第一期。由该遗址齐家文化的年代范围同夏商周断代工程所确定的夏的始年为公元前2070年[②]相比较，显然喇家遗址的齐家文化时期有部分时段处于夏的纪年范围内。

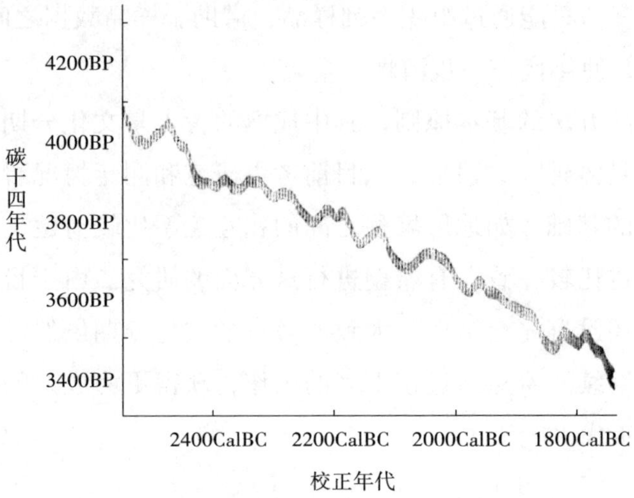

图五　喇家遗址齐家文化所处时段的碳十四一树轮年代校正曲线图

关于陶寺遗址的年代研究，20世纪80年代，仇士华、蔡莲珍等通过考古研究并结合碳十四测年得到其大致的年代范围为公元前2400—前1800年前后[③]。与之比较，喇家遗址齐家文化的年代基本处于陶寺遗址的年代范围之内，而更详细的比较还有待于两个遗址各自更精细的年代的确定。

3.关于喇家遗址年代的进一步研究

通过对喇家遗址年代的讨论可以看出，尽管近年来相对较高精度的年代测定使该遗址考古学文化的偏早、偏晚段之间，以及灾难事件等的年代有了一个相对明确的范围，较之先前具体而清晰，但在分析过程中可以发现其中有些部分由于误差因素，特别是校正后日历年的误差导致在一个时间点上的年代范围过宽，影

①张雪莲、仇士华、蔡莲珍等：《新砦—二里头—二里冈文化考古年代序列的建立与完善》，载《考古》2007年第8期。

②夏商周断代工程专家组：《夏商周断代工程阶段性成果》（简本），世界图书出版社，2000年。

③仇士华、蔡莲珍、冼自强等：《成有关所谓“夏文化”的碳十四年代测定的初步报告》，载《考古》1983年第10期。

响了年代的清晰度。由于齐家文化已处于早期青铜时代，发展节奏加快，考古学文化变化加快，分期时段相对较短，所以对年代的精度要求也就提高了。结合图五可以看出，这一时间段的校正曲线特征，除了在碳十四年代距今3500多年处有一小段具有一定斜度且相对平滑的线段外，其余多为坡度较缓的多波动区。处于这样的时段中，即使较小的碳十四年代误差其校正后的日历年范围也相对较大。若要提高年代精度，只能通过组织系列样品，借助于样品数据之间的相互关联性，缩小日历年误差，使年代进一步清晰。

依据系列样品方法的基本原则，其中成熟的考古学文化分期和较高精度的测年是必要条件。具体到喇家遗址，从目前考古研究和测年情况看，已具备了一定的组织系列样品的基础，如地层堆积之间的相互关系比较清楚，其测年数据也有一定的分布，且也比较一致，有希望进行这方面的研究。由于目前喇家遗址考古资料的分析工作还没有完全结束，大致的考古学文化分期虽然已经建立，但更为细化的研究还在继续。希望通过接下来的工作，获得更为成熟的拟合条件，并由此得到更具体的年代。

结　论

喇家遗址较为系统的年代测定为该遗址灾难事件发生的年代、遗址中齐家文化偏早和偏晚段的年代，以及受到关注的出土面条的年代等的研究提供了依据，为齐家文化年代的系统研究细化了年代学标尺。

年代研究结果显示，随着年代学研究的发展、测年方法的改进、测年精度的提高、加速器质谱测年的普及，使小样品测年成为可能，这些都有助于对遗址中各种遗迹和不同的堆积层位进行更为具体的年代探讨。但分析实践也表明，真正满足需要的年代结果需要通过组织系列样品来实现，这仍然是今后年代研究的方向。

附记：

研究过程中得到殷玮璋先生的指教，特此致谢！该研究得到中华文明探源工程研究基金和中国社会科学院创新工程项目基金的资助。

（本文原载于《考古》2014年第11期）

关于喇家聚落的灾难遗迹与广场建筑

钱耀鹏

喇家遗址地处黄河上游的河谷盆地——官亭盆地，隶属青海民和县官亭镇。1999年以来，中国社会科学院考古研究所等单位对喇家遗址进行了较大规模的连续发掘，在聚落考古方面获得了一系列重要发现①，尤其是在若干房屋建筑基址中都发现突发性事件所导致的死亡现象，这类遗存也因此而被视为史前灾难遗迹②。继而，导致这场灾难发生的直接原因便成为调查发掘的重要研究内容之一，并已取得突破性进展。在此基础上，我们就喇家史前灾难遗迹发生的原因、季节及广场建筑等问题展开一些讨论，或可进一步促进对喇家聚落遗址的认识和研究。

一、喇家遗址及其灾难遗迹发现概况

截至2003年，经过4个年度的调查发掘，已初步掌握了喇家遗址的基本情况。遗址位于黄河北岸二级阶地前端，现在的下喇家村就坐落在遗址之上。季节性冲沟环绕于遗址的东面和北面，东面的岗沟自北向南流入黄河，吕家沟则由西北向东南至下喇家村北，尔后东折通向岗沟③，地势略显西北高而东南低。初步探查结果表明，喇家遗址东西长500米，南北宽400米，总面积约20万平方米。除少量马家窑文化遗存外，喇家遗址的主要内涵属典型齐家文化遗存。而且，发掘结果及地层关系进一步证实，喇家遗址齐家文化聚落的基本结构曾发生过一些重要变化。因为在第Ⅰ、Ⅱ和第Ⅴ发掘区，先后发现了3段结构与堆积特点基本一致、

①中国社会科学院考古研究所甘青工作队等：《青海喇家遗址齐家文化的重要发现》，载《中国社会科学院古代文明研究中心通讯》2002年1月第3期。

②王国道等：《青海喇家村齐家文化遗址最新揭示：史前灾难现场摄人心魄，黄河慈母佑子情动天地》，载《中国文物报》2000年7月5日第1版。

③中国社会科学院考古研究所甘青工作队等：《青海民和喇家遗址发现齐家文化祭坛和干栏式建筑》，载《考古》2004年第6期。

宽10余米、深5～6米的齐家文化大型壕沟遗迹。其中，第Ⅴ发掘区的壕沟遗迹明显叠压于中央小广场的硬土面之下，说明在中央小广场形成之前，喇家齐家文化聚落曾一度为环壕聚落。不过，目前发现并报道的重要遗迹，基本都与中央广场同期存在，有关环壕聚落的情况尚不十分清楚。

喇家遗址齐家文化聚落后期的小广场，位于遗址所在台地的中部（Ⅴ区），并因长期人为踩踏而形成了一层硬土面。在聚落布局方面，居于中心位置的小广场把遗址东北（Ⅱ区与Ⅳ区）和东南（Ⅴ区）台地有机地连为一个整体。已发现的20余座房屋建筑遗迹，主要且成组地分布于广场周围的台地边缘。其中，F1、F3、F4、F7、F10等成排分布，构成一组房屋建筑，位于台地北部边缘，门向皆朝北；而F13、F14、F15、F17等为一组，位于台地西南边缘，门向皆朝西①。另外，在中心广场东南部还发现2座地面式及干栏式建筑，广场北部发现人工堆筑的土台祭坛与墓葬遗迹②。至于喇家聚落大型公共墓地所在，目前尚不清楚，需要进一步探索。

在喇家聚落遗址的一系列重要发现中，最引人注目的当属史前灾难遗存。迄今为止，灾难遗迹集中发现于台地北部边缘的一组房屋建筑基址中。在这组房屋建筑中，除F1内未见人骨与日常用品似为正常废弃外，在其余4座房屋基址中都发现有人骨遗骸和成套的生产、生活用品，人骨之间填充有红泥淤土。其中人骨遗骸的发现情况是，F3和F10各有2具，F4多达14具，F7有4具。经过人骨鉴定并详细报道的灾难遗迹主要是F3和F4。F3的2具人骨紧靠东墙，为紧紧拥抱的一对母子。F4的14具人骨被分为六组，除1个成年男性和2个成年女性外，其余基本属于少年与婴幼儿的年龄范围，其中紧靠东墙的2具人骨（第三组）也是紧紧拥抱在一起的一对母子。这些死者的年龄结构和性别比例较为特殊。

F3和F4的平面结构基本一致，皆由居室、门道和门前场地三部分构成，大致呈“吕”字形。房屋上部已遭破坏，居室四壁保存最高处仅1米左右，但东西两壁均向上内曲收缩，南北两壁向上收缩稍小而较平直。

自门前场地至居室地面皆呈平缓的斜坡状，北高南低，门道与居室之间设有凸棱状门槛。居室四壁及居住面皆涂抹一层草拌泥，然后再抹一层白灰面。居室

①中国社会科学院考古研究所等：《青海民和喇家史前遗址的发掘》，载《考古》2002年第7期。

②中国社会科学院考古研究所甘青工作队等：《青海民和喇家遗址发现齐家文化祭坛和干栏式建筑》，载《考古》2004年第6期。

东侧地面略高于西侧地面，中央皆有一圆形灶址。唯F3为形状不甚规整的浅坑状圆形灶址，周围略微凸起（图一）；而F4中央的灶址极为规整，灶面平整而呈圆形（图二）。在F3门前场地东侧有一石块，其周围则为红烧土面及草木灰烬，被视为室外临时性简易灶址，石块应是便于通风燃烧的柴草支垫物。若以室内居住面为准，F3南北进深3.65米、东西面阔3.35米，面积不及12.5平方米；F4南北进深3.91米、东西面阔3.15～3.6米，面积约14平方米。另外，F7居室规模及室内物品放置位置等基本与F3相同，唯F7居室南壁下设有储藏窖穴，其内存有粮食及日用陶器等[①]。而这些房址的另一个共同特点就是，四周皆未发现柱洞遗迹。F3室内偏东处虽有一圆形小坑，长径31厘米、深25厘米，但圆坑底部并无陶片或石块等质地坚硬的支垫物，亦无朽木痕迹发现，似乎也不是柱洞。至于这些房屋的建筑形式，已得到2001年度发掘结果的直接证实，无须讨论。尤其是F15，保存状况较好，墙壁现存高度达2～2.5米，房址内基本都是坍塌的黄土块，证实顶部当为自然黄土堆积，原当为窑洞式建筑[②]。结合其他房址的结构特点，可以肯定喇家遗址齐家文化聚落的房屋大多为窑洞式建筑。

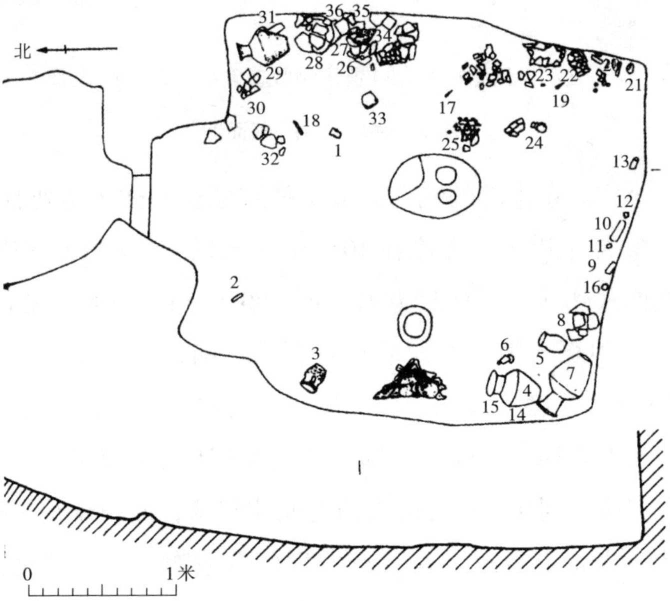

1～36.出土遗物

图一 喇家F3平、剖面图

①中国社会科学院考古研究所甘青工作队等：《青海民和县喇家遗址2000年发掘简报》，载《考古》2002年第12期。

②中国社会科学院考古研究所等：《青海民和喇家史前遗址的发掘》，载《考古》2002年第7期。

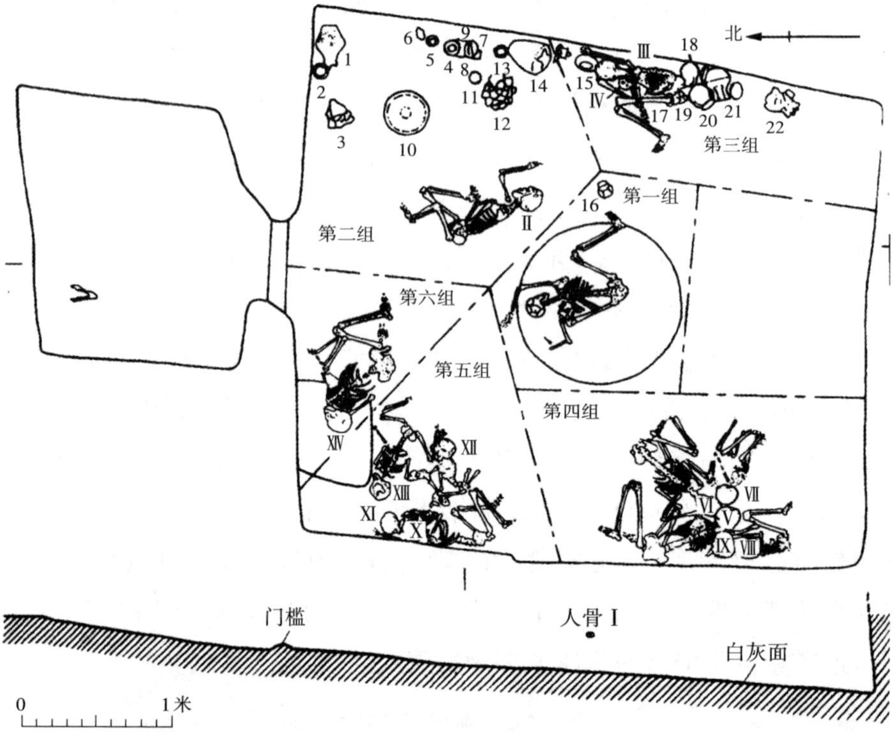

1～24.出土遗物(23、24置于陶敛口瓮中) Ⅰ～ⅩⅣ.人骨

图二 喇家F4平、剖面图

发现于中央小广场东南部的地面式或干栏式建筑，柱洞排列有序，比较粗大，直径一般在20～30厘米以上，深度在40～50厘米以上。F20是一座由三排四列12个柱洞构成的地面式建筑，平面近方形，面积约5～6平方米。地面上有加工较好的硬面，有的部位为烧土面。地面散布有石器、陶器、骨器、漆器等大量遗物。F20东侧还发现1座大型窖穴H38，其内尚有木质框架痕迹，但未见重要的储藏物品。窖穴以东则是人为加工的硬土围墙，或为小广场东南边缘。F21较F20更靠近广场，是一座由三排三列9个柱洞构成的地面式建筑，面积仅约3米见方。地面上没有明显的硬土面及活动痕迹，也没有发现什么遗物。据此推测，F21可能是一座简单的干栏式高台建筑。中央广场以及这两座房址的地面上都覆盖着与洪水有关的砂层或沙砾层。这层洪水堆积就是与喇家遗址齐家文化聚落遗存相关，且形成时间最晚的地层堆积，揭示出喇家聚落最终的废弃原因。

至于喇家遗址的其他发现，因本文讨论暂不涉及，无须详述。

二、喇家遗址灾难遗迹形成的原因与过程

从F3和F4的发现情况来看，各灾难遗迹人骨的个体数量不一，姿态各异。有的匍匐在地，有的卧地而亡，有的相拥而死，有的母子相依。发掘者根据人骨分布及死亡姿态判断，这些房址居室内的死者应属意外死亡。尤其房址内填充的红泥淤土，至少说明灾难遗迹的形成或遗留过程当与洪水或山洪有关。针对灾难遗迹发生的原因和过程，发掘者以严谨、科学的态度给予高度重视，在详细调查研究的基础上取得了一系列重要认识。特别是2001年度的调查发掘，在遗址范围内不仅找到了地裂缝、塌陷、沙管和褶皱起伏等地震遗迹现象，同时也在遗址局部区域发现了明显的山洪沉积物。显然，导致灾难遗迹发生以及喇家遗址齐家文化聚落废弃的原因，涉及洪水、地震和山洪等多种因素。进而，通过对F10的仔细发掘清理，基本弄清了灾难遗迹发生的直接原因。灾难首先是由地震引起的房屋坍塌而导致的，而因山洪与洪水所形成的堆积都叠压在地震遗迹及地震造成的坍塌物之上①。

事实上，这一发掘及层序分析结果与F3、F4所反映的情况基本一致。F3和F4的人骨，不论成组与否，一般都紧贴室内居住面，仅个别人骨与居住面之间填充有较厚的红泥淤土。如F4中央灶面上的Ⅰ号人骨，整体高出居住面20余厘米，最低处的右脚趾距居住面也有5厘米。如果不是强烈地震造成的瞬间坍塌事件，则很难想象还有什么原因能够造成几乎所有死者皆紧贴居住地面的埋藏现象。姑且不论溺水死亡可能出现的漂浮现象，在地势较为平缓的阶地平原地带，山洪或洪水一般不大可能于数秒钟之内造成房屋坍塌，而是往往需要一段相对较长的时间过程。而这一过程，即便以秒来计算，也足以让人们从睡梦中惊醒并很快脱离危险。F4中央Ⅰ号人骨的埋藏现象，可能就是房屋中央先有局部塌陷，塌落的土块首先触及并惊醒了他，但在立即起身做出反应的同时又遭遇了屋顶的整体塌陷，从而被压在先后塌陷的土块之间，导致尸骨高于居住面。还有，F3与F4的Ⅲ号成年女性皆紧倚墙壁，双膝屈跪于地而上身前倾，紧抱幼儿于腹下，显然是为呵护幼儿而不惜以自己的身体来抵挡源自屋顶的危险，尽管她们奋不顾身的努力最终也未能挽救幼儿的生命。尤其是F3内的成年女性面部朝上，似于惊慌之中眼看着

①中国社会科学院考古研究所等：《青海民和喇家史前遗址的发掘》，载《考古》2002年第7期。

灾难自上方降临，好像非常担心来不及或者无法保护幼儿的安全。

与此同时，我们还注意到，在台地西南边缘的一组房址中，尚未发现1座包含人类骸骨的灾难遗迹。其中，F15居室内的坍塌物皆为黄土块，似乎没有红泥淤土填充。F15的资料尚未详细报道，即便F15内发现的大量遗物与F3、F4出土物特征基本一致，基于考古资料的局限性，我们也很难判断它们坍塌废弃的绝对时间是否完全一致。不过，由于台地中央小广场把北部边缘和西南边缘的房屋建筑连成一个整体，因而又无法彻底排除两组建筑同期存在的可能性。事实上，根据F15内存在的大量日常用品，也可一定程度地将其理解为灾难遗迹，唯灾难发生过程中没有造成人员伤亡而不及台地北部边缘的F3等房屋建筑典型而已。F15所在的台地西南边缘，直接面对黄河，地势不会太高。一旦黄河发生大洪水，可能首先就会波及这里的房屋建筑。换言之，如果红泥土沉积是由黄河洪水造成的，似乎不会绕过台地西南边缘而直接到达北部边缘。这样看来，F3和F4诸房址内的红泥土堆积很可能源自下喇家村北吕家沟的山洪，亦即波及喇家遗址的山洪可能早于黄河洪水，或是随着地震的发生而很快出现的。

此外，还有一个建筑学方面的问题亦当与灾难遗迹的形成密切相关，这就是史前窑洞式建筑的结构性缺陷。据报道，喇家遗址地处黄河二级阶地，黄土堆积并不丰厚，且系次生黄土，理论上不大适合营建窑洞式建筑。不过，黄土堆积厚度似乎并不是直接影响史前窑洞式建筑结构性缺陷的根本原因。从目前的考古发现来看，黄土高原地区典型的窑洞式建筑出现于新石器时代晚期，流行于龙山时代。如同喇家遗址齐家文化聚落的建筑遗迹那样，这些史前窑洞式建筑大多早已塌陷，其中不乏使用过程中因自然塌陷而造成的废弃或改建现象。如内蒙古凉城县园子沟遗址老虎山文化聚落的复合式窑洞式建筑F3041，其外间就是直接利用可能因塌陷而废弃的F3047主室窑洞部分，并保留了原来的门道，使得主室、外间与院落之间皆以过道相通[①]。根据个别保存较好或者塌陷后原样埋藏至今的窑洞遗迹，我们便不难发现史前窑洞式建筑在结构方面的严重缺陷。

甘肃宁县阳坬遗址仰韶文化晚期的F10，就是一座时代较早且保存较为完好的窑洞式建筑遗迹[②]。这座房屋由洞室和过道两部分组成，没有发现室外场地，平面呈“凸”字形。居室平面为直径4.6米的圆形，穹隆顶高约2.8米，室内地面及

①内蒙古文物考古研究所：《岱海考古（一）——老虎山文化遗址发掘报告集》，科学出版社，2000年。
②庆阳地区博物馆：《甘肃宁县阳坬遗址试掘简报》，载《考古》1983年第10期。

墙根高约20厘米的范围皆涂抹白灰面；过道则如拱形隧道，进深1米、宽1.5米、高1.6米（图三）。这座窑洞式建筑在结构方面有两点值得注意：一是穹隆顶而非拱形顶结构；二是窑洞顶部的黄土堆积厚度只有1.5米，远远小于窑洞居室的宽度。宁夏海原菜园村林子梁遗址常山下层文化的F3，虽然整体塌陷，但塌陷状况似乎得以原样保存。从整体塌陷的黄土堆积来看，其顶部结构当与阳坬F10基本相同，而且根据比例推算顶部黄土厚度也只有1.5米左右①（图四）。窑洞式建筑的这两个结构特点，一直延续到整个龙山时代乃至二里头文化时期。龙山时代窑洞居室部分的平面结构多呈“凸”字形，顶部结构虽有一些变化，但始终没有形成典型的拱形顶结构。从园子沟遗址一些复合式的窑洞式建筑如F2006来看，主室平面呈“凸”字形，周壁则略呈倒阶梯状，内弧收顶；门道内侧墙壁与后半外凸部分的墙壁几乎竖向平行，不大可能形成一体化的穹隆顶，却有可能是拱形前顶与穹隆后顶相接而成②。山西夏县东下冯遗址第三期遗存中属二里头文化的窑洞式建筑，似乎更能说明这一问题。该遗址的窑洞式建筑是利用同期内外壕沟的沟壁开凿的，而壕沟的现存深度却只有2～3米。即便上部黄土堆积曾有一定程度的流失破坏，但也不致相去太远。从保存较好的窑洞如F556来看，居室高度一般在2米左右，洞顶黄土堆积厚度往往不及1米（图五）。而且，窑洞顶部结构俱似穹隆顶，仍然看不到典型拱形顶结构存在的任何迹象③。

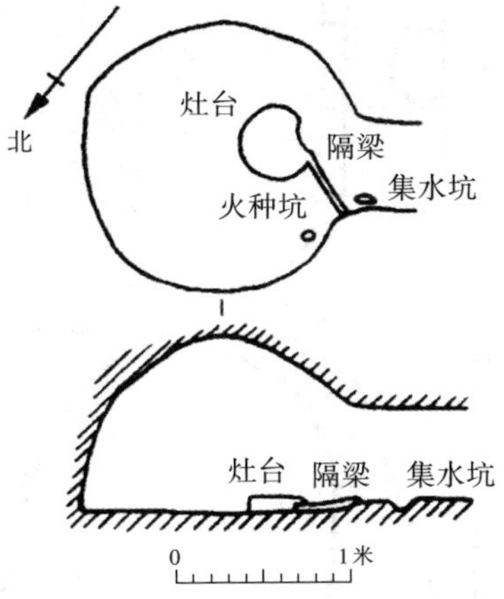

图三 阳坬遗址F10平、剖面图

①宁夏文物考古研究所等：《宁夏海原县菜园村遗址、墓地发掘简报》，载《文物》1988年第9期。

②钱耀鹏：《窑洞式建筑的产生及其环境考古学意义》，载《文物》2004年第3期。

③中国社会科学院考古研究所等：《夏县东下冯》，文物出版社，1988年。

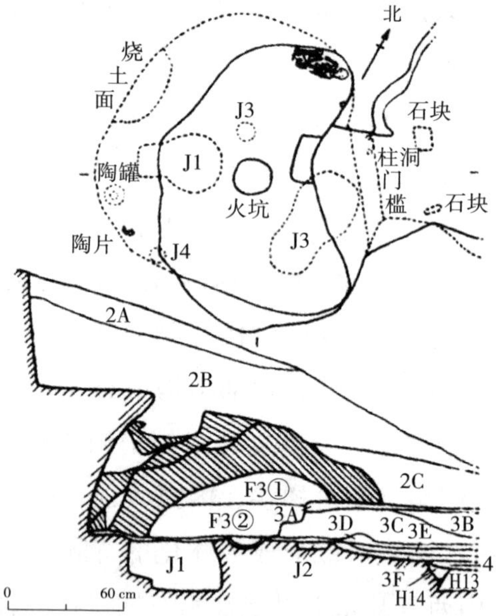

(原图未标明死亡婴儿位置,应在两件陶器东南一侧)

图四　林子梁遗址F3平、剖面图

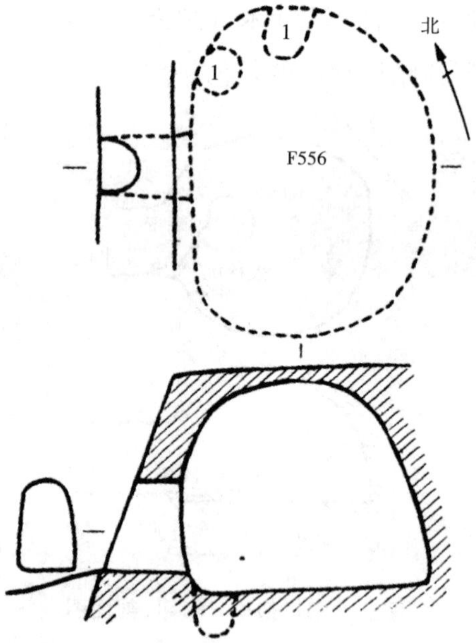

图五　东下冯第三期窑洞式建筑F556平、剖面图

窑洞式建筑的穹隆顶结构，尤其是顶部黄土堆积厚度远远小于窑洞居室的跨度，一旦穹隆顶结构因外力影响而遭到破坏，顶部的黄土堆积通常只能形成一种作用力，即垂直重力。相反，如果顶部黄土堆积厚度大于窑洞本身的跨度，即便穹隆顶或拱形顶结构遭到某种程度的破坏，顶部黄土堆积也会因垂直重力作用而同时形成另外一种作用力，即相互挤压的横向作用力。而这种横向作用力势必一定程度地减小垂直重力的作用程度，进而延缓洞顶整体塌陷过程甚或减小洞顶塌陷的概率。因此，在史前窑洞式建筑普遍存在结构性缺陷的情况下，即便没有突发性外力的强烈作用，也时常会在其他因素的作用下发生洞顶坍塌现象。诸如宁夏海原菜园村林子梁遗址的窑洞式建筑F3，也曾因穹隆洞顶整体塌陷而造成了一老一少的非正常死亡。此外，在无法完全排除喇家遗址两组建筑可能同时存在的情况下，为什么造成人员伤亡现象的灾难遗迹集中发现于台地北部边缘？其原因似乎只有一种，即这一组窑洞式建筑的顶部黄土堆积厚度相对更薄，在强烈外力作用下更容易在瞬间造成洞顶整体塌陷，且足以给居住者造成灭顶之灾。而台地西南边缘的窑洞可能因顶部黄土堆积相对较厚，一定程度地延长了洞顶整体塌陷的时间过程，哪怕是短短的几秒钟，也能使居住者获得逃生之机。在F15内之所以有大量日常用品而无灾难死亡的遗骸，可能就是这种原因。所以，史前窑洞式建筑的结构性缺陷，也是喇家遗址史前灾难遗迹形成的重要原因。

三、喇家遗址灾难事件发生的季节问题

考古资料，尤其是史前考古资料及其测年结果，往往很难将其年代具体到年月日之程度。然而，在突发性事件所造成的灾难遗迹中，则可能蕴含着各种生产、生活方面的重要信息。即便是农业民族，似乎也不能完全排除他们在日常生产、生活中所拥有的季节性特征。亦即导致灾难现象发生的具体时间至少可以用季节来表示。有关喇家史前灾难遗迹的形成季节，根据已报道资料似乎也可展开一些初步的分析和讨论。

F3和F4这两座灾难遗迹所保存的日常生活痕迹及其特点，似乎隐含着较为显著的季节性因素，其中最主要的证据就在于炊事、取暖与灶的使用方面。除前述诸窑洞居室中央的地面灶址之外，这些建筑中往往还有一种壁式烤炉以及室外的“临时”灶址。壁式烤炉的出现，至少说明灶的功能在齐家文化时期已经有所分化，炊事活动渐趋复杂。唯壁式烤炉的详细情况尚未报道，暂且不论。仅依居室

中央地面灶址和室外的“临时”灶址的存在来看，当时的炊事活动似乎没有固定不变的场所。而且，这种现象并不仅仅存在于喇家聚落遗址中，龙山时代许多聚落遗址的建筑遗迹中皆有类似发现。那么，这种现象所揭示的炊事活动特点如何，季节性特征又是如何表现的呢？

从目前的发现来看，炊事场所与居室的分离至少可追溯到新石器时代晚期。如甘肃秦安大地湾遗址仰韶文化晚期的大型房屋F901，后室的情况不甚清楚，但东西侧室均不见灶址，仅在主室（前堂）中央部分有一大型灶台（图六：1）。灶台系由33～43厘米厚的红褐色硬土围砌成圆形泥圈，南侧灶壁尚高出居住面50厘米；灶底暴露出3层，每层灶底之上都有白色草木灰[①]（图六：2）。灶台所在主室明显不是专用厨房，这种现象一般只发生在极少数大型组合房屋建筑之中。可以说在整个新石器时代乃至商周时期，专门用于炊事活动的固定厨房始终没有普遍出现。显然，史前时期的房屋建筑主要是用来居住的，那么，这种居室灶址是否常年都在使用呢？答案应该是否定的。原因不外乎房屋建筑通常需要具备遮风挡雨的功能，窑洞式建筑则更具封闭性特点，而史前居室灶址的最大缺陷就在于不具通风排烟设施。一旦没有取暖的必要，通常就会将炊事活动移至居室之外。尤其在炎热高温的夏季，人们更不便在居室之内进行炊事活动。这种认识并非无端的猜测，居住性房屋建筑的室内和室外灶址就是直接的证据之一。类似喇家聚落F3拥有室内和室外灶址的现象，至迟在仰韶文化早期即已出现。如在半坡[②]、姜寨[③]等大面积发掘的聚落遗址中，不仅各房屋建筑分别拥有室内灶址，居住区范围内还屡屡发现有一些零星灶址。这些灶址周围并无柱洞等房屋建筑存在的任何痕迹，也不便确认与周围房屋建筑的从属关系，但属室外灶址的可能性很大。这种室外灶址的普遍存在，当可说明居室灶址并非常年都在使用。

①甘肃省文物工作队：《甘肃秦安大地湾901号房址发掘简报》，载《文物》1986年第2期。
②中国科学院考古研究所等：《西安半坡》，文物出版社，1963年。
③西安半坡博物馆等：《姜寨》，文物出版社，1988年。

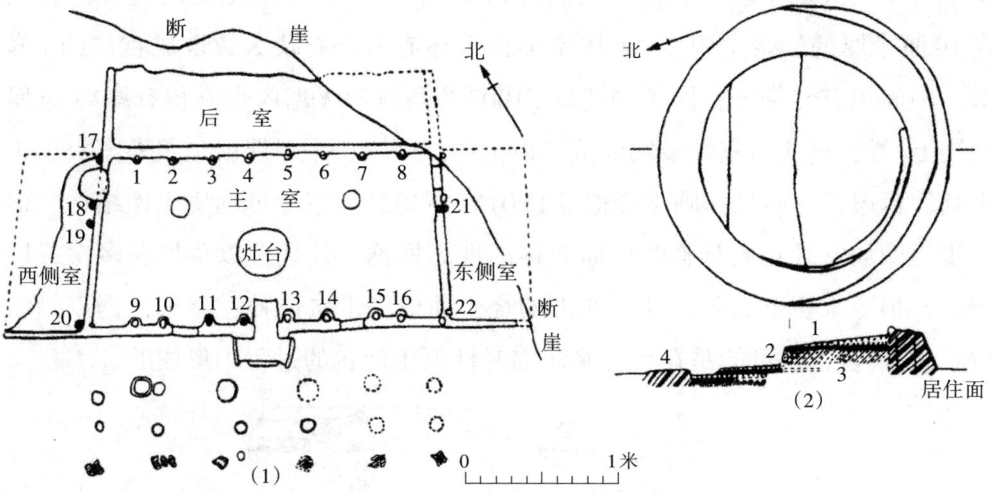

(1)F901平面图(1～22.柱洞) (2)F901灶台平、剖面图(1.草木灰 2.褐色灶底 3.红烧土 4.红褐色泥圈)

图六 大地湾F901平面及灶台平、剖面图

不仅如此，这种炊事活动还可从部分炊具的移动性特征及居室灶址的自身特点中得到进一步证实。在炊具方面，仰韶文化中晚期常见配套使用的陶釜和陶灶[①]（图七：1、2），其中陶灶本身就具有便于移动的特点，且因有底和足而不留烧火痕迹于地面。仰韶文化晚期至龙山时代早期又出现了连体的釜灶（图七：3～6），仍具移动性特点，唯龙山时代早期筒形灶体下部无底而可留烧火痕迹于地面[②]。这些炊具形式虽不见或少见于甘青地区，但我们也无法排除人们可能通过其他方式实现炊事地点的转移的需求，何况这些炊具在渭水流域龙山时代晚期遗存中已趋消失。在居室灶址方面，龙山时代以前多是在居室中央挖一浅坑，形成所谓灶坑。及至龙山时代，居室灶址则已发生了显著变化，虽仍有部分略呈浅坑状，但也常见与居住面平齐甚或高于居住面者[③]。而且，灶址烧土面普遍较为规整，多呈圆形或圆角方形。而灶址底面部分的变化可能也隐含着灶的形式和使用特点之变化。灶址烧土面规整而不散漫，说明应有灶壁隔挡，亦即灶址烧土面以上可能存在灶台。即便大地湾仰韶晚期F901主室的灶台尚属特例，那也不能无视龙山时代诸多线索的存在。且不说园子沟、老虎山、西白玉等老虎山文化遗址一些窑洞式房址

---

①陕西省考古研究所等：《宝鸡福临堡》，文物出版社，1993年。

②西北大学文博学院：《扶风案板遗址发掘报告》，科学出版社，2000年。

③内蒙古文物考古研究所：《岱海考古（一）——老虎山文化遗址发掘报告集》，科学出版社，2000年。

堆积中夹杂的红烧土块，在老虎山遗址F65的圆角方形灶址上还发现几块石板被埋在10厘米厚的红烧土中，F66居室地面上还有若干石块大致堆成直径约1米的圆形，中间填有红烧土；园子沟遗址F1003圆角方形火塘内也堆积有厚约15厘米的红烧土①等。这些居室灶址底面范围以上的红烧土，很可能就是毁弃案板出土的泥土制灶台遗存。而且，圆子沟遗址F2015、F3021居室灶址的烧土面结构，似可进一步说明居室灶台当具临时性而非移动性。据称，灶址曾以草拌泥多次或层层“修补”，但令人费解的是，灶址底部的烧土面何需多次修补？看来，据以判断为“修补”的痕迹，也可能是在反复修建临时性泥土灶台的过程中形成的。

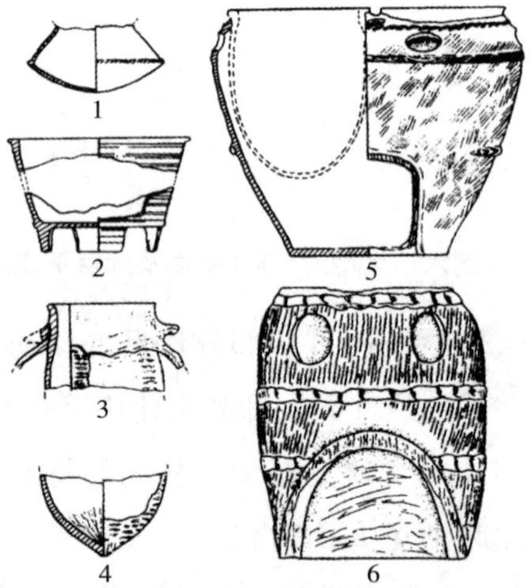

1、2、5.福临堡出土灶具(H8:24、T5④:2、H23:3) 3、4、6.案板出土灶具(GNDH16:33、41、3)

图七　史前时期陶质灶具

后车所鉴，乃前车之辙，夏商时期的相关发现无疑也具有一定的参考意义。在东下冯遗址二里头文化窑洞式建筑中，居室灶址多已移至门内一侧，既有瓢形灶坑，也有烧土地面。额形灶坑底部如F595、F565多有3～4个圆形土柱（图八），而有些烧土地面上如F586、F564则存置一些石块（图九），两者的功能当无二致。其中最为明显的变化莫过于灶址的结构，无论是灶坑还是烧土地面，在距灶址底部高约20～50厘米的墙壁上常有烟道通往室外。封闭式灶台存在的证据虽不曾得到确认，但若无封闭式灶台，则烟道就很难发挥抽气排烟的作用②。亦即东下冯遗址二里头文化房址中的灶址，不应只附有烟道，还应存在相对封闭的临时

①内蒙古文物考古研究所：《岱海考古（一）——老虎山文化遗址发掘报告集》，科学出版社，2000年。

②圆子沟遗址F2004灶址也曾发现有烟道，但非居室（主室）灶址，且文字及图示皆不甚清楚。

性灶台。更能说明问题的是，在山东章丘董东村遗址商代晚期房址F1中，明确发现有泥土制炊事灶台。灶台位置与前者基本相同，在居室门内一侧，保存相当完好[①]。灶台是在修建房屋的过程中利用原生地面挖建、修整而成的，平面呈椭圆形，由火门、火塘和烟道等部分构成，火塘之上留有圆孔并置1件陶鬲（图一〇，图一一）。尽管其时代相对较晚，但也进一步验证了泥土制封闭式灶台存在的客观事实。龙山时代诸多房址中之所以仅有灶面而无灶台，可能就是季节性需求以及灶台即造即用、不用则弃的建造和使用特点的具体表现。

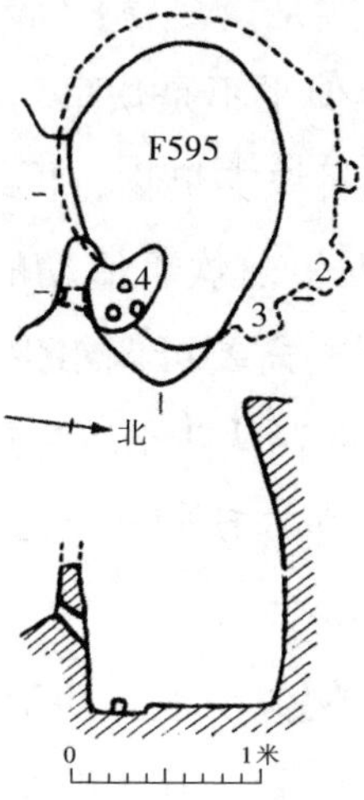

1～3.壁龛　4.灶

图八　东下冯第三期窑洞式建筑F595平、剖面图

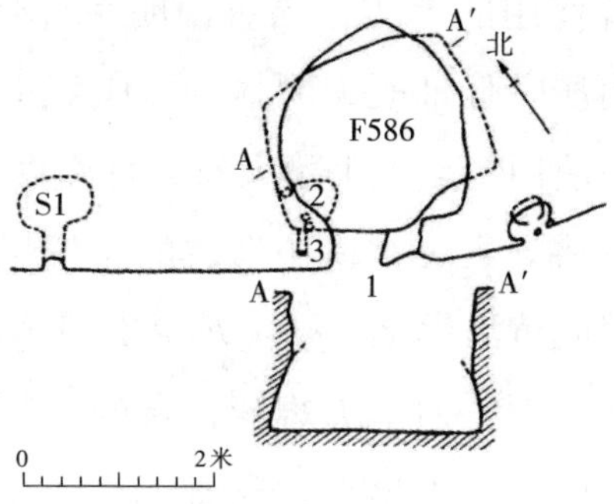

1.灶　2.烧土面　3.烟囱　S1.储藏室

图九　东下冯第三期窑洞式建筑F586平、剖面图

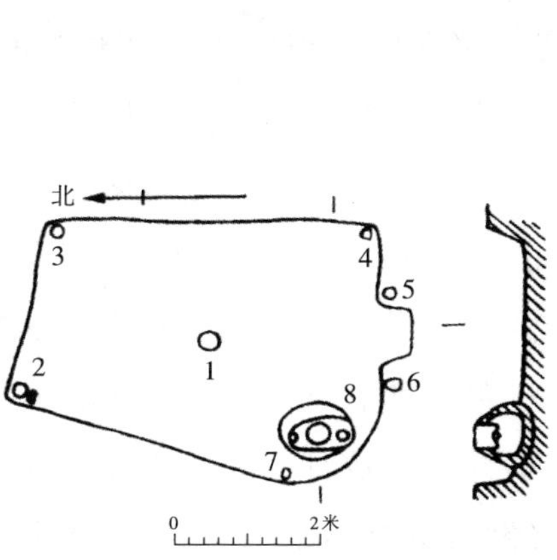

1～7.柱洞　8.灶

图一〇　董东村商代晚期F1平、剖面图

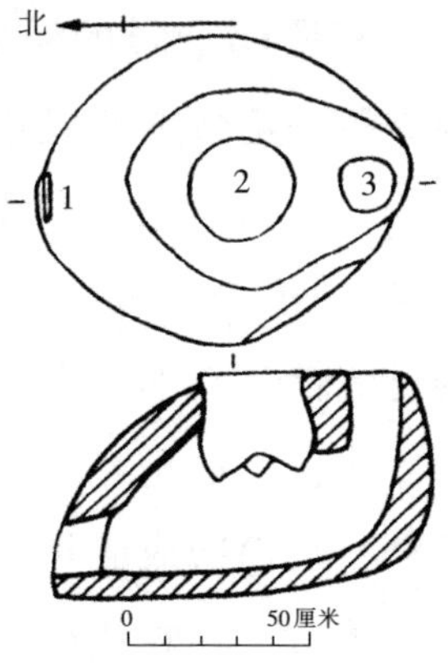

1.火门　2.陶鬲　3.烟道

图一一　董东村商代晚期F1灶台平、剖面图

①山东省文物考古研究所：《山东章丘县董东村遗址试掘简报》，载《考古》2002年第7期。

在此基础上，我们可进一步考察喇家史前灾难遗迹中灶址的特点与使用情况。据报道，F3居室中央的坑形灶址内尚存红烧土面及草木灰烬，但无石块等支垫物；室外场地简易灶址的红烧土面上除支垫柴草的石块外，也发现有草木灰烬。F4居室中央灶面上因有人骨而未全部清理，但从已清理的部分来看，既没有发现支垫物与草木灰烬，也不可能有灶台或炊具存在。退而言之，无论喇家遗址齐家文化居民是否使用灶台，F4居室灶址当时都处于暂停使用阶段。F3和F4无疑应是同一突发性事件导致的灾难遗迹，前者居室灶址尚在使用，而后者居室灶址却不曾使用，似乎难以解释。然而，我们不能忽视的事实是，尽管F3居室内外的灶址同时都在使用，但居室灶址上除了灰烬别无他物，似乎不是炊事活动的主要场所。而室外场地简易灶址则有所不同，其上还存在着石块支垫物，再结合F4居室灶址不曾使用的事实，当可说明室外灶址才是灾难发生前炊事活动的主要地点。进而说明居室灶址既无明显的取暖意义，同时又因某种需要可偶尔生火。居室灶址的这一使用特点似乎不大符合冬夏两季的需求，唯有春秋两季较为适合。这样，我们便可将导致灾难遗迹形成的突发性事件初步确定在春秋两季。联系到地震之后的山洪或黄河洪水，则灾难最有可能发生于多雨的秋季。

此外，喇家遗址灾难死亡者的年龄结构和性别比例似乎也有助于认识灾难发生的季节问题。据鉴定，灾难死亡者多为女性和未成年者，其年龄结构和性别比例不应是当时人群实际情况的反映[①]。尽管F7和F10的人骨仍有待鉴定，但F10也仅发现了2具人骨，情况可能类似于F3，当非正常的家庭成员组合。而且，这些灾难遗迹，尤其是F4成员的大量死亡现象，说明灾难很可能发生于夜间。那么，是什么原因导致一定数量的成年男性昼夜离家在外呢？是商贸、战争，还是某种特殊的生产活动？而喇家聚落及其灾难遗迹中没有发现任何专门化手工业生产或者处于战争状态的蛛丝马迹（防御设施绝非战争状态的直接证据）。因而，源于商贸与战争的可能性几乎不存在，只有特殊的生产活动似乎才是成年男子成批离家在外的原因。而秋季恰是各种野生动物度过繁育期后身体最为肥壮的季节，非常适于狩猎活动，从而造成成年男子集体外出并长达数日之久。相反，春季却是粟作农业的耕种季节。在农业成为决定性的经济部门以来，农业生产便不大可能完全由女性承担。一年之计在于春，成年男子似乎不会在春季成批外出不归。就是

①王明辉：《青海民和县喇家遗址人骨及其相关问题》，载《考古》2002年第12期。

说秋季的狩猎活动（也不排除游牧活动）可能就是造成灾难死亡者年龄结构和性别比例失衡的原因，似乎也可一定程度地印证灾难发生的季节，尽管还需要更为确凿的直接证据。

四、F20和F21建筑性质的初步认识

2002年度在喇家聚落遗址小广场东南部发现的F20和F21，明显有别于同时期普遍存在的窑洞式建筑，分别拥有成排、成列的柱洞遗迹。这一发现初步揭示出喇家遗址齐家文化聚落房屋建筑的多样性，同时又不可避免地涉及这类房屋建筑的功能和用途。F20被确定为地面式建筑，而F21则被确定为干栏式建筑。其中，有关F21的功能和用途，发掘者参考一些建筑史学者的意见认为，F21很可能就是“社”或“明堂”一类的干栏式礼制建筑①。显然，无论是分布位置，还是建筑形式，都显示出这两座房屋在喇家聚落遗址中的特殊性，但其功能和用途尚需进一步探讨。

在以窑洞式建筑为主体的喇家聚落遗址中，居住性房屋建筑一般都分布在便于开凿断面，进而营建窑洞的台地边缘。而F20和F21却分布在台地中央小广场的东南部，这首先就从分布位置方面显示出它们的特殊性。其次，基于F20柱洞范围内系加工较好的硬土地面，局部地面又为烧土硬面，地面上还散布有大量石器、陶器、骨器、漆器等各类遗物，遂被确定为地面式建筑。而F21柱洞范围内的地面不存在明显的硬面及活动痕迹，也没有发现什么遗物，因而被确定为干栏式建筑。这些判断无疑是合理而恰当的，无须赘言。只是这两座建筑还有一个共同特点，即两者都没有发现屋墙存在的迹象，明显属于非居住性房屋建筑。即便如此，由于非居住性建筑在聚落遗址中的功能和用途往往较为复杂，通常需要从诸多方面进行分析和判断。

F20虽不是居住性房屋建筑，但所有迹象都说明经常有人在此活动，且活动时间一般应是白天。房址东侧有1座大型窖穴H38，虽未出土重要或特殊的储藏物品，但在清理过程中却发现有木质框架痕迹，显示出这座窖穴及其储藏物品可能较为特殊。该窖穴虽与F20密切相关，但F20并非居住性建筑，当非个体家庭所有。屋内地面散布遗物的具体类型虽未详细报道，但仍可初步划分为生产工具

①中国社会科学院考古研究所甘青工作队等：《青海民和喇家遗址发现齐家文化祭坛和干栏式建筑》，载《考古》2004年第6期。

（石器和骨器）和生活用具（陶器和漆器）两大类。而地面上散布的石器、骨器等生产工具，当可说明F20可能与某种公共性质的手工业生产活动有关，H38或者就是相关的原材料及其成品的临时储藏场所。同时，F20四周没有屋墙，不仅说明它是厅棚一类的地面式建筑，而且也说明这种生产活动具有季节性特点，至少不大适合于冬季活动。至于具体属于何种手工业生产场所，待相关资料详细报道后或可做出更为准确的判断。

F21房址柱洞范围内的地面上没有明显的人为活动痕迹，说明该建筑的功能和用途主要体现在地面以上部分，无疑应属干栏式建筑。尽管该建筑地面以上部分已荡然无存，但从建筑形式和使用特点来看，该房屋建筑的功能和用途理应有别于F20。问题的关键在于北方地区的干栏式建筑是否一定与礼制有关。从建筑传统方面来说，黄土高原地区常见竖穴式、地面式、窑洞式建筑，龙山时代还出现了一些地面高台式建筑，唯干栏式建筑极为少见。为什么喇家遗址齐家文化的居民要背弃传统，以他们最不擅长的技术和形式建造最为重要的礼制建筑，似乎于理不合。而“社”代表土地神，即便不考虑后世的“左祖右社”之制，通过干栏式建筑悬空以祭地神，亦似于理不合。而仅3米见方的“明堂”，又如何能够凸显礼制建筑的堂堂威仪？在提出这些疑问的同时，我们还应注意到在中央小广场与F21形成之前，喇家聚落曾一度拥有宽大的环壕设施。尽管中央小广场形成于环壕废弃之后，但还不足以说明喇家聚落已经拥有绝对的安全保证，完全不需防御。再者，在干栏式高台建筑中，防御性的瞭望所也并不罕见，而喇家聚落干栏式建筑的规模似乎更符合瞭望所的实际需要。的确，F21位于中央小广场附近，与一般分布在居住区周围的哨所类防御设施不大符合①。但我们不能忽视的是，防御性哨所未必只有一种形式，至少可以分为守卫性和瞭望性等哨所形式。其中，瞭望性哨所的主要功能应在于通过远距离观察以达到提前预警防范之目的。基于远距离瞭望的需要，瞭望所的高度通常就会超过其他用途的建筑形式，而干栏式建筑似乎能够以最便捷的方式达到较为理想的高度。再者说，喇家聚落的居住性建筑基本分布于台地边缘，人们已不便再在台地外围边缘的低地修建守卫性哨所，而中央广场周围的台地范围似乎又是修建瞭望所的最佳场所。因此，在喇家聚落的整体布局有待进一步探明以及相关证据尚不充分的情况下，我们还不能完全排

①钱耀鹏：《关于环壕聚落的几个问题》，载《文物》1997年第8期。

除F21作为瞭望性防御哨所的可能性。

概括起来，喇家遗址齐家文化聚落及其灾难遗迹的发现，为探讨黄河上游史前文化发展以及人地关系变迁史提供了极为重要的资料。尤其是喇家这类黄土堆积并不丰厚的遗址中，之所以普遍采用窑洞这一建筑形式，无疑与森林资源的极度匮乏有关。山洪与洪水遗迹则进一步说明了由于森林与植被遭到较大程度的破坏，进而导致了较为严重的水土流失现象，人类也为此付出了相当惨重的代价。通过对喇家遗址资料的深入研究，可以更加充分展现喇家遗址发掘的科学价值和意义。相信随着喇家遗址考古发掘工作的进一步展开，还将取得更多的重要发现与研究成果。

（本文原载于《考古》2007年第5期）

喇家遺址與飲食文明

——青海喇家遺址史前飲食文化的考古發現

葉茂林

中國社會科學院考古研究所

一、前言

喇家遺址是黃河上游齊家文化時期一個重要而大規模的遺址，位於青海省民和縣官亭鎮喇家村，面積約二十多萬平方米。經過多年的考古發掘（圖一），不但有豐富的齊家文化資料出土，也發現難得一見的史前災難現象。在出土文物中，發現許多關於飲食文化方面的考古出土實物資料，爲探討中國飲食文明的發展歷程，提供了很好的研究材料。文獻記載，禮起源於飲食（《禮記》："夫禮之初，始於飲食"）。可知飲食文化與禮制起源二者之間具有密切關係，也就是說，中國文明的起源，當與中國史前飲食文化的發展演變和流傳有著重要的關聯和傳承。本文嘗試從這個角度，透過飲食文化的相關出土材料考察喇家遺址的文明化進程。

圖一　喇家遺址考古發掘現場一角

二、喇家遺址中飲食文化的相關遺存

關於飲食文化的遺存，是非常廣泛而豐富的，可謂包羅萬象。在喇家遺址出土材料中，就包括農業生産、糧食作物、動物性食物、食品存貯與加工、生活飲食用具、祭祀饗品，以及與之相關的各種考古實物資料等等。當然，就飲食考古而言，最重要的發現當屬出土的食物遺存和食物器具。在這方面，喇家遺址已經獲得了一些頗爲重要的發現。

(一)植物性食物

透過浮選法，喇家遺址發現的植物性食物主要有粟、黍，還有苜蓿。新石器時代，粟、黍是黄河流域和北方地區大量種植的主要糧食作物品種，也是世界公認在中國本土馴化起源的糧食作物。由出土的數量比例顯示，粟爲主，黍爲次。喇家遺址的發掘也顯示相同的結果。一般認為，粟、黍和南方的稻米都是適宜粒食的糧食，因此，長久以來，早期中國形成了以粒食爲主的傳統飲食文化特色。但是喇家遺址的發現，卻顯示在當時早已出現麵食傳統，這點在後面將進一步討論。

關於苜蓿，目前還不能肯定是作為飼料還是人們的輔助食品，但是可以肯定在當時已是由人工種植。在發掘過程發現，當時人類居住的房址裏，也發現了苜蓿，表明當時苜蓿已經在人們生活中居於一定重要位置。由此可推測，苜蓿很可能在當時已經成為人類食物。此外，苜蓿作爲豆科植物，是一種很好的根瘤菌固氮生物，具有生物固氮作用，對土壤肥力增強有很大的效用。以上發現，在一定程度上顯示出，喇家遺址的先民或許已經開始懂得種植苜蓿，既生産飼料，也起肥田作用，甚至可能也作爲人類的食物享用。

(二)動物性食物

喇家遺址的發掘過程中，挖掘出了許多殘碎的動物骨頭遺存，這些獸骨絕大多數應該是人們食用動物性食物的殘留。目前我們還沒有進入動物考古的科學鑑定和分析階段，但經由初步觀察得知，飼養的品種主要有豬和羊（圖二，圖三），也可能有比較大型的動物，如牛等。其中，豬最多，其中還發現以豬下頜骨隨葬的現象（圖四），表明當時存在以豬下頜骨作爲財富象徵的可能性。

圖二　動物肩胛骨用作蔔骨

圖三　喇家遺址廣場上奠基埋葬的猪頭

禽類的遺存發現較少，由於未經明確科學鑑定，還不能分辨發掘出的禽類骨頭屬於家禽或野禽。此外，部分獸骨也有可能是獵獲的野生動物的骨骸。在水産食物部分，幾乎沒有發現魚的骨骸，僅在公元2007年的挖掘中，發現了很少的蚌片，且還不能肯定是作爲食物的殘餘。由以上資料分析，喇家遺址先民的動物性食物，僅限於特定的幾項種類，選擇不多，這既與實際的客觀生活條件有關，顯然也具有某種文化傳統的背景。當時家養動物的畜牧飼養業，明顯已經具有一定的規模，這反映出喇家遺址的齊家文化在畜牧養殖經濟方面佔有相當比例的成分，所提供的動物性食物是喇家遺址先民飲食生活中一個重要的食物品類。人骨的食性分析也得以證明，後面還將提到。

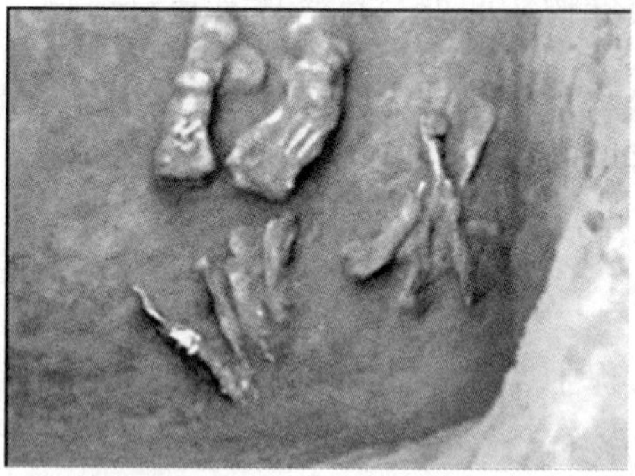

圖四　放置在墓葬人骨脚端隨葬的猪下頜骨

（三）爐灶設施

喇家遺址的房址中，發現多處都存在著壁爐形式的爐灶設施，與房址中央地面普遍具備圓形火塘同時並存。經過清理和研究，幾乎可以肯定，這種壁爐的功能主要不是用以取暖，而是作為烤製加工食物的烤爐（圖五），其結構多是用一塊石板分隔火膛與烘烤空間，顯然也不是採用火直接燒烤的方式。從烘烤的石板面上相當乾淨整潔的情況看來，烘烤的食物應該是一種沒有油脂成分的東西，很可能是糧食類的主食，說明烤炙方法已經頗爲講究。我們初步認爲，這是一種較為先進的烤製食物的方法，可能也是加工主食很重要的方式，推斷是烤製餅類或麵包類的食物。如果這個推測成立，那麼在喇家遺址就很可能同時還存在種植小麥的麥作農業。雖然目前喇家遺址還沒有發現小麥的實物遺存，但在中國同時期或甚至稍早的其他文化遺址裏，就已經發現過小麥，所以在地處西部的喇家遺址，也很可能已經出現小麥。但這部分的推測還需要繼續努力進行探尋，以期獲得新發現加以佐證。

圖五　喇家遺址房址裏的壁爐結構

就烤爐普遍存在的情況判斷，其反映出喇家遺址中，麵食加工製作已經形成一定規模，而非偶爾爲之的個別現象。從這裏也就可以看出齊家文化時期食物加工技術的一些新發展。

（四）麵條遺存

在喇家遺址中，編號F20位於第Ⅴ區小廣場上的一個地面建築內，在西元2002年發掘出土一件碗內殘留的麵條遺存（圖六～圖九）。這個發現經過科技方法的分析測試後，跨學科合作確認其爲麵條，此發現的論文於公元2005年發表於《自然》雜誌，相關報導受到世界廣泛的關注並引發了熱烈的討論。研究鑑定結果表明，這個麵條食物是以粟為主材料，並添加一定量的黍，經壓製加工做成，推測是使用某種類似現在還使用的餄餎之類的加工工具壓製成麵條形狀。在這個麵條遺存中，甚至還發現了少量碎骨頭渣和一些添加料，顯示其中可能佐有肉末和調料以使味道鮮美，而且其烹飪工藝已經極爲成熟。這部分遺存我們還在持續進行鑑定工作。

圖六　出土麵條保存狀態

圖七　喇家遺址小廣場上地面建築F20遺跡情況，
盛麵條的陶碗出土在房内地面的東北角位置(北一南)

圖八　喇家遺址麵條出土時的情況

圖九　喇家遺址發現麵條的陶碗揭開之前的情況

盛麵條的陶碗，被發現時倒扣在室內地面，陶器保存完好，開口處滲進許多可能是洪水遺留的泥土物質，封堵住陶碗，但是卻沒有擠壓到碗底的麵條，才使麵條在深埋地下兩米的封閉環境中保存近四千年。出土時麵條遺存雖然已殘破不堪，但形態尚在，被考古學家及時拍攝下來，保留了最初發現時的麵條形貌。後來，麵條已完全風化，只殘留泥土物質，但科學家針對風化泥土中的麵條物質進行解析，找到了麵條的遺留，並以新的科學方法進行探索試驗，恢復麵條的外在形貌，從而提供考古學考據上的可靠證據。是考古學上極其重要而罕見的發現。

上述關於壁爐和麵條的發現，充分顯示喇家遺址食物加工製作技術的高度進步，同時也證明麵食食物和麵食文化在當時已發展成熟，而且呈現出多樣化的趨勢。由此可以表明，中國的麵食文化發展甚早，讓我們對史前飲食情況有了全新認識。其實，中國飲食中的麵食文化，並不僅是從小麥出現才開始，在中國最早出現的粟、黍糧食中，就已經開始食物的多樣化製作，中國先民很早就懂得麵食的加工方法，這個問題已經有學者深入探討，在此不做更多討論，王仁湘先生曾在文章中提出諸多考古資料，可資佐證。

(五)史前農業遺存

關於喇家遺址糧食生產的史前農業遺存，從出土的農業生產工具上，我們獲得相當豐富的參考材料。目前已發現的生產工具並不侷限於石器，還包括骨器和木器等。其中，木製器具應該是當時農業生產過程中使用最為廣泛的農具。我們曾經在一些窖穴或灰坑的坑壁上，觀察到類似工具留下的明顯痕跡，有些可以肯定就是木器工具的痕跡。喇家遺址也出土了比較豐富的石器工具，限於篇幅恕不贅述。

農業考古方面，我們近期還做了一個有意義的探索性工作，嘗試探尋史前旱作農業的耕地。在考古工作上，至今尚未發現史前旱地農業的耕地遺存，也無法識別旱作耕地的原始形態面貌，考古學家對此還沒有獲得進一步的認識。史前的水田遺跡，已經在許多地方有了發現，但是旱地還沒有發掘過。主要的原因在於旱地的土質鬆散、成形較差、極易變化，難以完整保存原始狀態，往往荒廢後就無法保持耕地的原貌；再經歷後期地層堆積和疊壓覆蓋後，常常被壓實而改變原來耕作層的結構和形態，其原始種植和耕作層的外觀面貌也就無法完整真實保存下來。

喇家遺址因地震和洪水而毀滅，洪水淤積層對保存當時原貌具有一定的保護作用，此外，地震使人類活動瞬間停止，而在還沒有被撂荒時，又迅即受到洪水淤泥層的覆蓋，因此很有可能保存當時耕作層的面貌，爲考古探尋提供了有利條件。我們在公元2006年的發掘中，專題性地進行了這方面的探索工作，雖說發掘清理的情況還不盡如意，卻也是一次非常重要的試探性考古實踐的嘗試，而且也確實有明顯的研究進展。目前採樣的實驗室分析工作還在進行中。如果喇家遺址耕地現象能夠被確認，必定是史前農業考古和飲食文化研究的一個新突破，並將開展一個嶄新的研究領域。

（六）食物存貯方式

喇家遺址發現的存貯食物方式，除了使用陶製器皿貯藏食物外，還經常出現窖穴貯藏。考古發掘中的灰坑，其中許多可能是窖穴，有些開始是窖穴，後來廢棄變成了灰坑。窖穴是先民儲存收藏糧食或其他物品的一種地下處所。筆者還曾研究推測，史前時期的窖穴，因爲存放糧食或食物，經使用一段時間後，容易形成細菌微生物滋生，所以一定時間就必須廢棄，另選新的窖穴，以保證糧食或食物不會變質，利於存放。因此這種地窖數量龐大，一經廢棄就成了灰坑。在喇家遺址發現了比較多的灰坑，發掘至今已經編號約九十多個灰坑，其中不少應該是窖穴。比較明顯的，如F7室內後壁下發現一座灰坑，肯定應該是窖穴（圖一〇），同時在其中也發現並清理出許多糧食粟、黍的碳化實物遺存。在前面提到的F20，出土麵條的地面建築，在房址背後發現一座灰坑，也應該是窖穴，它的口部接近方形，窖穴內壁和口部存留許多明顯的木頭印痕，可能是使用木頭加固和支撐作用的邊框痕跡，雖然沒有發現明顯的糧食遺跡，但可以推斷是作爲儲藏物品的室外窖穴；在這個房址的室內也有一個窖穴（圖一一）。

在喇家遺址小廣場上還發現一個埋有人骨的殺祭坑，人骨拋棄斜置於坑內，頭朝下，應該是窖穴廢棄後，用來臨時埋人，實際上類似於祭祀坑，從坑口有木頭框架痕跡可以反映出其原是窖穴，痕跡表明原來還有加蓋的意思（圖一二）。舉以上數例，說明大多數灰坑都可能曾是窖穴，是當時的食物儲藏收納方式之一。還有一個編號H65的圓形規則的窖穴，坑內存放了許多比較完整的陶器，這些器物看來都是先民們日常生活的飲食用具，說明是與人們飲食生活密切相關的（圖一三）。

圖一〇　喇家遺址F7室內的窖穴，因災難而毀的房址掩埋了人骨遺骸和曾經使用的大量陶器的碎片

圖一一　喇家遺址F20房址裏外的兩個窖穴，出土麵條就發現在這個房址內的地面上

与之相关的，还可以举一个特殊例子。在喇家遗址小广场上发现的編號F21的地面建築，有九個柱子洞，呈方形，約三米見方，位於F20發現麵條的房址僅有幾米的距離。推測這個九個柱洞的建築是一個干欄式的建築（圖一四），有學者認為可能是屬於“社”類的特殊禮儀建築。實際上，這種建築是起源於存放糧食的高臺建築，後來演變成爲祭祀穀神或祈禱豐産以至祖先崇拜的禮制建築，依此推論，這個建築遺跡同時反映了食物存貯的歷史現象。

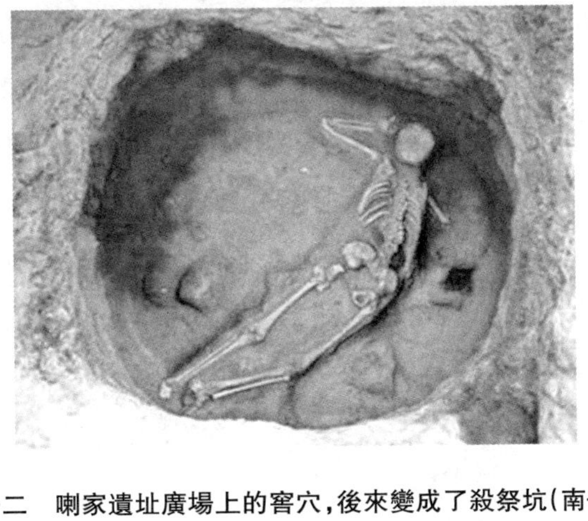

圖一二　喇家遺址廣場上的窖穴，後來變成了殺祭坑（南一北）

圖一三　喇家遺址H65窖穴出土許多陶器

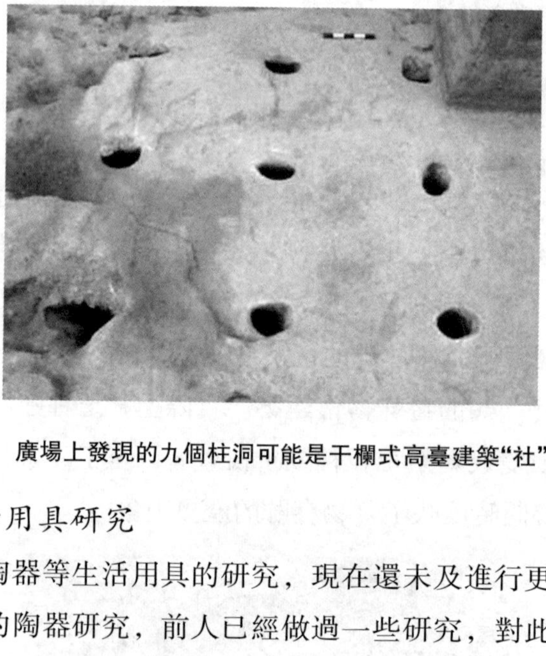

圖一四　廣場上發現的九個柱洞可能是干欄式高臺建築“社”的遺跡

(七)出土生活用具研究

喇家遺址出土陶器等生活用具的研究，現在還未及進行更多深入的工作。不過，關於齊家文化的陶器研究，前人已經做過一些研究，對此已有比較明確的認識。在喇家遺址出土的器皿中，陶器一般具有較典型齊家文化的特徵，其分類也大體相當。基本上，和其他各時期各地各類史前文化一樣，陶器幾乎包含了喇家遺址先民飲食生活中的全部用具（圖一五，圖一六）。其中還可以細分爲食（餐）具、炊具、水具（圖一七）、盛貯具，甚至有酒具等等，這裏就不細緻詳述。

圖一五 喇家遺址出土的齊家文化陶器

圖一六 喇家遺址出土的陶器

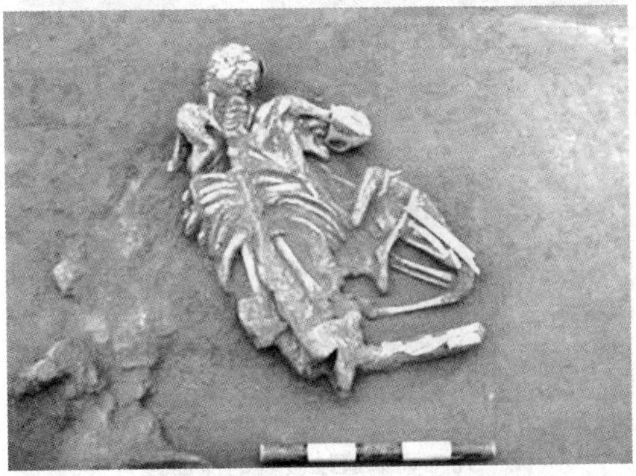

圖一七 喇家遺址F23房址內清理出來的被掩埋的嚴重變形的人骨架，成人右臂護住的小孩嘴上還叼著紅陶水杯

喇家遺址發掘出一批相當特殊的器物（器皿），如彩陶和漆器等（圖一八～圖二〇），特別反映了美食美器的特殊意義。在食具中，還應該提到的是，骨質加工的用具，如骨叉子、骨鏟等，都可能進食肉食所使用的器具。這些骨頭本身是動物性食物的遺存，而加工成的用具，又作為肉食品飲食的使用器具。骨叉的三叉形構成，與現在的金屬叉子結構非常相像。

圖一八　喇家遺址出土的雙口彩陶壺

圖一九　喇家遺址發現的漆器殘片

圖二〇　喇家遺址出土的漆器殘片

在漆器部分，喇家遺址中已經發現不少零散的漆片和漆器痕跡，這在齊家文化時期是相當重要而特殊的高等級器皿，顯然具有特殊的含義，應是一種禮器的性質。不過從發現的位置情況看，出土漆片的地點分佈非常廣，遺址上各處的房址居室、灰坑窖穴、堆積地層等都有發現，說明漆器殘片的遺存到處都能見到，反映出在使用上已有一定的廣泛性和普遍性。儘管還沒有發現過比較完好的漆器出土，然而不能否認它的存在和重要性。

彩陶也應是一種禮器，齊家文化彩陶的發現不多，喇家遺址彩陶發現也不多，這正說明彩陶的特殊性和特別之處，它體現了喇家遺址陶禮器所代表的特殊意義和高品質生活狀態。所謂禮器，就是為符合人們禮制禮儀需要而在特殊講究場合使用的特別器物，它有別於普通的器物器具，但它仍然是先民生活中的實際用品，只不過其在精神文化方面的含義超越了物質本身。由此可見，當時的物質生活，承載了精神生活的內容，使它變成了禮制的一部分，並顯現文明內涵。

我們曾經認爲，在廣場地面建築F20裏發現的麵條遺存，很有可能也是作為祭祀儀式使用的祭品，或許它本身就是一種特殊的食物遺存。這件陶碗因其特殊用途，而成爲一件美食美器的禮器。

三、問題和討論

這裏我們要著重討論和解釋喇家遺址發現麵條的問題。

這個麵條遺存的發現和認定，曾引起許多思考，對此也有個別爭論，我們私底下聽到一些不同的意見。

(一)粟、黍的麵食問題

過去人們多認為，中國傳統的粟、黍類糧食都以粒食為主，因而麵食就不可能更早。一般認爲華夏食物中的麵食起源應該是在小麥出現之後。還有人對粟、黍麵粉的黏性提出懷疑，並認爲使用粟、黍擀不出麵條；甚至有人認爲麵粉的磨麵加工就已存在問題，由於漢代才有磨麵的石磨出現，磨麵之後還需要過篩，那時肯定沒有這樣細密的篩子；更有認為，麵條根本不可能保存下來。雖然沒有任何人公開發表過這些意見，我們還是願意在此給一個負責任的回答。

其一，遺址中尚未發現小麥，不等於說一定沒有，在前面我們已經有了一個推測。我們當然是希望能夠進一步找到小麥的遺存，用實物證據來說明。但是，如果今後還是沒能夠找到，也無關大局，因爲，考古發現存在一定的偶然性與必然性的關係。我們的發掘面積很小，其發現肯定會受到一定的限制。舉例而言，我們從很多方面已經充分肯定喇家遺址存在製作玉器的現象，但是至今我們還沒能找到製作加工玉器的現場證據。

喇家遺址麵條遺存的具體成分，我們從植矽體、澱粉進行成分分析，也在最近完成分子生物學分析結果，從分析結果可以充分表明其是由粟、黍製作，而沒有發現小麥的成分。因此它無關是否發掘出小麥遺存，而是粟、黍麵食的問題，下面我們會討論到這個問題。

第二，現在中國發現的早期小麥證據，已經不是極少數了，在與喇家遺址年代相當甚或更早的遺址中，如山東聊城茌平的校場鋪遺址，已有小麥實物被發現，研究者認爲這一發現對探討小麥傳入中原地區的時間和傳播路線提出了新的挑戰。這些相關資料能夠證明小麥在這個時期已經存在，若設定小麥是麵食主材料的基礎上，上述發現也足以説明在齊家文化時期，華夏地區已出現麵食的可能性。

第三，研究者並不都認爲必須以小麥作爲中國麵食出現的基礎，中國的粟、黍糧食品種，早就出現以麵食方式加工的食物，這方面的證據並不在少數。王仁湘先生在其著作中曾提供並介紹了相當充分而且可靠的考古資料，並認爲至少在五千年前，就已經有餅食出現，足以説明中國的麵食起源甚早，華夏先民在小麥出發之前就已廣泛存在著麵食的現象。喇家遺址小米麵條的發現，為飲食考古的研究增添重要的新資料。從文獻上考察，古代曾經把麵條叫做湯餅，由此可以得知由於先前已經有餅食方式，餅食就是麵食的最初形式，麵條出現後，自然習慣上就稱之爲湯餅了。

第四，我們並不認爲喇家遺址出土的麵條就是最早的麵條，它只是早期麵條遺存的一個考古發現代表，很可能在更早之前人們就已經開始食用麵條，但限於保存條件的因素而難以發現。喇家遺址的麵條是在極其偶然的情況下，才得以保存和發現的，這幾乎沒有肯定的必然性，所以也很難解釋。只不過，事實俱在，我們身爲考古工作者必須澄清的是，基於考古發掘現場的實證，及對於考古遺存的文化性質和地層層位考據之正確性，當可推論並證實其的確屬於喇家遺址齊家文化年代。考古當時看到的麵條模樣，被照相機真實記錄下來，足以充分肯定這個發現之實證。

第五，齊家文化麵條的遺存經科學家進行科學分析測試，科學研究的結果經過世界最權威的科學刊物嚴格的審稿程序及權威專家的審定和肯定。因此，這兩方面的事實和科學依據加起來，可以證實並肯定它是麵條的結論。我們認為這是一個順理成章的邏輯。其實，我們事先已經感覺到會引起很大的波瀾，本來也可以採取含糊其詞的方式，避免造成爭議，只就實際發現的現象和科學分析結果說明，而不推導出結論，但是那樣未必是一種科學態度，同時也讓一個重要的發現不能得到學界應有的關注，這是不負責任的做法。

第六，最重要的一點是，我們沒有把發現的麵條遺存全部在實驗室分析中消耗掉，而是事先已保留一部分，留待日後繼續進行分析和新的驗證。實際上，參與本計畫的科學家一直針對剩下的資料，以多種方法進行更深入的分析測試，目前據說已依據分子生物學的研究方式分析出結果，並發現更多的營養物質成分。新的成果將在日後陸續公佈。我們有更充分的把握肯定自己的工作是嚴格的、科學的、經得起檢驗的。當然我們也歡迎其他學者用更權威的方法，來重新檢視或再驗證我們的分析測試結果。

關於所進行的科技分析檢測的實驗室工作，我已經在《百科知識》等雜誌上發表過比較簡單的敍述和介紹，但可能並沒有清楚說明這項科技工作的內容，這方面須留待科學家們另行發表。不過我充分相信科學家的工作，就像科學家充分相信我們考古學者的工作一樣，如果沒有這種充分的相互信任，跨學科之間的合作就無法持續進行並取得成果。

（二）粟、黍麵粉的黏性問題

黍具有一定黏性，與粟混合，其目的可能在於增加黏性。我們曾經做過實驗，證明粟、黍擀麵似乎不易成功，但是這不表示壓製的方法無法成功，現在部分地區還使用的餄餎軋製方法可以給我們很好的啓示。不過，在考古工作中，我們還沒有發現這些加工工具，也還沒有發現其他工具存在，但諸如磨、篩子、壓麵工具等等。但沒有發現並不能說明它一定不存在，也不能說明離開了石磨就不能生產麵粉，沒有篩子就不能分選出麵粉糧食，這個道理是很簡單的。在石磨之前，早就有了石磨盤出現，而且研究表明這些石磨盤大多是研磨糧食，很多是磨麵粉的。考古發現的最早石磨盤比齊家文化要早幾乎四千年！不過並不是每一個文化每一個遺址都有發現。喇家遺址麵條出土在F20這個房址裏的地面上，該房屋位處於小廣場上，裏面出土的遺物比較豐富，陶器、石器都相當多。其中一種盤狀石器多數都有刻符在器物上，我們還沒有完全整理和報導這個發現，不過這裏可以簡單說一下。這些圓形的刻符石器集中存放在這裏即說明，這個房址是非常特殊的建築，初步推測可能與廣場上的祭壇和“社”這樣的建築物以及廣場本身的特殊活動、與使用祭祀儀式的程序等有關，這也顯示了這個房子的特殊用途，可能是用來作為祭祀活動前的準備工作和放置重要物品。因此這個麵條在這裏出土，或可以解爲是作爲祭祀用品存在的。即麵條本身可能就是特殊的食物，是獻祭的食物。歷史上多有這樣的情況，先是作為獻祭的祭品，後來便發展成為人們的日常食物。由於喇家遺址當時發生突然的地震災害，而後又是接踵而至的大洪水，所以廣場和喇家遺址整個聚落被全部埋沒，歷時約四千年才重見天日。這些遺存是由於非常偶然的機緣和極特殊的情況下，才得以保存和得到重現。所以要把它解釋清楚是很不容易的事。

除了以上的解釋和討論外，我們還是很希望今後能夠發現其他方面的物證，能夠有更充實的證據進一步證明和判斷這個特殊的考古發現。

有趣的是，在喇家遺址發現麵條的啓發下，研究史前史的學者開始認識了早期的筷子。過去不能夠肯定的骨箸，曾被認為是大骨針或骨錐等，現在透過麵條的發現，對取食麵條食物更順手方便和適用的箸的出現，有了類同和相關的理解，從而更加充分展示了中國史前時代飲食文化的科學意義。

四、喇家遺址與飲食文明以及飲食與文明的關係

人類飲食生活與飲食文化的發展，與人類的社會發展密切相關。我們從中國飲食文化發展為出發點，結合史前到文明時代飲食文化發展重要節點的表述，從而對於喇家遺址和齊家文化的飲食文明的地位，就可以自然地做出一個判斷。

王學泰先生在《華夏飲食文化》書中，把中國飲食文化劃分為：飲食文化的蒙昧時代、萌芽時代、昌明時代和昌盛時代等幾個不同發展階段。他認爲中國飲食文化的蒙昧時代是中國的史前文化時期，即石器時代；飲食文化的萌芽時代是中國文明形成的夏商時期；飲食文化的昌明時代是周秦漢時期；漢代以後是中國飲食文化的昌盛時代。這或許代表了部分史學家對中國飲食文化發展的一種認知。我們確有不同的看法和認知。該書把整個中國飲食文化的發展往後延遲了一大段時間，把中國新石器時代文化發展水準，頗有些看低了。而且飲食文化的時代概念劃分也並不貼切。就考古學領域而言，舊石器時代或可作為中國飲食文化的

“蒙昧時代”；但在人類學會用火前後，是一個很大的分界點。若說人類用火之前是蒙昧時代，應該更恰當。至新石器時代，飲食文化就已經遠遠超過了“萌芽”的狀態，應該說已經是一個初步發展的時代，而新石器時代晚期和夏商周時期，則是飲食文化走向昌明的時代，我們理解爲是飲食文明形成和成熟的時代。上古文獻“三禮”中許多關於飲食禮儀規範的記載，記錄的就是由飲食文化逐步形成的禮儀制度的內容，是當時的發展的一個總結，而不應只視為一個新規。這應是一個不爭的共識。隨後，秦漢以降，可說是中國飲食文化和飲食文明不斷繁盛的時代（用昌盛時代也未爲不可。其中還可以再劃分出不同的發展階段，我們不再細述）。只有這樣理解，才可以比較充分表述清楚中國飲食文化發展的脈絡和進程，並反映中國飲食文化鮮明的時代性發展和進步。

人類在進化過程中，從最初的茹毛飲血，進步到用火熟食，可以說是人類歷史上第一次飲食生活上的“革命”。這是飲食文化最初的一大發展和轉變。由此便開始了人類飲食所具有的泛文化的涵義。後來人工取火方法的發明，也是標誌性的重大事件。飲食文化的發展，直接影響到了社會發展。即使在人類學會用火之前，早期人科成員在食物的分享行為上，就已經明顯可分辨出人類的社會性烙印。所以說，人類的吃與動物的吃有著一定本質的區別，並與人類文化及社會活動直接相關。因而人類飲食文化幾乎可以說是與人喇的歷史同樣久遠。

在中國新石器時代，距今約一萬年前後，人類從採集、狩獵，發展到農業種植和家畜養殖，是人類歷史上的又一次大發展，考古學家稱爲新石器時代革命，也即所謂農業革命。它以生產的方式提供了人類社會相對穩定而且越來越豐富的食物來源。生產方式的革命，也帶來了人類生活方式的變革，直接導致了人類飲食文化發展，也隨之進行了一系列深刻革命。新石器時代還開始了陶器的製作，陶器進入人類生活，便開始了陶烹的方法，美食美器的風尚由此起源，飲食文化也從此有了豐富多彩和奇異變化的內涵。

在新石器時代數千年的發展中，飲食文化不斷有重大的發展，同時也對人類社會發展產生巨大而深刻的影響。其中意義最重大的影響，莫過於對於文明起源和文明形成所發生的積極作用。簡單說，就是隨著原始農業經濟的發展，食物資源的逐漸豐富，人口的日益增長，社會物質財富的積累，帶來了社會結構的變化和發展，一些人可以脫離直接生產勞動而仍然能夠滿足其生活所需，他們不參與生產，而從事淩駕於生產勞動之上的事情，或是一些精神領域的工作，社會的分層結構和社會分化出現了，隨著社會結構越來越複雜化，人類聚落形態也在發生變化和發展，以血緣爲紐帶的人群結構，逐步改變爲血緣和地緣共同維繫的社會結構，在複雜的社會生活中，禮制規範適應需要就慢慢出現了，甚至有時突出地變得重要。所謂禮起於飲食，說明禮制與飲食文化有最直接的關係，最初的一些禮儀講究是在飲食規範中表現出來的。飲食文化中還包括了祭祀的和原始宗教與崇拜的內容。

在新石器時代晚期和夏商周時期進入文明時代，是所謂飲食文化的昌明時代。飲食文化從吃的需求，一部分轉變爲品和賞的追求。包括調味與食物製作工藝的提升，飲食成了藝術。隨之而來的飲食文化發展有了更加複雜的演化，而且食不厭精，講究細緻入微和繁縟精緻的精彩變化，飲食文化的內涵更加豐富而且不斷充實和疊加，更要求出奇制勝。祭祀與原始宗教內容的滲入，禮樂形式的配合，反映出文明教化的特徵。飲食文化發展到細膩精湛的程度，幾乎變成爲一個標誌和象徵，飲食文明的展現，提升到禮制的高度，從這個意義上說，昭示著文明的形成和文明時代的到來。有道是，治大國若烹小鮮，飲食藝術被看成了蘊含治國之道。事實上，夏商周一些重要官職，由於歷史原因，均出身於與庖廚等與飲食相關的身份。所謂君子遠庖廚之說，不過是希望不要看到宰牲的場面，而這正是文明時代進步的顯示。我們可以看到，飲食文化發展，在中華文明形成前後的這個時期，與社會政治生活充滿了密切的關係。

在國家誕生和文明形成前夕的龍山文化時期，中國社會發展的文明化進程是與飲食文化發展相對應的。研究發現，中國文明起源是與中國史前食物豐富即農作物與家畜禽的生業發展相關的。經濟的發展與社會生產力和生產關係的作用及環境因素相關，飲食文化的發展受經濟發展的推動，也對社會發展和文明進程產生積極影響和作用，這是不可低估的。這些相關性應是互動的，相互作用的。這時期，酒的釀造工藝早已日臻成熟，酒乃成爲人類禮儀活動中的一個不可缺少的媒介。以食物精細加工作為祭品進行祭祀活動，成為一般較為固定的儀式形式。這時期，食物已經比較豐足，據植物考古學研究認爲，“在華夏文明的形成過程中，作爲中國北方旱作農業傳統農作物——粟和黍這兩種小米的主導地位開始動搖，中原地區開始普遍種植稻穀和大豆，小麥也已經傳入，包括粟、黍、稻、麥、大豆在內的多品種農作物種植制度逐步建立。稻穀在黃河中下游地區的普遍種植提高了糧食作物的總體產量，爲文明的形成提供了堅實的經濟基礎。小麥的傳入導致了北方地區灌溉系統的發展，加速了文明化的進程”。這時期，農作物“五穀”已經完備，“六畜”已經呈現，豬、牛、羊、馬、狗、雞齊全，完成了中國歷史上基本成型的五穀六畜的格局。動物考古學的研究表明畜養充足，商代早期都城祭祀區發現的祭祀動物大量使用豬，這個現象延續了新石器時代祭祀品大多使用豬的現象。甲骨文中經常出現的“太牢”“少牢”祭祀，印證了新石器時代已完備的主要家畜品種中，豬牛羊組合是最重要的種類。

同處在這個時期，在文明形成的關鍵時間段的齊家文化，雖然我們傾向於認爲它最終沒能夠踏進文明的門檻，達到國家化的發展高度，但是它在多方面仍具有重要的歷史地位，它所發展出來的一些重要文明因素對於夏商周王朝和夏商周文明也起了若干積極的作用，是中華文明發展中一個重要的源流。如齊家文化玉器和銅鏡等，就對夏商周文明發生過正面影響。喇家遺址就表現出了不少如我們前面所述諸多飲食文化方面的成就和現象，對中華文明的形成和發展，產生了明顯作用和影響，有些方面顯示出它們同步的發展，有些方面如在麵食文化、進食用具的叉子等等，就顯然影響了夏商周。

從飲食文化的角度，我們還可以看到，最新的科學研究測試表明，喇家遺址人骨的食性分析提示，四千年前喇家遺址先民的營養級，較青海上孫家墓地的卡約文化和漢代的在約兩三千多年前的人骨反映出來的營養級要高，說明齊家文化時期社會經濟發展，物産豐富；而且喇家遺址若干人骨分析，反映出其營養的個體差異並沒有截然分明的重大差異，這說明人們彼此間沒有嚴重的兩極分化；食物結構反映，喇家遺址人們食用許多動物性食物的肉食，但仍然以C4類植物（粟黍）爲主，巧合的是，喇家遺址與山東校場鋪遺址人骨的食性分析頗爲接近，前面我們曾提到校場鋪遺址發現了小麥遺存。該分析測試還表明，略晚於齊家文化的青海上孫家的卡約文化和甘肅火燒溝四壩文化的人骨以及上孫家的漢代人骨，均顯示出了以C3植物即可能是以小麥爲其主要食物來源的現象。人骨的食性分析蘊含極爲豐富的文化，以及社會和環境的訊息，值得我們再進一步深入探討。

如上所述，喇家遺址從飲食文化方面所反映出的文明化進程，我們已經看到了一個大致清晰的輪廓。

（本文原載于《考古》2007年第5期）

附录

有关齐家文化的发掘报告(著作)

J.G.Andersson.Researches into the Prehistory of the Chinese， Bulletin of the Museum of Far EasternAntiquities， Vol. 15， 1943.

〔瑞典〕安特生.《甘肃考古记》，地质专报甲种第五号，农商部地质调查所，1925年；安特生（J.G.Andersson）.甘肃考古记.乐森璕，译.北京：文物出版社，2011.

青海省文物管理处考古队，中国社会科学院考古研究所.青海柳湾——乐都柳湾原始社会墓地.北京：文物出版社，1984.

中国社会科学院考古研究所.师赵村与西山坪.北京：中国大百科全书出版社，1999.

宁夏文物考古研究所，中国历史博物馆考古部.宁夏菜园——新石器时代遗址、墓葬发掘报告.北京：科学出版社，2003.

甘肃省文物考古研究所.秦安大地湾——新石器时代遗址发掘报告.北京：文物出版社，2006.

北京大学考古文博学院，甘肃省文物考古研究所.河西走廊史前考古调查报告.北京：文物出版社，2011.

青海省文物考古研究所.再现文明——青海省基本建设重要考古发现.北京：文物出版社，2013.

中国青海柳湾彩陶博物馆，中国社会科学院考古研究所.青海柳湾彩陶选粹.上海：上海古籍出版社，2014.

青海省文物考古研究所、北京大学考古文博学院.贵南尕马台.北京：科学出版社，2016.

有关齐家文化的学位论文

1. 博士论文

陈苇. 甘青地区与西南山地先秦时期考古学文化及互动关系. 长春：吉林大学博士学位论文，2009.

陈小三. 河西走廊及其邻近地区早期青铜时代遗存研究——以齐家、四坝文化为中心. 长春：吉林大学博士学位论文，2012.

赵永生. 甘肃临潭磨沟墓地人骨研究. 长春：吉林大学博士学位论文，2013.

2. 硕士论文

徐建炜. 甘青地区新获早期铜器及冶铜遗物的分析研究. 北京：北京科技大学硕士学位论文，2009.

周静. 磨沟齐家文化墓地分期分区及相关问题研究，西安：西北大学硕士学位论文，2010.

朱芸芸. 磨沟齐家文化墓地墓道埋人现象初步研究. 西安：西北大学硕士学位论文，2010.

孙治刚. 磨沟式的陶器研究. 西安：西北大学硕士学位论文，2011.

周浩然. 磨沟墓地未成年人埋葬研究. 西安：西北大学硕士学位论文，2011.

王玥. 磨沟墓地墓道棚架设施与埋葬过程研究. 西安：西北大学硕士学位论文，2011.

赵东月. 磨沟齐家文化墓地多偏室墓研究. 西安：西北大学硕士学位论文，2012.

许彩莲. 磨沟齐家文化墓地二次葬的初步研究. 西安：西北大学硕士学位论文，2012.

慕占雄. 磨沟墓地墓葬多次使用中墓道处理方式研究. 西安：西北大学硕士学

位论文，2013.

殷宇鹏.磨沟遗址寺洼文化墓葬埋葬过程及相关问题的初步研究.西安：西北大学硕士学位论文，2014.

文娟.磨沟遗址出土铁器分析及冶铁技术初步研究.西安：西北大学硕士学位论文，2015.

范洁.磨沟墓地人口结构与埋葬习俗关系分析.西安：西北大学硕士学位论文，2015.

王振.从齐家文化铜器分析看中国早期铜器的起源与发展.长春：吉林大学硕士学位论文，2006.

甘肃广河齐家文化会议论文集目录

《2015中国·广河齐家文化与华夏文明国际研讨会论文集》

齐家文化研究相关的现实意义——纪念齐家文化发现90周年
论尕马台墓地丧葬习俗及相关问题
论齐家文化师赵村类型
齐家文化聚落规模试探
齐家文化对中原地区文化的影响
齐家文化夏时期遗存的相关问题
西夏、大夏与夏——夏崇拜探索
夏族、夏罔、夏文化：世纪之争从头说
齐家文化："前丝绸之路"的重要奠基者
中国早青铜时代——齐家文化的发现与研究
试论林家遗址马家窑文化房址的性质
从仰韶到齐家——东亚大陆早期用铜遗存的新观察
中国西北青铜文化圈的形成
齐家文化与四坝文化铜器年代再认识
先秦时期冶金术中西交流的两次浪潮
齐家文化玉器所反映的中原与陇西两地玉文化的交流及其历史背景的初步探索
故宫博物院藏齐家文化玉璧综述
上海博物管藏齐家文化玉器综述
甘肃馆藏齐家文化玉器特征
金属弧形项饰的出现与玉璜串饰的再兴——从齐家文化谈起

齐家文化玉石璧的研究
齐家文化玉器与用玉传统研究
从清凉寺墓地探史前西、东二系“璧、琮文化”的交汇
清凉寺型玉琮探讨分析
良渚文化琮璧扩散至于齐家文化轨迹的探讨
蜀地西风——浅论古蜀玉器中的齐家文化因素及其他
碧村遗址玉器及相关问题分析
齐家文化玉器与中国西部玉矿资源区——第四、五次玉帛之路考察简报
大夏：大禹的家乡
甘青地区文明化进程的环境背景
清凉寺墓地反映的中原与西北地区文化交流
齐家文化考辨
青海喇家遗址动物饲养方式初探——以锶同位素比值分析为例
青海金禅口遗址齐家文化生业模式探析
距今3800年前后中国西北地区农业的转型——来自骨骼同位素的证据

《2016中国·广河齐家文化与华夏文明国际研讨会论文集》

齐家文化的发现、研究与社会
关于齐家文化的起源——十次玉石之路考察的新认识
齐家文化和常山下层文化的发现与研究
齐家文化研究简史、现状与展望
关于齐家文化的分野
关于齐家文化的几个基本问题
喇家遗址考古在齐家文化研究中的价值与作用及影响
从玉帛古国到干戈王国（齐家华夏说之八）
齐家文化墓葬反映的社会性质
齐家文化婚姻形态探析
论齐家文化先民的社会生活
齐家文化石圆圈源流
齐家文化骨卜行为分析

史前华西系玉器与中国玉礼制
一般等价物视野下的齐家文化玉器
新石器时代黄河中上游地区多璜联环及玉琮的发展与流传
齐家文化玉琮研究
试论齐家文化玉璧之源
陕西关中地区出土的齐家文化玉器
甘肃境内馆藏齐家文化玉牙璋初探
玉出“二马岗”，古道复真颜——论甘肃闪石玉与“玉石之路”
齐家玉文化浅谈
齐家文化玉琮杂谈
中国彩陶文化的源头在哪里?
甘青东部地区彩陶的衰落及其原因探析
齐家文化彩陶形式特征刍议
齐家文化制陶工艺研究
齐家文化镂孔陶器浅析
运用GIS浅析甘肃齐家文化青铜器分布
齐家文化铜器铸造技术研究
尕马台发现齐家文化铜镜补论
金禅口遗址木炭遗存指示的木材利用和生态环境
——兼论齐家文化时期的生业模式
甘青地区齐家文化时期家畜的分子考古学研究
黄河上游史前喇家遗址的古灾害研究回顾
中华文明探源工程中没有齐家文化是一种缺憾
“大夏”考
齐家文化——一颗被历史湮没的高原明珠
喇家遗址刻符石器的整理与研究
库尔干理论的重构及“胡人”问题
“前丝绸之路”上的文化与文学交流
——如何理解“昆仑之丘”以《帀篓天子传》为核心
东亚史前祭坛的天文考古学研究——如何理解“昆仑之丘”

编后记

齐家文化经安特生发现后，已近百年，期间有许多重大的考古发现，经过学者们的不懈努力取得了丰硕的成果。将这些成果汇集起来，展示齐家文化发现和研究的成就是我们编集本文丛的初衷，同时也希望为学界研究齐家文化贡献一份力量，当研究者拿到本文丛时，能够一览齐家文化近百年的考古发现和相关考古研究进展。2017年，时任齐家文化博物馆馆长的唐士乾同志以齐家文化研究会的名义与兰州大学历史文化学院院长杨红伟教授、副院长魏文斌教授商定合作编集出版本文丛，并得到了中国社会科学院考古研究所的肯定和支持。在设计好文集的整体框架以后，考虑到任瑞波对相关材料稍微熟悉，魏文斌教授便将文集的具体资料收集和体例编排工作交于其负责。

在此，感谢谢端琚、王巍、赵辉、王仁湘、叶茂林先生慨允作为本文丛的学术顾问！感谢中国社会科学院考古研究所所长陈星灿先生在百忙之中为本文丛作序并担任编委会主任！

在本文丛具体汇编过程中，兰州大学考古学专业、文物与博物馆学专业的部分本科和硕士研究生积极参与并完成了大量枯燥与烦琐的工作，其中兰州大学2015级本科文物与博物馆学班陈月、冯凌云、高刚刚、洪小茹、季文倩、康凯、寇亮亮、李婷、刘亚伦、刘雁归、沈丁妮、唐慕琳、王杰、王力维、吾拉尔别克·杰恩斯别克、熊钰、熊腾跃、姚慧雅、尹志乔、袁一、岳泽宛、张旭莹、周文殊、朱明杰及兰州大学2017级硕士研究生陈意、俞利昺、辜雪梅、陈庆俊、刘杜涵、卢超、南航、王乙稀、杨童舒负责所收文章的格式转换工作。兰州大学2014级本科文物与博物馆学班郎正玉和罗琪负责扫描图片和图版文件。兰州大学2019级硕士研究生安祎、刘克瀚、邝墩煌、黄婷婷、孙乐、朱思奇和张志浩负责校对工作。兰州大学2016级硕士研究生陈月莹负责搜集齐家文化外文研究文献。

感谢兰州大学考古学及博物馆学系师生在本文丛编排中的辛勤付出，这是兰大考古文博的集体成果，它将见证兰州大学考古学及博物馆学专业的成长。

虽然文集最后定名为《齐家文化百年文丛》，但限于我们的专业水平和出版经费，其内容只是近百年齐家文化发现和研究中的一部分，而没有囊括全部。因此，该文丛与学界的期望确实还有相当的差距。此外，由于精力和时间有限，文丛最终的成品依然不尽如人意，例如部分图片质量欠佳，一些校对的文稿与原文还有少量出入等。需要特别说明的是，如果文丛中出现新的错误，责任由编委会承担，与相关文章的原作者无任何关系，还请各位作者和读者原谅，弥补这一遗憾将是我们今后的努力方向。

另外，齐家文化在2015、2016年召开过两次国际学术研讨会，会后分别出版了会议论文集。因此，本文丛不再收录其中的全文，仅作为附录列出目录。一些国外齐家文化研究的文章不方便收录也仅作为附录列出目录。

最后，感谢兰州大学历史文化学院、甘肃省齐家文化研究会、甘肃省社会科学界联合会为本文丛的出版提供经费资助！

编 者

2020年3月